에드워드 핼릿 카(1892~1982)

레오폴트 폰 랑케(1795~1886) 독일 역사가. 근대 역사학의 아버지. '도덕주의적 역사에 대해서 정당한 항의를 시도하고, 역사가가 할 일은 오직 틀림없는 사실을 보여주는 것뿐이다.'

야코프 부르크하르트(1818~1897) 스위스 역사가·미술사가. 랑케의 제자. 30년전쟁에 대하여 '가톨릭이건 프로테스탄트건 그 종교적 구원을 국가의 보전보다 앞세우는 것은 수치이다'라고 비판했다.

토머스 칼라일(1795~1881) 영국 역사가. '2500만 명의 사람들의 가슴을 무겁게 짓누르고 있던 굶주림과 헐벗음, 그리고 악몽 같은 압제—이것이야말로 프랑스 혁명의 원동력이었다. 어느 나라의 어떤 혁명이라도 마찬가지일 것이다.'

블라디미르 레닌(1870~1924) 러시아 혁명가·정치가. 볼셰비키혁명의 중심인물. '정치는 대중이 있는 곳에서 시작된다. 수천 명이 있는 곳이 아니라 수백만 명이 있는 곳, 그곳이 진정한 정치가 시작되는 곳이다.'

독소불가침조약 (1939년 8월 23일) 소련 총리 겸 외무장관 몰로토프가 독소불가침조약에 서명하고 있고, 그의 뒤에 독일 외무장관 리벤트롭과 소련 총서기 스탈린이 서 있다. 카는 독소불가침조약을 국제관계에서 벌어지는 현상의 한 예로서 언급하며 자신의 현실주의 주장을 적극 옹호했다.

《20년의 위기》(초판 1939) 표지 《이상과 현실》의 저본.

세계사상전집103
Edward Hallett Carr
WHAT IS HISTORY?/THE TWENTY YEARS' CRISIS 1919–1939
역사란 무엇인가/이상과 현실
에드워드 핼릿 카/이상두 옮김

동서문화사

역사란 무엇인가/이상과 현실
차례

역사란 무엇인가

1. 역사가와 사실 … 17
역사란 무엇인가·17/사실 존중의 시대·18/역사적 사실이란 무엇인가·20/사실이 역사적 사실이 되는 과정·22/무지의 필요에 대하여·25/문서가 말하는 것·27/19세기의 역사관·30/역사가가 역사를 만든다·32/먼저 역사가를 연구하라·34/상상적 이해의 필요·36/현재의 눈을 통해서 본다·36/회의주의와 실용주의·38/역사가의 작업 태도·40/역사적 사실과 역사가·41

2. 사회와 개인 … 43
사회를 떠난 개인은 없다·43/개인 숭배의 시대·45/과거는 현재를 통하여·47/보수주의자 네이미어·49/현대의 흐름과 역사가·52/역사의 산물로서의 역사가·55/역사 연구의 대상·57/개인의 행동을 어떻게 다루는가·59/역사에서 수(數)의 중요성·62/인간의 행위가 낳는 헤아릴 수 없는 결과·63/반역자를 어떻게 보는가·65/위인을 어떻게 보는가·66

3. 역사와 과학 그리고 도덕 … 69
역사는 과학이라는 것·69/역사에서 법칙의 개념·71/도구로서의 가설·73/과학과 역사의 사이·75/일반화의 의미·75/역사와 사회학의 관계·79/역사의 교훈에 대하여·80/미래에 대한 예견·81/역사 연구의 주체와 객체·83/물리학적 세계와 비슷한 점·85/역사에서 보는 신(神)·87/역사가는 재판관이 아니다·88/도덕적 판단의 기준·91/인간 시체의 산을 넘어·94/초역사적인 가치가 있는가·95/역사에 뿌리박은 가치·97/더 과학적으로·98

4. **역사에서의 인과관계** … 101

    역사의 연구는 원인의 연구·101/원인의 여러 모습과 단순화·103/포퍼와 벌린·105/자유의지와 결정론·107/사상상(思想上)의 '혹시나' 학파·111/클레오파트라의 코·112/역사에서의 우연·114/로빈슨의 죽음·117/현실적인 것과 합리적인 것·120

5. **진보의 역사** … 124

    과거에 대한 건설적 견해·124/역사에서 보는 진보 개념·125/생물적 진화와 사회적 진보·128/역사의 종말·129/진보와 비연속성·131/획득된 자산의 전달·132/역사의 방향 감각·135/과거와 미래의 대화·139/'존재'와 '당위'·141/가장 잘 작동하는 것·143/진리의 이중성·146

6. **넓어지는 지평** … 149

    현대의 새로움·149/자기의식의 발전·150/헤겔과 마르크스·152/프로이트의 중요성·154/현대의 역사적 전환·156/이성의 역할 확대·159/이성의 남용을 둘러싸고·160/세계적 균형의 변화·163/지평은 넓어진다·165/고립되는 사람은 누구인가·166/그래도……그것은 움직인다·169

이상과 현실

도래할 평화의 창조자들에게…175
1981년판 서문…176
제2판 서문…177
제1판 서문…179

제1부 국제정치학 … 182

제1장 학문의 시작 … 182

1. 정치학의 목적과 분석·183 / 2. 이상주의(Utopianism)의 역할·186 / 3. 현실주의의 충격·191

제2장 이상과 현실 … 193

1. 자유의지와 결정론·193 / 2. 이론과 실천·194 / 3. 지식인과 관료·196 / 4. 좌파와 우파·202 / 5. 윤리와 정치·204

제2부 국제적 위기 … 205

제3장 이상주의적 배경 … 205

1. 이상주의의 기반·205 / 2. 벤담 공리주의의 이식·209 / 3. 합리주의와 국제연맹·211 / 4. 여론의 신격화·215 / 5. 이상주의의 숙적·221 / 6. 판단의 문제·223

제4장 이익의 조화 … 226

1. 이상주의적 통합·226 / 2. 자유방임의 낙원·228 / 3. 정치의 다원주

의·232/4. 국제적 조화·236/5. 평화라는 공동이익·237/6. 국제적 경제 조화·240/7. 조화의 붕괴·247

제5장 현실주의자의 비판 … 250
1. 현실주의의 기반·250/2. 사상의 상대성·255/3. 목적에 적응하는 사상·259/4. 국익과 보편적 선·263/5. 이익조화설에 대한 현실주의자의 비판·269/6. 국제주의에 대한 현실주의자의 비판·274

제6장 현실주의의 한계 … 278

제3부 정치, 권력, 도덕 … 285

제7장 정치의 본질 … 285
제8장 국제정치에서의 권력 … 292
1. 군사력·299/2. 경제력·304/3. 의견을 지배하는 힘·324

제9장 국제정치에서의 도덕 … 338
1. 국제도덕의 본질·339/2. 국제도덕의 이론·345/3. 국제도덕에 대한 일반적인 가정·346/4. 개인 도덕과 국가 도덕의 차이·350/5. 국제사회는 존재하는가·355/6. 평등의 원칙·356/7. 전체의 이익과 부분의 이익·359

제4부 법과 변혁 … 364

제10장 법의 기반 … 364

1. 국제법의 본질·364/2. 법에 대한 자연주의자의 견해·367/3. 법에 대한 현실주의자의 견해·370/4. 정치사회의 기능인 법·371

제11장 조약의 구속성···375

1. 조약의 법적 효력과 도덕적 효력·376/2. 강압에 의해 서명된 조약·382/3. 불평등 조약·383/4. 권력수단으로서의 조약·384

제12장 국제분쟁의 사법적 해결···387

1. 재판에 부칠 수 있는 분쟁과 부칠 수 없는 분쟁·388/2. 모든 것을 중재재판으로·394/3. 정치적 분쟁에 사법절차가 적합하지 않은 이유·400

제13장 평화적 변혁···403

1. 정치적 변혁에서 권력의 역할·404/2. 정치적 변혁에서 도덕의 역할·415

결론···420

제14장 새로운 국제질서에 대한 전망···420

1. 낡은 질서의 종언·420/2. 국가는 권력의 단위로서 살아남을 것인가·422/3. 새로운 국제질서에서의 권력·428/4. 새로운 국제질서에서 보는 도덕·432

《역사란 무엇인가》와 《이상과 현실》에 대하여···437

What Is History?
역사란 무엇인가

'대부분은 지어낸 것일 텐데도 그 글이 어쩌면 그렇게나 따분한지, 나는 그 점이 이상하게 여겨질 때가 많아요.'

역사에 관한 캐서린 몰랜드의 발언
제인 오스틴, 《노생거 사원》 제14장

1. 역사가와 사실

역사란 무엇인가

역사란 무엇인가? 이런 질문이 무의미하다든가 불필요하다고 생각하는 분이 있으면 곤란하므로, 《케임브리지 근대사》의 첫 번째 및 두 번째 간행과 저마다 관련 있는 두 개의 문구를 인용하여 나의 강연 주제로 삼을까 합니다. 액턴(영국의 역사가. 1834~1902)은 케임브리지 대학교 출판부 특별평의원회에 보낸 1896년 10월 보고에서, 자기가 맡아 온 역사 편찬 사업에 대해 다음과 같이 말하고 있습니다.

"19세기가 전하려고 하는 지식을 남김없이 기록하고, 이것을 더 많은 사람들에게 도움이 되도록 하려면, 지금이 다시없는 좋은 기회입니다. 현명한 분업 덕분에 우리는 그렇게 할 수 있으며, 이 국제적인 연구가 낳은 가장 최근의 문서, 그 가장 원숙한 결론을 모든 사람들에게 알릴 수 있습니다. 우리의 현세대에 아직 완전한 역사를 쓸 수는 없습니다. 그러나 우리는 이제까지의 판에 박은 역사를 처리할 수 있고, 또 하나의 지점에서 다른 지점에 이르는 과정 안에서 지금 우리가 다다른 지점을 보여 줄 수는 있습니다. 오늘날에는 어떤 정보라도 손에 넣을 수 있으며, 어떤 문제라도 해결할 수 있게 되었기 때문입니다."[1]

그로부터 거의 정확히 60년 뒤, 조지 클라크 교수(영국의 역사가. 1890~1979)는 두 번째 《케임브리지 근대사》의 서론에서 언젠가 '완전한 역사'를 만들 수 있다는 액턴 및 공동연구자들의 신념을 논평하여 다음과 같이 말했습니다.

"후대의 역사가들은 그런 기대를 하지 않습니다. 오히려 그들은 자기들의 연구가 몇 번이고 극복되기를 바랍니다. 그들은 과거에 대한 지식이 한 사람 또는 몇

---

[1] *The Cambridge Modern History : Its Origin, Authorship and Production*(1907), pp. 10-12.

사람의 정신을 통해서 전해져 왔다는 것, 그러한 정신으로 가공된 것이라는 것, 따라서 절대 불변의 원소적이며 비인간적인 원자로 성립될 수 없다는 것을 잘 알고 있습니다.

……탐구의 길은 끝이 없는 것처럼 여겨져, 그 때문에 어떤 성급한 학자들은 회의주의로 도피하거나, 적어도 역사적 판단에는 인간이 포함되고 관점도 포함되기 때문에 어떤 역사적 판단도 별 차이가 없고 '객관적'인 역사적 진리는 없다는 학설로 도피하고 있습니다."[2]

대학자들이 이렇듯 서로 맹렬하게 충돌하고 있을 때는 연구해 볼 만한 분야가 남아 있는 법입니다. 나는 매우 현대적인 사람이라서 1890년대에 쓰인 것은 모두 터무니없을 것이라 생각하고 싶어집니다. 그렇다고 나는 1950년대에 쓰인 것은 모두 의미가 있다는 견해를 믿는 데까지 가 있지는 않습니다. 독자 여러분도 이미 짐작하셨겠지만, 실제로 이런 연구는 흔히 역사의 본질보다 매우 폭넓은 문제로 헤매어 들어가게 마련입니다. 액턴과 클라크가 이처럼 서로 엇갈리는 것은 이 두 발언 사이의 기간 동안에 일어난 전체적인 사회관의 변천을 반영하는 것입니다. 액턴이 빅토리아 시대 후기의 적극적인 신념과 분명한 자신감을 밝히는 데 반해 클라크는 비트 세대의 당혹과 혼란스러운 회의주의를 반영합니다.

'역사란 무엇인가?' 이 문제에 대답하려고 할 때 우리의 대답은 의식적이든 무의식적이든 우리의 시대적인 위치를 반영하고, 또 그 대답은 우리가 살아가고 있는 사회를 어떻게 보느냐 하는 더 광범한 문제에 대한 우리의 대답의 한 부분을 이룹니다. 나는 나의 주제가 세밀히 살펴보았을 때 하찮게 보일까 봐 걱정하지는 않습니다. 다만 이처럼 드넓고 중요한 문제를 꺼내어 주제넘다는 말을 듣지 않을까 그것이 두려울 뿐입니다.

사실 존중의 시대

19세기는 사실 존중을 위해서는 최고의 시대였습니다. 《어려운 시절(디킨스의 작품)》의 주요 등장인물 그래드그라인드 씨는 이렇게 말합니다.

---

2) *The New Cambridge Modern History*, i(1957), pp. xxiv-xxv.

"내가 원하는 것은 사실입니다. 인생에서 필요한 것은 오로지 사실뿐입니다."

19세기 역사가들은 대체로 그와 의견을 같이했습니다. 1830년대에 랑케(독일의 역사가. 1795~1886)는 "도덕주의적 역사에 대해서 정당한 항의를 시도하고, 역사가가 할 일은 오직 '틀림없는 사실'을 보여 주는 것뿐"이라고 말했습니다만, 이 그다지 심오하지도 않은 격언은 눈부신 성공을 거둔 바 있습니다.

약 3대에 걸쳐 독일, 영국, 아니 프랑스의 역사가들까지도 '틀림없는 사실'이라는 마법의 말을 주문처럼 외우면서 진군해 왔습니다. 이 주문 또한 대부분의 주문과 마찬가지로 '자기 스스로 생각하기'라는 성가신 의무에서 역사가들을 벗어나게 하기 위해 만들어진 것이었습니다. 과학으로서의 역사를 열심히 주장하는 실증주의자들은 그 강대한 영향력을 과시하여 이러한 사실 숭배를 조장했습니다. 먼저 사실을 확인하라, 그런 뒤에 사실에서 결론을 이끌어내야 한다고 실증주의자들은 말했습니다.

영국에서는 이 역사관이 존 로크에서 버트런드 러셀에 이르는 영국 철학의 지배적 조류인 경험론의 전통과 완전히 조화를 이루었습니다. 경험주의적 인식론에서는 주관과 객관의 완전한 분리를 전제로 합니다. 감각적인 인상과 마찬가지로 사실은 외부에서 관찰자에게 부딪쳐 오는 것이며, 관찰자의 의식과는 독립된 것이라는 것입니다. 그 수용 과정은 수동적인 것, 다시 말해서, 관찰자는 주어진 것을 먼저 받은 뒤에 이를 처리한다는 것입니다. 옥스퍼드 영어 중사전은 편리한 대신, 경험주의 학파의 선전 도구 구실을 하는 책입니다만, 이에 따르면 사실이란 '추론과는 전혀 다른 경험의 자료'라고 정의하고 두 과정이 별개의 것임을 뚜렷이 하고 있습니다. 이는 상식적 역사관이라고 부를 만합니다. 역사란 확인된 사실들을 모아 놓은 것으로 이루어진다는 말이 됩니다. 생선 가게에서 생선을 살 수 있듯이, 역사가들은 문서나 비문(碑文) 속에서 사실을 얻어낼 수 있습니다. 역사가는 사실을 모아 조리하여 자기가 좋아하는 방식으로 식탁 위에 차려내는 것입니다.

액턴은 은근한 맛을 추구하는 요리 취향이었으므로, 사실에 담백한 맛을 내려고 했습니다. 첫 번째 《케임브리지 근대사》 집필자들에게 써 보낸 편지에서 그는 다음과 같은 주문을 했습니다.

"워털루 전투는, 프랑스인이나 영국인이나 독일인이나 네덜란드인을 똑같이 만족시켜야 하고, 집필자 명단을 조사해 보지 않는 한 옥스퍼드의 주교가 어디까지 쓰다가 펜을 내려놓았고 그 뒤를 이어서 쓴 것이 페어베언(영국의 프로테스탄트 신학자. 1838~1912)인지 개스켓(영국의 가톨릭 성직자, 역사가. 1846~1929)인지, 리베르만(독일의 가톨릭 신학자. 1759~1844)인지, 해리슨(영국의 국교회 신학자. 1808~1887)인지, 아무도 알 수 없어야 한다."[3]

액턴의 태도에 비판적인 클라크마저도, 역사에서의 '사실이라는 딱딱한 알맹이'와 '그것을 감싼, 반론의 여지가 있는 해석이라는 과육(果肉)'[4]을 대비시키고 있으니, 아마 과일은 과육 부분이 딱딱한 알맹이보다 더 만족감을 준다는 것을 잊었나 봅니다.

"먼저 그대의 사실을 확실하게 손에 넣어라, 그런 다음 흐르며 움직이는 해석이라는 사막으로 돌진하라." 이것이 역사를 경험주의적이고 상식적으로 대하는 학파의 궁극의 격언입니다. 이것은 위대한 자유주의 저널리스트인 C.P. 스콧이 좋아하는, "사실은 신성하고, 의견은 제멋대로이다"라는 금언을 연상시킵니다.

역사적 사실이란 무엇인가

그러나 오늘날에는 이런 말이 도저히 통하지는 않을 것입니다. 나는 과거에 대한 우리 지식의 본질을 두고 철학적인 토의를 시작할 생각은 없습니다.

편의상 카이사르가 루비콘강을 건넜다는 사실과 방 한가운데에 탁자가 있다는 사실이, 똑같은 혹은 비슷한 종류의 사실이라고 가정합시다. 이 두 사실이 같은 또는 비슷한 방법으로 우리의 의식에 들어온다고 가정합시다. 이 두 사실이 이것을 아는 사람과의 관계에서 똑같은 객관적 성격을 가졌다고 가정합시다.

그러나 이런 대담하지만 다소 타당성이 떨어지는 가정에서조차 우리의 논의는 과거에 관한 모든 사실이 역사적 사실인 것도 아니고, 역사가에 의해서 역사적 사실로서 취급되는 것도 아니라는 난관에 부딪치고 맙니다. 역사의 사실을 과거에 관한 다른 사실과 구별하는 기준은 무엇일까요?

---

3) Acton, *Lectures on Modern History*(1906), p. 318.
4) *The Listener*, June 19, 1952, p. 992에서 재인용.

역사적 사실이란 무엇인가? 이것은 좀 더 자세히 들여다보아야 하는 중대한 질문입니다. 상식적인 견해에 따르면, 모든 역사가에게 공통되는 기초적인 사실, 말하자면 역사의 등뼈가 되는 사실들이 있습니다. 이를테면 헤이스팅스 전투가 벌어진 것은 1066년이라는 사실 따위가 그러합니다.

그러나 이 견해에는 다음의 두 가지 고찰이 필요합니다. 첫째, 역사가가 주되게 문제 삼는 사실이란 이런 사실이 아니라는 점입니다. 대전투가 벌어진 해가 1066년이지 1065년이나 1067년이 아니라는 것, 그 격전지가 헤이스팅스이지 이스트본이나 브라이튼이 아니라는 것, 이런 것을 아는 것은 확실히 중요합니다. 역사가는 이런 것들을 틀려서는 안 됩니다.

하지만 이런 점이 강조될 때마다 나는 "정확함은 의무이지 미덕이 아니다"[5]라고 말한 하우스먼(영국의 고전학자. 1859~1936)의 말을 떠올리게 됩니다. 정확하다고 역사가를 칭찬하는 것은, 잘 건조된 목재를 공사에 사용했다든가, 잘 섞은 콘크리트를 사용했다고 건축가를 칭찬하는 것과 같습니다. 이런 것은 그의 일의 필요조건이지 본질적인 기능은 아닙니다. 이런 점에 대해서야말로 역사가는 역사의 '보조 학문'이라고 불리는 것들―고고학, 금석학, 고전학(古錢學), 연대학 등에 의지할 수 있습니다. 역사가에게는 도자기나 대리석 파편의 계통이나 연대를 밝혀내고 모호한 비문을 해독하고, 정밀한 천문학적 계산을 통해 정확한 연대를 알아낼 수 있는 전문가의 특수 기술은 필요하지 않습니다. 모든 역사가에게 공통되는 기초적 사실은 보통 역사가가 사용하는 재료에 속하는 것이지 역사 그 자체에 속하지는 않습니다.

두 번째 고찰은, 이와 같은 기초적 사실을 밝히는 것이 필요하다 하더라도, 그것은 사실 그 자체의 어떤 성질에 의하는 것이 아니라 역사가의 연역적인 결정에 따른다는 것입니다. 앞서 언급한 C.P. 스콧의 금언에도 불구하고, 현대의 저널리스트라면 누구나 다 알고 있듯이, 여론을 움직이는 가장 효과적인 방법은 편리한 사실을 선택하여 배열하는 것입니다.

흔히 사실은 스스로 이야기한다고 말합니다. 물론 이것은 거짓말입니다. 사실

---

5) *M. Manilii Astronomicon : Liber Primus*(2nd ed., 1937), p. 87.

은 역사가가 사실에 말을 건넸을 때에만 이야기를 합니다. 또 어떤 사실에 어떤 순서, 어떤 문맥으로 발언을 허용할지 결정하는 것도 역사가입니다. 피란델로(이탈리아의 극작가. 1867~1936)의 작품에 나오는 인물이었던 것 같은데, 사실이란 자루와 같아서 그 안에 무엇인가를 넣지 않으면 서 있지 못한다고 말한 적이 있습니다.

1066년에 헤이스팅스에서 전투가 벌어졌다는 사실을 우리가 알고 싶어하는 까닭은 다름이 아니라 단 하나, 역사가들이 그것을 커다란 역사적 사건으로 보고 있기 때문입니다. 카이사르가 루비콘이라는 조그만 강을 건넌 일이 역사상의 사실이라는 것은 역사가들이 멋대로 정한 것이며, 이와 반대로 그 전과 뒤에 수많은 사람들이 그 강을 건넌 것은 전혀 누구의 관심도 끌지 않습니다. 여러분이 걸어서 또는 자전거나 자동차로 30분 전에 이 건물에 도착했다는 사실도, 과거의 사실이라는 점에서는 카이사르가 루비콘을 건넌 사실과 다름없는 일입니다. 그러나 아마 역사가는 이를 무시할 것입니다.

일찍이 탤컷 파슨스 교수(미국의 사회학자. 1902~1979)는 과학을 '실재(實在)에 대한 인식적 지향의 선택 체계'라고 부른 적이 있습니다.[6] 좀 더 간단히 말할 방법이야 있었겠지만 말입니다. 그러나 역사란 무엇보다도 이런 것입니다. 역사가는 필연적으로 선택을 하게 됩니다. 역사가의 해석에서 독립하여 객관적으로 존재하는 역사적 사실이라는 딴딴한 알맹이가 있다고 믿는 것은 앞뒤를 뒤바꿔 생각하는 오류입니다. 그러나 이 오류는 좀처럼 뿌리 뽑기 어렵습니다.

사실이 역사적 사실이 되는 과정

과거에 관한 단순한 사실이 역사적 사실로 변해 가는 과정을 잠깐 살펴보기로 하겠습니다. 1850년 스톨리브리지 웨이크스의 길거리에서 싸구려 물건을 팔던 한 장사꾼을 하찮은 말다툼 끝에 격분한 군중들이 발로 차 죽인 일이 있었습니다. 이것은 역사상의 사실일까요? 1년 전의 나였다면, 서슴지 않고 '아니다'라고 말했을 것입니다. 그다지 알려지지 않은 회상록[7]에 어떤 목격자의 증언으로 이 사건

---

6) T. Parsons and E. Shils, *Towards a General Theory of Action*(3rd ed., 1954), p. 167.
7) Lord George Sanger, *Seventy Years a Showman*(2nd ed., 1926), pp. 188-189.

이 실려 있기는 하지만, 역사가가 그것을 다룰 만한 가치가 있다고 판단하리라고는 생각되지 않기 때문입니다.

그런데 1년 전 키트슨 클라크 박사(영국의 역사가. 1900~1975)가 포드 재단에서 후원한 옥스퍼드의 강연에서 이 사건을 언급했습니다.[8] 그러면 이로써 역사적 사실이 될 수 있을까요? 아직은 아니라고 생각합니다. 그것의 현재 지위는 역사적 사실이라는 고급 클럽의 회원으로 추천을 받은 정도라고 생각합니다. 지금 재창자나 후원자를 기다리고 있는 격이지요. 앞으로 몇 해쯤 지나는 동안에 이 사건이 19세기 영국을 논한 논문이나 책에서, 처음에는 각주에, 이어 본문에 나타나는 것을 보게 될지도 모르고, 2, 30년 뒤에는 확실한 역사적 사실이 될지도 모릅니다. 아니면 이것을 후원할 사람이 끝내 아무도 나타나지 않을지도 모릅니다. 그렇게 되면 키트슨 클라크 박사가 친절하게도 거기서 꺼내 주려고 애를 쓴 저 과거에 관한 비역사적 사실이라는 감옥으로 되돌아가겠지요.

이 두 가지 중 어느 쪽이 실현되는가를 정하는 것은 무엇일까요? 내 생각으로는, 키트슨 클라크 박사가 이 사건을 인용하여 확증하려고 한 주장이나 해석을, 다른 역사가들이 정당하고 의의가 있다고 인정하느냐 않느냐에 달려 있을 것입니다. 역사적 사실의 지위는 해석의 문제에 의존할 것입니다. 이 해석의 요소는 역사상의 모든 사실에 개입합니다.

개인적인 추억담을 꺼내도 좋을까요? 여러 해 전, 내가 이 케임브리지 대학에서 고대사를 연구하고 있을 때, 연구 주제는 '페르시아 전쟁 시대의 그리스'였습니다. 나는 열다섯 권인가 스무 권쯤 되는 책을 책장에 모아 놓고, 내 주제와 관계 있는 모든 사실은 이 책들에 기록되어 있다고 믿어 의심치 않았습니다. 그 책들은 당시 이 주제에 대해서 알아낸, 그리고 알아낼 수 있었던 모든 사실을 포함하고 있었다고—이는 매우 진실에 가까운 말입니다—가정합시다. 그러나 그러한 사료집이 전에는 누군가가 알고 있었을 무수한 모든 사실 가운데서 살아남아, 이것이 진짜 역사상의 사실이 된 것이 순전히 어떤 우연에 의한 것인지, 아니면 어떤 마멸 과정에 따른 것인지 검토해 볼 생각은 전혀 들지 않았습니다.

---

8) Dr. Kitson Clark, *The Making of Victorian England*(1962)

오늘날에도 고대사 및 중세사가 매력을 끄는 이유 중의 하나는, 우리가 사용할 수 있는 모든 사실이 우리 손이 닿는 범위 안에 있다는 착각을 주기 때문이 아닐까요? 다시 말해서, 알려져 있는 얼마 되지 않는 사실이 모두 고스란히 역사적 사실인 데서, 역사상의 사실과 과거에 관한 다른 사실 사이의 귀찮은 구별이 사라져 버리기 때문이 아닐까요?

고대와 중세를 연구한 베리(영국의 역사가. 1861~1927)가 말하듯이 '고대사 및 중세사의 기록은 빈틈투성이'[9]입니다. 역사는 분실된 조각이 많은 거대한 그림 퍼즐이라고 일컬어져 왔습니다. 그러나 주된 고민은 빈틈에 있는 것이 아닙니다. 우리가 알고 있는 기원전 5세기 그리스의 모습이 불완전한 까닭은, 많은 사실이 우연히 분실되었다는 것이 주된 이유가 아니고, 오히려 전체적으로 그것이 아테네 시의 주민 가운데 정말로 작은 무리에 의해서 형성된 모습이라는 이유 때문입니다.

기원전 5세기의 그리스가 아테네 시민의 눈에 어떻게 보였는가 하는 것은 우리가 꽤 잘 알지만, 스파르타인이나 코린트인, 테베인의 눈에—페르시아인, 또는 노예, 아테네 주민이라도 시민이 아닌 사람들까지야 말할 것도 없이—어떻게 보였는가에 대해서는 우리는 거의 알지 못합니다. 우리가 알고 있는 모습은 우연에 의해서라기보다 오히려 의식적이든 무의식적이든 어떤 특정한 견해에 완전히 물들어 있던, 그리고 그 견해를 입증하는 사실이야말로 보존할 가치가 있다고 생각한 사람들이 우리를 위해서 미리 선택하고 결정한 것에 따릅니다.

그와 마찬가지로 중세를 다룬 현대의 역사서 가운데 중세 사람들이 종교에 깊은 관심을 갖고 있었다고 씌어 있는 것을 읽으면, 어떻게 그것을 알 수 있을까, 정말로 그럴까 하는 의문이 듭니다. 우리들이 중세사의 사실이라고 알고 있는 것은 거의 예외 없이 연대기 작가들이 몇 대에 걸쳐서 우리를 대신해 골라 준 것으로, 그 연대기 작가들이란 직업적 전문성 면에서 종교의 이론과 실천밖에는 안중에 없었던 사람들이라서 당연히 종교를 다시없이 중요한 것으로 생각하고, 종교에 관계되는 것은 무엇이나 기록한 반면 다른 것들은 그렇게 하지 않았습니다.

---

[9] J.B. Bury, *Selected Essays*(1930), p. 52.

신앙심 깊은 러시아 농민의 모습은 1917년의 혁명으로 부서지고 말았습니다. 신앙심 깊은 중세인의 모습은 그것이 진실이든 진실이 아니든 이제는 깨뜨릴 수가 없습니다. 왜냐하면 중세인에 대해서 알려져 있는 거의 모든 사실은 그것을 믿었던 사람들, 다른 사람들이 그것을 믿기를 바라던 사람들이 우리를 대신해 미리 선별한 것이기 때문입니다. 그리고 아마도 그 반대의 증거가 되었을 다른 많은 사실은 분실되어 이제 되찾을 도리가 없기 때문입니다. 사멸한 몇 세대인가의 역사가, 필경사, 연대기 작가의 죽은 손에 의해서 과거의 형태가 정해져 버려서, 이제 재판소에 항소할 여지도 남아 있지 않습니다. 배러클러프 교수(영국의 역사가. 1908~1984)는 자신이 중세사가로서 수학한 사람임에도 다음과 같이 쓰고 있습니다. "우리가 읽고 있는 역사는 확실히 사실에 바탕하고 있기는 하지만, 엄밀히 말하면 결코 사실이 아니라 오히려 널리 인정된 일련의 판단들이다."[10]

무지의 필요에 대하여

이제 근대사가 직면한 이상과는 다른, 그러나 그만큼 심각한 난제 쪽으로 이야기를 옮겨 갈까 합니다.

고대사와 근대사 연구자들은 오랜 세월에 걸쳐 진행된 방대한 선별 과정 덕분에, 편하게 쓸 수 있는 정도의 역사적 사실만을 남긴 사료집을 얻게 된 것을 감사해야 할 수도 있습니다. 리턴 스트레이치(영국의 전기 작가. 1880~1932)는 짓궂게 이렇게 말합니다.

"무지(無知)는 역사가의 첫째 요건이다. 무지 덕에 단순화와 명료화, 선택과 생략이 가능해진다."[11]

나는 고대사나 중세사의 서술에 전념하는 학자들의 대단한 능력에 시샘을 느낄 때면 그 사람들이 유능한 까닭은 주로 자기들의 주제에 대해서 아주 무지하기 때문이라고 생각함으로써 스스로 위안을 얻습니다. 근대사가는 이처럼 미리 자리 잡힌 무지의 혜택을 하나도 보지 못합니다. 근대사가는 이 필요한 무지를 스스로 길러야 하며, 자기 자신의 시대에 접근할수록 그것은 더 심해집니다. 다

---

10) G. Barraclough, *History in a Changing World* (1955), p. 14.
11) Lytton Strachey, Preface to *Eminent Victorians*.

시 말해서 그는 약간의 중요한 사실을 발견하여 역사상의 사실로 만드는 동시에 많은 중요하지 않은 사실을 비역사적 사실로서 버리는 이중의 임무가 있는 것입니다.

그러나 이 관점은 역사란 논의의 여지가 없는 객관적 사실을 되도록 많이 모은 편찬본이라고 생각하는 19세기의 이단설(異端說)과는 정반대의 것입니다. 누구든지 이 이단설에 굴복한 사람은, 역사를 수지가 맞지 않는 일이라고 포기하고는 우표 수집, 고물 수집 등으로 전향하거나 아니면 정신 병원에 들어가게 될 것입니다. 이 이단설이야말로 지난 100년 동안 근대사가에게 파멸적인 영향력을 발휘하여 독일, 영국, 미국 등 여러 나라에서 무미건조한 사실사(事實史)의 어마어마한 뭉치를 다룬 세밀하고 소상한 논문들을, 나아가서는 사실의 대양 속에 흔적도 없이 가라앉아 버릴 자질구레한 일들을 더욱 많이 앎으로써 점점 더 아는 게 없어지는 엉터리 역사가의 거대한 집단을 낳고 말았던 것입니다.

이 이단설이야말로—자유주의에 대한 충성과 가톨릭에 대한 충성 사이에 있었다는 갈등보다—역사가로서의 액턴을 좌절시킨 것이 아닐까 하는 생각이 듭니다. 초기 논문에서 그는 은사 될링거(독일의 역사가. 1799~1890)에 대해서 다음과 같이 말하고 있습니다.

"그는 불완전한 자료로는 결코 글을 쓰려고 하지 않았으며, 그에게 자료는 언제나 불완전했다."[12]

이렇게 이야기함으로써 아마 액턴은 자기 자신에 대해서, 즉 케임브리지 대학의 근대사 흠정강좌(欽定講座) 주임교수 자리에 앉은 이들 가운데서 가장 탁월한 인물로 널리 인정되었던 이 역사가가 한 번도 역사책을 쓰지 않았다는 기묘한 현상을 미리 예단했던 모양입니다.

그리고 액턴은 그가 죽은 뒤에 바로 간행된 《케임브리지 근대사》 제1권의 '머리말'에서 자신의 묘비명을 써 놓았습니다. 왜냐하면 그는 역사가에게 제시된 요구가 역사가들을 '학자에서 백과사전 편찬자로 전향시키려 하고 있는 것'[13]을 한

---

12) G.P. Gooch, *History and Historians in the Nineteenth Century*, p. 385에서 재인용. 그 뒤 액턴은 될링거에 대해서 다음과 같이 말했다. "그는 무릇 인간이 입수할 수 있는 최대한의 사실에 입각하여 자기의 역사철학을 세운 사람이었다."(*History of Freedom and Other Essays*, (1907), p. 435.)

탄하고 있기 때문입니다. 무언가가 잘못되었던 것입니다. 그 잘못은 확실한 사실이라는 것을 역사의 기초로 보고 그것을 지칠 줄 모르게 수집해야 한다는 신념, 사실은 스스로 이야기한다든가, 사실은 아무리 모아도 너무 많을 수는 없다는 신념, 요컨대 그 시대의 어떤 절대적 신념을 말하며, 그 신념이 얼마나 절대적이었냐 하면 그 무렵 '역사란 무엇인가?'라는 질문을 스스로 던질 필요가 있다고 생각하는 역사가가―오늘날에도 어떤 역사가들은 불필요하다고 생각하고 있습니다만―거의 없었을 정도입니다.

문서가 말하는 것

19세기의 사실 숭배는 문서 숭배에 의해서 완성되고 정당화되고 있었습니다. 문서는 사실이라는 지성소(至聖所)에 모셔진 '언약궤'였습니다. 경건한 역사가는 머리를 조아리고 문서에 다가가서 경외에 찬 어조로 그것에 대해서 말했습니다. 문서에 적혀 있는 한 그것은 바로 사실이었습니다.

그러나 우리가 제대로 한번 따지고 들어 보자면, 그 문서들―법령, 조약, 대부대장(貸付臺帳), 보고서, 공식 서한, 사신(私信), 일기―이 우리에게 말해 주는 것은 과연 무엇일까요? 어떤 문서라도 그 문서의 필자가 생각하고 있었던 것 이상을 우리에게 말해 줄 수는 없습니다. 말하자면, 그 필자가 일어났다고 생각한 것, 일어나야만 한다든가 일어날 것이라고 생각한 것, 혹은 다른 사람들도 자기가 생각한 것처럼 생각해 주기를 바랐던 것, 아니면 다만 자기가 생각했다고 스스로 생각했을 뿐인 것, 그 이상의 것을 문서가 우리에게 말해 줄 수는 없습니다. 이 모든 것은 역사가가 문서를 연구하여 해독할 때까지는 아무것도 의미하지 않습니다. 사실들은 문서에 실려 있거나 없거나 역사가의 손으로 처리를 해야 비로소 역사가가 사용할 수 있으며, 역사가가 사실을 사용하는 쓰임새가―이런 말을 써도 괜찮다면―바로 이 처리 과정인 것입니다.

내가 우연히 상세하게 알 기회를 얻은 한 가지 사례를 통해서 내가 말하고자 하는 바를 설명해 볼까 합니다. 구스타프 슈트레제만은 바이마르 시대의 독일

---
13) *The Cambridge Modern History*, i(1902), p. 4.

외무장관으로 1929년에 세상을 떠났습니다. 그는 대단한 분량—300상자 한가득—의 공식, 반공식(半公式), 또는 개인 문서를 사후에 남겼습니다. 그 대부분은 외무장관직에 있었던 6년 동안의 시기와 관련 있는 것이었습니다. 당연히 그의 친구들이나 친척들은 그것으로 이 위대한 인물을 위한 기념 사업을 벌여야 한다고 생각했습니다. 그의 충실한 비서였던 베른하르트가 그 일을 시작했습니다. 그리하여 3년 뒤에 300개 상자 속에서 선별된 문서가 《슈트레제만의 유산》이라는 인상 깊은 표제로 전 3권, 각 권 600쪽 분량으로 출판되기에 이르렀습니다.

보통 같으면 문서 그 자체는 지하실이나 다락방에서 썩어 영원히 사라져 버리거나 아니면 100년쯤 지난 뒤에야 어느 호기심 많은 학자가 발견하여 베른하르트가 편찬한 책과 비교하는 작업에 착수했겠지요. 그런데 더 극적인 일이 일어났습니다. 1945년 영국과 미국의 양 정부가 이 문서를 입수하여 사진으로 찍어서 런던의 공문서 보관소와 워싱턴의 국립문서 보관소에 비치하여 학자들이 이용할 수 있게 했습니다. 그 결과 상당한 인내력과 호기심만 있다면, 베른하르트가 무엇을 했는지 정확히 알아볼 수 있게 되었습니다.

그가 한 일은 매우 특이하지도 않고 그리 충격적인 것도 아니었습니다. 슈트레제만이 죽었을 때, 그의 서방 정책은 몇 가지 훌륭한 성공—로카르노 조약, 독일의 국제연맹 가입, 도스 안(Dawes Plan), 영 안(Young Plan), 미국 차관, 연합국 점령군의 라인하르트 철수 등—으로 결실을 이룬 것처럼 생각되었습니다. 이것들은 슈트레제만의 외교 정책 가운데서 중요하고도 성공한 부분으로 생각되기 때문에 이 점이 베른하르트의 문서 선택에서 좀 지나치게 나타났다 하더라도 부자연스러운 일은 아니었습니다.

이와 달리 슈트레제만의 동방 정책, 소련과의 관계는 이렇다 할 성과 없이 끝난 것처럼 보입니다. 게다가 하찮은 결과밖에 낳지 않은 교섭에 대한 많은 문서는 그다지 흥미롭지도 않았으며, 슈트레제만의 명성에 아무런 도움도 되지 않았다면 선택의 과정도 당연히 더 엄격해졌을 것입니다. 그런데 사실 슈트레제만은 베른하르트가 편찬한 책의 독자가 추측하는 것보다 훨씬 열성적으로 소련과의 관계에 꾸준히 주의를 기울였으며, 그 관계가 그의 외교정책 전체에서도 생각보다 큰 역할을 했습니다. 그러나 이렇게 말하기는 해도 베른하르트가 편찬한 3권은 여느 역사가들이 맹목적으로 믿고 있는 다른 많은 사료선집에 비하면 훌륭하다고 생각합니다.

이 이야기는 여기가 끝이 아닙니다. 베른하르트가 편찬한 책이 출판되고 얼마 안 되어 히틀러가 권력을 쥐었습니다. 슈트레제만의 이름은 독일에서 잊히고 그 책은 서점에서 자취를 감추었으며, 상당 부수가, 아니 거의 대부분이 말살된 것이 틀림없습니다. 오늘날 《슈트레제만의 유산》은 상당한 희귀본이 되었습니다.

그러나 서구권에서 슈트레제만의 명성은 높았습니다. 1935년 영국의 어느 출판사는 베른하르트 저서의 축약 번역본—말하자면 베른하르트가 만든 선집에서 발췌한 선집—을 출판했습니다. 대략 원본의 3분의 1가량이 삭제되어 있습니다. 독일어 번역가로서 유명한 서턴이 이 작업을 아주 훌륭하게 해냈습니다. 서턴은 서문에서, 이 영문판은 "좀 축소되었지만, 영국의 독자나 연구자에게는 별로 흥미가 없을—수명이 짧다고 여겨지는—사항을 얼마간 생략한 데 지나지 않는다"[14]고 밝혔습니다. 이 또한 자연스러운 일입니다.

그러나 그 결과 베른하르트의 책에서 이미 소략하게 다루어진 슈트레제만의 동방 정책은 그 존재가 점점 희미해져서 서턴의 책에서는 마치 어쩌다 끼어든 달갑지 않은 침입자처럼 되어 버렸습니다. 그럼에도 소수의 전문가를 제외한 보통 사람들에게 슈트레제만의 진정한 목소리를 서구 세계에 전한 사람은 서턴이지 베른하르트가 아니며, 하물며 문서 그 자체는 더더욱 아니라고 말해도 무방합니다. 만일 1945년에 문서가 폭격으로 소실되었더라면, 또 베른하르트의 책 나머지가 없어졌다면, 서턴의 가치와 권위는 결코 의심받지 않았을 것입니다. 원본이 없기 때문에 역사가들이 기꺼이 받아들이는 문서의 많은 인쇄본들도 기껏해야 이런 식으로 가장 확실한 역사적 근거가 됩니다.

그러나 나는 이야기를 한 걸음 더 진행시킬까 합니다. 베른하르트나 서턴은 이제 잊어버리기로 합시다. 그리고 유럽 현대사에서 일어난 몇 가지 중요한 사건에 주도적으로 참여했던 한 사람이 남긴 가치 있는 원본 문서를 우리가 언제든지 참조할 수 있다는 데 감사하기로 합시다. 그 문서들은 우리에게 무엇을 말하고 있

---

14) *Gustav Stresemann, His Diaries, Letters and Papers*, i(1935), Editor's Note.

는 것일까요? 무엇보다도 그 문서는 슈트레제만이 베를린 주재 소련 대사와 가진 몇백 번의 회담 및 치체린(소련의 외교관. 1872~1936)과 가진 20여 차례의 회담에 관한 기록이 포함되어 있습니다.

그 기록에는 공통적인 특징이 하나 있습니다. 그것은 슈트레제만이 이 회담에서 주도권을 장악하고 있는 모습으로 그려지며, 그의 이론이 언제나 적절하고 설득력이 있는 데 반해서 상대편의 이론은 대체로 빈약하고 혼란스럽고 설득력이 없는 것으로 나타납니다. 이는 외교 회담에 관한 모든 기록에서 흔히 볼 수 있는 특징입니다. 그 문서들은 무슨 일이 일어났는지 우리에게 말해 주는 것이 아니라 슈트레제만이 일어났다고 생각했던 것, 그가 다른 사람들도 그렇게 생각해 주었으면 하고 바란 것, 아니면 아마 그가 일어났다고 생각하고 싶었던 것만을 말해 줄 뿐입니다.

선별 작업을 시작한 것은 서턴도 베른하르트도 아니고, 슈트레제만 바로 그 자신이었던 것입니다. 그래서 만일 우리가 같은 회담에 관한 치체린의 기록을 가지고 있다면 거기서는 역시 치체린이 생각했던 것만을 알게 될 뿐이고, 실제로 일어난 일은 역시 역사가의 생각 속에서 재구성되어야만 할 것입니다. 물론 사실과 문서는 역사가에게 중요합니다. 그러나 사실이나 문서를 숭배해서는 안 됩니다. 사실이나 문서가 스스로 역사를 만드는 것은 아닙니다. 그것들은 '역사란 무엇인가?'라는 이 까다로운 문제에 미리 준비된 해답을 주지는 않습니다.

19세기의 역사관

여기서 19세기의 역사가들이 일반적으로 왜 역사철학에 무관심했나 하는 문제를 잠깐 말해 볼까 합니다. 역사철학이라는 용어를 만든 사람은 볼테르이며, 그 뒤 여러 가지 뜻으로 쓰여 오고 있지만, 내가 이 말을 쓸 때는 '역사란 무엇인가?'라는 문제에 대한 우리의 답을 의미하는 것이라고 생각하겠습니다.

서유럽의 지식인들에게 19세기는 자신감과 낙관주의가 한껏 드러난 기분 좋은 시기였습니다. 사실들은 대체로 만족할 만한 것이었으므로, 이 사실들에 대해서 귀찮은 문제를 제기하거나 이에 대답하거나 하는 경향은 미약했습니다. 랑케는 자기가 사실들에 신경을 쓰면, 역사의 의미는 신의 섭리가 알아서 처리해 주리라고 경건하게 믿었습니다. 그리고 부르크하르트(스위스의 역사가. 1818~1897)는, "우리는 영원한 지혜를 구하려는 목적을 갖고 있는 것은 아니다"라고 좀 더 근대적인 냉소주의에 기대서 말했습니다. 가깝게는 1931년에 버터필드 교수(영국의 역사가. 1900~1979)가 명백히 만족스러운 태도로 말했습니다.

"역사가는 사물의 본질 따위는 물론, 자기 연구 주제의 본질도 그다지 성찰해 본 일이 없다."[15]

이에 비하면 나에 앞서 이 강연을 담당하셨던 A.L. 로즈 박사(영국의 역사가. 1903~1997)는 좀 더 공정한 비판 정신에 기반해, 윈스턴 처칠의 《세계의 위기》—제1차세계대전에 관한 저서—에 대해서 그 책은 개성, 생명력, 생생함 면에서는 트로츠키의 《러시아 혁명사》에 견줄 만하지만 한 가지 점에서는 그보다 못하다, 다시 말해서 "그 바탕에 역사철학이 없다"[16]고 말하였습니다.

영국의 역사가들이 역사철학에 끌려 들어가기를 거부한 것은 그들이 역사에는 아무런 의미도 없다고 믿었기 때문이 아니라 역사의 의미는 말하지 않아도 이미 내포되어 있고, 자명한 것이라고 믿었기 때문입니다. 19세기의 자유주의적인 역사관은 자유방임 경제학설이라는, 그 또한 태평스럽고 자신에 찬 세계관의 산물과 깊은 관계가 있었습니다. 누구든지 자기가 좋아하는 일에 전념하라, 그러면 보이지 않는 손이 보편적인 조화를 이끌어 주리라는 것입니다. 역사상의 사실들 자체가, 더 높은 곳을 지향하는 이롭고도 한없는 진보라는 최상위의 사실을 입증하는 것으로 여겨졌던 것입니다.

순진한 시대였습니다. 역사가들은 역사라는 신 앞에서 한 조각의 철학도 걸치지 않고 발가벗은 채로 부끄러움도 없이 에덴 동산을 걸어다녔던 것입니다. 그 뒤 우리는 '죄'를 알게 되고, '타락'을 경험하게 되었습니다. 오늘날 역사철학 없이 지내려 하는 역사가들은, 나체촌의 주민들처럼 허영과 과시의 기분으로 자기들의 전원 주택지에 '에덴 동산'을 재건하려고 하는 데 지나지 않습니다. 오늘날 성가신 질문에서 달아날 길은 더 이상 없습니다.

---

15) H. Butterfield, *The Whig Interpretation of History* (1931), p. 67.
16) A. L. Rowse, *The End of an Epoch* (1947), pp. 282-283.

역사가가 역사를 만든다

지난 50년 동안 '역사란 무엇인가?'라는 문제에 대해서 수많은 진지한 연구가 진행되어 왔습니다. 역사에서 사실의 우월성 및 자율성이라는 학설에 대한 최초의 도전은 1880, 90년대 독일에서 나왔습니다. 독일은 19세기 자유주의의 안정적인 지배를 뒤집기 위해 분투해야만 했던 나라였습니다. 그 도전을 행한 철학자들은 거의 이름밖에 알려져 있지 않으며, 그들 가운데 딜타이(독일의 역사가, 철학자. 1833~1911)만이 최근 영국에서 뒤늦게 인정받게 되었습니다. 20세기에 이르기까지 영국에서는 번영과 자신감이 여전했기 때문에 사실 숭배에 일격을 가한 이단자들은 주의를 끌지 못했습니다. 그러다 20세기 초에 횃불은 이탈리아로 건네져서 크로체(이탈리아의 철학자. 1866~1952)가 하나의 역사철학을—이것은 분명히 독일의 거장들에게서 힘입은 바가 큽니다만—제기하기 시작했습니다. 모든 역사는 '현대사'라고 크로체는 선언했습니다.[17] 그 속뜻은 역사란 본래 현재의 눈을 통해 현재의 문제에 비추어서 과거를 보는 것이며, 역사가의 주된 일은 기록하는 것이 아니라 평가하는 일이니, 만일 역사가가 평가하지 않는다면 무엇이 기록할 만한 가치가 있는지 어떻게 알 수 있겠는가 하는 것입니다.

1910년 미국의 역사가 칼 베커는 일부러 자극적인 언어로 다음처럼 말했습니다.

"역사상의 사실들은 역사가가 그것을 창조할 때까지는 어느 역사가에게도 존재하는 것이 아니다."[18]

이러한 도전들은 당시는 거의 주목받지 못했습니다. 크로체의 주장이 프랑스나 영국에서 크게 유행하기 시작한 것은 겨우 1920년 이후의 일입니다. 생각건대 그 까닭은 크로체가 독일의 선배들보다 섬세한 사상가라거나 뛰어난 문장가였기 때문이 아니라, 제1차세계대전 이후에는 사실들이 1914년 이전에 비해서 우리에게 따뜻이 미소를 지어 보이지 않는 듯했기 때문이며, 그래서 우리는 사실들의

---

17) 이 널리 알려져 있는 명구의 맥락은 다음과 같다. "무릇 역사적 판단의 기초에는 실천적 요구가 있어서 모든 역사에는 '현대사'의 성격이 주어진다. 왜냐하면 서술되는 사건이 아무리 멀리 떨어진 시대의 것으로 보이더라도, 실은 그 역사는 현대의 요구 및 상황 내부에서 반향하며 그것에 대해서 말하고 있기 때문이다."(B. Croce, *History as the Story of Liberty* (Engl. transl., 1941), p. 19.)
18) *Atlantic Monthly*, October 1910, p. 528.

권위를 떨어뜨리려고 하는 철학에 전보다 친근감을 느끼게 되었나 봅니다.

크로체는 옥스퍼드 대학의 철학자이자 역사가인 콜링우드에게 큰 영향을 주었습니다. 콜링우드는 역사철학에 중대한 공헌을 한 20세기의 유일한 영국 사상가입니다. 그는 자신이 계획한 체계적인 저술을 완성할 만큼 오래 살지는 못했습니다. 그러나 그가 죽은 뒤 이 주제를 논한 발표 및 미발표의 원고들은 수집되어 1945년에 《역사의 개념》이라는 한 권의 책으로 출간되었습니다.

콜링우드의 견해는 다음과 같이 요약할 수 있습니다.

"역사철학은 '과거 그 자체'를 다루는 것도 아니고, '과거 그 자체에 대한 역사가의 생각'을 다루는 것도 아니며, '상호 연관성을 가지는 그 두 가지'를 다루는 것이다. (이 말은 지금 사용되는 '역사'의 두 가지 뜻—역사가가 하는 연구와 역사가가 연구하는 과거의 일련의 사건—을 반영합니다.) 어떤 역사가가 연구하는 과거는 죽은 과거가 아니라, 어떤 의미에서 현재에 여전히 살아 있는 과거이다. 그러나 과거는 역사가가 그 배후에 있었던 사유를 이해할 수 있을 때까지는, 역사가에게는 죽은 것, 즉 의미 없는 것이다. 그러므로 '모든 역사는 사유의 역사'가 되고, 역사란 '사유의 역사를 연구하고 있는 역사가가 그 사유를 자신의 생각 속에 재연한 것'이다."

역사가의 생각 속에서 과거의 재구성은 경험적인 증거에 의거하여 이루어집니다. 그러나 이 재구성 자체는 경험적 과정이 아니고, 사실들의 단순한 나열만으로 그치는 것도 아닙니다. 오히려 재구성의 과정이 사실들의 선택과 해석을 지배합니다. 다시 말해서 바로 이것이 사실들을 역사적 사실들로 만드는 것입니다. 이 점에서 콜링우드에 가까운 오크숏 교수(영국의 정치학자, 1901~1990)는 이렇게 말합니다.

"역사란 역사가의 경험이다. 역사는 그 누구도 아닌 역사가가 '만든' 것이며, 역사를 쓰는 것이 역사를 만드는 유일한 방법이다."[19]

---

19) M. Oakeshott, *Experience and Its Modes*(1933), p. 99.

먼저 역사가를 연구하라

이 날카로운 비판은 중요한 문제가 조금 남기는 하지만, 몇 가지 잊힌 진리를 밝히고 있습니다.

첫째, 역사의 사실들은 순수한 형태로 존재하지 않고 또 존재할 수도 없으므로, 결코 '순수'하게 우리 앞에 나타나지 않는다는 것, 다시 말해서 언제나 기록자의 생각을 통과해서 굴절해 들어오는 것이라는 점입니다. 따라서 우리가 역사책을 읽을 때, 우리의 첫 관심사는 그 책이 담고 있는 사실이 아니라 그 책을 쓴 역사가여야 합니다. 이 강연은 위대한 역사가인 조지 매콜리 트리벨리언(영국의 역사가. 1876~1962)을 기리고자 그의 이름을 따서 개설되었는데, 그를 예로 들어 말씀 드리기로 하겠습니다.

트리벨리언의 자서전에 나와 있듯이, 그는 '매우 강한 휘그적 전통을 가진 가정에서 자란'[20] 사람입니다. 그러므로 내가 그를 휘그적 전통을 가진 영국의 자유주의 역사가들 중에서 최후이자 그들 못지않은 역사가라고 부른다 하더라도 그가 이 명칭에 반대하지는 않기를 바랍니다. 그가 자기의 계보를 더듬어 올라가서, 위대한 휘그 역사가 조지 오토 트리벨리언(영국의 정치가. 1838~1928)을 거쳐 휘그의 역사가 가운데에서도 유례없이 위대한 토머스 배빙턴 매콜리(영국의 역사가, 정치가. 1800~1859)에 이르는 데는 다 그럴 만한 이유가 있습니다.

트리벨리언의 가장 훌륭하고 원숙한 저서 《앤 여왕 시대의 영국》은 위와 같은 배경에서 씌었고, 또 그것을 배경으로 읽어야만 그 뜻과 중요성이 독자들에게 전해집니다. 사실 저자의 집필 방법으로 보아 독자는 그렇게 하지 않을 수 없을 것입니다. 왜냐하면 탐정소설을 좋아하는 사람들이 곧잘 하는 방식대로 결말을 먼저 읽으면 제3권의 마지막 몇 페이지에, 오늘날 휘그적 역사 해석이라 일컬어지고 있는 것의—내가 아는 한—가장 훌륭한 요약본이 있기 때문입니다. 그리고 트리벨리언의 시도가 휘그적 전통의 기원과 발전을 규명하는 것이고 또 그 전통의 뿌리가 그 건설자인 윌리엄 3세의 죽음 뒤의 몇 해 동안에 놓여 있다는 것을 당당하게 확정하는 것임을 아시게 될 것입니다. 이것이 앤 여왕의 통치 시기 사건들

---

[20] G.M. Trevelyan, *An Autobiography* (1949), p. 11.

에 대해서 생각할 수 있는 유일한 해석은 아니겠지만, 이는 하나의 유효한 해석이며, 트리벨리언이 노력해서 얻어 낸 하나의 유익한 해석입니다.

그러나 이 해석의 가치를 완전히 이해하려면, 이 역사가가 무엇을 하고 있는지를 이해할 필요가 있습니다. 왜냐하면 콜링우드가 말했듯이, 역사가가 자신이 선택한 등장인물의 마음속에서 벌어진 일을 자기 생각 속에 재연해야 한다면, 독자는 독자대로 역사가의 마음속에서 벌어진 일을 재재연해 내야 하기 때문입니다. 다시 말해서 역사가가 다루고 있는 사실들을 연구하기 전에 그 역사가를 연구해야 한다는 것입니다. 이것은 그리 난해한 일은 아닙니다. 세인트주드 대학의 존스 교수의 저서를 읽으라는 권유를 받은 영리한 학부생이 세인트주드 대학에 다니는 친구를 만나 존스 교수가 어떤 사람이고 어떤 말을 주로 하는지 물어보는, 말하자면 그런 식의 행동이나 마찬가지입니다. 역사책을 읽을 때는 역사가가 어떤 소리를 내는지에 귀 기울이는 것이 좋습니다. 아무것도 들리지 않는다면, 당신 귀에 무슨 이상이 있거나 당신이 읽고 있는 역사가가 따분한 소리만 늘어놓는 머저리입니다.

사실들은 절대로 생선 가게의 도마 위에 놓인 생선 같은 것이 아닙니다. 오히려 사실들은 너무도 광대하고 때로는 접근조차 할 수 없는 바닷속을 헤엄쳐 다니는 물고기 같은 것이며, 역사가가 무엇을 잡느냐 하는 것은 우연도 있지만 대부분은 그가 바다의 어디쯤에서 낚시질을 하느냐, 어떤 낚시 도구를 쓰느냐—물론 이 두 가지 요소는 그가 잡으려는 물고기의 종류에 따라서 결정되는데—에 따라서 달라집니다.

대체로 역사가는 자기가 원하는 사실들을 손에 넣으려고 하는 법입니다. 역사란 해석을 말합니다. 실제로 조지 클라크의 금언을 뒤집어, 역사란 '반론의 여지가 있는 사실들이라는 과육에 감싸인 해석이라는 딱딱한 알맹이'라고 말하고 싶은 심정이지만, 이런 말은 확실히 일방적이고 오해를 불러올 수 있는 발언이 될 것입니다. 다만 그렇다고 클라크의 말보다 더 심할 것도 없다고 감히 생각해 봅니다.

상상적 이해의 필요

콜링우드의 주장의 두 번째 내용은 더 알기 쉽습니다. 즉 역사가는 자기가 연구하는 사람들의 마음을, 그들이 행위하는 배후에 있는 생각을 상상적으로 이해할 필요가 있다는 것입니다. 내가 '공감'이라는 말 대신 '상상적 이해'라고 한 까닭은, 공감이라는 표현이 동의를 의미하는 것처럼 여겨지면 곤란하기 때문입니다.

19세기의 중세사 연구는 빈약했습니다. 그 까닭은 중세의 미신 같은 신앙이나 그 신앙에서 비롯된 잔학 행위에 대한 격렬한 거부감이 중세인들에 대한 상상적인 이해를 너무나 심하게 가로막았기 때문입니다.

부르크하르트가 30년 전쟁에 가한 준엄한 비판도 한번 생각해 봅시다. "가톨릭이건 프로테스탄트건, 그 종교적 구원을 국가의 보전보다 앞세우는 것은 수치이다."[21]

자기 나라를 지키기 위해서 사람을 죽이는 것은 칭송받을 만한 옳은 일이지만, 자기 종교를 지키려고 사람을 죽이는 것은 사악하고 그릇된 짓이라고 믿도록 교육받아 온 19세기의 자유주의 역사가들로서는, 30년 전쟁에서 싸운 사람들의 마음을 이해한다는 것은 매우 어려운 일이었습니다.

이런 어려움은 현재 내가 연구하고 있는 영역에서는 특히 심합니다. 지난 10년 동안 영어를 사용하는 여러 나라에서 나온 소련 관련 문헌의 대부분, 그리고 소련에서 나온 영어 사용권 국가들 관련 문헌의 대부분이 무가치한 것은, 상대의 마음에서 일어나고 있는 것을 기본적인 수준에서조차 상상적으로 이해하지 못했으며, 그 결과 상대의 말이나 행동이 언제나 악의에 찬 비상식적이고 위선적인 것으로 보이게 되었기 때문입니다. 역사가가 자기가 쓰고자 하는 대상들의 마음과 그 어떤 접촉도 할 수 없다면, 역사는 쓰일 수 없습니다.

현재의 눈을 통해서 본다

세 번째로, 우리는 현재의 눈을 통해서만 과거를 바라볼 수 있고, 과거를 이해하는 데 성공할 수 있습니다. 역사가는 그 자신이 살고 있는 시대의 사람이며, 인

---

21) J. Burckhardt, *Judgements on History and Historians* (1959), p. 179.

간의 실존조건 때문에 그 시대에 얽매여 있습니다. 역사가가 사용하는 말 그 자체가, 즉 민주주의, 제국, 전쟁, 혁명 같은 말이, 시대적 함의를 가지고 있으며, 역사가는 이런 말들을 그 함의에서 떼어 놓을 수가 없습니다.

고대사가들은 자기들이 이 함정에 빠져 있지 않다는 것을 보여 주고 싶은 나머지, '폴리스'라든가 '플렙스' 같은 원문의 어휘를 즐겨 사용해 왔습니다. 그러나 그것은 헛된 일입니다. 그들도 현재에 살고 있기에, 익숙하지 않거나 더 이상 안 쓰이는 언어를 사용한다고 해서 눈속임으로 과거로 들어갈 수 없다는 것은, 고대 그리스 복식이나 고대 로마의 토가를 걸치고 강의한다고 해서 더 훌륭한 그리스 로마 역사가가 될 수 없는 것과 마찬가지입니다.

역대 프랑스 역사가들은 프랑스 혁명에서 매우 두드러진 역할을 담당한 파리의 군중을 서술하면서 여러 가지 이름—레 상퀼로트,[22] 르 푀플,[23] 라 카나유,[24] 레 브라뉘[25] 등—을 사용하여 설명해 왔는데, 그런 말들이 동원되는 역사적 언어의 규칙을 아는 사람이 본다면 이것들은 모두 어떤 정치적 의견의 표현이자 특정한 해석을 담고 있는 것들입니다.

그럼에도 역사가에게는 선택의 의무가 있습니다. 언어의 사용 그 자체가 그를 중립적이지 못하게끔 하는 것입니다. 게다가 이것은 어휘의 문제만이 아닙니다. 지난 100년 동안 유럽에서의 힘의 균형 변화는 프리드리히 대왕에 대한 영국 역사가들의 태도를 뒤집어 놓았습니다. 그리스도 교회 내부에서의 가톨릭과 프로테스탄트 사이의 힘의 균형 변화는, 로욜라, 루터, 크롬웰 같은 인물에 대한 그들의 태도를 근본적으로 바꾸어 왔습니다. 프랑스 혁명에 관해 프랑스 역사가들이 해 온 지난 40년간의 작업을 피상적으로만이라도 안다면, 그들의 태도가 1917년의 러시아 혁명에서 얼마나 깊은 영향을 받았는지 알 수 있습니다.

역사가는 과거의 일원이 아니라 현재의 일원입니다. 트레버 로퍼 교수(영국의 역

---

[22] les san-culottes : 퀼로트, 즉 무릎 길이 반바지를 입지 않은 사람이란 뜻으로 프랑스 혁명에 참여한 3계급 사람을 의미.
[23] le peuple : 인민
[24] la canaille : 하층계급
[25] le bras-nus : 맨팔이라는 뜻으로, 노동 현장에서 소매를 걷어붙이고 일하는 노동자들.

사가. 1914~2003)는 역사가란 "모름지기 과거를 사랑하지 않으면 안 된다"[26]고 말하고 있습니다. 이것은 미심쩍은 명령입니다. 과거를 사랑한다는 것은, 흔히 늙은 사람들과 낡은 사회의 향수에 젖은 로맨티시즘의 발현이며, 현재나 미래에 대한 신념과 관심을 잃어버린 징후입니다.[27] 틀에 박힌 문구에는 틀에 박힌 문구로 응수하기 위하여, 나는 '과거의 죽은 손'으로부터 자신을 해방시키자는 진부한 문구를 선택하겠습니다. 역사가의 기능은 과거를 사랑하는 것도 아니고, 과거로부터 스스로를 해방하는 것도 아니며, 현재를 이해하는 열쇠로서 과거를 정복하고 이해하는 것입니다.

회의주의와 실용주의

지금까지는 콜링우드의 역사관이라고도 할 수 있는 견해를 조금 설명했다면, 이번에는 거기서 볼 수 있는 몇몇 위험을 고찰해보겠습니다. 역사 서술에서 역사가의 역할을 강조하는 것을 논리적 귀결에까지 밀고 나가면 모든 객관적 역사를 배제하게 되고, 역사는 역사가가 만드는 것이 되어 버립니다. 실제로 한때 콜링우드는 한 미발표 노트에서—그의 책의 편집자가 인용하면서 알려졌는데—이런 결론에 도달한 적이 있는 듯합니다.

"성(聖) 아우구스티누스는 초기 기독교의 관점에서, 티야몽은 17세기 프랑스인의 관점에서, 기번은 18세기 영국인의 관점에서, 몸젠은 19세기 독일인의 관점에서 역사를 바라보았다. 어느 것이 올바른 관점이냐 라고 묻는 것은 의미가 없다. 어느 관점이나 그것을 선택한 본인에게는 유일한 관점이었다."[28]

이런 식의 결론으로는 완전한 회의주의에 빠져, 프루드(영국의 역사가. 1814~1894)의 말처럼 "역사는 어린아이의 글자 상자 속 알파벳 맞추기 놀이와 마찬가지로 무엇이고 원하는 단어를 만들어 내면 된다"[29]는 식이 되어 버릴 것입

---

26) Introduction to J. Burckhardt, *Judgements on History and Historians*(1959), p. 17.
27) 다음과 같은 니체의 역사관 참조. '과거를 되돌아보고, 여러 가지로 계산하고 과거의 추억과 역사적 교양에 위안을 찾는 노인의 일은, 노령에게 걸맞는 일이다.'(*Thoughts Out of Season*(Engl. Transl., 1909), ii, pp. 65-66.)
28) R. Collingwood, *The Idea of History*(1946), p. xii.
29) A. Froude, *Short Studies on Great Subjects*, i(1894), p. 21.

니다.

콜링우드는 '가위질과 풀칠로 오려 붙인 역사'에 대한 반응으로 역사는 사실의 단순한 편찬이라는 역사관에 극구 반대한 나머지, 이번에는 역사를 인간의 두뇌가 엮어낸 것이라고 생각하는 위험한 입장에 지나치게 가까워져 버립니다. 그리하여 내가 앞서 인용했던 조지 클라크의 말이 암시하는, '객관적'인 역사적 진리란 아예 존재하지 않는다는 결론으로 되돌아가는 것입니다. 역사에는 아무런 의미가 없다는 이론 대신 무한한 의미가 있다는 이론이 제시되고, 딱히 어느 쪽이 더 옳다는 것도 없이 결국 피장파장의 지경에 이르러 버렸습니다.

두 번째 이론도 첫 번째 이론이나 마찬가지로 전적으로 옹호하기 어렵습니다. 보는 각도에 따라서 산의 모양이 달라 보인다고 해서 산은 원래 객관적 형태가 없다든가, 무한한 형태가 있다든가 할 수는 없습니다. 역사상의 사실을 결정할 때 필연적으로 해석이 작용한다고 해서, 또 현존하는 어느 해석이나 완전히 객관적이지 않다고 해서 어떤 해석도 차이가 없다든가, 역사의 사실은 원래 객관적 해석을 받아들일 수 없다고 말할 수는 없습니다. 역사에서의 객관성이란 무엇을 의미하는지 그 정확한 뜻은 나중에 반드시 살펴보겠습니다.

그러나 콜링우드의 가설에는 더 큰 위험이 숨어 있습니다. 역사가가 자기가 연구하는 시대를 볼 때 반드시 자기 시대의 눈을 통해서 보며, 현재의 문제에 대한 열쇠로서 과거의 문제들을 연구한다면, 역사가는 순전히 실용주의적인 사실관에 빠져서, 옳은 해석의 기준이란 현재의 어떤 목적에 대한 적합성이라고 주장하게 되지 않을까요? 이런 가설에 따른다면, 역사의 사실은 아무것도 아닌 것이 되고 해석만이 전부가 되어 버립니다. 일찍이 니체는 이 원칙을 이렇게 언명했습니다.

"어떤 하나의 판단이 오류라고 해서 우리가 이 판단을 반론할 수 있는 것은 아니다. ······문제는 그것이 어느 정도로 생명을 촉진하고 보존하며, 종을 보존하고, 또 육성하는가에 달려 있다."[30]

이처럼 노골적이지도 않고 이토록 진실하지도 않지만, 미국의 실용주의자들도 같은 방향으로 나아갔습니다. 지식은 어떤 목적을 위한 지식이 됩니다. 지식의 타

---

30) *Beyond Good and Evil*, ch. i.

당성은 목적의 타당성에 의존합니다. 그러나 이런 이론을 공공연히 내세우지 않더라도, 그 실천이 이에 못지않게 걱정스러운 경우가 많았습니다.

이런 위험이 실제로 존재하지 않는다고 믿으려 해도, 내 자신의 연구 영역을 보면 사실을 난폭하게 다룬 오만한 해석의 예가 매우 많습니다. 역사 서술에서 소련학파 및 반소련학파의 가장 극단적인 역사저작물들을 몇 가지 통독해 보면, 순수한 사실의 역사라는 저 19세기의 환상의 안식처에 일종의 향수를 느끼는 것도 무리가 아닙니다.

역사가의 작업 태도

그렇다면, 20세기 중반에 살고 있는 우리는 사실에 대한 역사가의 의무를 어떻게 규정하면 좋을까요? 지난 몇 해 동안 나는 많은 시간을 들여서 사료들을 찾아서 읽고 또한 적절하게 주석을 단 사실을 내 역사적 서사에 눌러 담으며, 사실이나 사료에 대해서 오만한 태도를 취한다는 비난을 면하려고 애써 왔습니다.

사실을 존중해야 하는 역사가의 의무는 그 사실이 정확하다는 것을 확인하는 의무에 그치는 것이 아닙니다. 그는 자기가 연구하고 있는 주제나 자신이 제시하려는 해석과 어떤 의미로든 관계있는 모든 사실을—알려져 있는 것이든 연관될 수 있다고 여겨지는 것이든—그려내도록 노력해야 합니다. 역사가가 빅토리아 시대의 영국인을 도덕적이고 합리적인 인간으로 그리려고 할 경우, 1850년 스톨리브리지 웨이크스에서 일어난 사건을 잊어서는 안됩니다. 그렇다고 반대로 역사의 생명인 해석을 제거해도 좋다는 뜻은 아닙니다.

비전문가 여러분들—다시 말해서 학계에 있지 않은 분들, 또는 다른 학문 분야에 있는 분들—은 이따금 역사가가 역사를 쓸 때의 작업방법을 나에게 묻습니다. 제일 흔한 가정은 역사가가 뚜렷이 구별할 수 있는 두 가지 단계나 기간으로 그 작업을 나누어서 한다는 생각 같습니다. 다시 말해서 먼저 사전 준비 단계로 긴 시간 동안 사료를 읽고 공책 한가득 사실을 기록한 다음에, 이 사료를 옆으로 밀쳐놓고 공책을 꺼내서는 단숨에 처음부터 끝까지 책을 써 버린다는 것입니다.

그러나 나는 이런 광경이, 납득이 가지도 않고 또 그럴듯해 보이지도 않습니다.

나 자신에 대해서 말하자면, 내가 느끼기에 중요한 사료라고 할 만한 것을 조금만 읽기 시작해도 그만 손끝이 근질근질해져서 일단 글을 쓰기 시작하고 맙니다. 꼭 처음부터도 아니고, 어디서부터이든 상관없이 쓰기 시작합니다.

그러고부터는 읽기와 쓰기가 동시에 진행됩니다. 읽어 나가면서, 글을 보태고 빼고 고쳐 쓰고, 재구성하는 것입니다. 또 읽기는 글쓰기의 인도를 받으면서 방향이 잡히고 풍부해집니다. 쓰면 쓸수록 내가 무엇을 찾고 있는지 한층 더 잘 알게 되고, 내가 찾아낸 것의 의미나 중요성을 한결 더 이해하게 됩니다.

아마도 역사가들 가운데에는 펜이나 종이나 타자기를 쓰지 않고, 이런 초고를 머릿속에서 모두 끝내 버리는 사람도 있을지 모릅니다. 이는 마치 체스판이나 말에 의지하지 않고 머릿속으로 체스를 둘 수 있는 사람과 같은데, 부러운 재능입니다만, 나로서는 도저히 흉내낼 수 없는 재주입니다.

그러나 확신컨대, 역사가라는 이름을 가질 만한 자격이 있는 역사가에게 경제학자가 '투입(input)'과 '산출(output)'이라고 부르는 두 과정은 동시에 진행되며, 이것은 단일한 과정의 두 부분입니다. 여러분이 그것들을 분리하려고 한쪽에 다른 쪽보다 우위를 부여하려고 한다면, 여러분은 두 가지 이단설 중의 하나에 빠지게 될 것입니다. 의미도 중요성도 없는, 가위질과 풀칠로 오려 붙인 역사를 쓰거나, 역사와는 아무 관계도 없는 어떤 종류의 글을 꾸미기 위해 다만 과거의 사실을 이용하여 선전문이나 역사소설을 쓰는, 이 둘 중 하나를 하고 말 것입니다.

역사적 사실과 역사가

이와 같이 역사가와 역사상의 사실들과의 관계를 검토해 보면, 우리는 험준한 바위섬 옆을 지나 급류가 소용돌이치는 해협을 아슬아슬하게 항해하는 불안정한 상태에 있음을 알 수 있습니다. 다시 말해서 역사를 사실의 객관적 편찬이라고 생각하고 해석에 대한 사실의 무조건적 우월성을 주장하는 지지하기 어려운 이론의 바위섬과, 역사란 역사상의 사실을 밝히고 그것을 해석하는 과정을 통하여 정복하는 역사가의 마음의 주관적 산물이라고 여기는, 마찬가지로 지지하기 어려운 이론의 소용돌이가 항해를 가로막는 상태, 즉 역사의 중심은 과거에 있다는 관점과 역사의 중심은 현재에 있다는 관점 사이에 끼인 것입니다.

그러나 우리의 상황은 보기만큼 불안정하지는 않습니다. 게다가 우리는 사실 대 해석이라는 이분법적 대립이, 이 강연 안에서 특수한 것 대 일반적인 것, 경험적인 것 대 이론적인 것, 객관적인 것 대 주관적인 것 등으로 모습을 바꾸어 계속 나타나는 것을 보게 될 것입니다. 역사가가 빠져 있는 곤경은 인간 본성의 한 반영입니다. 갓 태어난 아기 때라든가 아주 늙었을 때를 제외하고는, 인간은 결코 환경에 완전히 매몰되는 것도 아니고, 무조건 환경에 순종하는 것도 아닙니다. 반면에 인간은 또 환경에서 완전히 독립된 존재도 아니고 그 절대적인 주인도 아닙니다. 인간과 환경의 관계는 역사가와 그의 연구 주제와의 관계와 같습니다. 역사가는 사실의 하찮은 노예도 아니고, 그 포악한 주인도 아닙니다. 역사가와 사실의 관계는 평등한 관계, 서로 주고받는 관계입니다.

연구 중인 역사가가 생각하고 쓰고 할 때의 자기 자신의 작업 방식을 조금만 돌아보면 알 텐데, 역사가는 자신의 해석에 따라서 자기의 사실을 빚고, 자기의 사실에 따라서 자기의 해석을 만들어 내는 끊임없는 과정에 몸담고 있는 것입니다. 둘 중 한쪽을 다른 쪽보다 우위에 놓는 것은 불가능합니다.

역사가는 사실의 일시적 선택과 일시적 해석에서—그 해석이 그 자신의 것이건 다른 사람의 것이건 간에—출발합니다. 일이 진척됨에 따라 해석도, 사실의 선택과 정리도, 둘 사이의 상호 작용을 통하여 얼마간 무의식적인 미묘한 변화를 겪게 됩니다. 그리고 역사가는 현재의 일부이고, 사실은 과거에 속하므로, 이 상호 작용은 또한 현재와 과거의 상호 관계도 포함합니다. 역사가와 역사의 사실은 서로를 필요로 합니다. 사실을 가지지 못한 역사가는 뿌리도 없고 열매도 맺지 못합니다. 역사가가 없는 사실은 죽어 있으며 의미도 없습니다.

따라서 '역사란 무엇인가?'라는 질문에 대한 나의 첫 번째 대답은 이것입니다. 역사란 역사가와 사실 사이의 끊임없는 상호 작용의 과정이자, 현재와 과거 사이의 그칠 줄 모르는 대화라는 것입니다.

2. 사회와 개인

사회를 떠난 개인은 없다

사회가 먼저냐 개인이 먼저냐 하는 문제는 닭이 먼저냐 달걀이 먼저냐 문제와 같습니다. 이것을 논리적인 문제로 다루든 역사적인 문제로 다루든 여러분은 그 문제에 대해서 어느 한 편에 서서 의견을 제시할 수밖에 없고, 똑같이 일방적인 반대 의견에 의해 지적당할 수밖에 없습니다.

던(영국의 시인. 1573~1631)의 유명한 말로, "어떤 인간이든 그 자체로 완전한 섬이 아니다. 모든 인간은 대륙의 한 조각, 본토의 일부이다"[1]라는 것이 있습니다. 이 말에는 진리의 일면이 있습니다. 이에 반해 고전적 개인주의자 존 스튜어트 밀은, "인간이 한데 모인다고 해서 다른 종류의 실체로 바뀌지는 않는다"[2]고 말했습니다. 맞는 말입니다. 그러나 인간은 '모이기' 전에도 존재했다든가, 어떤 종류의 실체를 가지고 있었다고 가정하는 것은 오류입니다.

우리가 태어나는 순간부터 세계는 우리에게 영향을 주기 시작하여 우리를 단순한 생물적 단위에서 사회적 단위로 바꾸어 갑니다. 역사 시대거나 선사 시대거나 어떤 단계이든 인간은 하나의 사회 속에서 태어나며, 아주 어릴 때부터 이 사회에 의해 빚어집니다. 인간이 말하는 언어는 개인의 유전이 아니고, 그가 자라난 집단으로부터 얻는 사회적 획득입니다. 언어와 환경은 모두 그의 사유의 성격을 결정하는 데 기여하고 그가 어릴 때 품는 관념은 다른 사람에게서 얻은 것입니다.

흔히 말하듯이, 사회에서 분리된 개인은 언어도 정신도 없다는 것은 사실입니다. 로빈슨 크루소의 이야기가 계속해서 사람들을 매혹하는 까닭은, 그것이 사회

---

[1] *Devotions upon Emergent Occasions*, No. xvii
[2] J. S. Mill, *A System of Logic*, vii. 1.

에서 독립된 개인을 상상하려고 시도했기 때문입니다. 그러나 이 시도는 실패합니다. 로빈슨은 추상적인 개인이 아니라 요크 출신의 영국인이고, 성경도 가지고 있으며, 영국인의 신에게 기도하기 때문입니다. 그 이야기에서 그는 곧 프라이데이라는 하인을 얻게 되고, 하나의 새로운 사회의 건설이 시작됩니다.

이와 연관된 또 하나의 이야기는 도스토옙스키의 《악령》에 나오는 키릴로프의 이야기인데, 그는 자기의 완전한 자유를 입증하기 위해 자살합니다. 자살이야말로 개인으로서 가능한, 유일하게 완전한 자유로운 행위이며, 다른 모든 행위는 어차피 사회에 속한다는 뜻을 포함하고 있습니다.[3]

문명인에 비하면 원시인은 개인일 때가 적으며, 완전히 사회에 의해서 빚어진다고 인류학자는 곧잘 말합니다. 여기에는 일말의 진리가 있습니다. 복잡하고 진보된 사회와 비교한다면, 단순한 사회가 개인의 기능이나 직업의 다양성을 요구하는 일이 훨씬 적고, 또 그래도 된다는 조건이 갖추어져 있다는 의미에서는 획일적일 것입니다. 확실히 어떤 의미에서의 개인화의 증대는 현대의 진보한 사회의 필연적인 산물이며, 또 그것은 사회 작용의 구석구석까지 미치고 있습니다.

그러나 이 개인화 과정과 사회의 힘이나 응집력의 증대와의 사이에 대립 관계를 설정한다면, 그것은 대단한 착각일 것입니다. 사회의 발달과 개인의 발달은 함께 진행되고 서로 제약하는 법입니다. 실제로 우리가 복잡하고 진보된 사회라고 말하는 것은 여러 개인 간의 상호 의존이 복잡하고 진보된 형태를 가진 사회를 말하는 것입니다. 현대의 국민 사회가 그 개개의 구성원의 성격이나 사상을 만들어 내는 힘, 그들 사이에 어느 정도의 획일성이나 동일성을 낳는 힘이, 행여 원시적인 부족공동체의 힘보다 약하다고 생각한다면 그것은 위험한 일일 것입니다.

생물학적 특질에 따라 만들어진 국민성이라는 낡은 관념이 타파된 것은 꽤 오래전의 일이나 사회나 교육 같은 국가적 배경의 차이에서 비롯되는 국민성의 차이는 부정하기 어렵습니다. '인간 본성'이라는 붙잡기 어려운 실체는 나라마다 시대마다 두드러지게 달라지므로 이것을 지배적인 사회적 조건이나 관습에 의해서

---

[3] 뒤르켐은 유명한 《자살론》에서 '사회에서 고립된 개인의 조건을, 특히 감정적 불안과 자살을 일으키기 쉬운 상태를 두고서 '혼돈상태' 또는 '규범이 없는 상태'를 뜻하는 '아노미'라는 새로운 용어로 표현했다. 그러나 그는 자살이 결코 사회적 조건에서 독립된 것이 아니라는 점도 뚜렷이 했다.

형성된 하나의 역사적 현상이라고 보지 않기란 매우 어렵습니다. 이를테면 미국인, 러시아인, 인도인들 사이에는 많은 차이가 있습니다. 그러나 그러한 차이 가운데 어떤 것은, 아니, 아마도 그 가장 중요한 것은 개인 사이의 사회적 관계에 대한, 바꾸어 말해서 사회의 구성 방식에 대한 태도의 차이로 나타납니다. 그러므로 전체로서의 미국 사회, 러시아 사회, 인도 사회의 차이를 연구하는 것이 아마 개인으로서의 미국인, 러시아인, 인도인 사이의 차이를 연구하는 가장 좋은 방법이 될 것입니다.

원시인과 마찬가지로 문명인도—그가 사회를 효과적으로 형성하고 있는 것과 같이 사회에 의해서 효과적으로 빚어지고 있습니다. 달걀이 없으면 닭이 있을 수 없듯이, 암탉이 없으면 달걀은 있을 수 없습니다.

개인 숭배의 시대

이와 같은 분명한 진리는 지금 서구세계가 간신히 빠져나오려 하고 있는 이상하고도 예외적인 역사적 시기 때문에 그것들이 모호해지지만 않았다면 이야기할 필요조차 없었을 것입니다. 개인주의 숭배는 현대의 역사적 신화 중에서도 가장 널리 퍼져 있는 신화입니다. 부르크하르트의 《이탈리아 르네상스의 문화》의 제2부에는 '개인의 발전'이라는 부제가 붙어 있는데, 그 책에 서술된 잘 알려진 설명에 따르면 개인 숭배는 르네상스와 더불어 시작되었으며, 그때까지는 '인종, 종족, 당파, 가족, 단체의 일원이라는 자각밖에 없었던' 인간이 그제야 겨우 '정신적인 개인이 되어 그러한 자각에 이르렀던 것'입니다. 그 뒤 개인숭배는 자본주의와 프로테스탄티즘의 부상, 산업혁명의 시작, 그리고 자유방임주의 학설과 결합하게 되었습니다.

프랑스 혁명으로 선언된 인간 및 시민의 권리는 개인의 권리였습니다. 개인주의는 공리주의라는 19세기의 위대한 철학의 기초였습니다. '타협론'이라는 몰리(영국의 정치가, 저술가. 1838~1923)의 글은 빅토리아 시대의 자유주의의 특징을 나타내는 문헌이라 할 수 있는데, 거기서 그는 개인주의 및 공리주의를 '인간의 행복과 번영의 종교'라고 불렀습니다. '극렬 개인주의'가 인류 진보의 기조가 되었던 것입니다. 이는 어느 특정한 역사적 시기의 이데올로기 분석으로서는 나무랄 데

없이 훌륭하다고 볼 수 있습니다.

  그러나 내가 분명히 하고 싶은 것은, 현대 세계의 번영에 따르는 개인화의 확대는 문명 진보의 정상적인 과정이었다는 점입니다. 사회 혁명은 어떤 새로운 사회 집단을 권력의 자리에 앉혔습니다. 그것은 언제나 그러하듯 개인을 통해서, 또 개인의 발전에 새로운 기회를 줌으로써 이루어져 왔습니다. 그리고 자본주의의 초기에는 생산 및 분배의 단위가 보통은 개인 단위에 맡겨져 있었으므로, 새로운 사회 체제의 이데올로기는 그 사회 체제에서 개인이 주도적으로 맡은 역할을 크게 강조했던 것입니다.

  하지만 이 과정 전체가 역사 발전의 어떤 특수한 단계를 나타내는 하나의 사회적 과정이었으므로, 사회에 대한 개인의 반역이라든가 사회적 속박으로부터의 개인의 해방이라든가 하는 견해로 이것을 설명할 수는 없습니다.

  많은 조짐이 암시하듯이, 이러한 발전과 이데올로기의 중심이었던 서양세계에서조차 그와 같은 역사적 시기는 종점에 이르렀습니다. 여기서 이른바 대중 민주주의의 발흥이라든가, 경제 생산 및 조직의 형태가 개인 우세의 형식에서 차츰 집단 우세의 형식으로 변하고 있다는 점을 강조할 필요는 없을 것입니다. 그러나 이 오랜 풍요로운 시기가 낳은 이데올로기는 오늘날에 서유럽 및 여러 영어 사용권 국가에서 지배적인 힘을 떨치고 있습니다. 우리가 자유와 평등 사이의, 개인의 자유와 사회적 정의 사이의 긴장을 추상적인 표현으로 말할 때, 우리는 추상적인 관념의 사이에서 싸움이 일어나지 않는다는 것을 잊기 쉽습니다. 그 싸움은 개인과 사회 사이의 투쟁이 아니라 사회 속에 있는 여러 개인들의 집단과 집단 사이의 투쟁이며, 어느 집단이나 자기에게 유리한 사회 정책을 추진하고, 자기에게 불리한 사회 정책은 가로막고자 애쓰고 있는 것입니다.

  이제 하나의 거대한 사회 운동이라는 뜻에서의 개인주의가 아니라, 개인과 사회 사이의 거짓 대립을 의미하는 개인주의는 오늘날에 어떤 이익 집단의 슬로건이 되었고, 또 그 논쟁적 성격 때문에 우리가 세계의 움직임을 이해하는 데 장애물이 되어 버렸습니다. 나는 개인을 수단으로 삼고 사회나 국가를 목적으로 하는 왜곡된 현상에 대한 저항으로서의 개인 숭배는 반대하지 않습니다. 그러나 사회의 바깥에 서 있는 추상적인 개인이라는 개념을 사용하려고 시도하는 한, 우리는 과거도 현재도 진실로 이해할 수는 없을 것입니다.

이 논의로써 나는 먼 길을 돌아 마침내 본론으로 돌아갈 수 있습니다. 역사의 상식적인 견해로 본다면 역사는 어떤 개인이 수많은 개인에 대해서 쓴 것입니다. 이 견해는 19세기의 자유주의적인 역사가들에 의해서 받아들여지고 장려되어 왔으며, 또 본질적으로 잘못된 것은 아닙니다. 그러나 지금에 와서 이것은 지나치게 단순하고 불충분한 견해처럼 보이므로 우리는 좀 더 깊이 파고들 필요가 있습니다.

역사가의 지식은 그만의 개인적 소유물이 아니라, 여러 세대에 걸친 사람들이 수많은 나라에서 그 축적에 참여해 왔을 것입니다. 또 역사가가 연구하는 사람들의 행위만 하더라도 진공 속에서 행동한 고립된 개인이 아니라 과거의 어느 사회의 맥락 안에서, 또 그것에 자극을 받아서 행동했던 것입니다.

지난번 강연에서 나는 '역사란 현재의 역사가와 과거의 사실 사이의 상호 작용의 과정이자 대화이다'라고 말한 바 있습니다. 이번에는 이 등식 양쪽에 놓인 개인적 요소와 사회적 요소의 비중을 연구할까 합니다. 역사가는 어디까지 단독의 개인일까요? 그리고 어디까지 자기의 사회 및 시대의 산물일까요? 역사의 사실은 어디까지가 단독의 개인에 대한 사실이고, 어디까지가 사회적 사실일까요?

과거는 현재를 통하여

역사가는 한 사람의 개인입니다. 동시에 다른 개인들과 마찬가지로 그는 또한 하나의 사회적 현상이며, 그가 속한 사회의 산물인 동시에 그 사회의 의식적 또는 무의식적 대변인입니다. 역사가는 바로 이런 자격으로 역사적 과거의 사실에 다가가는 것입니다.

우리는 곧잘 역사의 행로를 '움직이는 행렬'에 비유합니다. 이 비유는 역사가가 자기 자신을 높다랗게 솟은 바위 위에서 여기저기를 내려다보는 독수리나 사열대에 서 있는 귀빈이라도 된 양 생각하는 일만 없다면 꽤 그럴듯합니다. 단언컨대 그는 절대로 그런 존재가 아닙니다. 역사가 또한 같은 행렬의 어느 한 부분에 끼어 터덜터덜 걸음을 옮기고 있는 또 한 명의 희미한 인물에 지나지 않습니다. 게다가 행렬이 꾸불꾸불 돌고, 좌우로 틀고 때로는 되돌아가고 해서 이 행렬의 여러 부분의 상대적인 위치는 끊임없이 변화합니다. 그래서 오늘날의 우리가 한 세기 전의 증조부들보다 중세에 더 가깝다든가, 카이사르의 시대가 단테의 시대보다 현대에 더 가깝다든가 하는 것도 충분히 말이 되는지도 모릅니다. 행렬이 움직여 가고, 그리고 그 행렬을 따라 역사가가 함께 나아감에 따라, 새로운 전망, 새로운 시각이 끊임없이 나타납니다. 역사가는 역사의 일부입니다. 지금 역사가가 서 있는 행렬 속의 지점이 과거에 대한 그의 시각을 결정합니다.

이 자명한 이치는 역사가가 다루는 시대가 그 자신의 시대에서 멀리 떨어져 있을 때에도 마찬가지로 통용됩니다. 내가 고대사를 연구하고 있을 무렵, 그 문제를 다룬 고전은—아직도 그럴 수도 있을 텐데—그로트의 《그리스사》와 몸젠의 《로마사》였습니다.

그로트는 1840년대에 저작 활동을 한 계몽적이고 급진적인 은행가로, 영국의 진보적인 신흥 중산계급의 열망을 아테네 민주정치의 이상화된 모습에 담았는데, 거기서는 페리클레스가 벤덤주의적 개혁가로 등장했고, 아테네인들은 한때의 들뜬 상태에서 제국을 성취한 것으로 그려졌습니다. 그로트가 아테네의 노예제도 문제를 도외시한 것은, 그가 속한 집단인 중산계급이 영국의 공장 노동자라는 새로운 계급의 문제에 대처할 수 없었음을 반영하는 증거라고 말해도 전혀 근거 없는 이야기는 아닐 것입니다.

몸젠은 독일의 자유주의자로 1848년부터 1849년에 걸친 독일 혁명이 남긴 혼란과 치욕에 환멸을 느낀 사람이었습니다. 몸젠은 1850년대—현실정치라는 명칭과 개념이 생긴 10년 동안—저작 활동을 하면서, 정치적 대망의 달성에 실패한 독일 국민이 남겨 놓은 그 뒤죽박죽 상태를 깨끗이 청소해 줄 강력한 인물이 필요하다는 생각에 사로잡혀 있었습니다. 따라서 몸젠이 카이사르를 이상화한 유명한 작업이 실은 독일을 폐허에서 구할 강력한 인물에 대한 그와 같은 열망의 산물이라는 점을 깨닫지 못한다면, 그리고 무능한 수다쟁이면서 교활하게 행동을 지체하는 인물로 그려진 법률가이자 정치가 키케로의 이미지는 1848년 프랑크푸르트의 파울 교회에서 열린 국민 의회 토론회장에서 곧장 걸어나온 의원들의 모습임을 파악하지 못한다면 결코 몸젠의 역사의 참된 가치를 알지 못할 것입니다.

심지어 누군가가 그로트의 《그리스사》는 오늘날 우리에게 기원전 5세기의 아테네의 민주정치에 대해서 이야기하고 있을 뿐만 아니라 1840년대 영국 철학의 급진주의 사상에 대해서도 이야기하고 있다고 말하더라도, 또는 독일의 자유주의자에게 1848년 혁명의 의미는 무엇이었나를 이해하려고 하는 사람은 몸젠의 《로마사》를 교과서의 하나로 삼아야 한다고 말하더라도, 나는 그 말이 터무니없는 소리라고 생각지는 않을 것입니다. 그런다고 위대한 역사서로서 그 책들의 지위가 떨어지지는 않습니다. 베리가 취임 강연에서, 몸젠의 위대함은 그의 《로마사》에 있는 것이 아니라 그가 비문(碑文)을 집대성했다는 사실 및 로마 헌법에 관한 업적에 있다고 주장한 이래 이것이 그대로 유행하고 있습니다만, 나는 이 경향만큼은 도무지 참을 수가 없습니다. 그것은 역사를 사료 편찬의 수준으로 끌어내리는 것입니다. 위대한 역사는 과거에 대한 역사가의 비전이 현재의 문제에 대한 통찰에 비추어져야만 쓰이는 것입니다.

몸젠이 로마 공화정 몰락 이후의 역사는 쓰지 못한 것에 사람들은 곧잘 놀라움을 표시했습니다. 몸젠은 시간이 없었던 것도 아니고, 기회나 지식이 없었던 것도 아닙니다. 그러나 몸젠이 역사를 쓰고 있을 당시에, 아직 독일에는 강력한 인물이 등장하지 않았습니다. 그가 활동했던 기간 중에는 언젠가 강력한 인물이 나타나 권력을 쥔다면 어떤 일이 벌어질 것인가 하는 문제는 아직 현실의 것이 아니었습니다. 몸젠으로 하여금 로마라는 무대에 이 문제를 투사하도록 영감을 준 것이 아무것도 없었던 것입니다. 이리하여 로마 제국의 역사는 쓰이지 않은 채 남겨진 것입니다.

보수주의자 네이미어

현대의 역사가 중에 이런 현상의 예는 얼마든지 있습니다. 지난번 강연에서 나는 트리벨리언의 《앤 여왕 시대의 영국》를 두고 그를 길러 낸 휘그적 전통에 대한 기념비적 저작으로서 찬사를 보냈습니다.

이제 우리들 가운데 많은 사람들이 제1차세계대전 이후에 학계에 등장한 영국의 가장 위대한 역사가라고 생각해 온 인물, 즉 루이스 네이미어(영국의 역사가. 1888~1960)의 위풍당당하고도 손색없는 업적을 생각해 보기로 하겠습니다. 네이미어는 참된 보수주의자로—한꺼풀 벗기면 75퍼센트가 자유주의자임이 드러나는 영국의 전형적인 보수주의자가 아니라—지난 100년 이상을 통틀어서 영국의 역사가들 가운데에서 그 유례를 찾아볼 수 없는 그런 보수주의자였습니다.

지난 세기 중엽에서 1914년에 이르는 기간 동안 영국의 역사가들은 역사적 변화를 더 좋은 것으로 나아가는 변화가 아닌 다른 것으로는 거의 생각할 수가 없었습니다. 그런데 1920년대에 우리는 변화를 미래에 대한 공포와 결부해 생각하기 시작했고, 그래서 변화를 더 나쁜 것으로 향해 가는 것이라고 여기기도 하는 시기—보수주의 사상의 부활기—로 접어들었습니다. 액턴의 자유주의와 마찬가지로 네이미어의 보수주의의 힘과 깊이도, 그것이 대륙적 배경에 뿌리박고 있는[4] 데서 비롯되었습니다. 그런데 네이미어는 그의 동시대인인 피셔(영국의 역사가. 1865~1940)나 토인비(영국의 역사가. 1889~1975)와는 달리 뿌리를 19세기의 자유주의 속에 두지 않았고, 그에 대한 향수로 안타까워하지도 않았습니다.

제1차세계대전과 그에 뒤따른 무산된 평화로 자유주의의 파산이 폭로된 뒤로 반응은 두 가지 형태 가운데 하나—사회주의나 보수주의—로 나타날 수밖에 없었습니다. 네이미어는 보수주의 역사가로서 등장했습니다. 그는 두 가지 분야를 골라서 연구를 진행했는데 그가 고른 두 가지 선택지가 의미심장합니다.

우선 영국 역사에서는 질서 있고 대체로 안정적인 사회 속에서 지배계급이 지위 및 권력을 합리적으로 추구할 수 있었던 마지막 시기로 거슬러 올라갔습니다. 네이미어를 두고 역사에서 정신을 제거했다고 누군가가 비난한 적이 있습니다.[5] 그 표현이 다소 부적절한지는 모르지만, 그 비평가가 지적하려던 점이 무엇인지는 알 수 있습니다. 조지 3세가 즉위한 시대의 영국 정치는 사상의 광신주의, 즉 프랑스 혁명과 더불어 세계를 엄습하여 의기양양한 자유주의 세기를 불러들

---

[4] 두 차례 세계대전 동안 영국에 등장한 또 한 명의 영향력 있는 보수주의 작가 T.S. 엘리엇에게도 비영국적 배경이라는 유리한 조건이 있었다는 것은 주목할 만한 일일 것이다. 1914년 이전의 영국에서 자란 사람이면 자유주의적인 전통의 억제력을 완전히 벗어날 수 없었다.

[5] 처음 이 비판은 1953년 8월 28일자 《타임스 문예 부록》지(*The Times Literary Supplement*)에 실렸던 〈네이미어의 역사관〉이라는 익명 기사에 나왔던 것인데, 거기에서는 이렇게 말하고 있다. "다윈은 우주에서 정신을 제거해 버렸다고 비난받았는데, 루이스 경은—여러 가지 뜻에서—정치사(政治史)에서의 다윈이었다."

였던 진보에 대한 열광적 신앙에 아직 물들어 있지 않았습니다. 어떤 사상도 혁명도 자유주의도 없었으므로, 네이미어는 이런 것들의 위험으로부터 아직은 안전한—그리 오래갈 수 없습니다만—시대의 빛나는 초상을 우리에게 전하는 길을 택했던 것입니다.

그러나 네이미어가 택한 두 번째 주제 또한 중요했습니다. 네이미어는 영국, 프랑스, 러시아에서 일어난 근대적인 대혁명을 건너뛰고—그 어느 것에 대해서도 그는 이렇다 할 내용을 쓰지 않았습니다—1848년의 유럽 혁명이자, 다시 말해 좌절된 혁명, 고양되어 가던 자유주의적 소망의 전 유럽적인 후퇴, 무력 앞에서의 이념의 공허함과 군대와 맞섰을 때의 민주주의자의 무력함을 증명한 그 혁명, 그에 대한 철저한 연구를 우리에게 제시하는 길을 택했습니다. 네이미어는 그 매우 수치스러운 좌절을 '지식인 혁명'이라고 부르고, 정치라는 진지한 과업에 이념이 끼어드는 것은 무익하고 위험하다는 교훈을 끈질기게 가르치려 들었던 것입니다.

나의 결론은 그저 추론에 의한 것이 아닙니다. 비록 네이미어가 역사철학에 관해서는 어떤 체계적인 글도 쓰지 않았지만, 2, 3년 전에 발표한 논문에서 그는 여느 때의 그 명석하고 통렬한 어조로 자기의 속내를 털어놓고 있기 때문입니다.

"따라서 정치적인 교리나 도그마에 의해서 인간 정신의 자유로운 활동을 방해받는 일이 적으면 적을수록 그의 사고에는 더 좋은 일이다."

그리고 그는 역사에서 정신을 제거했다는 그 비난을 스스로 언급한 뒤 그것을 부정하지 않은 채 계속해서 이렇게 말합니다.

"정치학자 가운데에는, 현재의 영국에서는 일반적인 정치 문제의 논의가 지친 끝에 소강상태에 빠졌다든가 존재하지 않는다든가, 구체적인 문제에 대한 실제적인 해결책만 좇을 뿐, 보수당과 노동당이 모두 강령과 이상을 잊고 있다고 한탄하는 사람이 있다. 그러나 내가 보건대 그런 태도는 우리가 국민으로서 성숙했음을 나타내고 있는 것이다. 나로서는 그런 태도가 정치철학의 활동에 의해서 방해받지 말고 오래 이어지기를 바랄 뿐이다."[6]

---

6) L. Namier, *Personalities and Powers*(1955), pp. 5, 7.

지금 나는 이 견해와 다툴 생각은 없습니다. 그 문제는 나중의 강연에서 다룰 문제로 미뤄 둘까 합니다. 여기서의 나의 목적은 두 가지 중요한 진리를 밝히는 데 있을 뿐입니다. 즉 첫째로, 역사가가 연구에 다가갈 때의 관점을 먼저 파악하지 않으면 그 역사가의 연구를 충분히 이해할 수도 평가할 수도 없다는 것과 둘째로, 이 관점은 그 자체가 사회적·역사적 배경에 뿌리박고 있다는 것입니다. 일찍이 마르크스가 말했듯이, 교육자 자신도 교육을 받아야만 한다는 것을 잊지 마시기 바랍니다. 시쳇말로 이야기한다면, 세뇌하는 사람의 머리 자체가 세뇌되어 있는 것입니다. 역사가는 역사책을 쓰기 시작하기 이전에 이미 역사의 산물인 것입니다.

현대의 흐름과 역사가

지금 내가 말씀드린 역사가들—그로트와 몸젠, 트리벨리언과 네이미어 등—은 말하자면 모두 저마다 하나의 사회 및 정치적 거푸집에서 찍어 냈으므로, 그들의 초기의 저작과 후기의 저작 사이에는 두드러진 세계관의 변화는 눈에 띄지 않습니다. 그러나 격동기의 역사가들 가운데는 그의 저작들 속에 한 사회나 하나의 사회적 질서가 아니라 잇따른 여러 가지 다른 사회 질서들을 반영하고 있는 사람도 있습니다. 내가 아는 가장 좋은 사례는 위대한 독일의 역사가 마이네케(1862~1954)입니다. 그는 생애도 활동도 무척 오랜 기간에 걸쳐 있고, 자신의 조국이 여러 부침을 거듭하며 겪은 많은 혁명과 파국적인 변화를 다루었습니다. 우리는 사실상 세 가지 다른 형태의 마이네케를 보게 되는데, 그 하나하나가 서로 다른 역사적 시대의 대변인 격으로, 저마다 그의 3대 저작들 가운데 하나를 통해서 말하고 있습니다.

1907년에 출판된 《세계시민주의와 민족 국가》의 마이네케는, 비스마르크의 독일 제국을 독일의 민족적 이상의 실현으로 확신하고 있으며, 그리하여—마치니 이후 19세기의 수많은 사상가들과 마찬가지로—민족주의를 보편주의의 최고 형태로 보고 있습니다. 요컨대 이것은 비스마르크 시대에 이은 요란한 빌헬름 시대의 산물인 것입니다. 1925년에 출판된 《국가 이성의 개념》의 마이네케는 바이마르 공화국의 분열되고 혼란스러운 정신 상태로 이야기하고 있습니다. 이때의 마이네케는 정치 세계는 국가적 이성과 정치 외적인 윤리 사이의 끝나지 않는 투쟁의 무대가 되어 버렸지만, 이 윤리도 결국은 국가의 생명이나 안전을 무시할 수는 없다고 말합니다. 마지막으로 나치 지배 때문에 그의 학문적인 영예를 빼앗긴 뒤 1936년에 출판된 《역사주의의 성립》의 마이네케는, 존재하는 것은 무엇이나 옳다고 인정하는 류의 역사주의를 배척하면서, 역사적 상대성과 초합리적 절대성 사이에서 불안하게 동요하며 절망에 찬 외마디 비명을 내뱉고 있습니다. 마침내 노년의 마이네케는 자신의 조국이 1918년의 패배의 몇 곱절이나 되는 파괴적인 군사적 패배로 쓰러지는 것을 보게 된 뒤, 1946년에 출판한 《독일의 파국》에서는, 역사는 맹목적이고 가차 없는 우연에 좌우된다는 믿음에 힘없이 빠져들어가고 맙니다.[7]

심리학자나 전기 작가라면 한 개인으로서의 마이네케의 발전에 흥미를 느낄 것입니다. 그러나 역사가에게 흥미있는 것은 뚜렷이 대비되는 연속적인 세 단계—또는 네 단계—의 시기가 존재하는 현재의 시간을 마이네케가 역사적 과거 속에 반영하고 있는 광경입니다.

더 가까운 영국에서 두드러진 예를 구하여 보기로 할까요? 우상 파괴적인 1930년대, 바야흐로 자유당이 영국의 유력한 정치세력으로서 완전히 소멸되었던 무렵에 버터필드 교수는 《휘그적 역사 해석》이라는 제목의 책을 써서 마땅히 누릴 만한 대단한 성공을 거두었습니다. 그 책은 여러 의미로 주목할 만한 책이었습니다. 그중 한 가지 이유로는, 그가 약 130쪽에 걸쳐서 휘그적인 해석을 비난하면서도, (내가 색인에 의하지 않고 발견할 수 있었던 한에서는) 폭스를 제외하면 한 사람의 휘그의 이름도—단, 폭스는 역사가가 아니었습니다—액턴을 제외하면 한 사람의 역사가의 이름도—단, 액턴은 휘그가 아니었습니다—들고 있지 않다는 점입니다.[8] 그러나 이 책은 세밀함이나 정확성의 결함을 재기 넘치는 독설로 넉

---

[7] 이 점에 관해 나는 마이네케의 발전에 관한 W. 스타크 박사의 탁월한 분석—이것은 마이네케의 *Die Idee der Staatsräson*을 영역하여 *Machiavellism*이라는 표제로 1957년에 출판하면서 그가 붙인 서문에 포함되어 있다—에 힘입었다. 단 스타크 박사가 마이네케의 제3기에 있어서의 초합리적 요소를 다소 과장하는 면은 있어 보인다.

[8] H. Butterfield, *The Whig Interpretation of History*(1931), p. 67. 저자는 여기에서 '육체 없는 추론'에 대한 '일종의 건강한 불신'을 표명하고 있다.

넉히 보충하고 있습니다. 이 책을 읽은 사람에게 휘그적 해석은 나쁘다는 점만은 뚜렷해졌을 것입니다. 그리고 휘그적 해석에 대한 비난의 하나는, 그 해석이 '현재와의 관계에서 과거를 연구한다'는 데에 있다고 합니다. 이 점에 대해서 버터필드 교수는 단호하고 가차 없이 말하고 있습니다.

"말하자면, 한쪽 눈을 현재로 돌린 채 과거를 연구하는 것이야말로, 역사에서의 모든 죄와 궤변의 근원이다…… 그런 연구야말로 '비역사적'이라는 말의 본질적인 의미를 보여 준다."[9]

그 뒤 12년의 세월이 흘렀습니다. 우상 파괴의 유행은 사그라졌습니다. 버터필드 교수의 조국은 '말하자면, 한쪽 눈을 현재로 돌린 채' 끊임없이 과거를 소환하는 한 위대한 지도자 밑에서, 휘그적 전통 속에 체화되어 있는 입헌적 자유를 지키기 위한 싸움이라고 흔히들 말하는 전쟁에 참가했습니다. 버터필드 교수는 1944년에 출판된 《영국인과 그들의 역사》라는 조그만 책에서, 휘그적 역사 해석은 '영국적' 해석이라고 단정했을 뿐 아니라 '영국인과 그 역사와의 협력'이라든가, '현재와 과거의 결합'에 대해서 열정적으로 이야기했습니다.[10]

버터필드의 견해가 이렇게 뒤바뀐 것에 주의를 환기하는 까닭은 짓궂게 비판하기 위해서가 아닙니다. 버터필드 1호를 버터필드 2호로 비판하자든가, 술에 취한 버터필드 교수를 맑은 정신의 버터필드 교수와 대면시키자는 것이 나의 본의가 아닙니다. 나는 이미 잘 알고 있지만, 내가 전쟁 전과 전쟁 중, 그리고 전쟁 후에 쓴 이런저런 글을 조금이라도 읽어 본 사람이라면, 내 글들에서도 아주 휜히 보이는—적어도 내가 다른 사람들에게서 발견한 것과 마찬가지의—모순이나 비일관성을 찾아내는 것은 너무도 쉬운 일이기 때문입니다. 지난 50년 동안 세계를 뒤흔든 어마어마한 사건들을 겪고서 자기 견해에 아무런 근본적인 변화가 없었다고 주장할 수 있는 역사가가 실제로 있다 하더라도, 나는 과연 그를 부러워할지 모르겠습니다. 나의 목적은 그저 사회 안에서 연구하고 있는 역사가가 그 사회를 얼마나 세세히 반영하고 있는가를 보여 주려는 것뿐입니다.

흐름 속에 있는 것은 사건만이 아닙니다. 역사가 자신도 그 흐름 속에 있습니

---

9) H. Butterfield, *The Whig Interpretation of History* (1931), pp. 11, 31-32.
10) H. Butterfield, *The Englishman and His History* (1944), pp. 2, 4-5.

다. 어떤 역사책을 손에 들 때, 표지에서 저자의 이름을 살펴보는 것만으로는 부족합니다. 간행 또는 집필 일자를 찾는 것도 필요하며, 그것이 더 많은 것을 알려주기도 합니다. 똑같은 강물에 두 번 발을 담글 수 없다는 철학자의 말이 옳다면, 마찬가지 이유로, 한 사람의 역사가가 같은 책을 두 권 쓸 수 없다는 것도 역시 진실일 것입니다.

역사의 산물로서의 역사가

여기서 역사가 개인에서 역사 서술의 광범위한 경향이라고 할 수 있는 것으로 잠깐 눈을 돌리면, 역사가가 그 사회의 산물이라는 점은 더욱 명백해집니다. 19세기에 영국의 역사가들은 거의 예외 없이 역사의 행로를 진보의 원리에 대한 증명이라고 생각했습니다. 다시 말해 그들은 맹렬한 속도로 진보가 이루어지는 조건 하에서 나타나는 사회 이데올로기를 표현했던 것입니다.

역사가 우리 뜻대로 흘러가는 것처럼 보이는 동안, 영국의 역사가들에게 역사는 의미로 가득 차 있었습니다. 그런데 역사가 잘못된 방향으로 접어든 순간, 역사의 의미에 대한 믿음은 이단이 되어 버렸습니다. 제1차세계대전 뒤, 토인비는 직선적 역사관을 (쇠퇴기 사회의 전형적인 이데올로기인) 순환적 역사관으로 대체하려고 필사적으로 노력했습니다.[11] 토인비의 시도가 실패하고부터 영국의 역사가들은 대부분 그런 노력을 포기하며 백기를 들었고, 역사에는 일반적이라 할 수 있는 일정한 형태가 아예 없다고 선언하는 것으로 만족해 왔습니다. 바로 그런 취지에서 나온 피셔의 진부한 말[12]은 지난 세기의 랑케의 격언 못지않은 인기를 얻었습니다.

최근 30년 동안 영국의 역사가들이 진지한 개인적 반성의 결과, 또는 저마다 다락방에서 밤늦도록 공부한 결과 이러한 심경의 변화를 겪게 되었다고 말하는 사람이 있더라도, 나는 그런 사실을 굳이 반박할 필요가 있다고는 생각지 않을

---

11) 로마 제국이 기울 때 마르쿠스 아우렐리우스는, "현재의 모든 사건은 과거에도 일어난 일이고, 미래에도 일어날 일이다"라고 생각하며 스스로를 안심시켰다. (*To Himself*, x, p. 27) 주지하듯이 토인비는 이런 생각을 슈펭글러의 《서구의 몰락》에서 얻었다.

12) Preface, dated December 4, 1934, to *A History of Europe*.

것입니다. 그러나 나는 그 모든 개인의 사색이나 밤샘 공부를 어디까지나 하나의 사회 현상으로서, 다시 말하여 1914년 이후 우리 사회의 성격과 관점이 겪은 어떤 근본적 변화의 산물 및 표현으로서 여전히 생각할 것입니다.

어떤 사회가 어떤 역사를 쓰느냐, 혹은 어떤 역사를 쓰지 않느냐 하는 것만큼 그 사회의 성격을 잘 드러내 주는 의미심장한 신호는 없습니다. 네덜란드의 역사가 헤일(1887~1966)은 《나폴레옹의 공과(功過)》라는 제목으로 영역된 매혹적인 책에서, 19세기 프랑스의 역사가들이 잇달아 나폴레옹에게 내린 판단이 19세기 프랑스의 정치 생활 및 정치 사상의 변화하고 충돌하는 양상을 어떤 식으로 반영하고 있는지를 밝혔습니다. 인간의 사상이 대체로 그렇듯, 역사가들의 사상도 시간 및 공간적인 환경에 의해서 만들어지는 것입니다. 이 진리를 충분히 인정하고 있던 액턴은 거기서 벗어날 탈출구를 역사 그 자체에서 찾으려 했습니다.

"역사는 다른 시대의 부당한 영향에서 우리를 구출해 낼 뿐 아니라, 우리 자신이 속한 시대의 부당한 영향에서, 환경의 압제에서, 우리가 숨 쉬는 대기의 압력에서도 우리를 구출해 줄 수 있어야 한다."[13]

이것은 역사의 역할에 대한 너무 낙관적 견해처럼 여겨질지도 모릅니다. 그러나 자기는 하나의 개인이지 사회 현상이 아니라고 목청껏 항변하는 역사가에 비하면, 자신의 상황을 아주 날카롭게 의식하고 있는 역사가가 그만큼 그 상황을 초월할 능력도 가지고 있으며, 또한 자기의 사회나 관점이 다른 시대 및 다른 나라들의 사회나 관점과 본질적으로 어떻게 다른지, 그 차이를 더 잘 평가할 수도 있다고 나는 생각합니다. 자신의 사회적, 역사적인 상황을 뛰어넘을 수 있는 인간의 능력은, 자기가 그것에 얼마만큼 휘말려 있는가를 인정하는 감수성 여하에 따라서 결정되는 것 같습니다.

지난 강연에서 나는 "역사를 연구하기 전에 역사가를 연구하십시오"라고 말했습니다. 이제 이에 덧붙여서 이렇게 말하겠습니다. "역사가를 연구하기 전에 그의 역사적, 사회적 환경을 연구하십시오."

역사가는 개인인 동시에 역사 및 사회의 산물입니다. 역사를 공부하는 사람은

---

13) Acton, *Lectures on Modern History*(1906), p. 33.

이런 이중의 뜻으로 역사가를 바라보는 법을 알아야 합니다.

역사 연구의 대상

여기서 역사가를 떠나 그 등식의 반대쪽—역사상의 사실—을 같은 문제에 비추어서 생각해 보기로 하겠습니다. 역사가의 연구 대상은 여러 개인들의 행동일까요, 아니면 사회적 힘의 작용일까요? 이 문제에 관해서라면 나는 이미 단단하게 다져진 땅에 발을 들여놓을 생각입니다.

몇 해 전, 아이제이아 벌린 경이 《역사적 필연성》이라는 제목의 재기 넘치는 대중적인 글을—그 주된 주장에 대해서는 나중에 이 강연에서 다시 다룰 것입니다—발표했을 때, 그는 T. S. 엘리엇의 작품에서 뽑아낸 '거대한 비개인적인 힘'이라는 구절을 자신의 책머리에 내걸고는 그 책 전체를 통해서, 역사에서의 결정적 요소는 개인이 아니라 '거대한 비개인적인 힘'이라고 믿고 있는 사람들을 그 글의 곳곳에서 비웃었습니다.

내가 '폭군 존 왕' 역사 이론—역사에서 중요한 것은 개인의 성격이나 행동이라는 견해—으로 부르려고 하는 것은 긴 계보를 가지고 있습니다. 특출난 개인을 역사를 움직이는 창조적 힘으로 상정하려는 욕구는, 역사 의식의 원시적 단계의 특징입니다. 고대 그리스인은 과거의 공적에 그 공적을 이루는 데 기여했다고 일컬어지는 영웅의 이름을 덧씌우기도 하고, 자기들의 서사시를 호메로스라고 부르는 시인의 것으로 돌리기도 하고, 자기들의 법률이나 제도를 리쿠르구스나 솔론의 덕으로 돌리기도 했습니다. 이와 똑같은 경향은 르네상스 시대에 다시 나타나서, 그 무렵의 고전 부흥에 즈음해서는 전기작가이자 철학자인 플루타르코스는 고대의 역사가들보다 인기나 영향력이 훨씬 큰 인물이 되었습니다. 특히 영국에서 우리는 그 역사 이론을, 말하자면, 어머니의 무릎에 앉아서 배운 것이나 다름없었습니다.

오늘날의 우리는 아마도, 거기에서 무엇인가 유치한 면, 적어도 어린아이 같은 점을 볼 것입니다. 확실히 사회가 더 단순했던 시대라면, 공적인 문제가 소수의 유명한 사람들에 의해서 움직여지고 있는 듯이 보이는 시대라면, 이 이론도 얼마간 통용되었을 것입니다. 그러나 복잡해진 현대사회에는 잘 들어맞지 않으며, 19

세기에 사회학이라는 새로운 과학이 생겨난 것도 이 증대하는 복잡성에 대한 하나의 반응이었습니다.

그러나 오랜 전통은 좀처럼 사라지지 않는 법입니다. 20세기 초기까지도 '역사는 위인의 전기이다'라는 말이 여전히 세상에서는 높이 받들어지는 금언이었습니다. 고작 10년 전의 일입니다만 미국의 어느 탁월한 역사가가―아마도 그리 심각하게 한 말은 아니었겠지만―동료 역사가들이 역사상의 인물들을 '사회적, 경제적 힘의 꼭두각시' 취급을 하면서 '역사상 인물들의 대량 학살'을 자행하였다고 비난한 일이 있습니다.[14] 요즘에는 이 학설의 중독자들도 그 점을 드러내는 데 다소 주저하는 경향이 있습니다. 그러나 좀 찾아보았더니 웨지우드 선생(영국의 역사가. 1910~1997)이 쓴 한 저서의 서문에서 그 이론의 훌륭한 현대판 서술을 찾아냈습니다. 그녀는 이렇게 쓰고 있습니다.

> 개인으로서의 인간의 행동이 집단 또는 계급으로서의 인간 행동보다 나에게는 더 흥미롭다. 역사는 이런 편견 아니면 저런 편견으로 쓰일 수 있으며, 그렇다고 해서 어느 한쪽이 진실을 더 오도할 것도 덜 오도할 것도 없다…… 이 책은…… 그 인물들이 어떻게 느꼈으며, 또 그들이 어떤 판단으로 그렇게 행동했는가 하는 이유를 이해하려는 시도이다.[15]

이 주장은 명료합니다. 그리고 웨지우드 선생이 인기 있는 저술가라는 점으로 미루어 많은 사람들이 그녀와 똑같이 생각할 것은 틀림없습니다. 이를테면, 로즈 박사의 말을 들어 보면, 엘리자베스 여왕 시대의 제도가 무너진 것은 제임스 1세가 그 체제를 이해할 능력이 없었기 때문이며, 17세기의 영국 혁명은 스튜어트 왕조 초기의 국왕 두 사람이 멍청했기 때문에 일어난 '우연한' 사건이었다는 것입니다.[16] 제임스 닐 경(영국의 역사가. 1890~1975)은 로즈 박사에 비하면 훨씬 엄격한

---

14) *American Historical Review*, 1vi, No. (1) (January 1951), p. 270.
15) C. V. Wedgwood, *The King's Peace* (1955), p. 17.
16) A.L. Rowse, *The England of Elizabeth* (1950), pp. 261-262, 382. 여기서 지적하면 좋을 것 같은데, 로즈 박사는 초기의 한 논문에서, "부르봉 가문이 1870년 이후의 프랑스에 왕정복고를 실현하는 데 실패한 것은, 순전히 앙리 5세가 부르봉 가문의 하찮은 흰 깃발 따위에 집착했기 때문이라고

역사가입니다만, 그 또한 튜더 왕조가 무엇을 상징했는지를 설명하기보다는 엘리자베스 여왕에 대한 찬미를 드러내는 데 더 열심인 때가 있었던 것 같습니다. 앞서 인용한 논문에서 아이제이아 벌린 경은, 역사가가 징기스칸이나 히틀러를 혹시 악인으로서 비난하지는 않을까 하여 몹시 전전긍긍했습니다.[17]

폭군 존 왕, 성군 엘리자베스 여왕 학설은 최근에 이르러 특히 유행하고 있습니다. 공산주의를 '카를 마르크스의 뇌에서 태어난 아이'라고—나는 이 표현을 최근 증권회사의 소책자에서 빌렸습니다—부르는 편이 공산주의의 기원이나 성격을 분석하기보다 쉽고, 볼셰비키 혁명을 니콜라이 2세의 우매함이나 독일의 자금 탓으로 돌리는 편이 혁명의 심원한 사회적 원인을 연구하기보다 쉬우며, 20세기의 두 차례에 걸친 세계대전을 빌헬름 2세나 히틀러라는 개인의 사악함의 결과라고 생각하는 편이 국제 관계 체제의 고질적인 병폐의 결과라고 생각하기보다 쉽기 때문일 것입니다.

개인의 행동을 어떻게 다루는가

그런데 웨지우드 선생의 말에는 두 가지 명제가 결합되어 있습니다. 첫째, 개인으로서의 인간의 행동은 집단이나 계급의 일원으로서의 행동과는 다르며, 역사가는 정당한 권리로써 어느 한쪽을 택하여 논할 수 있다는 것입니다. 둘째로 개인으로서의 인간의 행동에 대한 연구는 그들의 행위의 의식적 동기에 대한 연구라는 것입니다.

이미 여러 가지로 설명했으므로, 첫 번째 명제에 대해서는 더 이상 자세히 이야기할 필요가 없을 듯합니다. 문제는 인간을 개인으로서 보는 견해와, 인간 집단의 일원으로서 보는 견해 중에서 어느 쪽이 사람들을 오해로 이끄느냐 하는 것이 아니라, 그 둘 사이에 선을 그으려는 시도가 사람들을 오해에 빠뜨린다는 점입니다. 애초에 개인이란 하나의 사회, 아니 아마도 하나 이상의 사회의 일원이며, 그 사회를 집단, 계급, 종족, 국민 등 뭐라고 부르거나 상관없습니다.

생각하는 역사가"를 비난한 적이 있다. (*The End of an Epoch* 1949, p. 275.) 그런데 그는 정작 자신이 비판한 이런 개인 본위의 설명을 영국 역사를 쓸 때를 위해서 아껴 두었던 모양이다.
17) I. Berlin, *Historical Inevitability* (1954), p. 42.

초기의 생물학자들은 우리나 수조, 유리상자 속에 있는 날짐승, 들짐승, 물고기의 종류를 분류하는 데 만족했으며, 생물의 종(種)을 그 환경과의 관계에서 연구하려고 하지 않았습니다. 오늘날의 사회과학은 어쩌면 아직도 이런 원시적 상태에서 완전히 벗어나지 못한 것인지도 모르겠습니다.

어떤 사람들은 개인을 연구 대상으로 삼는 학문으로서의 심리학과, 사회를 연구하는 학문으로서의 사회학을 구별합니다. 그리고 결국 모든 사회적 문제는 궁극적으로 개인 행동의 분석으로 환원할 수 있다는 견해를 심리주의라고 부릅니다. 그러나 개인의 사회적 환경을 연구하지 않는 심리학자는, 그다지 대단한 일은 하지 못하는 것 같습니다.[18] 개인으로서의 인간을 다루는 전기와 전체의 일부로서의 인간을 다루는 역사를 구별하면서, 좋은 전기는 역사서로서는 부실한 역사책밖에 못 된다고 생각하는 것은 참으로 떨치기 어려운 유혹입니다.

일찍이 액턴은 말했습니다. "어떤 개성적인 인물들로 인해 유발되는 관심만큼 인간의 역사관에 오류와 부정(不正)을 낳는 것은 없다."[19]

그러나 이 구별도 진실은 아닙니다. 그렇다고 해서 나는 G.M. 영(영국의 역사가. 1882~1959)이 그의 책 《빅토리아 시대의 영국》 속표지에 인용한 빅토리아 시대의 속담, '하인은 사람에 대해서 이야기하고 신사는 세상사를 논한다'[20]는 말의 그늘에 숨고 싶은 생각도 없습니다. 어떤 전기는 역사에 중요한 공헌을 했습니다. 내 전공분야에서는, 아이작 도이처가 쓴 스탈린 및 트로츠키 전기가 탁월한 예입니다

---

18) 그러나 현대의 심리학자는 이러한 오류를 인정하게 되었다. "집단으로서의 심리학자는 개인을 기능(機能)하는 사회 체계 속의 한 단위로서 다루지 않고, 오히려 구체적인 인간이 먼저 있은 다음 사회 체계의 형성으로 나아가는 것으로서 다루었다. 그 때문에 심리학자들은 자기가 사용하는 범주가 독특한 의미에서 추상적이라는 것을 별로 깨닫지 못했다."(Professor Talcott Parsons, Introduction to Max Weber, *The Theory of Social and Economic Organization*(1947), p. 27.) 또 본서 154페이지 프로이트에 관한 부분 참조.

19) *Home and Foreign Review*, January 1863, p. 219.

20) 허버트 스펜서는 이 생각을 매우 장중한 문장으로 면밀히 설명하고 있다. "만일 어떤 인간의 정신적 능력에 대한 개략(槪略)을 알고자 한다면, 그 사람이 말을 할 때 인간의 말과 일반적 관념의 말의 비율은 어떤가, 인간에 관한 단순한 진리 대신 인간 및 사물에 관한 많은 경험에서 비롯된 진리가 어느 정도까지 나타나 있는가를 관찰하는 것이 좋다. 이 방법으로 많은 사람을 측정해 보면, 인간 현상에 대해서 전기적(傳記的)인 견해 이상의 견해를 가진 인간이 아주 드물다는 것을 깨달을 것이다."

다. 그러나 어떤 전기는 역사소설과 마찬가지로 문학의 일부가 되었습니다.

트레버 로퍼 교수에 따르면, "리턴 스트레이치에게는 역사상의 문제가 언제나 오직 개인의 행동이나 기행(奇行)에 관한 문제였다······ 그는 역사상의 여러 문제, 즉 정치나 사회의 여러 문제에 답하려고 한 적도 없고, 질문을 던지려고 한 적조차 없다"[21]고 합니다.

그 누구에게도 역사를 쓰거나 읽을 의무는 없습니다. 그리고 역사가 아니더라도 과거에 관한 훌륭한 책은 쓰일 수 있습니다. 그러나 관례상—이 강연에서도 그렇게 할 생각입니다만—'역사'라는 말만큼은 사회 속에 있는 인간의 과거를 연구하는 절차라는 뜻으로만 사용할 수 있다고 생각합니다.

두 번째 명제, 즉 역사는 개인이 '어떤 판단으로 그렇게 행동했는가'를 연구하는 것이라는 말은 얼핏 보기에 매우 이상할 수 있습니다. 내 느낌으로는 다른 분별 있는 사람들과 마찬가지로 웨지우드 선생도 자기가 말하는 것을 스스로 실천하고 있지는 않은 것 같습니다. 만일 실천한다면 아마 그녀는 기묘한 역사를 쓰게 될 것입니다.

오늘날에는 누구나 알고 있습니다만, 인간은 반드시—아니면 오히려 습관적으로—자기가 완전히 의식하고 있는 동기나 자기가 스스로 인정하는 동기에 바탕을 두고 행동하는 것은 아닙니다. 그렇기 때문에 무의식의 동기 또는 본인이 인정하지 않는 동기에 대한 통찰을 배제하고 연구를 한다는 것은 일부러 한쪽 눈을 감고서 작업을 시작하는 것이나 다름없습니다. 그런데 어떤 사람들에 따르면 역사가는 이렇게 해야 한다는 것입니다. 문제는 이것입니다.

여러분이 만일 존 왕의 악덕은 폭군이 되려고 한 그의 탐욕, 어리석음, 야망으로 이루어졌다고 주장하며 만족하는 한, 여러분은 어린이를 위한 역사책의 수준으로도 이해할 수 있는 개인의 자질이라는 면에서 논하고 있는 것입니다. 그런데, 존 왕은 봉건제후의 발흥과 대립하는 기득권 세력의 무의식적 도구로 이용되었다고 말하기 시작하면, 여러분은 존 왕의 악덕에 대해서 이제까지보다 복잡하고 정교한 견해를 제시하는 데 그치지 않고, 역사적 사건은 개인들의 의식적 행위에

---

21) H. R. Trevor-Roper, *Historical Essays*(1957), p. 281.

의해서 규정되는 것이 아니라, 그들의 무의식적 의지를 이끄는 외부의 전능한 힘에 의해서 규정된다는 것을 암시하는 듯하게 됩니다.

물론 그런 주장은 터무니없습니다. 나는 신의 섭리나 세계정신, 운명 현시나 대문자 역사, 무엇이 됐든, 여러 사건의 진로를 이끄는 것이라고 여겨지는 그 어떤 추상관념도 믿지 않습니다. 오히려 나는 마르크스의 이런 견해에 무조건 찬성하고 싶습니다.

"'역사'는 아무것도 하지 않고, 막대한 재산도 소유하지 않으며, 전투도 하지 않는다. 모든 것을 하는 것, 소유하는 것, 싸우는 것은 오히려 '인간', 현실의 살아 있는 '인간'이다."[22]

이 문제에 대해서 내가 붙여야 할 설명 두 가지는, 추상적인 역사관과는 아무런 관계가 없고, 순수하게 경험적인 관찰에 입각한 것입니다.

역사에서 수(數)의 중요성

첫째는, 역사는 상당한 정도까지 수(數)의 문제라는 것입니다. 토머스 칼라일은 "역사는 위인의 전기이다"라는 유감스러운 주장에 책임을 져야 할 사람입니다. 그러나 그의 가장 위대한 역사책에 나오는 이 유창한 발언을 한번 들어 보기로 합시다.

"2,500만 명의 사람들의 가슴을 무겁게 짓누르고 있던 굶주림과 헐벗음, 그리고 악몽 같은 압제―이것이야말로 프랑스 혁명의 원동력이었다. 철학을 내세운 옹호자나 부유한 상점 주인이나 지방 귀족의 상처 입은 허영심이나 반박당한 철학 따위가 그 원동력이 아니었다. 어느 나라의 어떤 혁명이라도 마찬가지일 것이다."[23]

그런가 하면 레닌은 이렇게 말했습니다.

"정치는 대중이 있는 곳에서 시작된다. 수천 명이 있는 곳이 아니라 수백만 명이 있는 곳, 그곳이 진정한 정치가 시작되는 곳이다."[24]

---

22) *Marx-Engels : Gesamtausgabe*, Ⅰ, iii, p. 625.
23) *History of the French Revolution*, Ⅲ, iii, ch. 1.
24) Lenin, *Selected Works*, vii, p. 295.

칼라일이나 레닌이 말하는 수백만 명이란 수백만의 개인을 말하며, 거기에는 비개인적인 것은 아무것도 없습니다. 이 문제를 논할 때 간혹 익명성과 비개인성이 혼동되기도 합니다. 그러나 우리가 그들의 이름을 모른다는 이유로 사람이 사람이기를, 또는 개인이 개인이기를 그만두는 것은 아닙니다.

엘리엇이 말한 '거대한 비개인적인 힘'은 그보다 더 대담 솔직한 보수주의자인 클래런던(영국의 정치가, 역사가. 1609~1674)의 입을 거치면, '이름 없는 비천한 사람들'[25]이라는 뜻이 됩니다. 이 이름을 모르는 수백만의 사람들이야말로 대체로 무의식적으로 함께 행동하여 하나의 사회적 세력을 형성했던 개인들이었습니다.

일상적인 상황이라면, 역사가는 불만을 품은 한 농부나 한 촌락에 관해서 알 필요가 없을 것입니다. 그러나 몇천의 마을에서 몇백만의 농민이 불만을 품게 된다면 이것은 어떤 역사가도 무시하지 못할 하나의 요인이 됩니다. 존스가 결혼을 망설인 이유는, 같은 이유로 존스와 동세대의 몇천 명의 개인이 결혼을 망설여 혼인율의 상당한 저하라도 초래하지 않는 한, 역사가의 관심이 되지 못합니다. 그러나 혼인율의 저하를 초래하는 경우라면, 그때 그 이유는 역사적으로 중요한 것이 될 수도 있습니다. 또 운동은 소수에 의해서 시작되는 것이라는 진부한 주장에 우리는 동요할 필요가 없습니다. 무릇 모든 효과적인 운동에는 소수의 지도자와 다수의 추종자가 있는 법입니다. 그렇다고 다수가 운동의 성공을 위해 중요하지 않다는 뜻은 아닙니다. 역사에서는 수가 중요합니다.

인간의 행위가 낳는 헤아릴 수 없는 결과

나의 두 번째 고찰은 이미 훌륭히 증명되었습니다. 다른 많은 사상적 조류에 속하는 저자들이 모두 한결같이, 인간의 개인적인 행위가 초래하는 결과는 흔히 그 행위자가 의도하거나 욕망한 것이 아니며, 다른 어떤 개인이 의도하거나 욕망한 것은 더더욱 아니라고 발언했습니다.

그리스도교에서는 개인은 의식적으로는 흔히 자기 자신의 이기적인 목적을 위해서 움직이면서도 무의식적으로는 신의 의도를 위해서 일하는 대리자라고 믿습

---

25) Edward Hyde, Earl of Clarendon, *A Brief View & Survey of the Dangerous & Pernicious Errors to Church & State in Mr. Hobbes's Book entitled Leviathan*(1676), p. 320.

니다. 맨더빌(네덜란드 출신의 영국 작가. 1670~1733)의 '개인의 악덕은 공공의 복지이다'라는 말은, 일찍이 이러한 발견을 일부러 반어적으로 표현한 것입니다. 굳이 인용할 필요도 없을 만큼 잘 알려져 있습니다만, 애덤 스미스의 '보이지 않는 손'과 헤겔의 '이성의 간계'가 말하고 있는 것은, 개인 자신은 스스로의 욕망을 채우고 있는 줄 알고 있지만 실은 그 보이지 않는 손이나 이성을 위해 일하게 되고 그 목적에 봉사하게 된다는 것입니다.

마르크스는 《정치경제학 비판》 서문에 이렇게 쓰고 있습니다.

"인간은 자신의 생산수단을 사회적으로 생산하는 과정에서, 그 의지와는 무관하게 일정하고 필연적인 관계 속에 들어간다."

톨스토이는 《전쟁과 평화》에서 애덤 스미스를 되풀이하듯 이렇게 썼습니다.

"인간은 의식적으로는 자기 자신을 위해 살아가지만, 인류의 보편적인 역사적 목적을 달성하기 위한 무의식적 도구에 지나지 않는다."[26]

너무 길어진 이러한 명언들도 버터필드 교수의 말로 마무리를 해야겠습니다.

"역사적 사건의 본성에는 어떤 인간도 의도하지 않았던 방향으로 역사의 진로를 돌리는 성질이 있다."[27]

그에 앞선 백 년 동안에는 조그만 국지전들이 있었을 뿐이었는데, 1914년 이후에는 두 차례의 세계대전이 있었습니다. 19세기의 마지막 75년 동안에 비해 20세기 전반에 전쟁을 바라는 개인이 더 많았고 평화를 바라는 개인이 적었다고 주장하는 것은 이 현상의 설명으로서는 그다지 설득력이 없습니다. 어떤 개인이 1930년대에 큰 불경기를 바랐다든가 그것을 일으키려 의도했다고는 생각할 수 없습니다. 그러나 그것이 여러 개인의—그 한 사람 한 사람은 의식적으로는 전혀 다른 목적을 추구하고 있었더라도—행위에 의해서 발생한 것은 분명합니다.

또 개인의 의도와 그 행위의 결과가 어긋난다는 진단을 언제나, 과거를 돌아보는 역사가가 내려 주길 기다려야 하는 것은 아닙니다. 1917년 3월에 로지(미국의 정치가. 1850~1924)는 우드로 윌슨에 대해서 이렇게 쓰고 있습니다.

"그는 전쟁에 나설 생각은 없다. 그러나 여러 사건에 의해서 떠밀려서 나서게

---

26) L. Tolstoy, *War and Peace*, ix, ch. 1.
27) H. Butterfield, *The Englishman and His History*(1944), p. 103.

될 것 같다."[28]

'인간의 의도에 의한 설명'[29]이나 행위자 스스로가 말하는 동기의 설명을 기초로, 다시 말해서 행위자가 '어떤 판단으로 그렇게 행동했는가' 하는 이유를 기초로 역사를 쓸 수 있다고 생각하는 것은, 모든 증거에 반하는 것입니다. 역사상의 사실은 여러 개인에 관한 사실임에는 틀림없지만, 고립된 개인의 행위에 대한 사실도 아니고 개인이 스스로 행위의 동기라고 여기는 것—진실이거나 가공이거나—에 대한 사실도 아닙니다. 그것은 사회 속에서 여러 개인 간의 상호 작용에 대한 사실이며, 또 여러 개인의 행위에서 흔히 그들 스스로가 의도한 결과와는 빗나간, 때로는 반대의 결과마저 낳는 사회적 힘들에 관한 사실입니다.

지난번 강연에서 말씀드린 콜링우드 사관의 가장 중대한 오류의 하나는 행위의 이면에 있는 생각을—이를 규명하는 것이 역사가의 사명입니다—행위하는 개인의 생각이라고 가정한 데 있습니다. 이것은 그릇된 가정입니다. 역사가가 규명해야 할 것은 행위의 이면에 숨어 있는 것인데, 그것은 행위하는 개인의 의식적인 생각이나 동기와는 전혀 관계가 없는지도 모릅니다.

반역자를 어떻게 보는가

이제 역사에서 반역자 또는 이단자의 역할에 대해서 조금 말씀을 드려야 하겠습니다. 사회에 반항하는 개인의 통속적인 이미지를 설정하는 것은 사회와 개인 사이에 또 한 번 거짓 대립을 도입하는 일입니다. 어떤 사회거나 완전히 동질적일 수는 없습니다. 모든 사회는 사회적 갈등의 무대이며, 기존 권위에 반대하는 입장에 서 있는 개인도, 이 권위를 옹호하는 개인 못지않게 그 사회의 산물이자 반영인 것입니다.

리처드 2세나 예카테리나 대제는 저마다 14세기 영국, 그리고 18세기 러시아의 강력한 사회적 힘을 대표하는 인물이었습니다. 그런데 와트 타일러나 푸가초프 같은, 대규모 민란이나 농노 반란의 지도자 또한 마찬가지입니다. 군주나 반

---

28) B. W. Tuchman, *The Zimmerman Telegram* (N.Y., 1958), p. 180 재인용.
29) 이 말은 I. Berlin, *Historical Inevitability* (1954)에서 인용했다. 여기서는 이런 견해로 역사를 쓸 것을 권하고 있는 것 같다.

역자나 똑같이 그 시대 및 국가의 특수한 조건의 산물이었던 것입니다. 타일러나 푸가초프를 사회에 반항하는 개인으로서 묘사한다면, 이것은 오해를 초래하는 단순화가 됩니다. 만일 그들이 그런 정도에 지나지 않았다면, 결코 역사가의 귀에는 들어가지 않았을 것입니다. 역사에서 그들의 역할은 그들을 따르는 대중이 있었던 덕이었으며, 그렇지 않았다면 그들은 사회 현상으로서나 역사적으로 중요성은 전혀 없었을 것입니다. 좀 더 지적인 수준에서 탁월한 반역자이자 개인주의자인 인물의 사례를 들어 볼까요? 자기가 속한 시대의 사회와 나라에 사납게 급진적으로 반항한 면에서 니체보다 더한 사람은 거의 없었습니다. 그러나 니체는 유럽 사회, 특히 독일 사회의 직접적 산물이지, 중국이나 페루에서는 나타날 수 없는 사회 현상이었습니다. 그가 몸소 표현했던 사회적인 힘이 얼마나 강하게 유럽적인 것, 특히 독일적인 것이었던가는 니체의 동시대 사람들보다 그가 죽은 그다음 세대에 이르러서 더 뚜렷해졌기 때문에, 니체는 그 자신의 세대보다 그 뒤의 세대에게 중요한 인물이 된 것입니다.

위인을 어떻게 보는가

역사에서 반역자의 역할은 위인의 역할과 어딘가 비슷합니다. 역사에서의 위인 학설—그 특정한 예로서 '성군 엘리자베스 여왕' 학파—도 최근에는 한물간 유행이 되었음에도, 그 꼴사나운 고개를 아직도 때때로 쳐들 때가 있습니다. 제2차 세계대전 뒤에 시작된 어느 통속적인 역사 교재 시리즈의 편집자는, '위인전을 쓰겠다는 생각으로 중요한 역사적 주제를 다룰 것'을 집필자에게 요구했습니다. 테일러 선생(영국의 역사가. 1906~1990)은 어느 소논문에서 "현대 유럽의 역사는 나폴레옹, 비스마르크, 레닌이라는 세 사람의 거인을 통해서 쓸 수 있다"[30]고 한 적이 있지만, 그도 더 진지한 논문에서 이런 무모한 작업을 시도하지는 않았습니다.

역사에서 위인의 역할은 무엇일까요? 위인은 하나의 개인이기는 합니다만, 뛰어난 개인이기 때문에 동시에 또 현저한 중요성을 가진 사회 현상입니다. 기번(영국의 역사가, 정치가. 1737~1794)은 이렇게 말합니다.

---

30) A. J. P. Taylor, *From Napoleon to Stalin* (1950), p. 74.

"그 시대가 비범한 인물에 적합해야 한다는 것, 크롬웰이나 레츠(프랑스의 정치가. 1613~1679) 같은 천재도 오늘날이었다면 이름도 남기지 못한 채 사라져 버렸으리라는 것, 이것은 명백한 진리이다."[31]

마르크스는 《루이 보나파르트의 브뤼메르 18일》에서 이와 반대의 현상에 대해 다음과 같은 진단을 내렸습니다.

"프랑스의 계급투쟁은 하찮은 인간들이 영웅이라는 껍데기를 걸치고서 으스대고 돌아다닐 수 있는 환경과 관계를 만들어 냈다."

비스마르크가 18세기에 태어났더라면 ― 물론 어처구니없는 가설입니다. 그때 그는 비스마르크가 아니었을 테니까요 ― 독일을 통일하는 일도 없었을 테고, 결코 위인도 되지 않았을 것입니다. 그러나 톨스토이처럼, 위인이란 '사건에 이름을 붙이기 위해 쓰는 딱지'에 지나지 않는다고 깎아내릴 것까지는 없다고 생각합니다. 물론 위인 숭배에 불길한 함의가 깃들 때도 있습니다. 니체의 초인(超人)은 불쾌한 인물입니다. 히틀러의 사례나 소련에서의 '개인 숭배'가 불러온 무서운 결과는 이제 와 새삼 상기할 필요도 없을 것입니다.

그러나 위인의 위대함에 트집을 잡는 것이 나의 본의도 아니고, '위인은 거의 예외 없이 악인'이라는 주장에 동의할 생각도 없습니다. 내가 공격하고 싶은 것은 위인을 역사의 바깥에 가져다 놓고 위인이 홀연히 어디선가 나타나서 그 위대함의 힘으로 역사를 장악해 버린다는 견해, '상자 속에 숨겨져 있다가 느닷없이 튀어나오는 인형처럼 위인이 갑자기 나타나 역사의 진짜 연속성을 중단시켜 버린다'[32]는 견해, 바로 그것입니다.

오늘날에도 다음에 들 헤겔의 고전적인 서술은 완벽하다고 생각합니다.

"어떤 시대의 위인이란, 그 시대의 의지를 말로 표현할 수 있고 그 시대의 의지가 무엇인지를 그 시대에 알리고 그 의지대로 실행할 수 있는 인간이다. 그의 행위는 그의 시대의 정수(精髓)이자 본질이다. 그는 그 시대를 실현하는 사람이다."[33]

---

31) Gibbon, *The Decline and Fall of the Roman Empire*, ch. 70.
32) V. G. Childe, *History*(1947), p. 43.
33) *Philosophy of Right*(Engl. transl., 1942), p. 295.

위대한 저술가는 "인간의 인식을 촉진시킨다는 점에서 중요하다"[34]고 리비스 박사(영국의 평론가, 1895~1978)가 말한 것도 같은 뜻입니다. 위인이란 언제나, 현존하는 힘의 대표자이거나, 아니면 그 자신이 현존하는 권위에 도전함으로써 그 창조를 도우려 하는 어떤 힘의 대표자입니다. 그러나 나폴레옹이나 비스마르크처럼 기존의 사회적 힘에 올라타서 위대해진 인물들보다는 크롬웰이나 레닌처럼 자기들을 위대하게 만든 그 사회적 힘 자체의 창조를 도운 위인에게 더 높은 정도의 창조성을 부여할 수 있는 것이 아닐까요? 또 자기 시대보다 지나치게 앞서 있었기 때문에, 후대에 이르러서야 겨우 그 위대함이 알려지게 된 위인들도 잊어서는 안 됩니다. 내가 중요하다고 생각하는 것은, 위인이란 역사적 과정의 산물인이자 생산자인 동시에, 세계의 모습과 인간의 사상을 바꾸는 사회적 힘들의 대표자이자 창조자인 탁월한 개인이라는 점을 인정하는 것입니다.

그러기에 역사란 이 말의 두 가지 뜻에서—다시 말하여 역사가가 하는 연구라는 뜻에서나, 역사가가 연구하는 과거의 사실이라는 뜻에서나—하나의 사회적 과정이며, 개인은 사회적 존재로서 그 과정에 참여하는 것입니다. 그러므로 사회와 개인 간의 거짓 대립을 가정하는 것은 우리의 사고를 혼란시키기 위한 함정에 지나지 않습니다. 역사가와 그가 다루는 역사상의 사실 사이의 상호 작용이라는 과정은—이것은 앞에서 현재와 과거의 대화라고 불렀는데—추상적이고 고립된 개인과 개인 사이의 대화가 아니라, 오늘의 사회와 어제의 사회의 대화입니다. 부르크하르트의 말을 빌리면, 역사란 '한 시대가 다른 시대 속에서 주목할 만한 것이라고 여기는 것에 대한 기록'[35]입니다.

과거는 현재의 빛에 비추어야 비로소 이해될 수 있고 현재는 과거의 빛에 비추어야 비로소 완전히 이해될 수 있습니다. 인간에게 과거의 사회를 이해시키고, 현재의 사회에 대한 인간의 장악력을 증대시키는 것이 바로 역사의 이중적 기능입니다.

---

34) F. R. Leavis, *The Great Tradition*(1948), p. 2.
35) J. Burckhardt, *Judgements on History and on Historians*(1959), p. 158.

3. 역사와 과학 그리고 도덕

역사는 과학이라는 것

나는 어릴 때, 겉모습과는 달리 고래는 어류가 아니라는 사실을 배우고 깊은 인상을 받았습니다. 그러나 요즈음에는 이런 분류의 문제는 나에게 별다른 인상을 주지 않게 되었습니다. 그래서 역사는 과학이 아니라는 말을 들어도 그리 마음에 걸리지 않습니다. 이런 용어상의 문제는 영어 특유의 현상입니다. 다른 모든 유럽어에서는 '과학'에 상응하는 그들의 어휘에 역사가 어김없이 포함됩니다. 그러나 영어권 세계에서 이 문제는 긴 역사를 가지고 있습니다. 그러므로 이것이 불러일으킨 쟁점을 다룬다면, 역사의 방법론 문제에 대한 아주 편리한 서론이 될 것입니다.

18세기 말은, 세계에 대한 인간의 지식과 인간 자신의 육체적 속성에 관한 지식에 대해서 과학이 당당한 공헌을 한 시기로, 이 시기에 과학이 사회에 관한 인간의 지식까지도 진전시킬 수 있느냐 없느냐 하는 질문이 제기되기 시작했습니다. 사회과학의 개념, 그리고 사회과학의 하나로서의 역사의 개념은 19세기를 통해서 차츰 발전해 왔습니다. 자연계를 연구할 때의 방법이 인간사의 문제에 대한 연구에도 적용되었습니다.

이 시대의 전반은 뉴턴적 전통이 힘을 떨쳤습니다. 자연계와 마찬가지로 사회도 기계적 구조나 작용이 있는 어떤 것으로 생각되었습니다. 1851년에 출판된 허버트 스펜서의 《사회 정역학(靜力學)》을 지금도 기억하고 있습니다. 이 전통 속에서 성장한 버트런드 러셀은 조만간 '기계의 수학과 마찬가지로 정밀한 인간 행동의 수학'[1]이 생길 것이라고 기대했던 시대를 나중에 회상하기도 했습니다.

---
1) B. Russell, *Portraits from Memory* (1958), p. 20.

이어 다윈이 또 하나의 과학적 혁명을 이룩하고, 사회과학자들은 생물학에서 단서를 얻어 사회를 하나의 유기체로 생각하기 시작했습니다. 그러나 다윈 혁명의 참된 중요성은, 라이엘(영국의 지질학자. 1797~1875)이 이미 지질학에서 시작한 일을 다윈이 생물학에서 완성하면서, 역사를 과학 안으로 들여왔다는 점에 있었습니다. 과학은 이제 어떤 정적(靜的)인 것, 초시간적인 것을 다루는 것이 아니라,[2] 변화와 발전의 과정을 다루는 것이 되었습니다. 과학에서의 진화가 역사에서의 진보를 확인하고 보완했습니다.

그러나 내가 첫 강연에서 말씀드린 바와 같은 역사 방법론에 관한 귀납적인 견해를 바꿀 만한 일은 하나도 일어나지 않았습니다. 사실을 먼저 수집하고 그다음에 그것을 해석하라는 견해 말입니다. 이 또한 의심의 여지없이 과학의 방법론으로 여겨졌습니다. 1903년, 베리가 교수 취임 강연을 맺으면서, "역사는 과학이며, 그 이상도 그 이하도 아니다"라고 말했을 때 그의 생각 속에 있었던 것은 분명히 이러한 견해였습니다.

그런데 베리의 취임 강연 이후 50년이 흐르는 동안 이런 역사관에 대한 강력한 반발이 일어났습니다. 1930년대에 집필 활동을 하던 콜링우드는, 과학적 연구의 대상인 자연계와 역사의 세계 사이에 명확히 선을 긋는 데 특별한 열의를 보였습니다. 그리고 이 시기 동안 베리의 말은 웃음거리로 삼을 때 말고는 그다지 인용되지 않았습니다.

그러나 그즈음의 역사가들은 깨닫지 못했습니다만, 과학 자체에도 심각한 혁명이 진행되어 그 때문에 베리가—비록 잘못 짚은 이유 때문일지라도—우리가 생각한 것보다 훨씬 옳았던 것처럼 보이기 시작한 것입니다. 라이엘이 지질학에서, 그리고 다윈이 생물학에서 수행한 것이 오늘날에는 천문학에서 수행되고 있으며, 천문학은 현재에 이르는 우주 발달의 경위를 연구하는 과학이 되었습니다. 더욱이 현대의 물리학자들은 자기들이 연구하는 것은 사실이 아니라 사건이라고 우리에게 말하고 있습니다. 역사가가 100년 전에 비해 오늘날 과학의 세계에서 더 편안함을 느끼는 데에는 어느 정도 이유가 있는 것입니다.

---

2) 그 뒤 브래들리는 1874년에 이르러 초시간적이고 영속적인 것을 다루는 과학을 역사와 구별하고 있다. (F. H. Bradley, *Collected Essays*, 1935, i. p. 36.)

역사에서 법칙의 개념

먼저, 법칙이라는 개념부터 살펴보겠습니다. 18세기와 19세기 내내 과학자들은 자연의 여러 법칙들—뉴턴의 운동 법칙과 중력의 법칙, 보일의 법칙, 진화의 법칙 등등—이 발견되어 명확하게 증명되었다고 생각했고, 또 관찰된 사실로부터 귀납적인 추론을 통해서 이런 법칙을 더 많이 발견하고 증명하는 것이 과학자의 일이라고 생각했습니다. '법칙'이라는 말은 영광의 구름을 꼬리에 달고 갈릴레이와 뉴턴에게서 전해진 것입니다.

의식적으로든 무의식적으로든, 사회를 연구하는 학자들은 자기들의 연구가 과학으로서 지위를 가지고 있다고 주장하고 싶었으므로, 과학에서 사용하는 것과 같은 용어를 채택하고 스스로 절차를 따른다고 믿었습니다. 정치경제학자는 그레셤의 법칙 및 애덤 스미스의 시장의 법칙으로 이 분야의 선두를 끊은 것 같습니다. 에드먼드 버크(영국의 정치가, 저술가. 1729~1797)는 '자연의 법칙이며, 따라서 신의 법칙인 상업의 법칙'3)을 들고 나왔고, 맬서스는 인구의 법칙을 제시했으며, 라살레(독일의 사회주의자. 1825~1864)는 임금의 철칙을 제시하고, 마르크스는 《자본론》 서문에서 '근대 사회의 경제적 운동 법칙'을 발견했다고 주장했습니다. 《문명사(文明史)》의 결론에서 버클(영국의 역사가. 1821~1862)은, 인간사의 진로에는 보편적이고 예외 없는 규칙성이라는 하나의 영광스러운 원리가 스며들어 있다는 확신을 표명했습니다. 오늘날 이런 말들은 진부하고도 오만하게 들립니다. 더욱이 이것은 사회과학자들 귀에 진부하게 들리는 것만큼이나 자연과학자들에게도 그렇게 생각되고 있습니다.

베리가 취임 강연을 하기 전 해의 일입니다만, 프랑스의 수학자 앙리 푸앵카레가 《과학과 가설》이라는 조그만 책을 간행하여 과학 사상에서의 혁명을 일으켰습니다. 그의 주된 논지는, 과학자가 발표한 일반적 명제는 그것이 단순한 정의(定義)이거나 용어 사용에 관한 위장된 관습이 아닌 한, 한발 더 나아간 사고를

---

3) *Thoughts and Details on Scarcity*(1795) in *The Works of Edmund Burke*(1846), iv. p. 270. 버크의 추론에 의하면, "빈민들에게는 생활에 필요한 물품을 얼마 동안 주지 않는 것이 신(神)의 뜻을 따르는 것이었기에, 정부나 부유한 사람들일지라도 빈민들에게 그것을 줄 수 있는 권한을 가진 것이 아니다."라고 주장하고 있다.

구체화하고 조직하기 위해서 고안된 가설이며, 그것은 증명과 수정과 반론을 필요로 한다는 것이었습니다. 이 모든 것은 지금은 상식이 되었습니다. "나는 가설을 세우지 않는다"는 뉴턴의 단언도 오늘날에는 공허하게 들립니다. 그리고 과학자는 물론 사회과학자까지도 여전히—옛정을 생각해—법칙이라는 말을 이따금씩 입에 담을 때가 있지만, 18세기나 19세기의 과학자들이 보편적으로 법칙을 믿었던 그런 뜻으로는 이제 아무도 법칙의 존재를 믿지 않습니다. 과학자들이 발견하고 새로운 지식을 획득하더라도 그것은 정확하고 포괄적 법칙을 세움으로써가 아니라 새로운 연구를 향한 길을 열어주는 가설을 만들어 냄으로써 이루어진다는 사실은 이미 널리 인정받고 있습니다.

과학적 방법에 대한 두 사람의 미국 철학자가 쓴 표준적인 교과서에 따르면, 과학의 방법론은 '본질적으로 순환적'이라고 적혀 있습니다.

"경험적 자료, 즉 '사실'이라 부르는 것에 호소함으로써 우리는 원리를 위한 증거를 얻고, 이 원리를 기초로 경험적 자료를 선택, 분석, 해석한다."[4]

'순환적'이라는 말보다 '상호적'이라는 말이 더 좋을 듯합니다. 왜냐하면 그 결과가 같은 장소로 되돌아가는 것이 아니라, 원리와 사실 사이, 이론과 실제 사이의 이 상호 작용 과정을 통해서 새로운 발견으로 나아가기 때문입니다.

무릇 모든 사고는 관찰에 바탕을 둔 어떤 종류의 전제를 인정해야만 하며, 이 전제는 과학적 사고를 가능하게 하는 동시에 이 사고에 비추어서 수정되기 마련입니다. 이런 가설은 어떤 맥락 또는 어떤 목적에는 충분히 유용하겠지만, 맥락이나 목적이 달라지면 더 이상 유효하지 않게 되어 버립니다. 검증이란 어떤 경우든, 이런 가설이 실제로 새로운 통찰을 촉진시키고 우리의 지식을 늘리는 데에 실제로 유용한지 여부를 가려내는 경험적인 검증입니다.

러더퍼드(영국의 물리학자. 1871~1937)의 가장 뛰어난 제자의 한 사람이자 동료 연구자의 한 사람이, 최근 러더퍼드의 방법론에 대해서 이렇게 말했습니다.

"그는 핵현상이 어떻게 일어나는지 알고 싶은 심한 충동을 느꼈는데, 그것은 마치 누구나 부엌에서 어떤 일이 일어났는지를 알면 그것에 관해 이야기할 수 있

---

[4] M.R. Cohen and E. Nagel, *Introduction to Logic and Scientific Method*(1934), p. 596.

다는 식이었다. 그가 어떤 기본 법칙을 이용하는 고전적인 방식으로 설명을 구하고 있었다고는 생각되지 않는다. 무엇이 일어나고 있는지 아는 한 그는 만족했다."[5]

이 이야기는 기본 법칙의 탐구를 그만두고, 사태의 작동 방식을 연구하는 데에만 만족하는 역사가에게도 꼭 들어맞는 말입니다.

도구로서의 가설

역사가가 연구 과정에서 사용하는 가설의 지위도, 과학자가 사용하는 가설의 지위와 놀랍도록 닮아 있는 것 같습니다. 이를테면 프로테스탄티즘과 자본주의의 관계에 대한 막스 베버의 유명한 분석을 살펴봅시다. 예전 같으면 이것을 법칙이라고 떠들어 댔겠지만, 오늘날에는 누구도 이것을 법칙이라고 부르지는 않습니다. 이것은 하나의 가설이며, 이것이 영감을 준 연구가 진행되는 동안 얼마간 수정이 되기는 했지만, 그럼에도 프로테스탄티즘과 자본주의 운동에 대한 우리의 이해를 넓혀 준 것은 의심의 여지가 없습니다. 또 "맷돌은 우리에게 봉건영주의 사회를 주고, 증기제분기는 우리에게 산업자본가의 사회를 준다"[6]는 마르크스의 말을 한번 생각해 봅시다. 아마 마르크스는 이것을 법칙이라 부르고 싶었겠지만, 오늘날의 용어로는 이것은 법칙이 아니라 더 나아간 연구와 새로운 이해에 이르는 길을 보여 주는 유효한 가설입니다.

이런 가설은 없어선 안 될 사유의 도구입니다. 1900년대 초기의 유명한 독일 경제학자 베르너 좀바르트는, 마르크스주의를 포기해 버린 사람들이 겪는 불안한 기분을 이렇게 고백했습니다.

"이제까지 복잡한 현실 속에서 우리를 이끌어 준 편안한 공식을 잃어버렸을 때, 새로운 발판을 발견하거나 헤엄치는 법을 익힐 때까지, 우리는 사실의 바다 속에서 익사할 것만 같은 느낌이 든다."[7]

역사의 시대 구분에 관한 논쟁도 이런 범주에 속합니다. 역사의 시대 구분은

---

5) Sir Charles Ellis in *Trinity Review*(Cambridge, Lent Term, 1960), p. 14.
6) *Marx-Engels : Gesamtausgabe*, Ⅰ, ⅵ, p. 179.
7) W. Sombart, *The Quintessence of Capitalism*(Engl. transl., 1915), p. 354.

사실이 아니라 필요한 가설 또는 사유의 도구이며, 그것은 인간의 이해를 돕는 한 유효하며 그 유효성은 해석에 달려 있습니다. 중세의 끝은 언제였는가 하는 문제에서 의견을 달리하는 역사가들은 특정 사건의 해석에서도 의견이 다를 것입니다. 이 문제는 사실의 문제가 아닙니다. 그렇다고 무의미하다는 것은 아닙니다. 마찬가지로 역사를 지역에 따라 구분하는 것 또한 사실이 아니며 가설입니다. 유럽의 역사를 논하는 것은 어떤 맥락에서는 유효하고 타당한 가설이겠지만, 다른 맥락에서는 오해를 낳는 해로운 가설이 될 것입니다. 대부분의 역사가는 러시아를 유럽의 일부라고 가정하지만, 어떤 역사가들은 강력히 부정합니다. 역사가의 편견은 그 사람이 채택하는 가설로써 판단할 수 있습니다.

여기서 나는 사회과학의 방법론에 관한 하나의 일반적인 발언을 인용하지 않을 수 없습니다. 왜냐하면 이 발언은 자연과학자로서 수련을 쌓은 위대한 사회과학자가 한 말이기 때문입니다. 조르주 소렐(프랑스의 사회주의자. 1847~1922)은 40대에 사회 문제에 관해 글을 쓰기 시작하기 전까지는 기술자로 활동한 사람입니다. 그는 어떤 경우에는 지나친 단순화의 위험을 무릅쓰고라도 특수한 요소를 분리시킬 필요가 있다고 역설했습니다.

"우리는 자기의 방법을 의식하면서 나아가야만 한다. 우리는 개연성 있고 부분적인 가설을 철저하게 검사하여, 잠정적인 근사치에 만족하면서 언제나 미래에 수정될 여지를 남겨 두어야 한다."[8]

이렇게 보니 과학자나 액턴 같은 역사가가, 확실한 증거가 있는 사실의 수집을 통하여 모든 논쟁 문제를 단숨에 해결할 수 있는 지식의 일대 집성을 완성하는 날을 바라던 19세기와는 아득히 멀어졌습니다. 오늘날 과학자나 역사가는, 하나의 단편적인 가설에서 또 하나의 단편적인 가설로 차츰 나아가는 것, 그가 모은 사실들을 그의 해석을 매개로 분리해 내는 것, 그의 해석으로 그가 수집한 사실들을 검증하는 것 정도의 훨씬 겸허한 소망밖에 갖고 있지 않습니다. 과학자나 역사가의 이러한 연구법이 나에게는 근본적으로 다르게 보이지 않습니다.

첫 강연 때 나는 역사란 '결코 사실이 아니라 널리 인정된 일련의 판단들'이라

---

8) G. Sorel, *Matériaux d'une théorie du Prolétariat*(1919), p. 7.

는 배러클러프 교수의 말을 인용했습니다. 이번 강연을 준비하고 있을 때 케임브리지 대학 출신의 한 물리학자가 BBC방송에서, 과학적 진리란 '전문가들 사이에 공공연히 인정되어 온 명제이다'[9]라는 정의를 제시했습니다.

'이런 공식은—그 까닭은 객관성 문제를 논할 때 밝히겠습니다만—어느 것이나 그리 완전하지는 않습니다. 그러나 역사가와 과학자가 저마다 거의 완전히 똑같은 용어로 같은 문제를 설명하고 있는 것을 보면 깜짝 놀라게 됩니다.

과학과 역사의 사이

그러나 부주의한 사람에게는 유추(類推)가 위험한 함정이라는 주장을 정중하게 검토하기로 하겠습니다. 이 주장이 믿는 바에 따르면, 수학과 자연과학 사이에, 또 자연과학 안에서도 여러 과학 사이에 커다란 차이가 있는 것과 마찬가지로 과학과 역사 사이에도 근본적인 구별이 지워집니다. 그리고 이렇게 구별해 보면 역사를—역사뿐 아니라 아마 다른 사회과학도 마찬가지겠지만—과학이라는 이름으로 부르는 것은 오해의 소지가 있다는 것입니다.

이런 반론들은 설득력의 차이는 있습니다만 요약하면 다음과 같습니다.

(1)역사는 주로 특수한 것을 다루고 과학은 일반적인 것을 다룬다. (2)역사는 아무런 교훈도 주지 않는다. (3)역사는 예견을 하지 못한다. (4)인간이 자기 자신을 관찰하는 것이므로 역사는 주관적이기 쉽다. (5)과학과는 달리 역사는 종교 및 도덕의 문제를 포함한다.

이제 이와 같은 논점을 하나하나 검토해 나갈까 합니다.

일반화의 의미

첫째, 역사는 특수적이고 개별적인 것을 다루고, 과학은 일반적인 것을 다룬다고 주장합니다. 이런 견해는 아리스토텔레스에서 시작되었다고 할 수 있을지 모릅니다. 아리스토텔레스는 역사에 비해 시가 '더한층 철학적'이고 '더한층 진지'하다고 말합니다. 왜냐하면 시는 일반적 진리를 문제로 삼고, 역사는 개별적 진리를

---

[9] Dr. J. Ziman in *The Listener*, August 18, 1960.

문제로 삼기 때문입니다.[10] 콜링우드[11]에 이르기까지 후대의 많은 저술가들도 과학과 역사를 이와 비슷하게 구분했습니다. 그러나 이런 구분은 하나의 오해에서 비롯하는 듯합니다.

홉스의 다음과 같은 유명한 말은 여전히 유효합니다.

"세계에는 이름 이외에 보편적인 것은 하나도 없다. 왜냐하면 이름이 주어져 있는 모든 사물이, 그 하나하나는 개별적이고 유일한 것이기 때문이다."[12]

이는 분명히 자연과학에도 해당되는 말입니다. 지질상의 두 지층이든, 같은 종의 동물 두 마리든, 또는 두 개의 원자이든 동일한 것은 없습니다. 마찬가지로 두 역사적 사건이 똑같을 수는 없습니다.

그러나 역사적 사건의 특수성을 고집하는 것은, 무어(영국의 철학자, 1873~1958)가 버틀러(영국의 신학자, 1692~1752)로부터 물려받았으며, 동시에 언어철학자들이 특히 애호하고 있는, '모든 것은 바로 그것일 뿐 다른 어떤 것이 아니다'라는 진부한 말과 똑같은 마비 효과를 가지고 있습니다. 이 경로를 따라가다가는 이내 일종의 철학적 해탈의 경지에 이르러 무슨 일에 대해서든 뜻있는 말은 아무것도 할 수 없게 되고 말 것입니다.

과학자도 마찬가지지만, 역사가는 언어를 사용함으로써 일반화를 행합니다. 펠로폰네소스 전쟁과 제2차세계대전은 매우 달랐고, 그렇기 때문에 독자적입니다. 그러나 역사가는 양쪽 모두 전쟁이라 부르며, 공론가만이 이에 반대할 것입니다. 기번이 콘스탄티누스 대제(大帝)에 의한 기독교의 공인과 이슬람교의 발흥을 모두 혁명으로서 논했을 때,[13] 그는 두 가지 독자적인 사건을 일반화했던 것입니다. 현대의 역사가가 영국 혁명, 프랑스 혁명, 러시아 혁명, 중국 혁명을 논할 때, 그와 같은 행동을 하는 셈입니다.

역사가의 진정한 관심은, 특수한 것이 아니라 특수한 것 속에 있는 일반적인 것입니다. 1920년대 역사가들 사이에는 1914년의 전쟁의 원인에 대한 논의가 벌어

---

10) *Poetics*, ch. ix.
11) R. G. Collingwood, *Historical Imaginaton* (1935), p. 5.
12) *Leviathan*, I, iv.
13) *The Decline and Fall of the Roman Empire*, ch. xx, ch. 1.

지고 있었는데, 이 전쟁의 발발은 여론의 눈을 피하여 비밀리에 활동한 외교관의 실패에 의한 것인가, 그렇지 않으면 세계가 불행하게도 영토적 주권 국가로 나뉘어 있었기 때문인가 하는 견해로 보통 논의가 벌어졌습니다. 1930년대에 접어들자, 그 전쟁은 몰락기 자본주의의 충동에 사로잡힌 제국주의 열강이 자기들끼리 세계를 분할하려 경쟁을 벌인 탓이라는 견해로 논의가 진행되었습니다. 이런 논의에는 모두 전쟁의 원인, 적어도 20세기적 조건 아래에서의 전쟁의 원인에 관한 일반화를 포함하고 있었습니다.

역사가는 언제나 증거를 검증하기 위해 일반화를 이용하게 마련입니다. 리처드 3세가 런던탑에서 왕자들을 죽였는지 아닌지 증거가 뚜렷하지 않을 경우, 역사가는 왕위를 노릴 가능성이 있는 경쟁자를 제거하는 일이 그 무렵 지배자들의 습관이었는지 아니었는지―의식적이라기보다 무의식적으로―생각하게 될 것입니다. 그리하여 당연한 이야기지만, 그의 판단은 이 일반화의 결과에 좌우될 것입니다.

역사를 읽는 사람도 역사를 쓰는 사람과 마찬가지로 상습적으로 일반화를 하면서, 어떤 역사가가 한 관찰을, 자기가 익숙한 다른 역사적 맥락에―아마도 자기 자신의 시대에―적용해 보는 법입니다. 칼라일의 '프랑스 혁명'을 읽었을 무렵 나는, 그의 의견을 일반화하여 러시아 혁명에 대한 내 자신의 특수한 관심사에 그것을 응용하고 있는 나를 몇 번이나 깨달은 적이 있습니다.

테러에 대해서 칼라일은 다음처럼 말했습니다.

"공정한 정의가 있던 나라에는 무서운 일이었지만, 그런 것이 없던 나라에서는 그리 부자연스럽지 않다."

더 의미심장하게는 이런 설명도 있습니다.

"이 시대의 역사가 일반적으로 신경질적인 어조로 쓰였다는 것은, 매우 자연스러운 일이기는 해도 불행한 일이다. 과장이 난무하고, 저주와 통곡이 가득하며, 전체적으로 어둡다."[14]

이번에는, 16세기의 근대국가의 발달을 이야기한 부르크하르트의 말을 인용하

---

14) *History of the French Revolutiion*, Ⅰ, v, ch. 9 ; Ⅲ, i, ch. 1.

겠습니다.

"최근에 생겨난 권력일수록 정지해 있기란 더욱 어려운 법이다. 왜냐하면 첫째, 그 권력을 창출한 사람들이 급속한 전진 운동에 익숙해졌고, 또 그들은 개혁자이며 현재에도 미래에도 개혁자일 것이기 때문이다. 둘째로, 그들이 자극하거나 장악한 힘은 또 다른 폭력 행위를 통해서만 발휘될 수 있기 때문이다."[15]

일반화는 역사와 관련이 없다고 주장하는 것은 난센스입니다. 역사는 일반화 위에서 자라기 마련입니다. 엘턴 선생(영국의 역사가. 1921~1994)이 신판 《케임브리지 근대사》한 권에서 깔끔하게 말했듯이, '역사가를 역사적 사실의 수집가와 구별해주는 것은 일반화'[16]입니다. 엘턴은 이에 부연하여 일반화가 자연과학자를 박물학자나 표본 수집가와 구별한다고 말했을 수도 있을 것입니다.

그러나 일반화가 특수한 사건들을 그 구도 안에 꼭 끼워 맞춘 어떤 거대한 역사의 도식을 세울 수 있게 해 준다고 생각해서는 안 됩니다. 마르크스는 흔히 그런 도식을 구축했거나 아니면 그것을 믿었다고 비난받는 사람이기 때문에, 그의 편지에서 이 문제를 요약해서 올바른 관점에서 제시하는 구절을 인용하기로 하겠습니다.

'놀랄 만큼 닮은 사건이 다른 역사적 환경 속에서 일어날 경우, 거기서 전혀 다른 결과가 생긴다. 사건 하나하나의 발전을 따로따로 연구한 다음 그것들을 서로 비교해 보면, 이 현상을 이해하는 열쇠를 쉽게 발견할 수 있다. 그러나 역사를 초월해 바라보는 것을 위대한 미덕으로 삼고 있는 몇몇 역사철학 이론을 만능 열쇠로 사용해서는 결코 지금 이야기한 것을 이해할 수 없다.'[17]

역사는 특수한 것과 일반적인 것의 관계를 문제로 삼습니다. 여러분이 역사가라면, 사실과 해석을 서로 떼어 놓을 수 없듯이 특수한 것과 일반적인 것을 분리

---

15) J. Burckhardt, *Judgements on History and Historians*(1959), p. 34.
16) *Cambridge Modern History*, ii(1958), p. 20.
17) Marx and Engels, *Works*(Russian ed.), xv, p. 378. 이 문장이 들어 있는 편지는 러시아의 잡지 *Otechestvennye Zapiski*(1877)에 실린 것이다. 포퍼 교수는, 마르크스를 포퍼 자신이 '역사주의의 중심에 있는 오류', 즉 역사의 경향은 "보편적 법칙을 통해서만 직접적으로 끌어낼 수 있다"는 믿음과 결부시키고 있는 것 같은데(*The Poverty of Historicism*(1957), pp. 128–129.) 이것이야말로 마르크스가 부정한 것이다.

하거나, 어느 한쪽을 다른 쪽보다 우월한 것으로 다룰 수는 없을 것입니다.

역사와 사회학의 관계

이쯤에서 역사와 사회학의 관계에 대해 간단히 말씀드리는 편이 좋을 것 같습니다. 현재의 사회학은 두 가지 상반되는 위험, 즉 지나치게 이론적인 것으로 되어 가는 위험과 지나치게 경험적인 것으로 되어 가는 위험에 직면해 있습니다. 첫째는, 사회 일반에 관한 추상적이고 무의미한 일반화에 열중한다는 위험입니다. 대문자 S로 시작되는 사회(Society)도 대문자 H로 쓴 역사(History)와 마찬가지로 우리를 현혹하는 오류입니다. 이 위험이 더욱 가까워진 것은 역사가 기록한 특수한 사건의 일반화만을 사회학의 임무로 인정하는 사람들이 있기 때문이며, '법칙'을 갖는다는 점에서 사회학은 역사와 구별된다는 주장까지 제기되고 있습니다.[18]

또 다른 위험은, 거의 한 세대쯤 앞서 카를 만하임(독일의 사회학자. 1893~1947)이 예상했고 오늘날 매우 현실화된 것입니다만, 사회학이 '사회적 재조정이 일어날 때의 몇 가지 분리된 기술적 문제들로 쪼개져 버리는'[19] 위험입니다. 사회학은 여러 역사적 사회를 연구하며, 각 사회는 특수한 역사적 선행 사건과 조건으로 만들어진 고유한 것입니다. 그렇다고 사례 나열이나 분석과 같은 이른바 '기술적'인 문제에 골몰함으로써 일반화나 해석을 피하려고 시도한다면 정지된 사회의 무의식적 옹호자가 되는 도리밖에 없습니다.

사회학이 풍부한 연구 영역이 되려면, 역사와 마찬가지로 특수한 것과 일반적인 것의 관계를 다루어야 합니다. 그러나 사회학 또한 역동적인 학문이 되어야 합니다. 정지한 사회(이런 사회는 존재하지 않으니까요)에 대한 연구가 아니라 사회

---

18) 이것이 포퍼 교수의 견해인 것 같다(*The Open Society*(2nd ed., 1952), ii, p. 322). 불행하게도 그는 사회학적 법칙의 예를 하나 들고 있다. "사상의 자유, 사상의 소통의 자유가 법적 제도에 의해서, 또 토론의 공개성(公開性)을 보장하는 제도에 의해서 효과적으로 지켜지고 있는 곳에서는, 과학의 진보가 이루어질 것이다." 이것은 1942년인가 1943년에 쓴 것으로서, 서구 민주주의 국가가 그 제도적 조건 때문에 계속 과학적 진보의 선두에 설 것이라는 신념에 의해서 분명히 고무되었던 것인데 그 뒤 이 신념은 소련에서의 과학 발전으로 모습을 감추거나 아주 약화되어 버렸다. 이것은 법칙은커녕 유효한 일반화도 아니었던 것이다.

19) K. Mannheim, *Ideology and Utopia*(Engl. transl., 1936), p. 228.

의 변화와 발전에 관한 연구가 되어야 합니다. 나머지는 다만 역사학이 더욱 사회학적이 되면 될수록, 또 사회학이 역사학적이 되면 될수록 서로를 위해 좋다고 말하는 데에서 그칠까 합니다. 둘 사이의 경계는 양방향 소통을 할 수 있도록 활짝 열어 두기로 합시다.

역사의 교훈에 대하여

일반화 문제는 역사의 교훈이라는 문제와 밀접하게 연관되어 있습니다. 우리에게 일반화의 문제가 중요한 진짜 이유는 우리가 일반화를 통해 역사에서 배우려 하고, 어떤 일련의 사건에서 얻은 교훈을 다른 일련의 사건에 적용하려고 한다는 것 때문입니다. 말하자면 우리가 일반화를 할 때는 의식적이든 무의식적이든 이런 시도를 해 보려고 하는 것입니다.

일반화를 부인하고 역사는 특수한 것만 다룬다고 주장하는 사람들은 역사에서 무언가를 배울 수 있다는 것을 부인하는 사람들입니다. 인간은 역사에서 아무 것도 배우지 않는다는 주장은, 누구의 눈에나 뚜렷한 많은 사실에 의해서 반박되고 있습니다. 경험만큼 일반적인 것은 없습니다.

1919년에 나는 영국 대표단의 젊은 멤버로서 파리강화회의에 참석했습니다. 대표단 전원은 빈회의, 즉 100년 전에 열렸던 유럽 최후의 대평화회의의 교훈에서 배울 것이 있다고 믿었습니다. 그즈음 육군성에 근무하던 웹스터 대위라는 사람은—지금은 탁월한 역사가인 찰스 웹스터 경입니다만—한 편의 글을 써서 그 교훈이 어떤 것인가를 우리에게 가르쳐 주었습니다. 나는 그 교훈 가운데 두 가지를 지금도 기억합니다. 하나는, 유럽의 지도를 다시 만들 때 민족자결의 원칙을 무시하는 것은 위험하다는 교훈이었습니다. 또 하나는 국가 기밀문서를 쓰레기통에 버리는 것은, 그 내용이 틀림없이 누군가 다른 나라 대표단의 첩보원에 의해 입수될 것이므로 위험하다는 것이었습니다. 이런 역사의 교훈은 꼭 지켜야 할 것으로 받아들여져 우리의 행동에 영향을 주었습니다.

지금 말한 것은 최근에 있었던 사소한 사례에 지나지 않습니다. 그러나 비교적 먼 역사 속에서 그보다 더 먼 과거의 교훈이 남긴 영향을 발견하기는 쉬운 일입니다. 고대 그리스가 로마에 끼친 영향은 누구나 다 알고 있습니다. 그러나 로마인이 헬레네스의 역사에서 배운 교훈, 또는 배웠다고 생각한 교훈을 꼼꼼하게 분석한 역사가가 과연 있었는지는 잘 모르겠습니다.

 17, 18, 19세기의 서유럽 사람들이 구약성서 시대의 역사에서 꺼낸 교훈을 검토해 보면 뜻있는 결과가 나올 것입니다. 그것을 빼놓으면 영국의 청교도 혁명을 제대로 이해할 수 없습니다. 선택된 민족이라는 관념은 근대 민족주의의 발흥에서 중요한 요소였습니다. 고전 교육의 각인(刻印)은 19세기 영국의 새로운 지배계급에 깊은 흔적을 남겼습니다. 전에도 말씀드린 대로, 그로트는 새로운 민주정치를 위한 하나의 모범으로서 아테네를 논했습니다. 나는 로마 제국의 역사가 의식적 또는 무의식적으로 대영 제국의 건설자들에게 준 광범하고 중요한 교훈을 밝히는 연구가 있으면 보고 싶습니다. 나의 전공분야에서 말씀드리면, 러시아 혁명을 이룩한 사람들은 프랑스 혁명과 1848년 혁명과 1871년의 파리 코뮌의 교훈에 깊이 감명받았다고—어쩌면 집착했다고까지—할 수 있었습니다.

 그러나 여기서 역사의 이중적 성격이 부과하고 있는 조건을 생각해 봐야겠습니다. 역사에서 배운다는 것은 결코 일방적인 과정만이 아닙니다. 과거에 비추어 현재를 배운다는 것은, 또 현재에 비추어 과거를 배운다는 것도 의미합니다. 역사의 기능은 과거와 현재의 상호 관계를 통하여 그 둘을 더 깊게 이해시키려고 하는 데 있습니다.

미래에 대한 예견

 세 번째 논점은 역사에서의 예견의 역할입니다. 과학과 달리 역사는 미래를 예견할 수 없기 때문에 어떤 교훈도 역사에서 배울 수는 없다고 말하는 사람들이 있습니다. 이 문제는 오해의 소용돌이 속에 휘말려 있습니다. 앞에서도 말씀드렸듯이, 오늘날에는 자연과학자들까지도 예전처럼 자연 법칙을 열심히 들먹이지 않게 되었습니다. 우리의 일상생활과 관계있는 이른바 과학 법칙은 실제로는 경향에 대한 설명, 다시 말해서 여타의 조건들이 같을 경우나 혹은 실험실의 상태에 있을 경우에 무슨 일이 발생할 것인가에 대한 설명입니다.

 과학의 법칙은 구체적인 경우에 무슨 일이 일어난다는 것을 예견할 수 있다고 공언하지 않습니다. 중력의 법칙은 특정한 사과가 땅에 떨어지는 것을 보장하지 않습니다. 누군가가 바구니로 받을지도 모르니까요. 빛은 일직선으로 나아간다는 광학의 법칙이, 특정한 광선이 어떤 방해물 때문에 굴절하거나 흩어지는 일이 없다고까지 보장하지는 않습니다. 그렇다고 지금 말한 것이 그런 법칙이 무가치하다든가, 원칙적으로 타당하지 않다든가 하는 것을 의미하지는 않습니다.

현대의 물리학 이론은 사건 발생의 개연성만을 다룬다고 합니다. 오늘날의 과학은 귀납법이 논리적으로 이끌어낼 수 있는 것이란 개연성이라든가, 합리적 믿음일 뿐이라는 점을 잊지 않으려는 경향이 더욱더 강해지고 있고, 또 과학상의 명제를―특정한 행동에 의해서만 그 타당성이 검증될 수 있는―일반적인 규칙이나 지침 이상으로 간주하지 않으려고 전전긍긍합니다.

콩트(프랑스의 철학자. 1798~1857)가 말했듯이, '과학에서 예견이 생기고, 예견에서 행동이 나오는 것'[20]입니다. 역사에서의 예견 문제를 푸는 실마리는 일반적인 것과 특수한 것, 보편적인 것과 개별적인 것과의 이러한 관계 속에 있습니다. 앞서 말씀드렸듯이 역사가는 일반화하지 않을 수 없으며, 일반화를 행함으로써 그는 특정한 예견은 아니더라도 미래의 행동을 위한 정당하고 유효한 일반적인 지침을 주는 것입니다. 그러나 역사가는 특정한 사건을 예견할 수는 없습니다. 왜냐하면 특정한 것은 독자적인 것이기 때문이며, 거기에는 우연의 요소가 개입하기 때문입니다. 이런 구별은 철학자들에게는 근심거리겠지만 보통 사람들에게는 아주 명백한 일입니다.

만일 한 학교에서 두어 명의 아이들이 홍역에 걸리기 시작하면 그 전염병이 번지리라는 결론을 내릴 것이고, 만일 그것을 예견이라고 부르고 싶다면 그 예견은 과거의 경험으로부터의 일반화에 근거를 둔 것으로서 행동을 취할 때 정당하고 유효한 지침이 됩니다. 그러나 홍역에 걸릴 사람이 찰스나 메리라는 식의 특정한 예견은 할 수 없습니다.

역사가도 같은 길을 걷는 사람입니다. 다음 달 중앙 유럽의 어느 나라에서 혁명이 일어날 것이라는 예견을, 사람들은 역사가에게서 기대하지 않습니다. 역사가가 반은 어떤 나라의 여러 사건에 대한 개별적인 지식에서, 그리고 반은 역사의

---

20) *Cours de philosophie positive*, i, p. 51.

연구에서 끌어내는 결론은, 그 나라의 정세가 누구든지 건드리기만 하면, 또 정부측에서 그것을 막는 데 손을 쓰지 않으면, 가까운 미래에 혁명이 일어날 법한 양상이라는 것입니다. 그리고 이 결론은 예상을 수반하며 그 예상의 절반은 다른 여러 혁명으로부터의 유추에 따라서, 또 국민 각 층이 취할 것으로 생각되는 태도로부터 유추할 수 있습니다.

이것을 예견이라고 부를 수 있다면, 이 예견은 그 자체로서는 예견할 수도 없는 개별적인 사건의 발생을 통해서만 실현될 수 있습니다. 그렇다고 미래에 관한 추론을 역사에서 끌어내는 것은 가치 없는 일이라든가 이런 추론은 행동의 지침으로서나 사건을 이해하는 열쇠로서 타당성을 갖고 있지 않다는 뜻은 아닙니다.

나는 사회과학자나 역사가의 추론이 그 정밀도에서 자연과학자의 추론에 견줄 만하다고 주장하거나, 이 점에서 사회과학자나 역사가가 뒤떨어지는 이유는 오로지 사회과학이 늦어지고 있는 탓이라고 주장하고 싶지는 않습니다. 어느 모로 보나 인간은 우리가 아는 한 가장 복잡한 자연적 존재이므로, 인간 행동의 연구에는 자연과학자가 직면하는 곤란과는 또 다른 종류의 어려움이 있을 것입니다. 다만 내가 분명히 하고 싶은 점은 그들의 목적이나 방법이 근본적으로 다른 것은 아니라는 사실입니다.

역사 연구의 주체와 객체

네 번째 논점은, 역사를 포함한 사회과학과 자연과학 사이에 경계선을 그으려는 훨씬 더 설득력 있는 논거가 동원되고 있습니다. 그것은 사회과학에서는 주체와 객체가 같은 범주에 속하며 서로 상호작용을 한다는 논거입니다.

인간은 자연적 존재 가운데서 가장 복잡하고 변화무쌍할 뿐 아니라, 인류를 제외한 다른 종에 속한 독립된 관찰자에 의해서 관찰될 수가 없고, 오직 다른 인간에 의해서 연구되는 수밖에 없기 때문입니다. 이렇게 되면 인간은 생물학의 경우처럼 자기자신의 생리적 구조나 생리적 반응을 연구하는 것만으로 더 이상 만족하지 않습니다. 사회학자, 경제학자, 역사가는 인간 행동의—거기에는 의지가 작용하고 있습니다—여러 형식을 관통해 들어가 자기의 연구대상인 인간이 어떤 의지가 발휘되어 그런 행동을 하려 했는지 밝힐 필요가 생깁니다. 그리하여 역사와 사회과학에서 고유하게 나타나는, 관찰하는 것과 관찰되는 것 사이의 독특한 관계가 만들어지는 것입니다. 역사가의 모든 관찰 속에는 역사가의 견해가 들어가게 되며, 이는 그 어떤 경우에도 철회할 수 있는 것이 아닙니다. 역사에는 어디까지나 상대성이 따라다니게 마련입니다. 카를 만하임의 말을 빌리면 '경험을 쌓고 모으고 정리하는 범주까지도, 관찰자의 사회적 지위에 따라서 달라지는 것'[21]입니다.

그러나 사회과학자의 모든 관찰에는 반드시 그의 편견이 끼어든다는 것만이 사실은 아닙니다. 관찰의 과정이 관찰되고 있는 것에 영향을 미치고 변화를 준다는 점 또한 사실입니다. 이것은 상반되는 두 가지 방법으로 일어날 수 있습니다. 인간의 행동이 분석 및 예견의 대상이 된 경우, 인간은 자기에게 바람직스럽지 않은 결과가 예견되었을 때는 미리 경계할 것이고, 또 그로써 자기의 행동을 바꾸어, 그 예견이—아무리 올바른 분석에 바탕을 두었다 하더라도—빗나가게 만들려고 할 것입니다. 역사 의식을 가진 사람들에게는 역사가 거의 반복되지 않는 하나의 이유는, 등장 인물들이 첫 상연의 대단원을 알고 있으므로, 두 번째 상연 때는 그들의 행동이 이 지식에 영향을 받기 때문입니다."[22]

볼셰비키는 프랑스 혁명이 나폴레옹이라는 인물로 끝나 버린 것을 알고 있었으므로, 자신들의 혁명이 같은 종말에 이르지 않을까 하고 두려워했습니다. 그래서 그들은 자기들의 정치적 지도자 가운데 나폴레옹을 가장 닮은 트로츠키라는 인물을 경계하고, 나폴레옹을 가장 덜 닮은 스탈린이라는 인물을 믿었던 것입니다.

그런데 이런 과정은 정반대의 방향으로 나아가기도 합니다. 경제학자는 현재의 경제 정세를 과학적으로 분석하여 다가오는 호경기나 불경기를 예견합니다. 그러나 이 경제학자의 권위가 높고 그의 이론이 유력할 경우, 그의 예견이라는 사실 때문에 도리어 예견된 현상의 발생을 돕기도 하는 것입니다. 역사적 관찰에 근거를 두고 전제정치의 수명은 짧다는 확신을 계속 지니고 있는 정치학자는 전제군주의 몰락에 기여할지도 모릅니다. 누구나 다 아는 일입니다만, 선거 때 입후

---

21) K. Mannheim, *Ideology and Utopia*(1936), p. 130.
22) 나는 이 논점을 *The Bolshevik Revolution*, 1917-1923, i(1950), p. 42에서 상세히 설명했다.

보자는 자기의 승리를 예견하게 마련입니다. 그것은 예견한 바의 실현을 쉽게 만들려는 의식적인 목적 때문입니다. 경제학자, 정치학자, 역사가가 예견이라는 모험을 할 때는, 흔히 예견의 실현을 앞당기자는 무의식의 소망에 의해서 움직이는 것이 아닌가 생각됩니다.

이런 복잡한 관계에 대해서 틀림없이 말씀드릴 수 있는 것은, 관찰하는 자와 관찰 대상 사이의, 사회과학자와 그의 자료 사이의, 역사가와 그의 사실 사이의 상호 작용은 연속적이고 끊임없이 변화한다는 것, 그리고 이 점이 역사 및 사회과학의 두드러진 특성으로 여겨진다는 것뿐입니다.

물리학적 세계와 비슷한 점

최근 일부 물리학자들이 물리적 우주와 역사가의 세계 사이의 유사성이 두드러진다는 것을 암시하는 투로, 물리학을 논하고 있는 데에 주목해야 할 것 같습니다. 우선 그들의 연구 결과에는 불확실성 내지는 불확정성의 원리가 포함되어 있습니다. 역사에서 이른바 결정론의 본질과 한계는 다음 강연 때 말씀드리겠습니다. 그러나 현대 물리학에서 말하는 불확정성이 우주의 본질에 내재한 것인지, 아니면 우주의 본질에 대한 우리의 이해가 여전히 불완전하다는 지표에 지나지 않는 것인지는 지금도 논쟁 중입니다. 어쨌든 나는 그것이 인간의 역사적 예견 능력과 유의미한 유비 관계를 가진다고 보는 견해에 대해, 몇해 전 일부 광신적인 사람들이 그 속에서 우주에서 일어나는 자유의지의 작동 증거를 찾으려 했을 때 가졌던 의혹과 마찬가지 의혹을 느끼지 않을 수 없습니다.

둘째로, 현대 물리학에서는 공간 사이의 물리적인 거리나 시간의 경과도 '관찰자'의 움직임에 의존하는 척도를 가지고 있다고 합니다. 현대 물리학에서는 모든 측정치가 '관찰자'와 관찰되는 객체 사이에 지속적인 관계를 설정할 수 없기 때문에 일어나는 본질적인 변동을 피할 수가 없습니다. '관찰자'와 관찰되는 것 양쪽—주체와 객체 양쪽—이 관찰의 최종적인 결과에 개입해 버리는 것입니다. 이 말을 조금만 바꾸면 역사가와 그 관찰 대상의 관계에 적용되기는 하지만, 이러한 관계의 본질이 물리학자와 그 우주 사이의 관계의 성격과 참된 의미에서 닮았다는 것은 받아들이기 어렵습니다. 원칙적으로는 나도 역사가의 연구와 과학자의 연구 사이의 차이를 넓히기보다 줄이고 싶은 입장이지만, 불완전한 유비에 기대어 이런 차이를 은근슬쩍 지워 버리려는 시도는 무의미하다고 생각합니다.

사회과학자나 역사가가 그 연구 대상에 휘말려 들어가 있다고는 해도, 그것은 자연과학자의 경우와는 종류가 다르며, 주관과 객관 사이의 관계에서 제기된 문제는 훨씬 복잡합니다. 그러나 이것으로 논의가 끝난 것은 아닙니다.

17, 18, 19세기를 지배해 온 고전적인 지식 이론은 한결같이 아는 주체와 알려진 객체 간의 명확한 이분법을 전제합니다. 이 과정이야 어떻게 생각하든 철학자들이 만들어 낸 모델에서 주관과 객관, 인간과 외부 세계는 서로 분리된 별개의 것이 되어 있었습니다. 당시는 과학이 성립하고 발전하는 위대한 시대였으며, 지식 이론은 과학의 선구자들의 견해에서 강한 영향을 받았습니다. 인간은 외부 세계와 선명한 대척점에 서 있었습니다. 인간은 외부 세계를 다루기 어렵고 잠재적인 적으로 보고 그것과 맞붙었습니다. 외부 세계를 다루기 어려운 것은 이해하기 어려웠기 때문이고, 잠재적 적으로 여긴 것은 정복하기 어려웠기 때문입니다.

현대 과학의 성공과 더불어 이런 견해는 근본적으로 달라졌습니다. 오늘날의 과학자는 자연의 여러 힘을 싸움의 상대라고 생각하기보다는 협력의 동지로서 자기 목적에 맞게 이용하는 것으로 생각하게 되었습니다. 고전적인 지식 이론은 요즘의 과학에는 맞지 않으며, 그 가운데에서도 물리학에는 특히 맞지 않습니다. 지난 50년 동안 철학자들이 이 인식론을 의심하기 시작하여 인식 과정은 주관과 객관을 철저히 분리하는 것이 아니라 어느 정도까지 그 둘 사이의 상호 관계와 상호 의존을 포함하는 것이라고 인정하게 된 것은 놀라운 일이 아닙니다.

그러나 이것은 사회과학으로 봐서는 각별히 중요한 일입니다. 맨 첫 번째 강연에서도 말씀드렸습니다만, 역사 연구는 전통적인 경험론적 인식론과 조화를 이루기 어렵습니다. 더 나아가 나는 사회과학이란 주체 및 객체로서의 인간, 연구자와 연구 대상으로서 인간을 포함하기 때문에, 사회과학 전체가 주관 및 객관의 엄격한 분리를 선언하는 인식론과 양립하기 어렵다는 주장을 하려 합니다.

사회학은 일관된 학문 체계로서 자립하려고 노력하는 동안에, 아주 당연하게도 지식사회학이라고 불리는 한 분야를 만들어 냈습니다. 그러나 그 분야의 발전은 아직 더딘데, 그 주된 이유는 그 학문이 전통적인 인식론의 울타리 안에서 맴도는 것으로 만족하고 있기 때문이 아닌가 생각됩니다.

처음에는 현대 물리학의 충격 아래서, 오늘날에는 현대 사회학의 충격 아래서 철학자들은 이 울타리에서 빠져나와, 수동적인 의식에 자료가 와서 충격을 가한다는 지식 과정의 낡아 빠진 당구공 모델을 버리고 신식 모델을 구축하기 시작하고 있는데, 이는 사회과학, 특히 역사학에는 고마운 징조입니다. 이것은 상당히 중요한 문제이므로 나중에 역사에서 객관성의 의미를 고찰할 때 다시 이야기하겠습니다.

역사에서 보는 신(神)

마지막으로 역사는 종교 및 도덕의 문제와 깊이 얽혀 있기 때문에 과학 일반과는 다르며, 심지어는 다른 사회과학과도 다를 것이라는 견해에 대해서 이야기해 보겠습니다.

역사와 종교의 관계에 대해서는 내 입장을 밝히는 데 필요한 만큼만 조금 말씀드리겠습니다. 진지한 천문학자가 된다는 것은 신이 우주를 창조하고 질서를 부여했다는 신앙과 양립 가능합니다. 그러나 자기 뜻대로 행성의 궤도를 바꾸고, 일식이나 월식을 미루고 우주의 운동 규칙까지도 바꾸려고 끼어드는 어떤 신을 믿는다는 것과는 양립할 수 없습니다.

이와 마찬가지로, 때때로 언급되듯이 진지한 역사가라도 역사 전체의 경로에 질서와 의미를 부여한 신의 존재를 믿는 것은 무방합니다. 그러나 《구약성서》에 나오듯이 인간사에 개입하여 아말렉인을 살육하고 낮의 길이를 늘려 달력을 속이고 그로써 여호수아의 군대를 돕는 그런 종류의 신을 믿을 수는 없습니다. 또 개개의 역사적 사건을 설명하기 위해서 신을 들먹일 수도 없습니다.

다시 신부(영국의 가톨릭 신학자, 1888~1976)는 최근의 저서에서 이 구별을 시도했습니다.

"모름지기 연구자라면 역사의 문제를 만날 때마다, 그것은 신의 작업이었다고 대답해선 안 된다. 세속적인 사건과 인간의 드라마를 완전히 말끔하게 정돈한 뒤에야 비로소 더 폭넓은 성찰을 끌어들이는 것이 허용된다."[23]

이 견해가 거북한 것은, 종교를 트럼프 카드의 조커처럼 생각하여, 다른 해결 방법이 없을 때, 정말 중요한 속임수를 쓰기 위해서 남겨두는 것처럼 보이기 때문입니다.

루터파 신학자 카를 바르트(스위스의 신학자. 1886~1968)는, 신의 역사와 지상의 역사의 완전한 분리를 선언하고, 후자를 세속 권력에 맡겼는데, 이 편이 차라리 낫다고 할 수 있습니다. 내가 이해하는 바로는 버터필드 교수도 같은 뜻으로 '기술적인 역사'라는 말을 하는 것 같습니다. 기술적인 역사란 여러분이나 나 같은 사람이 늘 쓸 수 있을 법한, 또는 버터필드 교수 자신이 지금까지 써 온 유일한 역사입니다. 그런데 버터필드 교수는 이런 기이한 별칭을 사용함으로써 우리로서는 연구할 필요가 없는 비전(秘傳)의 역사, 혹은 섭리의 역사를 믿을 권리를 남겨 두고 있는 것입니다. 베르댜예프(러시아의 반공주의 종교철학자. 1874~1948), 니버(미국의 신학자. 1892~1971), 마리탱(프랑스의 철학자. 1882~1973) 같은 저술가는 역사의 자율적 지위를 옹호한다면서도, 역사의 목적이나 목표는 역사의 바깥에 있다고 주장했습니다.

내 생각으로는 어떤 초자연적인 힘이—그 힘이 선택된 민족이 믿는 신이건, 기독교의 신이건, 이신론자(理神論者)가 말하는 '보이지 않는 손'이건, 헤겔이 말하는 '세계 정신'이건—역사의 의미나 중요성을 결정한다는 신념과 역사의 독립성이 조화되기는 어렵다고 여겨집니다. 이 강연의 목적을 위해서라도, 역사가는 다급할 때 위기에서 구해 주는 '데우스 엑스 마키나(기계 장치의 신)'에게 의지하지 말고 자기 문제는 스스로 해결해야 하며, 역사란 말하자면 조커를 쓰지 않고 하는 카드 게임이라고 간주하기로 하겠습니다.

역사가는 재판관이 아니다

역사와 도덕의 관계는 더욱 복잡하며, 이 문제에 대한 과거의 논의에는 여러

---

[23] M. C. D'Arcy, *The Sense of History : Secular and Sacred*(1959), p. 164. 그러나 그에 앞서 폴리비오스가 이렇게 말한 바 있다. "사건의 원인을 발견할 수 있으면, 신들에게 의지해서는 안 될 것이다."(K. von Fritz, *The Theory of the Mixed Constitution in Antiquity*(N.Y., 1954), p. 390에서 재인용)

가지 모호한 점이 있습니다. 역사가가 자기 이야기 속의 주인공들의 사생활에 대해서 도덕적 판단을 내릴 필요는 없다는 것이야 오늘날에는 새삼 이야기할 필요도 없습니다. 역사가와 도덕가는 입장이 다릅니다. 헨리 8세는 나쁜 남편이었지만, 좋은 국왕이었습니다. 그래서 나쁜 남편이라는 측면이 역사적 사건에 영향을 주지 않는 한, 역사가는 헨리 8세의 이 측면에는 관심을 갖지 않습니다. 헨리 8세의 도덕적 비행이 헨리 2세의 경우와 마찬가지로 정치 문제에 눈에 띌 만한 영향을 거의 주지 않았다면, 역사가는 그런 것에 신경 쓸 필요가 없습니다.

이는 악덕뿐 아니라 미덕에도 해당됩니다. 파스퇴르나 아인슈타인은 사생활이 모범적인 인물 정도가 아니라, 거의 성자 같은 인물이었다고 합니다. 그런데 만일 그들이 불성실한 남편, 잔인한 아버지, 파렴치한 동료였다고 가정한들, 그들의 역사적인 업적이 조금이라도 줄어들었을까요? 역사가가 가장 먼저 관심을 두어야 하는 것은 그들의 업적입니다. 스탈린은 두 번째 아내에게 잔인하고 냉정하게 대했다고 알려져 있지만, 나는 소련 문제를 연구하는 역사가로서 그다지 이런 사실에 얽매이지 않습니다.

그렇다고 해서 개인적 도덕이 중요하지 않다든가, 도덕의 역사가 역사의 합당한 부분이 아니라는 뜻은 아닙니다. 그러나 역사가는 자기가 쓰는 역사의 책장에 등장하는 여러 개인의 사생활에 대해서 도덕적 판단을 내리는 옆길로 새서는 안 됩니다. 역사가가 해야 할 일은 다른 것입니다.

공적 행위에 대한 도덕적 판단의 문제에서는 더 중대한 애매모호함이 나타납니다. 역사가에게 자신의 이야기에 나오는 등장인물에 대해서 도덕적 판단을 내릴 의무가 있다는 신념에는 오랜 기원이 있습니다. 그 신념은 19세기의 영국에서 가장 강력했습니다. 그 무렵에는 그 시대의 도덕주의적 경향과 터무니없는 개인주의 숭배, 이 두 가지에 의해서 그러한 신념이 강화되었기 때문입니다.

로즈버리(영국의 정치가. 1847~1929)는 영국인이 나폴레옹에 대해서 알고 싶은 것은, 그가 '좋은 인간'[24]이었나 하는 것이라고 말했습니다. 액턴은 크레이턴(영국의 역사가. 1843~1901)에게 보낸 편지에서, "도덕적 규준이 확고부동하다는 것이야

---

24) Rosebery, *Napoleon : The Last Phase*, p. 364.

말로 역사의 권위, 품위, 유용성의 본질이다"[25]라고 선언하고, 역사는 "분쟁의 중재자, 길 잃은 이들의 안내자, 세속 권력은 물론 종교 권력마저도 끊임없이 약화시키려 하는 도덕적 규준의 수호자"여야 한다고 주장했습니다. 이 견해는 역사적 사실의 객관성과 우월성에 대한 액턴의 거의 신비주의에 가까운 신념에 근거를 둔 것이며, 바로 이것이 역사상의 사건에 등장하는 여러 개인에 대해서 대문자 H로 시작되는, 초역사적 절대 권력으로서의 '역사(History)'라는 이름을 내세워 도덕적 판단을 내릴 의무와 자격을 역사가에 주고 있는 것입니다.

오늘날에도 이 태도는 이따금 뜻밖의 형태로 나타납니다. 토인비 교수는 1935년 무솔리니가 아비시니아(에티오피아의 옛 이름)에 침입한 것을 '고의적으로 저지른 개인적인 범죄'[26]라고 불렀으며, 또 아이제이아 벌린 경은 앞에서 인용한 글에서, "샤를마뉴, 나폴레옹, 칭기즈칸, 히틀러, 스탈린을 그들이 자행한 대량학살로 재판하는 것"[27]은 역사가의 의무라고 강력히 주장했습니다.

이 견해에 무자비한 비판을 가한 것이 놀즈 교수(영국의 역사가. 1896~1974)였다. 그는 교수 취임 강연에서 모틀리(미국의 역사가. 1814~1877)가 펠리페 2세에게 가한 비난("그에게도 벗어날 수 있는 악덕이 있다면, 이는 아무리 악이라 할지라도 인간의 본성이 완전함에 도달하는 것까지는 허락하지 않기 때문이다")이라든가, 스텁스(영국의 역사가. 1825~1901)가 존 왕에 대해서 한 말 ("인간에게 치욕을 주는 모든 죄로 더럽혀졌다") 같은 것을 들어, 역사가의 권한에 속하지 않는 개인에 대한 도덕적 판단의 예로 삼았습니다. "역사가는 재판관이 아니다. 걸핏하면 교수형을 내리기 좋아하

---

25) Acton, *Historical Essays and Studies*(1907), p. 505.
26) *Survey of International Affairs*(1935), ii, 3.
27) I. Berlin, *Historical Inevitability*, pp. 76-77. 벌린 경의 태도는, 19세기 불굴의 보수적 법률가 피츠제임스 스티븐의 견해를 상기시킨다. "이와 같이 형법은 범죄자를 증오하는 것은 도덕적으로 옳다는 원칙에 입각하여 시행된다…… 매우 바람직한 것은 범죄자를 증오하고 있다는 것, 그들에게 가하는 벌이 증오의 표현을 위해 고안되어 있다는 것, 그리고 건전하고 자연스러운 감정을 표현하고 만족시키는, 신문 잡지가 정당하다고 인정하여 장려해 주는 한도 안에서 이 증오를 정당하다고 인정하도록 고안되어 있다는 것이다."(*A History of the Criminal law of England* 1883, ii, p. 81-82. 인용은 L. Radzinowicz, *Sir James Fitzjames Stephen*, 1957, p. 30에 의한다.) 이런 견해는 오늘날에는 범죄학자들의 폭넓은 지지를 받지 못하고 있다. 그러나 내가 여기서 이 견해와 싸우는 까닭은, 그것이 다른 점에서 아무리 유효하더라도 역사적인 인물이나 사건에 대한 판단에는 적용될 수 없기 때문이다.

는 가혹한 재판관은 더더욱 아니다."²⁸⁾

이 문제에 대해서는 크로체(이탈리아의 역사가, 철학자, 정치가. 1866~1952)도 훌륭한 글을 남겼습니다.

'고발할 때 우리가 잊어버리는 것은 우리의 법정(법률적인 것이든 도덕적인 것이든)은 현재 살아서 활동하고 있는 위험한 사람들을 위해서 만들어진 현대의 법정이고, 피고들은 이미 그때의 법정에서 심판을 받아서 같은 사건으로 두 번 유죄 또는 무죄 판결을 받을 수는 없다는 커다란 차이다. 어떤 법정이 됐든 그들에게 책임을 물을 수는 없다. 왜냐하면 그들은 과거의 평화에 속하는 과거의 사람들이고, 그러기에 역사 연구의 대상이며, 그들의 행위의 의미를 파악하고 이해하려고 하는 판단 이외의 그 어떤 판결도 그들에게 내릴 수 없기 때문이다. ……역사를 서술한다는 구실로 재판관처럼 한쪽에게는 죄를 묻고 다른 쪽에서는 무죄를 선고하며 떠들어대면서 이것이야말로 역사의 사명이라고 생각하는 사람들은……일반적으로 역사적 감각이 없는 것으로 인정된다.'²⁹⁾

히틀러나 스탈린—여러분이 원한다면 매카시 상원의원—에게 도덕적 판단을 내리는 것이 우리가 할 일이 아니라는 주장에 트집을 잡을 사람이 있을지도 모릅니다. 하지만 그것은 그들이 우리 대부분과 동시대인이기 때문이고, 직접·간접으로 그들의 행위에 희생된 수십만 명이 아직도 살아 있기 때문이며, 우리는 바로 이 점으로 인해 역사가로서 그들에게 접근하기가 어렵고 또 그들의 행위에 대한 판단을 내리는 것을 정당화해 주는 다른 자격들을 내려놓기도 어렵기 때문입니다. 이것이야말로 오늘날의 역사가가 처한 곤경의 하나—아니, 가장 중요한 곤경—인 것입니다.

그러나 오늘날 샤를마뉴나 나폴레옹의 죄를 고발한들, 대체 누가 어떤 이익을 보겠습니까?

도덕적 판단의 기준

그러니 역사가가 역사적 인물에게 교수형을 선고하는 가혹한 재판관이라는

---

28) D. Knowles, *The Historian and Character* (1955), pp. 4-5, 12, 19.
29) B. Croce, *History as the Story of Liberty* (Engl. transl., 1941), p. 47.

생각은 버리기로 합시다. 그리고 과거의 개인에 대해서가 아니라 과거의 사건, 제도, 정책에 대해서 도덕적 판단을 내리는, 가장 어렵지만 가장 유익한 문제로 눈을 돌려 봅시다. 이것이야말로 역사가가 내려야 할 중요한 판단입니다. 개인에 대한 도덕적 단죄를 열렬히 주장한 사람들은, 무의식적으로 집단이나 사회 전체에게 유죄 혐의를 벗을 알리바이를 제공하고 있는 것입니다.

프랑스의 역사가 르페브르는, 프랑스 혁명을 나폴레옹 전쟁의 참화와 유혈의 책임에서 벗어나게 하려고, 이 참화와 유혈을 '화해와 타협을 쉽게 받아들이지 않는……기질을 가진……한 장군의 독재'[30] 탓이라고 보았습니다. 오늘날의 독일인이 히틀러의 개인적 악의에 대한 단죄를 환영하는 것은 그 비난이 히틀러를 낳은 사회에 대한 역사가의 도덕적 판단을 대신할 만족스러운 대체품이기 때문입니다. 러시아인, 영국인, 미국인은, 그들의 집단적 범죄를 대체할 희생양으로 스탈린, 체임벌린, 매카시를 내세워 일치단결하여 그들에게 인신공격을 가하고 있습니다.

게다가 개인을 찬양하는 도덕적 판단도 개인에 대한 도덕적 비난만큼이나 그릇되고 해로울 수가 있습니다. 어떤 노예 소유주 개인이 고결한 인사였다고 인정하는 것은, 노예제도가 꼭 비도덕적인 것은 아니었다며, 제도의 단죄를 피하기 위한 구실로서 끊임없이 이용되었습니다. 막스 베버가 "자본주의는 노동자나 채무자를 옭아매는 주인 없는 노예 제도"라고 말하고, 역사가는 도덕적 판단을 제도에 대해서 내려야지 그것을 만든 개인에게 내려서는 안 된다고 논한 것은 정당합니다.[31]

역사가는 개개의 동양의 전제군주에 대한 판결에는 가담하지 않습니다. 그러나 이를테면, 동양의 전제주의와 페리클레스 시대의 아테네의 제도 사이에 서서, 무관심하고 공평해야만 하는 것은 아닙니다. 그는 개개의 노예 소유주들에 대해서 판단을 내리려고 하지는 않을 것입니다. 그렇다고 그가 노예 소유제 사회를 비난하지 말아야 할 이유는 없습니다. 앞에서도 보아 왔습니다만, 역사적 사실은 어느 정도의 해석을 전제로 하며 역사적 해석은 언제나 도덕적 판단―또는 더 중립적인 말을 좋아한다면―가치판단을 포함합니다.

---

30) *Peuples et civilisations*, vol. xiv : *Napoléon*, p. 58.
31) *From Max Weber : Essays in Sociology*(1947), p. 58에서 재인용.

그러나 이것은 우리의 곤란의 시작에 지나지 않습니다. 역사란 하나의 투쟁의 과정이며, 거기서는, 우리가 그것을 좋다고 판단하건 나쁘다고 판단하건, 여러 결과가 직접·간접으로—아니, 더 많은 경우에 간접보다는 직접적으로—어떤 집단의 성취이자, 다른 집단이 치른 희생의 대가로 생기는 것입니다. 이겨야 정의(正義)가 됩니다.

고난은 역사를 따라다니게 마련입니다. 무릇 역사상의 위대한 시대에는 그 승리와 더불어 희생자도 있는 법입니다. 이것은 대단히 복잡한 문제입니다. 왜냐하면, 어떤 이들이 얻는 이익이 다른 이들이 겪는 고통을 상쇄할 수 있는지 가늠할 만한 척도가 우리에게는 없기 때문입니다. 그럼에도 우리는 이 두 가지 사이에서 어떤 균형을 찾아야 합니다.

이것은 역사만의 문제가 아닙니다. 일상 생활에서 우리는 최악을 피하기 위해 차악(次惡)을 택하거나, 선한 결과를 얻기 위해 악을 선택해야 하는 일에 어쩔 수 없이 휘말려 들어가는 경우가 우리가 인정하는 것 이상으로 많기 때문입니다. 역사에서는 이 문제가 흔히 '진보의 비용'이라든가 '혁명의 대가'라는 제목하에 논의됩니다. 이것은 오해를 부릅니다. 베이컨이 《혁신론》이라는 에세이에서 말하듯이, '인습의 완고한 유지는 혁신과 마찬가지로 난폭한 것'입니다. 특권이 없는 사람들이 치러야 할 보수(保守)의 비용은 특권을 빼앗긴 자들이 치러야 할 혁신의 비용만큼이나 큽니다. 누군가의 불행은 다른 누군가의 행복이니 체념해야 한다는 주장은 모든 통치형태에 숨어 있는 것으로, 보수적인 학설이기도 하고 급진적인 학설이기도 합니다.

존슨 박사(영국의 문학가. 1709~1784)는 현재의 불평등 유지를 정당화하는 이유로서, 그 편이 차악이기 때문이라는 논리를 거침없이 들고 나왔습니다.

"모두가 평등의 상태가 되면 행복한 사람은 하나도 없을 것이므로, 그에 비하면 어떤 사람들이 불행한 편이 낫다."[32]

---

32) Boswell, *Life of Doctor Johnson*, A.D. 1776(Everyman ed. ii, p. 20.). 이것은 솔직함이 장점이다. 부르크하르트(*Judgements on History and Historians*, p. 85.)는, '일반적으로 자기 소유물 이상의 것을 요구한 적 없었던' 진보의 희생자들이 내는 '짓눌린 신음소리'에 눈물을 흘리면서도, 일반적으로 지켜야 할 자기 소유물이라는 것을 무엇 하나 가져 본 적 없는 '앙시앵 레짐(구체제)'의 희생자들의 신음소리에 대해서는 입을 다물었다.

그러나 이 문제가 가장 극적인 형태로 나타나는 것은 급격한 변화의 시기입니다. 그렇기 때문에 그런 시기는 이 문제에 대한 역사가의 태도를 연구하는 데 가장 편리합니다.

인간 시체의 산을 넘어

이를테면 1780년께부터 1870년께에 이르는 영국의 산업화에 관한 이야기를 해볼까요? 사실상 거의 모든 역사가가 아마도 이견 없이 산업혁명을 위대한 진보적인 업적으로서 다룰 것입니다. 또 역사가는 땅에서 쫓겨난 농민, 건강에 해로운 공장이나 비위생적인 주거지에 몰아넣어진 노동자, 아동 노동 착취도 서술할 것입니다. 아마도 역사가는 제도가 운영 과정에서 악용되었다든가, 어떤 고용주가 다른 고용주보다 무자비했다든가 하면서, 이 체제가 확립된 뒤에는 인도주의적 양심이 차츰 발달해 왔다는 식의 번지르르한 말을 늘어놓을 것입니다. 그러면서 이 또한 아마도 당연한 일로써, 강제와 착취 정책이 적어도 초기 단계에서는 산업화가 치러야 하는 비용 가운데에서 불가피한 부분이었다는 것을 인정할 것입니다.

그렇다고 그 비용이라는 관점에서 볼 때 진보를 멈추게 하고 산업화를 하지 않는 편이 더 나았을 것이라고 주장하는 역사가를 나는 한 번도 본 적이 없습니다. 이런 역사가가 있다면, 아마 그 사람은 체스터턴(영국의 작가, 비평가. 1874~1936)이나 벨록(영국의 작가. 1870~1953)의 학파에 속할 것이고, 진정한 역사가라면—아주 당연한 이야기입니다만—그런 사람을 진지하게 받아들이지 않을 것입니다.

이러한 사례는 나에게는 특히 흥미가 있습니다. 왜냐하면 나는 머지않아 나의 소련사 연구에서 농민 집단화 문제를 산업화에 따르는 비용의 일부로서 연구하고 싶기 때문이며, 만일 영국의 산업혁명을 다루는 역사가를 본받아 집단화에서의 잔인성과 해악을 개탄하면서도 그 과정을 산업화라는 바람직한 동시에 필요하기도 한 정책에 따르는 비용의 불가피한 부분으로서 논한다면, 나는 냉소적이라는 비난과 함께 악한 것을 묵인한다는 비난을 받게 될 것입니다.

19세기에 서양 여러 나라는 아시아와 아프리카를 식민지로 삼았습니다. 그런데 역사가들은 그것이 세계 경제에 미친 즉각적 영향뿐만 아니라, 그 대륙들에 살고 있는 뒤떨어진 여러 민족에게 미친 장기적인 결과를 그 근거로 들먹이며 이 식민지화를 묵인합니다. 다시 말해서 현대 인도는 영국의 지배가 낳은 자식이고, 현대 중국은 러시아 혁명의 영향과 교배된 19세기 서구 제국주의의 산물이라는 것입니다.

그런데 불행하게도 조약항(條約港)에 있던 서양인 소유의 공장이나 남아프리카의 광산이나 제1차세계대전 당시 서부 전선에서 일한 중국인 노동자들이 오늘날까지 살아남아서 중국 혁명에서 거두어들인 영광이나 이익을 맛보고 있는 것은 아닙니다. 비용을 지불하는 사람과 이익을 거두는 사람이 일치하는 경우는 극히 드뭅니다. 그 유명한 엥겔스의 화려한 글은 기분 나쁠 만큼 적절합니다.

"역사는 모든 여신 가운데서도 아마 가장 잔인한 여신일 것이다. 전쟁뿐 아니라 '평화로운' 경제 발전 시기에도 이 여신은 시체의 산을 넘어 승리의 전차(戰車)를 몰아 나간다. 유감스럽게도 우리 인간은 너무도 멍청해서 고통이 견디어 낼 수 없는 지경에 이르기 전까지는 참된 진보를 위해 용기를 내려고 하지 않는다."[33]

이반 카라마조프가 보여준 유명한 저항의 몸짓은 일종의 과감한 오류라고 할 수 있습니다. 우리는 사회 속에 태어나고, 역사 속에 태어납니다. 그 입장권을 받아들이거나 거부할 수 있는, 자유로운 선택권이 우리에게 주어지는 순간은 결코 없습니다. 역사가는 수난(受難) 문제에 대해서 대답하는 신학자만큼이나 결정적인 대답을 갖고 있지 않습니다. 역사가라 하더라도 최악 대신 차악과 공공을 위한 더 큰 선의 선택이라는 사고방식에 기대게 됩니다.

초역사적인 가치가 있는가

그러나 역사가는 과학자와 달라서, 그가 다루는 자료의 성격상 위와 같은 도덕적 판단의 문제에 휘말리게 된다는 사실이 역사가 곧 어떤 초역사적인 가치라는 기준에 예속되는 것을 의미하지는 않을까요?

나는 그렇게 생각하지 않습니다. '선'이나 '악'이라는 추상적 관념과 그것을 더 복잡하게 발전시킨 것이 역사의 영역을 넘어선 곳에 있다고 가정해 봅시다. 설사

---

[33] 니콜라이 다니엘손에게 보낸 1893년 2월 24일자 편지(*Karl Marx and Friedrich Engels : Correspondence 1846-1895* (1934), p. 510.).

그렇다고 하더라도, 이 추상적 관념은 수학 및 논리학의 공식이 자연과학에서 하는 것과 똑같은 역할을 역사적 도덕의 연구에서 하는 것입니다. 이런 관념은 사상의 불가결한 범주이지만, 그것에 특수한 내용이 담길 때까지는 뜻도 없고 쓸모도 없습니다.

다른 비유를 원한다면, 우리가 역사나 일상 생활에서 사용하는 도덕상의 규칙은, 인쇄된 부분과 손으로 직접 쓴 부분이 있는 은행 수표 같은 것이라고 하겠습니다. 인쇄된 부분은 자유와 평등, 정의와 민주주의 같은 추상적인 단어들로 이루어집니다. 이것은 중요한 범주입니다. 그러나 우리가 누구에게 얼마 만큼의 자유를 할당하려고 하는지, 우리가 누구를 평등한 동료로 인정하는지, 그리고 어느 정도 양까지인지, 그러한 나머지 부분을 채워 넣기 전에는 수표는 가치가 없습니다.

우리가 수표에 언제 무엇을 기입하느냐 하는 것은 역사의 문제입니다. 추상적인 도덕적 관념에 특수한 역사적 내용이 담기는 과정은 하나의 역사적 과정입니다. 실제로 우리의 도덕적 판단은 그 자체가 역사의 창조물인 어떤 개념적 틀 안에서 이루어집니다. 도덕적 문제에 관한 현대의 국제적 논쟁에서 흔히 보는 형태는, 자유와 민주주의를 둘러싼 일종의 청구권 다툼입니다.

개념은 추상적이고 보편적입니다. 그러나 그 개념 안에 담기는 내용은 시대가 달라지고, 장소가 달라짐에 따라, 역사를 통해서 변해 왔습니다. 이러한 개념을 적용하는 실천적인 문제는, 역사적인 관점을 통해서만 비로소 이해되고 논의될 수 있습니다.

좀 덜 통속적인 예를 들어 보기로 하겠습니다.

'경제적 합리성'이라는 개념을 경제 정책이 바람직한 것인가 아닌가를 검토하고 판단하는, 객관적이고 논란의 여지가 없는 기준으로 삼자는 시도가 이루어져 왔습니다. 그러나 이 시도는 곧 실패하고 말았습니다. 고전경제학의 법칙들 위에서 성장한 이론가들은 계획이란 원리상 합리적인 경제적 과정에 대해서 비합리적인 침입을 하는 일이라고 비난합니다. 이를테면 계획자들은 가격 정책에서 수요 공급의 법칙에 묶이기를 거부하므로, 계획 경제 아래서 가격은 합리적 기초를 가질 수가 없다고 말합니다.

물론 계획자들이 자주 비합리적으로, 따라서 어리석게 행동한다는 것은 사실일 수도 있습니다. 그러나 그들을 판단하는 기준이 고전경제학이 말하는 낡은 '경제적 합리성'일 수는 없습니다. 근본적으로 비합리적이었던 것은 통제되지 않고 조직되지 않은 자유방임경제이며, 계획이란 이 과정에 경제적 합리성을 도입하려는 시도라는, 그 반대편의 주장에 나는 더 공감합니다.

그러나 여기서 내가 주장하고 싶은 단 하나의 논점은, 추상적이고 초역사적인 기준을 세워서 그로써 역사상의 행위를 심판할 수는 없다는 것입니다. 틀림없이 양쪽 모두가 자신들이 생각하는 역사적 조건과 열망에 알맞은 특정한 내용을 그 기준에서 읽어 낼 것이기 때문입니다.

역사에 뿌리박은 가치

이상은 역사상의 사건이나 상황에 대한 판단을 이끌어 낼 초역사적인 표준이나 기준을 세우려고 하는 사람들에 대한 실질적인 비판입니다. 이런 기준이 신학자들이 인정하는 어떤 신적인 권위에서 나왔건, 아니면 계몽주의 철학자들이 상정하는 흔들림 없는 대문자 이성이나 자연에서 나왔건, 그것은 아무래도 좋습니다. 기준의 적용이나, 기준 그 자체에 결함이 있어 문제라는 말이 아닙니다. 이런 기준을 세우려고 하는 시도가 비역사적이고, 역사의 본질 그 자체와 모순됩니다. 이것은 직무상 역사가가 끊임없이 물어보지 않을 수 없는 질문에 대해서 독단적인 해답을 주는 것입니다. 이런 질문에 미리 주어진 어떤 해답을 받아들인 역사가는 자기 눈을 가리고 연구에 임하는 것이며, 자기의 직무를 포기한 것입니다.

역사는 운동이며 운동은 비교를 포함합니다. 그러기에 역사가는 '선'이라든가 '악'이라는 타협 불가능한 절대적인 용어를 사용하기보다는 '진보적'이라든가 '반동적'이라는 말처럼 비교하는 성격의 용어로 그 도덕적 판단을 표현하는 경향이 있는데, 이것은 서로 다른 사회나 역사적 현상을 어떤 절대적 기준과의 관계에서가 아니라 그것들 사이의 상호관계에서 규정하는 시도인 것입니다.

게다가 절대적이고 역사 외적인 진리라고 부르는 것을 검토하다 보면, 이 또한 실제로는 역사에 뿌리박고 있음을 알 수 있습니다. 어느 시대 어느 장소에 특수한 가치나 이상이 생기는 것은, 그 시대 및 장소의 역사적 조건으로 설명이 됩니다. 평등, 자유, 정의, 자연법 같은 절대적이라고 가정되는 용어의 실제 내용은, 시대에 따라 대륙에 따라 다릅니다. 어느 집단이나 그 역사에 뿌리박은 자기들만의 가치를 가지고 있습니다. 어느 집단이고 껄끄러운 외래의 가치의 침입으로부터 자신을 보호하며, 그런 가치들에 부르주아적이고 자본주의적이라든가, 비민주적이고 전체주의적이라든가, 더 노골적으로는 비영국적이라든가 비미국적이라든가 하는 무례한 형용사를 가져다 붙이는 것입니다.

사회에서 유리되고 역사로부터 유리된 추상적인 기준이나 가치는, 추상적인 개인과 마찬가지로 일종의 환상입니다. 진정한 역사가란 모든 가치의 성격이 역사적으로 조건 지어진 것임을 인정하는 사람을 말하며, 자기가 생각하는 가치야말로 역사를 초월하는 객관성을 가진다고 말하는 사람이 아닙니다. 우리가 가진 신념이나 우리가 세우는 판단 기준은 모두 역사의 일부이며 역사적으로 연구되어야 한다는 점에서는 인간 행동의 다른 모든 측면과 조금도 다르지 않습니다.

오늘날의 과학—무엇보다도 사회과학—이 완전한 독립성에 대한 권리를 주장하는 일은 극히 드뭅니다. 그러나 역사는 역사의 외부에 있는 어떤 것에도 근본적으로 의존하지 않는다는 점에서 다른 학문과 구별됩니다.

더 과학적으로

역사를 하나의 과학으로 보자는 주장에 대해서 내가 말하고자 했던 것을 요약해 보겠습니다. 과학이라는 말 자체가 여러 가지 방법과 기술을 사용하는 지식의 다양한 분야를 포함하므로, 역사를 과학에 포함시키려는 사람들보다는 역사를 과학에서 제외하려는 사람들이 더 무거운 짐을 지게 되는 것 같습니다. 제외하자는 주장이 자기들의 엄선된 집단에서 역사가를 추방하고 싶어 안달하는 과학자 측에서 나온 것이 아니라 오히려 인문학의 한 분야로서 역사의 지위를 간절히 지키고 싶어하는 역사가들이나 철학자들에게서 나오고 있다는 것은 의미심장합니다.

이 논란은 인문학과 과학이 예부터 구별되어, 인문학은 지배계급의 폭넓은 교양을, 과학은 그 계급에게 봉사하는 기술자의 직능을 일컫는다는 편견을 반영하는 것입니다. 이런 맥락에서 '인문학'과 '인문'이라는 용어 자체가 낡은 편견을 보여주는 것이며, 과학과 역사의 대립도 영어를 제외한 어떤 언어에서도 이해되지 않는다는 사실은 이 편견이 얼마나 옹졸한 섬나라적 근성에서 나온 것인지를 보여 줍니다.

역사를 과학이라 부르기를 거부하는 데 대해서 내가 반대하는 주된 까닭은, 그런 주장이 이른바 '두 문화' 사이의 간극을 정당화하고 영구화하기 때문입니다. 이 간극 그 자체는 영국 사회의 계급적 구조에—그 자체가 이미 과거에 속하는 것인데—기초를 둔 낡은 편견의 산물입니다.

나는 역사가와 지질학자를 갈라 놓는 간격이 지질학자와 물리학자를 갈라 놓는 간격보다 깊다든가, 도저히 메울 수 없는 틈이라고 믿지 않습니다. 그러나 내가 보기에 이 간극을 좁힐 방법은, 역사가에게 과학의 초보적 지식을 가르친다든가 과학자에게 역사의 초보적 지식을 가르친다든가 하는 일이 아닙니다. 이것이야말로 갈팡질팡하며 갈피를 못 잡는 생각을 따라가다 막다른 골목에 이르고 마는 것입니다. 아무튼 과학자 자신은 그런 식으로는 행동하지 않습니다. 공학도에게 기초 식물학 수업을 들으라는 권유를 한다는 말은 들어 본 적이 없습니다.

내가 제안하는 하나의 해결책은 우리 역사학의 기준을 높이는 것, 역사학을—이런 표현을 써도 된다면—더 과학적으로 만드는 것, 역사를 연구하는 사람들에게 우리의 요구를 더 엄격하게 제시하는 것입니다. 이 케임브리지 대학에서 학문 분과로서의 역사학은 때때로 고전학은 지나치게 어렵고, 과학은 만만찮다고 생각하는 사람들을 모아 놓은 잡화점처럼 생각되기도 합니다. 나는 이 강연에서 역사는 고전학보다 훨씬 어려운 과목이고, 모든 과학만큼 만만찮은 과목이라는 인상을 전달하고 싶습니다. 그러나 앞서 말한 해결책이 통하려면 역사가들 스스로가 자기 일에 대해 한층 강한 신념을 가져야 합니다.

찰스 스노 경(영국의 평론가. 1905~1980)은 이 주제를 다룬 최근의 강연에서, 과학자의 야단스러운 낙관주의를 이른바 '문예 지식인' 특유의 '가라앉은 목소리'와 '반사회적 감정'과 대비시키며 정곡을 찔렀습니다.[34] 어떤 종류의 역사가들과 역사가가 아니면서 역사에 대해서 쓰고 있는 사람들 중 다수가 이 '문예 지식인'의

---

34) C.P. Snow, *The Two Cultures and the Scientific Revolution*(1959), pp. 4-8.

부류에 들어갈 것입니다. 그들은 우리에게 역사는 과학이 아니라고 가르치려 들고, 과학은 무엇이 아니며 무엇을 하지 말아야 한다고 설명하느라 너무 바쁜 나머지, 역사학의 성과도, 역사학의 잠재력도 논할 시간이 없는 것입니다.

이 간극을 메우는 또 하나의 방법은, 과학자와 역사가의 목적은 같다는 사실을 더 깊이 이해하는 것입니다. 과학사와 과학철학에 대한 관심이 새롭게 자라나고 있다는 사실의 주요한 가치가 바로 여기에 있습니다. 과학자, 사회과학자, 역사가는 모두 같은 연구의 서로 다른 분과에 속해 있습니다. 다시 말해서 모두가 인간과 그 환경에 관한 연구로서, 환경에 대한 인간의 작용에 관한 연구이자, 인간에 대한 환경의 작용에 대한 연구인 것입니다. 연구의 목적은 하나, 다름 아닌 자기의 환경에 대한 인간의 이해력과 지배력을 늘리는 것입니다.

물리학자, 지질학자, 심리학자, 역사가의 전제와 방법론은 세세한 부분에서는 크게 차이가 납니다. 또 나는 역사가가 더 과학적이기 위해서는 자연과학의 방법을 더 바짝 뒤따라야 한다는 명제를 받아들일 생각은 없습니다.

그러나 역사가와 물리학자는, 설명을 추구한다는 근본 목적에서나, 질문하고 답한다는 근본적인 절차에서 똑같습니다. 다른 모든 과학자처럼 역사가도 '왜?'라는 질문을 쉴 새 없이 던지는 동물입니다. 다음 강연에서는 역사가가 질문을 던지고 이에 답변하는 방식을 살펴보기로 하겠습니다.

4. 역사에서의 인과관계

역사의 연구는 원인의 연구

우유를 냄비에 넣고 뚜껑을 덮은 채 끓이면 넘칩니다. 왜 그렇게 되는지 나는 알지 못하고 또 알고 싶어한 적도 없습니다. 만일 누군가 대답을 채근한다면, 우유에는 끓어서 넘는 성질이 있기 때문이라고 대답할지 모르겠습니다만, 웬만큼 사실이기는 하지만 이것으로는 아무런 설명이 되지 않습니다.

그런데 나는 자연과학자가 아닙니다. 이와 마찬가지로 과거의 사건이 어째서 일어났는지 알고 싶은 생각도 없이 그런 사건에 대해서 읽을 수도 있고 쓸 수도 있습니다. 또 제2차세계대전이 일어난 것은 히틀러가 전쟁을 바랐기 때문이라고 대답하고는 만족할 수도 있습니다. 이 말 또한 웬만큼 사실이기는 합니다만, 그것으로는 아무런 설명이 되지 않습니다. 다만 이 경우 자신을 역사학도라느니 역사가라느니 하고 칭하는 터무니없는 결례는 범하지 말기를 바랍니다. 역사의 연구는 곧 원인의 연구입니다. 지난번 강연 때 마지막에 말씀드린 대로 역사가란 끊임없이 '왜?' 하고 묻는 사람이며, 해답을 얻길 바라는 한 쉴 수가 없습니다. 위대한 역사가는—아니, 더 넓게 위대한 사상가는—새로운 것에 대해서, 새로운 맥락 속에서 '왜?'라는 질문을 제기하는 사람입니다.

역사의 아버지인 헤로도토스는 그의 책 첫머리에서 자기의 목적을 규정하면서, 그리스인 및 야만인의 행위에 대한 기억을 보존하는 것, '무엇보다도 그들 사이에 일어난 전투의 원인을 밝히는 것'이라고 말했습니다. 고대 세계에 그의 뒤를 잇는 제자는 거의 없었으며, 투키디데스마저도 인과관계를 명확히 인식하지 못했다고 비난받아 왔습니다.[1]

---

1) F. M. Cornford, *Thucydides Mythistoricus, passim*.

그런데 18세기에 이르러 근대적인 역사 서술의 기초가 굳어지기 시작했을 때, 몽테스키외는 《로마인의 위대함과 성쇠의 원인에 대한 고찰》에서, '모든 왕조 안에는 작용하여 그 왕조를 일으키고, 유지하고 전복하는 정신 및 물질상의 일반적인 원인이 있다'는 원칙과 아울러 '모든 사건은 이러한 원인을 따른다'는 원칙을 자신의 출발점으로 삼았습니다. 그리고 몇 해 뒤 몽테스키외는 《법의 정신》에서 이러한 생각을 발전시켜서 일반화했습니다. '우리가 세계 속에서 보는 모든 결과는 눈먼 운명이 낳은 것'이라고 생각하는 것은 어이없는 일이다. 인간은 '자신들의 환상에만 지배받는 것이 아니며', 인간의 행동은 '사물의 본질'에 유래하는 어떤 법칙 또는 원리를 따르는 법이라고 그는 보았던 것입니다.[2)]

그로부터 200년 가까이 역사가와 역사철학자는 역사적 사건의 원인과 이를 지배하는 법칙을 발견하여 그것을 통해 인류의 과거의 경험을 조직화하려는 시도에 몰두해 왔습니다. 원인이나 법칙은 어떤 때는 기계적으로, 어떤 때는 생물학적으로, 또 어떤 때는 형이상학적으로, 때로는 경제학적으로, 그리고 때로는 심리적으로 고찰되었습니다.

그러나 역사란 과거의 여러 사건을 원인과 결과의 질서정연한 전후 관계로 배열함으로써 성립한다는 것은 널리 인정되는 학설이었습니다. 볼테르는 《백과전서》의 〈역사〉 항목에서 이렇게 썼습니다.

'옥수스강과 이악사르테스강 유역의 여러 야만족들의 흥망성쇠를 제외하고 아무것도 이야기할 거리가 없다면, 거기에 무슨 의미가 있겠는가?'

그런데 최근 몇 년 사이에 사정이 좀 달라졌습니다. 오늘날에는 지난번 강연 때에도 말씀드린 그런 이유로, 우리는 이제 역사의 '법칙'이라는 말을 쓰지 않습니다. 심지어 '원인'이라는 말까지도 한물간 유행어가 되어 버렸습니다. 그 이유는 부분적으로 어떤 철학적 모호함에서 비롯되었지만, 그것은 파고들 필요가 없다고 치고, 또 부분적으로는 그 말이 결정론을 떠올리게 하기 때문이므로, 그것을 여기서 다루어 볼까 합니다.

어떤 사람들은 역사에서 '원인'이라는 말을 쓰지 않고 '설명', '해석', '상황 논리',

---

2) *De l'esprit des lois*, Preface and ch. 1.

'사건의 내적 논리'—마지막은 다이시(영국의 법학자. 1835~1922)의 용어—등의 용어를 사용하거나, 아니면 인과적 접근법(왜 일어났는가) 대신 기능적 접근법(어떻게 일어났는가)을 취합니다. 물론 기능적 접근법도 필연적으로 그것이 어째서 일어나게 되었나 하는 물음이 개입되면서, 우리는 '왜?'라는 문제로 다시 끌려오게 되는 것 같지만 말입니다.

또 어떤 사람들은 여러 가지 종류의 원인—기계적, 생물학적, 심리적 등—을 구별하여, 역사적 원인을 독자적인 범주로 봅니다. 이런 구별 가운데는 어느 정도까지 유효한 것도 있지만, 현재의 목적으로 보자면 차이보다는 모든 종류의 원인에 공통되는 것을 강조하는 편이 유익할 것입니다. 나는 원인이라는 용어를 통상적인 의미로 사용하는 데 만족하면서, 이런 특별히 미묘한 의미는 무시하기로 하겠습니다.

원인의 여러 모습과 단순화

역사가가 사건의 원인을 제시해야만 하는 상황에 맞닥뜨릴 때 그는 실제로 어떻게 하는가? 이 질문부터 시작하겠습니다.

원인 문제에 대한 역사가의 접근법의 첫째 특징은, 보통 하나의 사건에 몇 가지 원인을 꼽는다는 것입니다. 언젠가 경제학자 마셜은 이렇게 말했습니다.

"무언가 하나의 원인의 작용만을 중시하여…… 그것과 섞여 있는 다른 여러 원인의 영향력을 무시하는 일만은 반드시 하지 않도록 조심해야 한다."[3]

어떤 학생이 '1917년 러시아에 왜 혁명이 일어났는가?'라는 시험 문제에 답할 때, 단 하나의 원인만 든다면 운이 좋아 봐야 성적은 간신히 낙제를 면하는 정도일 것입니다. 역사가는 많은 원인을 다루어야 하기 때문입니다. 역사가가 러시아 혁명의 원인을 생각해야 할 경우, 그는 러시아의 계속된 군사적 패배, 전쟁의 중압감 아래서의 러시아 경제의 붕괴, 볼셰비키의 교묘한 선전, 농업문제 해결에서 차르 정부의 실패, 착취당한 가난한 프롤레타리아의 페트로그라드의 공장 지대 집중 현상, 레닌은 결심이 섰으나 다른 진영에서는 누구도 그렇지 못했다는 사실

---

3) *Memorials of Alfred Marshall*, ed. A.C. Pigou(1925), p. 428.

등을 들 것입니다. 요컨대 장단기적인 경제적, 정치적, 이념적, 개인적 원인이 마구잡이로 뒤엉켜 있을 것입니다.

그런데 이것은 우리를 역사가의 접근법의 두 번째 특징으로 즉시 이끌어 갑니다. 우리의 질문에 대답하는 학생이 러시아 혁명에 대한 원인 10여 가지를 차례차례 드는 데서 그친다면, 성적이 중위권에는 들겠지만 상위권에까지 들기는 어려울 것입니다. 아마도 '지식은 충분하나 상상력이 부족'하다는 채점관의 평을 듣게 될 것입니다.

진정한 역사가라면 자기가 정리한 원인의 목록을 들여다보는 동안에, 이 목록에 질서를 세우자, 여러 원인의 상호 관계를 정리할 수 있는 어떤 위계를 설정하자, 가능하면 어떤 원인을, 어떤 원인의 범주를 '종국에' 또는―역사가가 좋아하는 용어로 말한다면―'최종적인 분석에 따라서', 궁극적인 원인으로 볼 것인지, 즉 모든 원인 가운데의 원인으로 볼 것인지 결정하자, 라는 직업적인 의무를 느낄 것입니다.

그렇게 하는 것이 곧 연구 주제에 대한 역사가의 해석입니다. 역사가가 어떤 원인을 채택하느냐에 따라서, 그가 어떤 역사가인가를 알게 되는 것입니다. 기번은 로마 제국의 쇠퇴와 몰락을, 야만성과 종교가 승리한 탓으로 보았습니다. 19세기 영국의 휘그적인 역사가들은, 영국 세력의 증가와 번영을 입헌적 자유의 원리가 구현한 정치적 제도의 발전 때문이라고 보았습니다. 기번이나 19세기 영국의 역사가들의 관점은 오늘날에는 구식으로 보입니다. 왜냐하면 그들은 현대의 역사가들이 가장 중요시하는 경제적 원인을 무시하고 있기 때문입니다. 역사에 관한 모든 논의는 여러 원인 가운데에서 어떤 원인이 우선하는가 하는 문제를 맴돌고 있습니다.

앙리 푸앵카레는 내가 지난번 강연 때 인용한 책에서, 과학은 '다양성과 복잡성을 향해' 나아가는 동시에 '통일성과 단순성을 향해' 나아가는 것이며, 모순되어 보이는 이 이중의 과정이 지식에는 필수 조건이라고 우리의 주의를 환기했습니다.[4]

---

4) H. Poincaré, *La Science et l'hypothèse*(1902), pp. 202-203.

이것은 역사에도 해당됩니다. 연구의 넓이와 깊이가 늘어감에 따라 역사가는 '왜?'라는 질문에 대한 해답을 점점 더 축적해 갑니다. 최근에 경제사, 사회사, 문화사, 법제사(法制史)의 발달에 따라서—복잡한 여러 문제에 대한 정치사의 신선한 통찰이나, 심리학 및 통계학의 새로운 기술은 물론이거니와—우리의 해답은 그 수와 범위가 엄청나게 늘어났습니다.

"과학에서의 모든 전진은 처음에 볼 수 있었던 조잡한 통일성에서 우리를 떼어 내, 원인과 결과의 더 큰 분화(分化)로, 또 관계 있다고 인정된 원인 범주의 끊임없는 확장으로 우리를 이끌어 간다."[5]

버트런드 러셀의 이러한 말은 역사의 상황을 날카롭게 묘사한 것입니다. 그러나 역사가는 과거를 이해하고 싶은 욕구에 이끌려, 과학자처럼 답의 다양성을 단순화하고, 어떤 답을 다른 답에 종속시키려 하는 동시에 무질서한 사건들과 무질서한 특수 원인들에 일정한 질서와 통일성을 부여하려고 듭니다.

'하나인 신, 하나인 법, 하나인 원소, 하나인 먼 옛날의 거룩한 사건'이라든가, '교육받고 싶다는 떠들썩한 요구를 가라앉히는 무언가 위대한 일반화'에 대한 헨리 애덤스(미국의 역사가. 1838~1918)의 추구 같은 것은 오늘날에는 옛날식 농담처럼 들립니다. 그렇기는 하나, 역사가가 원인의 다양화뿐 아니라 단순화를 통해서 연구를 진행시키지 않으면 안 된다는 사실에는 변함이 없습니다. 과학과 마찬가지로 역사도 얼핏 보기에 모순된 이러한 이중의 과정을 통해서 전진합니다.

포퍼와 벌린

썩 마음이 내키지는 않습니다만, 이쯤에서 방향을 바꾸어 우리의 앞길에 가로놓여 있는 매력적인 두 개의 함정에 대해서 이야기하지 않으면 안 되겠습니다. 그 하나에는 '역사에서의 결정론', 또는 헤겔의 이른바 '간계(奸計)'라는 이름표가 붙어 있고, 또 하나에는 '역사에서의 우연, 또는 클레오파트라의 코'라는 이름표가 붙어 있습니다.

먼저 이 함정이 생긴 경위를 좀 말씀드려야겠습니다. 칼 포퍼 교수라고 하면,

---
5) B. Russell, *Mysticism and Logic*(1918), p. 188.

1930년대 빈에서 과학의 새로운 견해에 대한 중요한 저작―최근 《과학적 연구의 논리》라는 제목으로 영역되었습니다―을 쓴 사람인데, 세계대전 중에는 《열린 사회와 그 적들》 및 《역사주의의 빈곤》[6]이라는 조금 더 대중적인 책을 영어로 출판했습니다. 이 책들은 포퍼가 플라톤과 함께 나치즘의 정신적인 선조라고 생각하는 헤겔에 대한 반발, 그리고 1930년대 영국 좌파의 지적 풍조였던 매우 천박한 마르크스주의에 대한 반발에서 강렬한 감정적 영향을 받아 쓰였습니다. 헤겔과 마르크스의 결정론적 역사철학이 주된 표적으로서, 포퍼는 그 둘을 '역사법칙주의'라는 모욕적인 명칭으로 한데 묶고 있습니다.[7]

1954년 아이제이아 벌린 경은 《역사적 필연성》이라는 책을 출간했습니다. 거기서는 그가 플라톤에 대한 공격은 하지 않는데, 그 까닭은 아마도 옥스퍼드 대학을 지탱하는 고대적 주석(柱石)에 대한 일말의 존경심 때문인 것 같습니다.[8] 대신 그는 포퍼와 동일한 비난 외에 포퍼에게서는 볼 수 없었던 논거를 덧붙였습니다. 그에 따르면 헤겔과 마르크스의 이른바 '역사주의'가 불쾌한 까닭은 그것이 인간의 행위를 인과적인 견해로 설명함으로써 인간의 자유의지를 부인하고, 그가 생

---

6) *The Poverty of Historicism*. 서적의 형식으로 처음 출판된 것은 1957년이지만, 1944년과 1945년에 발표된 논문을 묶어 낸 것이다.

7) 나는 엄밀성(嚴密性)이 필요하지 않은 몇 군데를 제외하고는, 이 '역사주의'라는 용어를 피했다. 왜냐하면 이 문제를 다룬 포퍼 교수의 책은 널리 읽히고 있지만 이 용어에서 엄밀한 뜻을 빼앗아 버렸기 때문이다. 용어의 정의만 고집스럽게 찾는 것은 현학적이다. 그러나 자기가 무슨 말을 하고 있는지 알고는 있어야 한다. 포퍼 교수는 무엇이건 자기가 싫어하는 역사관은―그 가운데는 내가 옳다고 생각하는 것도 있고, 또 오늘날 진지한 역사가는 아무도 믿지 않는 것도 있다―'역사주의'라는 자루에 모조리 쓸어 담고 있다. 그가 인정하듯이(*The Poverty of Historicism*, p. 3.), 그 어떤 살아 있는 '역사주의자'도 사용한 적이 없는 '역사주의적' 이론을 발명한 것이다. 그의 저서에서 역사주의란 역사를 과학에 동화(同化)시키는 설과, 역사와 과학을 엄격히 구별하는 학설을 양쪽 다 포함한다. 《열린 사회와 그 적들》에서는 예견을 회피한 헤겔이 역사주의의 제사장 취급을 받는가 하면, 《역사주의의 빈곤》의 서론에서는, 역사주의는 '역사적 예견을 그 주요 목적으로 가정하는 사회과학 연구법'이라고 말한다. 종래에는 보통 historicism은 독일어 Historismus의 영역으로 사용되어 왔는데 포퍼 교수가 historicism(역사법칙주의)을 historism(역사주의)과 구별하는 바람에 가뜩이나 혼란스러운 용어법에 새로운 혼란의 요소가 늘어났다. M.C. D'Arcy, *The Sense of History : Secular and Sacred*(1950), p. 11에서는 '역사주의'라는 말을 '역사철학과 같은 것'으로서 사용하고 있다.

8) 그러나 플라톤을 최초의 파시스트로서 공격하는 것은, 한 옥스퍼드 출신인 크로스먼의 방송 연설에서 시작되었다. R.H. Crossman, *Plato Today*(1937).

각하기에 역사가의 의무가 되어야 할 샤를마뉴, 나폴레옹, 스탈린 같은 역사의 인물에 대한 도덕적 비난—이에 대해서는 지난번 강연 때 말씀드린 적이 있습니다—을 회피하도록 부추기기 때문이라는 것입니다. 그 밖에는 크게 달라진 점이 없습니다.

그러나 당연하게도 벌린은 인기도 있으며 널리 읽히는 저술가입니다. 지난 5, 6년 동안 영국과 미국에서는, 역사에 대한 글을 쓴 사람은 거의 모두, 아니, 역사적 저작에 진지한 논평을 가한 사람이면 누구나 예외 없이, 입을 모아 헤겔과 마르크스와 결정론에 대해 젠체하는 듯한 경멸의 태도를 보이고, 역사에서의 우연의 역할을 인정하지 못하는 것은 부조리한 일이라고 지적하곤 했습니다. 벌린 경에게 그 제자들의 책임까지 묻는 것은 부당한 처사일 것입니다. 그는 터무니없는 말을 할 때도 호감을 주는 매력적인 방식으로 이야기하기 때문에 우리의 마음을 사로잡습니다. 그러나 그 제자들은 터무니없는 말을 되풀이할 뿐 도무지 매력이 없습니다. 어쨌든 그 모든 것에 새로운 것은 없습니다.

찰스 킹즐리는 영국의 근대사 흠정강좌를 담당한 여러 교수 가운데에서 남달리 뛰어난 사람도 아니며, 헤겔을 읽은 적도 없고 마르크스의 이름을 들은 적도 없는 사람이라고 생각됩니다. 그런데 1860년의 취임 강연에서 인간은 '인간의 존재 법칙을 깨는 기이한 힘'을 가졌다고 말하고, 이를 역사에는 그 어떤 '필연적인 연쇄'도 존재할 수 없다는 증거로 삼았습니다.[9] 그러나 다행히도 킹즐리는 우리에게선 잊혔습니다. 킹즐리라는 이미 죽은 지 오래된 말에 채찍질하여, 마치 살아 있는 것처럼 보이게 하는 헛된 노력을 몰래 계속해 온 것은 다름 아닌 포퍼 교수와 벌린 경이었습니다. 이 혼란을 처리하자면 참을성이 필요할 것입니다.

자유의지와 결정론

그러면 먼저 결정론부터 다루기로 하겠습니다. 부디 이의가 제기되지 않기를 바라며 그 정의부터 내려 보자면, 결정론이란 모든 사건에는 하나 또는 몇 가지 원인이 있으며, 그 하나 또는 몇 가지 원인 가운데 어떤 것에 변화가 없는 한, 그

---

9) C. Kingsley, *The Limits of Exact Science as Applied to History*(1860), p. 22.

사건에 변화가 있을 수 없다는 신념이라고 말하겠습니다.[10] 결정론은 역사의 문제가 아니라 오히려 모든 인간 행동의 문제입니다. 인간 행위의 원인이 없고 따라서 결정되지 않은 그런 인간이란 지난번 강연 때 언급된, 사회 외부에 있는 개인과 마찬가지로 하나의 추상적인 관념입니다. "인간사에서는 모든 것이 가능하다"[11]는 포퍼 교수의 주장은, 무의미하거나 잘못되었습니다. 일상 생활에서는 누구도 그런 주장을 믿지도 않고 믿을 수도 없습니다.

모든 일에는 원인이 있다는 공리(公理)는, 우리를 둘러싸고 일어나는 일을 이해하는 인간 능력의 한 조건입니다.[12] 카프카 소설이 악몽처럼 느껴지게 하는 자질은 어떤 사건이라든가 명백한 원인, 확인할 수 있는 원인이 없는 데서 비롯됩니다. 이것은 인격을 완전히 분열시키게 되는데, 왜냐하면 인격이란 사건에는 원인이 있다는 전제, 또 그 원인은 대부분 확인할 수 있으며, 그것을 바탕으로 행동의 지침으로서 유용한 과거와 현재에 관한 일관성 있는 패턴을 인간의 마음속에 만들 수 있다는 전제에 기초를 두고 있기 때문입니다. 인간의 행동이 원칙적으로 확인할 수 있는 원인에 의해서 결정된다고 가정하지 않는다면, 일상 생활은 불가능할 것입니다.

옛날 옛적에 어떤 사람들은 자연 현상은 당연히 신의 뜻에 따라 지배되고 있으므로, 이 자연 현상의 원인을 탐구하는 것을 신에 대한 모독이라 여기고 자연과학자의 일에 반대하기도 했습니다. 우리가 인간 행동의 원인을 설명하는데 대해서, 인간의 행동은 인간의 의지에 지배받는다는 이유를 내세워 벌린 경이 반대하는 것도 이와 같은 사고방식에 의한 것입니다. 또한 그의 반대는 오늘날 사회과학의 발전 수준이 이러한 종류의 반론이 자연과학을 향했던 시대의 자연과학

---

10) 결정론이란…… 자료가 이러저러하면 어떤 사건이 반드시 일어나며, 다른 사건은 일어날 수 없다……는 것을 의미한다. 다른 사건이 일어날 수 있다고 주장하는 것은 자료가 달랐다면 일어났을 것이라는 뜻에 지나지 않는다.' (S. W. Alexander in *Essays Presented to Ernst Cassirer*(1936), p. 18)

11) K. R. Popper, *The Open Society*(2nd ed., 1952), ii, p. 197.

12) '인과 법칙은 세계가 우리에게 강요한 것이 아니라, '아마도 우리가 우리들 자신을 세계에 적응시키는 데 가장 편리한 방법일 것이다.'(J. Rueff, *From the Physical to the Social Sciences*, (Baltimore, 1929), p. 52.) 포퍼 교수 자신(*The Logic of Scientific Enquiry*, p. 248.)은 인과 관계에 대한 믿음을 '옳다고 인정된 방법론상의 규칙을 형이상학적으로 실체화한 것'이라고 부르고 있다.

의 발전 수준과 똑같다는 것을 나타내고 있는 것인지도 모릅니다.

일상생활에서 우리가 이 문제를 어떻게 다루고 있는지 생각해 보겠습니다. 여러분이 날마다 일을 할 때 스미스를 마주친다고 해 봅시다. 여러분은 날씨라든가 대학의 사정에 대해서 다정하지만 의미 없는 말을 건네며 스미스에게 인사할 것입니다. 스미스도 날씨나 대학 사정에 대해서 마찬가지로 다정하지만 무의미한 말로 대답할 것입니다. 그런데 어느 날 아침, 스미스가 여느 때의 말투로 여러분의 인사에 대답하는 대신 여러분의 용모나 성격에 대해서 마구 욕을 퍼부었다고 가정해 봅시다. 이때 여러분은 어깨를 한번 으쓱하고는 '이것이야말로 스미스의 자유의지의 확실한 증거 또는 인간 세계에서는 모든 것이 가능하다는 틀림없는 증거이다'라고 생각할 수 있을까요?

그렇지 않을 것입니다. 오히려 여러분은 이렇게 생각할지 모릅니다. '딱한 스미스! 그래, 저 친구 아버지는 정신병원에서 죽었지.'라거나 '딱한 스미스! 부인과 대판 싸웠나 보군.'

다시 말해서 여러분은 무언가 원인이 있으리라고 굳게 믿고, 얼핏 보기에 원인이 없는 것 같은 스미스의 행동의 원인을 진단해 보려고 할 것입니다.

그러나 그랬다가 여러분이 아이제이아 벌린 경의 노여움을 사지나 않을까 나는 걱정스러워집니다. 왜냐하면 여러분이 스미스의 행동을 인과적으로 설명함으로써 헤겔과 마르크스의 결정론적 전제를 곧이곧대로 받아들여, 스미스를 야비한 인간이라고 비난할 의무를 회피했다고 벌린 경은 몹시 한탄할 것이기 때문입니다.

그러나 일상 생활에서는 누구도 이런 견해를 취하지 않으며, 또 결정론인가 아니면 도덕적 책임인가라는 것이 문제가 된다고도 생각하지 않습니다. 자유의지와 결정론에 관한 논리적 딜레마는 실제 생활에서는 일어나지 않습니다. 인간의 어떤 행위는 자유이고, 어떤 행위는 결정되어 있는 것이 아닙니다. 모든 인간의 행동은 어떤 관점에서 보느냐에 따라서, 자유이기도 하고 결정되어 있기도 합니다. 그렇듯 실제 문제는 또 달라지는 것입니다. 스미스의 행위에는 하나의 원인이나 몇 개의 원인이 있었습니다. 그러나 그것이 어떤 외부적 강제에 의해서 생긴 것이 아니고, 그 자신의 인격적 충동에 의해서 생긴 것이라면, 스미스에게 도덕적 책임이 있습니다. 왜냐하면 정상적인 성인은 자기 자신의 인격에 도덕적인 책임을 진다는 것이 사회생활의 한 조건이기 때문입니다.

위의 특정한 경우에 스미스에게 책임이 있다고 보느냐, 없다고 보느냐 하는 것은, 여러분이 실제적으로 판단해야 할 문제입니다. 그러나 만일 스미스에게 책임이 있다고 본다고 해서 그것이 스미스의 행위에는 아무 원인도 없다고 인정하는 것은 아닙니다. 원인과 도덕적 책임은 별도의 범주이기 때문입니다. 최근 이 케임브리지 대학에 범죄학 연구소와 교수직이 설립되었습니다. 그렇지만 범죄의 원인을 연구하는 사람들이라고 해서 범죄자의 도덕적 책임을 부인하게 만든다고 생각하지는 않으리라고 믿습니다.

이번에는 역사가를 보기로 하겠습니다. 보통 사람과 마찬가지로 역사가도 인간의 행위에는 원칙적으로 확인할 수 있는 원인이 있다고 믿습니다. 일상 생활과 마찬가지로 이 전제가 없다면 역사는 불가능해질 것입니다. 이런 원인을 연구하는 것이 역사가의 특별한 기능입니다. 역사가가 인간 행동 가운데 결정된 측면에 대해서 특별한 관심을 가지는 것도 그 때문이라고 생각됩니다. 그렇다고 역사가가 자유의지를 거부하는 것은 아닙니다. 자발적 행위는 원인이 없다는 사실상 성립 불가능한 가설에 바탕을 두지 않는 한 말입니다.

역사가는 필연성이라는 문제로 괴로워하지도 않습니다. 다른 사람들과 마찬가지로 역사가도 때로는 수사적(修辭的) 표현으로 어떤 사건을 '필연적'이라고 말하기도 합니다. 그렇지만 그것은 그 사건에 이르게 한 여러 요인의 결합관계를 사람들이 그만큼 압도적으로 강하게 느꼈다는 것을 뜻하는 데 지나지 않습니다.

최근에 나는 이 못마땅한 단어를 찾아내려고 내가 쓴 역사책을 뒤져 보았는데, 스스로에게 완전무결한 건강 증명서를 줄 수는 없었습니다. 어떤 문장에서 나는, 1917년의 혁명 후 볼셰비키와 그리스 정교회 사이의 충돌은 '필연적'이었다고 써 놓았거든요. "개연성이 매우 높았다"고 말하는 편이 현명했을 것이 틀림없습니다. 그러나 이런 식의 정정은 좀 현학적이지 않을까요?

실제로 역사가는 사건이 일어나기 전까지는 그것을 필연적이라고 생각지는 않습니다. 선택지가 열려 있다는 가정하에 이야기의 등장인물이 나아갈 수 있었던 다른 경로를 역사가들이 논하는 일은 흔합니다. 그러나 어째서 결국은 다른 경로가 아닌 그 특정한 경로가 선택되었는가 하는 것을 정확히 설명합니다.

무슨 일에고 다른 사건이 일어나려면 선행 원인이 달라야 한다는 형식적인 의미에서가 아니면, 역사에서 필연적인 것이란 없습니다. 역사가인 이상 나는 '필연적이다', '불가피하다' '빠져나갈 길이 없다', '어쩔 수 없다' 같은 말을 사용하지 않고도 충분히 연구를 진행할 수 있습니다. 인생이 더 생기 없어지긴 하겠지만요. 그러나 이런 말들은 시인과 형이상학자들의 몫으로 남겨 두기로 하겠습니다.

사상상(思想上)의 '혹시나' 학파

이런 필연성에 대한 비난이 무익하고 무의미한 것으로 보이는데도, 최근에 이 비난을 계속하려는 움직임이 거세지고 있는 것 같으므로 나는 그 배후에 숨은 동기를 밝힐 필요가 있다고 생각합니다. 짐작컨대 그 주된 원천은 사상상—아니 그보다는 감정상—의 '혹시나' 학파라고도 부를 수 있는 것입니다. 이것은 오로지 현대사에 연관되어 있습니다. 지난 학기에 이곳 케임브리지 대학에서 '러시아 혁명은 불가피했던가?'라는 제목의 강연 공고문을 본 적이 있습니다. 아주 진지한 강연으로 기획되었다는 것을 나는 조금도 의심치 않습니다. 그러나 만일 여러분이 '장미전쟁은 불가피했던가?'라는 강연 공고문을 본다면 아마도 여러분은 그것이 무슨 농담인가 싶을 것입니다.

노르만 정복이나 미국 독립전쟁에 대해서 역사가는 그 사건들이 어떻게든 일어날 수밖에 없었던 것처럼, 또 오로지 무슨 일이 일어났고 왜 일어났는가를 설명하는 것이 역사가의 일인 양 쓰고 있습니다. 이 경우 이 역사가를 결정론자라든가, 정복왕 윌리엄이나 미국 반란세력이 패배했을지도 모른다는 다른 가능성은 왜 논하지 않았는가 하고 비난하는 사람은 없습니다.

그런데 만일 내가—역사가에게 적절한 유일한 방법인—그와 똑같은 방식으로 1917년의 러시아 혁명에 대해서 서술한다면, 비평가들로부터 이미 일어난 사건만이 어떻게든 일어날 수밖에 없었던 일처럼 묘사했으며, 그 밖에 일어났을지도 모를 다른 모든 것들을 검토하지 않았다고 공격받습니다. 말하자면, 표트르 스톨리핀(러시아의 정치가. 1862~1911)이 농업 개혁을 완성할 시간이 있었거나, 러시아가 제1차세계대전에 참전하지 않았다면 혁명은 아마도 일어나지 않았을 것이 아니냐는 식입니다. 또는 케렌스키 정부가 성공했다거나, 혁명의 주도권을 볼셰비키가 아닌 멘셰비키나 사회혁명당이 쥐었다고 가정해 보라는 것입니다.

이런 가정은 이론적으로는 생각할 수 있으며, 역사상의 '혹시나'를 여럿이 모인 자리에서 놀이로야 얼마든지 즐길 수는 있습니다. 그러나 그런 가정은 결정론과는 아무 관계도 없습니다. 결정론자라면, 그런 일들이 일어나기 위해서는 원인도 달라졌어야 한다고 대답할 것이기 때문입니다.

마찬가지로 이런 가정은 역사와도 아무 관련이 없습니다. 오늘날의 그 누구도 노르만인의 잉글랜드 정복이나 미국의 독립이 낳은 결과를 뒤집으려고 하거나, 이 사건들에 강력한 항의를 표명하겠다고 진정으로 생각하지 않을뿐더러, 역사가가 이 사건들을 완결된 한 장(章)으로서 다루는 데 반대하지 않습니다.

그러나 직간접적으로 볼셰비키의 승리가 낳은 결과 때문에 고통을 당한 이들, 또는 그 결과가 다시 낳을 먼 앞날의 일을 두려워하는 이들, 이런 많은 사람들로서는 볼셰비키의 승리에 대한 자기들의 항의를 기록으로 남기고 싶게 마련입니다. 따라서 그런 마음이 그들로 하여금 역사를 읽을 때 혹시나 일어났을지도 모를 더 유쾌한 사건에 대해서 제멋대로 상상해 보게도 하고, 실제로 무슨 일이 일어났고 또 어째서 그들의 유쾌한 꿈이 실현되지 못했는가를 담담하게 설명하며 어디까지나 자기 일에 충실할 따름인 애꿎은 역사가에게 화를 내게도 하는 것입니다.

현대사 연구가 까다로운 것은, 모든 선택지가 아직 열려 있던 가능성의 시기를 사람들이 기억하기 때문이며, 그런 선택이 기정 사실에 따라서 불가능해졌다고 보는 역사가의 태도를 잘 받아들이려고 하지 않기 때문입니다. 이것은 순수하게 감정적이며 비역사적인 반응입니다. 그러나 이것이야말로 '역사적 필연성'이라고 부르는 학설에 반대하는 최근의 운동을 부채질해 온 것입니다. 이제 이 함정과는 깨끗이 손을 떼기로 합시다.

클레오파트라의 코

또 하나 공격의 근거가 되고 있는 것은, 그 유명한 '클레오파트라의 코'라는 난문(難問)입니다. 이것은, 역사란 대체로 우연한 사건의 연속, 즉 우연의 일치로 결정된 일련의 사건이며, 아주 무심결에 일어난 원인에서 비롯된다고밖에 볼 수 없다는 이론입니다.

이에 따르면 악티움 해전의 결과는 역사가가 보통 주장하는 원인 때문이 아니라, 안토니우스가 클레오파트라에게 홀딱 반한 탓이 됩니다. 바예지트(오스만 제국 술탄. 1354~1403)가 통풍(痛風)으로 중부 유럽으로 진격할 수 없었을 때 기번은 "한 사나이의 힘줄 한 가닥에 우연히 생긴 심한 종기 덕분에, 여러 민족의 고통을 막거나 미룰 수도 있다"[13]고 말했습니다. 1920년 가을 그리스 왕 알렉산드로스가 총애하는 원숭이에 물려 죽었을 때, 이 일은 잇따라 사건을 일으켜 윈스턴 처칠 경으로 하여금 "이 원숭이에 물려서 25만 명이 죽었다"[14]고 뇌까리게 했습니다. 또 1923년 가을 트로츠키가 지노비예프, 카메네프, 스탈린 등을 상대로 싸우던 중대한 시점에, 들오리 사냥을 하다가 신열이 나서 활동을 멈춘 적이 있는데 이에 대해서 그는 이렇게 쓰고 있습니다.

'혁명이나 전쟁을 예견할 수는 있다. 그러나 가을철의 들오리 사냥이 가져올 결과를 예견할 수는 없다.'[15]

먼저 분명히 해 두어야 할 점은 이 문제는 결정론의 문제와는 전혀 관계가 없다는 것입니다. 안토니우스가 클레오파트라에게 반하고, 바예지트가 통풍이 걸리고 트로츠키가 신열로 오한이 든 것은 다른 모든 사건과 다름없이 인과적으로 결정된 것입니다. 안토니우스가 반한 것은 아무 원인도 없다고 말한다면, 클레오파트라의 아름다움에 대해 공연한 실례를 범하게 됩니다. 다시 말해서 여성의 아름다움과 남성의 열중의 연관은 일상 생활 어디서나 볼 수 있는 인과관계의 가장 흔한 연쇄 중 하나인 것입니다.

이른바 역사상의 우연이라는 것은, 역사가가 연구에 전념하는 가장 본격적인 원인과 결과의 연쇄를 중단시키는—혹은 충돌하는—인과의 연쇄를 말합니다. 베리가 '독립된 두 가지 인과의 사슬의 충돌'[16]을 이야기하는 것은 매우 적확합

---

13) *The Decline and Fall of the Roman Empire*, ch. lxiv.
14) W. Churchill, *The World Crisis : The Aftermath*(1929), p. 386.
15) L. Trotsky, *My Life*(Engl. transl., 1930), p. 425.
16) 이 점에 관한 베리의 이론에 대해서는 *The Idea of Progress*(1920), pp. 303-304 참조.

니다.

아이제이아 벌린 경은 《역사적 필연성》이라는 책의 첫머리에 버나드 베런슨(리투아니아의 미술 평론가. 1865~1959)의 논문을 인용하며 '우연사관(偶然史觀)'이라는 개념으로 베런슨을 칭송하는데, 벌린은 이런 뜻의 우연을 인과적 결정성의 결여와 혼동하고 있는 사람들 가운데 하나입니다.

그러나 이 혼동은 논외로 치더라도 여기에는 실질적인 문제가 있습니다. 우리가 생각하는 연쇄가 다른 어떤—우리의 관점에서 보았을 때 무관한—연쇄에 의해서 언제 끊어지고 빗나가고 할 위험이 있을지 모를 경우, 우리는 어떻게 역사 속에서 원인과 결과의 일관된 전후관계를 발견할 수 있으며, 또한 역사 속에서 의미를 발견할 수 있는가 하는 문제입니다.

역사에서의 우연

여기서 잠시 역사에서 우연의 역할에 대해서 최근 유행하고 있는 견해의 기원을 살펴보기로 하겠습니다. 폴리비오스는 이 문제를 조금이나마 체계적으로 논한 최초의 역사가가 아닌가 생각합니다. 그리고 기번은 이런 말로 재빨리 그 이유를 밝혔습니다.

"그리스인은 자신들의 나라가 쇠락하여 로마의 속주로 전락했을 때, 로마의 승리를 공화국의 장점 때문이라고 보지 않고 그 행운 탓으로 돌렸다."[17]

타키투스 또한 자기 나였던 로마의 몰락을 연구한 역사가였는데, 우연의 작용을 폭넓게 성찰하는 데 몰두했던 또 다른 고대 역사가입니다.

영국의 저술가들이 역사에서의 우연의 중요성을 새로이 주장하게 된 것은 20세기와 더불어 시작되었는데, 이는 1914년 이후에 두드러진 불확실성과 불안이라는 분위기 속에서 생겼습니다. 오랫동안 언급되지 않았던 그 문제에 대해서 최초의 목소리를 낸 영국 역사가는 베리였다고 생각됩니다. 베리는 《역사에서의 다윈

---

17) *The Decline and Fall of the Roman Empire*, ch. xxxviii. 그리스인이 로마인에게 정복당한 뒤, 그리스인도 역사적인 '미련'의 게임에 열중하게 된 것은 흥미있는 일이다. 이 게임은 패자가 좋아하는 위안이며, 만일 알렉산드로스 대왕이 젊어서 죽지 않았더라면, "서방 제국을 정복했을 것이고, 로마가 그리스 왕을 섬기게 되었을 것이다"라고 그리스인은 자기 스스로에게 말하곤 했었다. (K. von Fritz, *The Theory of the Mixed Constitution in Antiquity*(N.Y., 1954), p. 395.)

주의〉라는 1909년의 논문에서, '우연의 일치라는 요소'에 사람들의 주의를 환기하고 그것이 크게 '사회진화의 여러 사건을 결정하는 데 도움을 준다'고 주장했습니다. 그리고 1916년에는 '클레오파트라의 코'[18]라는 제목으로 이 주제에 독립된 논문을 바쳤습니다.

피셔는 전에 인용한 구절에서—그것은 제1차세계대전으로 자유주의의 꿈이 깨진 뒤에 느낀 그의 환멸을 반영하는데—역사에서 '우발적인 것과 예견되지 않는 것의 작용'[19]을 인정하라고 독자에게 요구했습니다.

역사를 우연의 연속으로 보는 이론이 영국에서 인기를 끌기 시작한 것은 실존은—사르트르의 유명한 《존재와 무》에서 인용하면—'원인도 없고, 이유도 없고, 필연성도 없다'고 주장하는 한 무리의 철학자들이 프랑스에서 등장한 것과 맞물립니다. 앞에서도 언급했습니다만, 독일에서는 노련한 역사가 마이네케가 만년에 역사에서의 우연의 역할에 기울면서, 랑케가 이를 충분히 고려하지 않았다고 비난하게 되었습니다. 제2차세계대전 뒤 마이네케는 과거 40년에 걸친 독일의 불행을 우연의 연속—카이저의 허영심, 힌덴부르크가 바이마르 공화국 대통령으로 선출된 일, 히틀러의 편집광적 성격 등—에 돌리는데, 이것은 자기 나라의 불운에 시달린 한 위대한 역사가의 정신적 파산이라 하겠습니다.[20]

역사적 사건의 산등성이를 오르는 것이 아니라 골짜로 내려가는 집단이나 국가에서는 역사에서의 운이나 우연을 강조하는 이론이 우세해지기 마련입니다. 시험 성적은 제비뽑기나 다름없다고 생각하는 견해는, 열등생들 사이에서는 늘 인기 있는 법입니다.

그러나 신념의 근거를 드러낸다고 해서 그 신념을 곧바로 처리할 수 있는 것은

---

18) 두 편의 논문은 다음 책에 다시 실려 있다. J. B. Bury, *Selected Essays*(1930). 베리의 관점에 대한 콜링우드의 견해에 대해서는, *The idea of History*, pp. 148-150을 참조.

19) 이 말에 대해서는 이 책의 '사회와 개인'의 주12 참조. 토인비는 피셔의 말을 *A Study of History*, v, p. 414에 인용하고 있는데 완전히 오해하고 있음을 알 수 있다. 다시 말해서 토인비는 이것을 '우연의 전능함에 대한 현대 서구의 신앙'의 산물이며, 이 신앙이 자유방임을 '낳았다'고 보는 것이다. 그러나 자유방임의 이론가들은 운을 믿고 있었던 것이 아니라 인간 행동의 다양성에 자비로운 규칙을 강요하는 보이지 않는 손을 믿었던 것이다. 게다가 피셔의 의견은 자유방임 자유주의의 산물이 아니라, 1920년대 및 1930년대의 자유방임 자유주의가 붕괴한 결과의 산물이다.

20) W. 스타크가 F. Meinecke, *Machiavellism*에 쓴 서론의 pp. 35-36에 인용되어 있다.

아닙니다. 클레오파트라의 코가 역사의 많은 페이지에서 어떤 작용을 하는지, 그것을 정확히 밝히는 일이 남아 있습니다. 분명히 몽테스키외는 이와 같은 침투에 대항해 역사의 법칙을 지키려고 시도한 최초의 사람입니다. 로마인의 위대성과 몰락에 관한 저작에서 그는 이렇게 쓰고 있습니다.

'어떤 특수한 원인, 이를테면 한 전투의 우연한 결과가 한 국가를 망쳤다고 해도, 단 한 번의 전투로 이 국가의 몰락을 낳게 한 어떤 일반적인 원인이 있는 법이다.'

이 문제에서는 마르크스주의자도 조금 어려움을 겪었습니다. 꼭 한 번, 그것도 어느 편지에서 그랬을 뿐이지만, 마르크스도 이렇게 쓰고 있습니다.

'만일 세계사에 우연이 끼어들 여지가 없다면, 세계사는 아주 신비로운 성격을 띨 것이다. 물론 이 우연 자체는 일반적인 발전 경향의 일부이며, 다른 형태의 우연으로써 메꾸어진다. 그러나 발전이 늦고 빠르고는, 처음 어떤 변화의 선두에 서는 사람들의 '우연한' 성격까지 포함하는, 그러한 '우연적인' 일에 의존한다.'[21]

이렇듯 마르크스는, 역사에서의 우연을 세 가지로 나누어서 변호했습니다. 첫째, 그것은 그리 중요하지 않으며, 사건의 진행을 '빠르게' 하거나 '늦출' 수는 있지만 그 경로를 근본적으로 바꿀 수는 없다. 둘째, 하나의 우연은 다른 우연에 의해 메꾸어져서, 결국은 운이란 상쇄되어 버린다. 셋째, 우연은 특히 여러 개인의 성격으로 설명된다,는 것입니다.[22] 몇 가지 우연이 서로 메꾸고 상쇄한다는 이론을 트로츠키는 다음과 같은 기발한 비유를 통해서 보강하고 있습니다.

'역사의 전 과정은 역사 법칙이 우연적인 것을 통하여 굴절하는 일이다. 생물학의 용어를 쓴다면, 역사 법칙은 우연의 자연도태를 통해서 실현된다고 말할 수 있다.'[23]

솔직히 나는 이 이론은 불충분하고 설득력이 없다고 생각합니다. 역사에서의 우연의 역할은, 오늘날 그 중요성을 강조하려는 사람들에 의해서 심하게 과장되

---

21) Marx and Engels, *Works*(Russian ed.), xxvi, p. 180.
22) 톨스토이는 '운'이나 '천재성'이란 인간이 궁극의 원인을 이해하는 능력이 결여되어 있다는 것을 표현하는 용어라고 보았다. (*War and Peace*, Epilogue i.)
23) L. Trotsky, *My Life*(1930), p. 422.

어 있습니다. 그럼에도 우연은 존재합니다. 그저 일의 진행을 빠르게 하거나 늦출 뿐이지 경로를 바꾸지는 않는다고 하는 것은 말장난입니다. 게다가 우연적인 사건—이를테면 레닌이 54세에 요절했다는 것 등—이 다른 우연으로 저절로 메꾸어져서, 역사적 과정이 균형을 회복했다는 설명을 믿어야 할 아무런 이유도 눈에 띄지 않습니다.

이와 마찬가지로 적절하지 못한 것은, 역사에서의 우연은 다만 우리의 무지의 증거—우연이란 단순히 우리가 이해하지 못한 어떤 것의 별칭에 지나지 않는다—라는 견해입니다.[24] 그런 일이 이따금 있기는 합니다. '행성(planet)'이란 말은 '방랑자'를 뜻하는데, 별들이 하늘에서 멋대로 돌아다닌다고 생각한 시대에, 그 운행의 규칙성을 이해하지 못해 붙여진 이름이었던 것입니다.

어떤 일을 불운으로 묘사하는 것은 그 원인을 규명하는 피곤한 의무에서 벗어나려고 할 때 가장 손쉽게 이용되는 방법입니다. 누군가가, 역사는 우연의 연속이라고 나에게 말한다면 나는 그를 지적으로 게으르거나 지적 활기가 부족하다고 생각할 것입니다. 진정한 역사가에게는 평범한 이야기라 새삼 말할 필요도 없습니다만, 그들은 지금까지 우연한 일로 취급되어 온 어떤 일이 결코 우연이 아니라 합리적으로 설명할 수 있고 더 넓은 사건의 패턴에 넣어서 그 뜻을 분명히 할 수 있다고 지적합니다.

그러나 이것도 우리의 물음에 충분히 대답해 주지는 않습니다. 우연이란 그저 우리가 이해 못하는 그 무엇이 아닙니다. 내가 보기에, 역사에서 우연이란 문제에 대한 해결책은, 아주 다른 사고 방식에서 모색해야 합니다.

로빈슨의 죽음

강연 초기에 말했듯이 역사는 역사가에 의한 사실의 선택과 정리가 이루어져 역사적 사실이 되었을 때 비로소 시작됩니다. 모든 사실이 역사적 사실은 아닙니다.

---

[24] 톨스토이는 이 견해를 받아들였다. '우리는 비합리적인 사건—그 합리성을 우리가 이해하고 있지 않은 사건—의 설명으로서는, 숙명론에 의존하지 않을 수 없다.'(*War and Peace*, Bk. IX, ch. i.) 또 이 책의 〈역사에서의 인과 관계〉 주23 참조.

그러나 역사적 사실과 비역사적 사실의 구별도 엄격하게 고정되어 있는 것은 아니고, 어떤 사실이라도 그 의의와 중요성이 일단 인정되기만 하면, 이른바 역사적 사실의 지위로 승격되는 것입니다. 여기서 분명해집니다만, 역사가가 원인을 규명할 때도 이와 조금 비슷한 과정이 작동합니다. 역사가와 원인의 관계는, 역사가와 사실의 관계와 같은 이중의 상호적인 성격을 띠고 있습니다.

원인이 역사적 과정에 대한 역사가의 해석을 결정하는 동시에 역사가의 해석이 원인의 선택과 정리를 결정합니다. 여러 원인 사이의 위계, 단일한 또는 집합적 한 가지 원인의 상대적 중요성이야말로 그의 해석의 본질입니다. 그리고 이것이 역사에서의 우연의 문제를 푸는 실마리를 줍니다. 클레오파트라의 코의 생김새, 바예지트의 통풍, 알렉산드로스왕을 물어 죽음에 이르게 한 원숭이, 레닌의 죽음—이런 것들은 역사의 경로를 바꾼 우연이었습니다. 이런 우연을 어디에 치워 버리려 하거나 또 그것들은 아무 영향도 없었다고 시치미를 떼 봐야 모두 헛일입니다.

한편 이런 것들이 완전히 우연적인 것인 이상, 역사의 합리적 해석에도 그리고 역사가가 중요한 여러 원인으로 인정하는 원인들의 위계 속에도 들어오지 않습니다. 포퍼 교수나 벌린 교수의 생각에 따르면—내가 그들을 또다시 인용하는 까닭은 이 두 사람이 다 이 학파에서 가장 탁월하고, 널리 읽히는 대표적 역사가들이기 때문입니다—역사적 과정 속에서 의미를 발견하고 거기서 결론을 끌어내려고 하는 역사가의 시도는, 결국 '경험의 총체'를 어떤 균형 잡힌 질서로 환원하겠다는 시도나 마찬가지이며, 역사에서의 우연의 존재가 이 시도를 실패로 돌아가게 하고 만다는 것입니다.

그러나 제정신을 가진 역사가라면, '경험의 총체'를 망라하겠다는 터무니없는 짓을 하지는 않을 것입니다. 그가 망라할 수 있는 것이라고는 자기가 선택한 역사의 어떤 분야나 측면에 대해서조차도, 사실의 극히 조그만 조각에 지나지 않을 것입니다. 과학자의 세계와 마찬가지로 역사가의 세계는 현실 세계를 사진으로 찍은 것이 아니라 오히려 역사가로 하여금 현실 세계를 어떻게든 이해하고 정복케 해 주는 일종의 실용 모형인 것입니다.

역사가는 과거의 경험에서, 그것도 그의 손이 미치는 한의 과거의 경험에서 합리적인 설명이나 해석을 가할 수 있다고 자신이 인정한 부분을 뽑아 낸 뒤, 거기서 행동 지침으로서 유용한 결론을 이끌어 냅니다.

최근 인기 있는 한 저술가가 과학의 성과를 언급하면서, 인간 정신의 작동 과정을 생생한 그림처럼 묘사했습니다.

"인간의 정신은 관찰된 '사실들'을 담은 동냥자루 속을 헤집어, 그 가운데서 '의미 있는' 사실을 골라내 이어 붙여 하나의 무늬를 만드는 한편, '의미 없는' 것은 버려 마지막에는 '지식'이라는 논리적이고 합리적인 퀼트를 완성한다."[25]

지나친 주관주의의 위험에 빠질 수 있는 한계를 얼마쯤 보여 주고는 있으나, 이것이 역사가의 정신 작용을 그린 것임을 인정합니다. 이러한 절차는 철학자라거나, 심지어 일부 역사가에게는 당혹과 충격을 줄지도 모릅니다. 그러나 생활의 실제 문제를 겪는 보통 사람에게는 전혀 신기한 이야기가 아닙니다.

예를 들어 보겠습니다. 존스가 어느 파티에서 평소의 주량이 넘는 술을 마신 다음 브레이크에 결함이 있는 자동차를 몰고 돌아가다가, 시야가 가로막힌 사각지대에서, 길을 건너 모퉁이 가게로 담배를 사러 가던 로빈슨을 치어 죽이고 말았습니다. 혼란스러운 사태를 일단 수습한 뒤 우리는 한곳—이를테면 경찰서—에 모여서 이 사건의 원인을 조사하게 되었습니다. 이것은 운전사가 술에 취했기 때문일까요? 그렇다면 형사 사건으로 다뤄질 것입니다. 아니면, 브레이크 결함 탓일까요? 이 경우에는 바로 1주일 전에 차를 정밀검사한 정비소에 문제가 있었다고 봐야 할 것입니다. 혹은 운전자의 시야를 가로막은 사각지대 때문일까요? 그때는 이 사안에 대해 도로교통공단의 주의를 환기할 필요가 있겠습니다.

그런데 우리가 이런 실질적인 문제를 논의하고 있는 방에, 이름난 두 명의 신사분께서—이름을 굳이 밝히지는 않겠습니다—느닷없이 뛰어 들어와서, 로빈슨이 담배를 사러 집 밖으로 나오지 않았더라면 그날 그 길을 건너지도 않았을 것이며, 결국 그가 차에 치어 죽는 사고도 일어나지 않았을 것이다, 따라서 로빈슨의 흡연 욕구가 그의 죽음의 원인이다, 이 원인을 간과한 조사는 모두 시간 낭비이며, 그런 조사에서 내린 결론은 모두 무의미하고 쓸모없는 것이라고 청산유

---

25) L. Paul, *The Annihilation of Man*(1944), p. 147.

수로 떠들기 시작합니다.

그렇다면 우리는 어떻게 해야 할까요? 우리는 둘의 막힘없는 웅변을 간신히 막고, 이 두 방문자를 정중히 그러나 강력히 문 쪽으로 밀고 가서, 그 어떤 일이 있어도 그들을 다시 들여보내지 말라고 수위에게 명령한 다음 다시 조사를 계속할 것입니다.

그런데 우리는 이 훼방꾼들에게 뭐라고 답을 줄 수 있을까요? 물론 로빈슨은 애연가였기 때문에 죽었습니다. 역사에서 운과 우연을 믿는 사람들이 하는 말은 모두 나무랄 데 없는 진실이고, 논리적입니다. 거기에는 《이상한 나라의 앨리스》나 《거울 나라의 앨리스》에서 볼 수 있는 것과 같은 가차 없는 논리가 있습니다. 옥스퍼드 대학의 학풍을 보여 주는 훌륭한 본보기인 그 작품들에 대해 경탄하는 마음이야 나도 그 누구에게도 뒤지지 않습니다. 그러나 그것과는 별개로 내 나름의 논리는 그 경탄과 뒤섞지 않고 따로 간직하고 싶습니다. 도지슨(언급된 두 소설의 작가인 루이스 캐럴의 본명)의 방식은 역사의 방식이 아닙니다.

현실적인 것과 합리적인 것

그러기에 역사는 역사적 의미와 중요도에 따른 선택의 과정입니다. 다시 한 번 탤컷 파슨스의 말을 빌리면, 역사란 실재에 대한 단순한 인지적인 태도가 아니라 인과적인 태도의 '선택 체계'입니다. 역사가가 자기의 목적에 의미가 있는 사실을 한없는 사실의 바다에서 골라내는 것과 똑같이, 그는 수많은 인과의 연쇄 속에서 역사적으로 의미가 있는 인과의 연쇄를, 아니, 그러한 연쇄'만'을 뽑아냅니다. 그리고 역사적 의미의 기준이란 곧 그가 생각하는 합리적인 설명과 해석의 패턴 속에 사실을 끼워 넣는 그의 능력을 말합니다. 그 밖의 인과의 연쇄가 우연적인 것으로서 배제되어야 하는 것은, 원인과 결과의 관계에 차이가 있기 때문이 아니라 이 연쇄 그 자체가 무의미하기 때문입니다. 역사가는 그것을 가지고 아무것도 할 수가 없습니다. 그것은 합리적인 해석으로는 처리할 수 없고 과거에도 현재에도 무의미합니다.

클레오파트라의 코, 바예지트의 통풍, 알렉산드로스왕이 원숭이에게 물린 일, 레닌의 때 이른 죽음, 또는 로빈슨의 흡연이 어떤 결과를 가져왔다는 것은 틀림

없습니다. 그러나 장군이 아름다운 여왕에게 반했기 때문에 전투에 졌다든가, 왕이 원숭이를 반려동물로 키웠기 때문에 전쟁이 일어났다든가, 누군가가 애연가였기 때문에 차에 치여 죽었다고 주장하는 것은 일반적인 명제로서 아무 의미를 갖지 못합니다.

그런데 여러분이 보통 사람에게 로빈슨이 차에 치여 죽은 까닭은 운전사가 술에 취했기 때문이라든가, 브레이크가 말을 듣지 않았기 때문이라든가, 도로에 운전자의 시야를 가리는 사각지대가 있었기 때문이라고 말한다면, 그 사람은 이 말을 아주 합리적이고 타당한 설명이라고 생각할 것입니다. 또 그 사람이 원인을 명확히 하고 싶다면, 그 사람은 앞서 언급한 것들이―담배를 피우고 싶다는 로빈슨의 욕망이 아니라―로빈슨의 죽음의 '진짜' 원인이라고까지 말할 것입니다.

마찬가지로 만일 여러분이 역사학도에게 1920년대 소련 내부의 투쟁은 산업화의 속도에 관한 논의 탓이라든가, 농민들로 하여금 도시를 먹여 살리기 위한 곡물을 재배하도록 만들 최선의 방법에 관한 논쟁 탓이라든가, 심지어는 경쟁관계에 있던 지도자들의 개인적 야심 탓이라고 말한다면, 그는 이것이야말로 다른 역사적 상황에도 적용할 수 있다는 뜻에서 합리적이고 역사적으로 의미 있는 설명이라고 여길 것이고, 레닌이 일찍 죽었다는 우연이 아닌, 바로 이것이 사건의 '진짜' 원인이라고 생각할 것입니다. 또 그가 이런 문제를 숙고해 보기 좋아하는 사람이라면, 《법철학》 서론에 나오는 헤겔의 말 가운데, 곧잘 인용되지만 그만큼 오해도 많이 되는 구절인 '합리적인 것은 현실적이고 현실적인 것은 합리적이다'라는 말도 생각날 것입니다.

잠깐 로빈슨의 사망 원인으로 되돌아가기로 하겠습니다. 몇 가지 원인 가운데 어떤 것이 합리적이고 '진짜'인지, 어떤 것이 비합리적이고 우연적이라는 사실을 간단히 알 수 있었습니다. 그런데 우리는 무엇을 기준으로 이렇게 구별했을까요?

보통 이성이라는 능력은 어떤 목적을 위해서 사용됩니다. 이따금 지식인들은 놀잇거리 삼아 이성을 사용하기도―또는 자기가 이성을 사용한 줄 안다고 생각하기도―합니다. 그러나 일반적으로 인간은 어떤 목적을 위해서 이성을 사용합니다. 우리가 어떤 설명은 합리적이고 어떤 설명은 그렇지 않다고 인정했을 때, 우리는 어떤 목적에 유용한 설명과 그렇지 않은 설명을 구별하는 것 같습니다.

여기서 논의가 되는 경우를 들어 말하자면, 음주 운전을 막고 브레이크의 상태를 정밀히 검사하고 도로의 시야를 개선한다면, 교통사고로 인한 사망자의 수를 줄이는 목적에 기여할 것이라는 생각은 의미가 있습니다. 그러나 사람들의 흡연을 금한다면 교통사고에 의한 사망자가 줄 것이라고 생각하는 것은 아주 무의미합니다. 이것이 우리가 구별할 때의 기준이었습니다.

그리고 같은 기준이 역사에서의 원인에 대한 우리의 태도에도 적용됩니다. 여기서도 우리는 합리적 원인과 우연적 원인을 구별합니다. 전자는 다른 나라, 다른 시대, 다른 조건에도 적용될 가능성이 있으므로, 유효한 일반화를 낳고 따라서 거기서 교훈을 얻을 수 있습니다. 그것은 우리의 이해력에 깊이와 넓이를 더해 주는 목적에 기여합니다.[26]

그런데 우연적 원인은 일반화할 수가 없습니다. 그것은 어디까지나 특수한 것이므로 어떤 교훈도 주지 않고 어떤 결론에도 도달할 수 없습니다.

그러나 나는 여기서 또 하나의 주장을 해야겠습니다. 역사에서의 인과 관계에 관한 논의의 열쇠가 되는 것은 다름 아닌 위에서 본 목적의 관념입니다. 그리고 목적의 관념은 필연적으로 가치 판단을 포함합니다. 지난번 강연 때에도 말씀드렸습니다만, 역사에서의 해석은 언제나 가치 판단과 연결되어 있고 인과 관계는 해석과 결부되어 있습니다. 마이네케―저 위대한 1920년대의 마이네케―의 말을 빌리면, "역사에서의 인과 관계의 탐구는, 가치를 참조하지 않으면 불가능하며……인과 관계 탐구의 배후에는, 직접이건 간접이건 언제나 가치의 탐구가 가로놓여 있는 것"[27]입니다.

그리고 이것은 내가 앞에서 말씀드린 것, 말하자면 역사가 지닌 이중의 상호적

---

26) 포퍼 교수는 이 문제에 부딪친 적이 있는데도, 그것을 깨닫지 못하고 있다. '근본적으로는 암시성과 자의성(이 두 말의 엄밀한 의미는 고사하고)과 같은 수준에 있는 해석의 다원성'을 인정한 다음 그는 덧붙여서 이렇게 말하고 있다. "그 가운데 어떤 것은 분명히 유효한 것이다―이것은 얼만간 중요한 하나의 문제이다."(*The Poverty of Historicism*, p. 151) 그것은 얼만간 중요한 하나의 문제가 아니라 이것이야말로 요컨대 '역사주의'(몇 가지 뜻에서)가 결코 그리 간단한 것이 아님을 입증하고 있는 문제이다.

27) *Kausalitäten und Werte in der Geschichte*(1928). F. Stern, *Varieties of History*(1957), pp. 268, 273에 영역이 있다.

기능, 즉 현재에 비추어 과거의 이해를 진척시키고, 과거에 비추어 현재의 이해를 진척시킨다는 점을 상기시켜 줄 것입니다. 안토니우스가 클레오파트라의 코에 반한 일처럼, 이 이중의 목적에 도움이 되지 않는 일은, 역사가의 관점에서 본다면 모두 죽은 것이며 무익한 것입니다.

이쯤에서 내가 여러분에게 써 온 조금 쩨쩨한 속임수를 고백할 단계가 되었습니다. 그러나 여러분도 이 속임수를 쉽게 꿰뚫어 보았을 것이고, 또 여러 가지 경우에 이 속임수가 내가 할 말을 간략하게 만들어 주어서 아마 여러분도 편리한 속기법 정도로 여기고 눈감아 주었으리라 믿습니다. 나는 이제까지 '과거와 현재'라는 편리한 말을 계속 사용해 왔습니다. 그러나 뻔히들 알고 있지만, 현재란 과거와 미래를 가르는 상상의 선이라는 개념적인 존재에 지나지 않습니다.

현재를 운운할 때, 나는 이미 현재와는 다른 시간적 차원을 논의 속에 슬그머니 들여놓고 있는 것입니다. 과거도 미래도 같은 시간의 일부이므로, 과거에 대한 관심이 미래에 대한 관심에 서로 결합되어 있다는 것은 알기 어렵지 않을 것입니다.

선사 시대와 역사 시대를 구획하는 선은, 사람들이 현재에만 살지 않고 그 과거와 그 미래에 대해서 의식적으로 관심을 갖게 될 때 넘게 됩니다. 역사는 전통의 계승과 더불어 시작되며, 전통은 과거의 습관이나 교훈을 미래에 들고 들어가는 것을 의미합니다. 과거의 기록을 남기기 시작하는 것은 미래의 세대를 위한 일이라고 생각할 때부터입니다.

네덜란드의 역사가 하위징아는 이렇게 쓰고 있습니다.

'역사적 사유는 언제나 목적론적이다.'[28]

최근 찰스 스노 경은 러더퍼드에 대해서 이와 같이 말했습니다.

"모든 과학자와 마찬가지로, 그는 그 뜻을 거의 생각지도 않은 채 미래를 속속들이 느꼈다."[29]

생각건대 뛰어난 역사가들은 의식하든 않든 미래를 속속들이 느끼나 봅니다. 역사가는 '왜?'라는 질문에 더하여 '어디로?'라는 질문도 합니다.

---

28) J. Huizinga. *Varieties of History*, ed. F. Stem (1957), p. 293에 영역되어 있다.
29) *The Baldwin Age*, ed. John Raymond(1960), p. 246.

5. 진보의 역사

과거에 대한 건설적 견해

파우웍 교수(영국의 역사가. 1879~1963)가 30년 전 옥스퍼드 대학교의 근대사 흠정강좌의 교수가 되었을 때 행한 취임 강연의 한 구절을 인용하면서 이야기를 시작하겠습니다.

"역사를 해석하고 싶은 욕구는 매우 뿌리 깊은 것이므로, 과거에 대한 건설적인 견해를 갖고 있지 않으면, 우리는 신비주의나 냉소주의에 빠지고 만다."[1]

'신비주의'란 역사의 의미는 역사 밖의 어딘가에 있다, 신학이나 내세론의 영역에 있다는 견해—다시 말해서 베르댜예프나 니버나 토인비[2] 같은 저술가의 견해—를 나타내는 것으로 생각됩니다. '냉소주의'는 이제까지 몇 차례 예를 들었습니다만, 역사는 아무런 뜻도 없다, 또는 어느 것이나 별 차이 없이 유효할 수도 유효하지 않을 수도 있는 많은 의미를 갖고 있다, 혹은 우리가 자의적으로 부여한 의미를 가질 수 있다는 견해를 나타냅니다.

아마 이 두 견해는 현대의 가장 대중적인 역사관일 것입니다. 그러나 나는 서슴지 않고 두 견해를 모두 거부합니다. 그러고 나면 우리 손에는 '과거에 대한 건설적인 견해'라는 색다르고도 시사적인 문구가 남게 됩니다. 파우웍 교수가 이런 말을 했을 때의 심중은 알 길이 없으므로, 나는 이 말에 내 나름의 해석을 달아볼까 합니다.

아시아의 고대문명도 마찬가지입니다만, 그리스와 로마의 고전 문명은 근본적으로 비역사적이었습니다. 앞에서 말씀드린 대로, 헤로도토스는 역사의 아버지였으나 후계자가 거의 없었습니다. 전체적으로 고대의 고전 저술가들은 과거에

---

1) F. Powicke, *Modern Historians and the Study of History*(1955), p. 174.
2) 토인비가 당당히 주장하듯이, '역사는 신학으로 넘어가 버린다.'(*Civilization on Trial*, 1948, preface.)

대해서만큼이나 미래에 대해서 그다지 관심이 없었습니다. 투키디데스는, 자기가 서술한 사건 이전의 시대에는 무엇 하나 중요한 일이 일어난 적이 없었고, 앞으로도 중요한 일은 일어나지 않을 것이라고 믿었습니다. 루크레티우스는 과거에 대한 인간의 무관심으로부터 미래에 대한 인간의 무관심을 끌어내어 이렇게 말했습니다.

"우리가 태어나기 전에 지나간 영원의 시간이 얼마나 우리의 관심 밖인지를 생각해 보라. 이것이 곧 우리가 죽은 뒤의 미래의 시간을 자연이 우리 앞에 들어 비추어 주는 거울이다."[3]

밝은 미래에 대한 시적인 전망이 과거의 황금 시대로 회귀하는 전망의 형태를 띤 것으로서, 역사 과정을 자연 과정과 똑같이 가정한 순환적인 견해입니다. 역사는 어딘가를 향해 가고 있는 것이 아니었습니다. 과거라는 의식도 없기 때문에 마찬가지로 미래라는 의식도 없었습니다. 《목가(牧歌)》 제4편에서 황금 시대로 회귀하는 고전적인 모습을 보였던 베르길리우스만이 《아이네이스》에서 순환적인 관념을 일시적으로 돌파할 듯한 기색을 보였습니다. '나는 끝없는 제국을 주었노라'는 매우 비고전적인 사상이며, 그 때문에 베르길리우스는 후대에 유사 기독교적인 사상의 예언자로 인정받게 되었던 것입니다.

역사에서 보는 진보 개념

처음에는 유대인, 그다음에는 기독교인이, 역사 과정이 나아가는 하나의 목표점을 상정함으로써, 역사에 완전히 새로운 요소를 ─ 목적론적 역사관을 ─ 도입하였습니다. 이리하여 역사는 뜻과 목적을 얻고, 그 대신 세속적인 성격을 잃고 말았습니다. 역사의 목표점에 도달한다는 것은 자동적으로 역사의 종말을 의미합니다. 다시 말해서 역사 자체가 하나의 신정론(神正論)이 된 것입니다. 이것이 중세적 역사관이었습니다. 르네상스는 인간 중심의 세계라든가 이성의 우위라는 고전적인 견해를 부활시키면서, 고전적인 비관주의적 미래관 대신 유대교적·기독교적 전통에서 유래하는 낙관주의적인 미래관을 취했습니다.

---

3) *De Rerum Natura*, iii, pp. 992–995.

이리하여 시간이 전에는 인간을 적대시하고 좀먹었다면, 이제는 친절하고 창조적인 것이 되었습니다. 호라티우스의 '시간의 흐름과 더불어 쇠하지 않는 것이 있으랴'는 말과 베이컨의 '진리는 시간의 딸'이라는 말을 한번 비교해 보십시오.

근대 역사학의 창시자인 계몽주의 시대의 합리주의자들은, 유대교적·기독교적 목적론은 여전히 간직하되, 목표점을 세속화했습니다. 그리하여 그들은 역사 과정 그 자체의 합리적 성격을 회복할 수 있었습니다. 역사는 지상에 있는 인간 세계의 완성이라는 목표를 향해 나아가는 진보라고 보게 되었습니다. 영국 계몽주의 시대의 가장 위대한 역사가였던 기번은 그의 연구 주제의 성격에도 불구하고, 그가 이른바 "세계의 모든 시대에 인류의 참된 부, 행복, 지식, 심지어 미덕까지 늘어났고, 지금도 늘어나고 있다는 유쾌한 결론"[4]이라고 한 것을 기록하는 데 주저하지 않았습니다.

진보의 신앙이 절정에 이른 것은, 영국의 번영, 세력, 자신감이 최고조에 있던 순간이었습니다. 그리고 영국의 저술가들과 역사가들은 진보 숭배의 가장 열렬한 신자가 되었습니다. 이 현상은 설명이 필요 없을 만큼 널리 알려져 있으므로, 한두 가지 구절을 인용해 진보의 신앙이 최근에도 여전히 우리 사고 방식의 바탕을 이루는 광경을 보여드리면 족하다고 생각합니다.

액턴은 내가 첫 번째 강연 때 인용한 《케임브리지 근대사》 편찬 사업에 대한 1896년의 보고서에서 역사는 '진보하는 과학'이라고 말하고, 그 제1권의 서론에서는 '우리는 역사 서술의 근거가 될 과학적인 가설로서 인간사의 진보를 전제해야만 한다'고 쓰고 있습니다. 또 1910년에 출판된 마지막 권에서 댐피어 교수(영국의 과학사가, 1867~1952)는—내 학부 시절의 지도 교수였는데—'미래에는 자연 자원에 대한 인간의 지배력과 인류 복지를 위한 그 자원의 현명한 사용도 한없이 증대할 것'[5]이라고 믿어 의심하지 않았습니다.

---

4) *The Decline and Fall of the Roman Empire*, ch. 38. 이 탈선의 계기는 서로마 제국의 몰락이었다. 어떤 비평가(*The Times Literary Supplement*, November 18, 1960)는 이 문장을 인용하여 기번이 진정으로 그렇게 생각하고 있었는지의 여부를 문제삼고 있다. 물론 기번은 진정이었다. 한 저자의 관점은 흔히 자기가 다루는 시기보다 자기가 살아 있는 시기를 반영하는 것이며—이것이 진리라는 것은, 이 비평가가 20세기 중엽의 자기 자신의 회의론(懷疑論)을 18세기 말의 저술가에게 강조하고자 한다는 데서도 충분히 뚜렷하다.

지금 내가 말하고자 하는 점으로 미루어 볼 때 정직하게 인정해야 할 것은, 내 자신이 그런 분위기 속에서 교육받아 왔다는 점과 나보다 15세쯤 연장자인 버트런드 러셀이 "나는 빅토리아 시대의 낙관주의의 홍수 속에서 태어나 자랐으며, ……나에게는 그때의 한가하고 밝은 기분이 어딘가에 남아 있다"⁶⁾고 말한 것에 깊이 공감한다는 점입니다.

베리가 《진보의 이념》이라는 책을 쓴 1920년에는, 그 전과 비하면 벌써 황량한 풍경이 지배적이었으며, 그는 당시의 유행에 따라 '러시아에 현재의 공포 정치를 수립한 교조주의자들'에게 그 책임을 지웠습니다만, 그러면서도 여전히 진보를 '서양 문명을 살리고 움직이는 이념'[7]이라고 말했습니다.

그 뒤 이런 목소리는 침묵당했습니다. 러시아 황제 니콜라이 1세는 '진보'라는 말을 금지하는 명령을 내렸다고 합니다. 그리고 오늘날에는 서유럽은 물론 미국의 철학자나 역사가들까지도 뒤늦게 니콜라이 1세에게 동의하고 있습니다.

진보라는 가설은 논박당했습니다. 서양의 몰락은 이제 인용구가 필요 없을 만큼 흔한 말이 되어 버렸습니다. 그러나 요란스레 떠들어대는 것 말고 실제로는 무슨 일이 일어났을까요? 이 새로운 사조는 누구의 손으로 만들어졌을까요? 얼마 전에도 우연히 버트런드 러셀의 다음과 같은 말을 보고 나는 놀랐는데, 이것은—내가 아는 한—강렬한 계급적 편견을 은연중에 드러낸 그의 유일한 말이 아닌가 합니다.

"100년 전에 비하면 오늘의 세계에는 전체적으로 자유가 상당히 적다."[8]

나는 자유를 헤아릴 잣대도 가지고 있지 않고, 다수의 좀 더 큰 자유와 소수의 좀 더 적은 자유를 저울질하는 방법도 알지 못합니다. 그러나 어떤 측정 기준을 들고 오더라도, 나는 러셀의 말을 터무니없이 그릇된 것으로 볼 수밖에 없습니다.

오히려 나는 A. J. P. 테일러 선생이 옥스퍼드 학자들의 생활을 들여다보고 때

---

5) *The Cambridge Modern History : Its Origin, Authorship and Production*(1907), p. 13 ; *The Cambridge Modern History*, i(1902), p. 4 ; xii(1910), 791.
6) B. Russell, *Portraits from Memory*(1905), p. 17.
7) J. B. Bury, *The Idea of Progress*(1920), pp. vii-viii.
8) B. Russell, *Portraits From Memory*(1956), p. 124.

때로 우리에게 전해 준 재미있는 일화 중 한 가지에 더 끌립니다. 그의 이야기를 들어 보면, 문명의 몰락에 관한 모든 논의는 "옛날의 대학 교수는 집 안에 부려 먹을 하인이 있었지만, 지금은 자기가 직접 설거지를 한다는 것을 의미할 뿐"[9]이 라는 것입니다.

물론 지난날 하인이었던 사람들의 눈으로 보면, 교수들이 설거지를 하는 것은 진보의 상징이겠지요. 아프리카에서 백인의 우월성이 상실된 것은 대영제국 옹호론자, 남아프리카의 백인 공화주의자들, 금광이나 동광 분야의 주식 투자자들에게는 걱정거리겠지만, 다른 사람들에게는 진보로 보일 수 있습니다.

이 진보의 문제에 있어 어째서 1950년대의 의견을 1890년대의 의견보다 사실상 더 옳다고 보아야 하는지, 러시아, 아시아, 아프리카의 의견보다 영어 사용권 세계의 의견을 옳다고 보아야 하는지, 맥밀런(영국의 정치가. 1874~1986)의 이른바 지금껏 이렇게 잘살아 본 적이 없는 보통 사람들의 의견보다 중산 계급 지식인의 의견을 옳다고 보아야 하는지, 나는 그 이유를 알지 못합니다.

그래서 우리가 과연 진보의 시대에 살고 있는가, 아니면 몰락의 시대에 살고 있는가 하는 문제에 판단을 내리는 것을 조금 미루고 진보의 개념에는 무엇이 포함되어 있는지, 그 배후에는 어떤 전제가 가로놓여 있는지, 이 전제는 어느 정도까지 성립하기 어려운 것이 되었는지, 이러한 점들을 좀더 면밀히 살펴보기로 하겠습니다.

생물적 진화와 사회적 진보

먼저 진보와 진화에 관한 혼란부터 정리해 둘까 합니다. 계몽주의 시대 사상가들은 분명히 상충하는 두 가지 견해를 취했습니다. 그들은 자연 세계에서의 인간의 지위를 인정하려고 노력했으며, 그 때문에 역사 법칙을 자연 법칙과 등치(等値)했습니다. 그런 한편에서 그들은 진보를 믿었습니다. 그러나 자연을 진보하는 것으로, 어떤 목적을 향해 끊임없이 진보하는 것으로 취급할 수 있는 근거는 과연 무엇이 있었을까요?

---

[9] *The Observer*, 21 June, 1959.

헤겔은 역사를 진보하는 것으로 보고 진보하지 않는 자연과 뚜렷이 구별하는 바람에 어려움에 맞닥뜨렸습니다. 다윈의 혁명은 진화와 진보를 동일시함으로써, 말하자면 역사와 마찬가지로 자연도 결국은 진보하는 것이라고 보게 되어 이로써 모든 혼란을 제거해 준 듯했습니다. 그러나 이것은 진화의 원천인 생물학적 유전과 역사에서의 진보의 원천인 사회적 획득을 혼동함으로써, 훨씬 더 심각한 오해의 길을 열어 버렸습니다.

그 둘의 구분은 뚜렷하면서도 우리가 익히 알고 있는 것입니다. 유럽인 어린아이가 중국인 가정에서 자라면, 피부는 희지만 중국말을 하는 사람으로 자랄 것입니다. 피부 빛깔은 생물학적 유전이고 언어는 인간의 두뇌 활동을 통해서 전해지는 사회적 획득물입니다. 유전에 따른 진화는 몇천 년 또는 몇만 년 단위로 측정되며, 역사가 쓰이기 시작한 이래 인간은 아직 이렇다 할 생물적 변화가 일어나지 않은 것으로 생각되고 있습니다. 획득에 의한 진보는 세대를 단위로 측정할 수 있습니다.

이성적 존재로서의 인간의 본질은, 인간이 지난 여러 세대의 경험을 축적함으로써 자기의 잠재 능력을 발전시켜 나가는 데 있습니다. 현대인이라고 해서 5천 년 전의 조상보다 큰 두뇌를 가진 것도 아니고, 타고난 사고 능력이 더 큰 것도 아니라는 말입니다. 다만 그 뒤의 여러 세대의 경험에서 배우고 그것을 자기의 경험 속에 통합했기 때문에 현대인의 사고의 효율성은 그 조상에 비해 몇 배나 늘어난 것입니다. 생물학자가 거부하는 획득형질(獲得形質)의 유전이야말로 사회적 진보의 기초를 이루는 것입니다. 역사란 획득된 기술이 한 세대에서 다음 세대로 전달되어 나가는 것을 통해서 이루어지는 진보라고 할 수 있습니다.

역사의 종말

둘째, 우리는 진보에 명확한 시작이나 종말이 있다고 생각할 필요가 없으며 또 그렇게 생각해서도 안 됩니다.

인류 문명이 기원전 4천 년에 나일강 유역에서 발명되었다는 믿음이 불과 50년 전까지도 성행했는데, 오늘날 이것은 천지창조의 시기를 기원전 4004년이라고 정한 연대기만큼이나 믿을 수 없는 것으로 치부됩니다. 문명의 탄생은 진보의 가설을 위한 하나의 출발점으로 볼 수야 있겠지만, 문명은 결코 발명품이 아닌 한없이 완만한 발전 과정이며, 이따금 거기에 극적인 비약이 있었다고 봅니다.

우리는 진보가—문명이—언제 시작했느냐는 문제로 고민할 필요는 없습니다. 진보의 명확한 종말이라는 가설은 더 중대한 오해를 낳았습니다. 헤겔이 프로이센 군주국가를 진보의 종말로 본 것은—이것은 분명히 예견은 불가능하다는 자신의 견해를 무리하게 해석한 결과입니다—비난받아 마땅합니다.

헤겔보다 몇 배나 탈선한 사람이 빅토리아 시대의 저명인사였던 럭비 학교의 교장 아널드(영국의 교육자, 역사가. 1795~1842)였습니다. 그는 1841년 옥스퍼드 대학교의 근대사 흠정강좌 담당교수가 되었을 때 취임 강연에서, 근대사는 인류사 최후의 단계일 것이라면서 "마치 앞으로 미래의 역사는 없을 것처럼, 근대사에는 그 시간의 완숙함의 흔적들이 보인다"[10]고 말했습니다.

프롤레타리아 혁명으로 계급 없는 사회라는 궁극의 목적이 이루어지리라는 마르크스의 예견은 이에 비하면 논리적으로나 도덕적으로나 덜 취약하다고 하겠습니다. 그러나 역사에 종말을 가정하는 것은 역사가보다 오히려 신학자에 걸맞을 법한 종말론의 냄새를 풍기며 역사의 바깥에 목적지를 두는 오류로 되돌아가게 합니다.

확실히 유한한 종말이라는 것은 사람들의 마음을 끌어당기는 매력이 있습니다. 역사가 자유를 향해 그칠 줄 모르고 행진해 나아간다고 본 액턴의 견해는 차갑고 막연한 느낌이 듭니다. 그러나 역사가가 진보의 가설을 지킬 작정이라면, 진보를 어디까지나 하나의 과정으로 간주하면서, 잇따르는 여러 시대의 요구나 조건이 거기에 저마다의 특정한 내용을 채워 나간다고 여겨야 할 것입니다.

그리고 이것이야말로 액턴이 역사는 단순히 진보의 기록이 아니라 '진보하는 과학'이라고 한 뜻이며, 또 역사란 두 가지 뜻에서, 즉 사건의 경과와 그 사건의 기록이라는 의미에서, 진보하는 것이라는 말이 뜻하는 바입니다. 역사에서 자유의 진전에 관한 액턴의 서술을 상기해 봅시다.

"변화는 급속히 이루어졌으나 진보는 더뎠던 지난 4백 년 동안, 자유가 지켜지

---

10) T. Arnold, *An Inaugural Lecture on the Study of Modern History* (1841), p. 38.

고 굳어지고 확대되어 마침내 이해되기에 이른 것은, 폭력 및 상존하는 악의 지배에 맞서 약자가 강요하에서도 끝끝내 기울인 집단적 노력 덕분이다."[11]

액턴은 사건의 경과로서의 역사를 자유를 향한 진보라고 생각하고, 이 사건의 기록으로서의 역사를 자유의 이해를 향한 진보라고 생각했습니다. 이 두 과정은 나란히 진행해 왔습니다.[12] 철학자 브래들리는 진화와의 유비(類比)가 유행하던 시대에 집필 활동을 하면서, "종교적 신앙에서 진화의 목적은……이미 진화해 버린 것으로서 나타난다"[13]고 말했습니다.

그러나 역사가에게 진보의 목적은 이미 진화해 버린 것이 아닙니다. 그것은 아직도 한없이 먼 곳에 있는 어떤 것이며, 그것을 가리키는 바늘은 우리가 더 나아가야 비로소 눈에 들어올 뿐입니다. 그렇다고 그 중요성이 깎이는 것은 아닙니다. 나침반은 없어서는 안 될 중요한 길잡이입니다. 그러나 그것은 이동할 경로를 그린 지도는 아닙니다. 역사의 내용은 우리의 경험을 통하지 않고는 실현될 수 없습니다.

진보와 비연속성

나의 셋째 논점은 제정신인 인간이라면 역행도, 일탈도, 멈춤도 없이 죽 이어져 일직선으로 달려온 그런 진보를 믿은 일은 없으며, 따라서 뚜렷한 역행마저도 이 믿음에 반드시 치명타를 가하지 않는다는 것입니다. 진보의 시대가 있듯이 퇴보의 시대도 있음은 분명합니다. 더욱이 후퇴 뒤에 이루어지는 전진이 똑같은 지점에서, 또는 동일 선상에서 재개된다고 생각하는 것은 속단입니다.

헤겔이나 마르크스가 드는 3개 또는 4개 문명론, 토인비가 들고 있는 21개 문명론, 문명을 인간의 일생처럼 보아 문명도 생주이멸(生住異滅)한다고 여기는 이론 등, 이런 도식은 그 자체로서는 무의미합니다. 그러나 이런 도식은 문명을 전진시키는 데 필요한 노력이, 한 장소에서 사라지고 나면 나중에 다른 장소에서

---

11) Acton, *Lectures on Modern History* (1906), p. 51.
12) K. Mannheim, *Ideology and Utopia* (Engl., transl., 1936), p. 236에서도 인간의 '역사를 만들려는 의지'와 '이것을 이해하는 능력'을 결부시키고 있다.
13) F. H. Bradley, *Ethical Studies* (1876), p. 293.

재개되며, 그 때문에 우리가 역사 속에서 볼 수 있는 진보는 무엇이건 시간적으로나 공간적으로나 결코 연속적이지 않다는 주지의 사실을 보여 주는 징후입니다. 실제로 만일 내가 역사 법칙을 만드는 데 집착한다면, 아마도 어떤 시기에는 문명의 전진을 위해서 주도적인 역할을 한 집단이—그 집단을 계급, 국가, 대륙, 문명, 그 밖에 뭐라고 불러도 상관없습니다—다음 시기에 그와 유사한 역할을 할 가능성은 없다는 따위의 법칙을 만들어 낼 것입니다. 그 까닭은 그 집단이 그 전 시대의 전통, 관심, 이념에 매우 깊게 물들어 있을 터이니 다음 시대의 요구나 조건에 적응하기 어려워서, 라고 설명할 것입니다.[14]

그러므로 어떤 집단에게는 쇠락의 시대로 보이는 것이, 다른 집단에게는 새로운 전진의 시작으로 보이는 일이 얼마든지 있을 수 있습니다. 진보란 모든 사람의 평등하고 동시적 진보를 뜻하지 않으며 뜻할 수도 없습니다.

말세를 한탄하는 현시대의 예언자들이나, 역사에서 아무런 의미도 찾지 못한 채 진보는 죽었다고 단정하는 회의론자들 대부분이, 지난날 수 세대에 걸쳐서 문명의 진전을 위해 위풍당당히 지도적이며 결정적인 역할을 해 온 대륙과 계급에 속하는 사람들이라는 점은 의미심장합니다. 과거에 그들 집단이 해 온 역할이 현재 다른 집단으로 옮겨가고 있다는 이야기를 들어 봐야 그들에게는 아무런 위안이 되지 못하는 것입니다. 그들에게 용렬한 책략을 부린 역사가 의미 있고 합리적인 과정일 리가 없습니다. 그러나 역사는 진보라는 가설을 유지하려고 한다면, 이와 같은 끊어진 선이라는 조건을 인정해야 한다고 나는 생각합니다.

획득된 자산의 전달

마지막으로, 역사적 행위의 측면에서 보아 진보의 본질적 내용은 무엇일까요? 이 문제로 들어가 봅시다. 이를테면 시민적 권리를 모든 사람들에게 확대하자, 형사 소송법을 개정하자, 인종이나 부의 불평등을 없애자, 하는 식의 일을 하려 애

---

[14] 이런 상황의 진단에 대해서는, R.S. Lynd, *Knowledge for What?* (N.Y., 1939), p. 88 참조. '미국 문화에서는, 나이 많은 사람들은 흔히 자기들이 활기와 힘을 가지고 있던 과거의 시대를 지향하며, 미래는 위협으로 받아들여 그것에 저항한다. 그러기에 문화 전체가 상대적 힘의 상실과 해체를 겪기 시작한 말기의 문화는, 잃어버린 황금시대만을 그리워하는 채, 현재에서는 목숨만 겨우 붙은 양 꾸무럭꾸무럭 살고 있는 것이다.'

쓰는 사람들은 의식적으로는 바로 그 일들을 하려고 노력하고 있는 것입니다. 다시 말해서 그들은 '진보'를 추구하자든가, 어떤 역사 '법칙'이나 진보의 '가설'을 실현하자든가 하고 의식적으로 노력하고 있는 것은 아닙니다. 그들의 행위에 자기 나름의 진보의 가설을 적용하고, 그들의 행위를 진보로 해석하는 것은 역사가입니다.

그렇다고 이것이 진보의 개념을 무효로 만들지는 않습니다. "진보나 반동이라는 말이 비록 무척 남용되어 왔지만, 그렇다고 공허한 개념이 아니다"[15]라고 말한 벌린 경과 이 점에서 내가 의견을 같이한다는 것을 기쁘게 생각합니다.

인간이 선조들의 경험에서 이익을 얻을 수 있다는 것(꼭 이익을 얻는다는 것은 아니지만), 그리고 역사의 진보는 자연의 진화와는 달리 획득된 자산의 전승을 기초로 한다는 것, 이것이 역사의 전제입니다. 이 자산은 물질적 소유물과, 자기의 환경을 지배하고 변형하고 이용하는 능력 양쪽을 모두 포함합니다. 실제로 이 두 요소는 긴밀히 결합하여 서로에게 작용을 합니다.

마르크스는 인간의 노동을 전체 구조의 토대로서 보고 있는데, '노동'이라는 말에 충분히 넓은 의미를 부여한다면 이 공식은 받아들일 만하다고 생각합니다. 그러나 자원을 그저 축적만 해 놓은들, 기술 및 사회적 지식이나 경험의 증대, 그뿐 아니라 넓은 의미의 환경에 대한 인간의 지배력을 증대가 뒤따르지 않는다면 아무런 소용도 없습니다.

오늘날 물적 자원과 과학적 지식의 축적 및 기술적인 의미에서 환경에 대한 인간의 지배력 증대로서의 진보를 의심하는 사람은 거의 없을 줄 압니다. 오히려 의심받는 것은 20세기에 들어 우리의 사회 형성 작업에, 그리고 국내의 또는 국제적인 사회질서 환경에 대한 우리의 지배력에 과연 어떤 진보가 있었던가, 어쩌면 뚜렷한 퇴보마저 있었던 것이 아닌가 하는 점입니다. 사회적 존재로서 인간의 진화는 돌이킬 수 없을 만큼 기술의 진보에 뒤져 온 것이 아닐까요?

이런 의문을 갖게 하는 조짐은 확실히 존재합니다. 그럼에도 나는 그 질문이 틀렸다고 생각합니다. 지도력과 주도권이 한 집단에서 다른 집단으로, 세계의 어

---

15) *Foreign Affairs*, xxviii, No. 3(June 1950), p. 382.

느 지역에서 다른 지역으로 옮겨가는 전환점은 역사상 숱하게 있었습니다. 근대 국가가 성립되고 세력의 중심이 지중해에서 서유럽으로 옮겨간 시기, 프랑스 혁명의 시기 등은 근대에서 찾아볼 수 있는 그 두드러진 예였습니다. 이런 시대에는 언제나 격렬한 동요와, 권력을 둘러싼 투쟁이 존재합니다. 낡은 권위는 힘을 잃고, 오래된 역사적 장소는 사라집니다. 야심과 원한의 거센 충돌 속에서 새로운 질서가 나타납니다.

내가 말씀드리고 싶은 점은, 현재 우리는 이런 시대를 통과해 가고 있다는 것입니다. 사회 조직의 문제점에 대한 우리의 이해력이, 또 그 이해력에 비추어서 사회를 조직하려는 의리의 선의(善意)가 퇴보하고 있다는 주장은, 완전히 잘못되었다고 생각합니다. 나는 오히려 그런 것들이 크게 늘어났다고 말하고 싶습니다.

우리의 능력이 줄었거나, 우리의 도덕적 자질이 쇠퇴한 것이 아닙니다. 다만 대륙, 국가, 계급 사이의 힘의 균형이 이동하고 있기 때문에 생긴 투쟁과 동요의 시대를 살고 있는 데서, 우리의 능력이나 자질의 부담이 엄청나게 늘어나 적극적 성과에 대한 그 유효성이 제한되고 좌절당하고 있는 것입니다.

지난 50년 동안 서양 세계가 진보의 신념에 도전한 힘을 나는 가볍게 볼 생각은 없습니다만, 역사에서 진보가 끝났다고는 아직도 믿지 않습니다. 그러나 진보의 내용에 대해서 더 말하라고 나를 압박한다면 나는 이렇게밖에 대답할 도리가 없습니다.

역사의 진보에 명료하게 규정할 수 있는 유한한 목표가 있다는 관념은—19세기 사상가들이 흔히 상정한 것입니다만—적용될 수도 없고 쓸모도 없는 것임이 밝혀졌습니다. 진보에 대한 믿음은 결코 자동적이거나 필연적인 과정을 믿는다는 뜻이 아니라, 인간의 잠재력이 점차적으로 발전함을 믿는다는 뜻입니다.

진보는 추상적인 말입니다. 인류가 추구하는 구체적인 목적은 이따금 역사의 경로에서 나타날 뿐이지, 역사의 바깥에 있는 어떤 원천에서 나타나는 것은 아닙니다. 나는 인간이 완벽함에 도달할 가능성이나 미래에 펼쳐질 지상낙원 같은 것을 믿지는 않습니다. 이에 관한 한 나는 완벽은 역사 속에서는 실현될 수 없다고 주장하는, 신학자나 신비주의자와 의견을 같이한다고 하겠습니다. 그러나 나는 목표를—우리가 그것을 향하여 전진해야 비로소 규정할 수 있고, 그 유효성은 그것에 이르는 과정에서 비로소 증명될 수 있는 그런 목표를—향한 한없는 진보, 다시 말해서 우리가 생각할 수 있거나 생각해야 하는 한계라는 것이 없는 진보의 가능성에서 만족할까 합니다.

이런 식의 진보의 관념이 없다면, 대체 사회가 어떻게 살아남을 수 있는지 나는 짐작할 수도 없습니다. 모든 문명 사회는, 아직 태어나지 않은 세대를 위해서 현세대에게 희생을 강요합니다. 앞으로 다가올 보다 나은 세상이라는 명분을 내세워 이런 희생들을 정당화하는 것은 신의 어떤 목적이라는 명분을 내세워 이런 희생들을 정당화하는 것의 세속적 쌍이라 할 수 있습니다. 베리의 말을 빌리면, '후세에 대한 의무의 원리는, 진보의 관념에서 직접 흘러나온 것'[16]입니다. 아마도 이 의무의 정당성을 증명할 필요는 없을 것입니다. 만일 필요하더라도 나는 그것을 입증하는 다른 방법을 알지 못합니다.

역사의 방향 감각

위의 논의는 나를 역사에서의 객관성이라는 난문으로 데려갑니다. 객관성이라는 말 그 자체가 오해의 소지가 있고 의문을 자아냅니다.

지난번 강연 때 이미 말씀드린 대로 사회과학은—특히 역사는—주관과 객관을 분리시키고, 관찰하는 자와 관찰되는 것 사이에 엄격한 구별을 강요하는 인식론과는 조화되기 어렵습니다. 우리에게는 그 둘 사이에 맺어지고 벌어지는 상호 관계 및 상호 작용의 복잡한 과정에 알맞은 새로운 모델이 필요합니다. 역사상의 사실이란 역사가가 거기에 부여하는 의미와 중요도에 따라서 역사상의 사실이 되는 것이므로, 순수하게 객관적일 수는 없습니다. 역사에서의 객관성은—아직도 이 관습적인 말을 사용한다면—사실의 객관성이 아니라, 단순한 관계의 객관성, 다시 말해서 사실과 해석 사이의 관계, 또는 과거와 현재와 미래 사이에 존재하는 관계의 객관성일 뿐입니다.

역사의 바깥에 역사와는 독립적으로 어떤 가치의 절대적 기준을 설정하여, 그것으로 역사상의 사건을 심판하겠다는 시도를 나는 비역사적이라고 물리쳤는데,

---

16) J. B. Bury, *The Idea of Progress* (1920), p. ix.

지금 그 이유로 되돌아갈 필요는 없습니다. 그러나 절대적 진리라는 개념 또한 역사의 세계에는 물론, 과학의 세계에도 적절한 것이 아니라고 생각합니다. 절대적 진리라든가 절대적 오류라고 판정할 수 있는 것은 극도로 단순한 종류의 역사적 명제뿐입니다.

좀 더 복잡한 차원에서 보면, 예를 들어 역사가가 어떤 선대 역사가가 내린 판단에 반론을 제기할 경우, 보통 그것을 절대적 오류라고 비난하는 것이 아니라 부적절하다든가, 일방적이라든가, 오해를 부른다든가, 후대의 증거로 말미암아 낡고 무의미한 것이 된 관점의 산물이라든가 하는 근거로 반박합니다. 러시아 혁명의 원인을 니콜라이 2세의 어리석음이나 레닌의 천재성 때문에 일어났다고 말하는 것은 매우 부적절합니다. 심한 오해를 부를 만큼 부적절합니다. 그러나 절대적 오류라고는 할 수 없습니다. 역사가는 이런 종류의 절대적인 것들에서 손을 끊습니다.

로빈슨의 죽음이라는 슬픈 사건으로 돌아가 봅시다. 이 사건에 대한 우리 연구의 객관성은 사실을 올바르게 입수하는 데 의존하고 있는 것이 아니라—사실에는 논쟁의 여지가 없었습니다—우리가 관심을 갖는 현실적인, 즉 의미 있는 사실과, 우리가 무시할 수 있는 우연적 사실과의 구별에 의존합니다. 이 구별은 앞에서 본 바와 같이 그다지 어렵지 않았습니다. 왜냐하면 우리가 추구하는 중요도의 기준이나 검증, 요컨대 우리가 생각하는 객관성의 근거는 명료했으며 우리가 생각하는 목표점—다시 말해서 교통사고에 의한 죽음을 줄이는 것—과의 관계에 있었기 때문입니다.

그러나 교통사고에 의한 사상자를 줄이겠다는 단순하고 한정된 목표를 바라보고 있는 조사자에 비하면, 역사가는 불운한 인간입니다. 역사가도 중요한 것과 우연한 것을 구별하기 위해서는, 해석을 할 때 그가 생각하는 중요도의 기준이—그것이 곧 그가 생각하는 객관성의 기준이기도 한데—필요하고, 따라서 자기가 가진 목적과의 연관 속에서만 그 기준을 발견할 수 있습니다. 그러나 그 목적은 필연적으로 진화하는 목적이 됩니다. 왜냐하면 과거에 대한 해석의 진화가 역사의 필수적인 기능이기 때문입니다. 변화는 언제나 고정된 불변의 것으로 설명해야 한다는 전통적인 가정은 역사가의 경험과는 어긋납니다.

버터필드 교수가 한 말을 들어 보면—다른 역사가들이 반드시 따르지 않아도 되는 어떤 영역을 자기 자신을 위해서 암암리에 확보하려는 것인지 몰라도—'역사가에게 유일하게 절대적인 것은 변화'[17]입니다. 역사에서 절대적인 것이란 우리가 출발하는 과거에 있는 어떤 것도 아니고, 그렇다고 현재에 있는 어떤 것도 아닙니다. 왜냐하면 현재의 사고(思考)는 모두 필연적으로 상대적이기 때문입니다.

역사에서 절대적인 것은 아직도 미완성인, 생성 과정에 있는 어떤 것, 말하자면 그 방향으로 우리가 나아가는 미래에 있는 어떤 것이며, 우리가 그리로 나아감에 따라서 겨우 모양이 형성되는 것, 또 전진해 나아가면서 그것에 비추어 과거에 대한 우리의 해석도 차츰 형태를 잡아 가는 그런 것입니다. 이것은, 역사의 의미가 마지막 심판의 날에 드러날 것이라는 종교적 신화의 배후에 숨겨진 세속적인 진리입니다. 우리가 생각하는 절대성의 기준은, 어제도 오늘도 똑같고 영원히 변하지 않는 어떤 것이라는 정적(靜的)인 의미의 절대적인 것이 아닙니다. 그런 식의 절대성은 역사의 본질과 양립할 수 없습니다.

이때의 절대성은 과거에 대한 우리의 해석과 연결되는 절대성입니다. 그것은 어떤 해석이고 다 훌륭하다든가, 어떤 해석도 그것이 생긴 때와 장소에서는 옳다든가 하는 상대주의적인 견해를 거부합니다. 그리고 과거에 대한 우리의 해석을 궁극적으로 판단할 시금석이 됩니다. 역사에 바로 이러한 방향 감각이 있어서 비로소 우리는 과거의 여러 사건을 정리하고 해석할 수가 있으며, 또 미래를 바라보면서 인간의 현재의 에너지를 해방하고 조직할 수가 있는 것입니다. (전자는 역사가의, 후자는 정치가, 경제학자, 사회개혁가의 임무입니다.)

그러나 이 과정 자체는 언제나 진보하는 것이고 역동적입니다. 우리의 방향 감각과 과거에 대한 우리의 해석도, 우리가 나아감에 따라 끊임없는 변화와 진화를 거듭하게 됩니다.

---

[17] H. Butterfield, *The Whig Interpretation of History*(1931), p. 58. 더 정교한 기술은 A. von Martin, *The Sociology of the Renaissance*(Engl., transl, 1945), p. i에 있다. '타성과 운동, 정(靜)과 동(動), 이런 것이 역사에 대한 사회학적 접근을 시작하기 위한 근본적 범주이다…… 역사가 아는 타성이란 다만 상대적인 뜻에서뿐이다. 결정적인 질문은 타성이나 변화 가운데 어느 한쪽이 우선하는가 하는 점이다.' 역사에서는 변화가 실증적이고 절대적인 요소이며, 타성은 주관적이고 상대적인 요소이다.

헤겔은 그 절대자에게 세계 정신이라는 신비로운 외피를 입히고, 역사의 경로를 미래에까지 투사하는 대신, 그것이 현재에서 끝마치게 하는 결정적 잘못을 저질렀습니다. 그는 연속적인 진화의 과정을 과거에서는 인정하면서, 부조리하게도 미래에서는 이를 거부한 셈이었습니다. 헤겔 이후에 역사의 본질을 매우 깊이 성찰한 사람들은, 그 안에서 과거와 미래의 종합을 보았습니다. 토크빌(프랑스의 정치가, 역사가. 1805~1859)은 아직 당시의 신학적 경향에서 완전히 벗어나지 못했고 자신이 상정한 절대자에게 너무나 협소한 내용을 담기는 했지만, 그래도 문제의 본질은 잘 알고 있습니다. 그는 평등의 발전을 보편적이고 영원한 현상이라고 설명하면서 이렇게 이어 갔습니다.

"우리 시대의 사람들이, 이 평등의 점진적이고 진보적인 발전이야말로 동시에 그들의 역사가 지닌 과거이자 미래라는 것을 안다면, 이 하나의 발견으로 그 발전에 비로소 주님의 뜻이라는 거룩한 성격이 부여된다."[18]

여전히 미완성인 이 주제에 대해서 역사의 중대한 장(章)이 쓰일 수 있게 되었습니다. 미래를 내다보기를 주저한 헤겔의 태도가 일부 남아 있던 마르크스도 오로지 자기 학설의 기초를 과거의 역사에 단단히 뿌리박으려 했지만, 그 주제의 성격상 계급 없는 사회라는, 그의 절대자를 미래 속에 투사해야만 했습니다.

베리는, 진보의 개념을 "과거의 종합과 미래의 예견을 수반하는 이론"[19]이라는 말로써, 좀 서툴지만 분명히 같은 의도로 설명했습니다. 네이미어는 일부러 역설적인 표현을 써서—본인 특유의 풍부한 실례를 들어 설명을 이어 갔는데—"역사가는 과거를 상상하고 미래를 기억한다"[20]고 말했습니다. 미래만이 과거를 해석할 열쇠를 줍니다. 그리고 이 뜻에서만 우리는 역사에서의 궁극적 객관성을 이야기할 수 있습니다. 과거는 미래를 밝혀 주고 미래는 과거를 밝혀 준다는 것이야말로 역사를 정당화하는 동시에 설명하는 말입니다.

---

18) A. de Tocqueville, Preface to *Democracy in America*.
19) J. B. Bury, *The Idea of Progress*(1920), p. 5.
20) L. B. Namier, *Conflicts*(1942), p. 70.

과거와 미래의 대화

그렇다면 어떤 역사가를 객관적이라고 칭찬하고, 이 역사가가 저 역사가보다 객관적이라고 말하는 것은 무슨 뜻일까요? 물론 그가 단지 사실을 올바르게 파악한다는 뜻이 아니라, 올바른 사실을 선택한다, 달리 말하면 사실의 중요도에 관한 올바른 기준을 적용한다는 것입니다.

어떤 역사가를 객관적이라고 말할 때, 우리는 두 가지 능력을 전제합니다. 첫째, 그 역사가가 사회와 역사 속에 놓여 있는 자기 자신의 상황에서 오는 제한된 시야를 넘어설 능력을 가지고 있다는 것을 의미합니다. 그리고 이 능력은 지난번 강연에서 말씀드렸듯이, 자기가 그 상황에 얼마만큼 매여 있는가를 인식하는 능력, 말하자면, 완전한 객관성이란 불가능하다는 것을 인식하는 능력에 얼마간 좌우됩니다. 둘째로, 그 역사가가 자기의 견해를 미래에 투사해 보고 거기서 과거에 대해 깊이나 영속성 면에서 뛰어난—그 시야가 자기의 직접적인 상황에 완전히 구속되어 있는 그런 역사가의 눈이 미칠 수 있는 것보다—통찰을 얻는 능력을 의미합니다.

오늘날에는 '완전한 역사'를 쓸 수 있다는 액턴의 자신감에 찬성할 역사가는 없을 것입니다. 그러나 어떤 역사가들에 비해서 더 오래 살아남고, 이른바 더 완전하고도 객관적인 성격을 지닌 역사를 쓰는 역사가들은 있습니다. 그런 사람들은 과거와 미래에 대한 장기적인 관점이라고 할 만한 것을 가진 역사가들입니다. 과거를 다루는 역사가는 미래에 대한 이해에 다가서야만 비로소 객관성에 접근할 수 있습니다.

그러므로 역사란 과거와 현재의 대화라고 지난번 강연 때 말씀드렸습니다만, 오히려 역사란 과거의 여러 사건과 차츰 모습을 드러내는 미래의 여러 목적 사이의 대화라고 불렀어야 옳다는 생각이 듭니다. 과거에 대한 역사가의 해석이든, 중요한 것과 의미있는 것의 선택이든 다 점차 새로운 목표가 나타남에 따라서 진화해 갑니다.

가장 간단한 예를 들어 보면, 입헌적 자유와 정치적 권리를 조직하는 일이 주요한 목표로 여겨지던 시대에는, 역사가는 과거를 입헌 및 정치적 관점에서 해석했습니다. 그런데 경제 및 사회적 목적이 입헌 및 정치적인 목적을 대신하기 시작하자, 역사가는 과거를 경제 및 사회적으로 해석하기 시작했습니다. 이런 과정에 대해서 회의론자가 새로운 해석이 낡은 해석보다 더 진실일 것도 없다, 어느 해석이나 그 시대에는 진실이다, 하고 우긴다면, 그럴듯하게 들릴 것입니다.

그러나 정치 및 입헌적인 목적에 대한 관심에 비해, 경제 및 사회적인 목적에 대한 관심이 인류 발전의 더 폭넓고 더 진보한 단계를 나타내므로, 역사의 경제적·사회적인 해석은 정치적 해석에만 국한된 것에 비해서 한층 더 나아간 역사의 단계를 나타내는 것이라고 말할 수 있습니다. 낡은 해석이 거부된 것이 아니라, 그것이 포함되면서 대체된 새로운 해석으로 나타난 것입니다. 역사 서술은 진보하는 과학입니다. 왜냐하면 그것이 이미 그 자체로 진보하는 여러 사건의 경로에 대해 폭과 깊이를 끊임없이 더하는 통찰을 제공하기 때문입니다.

이상이 '과거에 대한 건설적인 견해'가 필요하다고 했던 내 말뜻이라 하겠습니다. 현대의 역사 서술은 지난 2세기 동안 앞서 말한 진보에 대한 이중의 신념 속에서 성장해 왔으며, 만일 이 신념이 없었다면 오늘날까지 살아남을 수가 없었을 것입니다. 왜냐하면 이 진보의 신념이야말로 역사 서술에 중요도의 기준을 제공하고, 현실적인 것과 우연한 것을 구별할 시금석이 되어 주기 때문입니다.

괴테는 자신의 생애 마지막 무렵 어느 대화에서 이 난제의 매듭을 푸는 대신 좀 거칠게 끊어 버렸습니다.

"시대가 내리막길일 때는 모든 경향은 주관적이다. 그러나 현실이 새로운 시대를 향해서 익어가고 있을 때는 모든 경향이 객관적이다."[21]

역사의 미래나 사회의 미래를 믿어야 할 의무는 누구에게도 없습니다. 우리의 사회가 파괴되어 버리거나 서서히 망해 버릴 수도 있고, 또는 역사가 신학으로, 다시 말해서 인간의 성취에 대한 연구가 아니라 신의 의도에 대한 연구로 전락해 버린다든가, 문학으로, 다시 말해서 의도도 의미도 없는 이야기나 설화로 전락해 버린다든가 할 수도 있습니다. 그러나 그런 역사는 우리가 지난 2백 년 동안에 알아 온 뜻의 역사는 아닐 것입니다.

---

21) J. Huizinga, *Men and Ideas*(1959), p. 50에서 재인용.

'존재'와 '당위'

역사적 판단의 궁극적 기준을 미래 속에서 구하는 이론에 대해서는 이미 다아는 통속적인 반대 의견이 있으므로, 이에 대해서 이야기해 보겠습니다. 세상의 이야기로는 그런 이론은 성공이 판단의 궁극적 기준이라는 뜻을 포함하며, 또 현재 존재하는 것은 모두 옳다고까지는 하지 않더라도 앞으로 존재할 것은 모두 옳다는 뜻을 포함한다고 합니다.

지난 2백 년 동안 대부분의 역사가들은, 역사가 나아가는 방향이 있다고 믿었을 뿐만 아니라, 나아가서는 의식적이건 무의식적이건 이 방향이 전체적으로 올바른 방향이라고 믿었고 인류가 나쁜 상태에서 좋은 상태로, 낮은 데서 높은 데로 나아간다고 믿었습니다. 역사가는 이러한 방향을 인식만 한 것이 아니라 지지했습니다. 그가 과거의 연구에 적용한 중요도의 검증은, 역사가 나아가는 경로에 대한 감각일 뿐 아니라, 역사가 자신이 그 경로에 도덕적 책임이 있다는 감각이었습니다.

'존재'와 '당위', 사실과 가치 사이에 있다는 대립은 해소되었습니다. 그것은 미래에 대해 흔들림 없는 신뢰를 하고 있던 시대의 산물인 낙관론이었습니다. 휘그 당원이나 자유당원이나, 헤겔주의자나 마르크스주의자나, 신학자나 합리주의자나 모두 이 관점을 굳건히, 그리고 뚜렷이―정도의 차이는 있지만―지켰습니다. 지난 2백 년 동안은 이 견해가 '역사란 무엇인가?'에 대한 공인된 절대적인 해답이었다고 해도 지나치지 않습니다.

그 반동이 불안과 비관론이라는 현재의 분위기와 함께 나타나서, 그로 인해 역사의 의미를 역사의 밖에서 찾는 신학자들이나, 역사에서 아무런 의미도 발견하지 못하는 회의론자들에게 무대를 내주게 된 것입니다. '존재'와 '당위'의 대립은 절대적이라 해소될 수 없다든가, '사실'에서 '가치'가 도출될 수는 없다든가 하는 것은 곳곳에서 엄청나게 강조되고 있습니다. 그러나 이것은 좀 빗나간 생각입니다. 몇몇 역사가들이나 역사에 대해서 쓴 저자들을 골라서, 그들이 이 문제를 어떻게 생각했는지 살펴보기로 하겠습니다.

기번은 자신의 역사 이야기에서 이슬람교의 승리를 논하는 데 상당한 지면을 할애한 것을 당연하게 생각하고, "모하메트의 제자들이 동양 세계에서는 아직도 시민적 주권과 종교적 주권을 쥐고 있기 때문"이라는 이유를 들었습니다. 그러나 그는 이렇게 덧붙였습니다. "7세기에서 12세기에 걸쳐 스키타이 평원에서 습격해 온 야만인의 무리에 대해서는, 이런 수고를 들일 필요가 없을 것이다." 왜냐하면 "비잔틴 왕국의 권위가 이 난폭한 공격을 물리치고 살아남았기 때문이다."[22]

이 이야기는 이치에 어긋나지 않아 보입니다. 무릇 역사는 사람들이 한 일의 기록이며, 하지 못한 일의 기록이 아닙니다. 그런 이상 역사는 불가피하게 일종의 성공담일 수밖에 없습니다. 토니 교수(영국의 경제사가. 1880~1962)는 역사란 '승리한 세력을 앞으로 끌어다 놓고, 패배한 세력을 배경으로 밀어냄으로써' 기존 질서에 '불가피성이라는 외관'[23]을 부여하는 것이라고 했습니다. 그런데 이것이 어떤 의미에서 역사가가 하는 일의 본질이 아닐까?

역사가는 반대 세력을 경시해서도 안 되고, 간신히 얻은 승리를 일방적인 승리였던 듯이 그려서도 안 됩니다. 때로는 궁극적인 결과에 대해서 패자가 승자와 똑같은 공헌을 하기도 했습니다. 이것은 어느 역사가나 알고 있는 금언입니다.

그러나 대체로 역사가는 승자거나 패자거나 무언가를 성취한 사람들을 문제로 삼습니다. 나는 크리켓 역사의 전문가는 아닙니다. 그러나 아마도 크리켓 역사의 한 면을 장식하는 것은 100점을 딴 사람들의 이름이지, 한 점도 내지 못하거나 실격한 사람들의 이름은 아닐 것입니다.

역사에서 "우리의 주의를 끌 만한 것은, 하나의 국가를 형성한 민족뿐"[24]이라는 헤겔의 유명한 말이, 한 가지 형태의 사회 조직에만 독점적인 가치를 부여함으로써 추악한 국가 숭배의 길을 열었다고 비판받은 것은 마땅한 일입니다. 그러나 원리상 헤겔이 말하고자 한 것은 옳으며, 그것은 역사 이전과 역사를 구별하는 익숙한 기준을 보여 줍니다. 다시 말해, 자기들의 사회를 어느 정도까지 조직화하는 데 성공한 민족만이, 원시적 야만 상태에서 벗어나 역사에 등장하는 것입니다.

칼라일은 《프랑스 혁명사》에서 루이 15세를 '세계 무법 정신의 화신(化身)'이라

---

22) Gibbon, *The Decline and Fall of the Roman Empire*, ch. 55.
23) R.H. Tawney, *The Agrarian Problem in the Sixteenth Century*(1912), p. 177.
24) *Lectures on the Philosophy of History*(Engl. transl., 1884) p. 40.

고 불렀습니다. 칼라일은 이 문구가 마음에 들었는지, 그 뒤 좀 더 긴 문단에서 한 번 더 쓰고 있습니다.

"이 운동은 어쩜 이렇게도 새롭고, 보편적이고, 현기증 나도록 아찔할까! 한때는 협력해서 움직였던 제도, 사회 조직, 개인 정신의 운동이 이제 끝도 없이 서로 충돌하는 형편이다. 어쩔 수 없는 일이다. 세계 무법 정신이 마침내 약할 대로 약해져서 붕괴한 것이니까."[25]

여기에서의 기준도 역사적입니다. 한 시대에 적합했던 것이 다음 시대에는 무법 정신이 되고, 그 때문에 비난받는 것입니다. 벌린 경마저도, 철학적 추상의 높은 곳에서 내려와 구체적인 역사적 상황을 연구하게 되자 위와 같은 견해에 동조한 모양입니다. 그는 《역사적 필연성》에 관한 논문이 간행된 지 얼마 안 되었던 때에 한 방송에서, 도덕적 결함에도 불구하고 비스마르크를 '천재'로서, 그리고 "최고의 정치적 판단력을 가진 정치가의 지난 세기 최대의 모범"이라고 격찬했으며, 이 점에서 오스트리아의 요제프 2세, 로베스피에르, 레닌, 히틀러 같은 '자신들의 적극적인 목적'을 실현하지 못한 인물들과 대비시키며 긍정적으로 평가했습니다.

이는 기묘한 평가라고 생각합니다. 그러나 현재의 내 관심사는 판단의 기준에 있습니다. 비스마르크는 자신이 하고 있는 일의 내용을 이해했지만, 다른 사람들은 실천하기 어려운 추상적인 이론에 끌려다녔다고 벌린 경은 말합니다. 그가 내세운 교훈에 따르면, '보편타당성을 내세우는 체계적인 방법이나 원리만을 소중히 하고, ……가장 잘 작동하는 것을 하지 않으려고 한 것이 실패의 근원'[26]입니다. 바꾸어 말하면 역사에서의 판단 기준은 '보편타당성을 내세우는 원리'가 아니라 '가장 잘 작동하는 것'이라는 뜻이 됩니다.

가장 잘 작동하는 것

우리가 이 '가장 잘 작동한다'는 기준을 들고 나오는 것은—굳이 말할 필요도 없겠지만—단지 과거를 분석할 때에만 한정되는 것이 아닙니다. 현재의 위기에

---

25) T. Carlyle, *The French Revolution*, I, i, ch. 4 ; 1, iii, ch. 7.
26) '정치적 판단'에 대한 1957년 6월 19일의 BBC 제3방송.

즈음하여 만일 누군가가 영국과 미국을 통합해서 단일 주권 국가로 만드는 것이 바람직스럽다고 여러분에게 말한다면, 여러분은 꽤 현명한 견해라고 동의할 수도 있습니다. 이어서 그 사람이 정치 형태로서는 입헌군주제가 대통령제보다 낫다고 말한다면, 그것도 상당히 현명한 견해라고 역시 동의할 수도 있을 것입니다. 그러나 그 사람이 영국의 왕관 아래에 두 나라를 재통일하기 위한 운동에 헌신하겠다는 생각을 밝혔다고 칩시다. 아마도 여러분은, 그것은 시간 낭비라고 대답할 것입니다.

그렇게 생각하는 이유를 설명한다면, 이런 종류의 문제는 무언가 일반적으로 적용될 수 있는 원리를 기초로 논할 것이 아니라, 주어진 역사적 조건 속에서 과연 무엇이 작동할 것인가를 기초로 논해야 한다고 그에게 말할 수밖에 없을 것입니다. 그리고 이 경우 여러분은 대문자 H로 시작하는 역사(History)를 이야기하는 큰 죄까지 저지르면서, 역사가 용납하지 않을 거라고 그 사람에게 말할지도 모릅니다.

정치가의 일은 도덕이나 이론으로 보아 무엇이 바람직스러운지 고려할 뿐 아니라, 나아가서는 지금 세계에 존재하는 여러 세력을 고려하는 것, 품고 있는 목적을—아마도 부분적이겠지만—실현하기 위하여 그 세력을 어떻게 방향을 틀고 조종하는가 하는 것까지도 고려해야 합니다. 우리가 역사의 해석에 비추어서 내리는 정치적 결정은 이와 같은 타협에 뿌리박고 있습니다.

그러나 우리가 하는 역사의 해석에도 이러한 타협이 존재합니다. 무언가 바람직스러운 것이라는 추상적인 기준을 만들어서, 그것에 비추어 과거를 비난하는 것만큼 심한 오류는 없습니다. '성공'이라는 말은 불편한 함의를 품게 되었으니까, 반드시 '가장 잘 작동하는 것'이라는 중립적인 말로 바꾸어 쓰도록 하십시다. 이번 강연에서 나는 몇 번이나 벌린 경과 견해를 달리해 왔습니다만, 논의의 끝에 와서 아무튼 이 정도의 일치로 설명을 맺을 수 있게 된 것을 기쁘게 생각합니다.

그러나 '가장 잘 작동하는 것'이라는 기준을 받아들였다고 해서, 그 적용이 쉽다든가 자명하다는 것은 아닙니다. 이것은 성급한 판단을 부추기거나, 있는 그대로가 모두 옳다는 견해에 굴복하는 기준이 아닙니다.

역사상 의미심장한 실패들이 없지 않았습니다. 역사에는 '지연된 성공'이라고 부를 만한 것들이 있습니다. 오늘날의 명백한 실패가 내일의 성공에 결정적인 공헌을 하게 될지도 모릅니다. 시대를 앞서 태어난 예지자들처럼 말입니다.

사실 이 기준이 이른바 고정적이고 보편적이라고 부르는 어떤 원리보다 나은 장점의 하나는 그것이 아직 일어나지 않은 사항에 비추어 우리의 판단을 미루거나 수정하게끔 요구한다는 점입니다.

추상적인 도덕적 원리의 관점에서 가차 없이 발언해 왔던 프루동(프랑스의 사상가. 1809–1865)은 나폴레옹 3세의 쿠데타가 성공한 뒤 그것을 묵인했습니다. 추상적인 도덕적 원라라는 기준을 배척한 마르크스는 프루동이 쿠데타를 묵인한 점을 비난했습니다. 역사의 장기적 관점에서 되돌아보면 우리는 아마도 프루동이 틀렸고, 마르크스가 옳았다는 데에 동의할 것입니다.

비스마르크의 업적도 이 역사적 판단의 문제를 검토할 훌륭한 출발점을 제공해 줍니다. 나는 벌린 경의 '가장 잘 작동하는 것'이라는 기준에는 찬성하지만, 그러나 그가 이것을 편협하고 단기적인 범위 안에서 적용하고, 그것으로 만족해하는 모습은 여전히 당혹스럽습니다. 비스마르크가 만들어 낸 것이 정말로 잘 작동했을까요? 나는 그것이 엄청난 재앙으로 이어졌다고 생각합니다. 그렇다고 독일 제국을 만든 비스마르크나, 그것을 바라고 그것을 만드는 데 협력한 독일 대중을 비난하려는 것은 아닙니다. 다만 역사가로서 나에게는 많은 물음이 남아 있습니다.

결국 재앙이 일어난 것은 독일 제국의 구조에 무언가 숨은 결함이 있었기 때문일까요, 아니면 독일 제국을 낳은 내적 조건 속에 독선적이고 공격적인 제국이 되도록 하는 숙명이 숨어 있었을까요? 혹은 독일 제국이 만들어질 무렵 유럽과 세계 무대에는 이미 빈틈도 없었고, 기존 열강들에게 팽창의 경향이 매우 강했기 때문에 팽창하고자 하는 새로운 열강의 출현만으로도 큰 충돌을 일으켜 조직 전체를 붕괴시키고 만 것일까요? 마지막 가정에 따르면, 이 재앙의 책임이 비스마르크와 독일 민족에게 있다고, 오로지 그들 탓이라고 보는 견해는 잘못일 것입니다. 이미 겹겹이 쌓인 짐 위에 누군가가 마지막에 지푸라기 한 올을 보탰다고 모든 것을 그 사람 탓으로 돌릴 수는 없습니다. 그러나 비스마르크의 업적에 대해서, 또 그것이 얼마나 잘 작동했는가에 대해서 객관적인 판단을 내리려면 역사가는 이 질문들에 대답해야 합니다. 그러나 역사가가 아직 이런 질문에 단정적으로 대답할 수 있는 입장에 있다고는 나는 생각지 않습니다.

내가 말씀드리고 싶은 점은, 1920년대의 역사가가 1880년대의 역사가보다 객관적 판단에 가깝다는 것, 오늘날의 역사가가 1920년대의 역사가보다 더 가깝다는 것, 그리고 아마도 2000년의 역사가가 오늘날의 역사가보다 더 가까워지리라는 것입니다. 이것은 역사에서의 객관성은 지금 여기에 있는 어떤 고정적인 불변의 판단 기준에 의존하지 않거니와 의존할 수도 없으며, 오히려 미래 속에 웅크리고 있다가 역사가 나아감에 따라 진화하는 기준에 의존하고 의존할 수만 있는 것이라는 내 주장의 실례가 되는 것입니다. 역사가 과거와 미래 사이에 일관된 연관성을 확립할 수 있을 때에만, 역사는 의미와 객관성을 갖게 됩니다

진리의 이중성

그러면 또 하나, 사실과 가치의 이분법이라는 문제를 살펴보겠습니다. 가치는 사실에서 도출될 수 없다고 합니다. 이 말은 절반은 맞고 절반은 틀립니다.

가치 체계가 어떻게 주변 환경과 연관된 사실에 의해서 만들어지는가 하는 것을 파악하고 싶으면, 어떤 시대 어떤 나라를 지배하는 가치 체계를 조사해 보면 됩니다. 자유, 평등, 정의처럼 가치를 나타내는 단어의 내용이 역사적으로 변화하는 점에 대해서는 지난번 강연 때 주의를 환기해 드렸습니다.

그러면 도덕적 가치의 전파에 크게 주력하고 있는 기독교 교회라는 제도를 들어 보겠습니다. 원시 기독교에서의 가치와 중세 교황 제도에서의 가치를, 또는 중세 교황 제도에서의 가치와 19세기 프로테스탄트 교회에서의 가치를 비교해 보십시오. 또 이를테면, 오늘날 스페인의 기독교 교회가 펴고 있는 가치와, 미국의 기독교 교회가 펴고 있는 가치를 비교해 보십시오. 이런 가치의 차이는, 역사적 사실의 차이에서 옵니다.

또 노예제도, 인종적 불평등, 아동 노동 착취를—전에는 모두 도덕적으로 그다지 문제되지 않거나 심지어 훌륭한 것으로 인정되었던 것입니다만—일반적으로 비도덕적이라고 생각하게 만든 지난 한 세기 반 동안의 역사적 사실을 생각해 보십시오. 가치를 사실에서 도출할 수 없다는 명제는 적어도 일방적이며 오해

를 부를 수 있습니다.

아니면 이 말을 거꾸로 해 볼까요? 사실을 가치에서 도출할 수는 없다, 이것도 절반은 맞지만 오해의 소지가 있으므로 단서를 붙일 필요가 있습니다. 사실을 알아내려고 할 때 우리가 묻는 질문이나 우리가 손에 넣는 해답은, 우리의 가치 체계에서 촉발됩니다. 주변 환경과 연관된 사실들에 대해 우리가 어떤 그림을 그리느냐 하는 것은 우리의 가치에 따라서, 즉 우리가 사실에 접근할 때 매개로 사용하는 범주에 의해서 결정됩니다. 그리고 이 그림은 우리가 고려해야만 하는 중요한 사실의 하나입니다. 가치는 사실 속에 개입해서 본질적인 부분이 되는 것입니다.

우리의 가치는 인간으로서 우리 소양의 본질적인 부분입니다. 우리가 우리의 환경에 적응하는 능력도, 우리가 환경을 우리에게 적응시키는 능력도, 우리의 환경을 지배할 능력도, 그리하여 역사를 진보의 기록으로 만든 능력도, 모두 우리의 가치를 통해서 획득한 것입니다.

그러나 인간과 환경의 투쟁을 과장해서 생각하여, 사실과 가치 사이의 그릇된 대립이나 분열을 만들지 말기를 바랍니다. 역사에서 진보는 사실과 가치 사이의 상호 의존 및 상호 작용을 통하여 이루어집니다. 객관적인 역사가란 이 사실과 가치가 서로 얽히는 상호적 과정을 가장 깊이 꿰뚫어 보는 역사가를 말합니다.

이 사실과 가치의 문제에 하나의 실마리를 제공하는 것은 우리가 일상적으로 사용하는 '진리'라는 단어의 용법입니다. 왜냐하면 이것은 사실의 세계와 가치의 세계에 모두 다리를 걸친 말인 동시에 양쪽 요소들을 함께 포함하고 있기 때문입니다. 그러나 이러한 이중성은 영어만의 유별난 특성은 아닙니다. 라틴어를 뿌리로 한 언어들에서 진리에 해당하는 말이나, 독일어의 '바르하이트(Wahrheit)'나 러시아어의 '프라브다(pravda)'[27]나 모두 이런 이중적 성격을 갖고 있습니다. 어떤 언어든지 단순히 사실의 표명 또는 가치 판단의 어느 한쪽만이 아니라, 양쪽 요

---

27) 진리를 의미하는 옛 러시아 말에 이스티나(istina)라는 것이 또 하나 있기 때문에 프라브다의 경우는 특히 재미있다. 그러나 한쪽이 사실로서의 진리, 나머지 한쪽이 가치로서의 진리라는 차이가 있는 것이 아니라, 프라브다는 두 가지 측면에서 인간적 진리이고, 이스티나는 두 가지 측면에서 신적 진리―신에 대한 진리와 신에 의해서 계시된 진리―이다.

소를 모두 포괄하는 진리라는 이 단어를 요구하는 것 같습니다.

내가 지난주 런던에 갔다는 것은 하나의 사실입니다. 그러나 보통 여러분은 이것을 진리라고 부르지는 않을 것입니다. 거기에는 가치적 내용이 아무것도 없기 때문입니다. 그러나 미국의 건국자들이 독립선언문에서 모든 인간은 평등하게 창조되었다는 자명한 진리를 언급했을 때, 여러분은 이 말에서 가치적 내용이 사실적 내용을 압도하고 있다고 느낄 것이고, 그 때문에 이 말을 진리로 보아야 하느냐 여부에 도전할 수도 있을 것입니다. 이와 같은 양극ㅡ가치를 떠난 사실이라는 북극과, 사실이 되려고 계속 애쓰는 가치 판단이라는 남극ㅡ사이의 어딘가에 역사적 진리의 영역이 있는 것입니다.

첫 번째 강연 때 말씀드렸듯이 역사가는 사실과 해석 사이, 사실과 가치 사이에서 균형을 잡는 사람입니다. 그는 그것들을 분리할 수가 없습니다. 정지한 세계라면, 여러분은 사실과 가치의 분리를 선언할 의무가 있을지도 모릅니다. 그러나 역사는 정지한 세계에서는 무의미한 것입니다. 역사란 그 본질상 변화이고 운동이며ㅡ구식 표현이라고 여러분이 굳이 흠잡지 않는다면ㅡ진보입니다.

그래서 마지막으로, 액턴이 진보는 '역사 서술의 기초인 과학적 가설'이라고 한 말로 되돌아가기로 하겠습니다. 원하기만 한다면, 여러분은 과거의 의미를 역사 바깥에 존재하는 초이성적인 힘에 예속시킴으로써 역사를 신학으로 바꾸어 버릴 수도 있습니다. 또 원한다면, 역사를 문학ㅡ의미도 중요성도 없는 과거의 이야기나 전설의 모음ㅡ으로 바꾸어 버릴 수도 있습니다.

그러나 참된 뜻의 역사는 역사 그 자체에서의 방향 감각을 발견하고 그것을 받아들이는 사람만이 쓸 수 있습니다. 우리가 어딘가로부터 왔다는 믿음은, 우리가 어딘가로 향하고 있다는 믿음과 밀접하게 결합되어 있습니다. 미래를 향해서 진보하는 능력에 대한 믿음을 잃은 사회는, 곧 과거에 이룩한 스스로의 진보에도 무관심해질 것입니다.

첫 번째 강연의 첫머리에서 말씀드렸듯이, 우리의 역사관은 우리의 사회관을 반영하는 것입니다. 그래서 나는 출발점으로 되돌아가, 사회의 미래와 역사의 미래에 대한 나의 신념을 밝혀 볼까 합니다.

6. 넓어지는 지평

현대의 새로움

이제까지의 강연에서는, 역사는 끊임없이 움직여 나가는 과정이며 역사가도 이 과정 속을 함께 나아간다는 견해를 주장해 왔는데, 이러한 생각은 나에게 오늘날의 역사 및 역사가의 지위에 대해서 무언가 결론적인 의견을 말하라고 요청하는 듯이 느껴집니다.

우리는 ─ 역사상 처음은 아니지만 ─ 세계의 파멸을 예견하는 소리가 곳곳에서 들리고, 그것이 모든 사람들을 무겁게 내리누르고 있는 시대에 살고 있습니다. 이 예견을 증명할 방법도 반증할 증거도 없습니다. 그러나 적어도 우리는 모두 언젠가 죽을 것이라는 예견에 비하면 이는 훨씬 불확실합니다. 게다가 그 예견이 확실하다고 해도, 그것 때문에 우리 자신의 미래에 대한 계획을 세우지 말라는 법은 없으므로 영국 ─ 꼭 영국이 아니더라도 세계의 대부분 ─ 은 우리를 위협하고 있는 위험을 돌파해 살아남을 것이며 역사는 계속될 것이라고 가정하고 우리 사회의 현재와 미래를 이야기해 보겠습니다.

20세기 중엽의 세계는, 15, 6세기에 중세 세계가 몰락하고 근대 세계의 기초가 만들어지고부터 세계를 엄습한 모든 변화 과정 중에서 가장 엄청나고 광범한 것임에 틀림없는 변화의 과정에 있습니다. 이 변화가 궁극적으로 과학상의 발견 및 발명의 산물이고, 그것을 끊임없이 확장한 응용의 소산이며, 직간접적으로 거기서 생겨난 발전의 결과라는 사실은 의심의 여지가 없습니다.

이 변화의 가장 두드러진 측면은 사회 혁명으로서의 측면인데, 그 혁명은 금융과 상업에 기반을 두고 나중에는 산업을 기초로 하여 부상한 새로운 계급에 처음으로 권력을 준 15세기와 16세기의 사회 혁명에 버금갈 만한 것입니다. 우리의 새로운 산업 구조와 우리의 새로운 사회 구조가 제기하는 문제는, 내가 여기서 다루기에는 너무나 벅찹니다. 그러나 이 변화는 나의 주제와 좀 더 직접적인 관계가 있는 두 가지 측면—깊이의 변화와 지리적인 넓이의 변화라고나 할까요—을 포함하고 있습니다. 그 둘 모두를 간단히 논해 보겠습니다.

자기의식의 발전

역사는 인간이 시간의 흐름을 자연적 과정—계절의 순환이라든가 인간의 수명과 같은—으로서가 아니라, 인간이 의식적으로 휘말려 들어가고, 또 의식적으로 영향을 줄 수 있는 특수한 사건의 연속으로 생각하기 시작할 때 비로소 시작됩니다. 역사란 '의식이 눈뜸으로써 생긴 자연과의 단절'[1]이라고 부르크하르트는 말했습니다. 역사란 인간이 이성을 발휘하여 환경을 이해하려고 하고, 환경에 작용을 가해 온 인간의 오랜 투쟁입니다.

그런데 현대는 이 투쟁을 혁명적으로 넓혔습니다. 현대의 인간이 이해하려 하고 작용을 가하려 하는 것은, 그의 환경뿐 아니라 그 자신입니다. 그 때문에 이성에, 말하자면 새로운 차원이, 그리고 역사에도 새로운 차원이 더해지게 된 것입니다. 오늘날은 모든 시대 가운데에서도 가장 역사의식이 발달한 시대입니다. 현대인은 유례가 없을 만큼 자기를 의식하며, 따라서 역사를 의식합니다. 그는 자기가 지나온 길을 밝히던 어슴푸레한 빛이 그가 발을 내디디려는 어두컴컴한 곳까지 비추어 주리라는 희망을 갖고 뒤돌아보며 그 희미한 빛줄기를 애타게 응시합니다. 또 반대로 앞에 뻗어 있는 길에 대한 소망과 불안이, 뒤에 가로놓인 것에 대한 통찰을 격려하고 있습니다. 과거, 현재, 미래는 그칠 줄 모르는 역사의 사슬 속에서 서로 연결되어 있습니다.

근대 세계의 변화는 인간의 자기 의식의 발전에 있었는데, 이것은 데카르트에서 시작한다고 말할 수 있습니다. 데카르트는 인간을 다만 생각할 수 있을 뿐 아니라 자기 자신의 사유에 대해서도 생각할 수 있고, 관찰 행위를 하는 자기자신을 관찰할 수 있는—따라서 동시에 사유와 관찰의 주체이자 객체가 되는—존재로서 처음으로 그 지위를 확립했습니다. 그러나 18세기 후반에 이르기까지 이

---

1) J. Burckhardt, *Reflections on History* (1959), p. 31.

발전은 완전히 뚜렷해지지는 못했습니다. 이 시대에 이르러 루소는 인간의 자기 이해 및 자기 의식의 새로운 심연을 개척하여, 인간에게 자연의 세계와 전통 문명에 대한 새로운 전망을 제시했습니다. 토크빌에 따르면, 프랑스 혁명은 '당시의 사회 질서를 지배하던 전통적 관습의 고정 관념을 없애고, 그 대신 인간 이성의 작용과 자연 법칙에서 도출된 단순한 기초적 규칙을 확립하는 것이 필요하다는 신념'[2]에 의해서 고무되었습니다. 액턴은 그의 필사본 원고 가운데 한 곳에서 말했습니다.

"그때까지 사람들은 자기들이 추구하는 것이 자유라는 점을 미처 알지 못한 채 자유를 추구했다."[3]

헤겔과 마찬가지로 액턴에게도, 자유와 이성은 서로 멀리 떨어져 있는 것이 아니었습니다. 또한 프랑스 혁명과 미국 독립혁명도 연결되어 있었습니다.

"87년 전 우리의 조상들은 이 대륙에 자유 위에 세워지고 모든 사람은 평등하게 창조되었다는 명제에 바쳐진 새로운 국가를 만들었습니다."

이러한 링컨의 말이 보여주듯이, 미국 독립혁명은 독특한 사건이었습니다. 사람들이 계획적으로 의식을 가지고 자기들을 하나의 국가로 조직하고, 그런 다음 계획적으로 의식을 가지고 다른 사람들을 이 국가의 틀 속에 넣으려고 마음먹고 나선, 역사상 최초의 사건이었기 때문입니다.

17, 8세기가 되자, 인간은 자기 주변 세계와 그 법칙을 이제 완전히 의식하게 되었습니다. 이 법칙은 이제 인간이 헤아릴 수 없는 섭리라는 신비로운 천명 같은 것이 아니라, 이성으로 받아들일 수 있는 법칙이 되었습니다. 그러나 그것은 인간이 따르는 법칙이지 인간 스스로가 만드는 법칙은 아니었습니다. 다음 단계에 이르러서야 인간은 환경과 자기 자신에 대한 힘을 충분히 의식하게 되고 또 인간의 삶에 영향을 미치게 될 법칙들을 만들 수 있는 권리를 충분히 의식하게 되었습니다.

---

2) A. de Tocqueville, *De l'Ancien Régime*, III, ch. 1.
3) Cambridge University Library : Add. MSS. 4870.

헤겔과 마르크스

18세기에서 현대 세계로의 이행은 길고도 점진적이었습니다. 그 이행기의 대표적 철학자는 헤겔과 마르크스인데, 두 사람 모두 양가적 관점을 취하고 있었습니다.

헤겔은 섭리의 법칙을 이성의 법칙으로 바꾼 관념을 바탕으로 하고 있습니다. 헤겔의 세계 정신은 한쪽 손으로 섭리를, 다른 손으로는 이성을 단단히 쥐고 있습니다. 그는 애덤 스미스에 깊이 공감합니다. 개개의 인간은 '자기의 욕망을 채우지만, 동시에 그 이상의 것을—그들의 의식에는 존재하지 않지만 그들의 행위 속에 잠재되어 있는 것을—성취'합니다. 헤겔은 세계 정신의 합리적 의도에 대해서 인간은 '이 합리적 의도를 실현하는 행위를 영위하면서, 그것을 이용하여 자기들의 목적을—저 합리적 의도와는 별개의 뜻을—실현한다'고 썼습니다. 이것은 단순히 이해관계의 조화라는 관념을 독일 철학의 어법으로 옮긴 것입니다.[4]

애덤 스미스의 '보이지 않는 손'에 해당하는 것을 헤겔에서 찾으면, 개인을 움직여서 개인이 의식하고 있지 않은 의도를 실현시키는 그 유명한 '이성의 간계'입니다. 그럼에도 헤겔은 프랑스 혁명의 철학자였으며, 역사적 변화를, 인간의 자기의식의 발전을 실재(實在)의 본질로 본 최초의 철학자였습니다. 역사의 발전은 자유라는 개념의 발전을 뜻했습니다. 그러나 1815년 이후 프랑스 혁명이 일으킨 감화는 왕정복고의 정체 상태 속에 흐지부지 사라져 버렸습니다. 헤겔은 정치적으로 매우 소심했고 또 말년에는 당시의 지배체제 안에서 완강하게 웅크리고 있었기 때문에, 그의 형이상학적 명제에 무언가 구체적인 의미를 부여할 수 없었습니다.

게르첸(러시아의 사상가. 1812~1870)이, 헤겔의 학설을 '혁명의 대수학(代數學)'이라고 부른 것은 참으로 적절했습니다. 그런데 헤겔은 대수 기호는 만들었으나 이에 실제의 내용을 부여하지는 않았습니다. 이리하여 헤겔의 대수방정식에 실제 산술 값을 대입해 방정식을 풀어내는 일은 마르크스에게 남겨지게 되었던 것입니다.

---

4) 이 단락의 인용 부호 속 말들의 출처는 Hegel, *Philosophy of History*.

마르크스는 애덤 스미스와 헤겔 모두의 후계자였으므로, 세계는 합리적인 자연 법칙에 의해서 지배되고 있다는 견해에서 출발했습니다. 그리고 헤겔과 마찬가지로—물론 이번에는 실천적이고 구체적인 형태지만—세계가 인간의 혁명적 창의력에 따라서 합리적인 과정을 거쳐 발전하는 법칙에 지배되는 것이라는 견해로 이행했습니다.

마르크스의 견해를 최종적으로 종합해 보면, 역사란 서로 분리할 수 없으면서 일관된 합리적 전체를 구성하는 세 가지를 의미했습니다. 첫째는 주로 경제적인 객관적 법칙에 따라 전개되는 사건의 움직임, 둘째는 이에 상응하여 변증법적 과정을 통해서 이루어지는 사유의 발전, 셋째는, 이에 대응하는 계급 투쟁이라는 형태의 행동으로, 이것이 혁명의 이론과 실천을 조화하고 통일합니다.

마르크스가 제시하는 것은, 객관적 법칙과 이것을 실천에 옮기기 위한 의식적 행위의 종합, 흔히(오해의 소지는 있지만) 결정론과 주의설(主意說)이라고 부르는 것의 종합입니다. 마르크스는 사람들이 이제까지 의식하지 않고 따라 온 법칙에 대해서 끊임없이 이야기하고 있습니다. 그는 자본주의의 경제와 사회에 휘말려 든 사람들의 이른바 허위의식에 대해서 몇 번이나 우리의 주의를 환기시켰습니다.

'생산 및 유통의 담당자들이 생산 법칙에 대해 가진 관념은 실제의 법칙과는 매우 다를 것이다.'[5]

그러나 마르크스의 저술 가운데에는, 의식적인 혁명적 행동을 촉구하는 인상적인 예가 몇 가지 있습니다.

포이어바흐에 관한 유명한 테제는 이렇게 말합니다.

"철학자들은 그저 세계를 여러 가지로 다르게 해석해 왔는데, 중요한 것은 세계를 변혁하는 일이다."

또 '공산당 선언'은 이렇게 선언합니다.

"프롤레타리아는 그 정치적 지배력을 사용하여 부르주아로부터 모든 자본을 차례차례 빼앗고, 모든 생산 수단을 국가의 손에 집중시킬 것이다."

또 《루이 보나파르트의 브뤼메르 18일》에서 마르크스는, "지적 자기 의식은 한

---

[5] Karl Marx, *Capital*, iii(Engl. transl., 1909), p. 369.

세기 동안의 활동으로 모든 전통적 관념을 폐기한다"고 말했습니다. 프롤레타리아야말로 자본주의 사회의 허위의식을 폐기하고 무계급 사회의 참된 의식을 가져오라는 것이었습니다.

그런데 1848년의 혁명 실패는, 마르크스가 활동하기 시작했을 무렵만 해도 곧 이루어질 것 같았던 발전에 심각하고 극적인 좌절을 안겨주었습니다. 19세기 후반은, 당시까지 아직도 유력했던 번영과 안온의 분위기 속에 지나가 버렸습니다. 역사상 현대라는 시기로 전환하는 과정은, 20세기가 될 때까지는 완성되지 않았습니다. 그리고 이 시기가 되자 이성의 첫째 기능은, 이제 사회 내에서 인간의 행동을 지배하는 객관적 법칙을 이해하는 것이 아니라, 사회와 이를 구성하는 여러 개인을 의식적 행위를 통해 개조하는 것이었습니다.

마르크스에게서 '계급'은 엄밀히 정의되어 있지 않았습니다만, 전체적으로는 결국 경제적 분석으로 확정되어야 할 객관적 관념이었습니다. 레닌에서는 강조점이 '계급'에서 떠나, 계급의 전위(前衛)를 형성하고, 계급 속에 계급 의식이라는 중요한 요소를 주입하는 '정당(政黨)'으로 옮겨갔습니다. 마르크스에게 '이데올로기'란 부정적인 말—자본주의적 사회 질서의 허위의식의 산물—이었습니다. 레닌에게 '이데올로기'란 중립적인 것, 또는 긍정적인 것으로 받아들여져, 계급 의식을 가진 엘리트 지도자들이 앞으로 계급 의식을 가질 가능성이 있는 노동자 대중에게 불어넣는 신념이 됩니다. 계급 의식의 형성은 이제 자동적인 과정이 아니라, 실행해야 하는 일이 되었습니다.

프로이트의 중요성

또 한 사람, 이성에 새로운 차원을 덧붙여 준 현대의 위대한 사상가는 프로이트입니다. 프로이트는 오늘날에도 여전히 수수께끼 같은 인물입니다. 교육으로 보나 배경으로 보나 그는 19세기의 자유주의적인 개인주의자이며, 개인과 사회 사이의 근본적 대립이라는, 익히 잘 알려진 그러나 오해를 부르기 쉬운 가정을 무조건 믿었습니다.

프로이트는 인간을 사회적 존재보다 생물학적 존재로서 보고 있었으므로, 사회적 환경을 인간 스스로 만들어 내고 변화시켜 온 끊임없는 과정에 있는 것으로서보다는 역사적으로 주어진 것으로서 취급하는 경향이 있었습니다. 프로이트는 실제로 사회적인 문제인 것을 개인의 관점에서 접근했다고 마르크스주의자들로부터 늘 공격을 받았으며, 또 그 점 때문에 반동적이라는 비난도 받습니다. 이 비난은 프로이트에게는 일부만 해당될 뿐입니다만, 현재의 미국의 신(新) 프로이트학파에게는 더 전적으로 해당됩니다. 왜냐하면 이 학파는, 인간의 부적응은 개인에 내재하는 것이지 사회 구조에 내재하는 것이 아니라고 생각하고, 개인을 사회에 적응시키는 것을 심리학의 본질적 기능으로 보고 있기 때문입니다.

또 하나 프로이트에게 가해지는 통속적인 비난은 인간사에서의 비합리적인 것의 역할을 확대했다는 것인데, 이런 비난은 전혀 얼토당토않으며, 인간 행동 속에 비합리적 요소를 인정하는 것과 비합리적인 것을 숭배하는 것을 거칠게 혼동한 데서 비롯되었습니다. 오늘날 영어 사용권 세계에서 비합리적인 것에 대한 숭배가, 그것도 주로 이성의 공적(功績)과 가능성을 경시하는 형태로 이루어지고 있다는 것은, 불행하게도 사실입니다. 나중에 말씀드리겠지만, 이것은 현대의 비관주의와 초보수주의(超保守主義) 풍조의 한 부분입니다.

그러나 이것은 프로이트에서 유래하는 것은 아닙니다. 그는 전폭적인 합리주의자, 아니 오히려 순진한 합리주의자였습니다. 프로이트가 한 일은 인간 행동의 무의식적인 근원을 폭로함으로써, 의식 및 합리적 탐구에 대한 우리의 지식과 이해의 폭을 넓혀 주었다는 점에 있습니다. 이것은 이성 영역의 확대이며, 인간이 자기 자신을, 더 나아가 자기의 환경을 이해하고 통제하는 힘을 증대하는 일이며, 그리고 이것은 혁명적이고 진보적인 업적을 의미합니다. 이러한 점에서 프로이트는 마르크스의 작업과 충돌하는 것이 아니라 마르크스의 작업을 보충하고 있습니다.

프로이트 자신은 고정불변의 인간성이라는 사고방식에서 완전히 벗어나지는 못했습니다만, 인간 행동의 근원을 한층 깊게 이해하기 위한, 그리고 합리적 과정을 통하여 그것을 의식적으로 바꾸기 위한 도구를 주었다는 뜻에서 현대 세계에 속하는 사람인 것입니다.

역사가의 눈으로 보면, 프로이트는 두 가지 의미에서 특히 중요합니다. 첫째, 사람들은 자기 행동의 동기라고 스스로 말하기도 하고 믿기도 하는 것에 의해서 실제로 그들의 행동을 충분히 설명할 수 있다고 생각해 왔습니다만, 이런 낡은 환상에 종지부를 찍은 사람이 프로이트입니다. 이것은 소극적이기는 하지만 매우 중요한 업적인데, 일부 프로이트 맹신자들이 정신분석적 방법으로 역사상의 위인의 행동을 밝힐 수 있다는 적극적인 주장을 하는 것만큼은 적당히 걸러 들을 필요가 있습니다. 정신분석적 방법은 진찰을 받는 환자의 반대 신문을 바탕으로 하는 것인데, 죽은 사람을 상대로 반대 신문을 할 수는 없기 때문입니다.

둘째로, 프로이트는 마르크스의 작업을 보충하면서 역사가에게, 자기 자신과 역사에서의 자기 지위를, 자기 연주 주제와 시대, 사실의 선택과 해석을 이끌어 온 동기—아마도 숨은 동기—를, 그의 시각을 결정한 국가적·사회적 배경을, 그의 과거관을 형성하고 있는 미래관 등을 신문해 보도록 촉구해 왔던 것입니다. 마르크스와 프로이트의 저작이 나타나고부터 역사가는 자기를 사회나 역사의 바깥에 초연히 서 있는 개인으로 생각할 구실을 잃었습니다. 오늘날은 자기의식의 시대입니다. 역사가는 자기가 무슨 행위를 하고 있는지 알 수가 있고, 또 알아야만 합니다.

현대의 역사적 전환

내가 말했던 현대 세계로의 이행—이성의 기능 및 힘이 새로운 영역으로 확장되는 것—은 아직 완료되지 않았습니다. 그것은 20세기의 세계가 통과해 가고 있는 혁명적 변화의 일부분입니다. 나는 이 전환의 주요한 징후를 몇 가지 검토해 볼까 합니다.

경제학부터 시작하겠습니다. 1914년까지는, 객관적인 경제법칙이 인간이나 국가의 경제적 행동을 지배하고 있어서, 이것을 무시했다가는 자기들이 손해를 본다는 믿음이 사실상 여전히 확고부동했습니다. 경기 순환, 가격변동, 실업 등은 이런 법칙에 따라 결정되었습니다. 대공황이 시작된 1930년에도 이것이 여전히 지배적인 견해였습니다. 그런데 그 뒤 사태가 급속히 변했습니다. 1930년대가 되자 사람들은 '경제인의 종말'이라는 말을 하기 시작했습니다. '경제인'이란, 시종일관 경제법칙에 따라서 자신의 경제적 이익을 추구하는 사람을 뜻했습니다. 그 시기이래 아직도 정신적으로 19세기를 벗어나지 못한 소수의 사람들을 제외하면, 이

제 아무도 이런 뜻의 경제법칙을 믿는 사람은 없습니다.

오늘의 경제학은 일련의 이론적인 수식(數式)을 빼고는, 한 사람이 다른 사람을 어떻게 이래라저래라 하는지를 연구하는 실제적인 학문입니다. 이 변화는 주로 개인 본위의 자본주의에서 대규모 자본주의로 옮겨간 전환의 산물입니다. 개인 기업가나 상인이 우세했던 동안은 누군가가 경제를 통제한다든가, 경제에 중대한 영향을 끼칠 힘을 가졌다든가 하는 것은 생각할 수 없었습니다. 비개인적인 법칙과 과정의 환상이 살아 있었던 것입니다. 잉글랜드 은행이 최대의 힘을 떨치고 있을 시대에도, 그것은 교묘한 조작자라든가 조정자가 아닌, 경제 경향을 객관적이며 반자동적으로 기록하는 등록기 정도로 생각되었습니다.

그런데 자유 방임 경제에서 관리 경제(자본주의적 관리 경제건 사회주의적 경제건, 다시 말해서 관리가 명목상 사적으로 운영되는 대규모의 자본주의적 이해관계에 의해서 행해지건 국가에 의해 행해지건 간에)로의 전환과 더불어 이 환상은 사라져 버렸습니다. 어떤 사람들이 어떤 목적을 위해서 어떤 결정을 하고, 그 결정이 우리를 대신해 우리의 경제적 경로를 결정하는 것은 분명합니다. 석유나 비누 가격이 객관적인 수요 공급의 법칙 따위에 따라서 변동되지 않는다는 걸 오늘날에는 누구나 알고 있습니다. 불경기나 실업은 사람에 의해 만들어지는 것임은 누구나 알고 있거나 알고 있다고 생각합니다. 정부는 그런 것을 구제하는 방법을 알고 있다고 인정할 뿐 아니라 주장까지 하고 있습니다.

자유방임에서 계획으로, 무의식적인 것에서 자기의식적인 것으로, 객관적인 경제법칙에 대한 신념에서 인간이 자기 행위에 의해서 자기 경제적 운명의 주인이 될 수 있다는 신념으로의 이행은 이루어졌습니다. 사회 정책은 경제 정책과 함께 진행되어 왔으며, 실제로는 경제 정책이 사회 정책에 통합되었습니다.

1910년에 출판된 초판 《케임브리지 근대사》의 마지막 권에서, 결코 마르크스주의자도 아니고 레닌의 이름조차 들은 적도 없을 것 같은 어느 필자가 작성한 대단히 통찰력 있는 논평을 인용해 보겠습니다.

'의식적 노력을 통해서 사회 개혁이 가능하다는 신념은 유럽의 지배적인 정신적 조류이다. 이것은 자유를 만병통치약처럼 보는 신념을 대체한 것으로……현재의 그 유행은, 프랑스 혁명 당시에 인간의 권리에 대한 신념과 마찬가지로 중요하

고 의미심장한 것이다.'⁶⁾

　이 글이 쓰인 지 50년이 지났고, 러시아 혁명이 일어난 지 40년이 지났으며, 대공황이 휩쓸고 간 지 30년이 지난 오늘날 이런 신념은 평범한 이야기가 되어 버렸습니다. 합리적이라면서도 인간이 자기의 통제력 바깥에 있던 객관적 경제법칙에 복종하던 데서, 인간이 의식적 행위에 의해 자기의 경제적 운명을 통제할 능력을 가졌다고 믿는 것으로의 이러한 전환은, 내가 보기에 인간사에 대한 이성의 적용의 확대, 환경을 이해하고 지배하는 인간 능력의 증대를 나타내는 것이며, 필요하면 이것을 진보라는 고풍스러운 이름으로 불러도 좋다고 생각합니다.

　이와 비슷한 과정은 다른 분야에서도 진행되고 있지만, 그것까지 상세하게 다룰 여유는 없습니다. 앞에서도 보았듯이, 오늘날에는 과학도 객관적인 자연법칙을 탐구하고 증명하기보다는, 작업을 진행하기 위한 가설의 틀을 짠 뒤 그것으로 인간이 자연을 자기 목적에 맞게 이용해서 자기의 환경을 바꿀 수 있다는 식으로 생각하고 있습니다.

　더 중요한 것은 인간이 이성을 의식적으로 발휘해 자기의 환경을 바꿀 뿐 아니라, 나아가서는 자기 자신을 바꾸기 시작하였다는 점입니다. 18세기 말 멜서스는 그 획기적인 저작에서, 애덤 스미스의 시장 법칙과 마찬가지로 아무도 그 과정을 의식하지 않은 채 작용하는 객관적인 인구 법칙을 확립하려고 했습니다. 그러나 오늘날 이런 객관적인 법칙을 믿는 사람은 아무도 없습니다. 오히려 인구의 통제는 합리적이고 의식적인 사회 정책의 문제가 되었습니다.

　현대에는 인간의 노력으로 수명을 연장하는 일과, 인구 내 세대 간의 균형을 잡는 일이 이루어지는 것을 직접 목도했습니다. 인간의 행동에 영향을 주기 위해서 약품이 사용된다든가, 인간의 성격을 바꾸기 위해서 외과 수술을 한다든가 하는 이야기도 들려옵니다. 인간도 사회도 인간의 의식적인 노력으로 우리 눈앞에서 변화하고 있습니다.

　그러나 이러한 변화 가운데서 가장 중요한 것은, 설득과 교화라는 현대적인 방법이 발전하고 이용되면서 이루어진 변화일 것입니다. 오늘날 모든 수준의 교육

---

6) *Cambridge Modern History*, xii(1910), p. 15. 이 장의 집필자는 S. Leathes로, 그는 《케임브리지 근대사》의 편집자이자 공무원인사위원회의 위원이었다.

자는 사회를 특정한 형태로 만드는 데 기여하기 위해서, 성장하는 세대에게 그러한 형태의 사회에 알맞은 태도, 충성심, 견해를 심어 주는 일에 더욱더 관심을 기울이고 있습니다. 교육 정책은 그 어떤 종류의 합리적으로 계획된 사회 정책에서도 중요한 부분이 되었습니다.

사회 속의 인간에게 적용될 때, 이성의 주요 기능은 이제 탐구하는 일이 아니라 변혁하는 일입니다. 이와 같이 합리적 과정을 적용하여 사회적, 경제적, 정치적인 문제들을 더 잘 처리할 인간의 능력을 발휘하게 한다는 의식이 높아진 것은, 20세기 혁명의 중요한 측면의 하나로 여겨집니다.

이성의 역할 확대

이러한 이성의 확대는, 내가 앞선 강연에서 '개인화'라고 이름 붙인 과정―문명의 발전에 따른 개인의 기술, 직업, 기회의 다양화―의 일부에 지나지 않습니다. 산업혁명이 낳은 가장 폭넓은 사회적 결과는 아마도 생각할 줄 알게 된 사람들, 자기의 이성을 쓸 줄 알게 된 사람들의 점진적 증가일 것입니다.

영국에서는 점진주의를 무척 좋아하기 때문에 변화란 흔히 거의 눈에 안 띌 정도입니다. 영국인은 이미 한 세기 전부터 초등 교육이 보급되어 있다는 명예 위에 주저앉아서, 고등 교육의 보급을 향해서는 그다지 폭넓게도, 빠르게도 나아가지 못하고 있습니다.

이것도 영국인이 세계를 이끌었을 때였다면 큰 문제는 되지 않았을 것입니다. 그러나 우리보다 바쁘게 서두는 사람들이 우리를 따라잡고, 또 기술적 변화 때문에 모슨 일이든 가속화되는 시대가 된 현재, 이것은 큰 문제입니다. 왜냐하면 사회 혁명, 기술 혁명, 과학 혁명은 동일한 과정에 속하는, 핵심적이면서도 서로 떼려야 뗄 수 없는 부분이기 때문입니다.

만일 여러분이 학문 분야에서 개인화 과정에 관한 사례를 원한다면, 지난 5, 60년 동안 역사나 과학, 또는 어떤 종류의 특정한 과학 분야에서 일어난 폭넓은 다양화 과정과 그 결과로서 나타난 개별 전문 분야의 다양성을 생각해 보십시오.

그러나 나는 다른 분야에서 나타난 이 과정의 가장 두드러진 예를 알고 있습니다. 벌써 30년이나 전의 일입니다만 소련을 방문 중이던 한 독일군 고위 장교가,

붉은 공군의 창설에 힘을 기울이던 어느 소련 장교한테서 이런 말을 들었습니다. "우리 소련 사람들은 아직도 원시적인 인간을 상대로 하지 않으면 안 됩니다. 우리로서는 우리가 사용할 수 있는 비행사의 유형에 비행기를 맞추는 수밖에 없습니다. 우리가 새로운 유형의 인간을 잘 발달시키게 되면, 자재의 기술적인 발전도 완성을 보게 되겠지요. 두 가지 요소는 서로가 서로를 제약합니다. 원시적인 인간을 복잡한 기계에 맞출 수는 없습니다."[7)]

그러고서 고작 한 세대밖에 지나지 않았는데, 오늘날 소련의 기계가 더 이상 원시적이지 않다는 것, 그 기계를 설계하고 조립하고 조작하는 몇백만의 소련 남녀가 이제 원시적인 인간이 아니라는 사실을 우리는 알고 있습니다. 나는 역사가이므로 후자의 현상 쪽에 더 흥미가 있습니다. 생산의 합리화는 그보다 훨씬 중요한 것을 뜻합니다. 바로 인간의 합리화를 뜻합니다.

오늘날에는 온 세계에서 원시적 인간이 복잡한 기계의 사용법을 배우고, 그것을 통하여 생각하는 법을, 자기 이성의 사용법을 배우고 있습니다. 이 혁명은 사회 혁명이라고 불러도 틀리지 않지만 나는 지금의 맥락 속에서 이성의 확대라고 부르겠으며, 이것은 이제 겨우 시작되었을 뿐입니다. 더욱이 이것은 지난 30년간 이루어진 맹렬한 기술적 진보에 처지지 않으려고 맹렬한 속도를 내고 있습니다. 이것이 우리의 20세기 혁명의 중요한 측면의 하나라고 생각됩니다.

이성의 남용을 둘러싸고

만일 내가 이 지점에서 현대 세계에서 이성에 주어진 역할의 위험성이라든가 애매모호한 측면을 놓친다면, 현재의 비관론자나 회의론자 가운데서 나를 비판하며 바로잡으려 들 사람이 반드시 나올 것입니다.

지난번 강연에서 나는 앞에서 말한 개인화의 증대는 획일성과 통일성을 요구하는 사회적 압력이 약해졌다는 뜻은 조금도 아니라고 말씀드렸습니다. 이것은 바로 복잡한 현대 사회의 역설의 하나입니다. 교육은 어떤 면에서는 개인의 능력이나 기회의 확대를 진척시키고, 따라서 늘어나는 개인화의 확대를 촉진시키는

---

7) *Vierteljahrshefte für Zeitgeschichte*(Munich), i(1953), p. 38.

데 필요한 강력한 도구인 반면, 이익 집단의 손아귀에서는 사회적 획일성을 촉진시키는 강력한 도구가 되기도 합니다. 방송과 텔레비전, 언론에게 그들의 책임을 더 자각해 주기 바란다고 호소하는 말을 자주 듣습니다만, 이런 호소는 처음에는 쉽게 비난할 수 있는 어떤 부정적인 현상을 겨누고 근거합니다. 그런데 이 호소는 그런 강력한 대중 설득의 수단을 사용해서 바람직한 풍조와 의견을—바람직하다는 기준은 그 사회에서 통용되는 풍조와 의견에 근거합니다—심어 주기 위한 호소로 순식간에 바뀌어 버리기도 합니다. 이러한 운동은, 이것을 추진하는 사람들의 손아귀에서는 개개의 구성원을 어떤 바람직한 방향으로 빚어 냄으로써 사회를 그런 방향으로 위한 의식적이고 합리적인 과정이 되는 것입니다.

  이런 위험 가운데 눈살이 찌푸려지는 또 한 가지 예는, 상업 광고 전문가나 정치 선동가가 제공합니다. 많은 경우 이 두 역할은 겹칩니다. 미국에서는 공공연히, 영국에서는 좀 은근하게 정당과 입후보자는 광고전문가를 고용하여 자신들을 드러냅니다. 이 두 가지 방법은 형식적으로는 달라도 놀랍도록 닮았습니다. 광고 전문가와 거대 정당의 홍보실 간부는 모두 매우 영리한 사람들이며, 자기들의 일에 도움이 되는 모든 이성적 수단을 이용합니다. 그러나 다른 예에서 검토해 왔듯이 이성은 단순히 탐구를 위해서 사용되는 것이 아니라 무엇인가를 만들기 위해 사용되며, 정적(靜的)으로가 아니라 동적으로 사용됩니다.

  광고 전문가와 선거 사무장에게 첫째로 문제가 되는 것은 현존하는 사실이 아닙니다. 그들은 소비자나 유권자가 지금 무엇을 믿고 또 바라고 있느냐 하는 것, 또는 그런 믿음을 그들이 최종적으로 이끌어내고자 하는 결과로 전환시켜줄 수 있는 사건들에 대해서, 다시 말해서 교묘히 조종해서 소비자나 유권자를 유인하여 그 결과를 믿게 만들거나 또 바라게 만들 수 있는 그런 사건들에 대해서만 관심을 갖습니다.

  게다가 그들은 대중 심리 연구를 통해 자기들의 의견이 받아들여지는 가장 빠른 지름길은 고객이나 유권자의 심리구조 속의 비합리적인 요소에 호소하는 것이란 사실을 알고 있으므로, 결국 전문 기업이나 정당 지도부의 엘리트들이 이전보다 훨씬 고도로 발달한 합리적 방법을 써서 대중의 비합리성을 파악하고 이용하여 자신들의 목적을 이루는 광경을 우리는 보게 되는 것입니다. 이성에 대한 호소가 주(主)가 아니고, 호소는 대부분 오스카 와일드가 '지성의 아래쪽을 노린다'고 부른 방법으로 진행됩니다.

이 위험을 과소평가한다는 비난을 들으면 곤란하므로 나는 이 광경을 조금 과장한 면이 있습니다.[8] 아무튼 전체적으로는 틀림없으며, 다른 여러 방면에도 쉽게 적용할 수 있습니다. 어떤 사회나 지배집단은 많건 적건 강제적인 수단을 사용하여 대중의 의견을 조직화하고 통제하는 법입니다. 이 방법은 이성의 악용을 낳는 만큼 다른 방법보다 더 나쁜 것으로 생각됩니다.

이런 심각하고 정당한 비난에 응수하기 위해 내가 제시할 논거는 딱 두 가지입니다. 첫째는 널리 알려진 논거로, 역사의 흐름 속에서 발견된 모든 발명, 혁신, 신기술은 긍정적인 면과 더불어 부정적인 면을 갖고 있었다는 것입니다. 언제나 누군가는 희생을 치러야 합니다. 인쇄술이 발명된 뒤 그로 말미암아 그릇된 견해의 전파가 촉진될 것이라는 지적이 비판자들의 입에서 나오기까지 얼마나 시간이 걸렸던가를 한번 생각해 보십시오. 오늘날 자동차의 출현으로 인한 교통사고 사망자 발생을 슬퍼하는 일은 비일비재하고, 과학자 가운데는 파멸적으로 사용될 수 있다는 이유로, 아니 사용되었다는 이유로 자기들이 원자력 이용 방법과 수단을 발견했다는 사실을 후회하고 있는 사람들까지 있습니다.

그러나 일찍이 이런 반대가 새로운 발견이나 발명의 진행을 막은 적은 없으며, 앞으로도 없을 것입니다. 우리가 대중 선동의 기술이나 가능성에 대해서 얻은 지식은 간단히 말살될 수 있는 것이 아닙니다. 말과 마차가 다니던 시절로, 초기 자유방임적 자본주의의 시대로 돌아갈 수 없는 것과 마찬가지로, 로크의 학설이나 자유주의의 학설이 주장한 소규모의 개인주의적 민주주의로—19세기 중반에 영국에서 부분적으로 실현되기는 했습니다만—다시 돌아갈 수는 없습니다.

오히려 이러한 폐단은 스스로를 바로잡을 방책까지 가지고 있다고 말하는 것이 옳은 답입니다. 치료방법은 비합리주의를 예찬하거나 현대 사회에서의 이성의 역할의 확대를 거부하는 데 있는 것이 아니라, 이성이 할 수 있는 역할을 위아래 가릴 것 없이 철저하게 의식하는 데에 있습니다. 기술 및 과학 혁명의 결과, 현재

---

[8] 상세한 논의는 필자의 *The New Society*(1951), ch. 4 *passim*. 참조.

는 사회의 모든 수준에서 이성을 더 많이 사용하라는 요구가 우리에게 강요되고 있는 것을 보면, 이것은 유토피아적 꿈이 아닙니다. 역사상의 모든 큰 전진과 마찬가지로 이 전진에도 치러야 할 희생과 손실이 있고 피할 수 없는 위험이 있습니다.

그러나 회의주의자나 냉소주의자가 뭐라고 하든, 파멸을 예견한 이들, 특히 이제까지의 특권적 지위가 파헤쳐지고 허물어지고 있는 나라의 인텔리들이 뭐라고 하든, 나는 당당하게 이것을 역사에서 진보의 훌륭한 사례로 보고 싶습니다. 아마도 이것은 오늘날 가장 주목할 만하고 가장 혁명적인 현상일 것입니다.

세계적 균형의 변화

우리가 지나고 있는 진보적인 혁명의 둘째 측면은 세계의 형태 변화입니다. 15, 6세기는 중세 세계가 마침내 붕괴되고 근대 세계의 기초가 마련된 위대한 시대로 신대륙의 발견과, 세계의 중심이 지중해 연안에서 대서양 연안으로 이동한 것이 두드러진 특징이었습니다. 이에 비하면 작은 동란이기는 했으나 프랑스 혁명조차도 구세계의 균형을 맞추기 위해 신세계를 끌어들이는 지리적인 결과를 가져왔습니다.

그러나 20세기의 혁명이 빚은 변화는 16세기 이래의 모든 사건에 비해서 훨씬 무시무시했습니다. 약 4백 년 뒤, 세계의 중심은 서유럽에서 분명히 떠나 버렸습니다. 서유럽은 그 외부에 있는 영어권 세계와 함께 북아메리카 대륙의 속령이 되었거나 실권과 관제탑 역할을 미국에게 모두 맡긴 국가들의 집합체가 되어 버렸습니다.

그러나 이것은 유일한 변화도 아니고 가장 중요한 변화도 아닙니다. 세계의 중심이 서유럽이라는 부록이 딸린 영어권 세계에 지금 있는지, 과연 거기에 앞으로도 오래도록 머무를 것인지는 결코 분명하지 않습니다. 오늘날 세계의 정세를 주도하는 것은 아프리카까지 뻗어 있는 동유럽과 아시아라는 거대한 땅덩어리라고 생각됩니다. '변할 줄 모르는 동방'이라는 말은 오늘날 너무나 낡아 버린 상투어에 불과합니다.

잠시 20세기 아시아에서 일어난 일을 살펴보기로 하겠습니다. 이야기는 1902

년의 영일동맹(英日同盟) 때부터, 다시 말하여 아시아의 한 나라가 유럽 열강이라는 배타적인 집단에 처음으로 입회했을 때부터 시작됩니다. 일본이 러시아에 도전하여 그들을 무찌르고 자신의 성장을 알렸으며, 이로써 20세기의 대혁명이 불타오르게 하는 최초의 불꽃을 일으킨 것은 아마도 우연의 일치였을 것입니다. 프랑스의 1789년 혁명과 1848년 혁명을 모방하는 나라들은 유럽에는 있었습니다. 1905년의 제1차 러시아 혁명은 유럽에서는 반향을 일으키지 못했지만, 아시아에서는 모방하는 나라가 나와서 그 혁명 이후 몇 년 사이에 페르시아, 터키(튀르키예의 옛 이름), 중국에서 혁명이 일어났습니다.

제1차세계대전은 엄밀하게 말하여 세계 전쟁이 아니라 세계적 규모의 영향을 가져온 유럽의 내전—유럽이라는 실체가 존재한다고 가정한다면 말입니다—이었습니다. 이 영향 가운데는 많은 아시아 국가들의 공업 발전, 중국의 반외세 감정, 인도의 민족주의를 자극하고, 아랍 민족주의를 낳은 것 등이 포함됩니다.

1917년의 러시아 혁명은 더 확실하고 결정적 자극을 주었습니다. 여기에서 의미심장한 것은 러시아 혁명의 지도자들이 유럽에서 모방자가 나타나기를 끈기있게 기다렸으나 헛일이 되고 마지막에 아시아에서 그 모방자들을 발견했다는 사실입니다. '변할 줄 모르는 것'은 유럽이었으며, 아시아는 움직이기 시작했던 것입니다. 누구나 다 아는 이야기를 내가 현재까지 더듬어 볼 필요야 없겠지요. 역사가 아시아와 아프리카의 혁명의 파급력이나 의의를 평가하는 것은 아직은 무리입니다. 그러나 아시아와 아프리카의 몇백만 민중에게 현대의 기술적·공업적 과정이 번지고, 교육과 정치의식이 확산되기 시작함에 따라 그것이 이 대륙들의 모습을 바꾸고 있습니다. 그리고 내가 비록 미래를 꿰뚫어 볼 수는 없지만 세계사적 관점에서 볼 때 이 변화를 하나의 진보적인 발전이 아니라고 간주하게 할 또 다른 어떤 판단 기준이 있으리라고는 생각하지 않습니다.

이러한 사건들에서 생긴 세계의 형태 변화에 따라 세계 정세의 주도권에서 영국의 무게는 상대적으로 확실히 줄어들었으며, 아무래도 영어권 국가 전체의 무게도 감소한 것 같습니다. 그러나 상대적 감소가 절대적 감소는 아닙니다. 내가 우려하고 경계하는 것은 아시아나 아프리카에서 보이는 진보의 행진이 아니라, 영국의—아마도 그 밖의 나라에서도—지배 집단이 이런 발전을 못 본 체하거나,

이해하지 못하겠다는 눈초리를 보내거나, 불신에 가득 찬 모멸과 상냥한 우월감 사이에서 동요하는 태도를 보이다가, 과거를 향한 무기력한 향수에 빠지는 경향이 있다는 것입니다.

지평은 넓어진다

내가 20세기 혁명에서 이성의 확대라고 말한 것은 역사가에게는 특별한 결과를 낳았습니다. 왜냐하면 이성의 확대가 본질적으로 의미하는 것이란, 이제까지 역사 밖에 있었던 집단과 계급, 민족과 대륙이 이 역사 안에 등장했다는 것이기 때문입니다.

첫 번째 강연 때 말씀드렸지만, 중세 사가들은 그 사료의 치우친 성격 때문에 중세 사회를 종교라는 렌즈를 통해서 보는 경향이 있었습니다.

이 설명을 좀 더 계속해 보겠습니다. 중세의 교회가 '중세의 유일한 이성적인 기관'[9]이었다는 말은 분명히 과장은 좀 있지만 정확한 표현이라고 생각됩니다. 유일한 이성적 기관이었기 때문에 유일한 역사적 기관이기도 했던 셈이며, 그러기에 그것만이 역사가가 이해할 수 있는 합리적 발전 과정에 속해 있었던 것입니다. 세속 사회는 교회에 의해서 형성되고 조직되었으며 그 자신의 합리적 삶을 갖지는 못했습니다. 민중은 역사 이전의 민중과 마찬가지로 역사의 일부이기보다는 자연의 일부였던 것입니다.

근대사가 시작된 것은 많은 민중이 나날이 사회적·정치적인 의식을 갖게 되고 과거와 미래를 가진 역사적 실체로서 저마다의 집단을 자각하게 되어 완전히 역사에 등장했을 때입니다. 사회, 정치, 역사적인 의식이 인구의 대다수에 번지기 시작한 것은 몇 안 되는 선진 국가들에서조차 고작해야 최근 2백 년 이내의 일입니다. 완전한 뜻에서 역사에 등장하여 이제 식민지 행정관이나 인류학자의 문제가 아니라 역사가의 문제가 된 민중, 그런 민중으로 온 세계가 성립되어 있다고 상상하는 일 자체가 오늘날에 와서야 겨우 가능해진 일입니다.

이것은 우리 역사관에 일어난 일대 혁명입니다. 18세기까지도 역사는 아직 엘

---

9) A. von Martin, *The Sociology of the Renaissance*(Engl. transl., 1945), p. 18.

리트의 역사였습니다. 19세기가 되자 영국의 역사가들은 머뭇거리면서도 더듬더듬 국민 공동체 전체의 역사라는 역사관을 향해서 나아가기 시작했습니다.

J.R 그린(영국의 역사가. 1837~1883)은 따분한 글을 쓰는 역사가였습니다만 최초의 《영국민중사》를 써서 명성을 얻었습니다. 20세기에는 어느 역사가나 입에 발린 말뿐이더라도 이 견해를 존중했습니다. 실천은 말보다 뒤처져 따라왔지만, 나는 그다지 이 결함을 강조하고 싶지는 않습니다. 왜냐하면 내가 더 우려하는 것은 우리들 역사가가 영국 밖으로, 서유럽 밖으로 넓어져 가고 있는 역사의 지평을 깨닫지 못하고 있다는 점이기 때문입니다.

1896년의 보고서에서 액턴은 세계사는 '모든 나라의 역사를 합쳐 놓은 것과는 다른 것'이라고 말하며 이렇게 덧붙였습니다.

"세계사는 하나의 계열을 따라서 전개하며 거기서 개개의 국가는 부차적이다. 국가들의 역사는 국가들을 위해 쓰이는 것이 아니라 더 높은 수준의 연쇄에 대한 연관성 및 종속성 안에서, 이들 국가가 인류 공통의 복지에 기여한 시기와 정도에 따라 서술될 것이다."[10]

그가 생각한 세계사가 모든 성실한 역사가의 관심사라는 것은 액턴 입장에서 보면 말할 필요도 없는 사안이었습니다. 오늘날 우리는 이런 의미의 세계사 연구를 진행하기 위해 무엇을 하고 있을까요?

고립되는 사람은 누구인가

나는 이번 강연에서 이 케임브리지 대학의 역사 교과목을 다룰 생각은 없었습니다. 그러나 그것이 내가 말하려고 하는 것의 두드러진 실례를 제공해 주는 마당에 이 어려운 문제를 다루지 않는다면 나는 겁쟁이라 해야 할 것입니다. 지난 40년간 우리는 교과목 중에서 미국사에 상당히 큰 자리를 내주었습니다. 이는 중요한 진전입니다. 그러나 그와 더불어 이전부터 우리의 교과 과정을 무겁게 압박해 온 영국사의 지방주의를, 영어권 세계의 국지주의라는 똑같이 위험하면서 더 음흉한 국지주의로 강화하려는 위험이 생겨났습니다.

---

10) *Cambridge Modern History : Its Origin, Authorship and Production*(1907), p. 14.

물론 과거 400년 동안에 걸친 영어권 세계의 역사가 역사상 위대한 시기였다는 사실은 의심할 필요가 없습니다. 그러나 이를 세계사의 중심에 놓고 다른 것을 모두 그에 비해 주변적인 것으로 취급하는 것은 왜곡된 관점입니다. 이런 대중적인 왜곡을 바로잡는 일이야말로 대학의 의무입니다. 이 대학의 근대사 수업은 이 의무의 완수 측면에서 부족한 면이 있다고 생각합니다. 영어를 빼고는 다른 근대어에 대해 충분한 지식이 없는 사람이 주요 대학에서 역사학 우수졸업 학위를 받을 자격이 된다는 사실은 분명 어딘가 잘못되었습니다. 전통과 명예로 빛나는 옥스퍼드 대학 철학과에서 철학 전공자 모두가 평이한 일상 영어만으로도 아무 무리 없이 학문을 할 수 있다고 결론지었을 때, 철학과가 어떻게 되었는지를 타산지석으로 삼아야 합니다. 학위 과정생이 어느 유럽 대륙 국가의 근대사를 교과서 수준 이상으로 연구하려고 했을 때 아무런 제도적 뒷받침도 마련되어 있지 않다는 사실은 분명 잘못된 일입니다.

아시아, 아프리카, 라틴 아메리카의 사정에 대해 조금의 지식을 가지고 있는 학위 과정생이 있어도, '유럽의 확대'라는 19세기풍의 장대하고 오만한 제목의 논문으로 이 지식을 펴 보이기에는 현재 매우 한정된 기회밖에 없습니다. 불행하게도 이 제목은 내용에 아주 잘 들어맞습니다. 중국이나 페르시아처럼 중요한 역사에 대해 풍부한 사료를 갖추고 있는 나라들에 대해서조차 유럽인이 이를 점령하려 했을 때 일어난 사건 말고는 학위 과정생들이 더 알아야 할 필요가 없다고 하니까 말입니다. 이 대학에 러시아, 페르시아, 중국의 역사에 대한 강의가 개설은 되어 있지만, 역사학과 교수진이 아닌 사람들이 가르친다는 사실을 들었습니다.

그러나 5년 전 중국사 교수가 그 취임 강연에서 "중국은 인류사의 주류적 흐름 바깥에 있다고 볼 수는 없다"는 확신을 발표했을 때 케임브리지 역사가들은 전혀 귀를 기울이지 않았습니다. 지난 10년 동안 케임브리지 대학이 낳은 가장 위대한 역사 저작이라고 언젠가는 평가받을 만한 책이 있는데, 그 책은 완전히 역사학과 바깥에서, 역사학과의 도움 없이 쓰였습니다. 그것은 바로 니덤 박사(영국의 생화학자. 1900~1995)의 《중국의 과학과 문명》입니다. 나는 이 책을 생각하면 정신이 번쩍 듭니다. 이런 대학 내막의 실정을 들추어내 보이는 일을, 이것이 만일 20세기 중엽의 대부분 영국 대학과 영국 지식인에게서 전형적으로 나타난다고 믿지 않았다면, 나는 결코 하지 않았을 것입니다.

"영불 해협에 폭풍우 발생. 대륙 고립"이라는 빅토리아 시대 영국의 섬나라 근성을 꼬집은 케케묵은 농담이, 오늘날 기분 나쁠 만큼 시의적절하게 들립니다. 이번에도 바깥 세계에서는 폭풍우가 일어나고 있습니다. 영어권 국가에서 살고 있는 우리들이 한데 몰려서, 다른 나라와 대륙은 어처구니없는 행동으로 우리 문명의 은혜와 축복에서 고립되어 있느니 어쩌느니 하면서 평이한 일상 영어로 지껄이고 있는 동안, 실은 그들을 이해할 능력도 의사도 없는 우리가 세계의 현실적인 움직임으로부터 우리 자신을 고립시키고 있는 것은 아닐까 싶을 때가 종종 있습니다.

첫 번째 강연 서두에서 나는, 19세기 말엽과 20세기 중반의 명료한 견해 차이에 주의를 환기했습니다. 마지막에 즈음하여 이 대조를 상세하게 설명해 볼까 합니다. 여기서 나는 '자유'와 '보수'라는 말을 사용합니다만, 내가 이 단어를 영국의 정당 명칭으로 사용하고 있지 않다는 점은 금방 이해하실 줄 압니다.

액턴이 진보를 논했을 때, 그는 '점진주의'라는 널리 알려진 영국적 개념으로 생각했던 것은 아닙니다. '혁명, 즉 이른바 자유주의'라는 깜짝 놀랄 만한 한 마디는 1887년의 한 편지에서 나온 것입니다.

그 뒤 10년이 지나서 근대사에 관한 어느 강의에서 그는 말했습니다.

"근대적 진보의 방법은 혁명이었다."

또 다른 강연에서는 "그 일반적 사상의 출현을 우리는 혁명이라고 부른다"고 말했습니다. 그에 대한 설명은 출판되지 않은 그의 원고 중 한 곳에서 보입니다. "휘그는 타협으로 통치해 왔지만 자유주의자는 사상의 통치를 시작한다."[11]

---

11) 이 대목에 대해서는 다음을 참조. Acton, *Selections from Correspondence*(1917), p. 278 ; *Lectures on Modern History*(1906), pp. 4, 32 ; Add MSS. 4949(in Cambridge University Libray). 앞에 든 1887년의 편지에서 액턴은 구(舊) 휘그에서 신(新) 휘그(즉 자유당원)로의 변화를 '양심의 발견'이라고 부르고 있다. 이 '양심(conscience)'은 분명히 '의식(consciousness)'의 발전(이 책의 〈넓어지는 지평〉의 '자기의식의 발전' 참조)과 관계가 있으며, '사상의 시대'에 해당하는 것이다. 스텁스도 프랑스 혁명을 경계로 근대사를 두 시기로 나누었다. '전기는 권력, 폭력, 왕조의 역사', '후기는 사상이 권리와 형식을 대신하는 역사'(W. Stubbs, *Seventeen Lectures on the Study of Mediaeval and Modern History*, (3rd ed., 1900), p. 239).

액턴은 '사상의 통치'는 자유주의라는 뜻이고, 자유주의는 혁명을 뜻한다고 믿었습니다. 액턴이 살아 있는 동안에는 자유주의가 사회적 변화의 원동력으로서 힘을 다 쓰지 않았던 것입니다. 오늘날 자유주의의 잔재는 어디서나 사회의 보수적인 요소가 되었습니다. 지금은 액턴으로 돌아가라고 역설해 봐야 무의미합니다.

그러나 역사가에게 중요한 점은 첫째, 액턴의 입장을 확인하는 일, 둘째, 액턴의 입장과 현대 사상가의 입장을 비교하는 일, 셋째, 액턴의 입장 가운데서 어떤 요소가 오늘날 아직도 유효한지를 연구하는 일입니다. 의심할 것도 없이 액턴의 세대는 오만한 자신감과 낙관주의에 의해서 중독되고, 그 신념이 기반으로 삼은 구조가 불안정한 성질의 것임을 제대로 파악하지 못했습니다. 그러나 액턴의 동시대인은 오늘날 우리에게 꼭 필요한 두 가지 요소를 갖추고 있었습니다. 말하자면 변화를 역사의 진보적 요인으로 보는 감각과, 이성은 변화의 복잡한 모습을 이해하기 위한 우리의 안내인이라는 신념입니다.

그래도……그것은 움직인다

여기서 1950년대의 목소리를 좀 들어 보기로 하겠습니다. 지난번 강연에서 루이스 네이미어 경이 만족감을 표현한 구절을 인용하면서, '구체적인 문제'를 위해서 '실천적인 해결'이 요구되는 반면, "두 당 모두 강령과 이상을 잊고 있다"고 한 것과 이것을 '국가가 성숙했다'는 증거라고 한 것을 말씀드렸습니다.[12]

나는 이처럼 국가의 생애를 인간의 생애에 빗대서 표현하는 것을 좋아하지 않습니다. 이런 비유를 쓰면 '성숙'의 단계를 지난 다음에는 무엇이 오느냐고 묻고 싶어지기 마련이기 때문입니다. 그러나 내가 관심이 있는 것은, 한편에서는 실천적인 것과 구체적인 것을 들어 이를 칭찬하고 다른 한편으로 강령과 이상을 들어 이것을 비난하는 그 둘의 명확한 대비입니다. 이와 같이 실천적 행동을 이상주의적인 이론의 제시보다 우위에 놓는 것은 두말할 것도 없이 보수주의의 고유한 특징입니다. 네이미어의 생각으로는, 이것은 액턴의 이른바 혁명과 사상의 통

---

12) 이 책의 《사회와 개인》의 〈보수주의자 네이미어〉장 끝부분 참조.

치가 눈앞에 닥쳐오는 데 항의한 18세기의 목소리, 조지 3세 즉위 당시의 잉글랜드의 목소리를 대변하고 있습니다.

그러나 철저한 보수주의를 철저한 경험주의의 형태로 똑같이 친근하게 표현하는 것이 오늘날 크게 유행하고 있습니다. 가장 인기 있는 형태는 트레버-로퍼 교수의 "급진파가, 승리는 의심할 것도 없이 우리의 것이라고 외칠 때 현명한 보수파는 그 코를 때려 준다."[13]는 말에서 엿볼 수 있습니다. 오크쇼트 교수는 지금 유행하고 있는 경험주의를 더 세련된 형태로 우리에게 보여 줍니다. 그는 말하기를, 정치 문제에서 우리는 "끝도 없고 바닥도 없는 바다를 항해하고 있"으며, 거기에는 "출발점도 예정된 목적지도 없"고, 우리의 유일한 목표는 "수평으로 떠 있는 것"뿐이라는 것입니다.[14]

여기서 정치적 '유토피아니즘'이나 '메시아니즘'을 맹비난하는 최근의 저술가 목록을 만들 필요는 없겠습니다. 이 말들은 사회의 미래에 대한 폭넓은 급진적 사상을 비웃는 최신 유행어가 되었습니다. 최근 미국의 역사가나 정치학자는 보수주의에 대한 충성을 공공연히 표명하는 데 있어 이 나라 영국의 동료들에 비해 아무런 거리낌이 없습니다. 그러나 나는 이러한 미국의 최근 경향을 논할 생각도 없습니다. 다만 미국의 가장 탁월하고도 신중한 보수주의 역사가의 한 사람인 하버드 대학의 새뮤얼 모리슨 교수를 인용하는 데 그칠까 합니다. 그는 1950년 12월 미국 역사학회 회장 연설에서, 이른바 '제퍼슨-잭슨-루스벨트 노선'에 대한 반동을 취할 때가 되었다고 여겨서, '건전한 보수주의의 관점에서 쓴' 미국사의 필요성을 역설했습니다.[15]

그러나 영국에서 다시 한 번 이 신중한 보수주의적 사고방식을 더없이 명료하고 비타협적인 형식으로 밝힌 사람은 포퍼 교수였습니다. 그는 '강령과 이상'을 거부하는 네이미어에 공감하면서 '어떤 확정된 계획에 따르는 "사회 전체"의 개조'를 목표로 하는 정책을 공격하고, 이른바 자신의 '단편적인 사회공학'을 추천하면서, '단편적인 땜질'이니 '임기응변'이니 하는 비난에도 주춤거리는 기미를 보이

---

13) *Encounter*, vii, No. 6, June 1957, p. 17.
14) M. Oakeshott, *Political Education* (1951), p. 22.
15) *American Historical Review*, Volume LVI, No. 2 (January 1951), pp. 272-273.

지 않습니다.[16]

그래도 한 가지의 점에서 나는 포퍼 교수에게 찬사를 보냅니다. 그는 언제나 이성의 강력한 옹호자이며, 과거든 현재든 비합리주의로 탈선하는 일은 전혀 없기 때문입니다.

그러나 그의 '단편적인 사회공학'의 권고를 살펴보면, 그가 이성에 부여하는 역할이 얼마나 제한되어 있는지 알 수 있습니다. '단편적 공학'에 대한 그의 정의는 그다지 정밀하지 않음에도, '목적'의 비판은 제외한다는 점만큼은 분명히 밝히고 있습니다. 그가 사회공학의 정당한 활동으로서 조심스럽게 제시한 예들—'헌법 개정'이나 '소득 평등의 확대로 나아가는 경향'—을 보면, 그것이 기존 사회가 전제하는 가정들의 범위 안에서 작동하도록 고안되었다는 사실을 금방 알 수 있습니다.[17]

포퍼 교수의 체계에서 이성의 지위는 영국의 공무원과 비슷합니다. 그들은 정권을 쥔 정부의 정책을 실시할 자격을 가졌고, 그 정책들이 더 잘 이루어지도록 하기 위한 실제적인 개량책을 제안할 자격도 있지만 근본적인 전제나 궁극적인 목표를 의심할 자격은 없습니다. 그 일도 어디까지나 쓸모 있는 일입니다. 나도 젊었을 때는 공무원이었습니다. 그러나 이처럼 이성을 기존 질서의 전제에 종속시키는 것은, 결국 길게 보았을 때는 도저히 용납할 수 없는 일이라 생각합니다. 이것은 액턴이 '혁명=자유주의=사상의 통치'라는 등식을 제안했을 때 생각한 이성의 개념과는 다릅니다.

과학이든 역사든 사회든 인간사의 진보는 대체로 인간이 기존 제도의 단편적 개량을 추구하는 데 그치지 않고, 이성의 이름 아래 현재의 제도에 대해, 또 공공연히 또는 은근히 그 기초를 이루고 있는 전제에 대해서, 근본적인 도전을 시도하는 대담한 자발성을 통하여 이루어졌습니다. 나는 영어권 세계의 역사가, 사회학자, 정치사상가가 이 작업으로 나아가는 용기를 되찾을 날을 고대합니다.

그러나 내가 가장 염려하는 것은, 영어권 세계의 지식인들이나 정치사상가들에게서 이성에 대한 신념이 약화되어 가고 있다는 사실이 아니라, 끊임없이 움직

---

16) K. Popper, *The Poverty of Historicism* (1957), pp. 67, 74.
17) *ibid*. pp. 64, 98.

이는 세계에 대한 철저한 감각이 상실되어 있다는 사실입니다. 이렇게 말씀드리면 얼핏 역설처럼 들릴 것입니다. 왜냐하면 우리 주위에서 진행되는 변화를 지금처럼 떠들썩하게 피상적인 화제에 올린 적이 없기 때문입니다.

그러나 중요한 것은 이 변화가 이제 더 이상 성공, 기회, 진보로서 생각되지 않고 두려움의 대상으로 여겨진다는 점입니다. 우리의 정치 및 경제 전문가들은 급진적이고 원대한 사상을 경계하라, 혁명의 냄새가 나는 것은 무엇이건 멀리하라, 앞으로 나아갈 때는—꼭 나아가야 한다면—되도록 느리고 신중하게 나아가라는 훈계 이외에는 우리에게 해 줄 말이 없습니다.

세계의 모습이 지난 4백 년 동안에 그 예를 보지 못했을 만큼 급속히 그리고 근본적으로 변화하고 있는 이 시기에, 그런 처방은 너무나 심한 무지처럼 보입니다. 그로 인해 생기는 걱정거리는 세계적인 규모의 운동이 멎어 버릴지 모른다는 걱정이 아니라 영국이—그리고 어쩌면 영어권 국가들이—일반적인 진보에 뒤쳐져서 힘없이 단념하고 향수 어린 침체 상태에 빠져들어가는 것입니다.

나 자신은 여전히 낙관주의자입니다. 네이미어 경이 나에게 강령과 이상은 피하라고 훈계할 때, 오크숏 교수가 나에게 우리는 특별히 어디로 가는 것이 아니라 중요한 것은 배를 흔들어 대는 인간이 없도록 조심하는 일이라고 말할 때, 포퍼 교수가 하찮은 단편적인 공학을 사용하여 저 소중한 옛 T자형 포드 차를 계속 도로 위에 세워 두고 싶어할 때, 트레버-로퍼 교수가 승리를 외쳐 대는 급진파의 코를 때릴 때, 그리고 모리슨 교수가 역사는 건전한 보수주의 정신으로 쓰여야 한다고 웅변을 토할 때, 나는 격동하는 세계, 진통하는 세계를 바라보며 어느 위대한 과학자의 해묵은 말로 그들에게 대답해 주고 싶습니다.

"그래도……그것은 움직인다."〔갈릴레이가 1633년 종교재판에서 지동설을 철회한 뒤 남몰래 했다고 전해지는 말 *E pur si muove*의 번역으로, 한국어에서는 흔히 '그래도 지구는 돈다'라고 옮겨 전해지는 표현.〕

The Twenty Years' Crisis
이상과 현실

《이상과 현실》은 에드워드 핼릿 카의 《위기의 20년 1919–1939 : 국제관계 연구 개론》(*The Twenty Years' Crisis 1919–1939 : An Introduction to the Study of International Relations, Second Edition*, 1946. Reprinted 1981)을 번역한 것이다.

도래할 평화의 창조자들에게

'철학자들은 상상 속의 국가를 위해 상상 속의 법률을 만든다. 철학자들의 담론은 마치 너무 높은 곳에 있어서 그 빛이 거의 와서 닿지 않는 별과 같다.'

프랜시스 베이컨 《학문의 진보》

'인간이 권력에 이르는 길과 인간이 학문에 이르는 길, 이 두 길은 서로 가까이 놓여 있으며 거의 같다고 할 수 있다. 그러나 추상적 관념에 매달리는 치명적이고도 고질적인 그 기질 때문에, 인간은 실천과 관련이 있는 기초에서 출발해 학문을 쌓아 올려서, 활동이 사유를 찍어 내고 규정하는 인장(印章) 역할을 하도록 하는 편이 그나마 안전하다.'

프랜시스 베이컨 《신기관(新機關)》

1981년판 서문

　제2판을 냈던 시점으로부터 한 세대 정도가 지났으나 그때 쓴 서문에 이제 와서 덧붙일 말은 거의 없다. 《위기의 20년》은 1945년에는 이미 연대물(年代物)이 되었고, 또 연대물로 남아 있다. 그러나 그것은 당시로서는 미지의 바다를 건너고자 하는 하나의 시도였다. 그 관찰은 짧은 역사적 시대의 틀에 갇혀 있었지만(일반적인 관찰에는 모두 그런 경향이 있다), 아마도 그것을 넘어선 더욱 광범위한 관심과 의의를 계속 지니게 될 것이다. 내가 1945년에 쓴 서문의 마지막 단락에 표명한 민족주의에 대한 생각은, 서로 대립하는 초강대국의 예기치 않은 출현으로 약화되기는 했지만 그 주장이 완전히 깨진 것은 아니다.

1980년 8월 1일
E. H. 카

제2판 서문

《위기의 20년》 제2판 출판 요청을 받고 나는 어려운 결단을 내려야만 했다. 1939년 여름에 완성된 국제정치에 관한 이 저작은 아무리 미래에 대한 예견을 피하려 애를 썼다 하더라도 내용과 어구, 시제의 사용, 특히 '세계대전' '세계대전 전후' 등의 용어에 당연히 그 시대의 각인이 찍혀 있다. 지금의 독자는 상당히 노력하지 않으면 그러한 용어를 1914~18년의 제1차세계대전과 연결하기가 쉽지 않을 것이다. 그러나 수정작업을 시작한 뒤 곧 깨달은 것이 있다. 만약 내가 그 뒤에 이어진 사태의 추이에 어떤 형태로든 이미 영향을 받은 대목을 모두 고쳐 쓰려고 한다면 나는 지난 저작의 제2판이 아니라 완전히 새로운 책을 써야 한다는 것, 그렇게 되면 이 책은 새 술을 헌 부대에 담는 어색하고도 무익한 시도가 될지도 모른다는 사실이었다.

《위기의 20년》은 전간기(戰間期 : 제1차세계대전 종결에서 제2차세계대전 발발까지, 곧 1919년에서 1939년까지의 기간)—이 책은 그 전간기가 막 끝나가던 때에 쓰였다—에 대한 연구였고, 따라서 그 자체로 진가가 평가되어야 한다. 그러므로 내가 제2판에서 할 수 있었던 일은 다음과 같다. 이 책이 쓰였던 원래의 시대 맥락으로부터 시간적으로 멀리 떨어져 있는 독자에게 당혹감을 주거나 이해하기 어려운 느낌을 주는 어구를 다시 고쳐 쓰는 것이다. 그리고 오해를 불러일으켰던 몇몇 문장을 정정하는 것, 나아가서는 시간 경과와 함께 지금까지와는 전혀 다른 배경 속에 놓여 의미를 잃은 몇몇 대목—그 무렵에는 큰 논란거리였더라도—을 삭제했다.

그러나 내용은 전혀 바꾸지 않았다. 그때의 의견을 지금에는 생각이 달라졌다고 해서 손을 대지도 않았다. 따라서 제1판 때의 견해와 다소 거리가 멀다고 생각되는 중요한 점 두 가지를 여기서 설명해 두겠다.

첫째로, 《위기의 20년》은 학문적 사고고 일반적 사고고 상관없이, 1919~39년 영어권 독자들이 국제정치에 관해 지니고 있는 거의 모든 사고에 도사린 명백하고도 위험한 결함을 타파하려는 의도적 목적으로 쓴 책이다. 여기서 말하는 결함이란 권력의 요인을 완전히 무시한 이상주의적 풍조의 위험성을 의미한다. 게다가 이 결함은 미래에 해결해야 할 논점이 논의되는 바로 그때 종종 고개를 쳐드는데, 오늘날에는 상당 정도 극복되었다고 할 수 있다. 《위기의 20년》에서 몇몇 대목은, 1939년 당시와 달리 지금은 더 이상 필요하지도 않고 적절하지도 않은 주장을 일방적으로 강조하고 있다.

둘째로, 이 책은 본문에서 국제사회의 구성 단위로서 크고 작은 차이는 있을지언정 현재의 국민국가를 너무 간단하고 안일하게 받아들이고 있다. 물론 마지막 장에서는 그 뒤의 사태 변화에 따른 미래의 정치·경제 단위의 규모에 대해 어느 정도 고찰을 하고 있다. 독립된 소규모 국민국가는 시대에 뒤처지거나 쇠퇴하고 있으며, 나아가서 다양한 국민국가의 참여를 바탕으로 실효성 있는 국제조직이 구축되는 것은 불가능하다고 본 결론은, 이제 공정한 관찰자라면 누구나 인정하지 않을 수 없을 것이다. 이 점에 대한 나의 현재의 견해는 《내셔널리즘과 그 이후(Nationalism and After)》라는 제목으로 최근에 출판된 책에 제시하고 있다. 따라서 나는 한층 더 확신을 가지고 유일하게 실천 가능한 방침을 채택하여, 실질적으로는 이 책을 1939년에 완성된 그대로 두고자 한다.

1945년 11월 15일
E. H. 카

제1판 서문

이 책은 1937년에 처음 기획되었다. 원고는 1939년 7월 중순에 인쇄소에 넘어갔고, 같은 해 9월 3일 제2차세계대전이 터졌을 때는 이미 교정쇄가 나온 뒤였다. 이 중대 사건에 비추어 급히 몇몇 문장을 고친들 그것이 이 책의 목적에 기여하는 일은 거의 없을 것 같아서 나는 전쟁 전에 썼던 것을 그대로 출판하기로 했다. 전쟁의 그림자가 이미 전 세계를 뒤덮고 있었지만, 그것을 피할 수 있는 길이 있을지 모른다는 일말의 희망이 아직 완전히 사라지지는 않았던 그 시기에 나는 이 책을 썼다. 따라서 '세계대전', '전전', '전후' 같은 말을 이 책 곳곳에서 읽게 되더라도, 독자 여러분은 그 표현이 1914~18년의 제1차세계대전을 의미하는 것임을 이해할 것이다.

전쟁의 격정이 끓어올랐을 때, 이 대참사를 일부 사람들의 야망과 오만 탓으로만 돌리고 더 이상 설명하려 하지 않는 것은 참담할 정도로 안이한 일이다. 그러나 전쟁이 한창일 때라도, 이 참극의 직접적이고 개인적인 원인보다는 근원적이고도 의미심장한 원인을 분석하려는 시도는 그리 무의미한 일이 아닐 것이다. 만일 세계가 평화를 되찾고자 한다면, 그리고 세계가 현실적으로 그렇게 되었을 때, 베르사유 조약이 체결된 지 고작 20년 2개월 만에 일어난 두 번째 대전쟁이 유럽을 휩쓸게 된 이 상황에서 무엇을 배워야 할지 우리는 진지하게 돌아볼 필요가 있다. 독일의 국가사회주의 지배자를 박멸한다고 해도 국가사회주의의 상황을 가능하게 한 여러 조건들을 그대로 둔 채 합의에 이른다면, 그것이 1919년의 합의와 마찬가지로 단명으로 끝나는 비극이 되지 않을 거라고 누가 장담할 수 있을까.

미래의 평화 창조자들에게 두 대전 사이 '위기의 20년'만큼 연구할 가치가 있는 역사적 시대는 없을 것이다. 다음의 평화회의가 지난번의 어리석음을 되풀이하지 않으려면, 그 회의는 국경을 긋는 일 따위보다는 더욱 근본적인 문제와 마주해야 할 것이다. 이러한 신념에서 나는 이 책을 도래할 평화의 창조자들에게 기꺼이 바치고자 한다.

내가 도움을 얻고 지적 자극을 받은 출판물은 여러 분야에 걸쳐 있다. 특히 다음의 두 저작에 많은 신세를 졌다. 이 두 저작은 국제관계를 다룬 책은 아니지만, 정치의 근원적인 문제를 다루고 있다. 카를 만하임 박사(헝가리 태생의 독일 사회학자. 1893~1947)의 《이데올로기와 유토피아》와 라인홀트 니버 박사(미국의 신학자. 1892~1971)의 《도덕적 인간과 비도덕적 사회》가 그것이다. 피터 드러커의 《경제인의 종말》은 나의 원고가 거의 완성된 뒤에 손에 넣었는데, 이 책에서는 세계사 속에서 오늘날의 위기에 대해 재치 있는 성찰과 매우 자극적이고도 함축적인 분석을 읽을 수 있었다.

지난 20년 동안 국제관계의 여러 분야에서 뛰어난 역사적이고 서술적인 저작이 세상에 많이 나왔다. 내가 이 저작들에서 도움을 얻은 사항은 참고문헌 목록을 대신하여 각주에 밝혔다. 그러나 내가 아는 한, 그러한 문헌 가운데 현대의 국제위기에 숨어 있는 더욱 심도 깊은 원인을 분석한 것은 아무것도 없었다.

개개인에 대한 나의 감사는 매우 광범위하다. 특히 세 명의 친구에게는 깊은 감사를 표하고 싶다. 그들은 나의 모든 원고를 읽어 주었고, 그들의 소견은, 내 견해와 일치하든 그렇지 않든 나에게 많은 자극을 주었다. 이 책에 어느 정도의 가치가 있다면 대부분 그들의 조언 덕분일 것이다. 그들은 런던정치경제 대학교의 국제관계학 교수인 찰스 매닝과, 옥스퍼드 대학교 올솔스 칼리지의 연구원이자 최근 웨일스 대학교 애버리스트위스 칼리지에서 국제정치학을 강의하고 있는 데니스 라우스, 그리고 현재 공직에 있는 까닭으로 이름을 밝힐 수 없는 또 한 분이다.

지난 3년 동안 나는 민족주의 문제를 조사하고 연구하는 '왕립국제문제연구소 연구회'의 일원이었고, 그 연구 성과는 곧 출판될 예정이다.[1] 이 모임이 추진해 온 연구 노선은 내가 이 책에서 지향한 방향과 때로는 서로 맞닿아 있고 때로는 어

---

1) *Nationalism : A Study by a Group of Members of the Royal Institute of International Affairs* (Oxford University Press).

굿나기도 한다. 이 연구회의 동료들과 이 연구에 참여한 다른 분들은, 우리가 오랜 시간 토론하는 동안 알게 모르게 이 책의 완성에 많은 공헌을 해 주었다. 이분들과 이 책을 준비하는 데 여러 형태로 지원과 격려를 해 주신 많은 분들에게 깊은 감사를 표한다.

1939년 9월 30일
E. H. 카

제1부 국제정치학

제1장 학문의 시작

　국제정치학은 지금 초창기에 있다. 제1차세계대전이 발발한 1914년까지만 해도 국제관계를 다루는 것은 직업으로서 그 분야에 종사하는 전문가들만의 관심사였다. 민주주의국가에서 대외정책은 전통적으로 정당정치의 관할 밖이었다. 그러므로 나라의 대표기관이라도 외무부의 비밀스러운 활동을 자신들이 나서서 세심하게 조절한다는 것은 생각지도 못할 일이었다. 영국에서 여론이 들고일어날 경우는 전통적으로 영국의 국익과 관련된 지역에서 전쟁이 일어났을 때나, 영국 해군이 잠재적 적국에 대한 우월한 지위―그것은 당시에 절대적으로 필요한 것으로 여겨졌다―가 위협받을 때였다.

　유럽 대륙에서는 징병제와 외국의 침략에 대해 뿌리 깊은 공포심이 있었기 때문에, 국제문제에 대해서는 영국보다 훨씬 광범위하고 지속적인 관심을 가지고 있었다. 그러나 이 관심은 주로 노동운동이라는 형태로 나타나, 때로는 다소 학술적인 성격의 '반전(反戰)' 결의에 이르는 일도 있었다. 미국 헌법에는 조약은 '상원의 조언과 동의를 얻어' 대통령이 체결한다는 독특한 규정이 있다. 그러나 미국의 대외관계는 지역적으로 매우 한정되어서 이 특이한 규정이 폭넓은 의미를 갖지는 못했다.

　외교 현실의 생생한 국면은 확실히 뉴스로서의 가치를 지니고 있었다. 그러나 대학이나, 더 폭넓은 지식인층을 보아도, 현행 국제문제를 조직적으로 연구하는 곳은 어디에도 없었다. 전쟁은 여전히 주로 군인들의 문제로 간주되었다. 그런 식으로 생각하면 국제정치는 외교관의 문제였다. 일반국민에게는 국제문제 처리를 전문가의 손에서 빼앗아야 한다는 요구가 없었고, 심지어 전문가들이 무슨 일을 하고 있는지 진지하고 체계적으로 관심을 기울이려는 의지도 없었다.

그런데 1914~18년의 제1차세계대전은, 전쟁은 직업군인에게만 영향을 미치는 문제라는 생각에 종지부를 찍는 동시에, 국제정치는 직업 외교관에게 맡겨 놓으면 그만이라는 생각 또한 마찬가지로 없애 버렸다. 국제정치를 널리 대중화하려는 운동은 비밀조약 반대운동이라는 형태로 영어권 각 나라에서 시작되었다. 비난할 만한 증거는 불충분했음에도, 비밀조약은 전쟁 원인의 하나로 비난받았다. 비밀조약의 책임은 정부의 악의가 아니라 일반국민의 무관심에 돌려져야 했다. 이러한 조약이 체결된 사실을 모두가 알고 있었기 때문이다. 그러나 1914년의 전쟁 이전에는 그런 비밀조약에 대해 궁금해하거나 그것에 이의를 제기하는 사람도 거의 없었다.[1] 그렇지만 비밀조약 반대운동은 매우 중대한 사건이었다. 이 운동은 국제정치를 일반국민의 문제로 만들고자 하는 소망의 최초 징후였고, 새로운 학문 탄생을 예고했기 때문이다.

1. 정치학의 목적과 분석

이리하여 국제정치학은 민중의 요구에 부응하는 형태로 등장했다. 국제정치학은 특정한 목적을 위해 태어났고, 그 점에서는 다른 학문의 패턴을 그대로 따랐다. 그러나 언뜻 보기에 이러한 패턴은 비논리적인 것처럼 보일 수도 있다. 우리가 가장 먼저 해야 할 일은 사실을 수집하여 분류하고 분석하는 것이고, 거기서 추론을 통해 결론을 이끌어내는 것이라고 할 수 있기 때문이다. 그렇게 하면, 우리가 무엇을 위해 사실을 분석하고 결론을 이끌어내는지, 바로 그 목적을 쉽게 확인할 수 있다.

그러나 인간의 정신활동은 반드시 이렇게 논리적인 순서에 따라 전개되지는 않는다. 다시 말해 인간의 정신은 거꾸로 작용하기도 한다. 논리적으로는 분석

---

[1] 러불동맹에 관해 최근의 한 역사가는 몇몇 프랑스 급진론자—그들은 이 동맹을 숨기는 비밀주의에 반대했다—의 항의행동에 대한 기록을 남기면서 이렇게 논의를 이어 갔다. '의회와 여론은 정부의 이토록 완벽한 비밀을 너그럽게 보아 넘기는 동시에, 이 협정의 조항과 범위에 대해 완전히 무지한 것에 안주하고 있었다.'(Georges Michon, *L'Alliance Franco-Russe*, p. 75) 1898년, 프랑스 국민회의에서 아노토는 이 협정의 조건들을 밝히는 것은 '절대로 불가능하다'고 말하여 박수갈채를 받았다(ibid. p. 82).

뒤에 이어져야 할 목적이, 먼저 분석이 할 일을 상기시키고 분석에 방향성을 부여하는 것이다. 엥겔스(독일의 사상가. 1820~1895)는 이렇게 썼다. '만일 사회에 무엇인가 기술상의 필요가 생긴다면, 그 필요는 학문의 진보에 대학을 10개 합친 것보다 더 큰 자극제가 될 것이다.'[2]

현존하는 가장 오래된 기하학 책에는 이를테면 '둥근 과일의 둘레를 재는 방법', '토지 구획 기준', 그리고 '거위와 소가 먹는 사료의 양을 계산하는 방법' 등, 구체적인 문제를 해결하기 위해 만든 수많은 실용적인 법칙이 규정되어 있다.[3] 칸트(독일의 철학자. 1724~1804)는 이렇게 말했다. '이성은 교사가 이야기하는 내용을 하나도 놓치지 않고 들으려 하는 학생의 태도가 아니라, 스스로 나아가서 증인에게 묻고 그 질문에 대답하게 하는 재판관의 태도로 자연을 다루어야 한다.'[4] 현대의 어느 사회학자는 이렇게 썼다. '어떠한 방법으로 체계화할 것인가, 대상의 어느 부분에 중점을 둘 것인가, 우리가 묻고 답하려는 문제를 어떻게 설정할 것인가. 만일 이러한 것을 직접적으로 인간적인 관심에 따라 확고하게 결정할 수 없다면, 우리는 별과 암석, 원자에 대해서도 연구할 수 없을 것이다.'[5]

건강을 증진하고자 하는 목적이 의학을 낳았다. 다리를 건설하려는 목적이 공학을 낳았다. 정치체제의 병폐를 고치고 싶다는 욕구가 정치학에 탄력과 자극을 주었다. 의식하든 의식하지 않든 목적은 사고(思考)의 선행조건이다. 사고를 위한 사고는 그저 재산을 쌓기 위해 돈을 모으는 구두쇠와 마찬가지로 비정상적이고 결실이 없는 것이다. '소망은 사고의 아버지'라는 문구야말로 인간의 진지한 사고의 출발점으로서 핵심을 찌르는 말이다.

만약 이것이 자연과학에서 진실이라면, 정치학에서는 그것보다 훨씬 더 깊은 의미에서 진실이다. 자연과학에서 사실에 대한 연구와 사실을 다루는 목적을 구별하는 것은 이론적으로 타당할 뿐만 아니라 실제로 늘 일어난다. 암의 원인을 탐구하는 연구자는 원래부터 이 병을 퇴치한다는 목적에 고무되었다고 할 수 있

---

2) Sidney Hook, *Towards the Understanding of Karl Marx*, p. 279에서 재인용.
3) J. Rueff, *From the Physical to the Social Sciences*(Engl. transl.), p. 27.
4) Immanuel Kant, *Critique of Pure Reason*(Everyman ed.), p. 11.
5) Robert M. MacIver, *Community*, p. 56.

다 그러나 이 목적은 가장 엄밀한 의미에서 연구 내용 자체와는 관계가 없으며, 그것에서 분리할 수 있다. 연구자가 내리는 결론은 사실에 대한 정확한 보고에 지나지 않는다. 연구자의 결론이 있는 그대로의 사실과 다른 사실을 만들어 내는 것은 허용되지 않는다. 사실은 사람이 그것에 대해 생각하는 것과 상관없이 존재하기 때문이다.

그런데 인간의 행동과 관련이 있는 정치학에서는 이러한 의미에서의 사실은 존재하지 않는다. 연구자는 정치체제의 병폐를 고치고자 하는 욕구에 따라 연구에 힘을 기울인다. 연구자는 질병의 원인으로 생각되는 것에서, 인간이 보통 일정한 조건에 대해서는 일정한 형태로 반응한다는 사실을 밝혀낸다. 그러나 이것은 인체가 어떤 약제에 일정한 방식으로 반응하는 사실과는 성격이 다르다. 정치학이 대상으로 하는 사실은 바꾸고자 하는 의지가 있으면 바꿀 수 있는 사실이다. 그리고 이미 연구자의 마음속에 있는 변혁에 대한 욕구는 연구 결과에 따라 수많은 사람들을 움직여 실현되는 것이다.

자연과학과는 달리 정치학의 목적은 연구 내용과 무관할 수 없으며, 연구 내용에서 목적을 분리할 수도 없다. 목적은 그 자체가 하나의 사실이다. 이론적으로는 사실을 입증하는 연구자의 역할과, 올바른 행동을 생각하는 실천자의 역할 사이에 선을 긋는 것은 가능하다. 그러나 실제로는 한쪽의 역할이 알게 모르게 다른 쪽 역할로 말미암아 변해 간다. 목적과 분석은 하나의 과정의 본질적인 부분을 각각 이루고 있다.

이 점에 대해서는 몇 가지 예를 들어 설명할 수 있다. 암의 원인을 밝히려는 연구자가 암 퇴치라는 목적을 가지고 연구하는 것과 마찬가지로, 마르크스(독일의 경제학자, 철학자. 1818~1883)는 자본주의 체제 타도라는 목적 아래 《자본론》을 썼다. 그러나 암에 관한 사실과 달리, 자본주의에 관한 여러 사실들은 자본주의를 대하는 사람들의 태도와 무관하지 않다. 마르크스의 분석은 자본주의를 대하는 사람들의 태도를 바꾸려는 의도에서 나왔고 실제로 바꾸는 데 성공했다. 그는 사실을 분석하는 과정에서 그 사실을 바꾼 것이다. 학자로서의 마르크스와 전도자로서의 마르크스를 구별하는 것은 하찮고 부질없는 짓이다.

1932년 여름, 영국 금융전문가들은 정부에게 전시공채(戰時公債)의 이율을 5%

에서 3.5%로 내리는 것이 가능하다고 권고했는데, 그때 그들은 특정한 사실을 분석하고 그 분석에 따라 권고했을 것이다. 그러나 이 전문가들이 영국 정부에 그러한 권고를 한 사실이 금융계에 널리 알려지면서, 그 실시를 성공으로 이끄는 여러 요인 가운데 하나가 되었다. 분석과 목적은 분리할 수 없는 관계에 있었던 것이다.

정치적 사실을 구성하는 것은 정치 전문가나 유능한 학자의 견해뿐만이 아니다. 신문의 정치면을 읽고, 정치집회에 참여하고, 이웃사람과 정치에 대해 이야기를 나누는 사람들 모두 나름대로 정치학 연구생이다. 따라서 그들 한 사람 한 사람이 내리는 판단은(민주주의 국가에서는 특히 그렇지만, 꼭 민주주의 국가에서만 그런 것은 아니다) 정치사상을 전개시키는 하나의 요인이 된다. 따라서 생각건대 이 책을 비평하는 사람은, 이 책이 잘못되어서가 아니라 시대에 맞지 않는다는 이유로 비판하게 될지도 모른다. 이러한 비판은 그 옳고 그름과 상관없이 이해할 수 있다.

그런데 암의 원인과 관련된 책에 대해 그러한 비판을 하는 것은 의미가 없다. 모든 정치적 판단은 그 판단이 내려지는 데 바탕이 되는 사실 자체를 수정하는 데 기여하기 때문이다. 정치적 사고는 그 자체가 정치행동의 한 형태이다. 정치학은 무엇이 존재하는가에 대한 학문일 뿐만 아니라 무엇이 존재해야 하는가에 대한 학문이기도 하다.

2. 이상주의(Utopianism)의 역할

따라서 목적이 사고에 앞서 사고를 규정한다면, 새로운 분야에서 인간의 정신이 작용하기 시작할 때 소망 또는 목적의 요소가 압도적으로 강하게 드러나면서, 사실과 수단을 분석하는 경향은 약하거나 거의 없는 단계가 가장 먼저 나타나는 것은 그리 놀라운 일이 아니다. 홉하우스(영국의 철학자. 1864~1929)는 '가장 원시적인 종족'의 특징으로, '어떤 견해가 올바르다는 사실을 증명하는 것과, 그 견해와 같은 상태가 되기를 기대하는 것을 아직도 구별하지 못하는 것'을 들었다.[6]

---

[6] L. T. Hobhouse, *Development and Purpose*, p. 100.

이것은 정치학의 초기단계, 다시 말해 '이상주의적' 단계에도 마찬가지로 적용될 수 있다. 이 단계에서 연구자는, 실제로 존재하는 '사실'이나 원인, 결과의 분석에는 거의 주의를 기울이지 않는다. 그들은 자신들이 의도하는 목적을 이루기 위한 관념적인 계획을 짜내는 데 전력을 기울인다. 게다가 이 관념적 계획은 단순하고도 완전무결하기 때문에 대중을 쉽게 사로잡는 힘을 가지고 있다. 이러한 계획을 실현할 수 없게 되고 소망이나 목적만으로는 바람직한 결과를 얻을 수 없다는 것을 알았을 때, 연구자는 마지못해 분석의 힘에 의지하게 된다. 그리하여 연구는 유치하고 이상주의적인 시대에서 벗어나, 하나의 학문으로서 자기를 주장하게 될 것이다. 긴즈버그 교수(영국의 사회학자. 1889~1970)는, '사회학은 정밀한 귀납법적 연구가 없는 조잡한 일반화에 대한 반발로 등장했다'[7]고 말했다.

자연과학 분야에서도 학문 발전에서 이러한 과정을 보여 주는 것은 그리 어려운 일이 아니다. 중세 시대에 금(金)은 널리 인정받는 교환수단이었다. 그러나 그 무렵에는 경제가 충분히 발달하지 않았기 때문에 그러한 교환수단의 필요량은 한정되어 있었다. 그런데 14, 5세기가 되어 새로운 경제조건이 생겨나면서 화폐 거래가 광범위하게 이루어지게 되자 금 공급량이 부족하다는 사실이 드러났다. 그래서 당시의 영리한 사람들은 주위에 흔히 있는 금속을 금으로 바꾸는 가능성에 대해 실험하기 시작했다.

이러한 연금술사의 생각은 순전히 목적적이었다. 납을 그 금속의 속성상 금으로 바꿀 수 있는지에 대해 연금술사가 진지하게 연구한 것도 아니었다. 연금술사의 생각으로는, 목적(즉 금을 만들어야 한다는 것)이 절대였고, 수단과 재료를 무슨 일이 있어도 목적에 맞추어야만 했다. 이 관념적인 계획이 실패로 끝났을 때에야 연구자는 비로소 자신의 사고를 '사실', 즉 재료의 성질을 연구하는 데 돌리려고 했다. 납으로 금을 만든다는 최초의 이상주의적인 목적은 처음부터 이루어질 가능성이 없었지만, 근대 자연과학은 이러한 원시적 야심에서 서서히 발전해 갔다.

우리의 주제에 더욱 가까운 분야에서 다른 예를 찾아보자.

정치학을 탄생시키는 역사상 최초의 중요한 시도는 기원전 4, 5세기 무렵에 있

---

7) M. Ginsberg, *Sociology*, p. 25.

었다. 그 시도는 중국과 그리스에서 각각 일어났다. 중국의 공자(孔子)와 그리스의 플라톤은 당연히 그들이 살았던 시대의 정치제도에서 깊은 영향을 받았다. 그러나 그들은 이러한 정치제도의 특질을 실제로 분석하지는 않았고, 그들이 비난해 마지않는 여러 악의 근본 원인을 진지하게 밝히려고 한 것도 아니었다. 연금술사와 마찬가지로, 그들은 매우 공상적인 해결책—이러한 해결책과 실제로 존재하는 사실의 관계는 완전히 무시되었다—을 목청껏 외치며 만족하고 있었다.[8] 그들이 제기한 새로운 정치질서는 금과 납의 차이와 마찬가지로 그들을 에워싸는 현실과는 완전히 달랐다. 그 해결책은 분석이 아니라 소망에서 비롯된 것이었다.

18세기 서유럽에서는 무역이 매우 중요해졌는데, 그와 더불어 정부의 권한으로 만들어 중상주의 이론을 통해 정당화된 수많은 규제가 번거롭게 여겨지기 시작했다. 이러한 규제에 대한 불만은 보편적인 자유무역이라는 환상으로 나타났다. 즉 이 환상에서 프랑스의 중농주의자들과 영국의 애덤 스미스(영국의 경제학자, 1723~1790) 등이 정치경제학이라는 학문을 수립한 것이다. 이 새로운 학문은 주로 실제 존재하는 사실을 부정하는 것에서 출발하여, 가설로서의 경제인(자기 이익을 극대화하기 위해 합리적으로 행동하는 개인의 모델)의 행동에 관한 인위적이고 비실증적인 일반화를 바탕으로 만들어졌다.

실제로 이 학문은 매우 유용하고도 중요한 몇 가지 성과를 올렸다. 그러나 경제이론은 오랫동안 이상주의적인 특징을 지니고 있었다. 아직도 몇몇 '고전경제학자'는 보편적 자유무역—단 한 번도 실재한 적이 없는 상상 속의 조건—을 경제학의 올바른 기본원리로 삼아야 하며, 모든 현실을 이 이상주의적 원형(原型)으로부터의 일탈로 간주할 것을 주장했다.[9]

---

8) '플라톤과 플로티누스, 모어와 캄파넬라는 그들의 영감의 원천이 된 현실 사회의 결함 때문에 그 공동체의 조직에서 누락되었던 구성요소들을 재료로 삼아, 각각 상상 속의 사회를 만들어 냈다. '공화국', '유토피아', '태양의 도시' 등은 저자들의 체험 속에서 도저히 비난하지 않을 수 없는 현실에 대한 이의 제기였다.'(J. E. E. Dalberg-Acton, *History of Freedom*, p. 270)

9) '자유주의 경제는 생각할 수 있는 한 가장 뛰어난 유토피아의 실례이다. 지금까지 사람들이 상상해 온 것은 가장 복잡한 경쟁의 법칙 속에서, 모든 것이 상업적 유형으로 환원될 수 있는 사회였다. 오늘날 이러한 이상사회는 플라톤의 사회와 마찬가지로 실현불가능하다는 것이 알려져 있다.' (Georges Sorel, *Réflexions sur la violence*, p. 47) 로빈스 교수가 자유방임경제학을 옹호한 다음과 같은 유명한 말과 비교해 보기 바란다. '비인격적인 법안체계—그 속에서 어떠한 자연발생적 관계가

19세기 초 산업혁명은 서유럽에서 새로운 인간의 사유를 끌어들인 사회문제를 불러일으켰다. 이 문제를 해결하려 한 선구자는 후세 사람들이 '공상적 사회주의자'라고 이름 붙인 사람들이다. 프랑스의 생시몽(프랑스의 사회주의자. 1760~1825)과 푸리에(프랑스의 사회주의자. 1772~1837), 영국의 로버트 오언(영국의 사회주의자. 1771~1858) 등이 그에 속한다.

이러한 사상가들은 계급이익 또는 계급의식의 특질, 나아가서는 이 계급이익과 계급의식에서 태어나는 계급투쟁의 본질을 분석하려고 하지 않았다. 그들은 단순히 인간행동에 대한 비실증적인 가설을 만들어, 모든 계급의 사람들이 사이좋게 살고 필요에 따라 노동의 성과를 나눠 갖는 이상적인 공동체라는 공상적인 구상을 이 가설 위에 그려낸 것이다. 엥겔스가 말한 것처럼, 그들 모두에게 '사회주의는 절대적 진리이자 이성과 정의의 표현이며, 그것을 찾아내면 사회주의는 자신의 힘으로 세계를 정복하는 것이다.'[10] 공상적 사회주의자들은 이 문제와 이 문제에 도전할 필요성을 인간에게 깨우쳐 주었다는 점에서는 가치 있는 기여를 했다고 할 수 있다. 그러나 그들이 제시한 해결책은 이 문제를 빚은 그즈음의 상황과는 아무런 논리적 관련이 없었다. 다시 말하지만, 이러한 해결책은 분석이 아니라 소망에서 비롯되었던 것이다.

이와 같은 정신에서 완성된 구상은 물론 성공하지 못했다. 어느 누구도 실험실에서 황금을 만들 수 없었던 것과 마찬가지로, 플라톤의 공화국과 보편적 자유무역의 세계에 살았던 사람은 이제까지 아무도 없었고, 푸리에의 팔랑스테르(사회주의적 생활공동체)에서 살았던 사람도 없다. 다만 그럼에도 공자와 플라톤을 정치학의 시조로서, 애덤 스미스를 정치경제학의 창시자로서, 또 푸리에와 오언을 사회주의의 개조로서 존경하는 것은 매우 타당하다. 목적을 이루려는 소망이 강

생겨나도 상호이익이 되지만—를 통해 인간행동이 조화를 이룰 수 있다는 생각은, 중앙계획 당국이 개개인의 행동과 행동양식을 규정한다는 착상 못지않게 교묘하고 야심적이다. 이러한 생각은 정신적으로 건전한 사회의 필요조건과 합치할 것이다.'(*Economic Planning and International Order*, p. 229) 그렇다면 플라톤의 공화국 구조가 지금까지 존재했던 모든 국가와 마찬가지로, 적어도 교묘하고도 야심적이며 나아가서는 정신적 요구에 충분히 부응하는 것이라는 주장도 마찬가지로 진실이고, 또한 유익할 것이다.

10) Friedrich Engels, *Socialism, Utopian and Scientific*(Engl. transl), p. 26.

하게 표출되는 초기 단계는 인간 사고의 본질적인 기반이다. 소망은 사고의 아버지이다. 목적론은 분석에 앞선다.

국제정치학은 처음부터 목적론적 성격이 뚜렷했다. 국제정치학은 참혹한 대규모 전쟁에서 태어났다. 이 새로운 학문의 선구자들을 지배하고 그들을 북돋운 결정적인 목적은 무엇이었을까. 그것은 국제정치체가 안고 있는 전쟁이라는 병폐의 재발을 방지하는 것이었다. 전쟁을 막는다는 열망이야말로 이 학문의 애초의 진로와 방향을 모두 결정했다. 요람기에 있는 다른 학문과 마찬가지로, 국제정치학은 극명하게 그리고 명백하게 이상주의적이었다. 국제정치학의 초기 단계에서는 소망이 사고보다, 일반론이 관찰보다 각각 앞섰다. 이 단계에서는 실제로 존재하는 사실이나 이용되는 수단을 비판적으로 분석하려는 시도는 거의 없었다. 이 단계에서는 오로지 이루어야 할 목적에 관심이 집중된다. 목적이 매우 중요하기 때문에 수단이 제시되어도 그것을 비판적으로 분석하는 것은 쓸데없는 일로 치부되었다.

윌슨 대통령(미국 정치가. 1856~1924)이 제1차세계대전 뒤 파리강화회의에 가던 도중에, 측근 한 사람이 윌슨 자신이 만든 국제연맹 설립계획이 성공할 것 같으냐고 묻자, 그는 짧게 이렇게 대답했다. '안 되면 되게 하면 된다.'[11] 국제경찰 구상과 '집단안전보장' 구상, 또는 무언가 다른 국제질서기구 계획을 내세우는 사람은, 보통 비판자들에게 자신의 구상을 어떤 방법으로 왜 실현해야 하는지를 보여 주고 반론하는 것이 아니었다. 이러한 구상을 이끌어 내는 사람은 그것이 실현되지 않으면 비참한 결과를 불려올 것이므로 그것이 실현되게 해야 한다는 선언이나, 그게 아니면 대안이 될 엉터리 약이라도 내놓으라는 요구로써 그 비판자에게 응수한다.[12]

이러한 태도는 연금술사나 공상적 사회주의자가 납을 황금으로 바꿀 수 있는지, 또는 인간이 모범적인 사회주의 공동체 속에서 살아갈 수 있는지 의심하는

---

11) R. S. Baker, *Woodrow Wilson and World Settlement*, i. p. 93.
12) '1775년(정확하게는 1755년) 리스본 지진이 일어났을 때 지진에도 살아남을 수 있는 알약을 팔러 다니던 사람에 대한 유명한 이야기가 있는데, 어떤 사람이 그 알약은 절대로 듣지 않을 거라고 말하자, 그 남자는 이렇게 대답했다. '그럼 당신은 이 알약 말고 대체 뭘 먹을 거요?''(L. B. Namier, *In the Margin of History*, p. 20)

회의론자에게 응답할 때의 바로 그 자세였다. 여기서 사고는 배제되었다. 1919년부터 1939년 사이의 국제정치에 대한 수많은 말과 글은, 경제학자 마셜(영국의 경제학자. 1842~1924)이 다른 문맥에서 퍼부은 다음과 같은 혹평을 받아도 어쩔 수가 없었다. 마셜은 '성급한 유토피아적 구상을 마음에 그리는 신경과민적인 무책임함'을 '혼자 검은 말과 흰 말을 움직여 어떠한 난국도 졸속으로 헤쳐 나가는 형편없는 체스 선수의 뻔뻔한 수완'에 비유했다.[13]

그러나 이러한 지적 태만에도 참작의 여지가 있다면 어쩌면 다음과 같이 말할 수 있을지도 모른다. 즉 초기 시대 국제정치의 검은 말은 이렇게 실력이 형편없는 선수의 손안에 있었기 때문에, 가장 예민한 지성조차 이 게임의 진정한 어려움을 좀처럼 이해할 수 없었다는 것이다. 1931년 이후의 중대 사건을 보면, 단순한 소망만으로는 국제정치학의 기초로 부족한 것은 명백하다. 또 그러한 중대 사건이 있었기 때문에 국제정치학은 비로소 국제문제에 대해 엄밀하게 비판적이고 분석적으로 사고하기 시작했다.

3. 현실주의의 충격

스스로 전능하지 않다는 것을 깨달은 겸손한 태도와, 현실에 대한 분석과 이상적인 모습에 대한 소망을 구별할 줄 아는 겸허함을 충분히 갖추기 전에는, 어떠한 학문도 학문이라는 이름값을 할 수 없다. 정치학에서는 이 구별을 결코 절대적이라고 볼 수 없기 때문에, 정치학이 학문으로서의 자격을 가지는 것은 바람직하지 않다고 주장하는 사람들도 있다. 자연과학을 비롯하여 정치학도, 언젠가는 소망으로 채색된 초기 단계에서 냉엄하고 비정한 분석의 단계로 이어지는 지점에 이르게 된다.

자연과학과 정치학의 차이는, 정치학이 이상주의에서 전면적으로 해방되는 일은 결코 없으며, 또 이상주의적 발전단계에서는 정치학자가 자연과학자보다 초기 단계에 더 오래 머무는 경향이 있다는 점에 있다. 이것은 완전히 자연스러운 현상이다. 왜냐하면 전 세계 모든 사람이 납을 황금으로 바꾸는 것을 아무리 열망

---

13) *Economic Journal*(1907), xvii. p. 9(정확하게는 p. 16).

해도 그것을 이룰 수는 없지만, 모든 사람이 진정으로 '세계국가'와 '집단안전보장'(이러한 용어가 저마다 같은 것을 의미하고 있었다 치고)을 바란다면 쉽게 실현할 수 있다는 것은 부정할 수 없기 때문이다. 만약 국제정치 연구자가, 자신이 할 일은 '세계국가'나 '집단안전보장'을 바라는 모든 사람을 이끄는 것이라고 믿고 그 일을 시작한다면 그것은 이해할 수 있다.

그러나 그러한 길을 걸어가다가는 어떠한 진전도 있을 수 없다는 것, 그리고 어떠한 정치적 이상도 그것이 정치적 현실에서 생기는 것이 아닌 한 가장 낮은 성공조차 기대할 수 없다는 것을, 국제정치 연구자가 이해하는 데는 어느 정도 시간이 걸린다. 그 사실을 깨달은 그는 그제야 학문의 특질인, 현실에 대한 냉엄하고 비정한 분석을 시도한다. 그래도 국제정치 연구자는 여러 사실의 원인을 분석해야 하는데, '세계국가'와 '집단안전보장'을 원하는 사람이 그리 많지 않다는 것도 그 사실들 가운데 하나이다. '세계국가'와 '집단안전보장'을 원하는 사람들도 실은 이 말 속에 서로 전혀 다른 모순되는 의미를 부여한다는 것 또한 하나의 사실이다. 이러한 국제정치 연구자는 목적만으로는 아무런 결실도 얻을 수 없다고 생각되는 단계에 도달하고, 나아가서는 현실 분석이 그의 연구에 꼭 필요한 요소임을 깨닫게 되는 단계에 이르게 된다.

학문의 발전과정에서 사고가 소망에 미치는 영향은 이 최초의 비현실적인 구상이 좌절한 뒤에 나타나며, 그것은 특히 이상주의적 시기의 종언을 고한다. 즉 소망에 대한 이 사고의 충격이 바로 일반적으로 현실주의라고 불리는 것이다. 초기단계에서 꿈같은 소망에 대한 반동을 상징하듯이, 현실주의는 비판적이고 조금 냉소적인 성격을 띠는 경향이 있다. 사고의 분야에서 현실주의는 사실의 용인 및 사실의 원인과 결과의 분석에 무게를 둔다.

현실주의는 목적의 역할을 가볍게 여기는 경향이 있다. 그리고 현실주의는, 사고의 작용은 그 자체가 영향을 줄 수도 바꿀 수도 없는 일련의 사상(事象)을 연구하는 일이라고 주장하고 싶어 한다. 행동의 분석에서 현실주의는, 현존하는 여러 힘의 저항할 수 없는 힘과 현존하는 여러 경향의 필연성을 강조하는 경향이 있다. 현실주의는 또, 최고의 지혜는 이러한 힘과 경향들을 받아들이고 거기에 자신을 적응시키는 데 있다고 말하고 싶어 한다.

이러한 태도는 '객관적'인 사고라는 이름으로 주장되지만, 결국 사고를 무력화하고 행동을 부정하는 결과를 가져올 것이 뻔하다. 그러나 지나친 이상주의를 교정하는 수단으로 현실주의가 필요해지는 시대가 있다. 그것은 바로 다른 시대에 현실주의의 불모성에 대항하기 위해 이상주의를 불러내는 것과 같다. 미성숙한 사고는 매우 목적적이고 이상주의적이다. 그러나 목적을 완전히 거부하는 사고는 노인의 사고이다. 성숙한 사고는 목적과 함께 관찰과 분석을 두루 갖춘다. 이상과 현실을 그렇게 하여 정치학의 양면을 구성한다. 건전한 정치사고와 건전한 정치생활은 이상과 현실이 공존하는 곳에서만 모습을 드러낼 것이다.

제2장 이상과 현실

이상과 현실의 대립은 많은 사고형태에서 나타나는 기본적인 대립이다. 이 둘의 대립은 천칭처럼 균형을 잡으려고 끊임없이 흔들리지만 완전한 균형에 이르는 일은 결코 없다. 두 가지 사고방법—즉 무엇이 존재해야 하는지에 대해 깊이 파고들며 무엇이 존재했고 무엇이 존재하는가를 무시하는 경향과, 무엇이 존재했고 무엇이 존재하는가 하는 문제에서 무엇이 존재해야 하는가를 이끌어내는 경향—은 모든 정치문제에 대해 상반되는 관점을 만들어낸다. 알베르 소렐(프랑스의 역사가, 1842~1906)이 말한 것처럼, '그것은 세계를 자신들의 정책에 적응시키는 거라고 생각하는 사람들과, 자신들의 정책을 세계의 현실에 맞춰 입안하는 사람들 사이의 영원한 논쟁이다.'[14] 오늘날 국제정치의 위기를 연구하기 전에, 이 이상과 현실의 대립을 깊이 검토해 볼 필요가 있다.

1. 자유의지와 결정론
이상과 현실의 대립은 어떤 면에서는 '자유의지'와 '결정론'의 대립으로 볼 수 있다. 이상주의자는 필연적으로 주의주의자(主意主義者, 지성보다 의지를 상위에 두

---

14) Albert Sorel, *L'Europe et la Révolution Française*, p. 474.

고 그것을 행동의 근본 원리로 삼는 사람)이다. 이상주의자는 현실을 대체로 근본적으로 부정할 수 있고, 또 의지의 작용을 통해 현실을 이상으로 바꿀 수 있다고 믿는다. 현실주의자는, 스스로 바꿀 수 없고 미리 결정되어 있는 발전과정을 분석한다. 헤겔(독일의 철학자. 1770~1831)의 《법철학》 서문에 있는 유명한 말을 인용하면, 현실주의자에게 철학은 세계를 바꾸기에는 언제나 '너무 늦게 찾아온다.'

이상주의자는 미래에 눈을 고정한 채 창조적 자발성을 바탕으로 사고한다. 현실주의자는 과거에 뿌리를 박은 채 인과성에 근거해 사고한다. 모든 건전한 인간 행동, 따라서 모든 건전한 사고는 이상과 현실 사이에서, 그리고 자유의지와 결정론 사이에서 균형을 잡고 서야 한다. 완전한 현실주의자는 사물의 인과관계를 무조건적으로 받아들이기 때문에 현실을 바꿀 수 있는 가능성을 부정하게 된다. 완전한 이상주의자는 인과관계를 거부하기 때문에, 그가 바꾸려 하는 현실이라든가 현실을 바꾸어 나갈 수 있는 과정을 이해하지 못한다. 이상주의자의 전형적인 결함은 어리숙한 순진함이고 현실주의자의 결함은 메마름이다.[15]

2. 이론과 실천

이상과 현실의 대립은 이론과 실천의 대립과 비슷하다. 이상주의자는 정치이론을 정치적 실천이 따라야 하는 규범으로 본다. 현실주의자에게 정치이론은 정치적 실천을 성문화(成文化)한 것이다. 이론과 실천의 관계는 최근에 정치사상의 중심 문제의 하나로 떠올랐다. 그것은 이상주의자와 현실주의자 둘 다 이 이론과 실천의 관계를 왜곡하기 때문이다. 이상주의자는 목적과 사실의 상호의존을 인정하지만, 목적을 마치 단 하나의 유의미한 사실인 것처럼 취급할 뿐만 아니라 바람을 담은 명제를 언제나 직설법으로 표현한다. 미국 독립선언은 '모든 인간은 평등하게 창조되었다'고 단정한다. 리트비노프(소련 외교관. 1876~1951)는 '평

---

15) 심리학자는 여기서 다음과 같은 유비―물론 유비 이상의 것으로 취급하는 일은 위험하겠지만―에 흥미를 느낄지도 모른다. 곧, 융이 심리적 유형을 '내향형'과 '외향형'으로 분류한 것(C.G. Jung, *Psychological Types*)과 윌리엄 제임스가 여러 가지 상반된 유형들을 짝을 지어 합리론자/경험론자, 주지주의자/감각론자, 관념론자/유물론자, 낙관적/비관적, 종교적/비종교적, 자유의지론적/숙명론적, 일원론적/다원론적, 독단적/회의적이라고 제시한 것과 같은 경우를 말한다(W. James, *Pragmatism*).

화는 불가분의 것'이라고 말했다.[16] 노먼 에인절 경(영국의 저널리스트, 평화운동가. 1872~1967)은 인류의 생물학적 분류를 전쟁 중인 독립 국가들의 구분에다 적용한 것은 '과학적 부조리'라고 말했다.[17]

그런데 미국에서도 모든 인간이 태어나면서부터 평등한 것은 아니고, 이웃 나라가 전쟁의 소용돌이 속에 있을 때도 소련은 평화를 누리고 있었던 것은 우리가 공통으로 관찰한 사실이다. 사람을 잡아먹는 호랑이를 '과학적 부조리'라고 규정하는 동물학자에 대해서는 논할 것도 없다. 지금 말한 명제들은 마치 사실을 진술하는 것처럼 위장된 정치강령의 항목에 지나지 않는다.[18] 이상주의자는 이러한 '사실'의 몽상세계 속에 살고 있고, 이 세계는 사실—이상주의자가 말하는 '사실'과는 전혀 다른—로 이루어진 현실세계와는 거리가 멀다.

한편 현실주의자는 이러한 이상주의적인 명제가 현실이 아니라 소망이고, 직설법이 아니라 자신들의 바람을 말하는 어법임을 쉽게 간파한다. 그리고 현실주의자는, 소망으로 간주되는 이러한 명제는 실은 선험적 명제가 아니며, 더 나아가, 이상주의자는 도저히 이해할 수 없는 형태로 실제 세계에 뿌리내리고 있는 것이라고 주장한다.

즉 현실주의자에게 인간의 평등이라는 명제는 특권계급의 수준으로 자신들을 끌어올리려는 하층계급의 이데올로기이다. 평화의 불가분성이라는 명제도 공격의 위기에 처해 있는 나라들이 자신들에 대한 공격이, 현재는 평화를 누리고 있는 다른 나라들에도 중대사라는 기본원칙을 어떻게든 세우고 싶어 들이미는 이데올로기로 볼 뿐이다.[19] 또 주권국가가 부조리하다는 명제는 다른 나라의 주권이 자신의 우월적 지위를 유지하는 데 방해가 된다고 여기는 강대국의 이데올로기이다. 이렇게 이상주의 이론이 의지하고 있는 숨겨진 기반을 밝히는 것은 진지

---

16) *League of Nations : Sixteenth Assembly*, p. 72.
17) Norman Angell, *The Great Illusion*, p. 138.
18) 마찬가지로 마르크스의 잉여가치설은 아무리 호의적으로 말해도 '경제적 진리로서의 의의보다 정치적, 사회적 슬로건으로서 의의를 가진 것이다'(M. Beer, *The Life and Teaching of Karl Marx*, p. 129).
19) 소비에트 당국은 다른 나라가 소비에트보다 더욱 공격 위기에 처해 있을 것이라고 보고, 1939년 5월 리트비노프를 해임하고 평화의 불가분성에 대한 주장에 종지부를 찍었다.

제1부 국제정치학   195

한 정치학의 필수 전제가 된다.

그러나 현실주의자는 정치이론의 선험적 성격을 모두 부정하고, 또 정치이론이 실천에 뿌리박고 있음을 증명하기 위해 쉽게 결정론에 빠져 버린다. 이 결정론의 관점에서 보면, 이론은 미리 준비되고 결정된 목적을 합리화하는 수단에 지나지 않는 완전한 무용지물로, 그로써 현상을 바꿀 수는 없다. 따라서 이상주의자가 목적을 유일하고 궁극적인 사실로 다루는 데 비해, 현실주의자는 과감하게 목적은 단순히 다른 여러 사실에서 기계적으로 생겨나는 것이라고 생각한다.

그러나 만일 우리가 인간의 의지와 소망을 기계적으로 다루는 것을 이해할 수 없거나 참을 수 없게 되면, 그때 우리는 이론이 실천에서 나와 실천 자체가 되어가는 과정 속에서 스스로 변혁적인 역할을 한다고 인정해야 한다. 정치과정은 현실주의자가 믿고 있는 것처럼 기계적인 인과법칙에 지배당하는 일련의 현상 속에만 있는 것이 아니다. 그러나 그렇다고 이상주의자가 믿고 있는 것처럼, 정치과정이란 분별 있는 명민한 사람들의 내면적인 의식에서 태어난 특정한 이론적 진리를 실천의 형태로 적용하는 데만 있는 것도 아니다. 정치학은 이론과 실천의 상호의존을 인식하고 그 인식 위에 세워져야 한다. 그리고 이 이론과 현실의 상호의존은 이상과 실천이 서로 결합해야 비로소 얻을 수 있다.

3. 지식인과 관료

정치에서 이론과 실천의 대립은 구체적으로는 '지식인'과 '관료'의 대립으로 나타난다.[20] 전자는 주로 선험적으로 사고하도록 훈련되어 있고, 후자는 경험적으로 사고하도록 교육받는다. 본질적으로 지식인은 실천을 이론에 맞추려고 한다. 지식인은 자신의 사고가 외부의 힘에 제약받는 것을 탐탁하게 여기지 않는다. 지식인은 자신의 이론이 이른바 행동하는 사람들에게 원동력을 주는 지도자가 되고 싶어 한다.

---

20) 본문의 '관료'라는 용어에는 정책의 방향과 관련된 군인도 포함된다. 아마 굳이 말할 필요도 없겠지만 지적 능력이 있다고 해서 모두 지식인은 아니고, 정부 조직에 몸담고 있다고 해서 반드시 관료도 아니다. 그럼에도 '관료' 및 '지식인' 각각에게는 특유의 사고방식이라고 대략적으로 말할 수 있는 특징이 있다.

더욱이 지난 200년 동안 지식인의 사고는 모두 수학과 자연과학에 강한 영향을 받았다. 많은 지식인들이, 일반원리를 정하고 그 원리에 비추어 개별사례를 검토하는 것이 모든 학문에 필요한 토대이고 출발점이라고 여겨 왔다. 그 점에서 일반원리에 집착하는 이상주의는 정치에 대한 독특한 지적 접근을 상징한다고 볼 수 있다. 정치에서 가장 전형적인 근대 지식인의 실례인 우드로 윌슨은 '원리원칙을 설명하는 데 뛰어났다. ……그의 정치 수법은……개별적인 방책에 얽매이지 않고, 광범하고 단순한 원리에 따라 자신의 주장을 펼치는 것이었다.'[21] '민족자결'이나 '자유무역' 또는 '집단안전보장' 같은, 일반원칙이라고 할 수 있는 것(현실주의자는 이 모든 것이 어떤 특정한 조건과 이익의 구체적 표현임을 쉽게 간파할 것이다)을 하나의 절대 기준이라고 생각할 수도 있다. 그리하여 정책의 좋고 나쁨은 그 정책이 이 절대 기준에 얼마나 일치하는지 또는 어긋나는지에 따라 판단된다.

근대의 지식인은 모든 이상주의 운동의 지도자였다. 이상주의가 정치 발전에 한 기여는 주로 지식인이 공헌한 바였다. 그러나 이상주의 특유의 약점은 정치적 지식인 특유의 약점이기도 하다. 그들은 실제로 존재하는 현실을 이해하지 못할 뿐만 아니라, 자신들의 기준 자체가 어떻게 현실 속에 뿌리박고 있는지도 이해하지 못한다. 독일 정치에서 지식인의 역할에 대해 마이네케(독일의 역사학자. 1862~1954)는 이렇게 썼다. '지식인은 그들의 정치적 소망 속에 순결과 독립의 정신, 철학적 이상주의 정신, 나아가서는 이해관계의 구체적인 작용을 초월한 고상한 정신을 주입했다…… 그러나 그들은 실제의 국가생활에 따르는 현실적인 이해관계에 대한 감각이 결여되어 있었기 때문에 숭고의 극치에서 방종과 변덕으로 급속하게 타락했다.'[22]

흔히 하는 말이지만, 지식인은 공통의 경제적 이해관계로 결속해 있는 집단에 비해 직접적으로 사고의 제약을 받는 일이 적고, 따라서 갈등에 휩쓸리지 않고 초연할 수 있는 이점을 가지고 있다. 그러나 1905년에는 이미 레닌(러시아의 마르크스주의자, 소련연방 창설자. 1870~1924)이 '지식층은 계급의 바깥쪽에 서는 것

---

21) R. S. Baker, *Woodrow Wilson : Life and Letters*, iii. p. 90.
22) Friedrich Meinecke, *Staat und Persönlichkeit*, p. 136.

이…… 가능하다고 보는 낡은 사고'[23]를 공격했다. 더욱 최근에 와서 이 '낡은 사고'는 만하임 박사에 의해 부활되었다. 만하임이 말하기로는, 지식층은 '비교적 계급성이 약하고', '사회적 속박이 없기에', '사회생활 속에 스며 있는 모든 이해관계를 자신 속에 내포하고 있다.' 따라서 지식층은 더 높은 수준의 불편부당성과 객관성을 얻을 수 있다.[24]

이것은 어떤 한정된 의미에서는 타당하다. 그러나 지식층이 가진 이점은, 그 이점과 표리를 이루는 결함—즉 정치생활의 결정적인 요인은 대중의 태도임에도, 바로 그 대중으로부터 고립되어 있다는 것—에 의해 상쇄된다. 장교가 지휘하는 부대가, 평시에는 그 장교의 명령에 복종하다가도 막상 치열한 전투가 벌어지면 탈주하는 경우가 흔한데, 근대의 지식인은 자신들의 지도력에 한껏 도취되어 있을 때, 그러한 부대를 거느린 장교와 같은 입장에 놓일 때가 종종 있다. 독일과 많은 유럽 약소국에서 1919년에 제정된 민주적 헌법은 지식인이 헌신적으로 만들어 낸 작품으로, 높은 이론적 완성도를 보여 준다. 그러나 이러한 민주적 헌법은 일반대중으로부터는 그다지 열렬한 지지를 받았던 것은 아니어서, 일단 위기 상황이 닥치자 거의 모든 나라에서 기능이 마비되고 말았다.

미국에서는 지식인이 국제연맹 설립에 큰 역할을 했다. 그들의 대다수는 국제연맹을 공공연하게 지지했다. 그러나 지식인의 리더십을 따르는 것처럼 보이던 미국의 대중은 막상 결정적 순간이 닥치자 국제연맹을 거부했다. 영국의 지식인은 헌신적이고 정력적인 선전을 통해 국제연맹에 대한 언론의 압도적인 지지를 얻을 수 있었다. 그런데 국제연맹규약이 국민들에게 실질적인 책임이 따르는 행동을 요구하자, 역대 정부는 무대응을 택했다. 이 사실에 지식인이 항의했지만 영국에서는 이렇다 할 반응을 얻지 못했다.

한편, 정치에 대한 관료적인 접근은 근본적으로 경험주의적이다. 관료는 개개의 문제를 '득실에 따라' 처리하는 동시에 원리원칙을 일정한 공식으로 만드는 것을 피하고, 의식적인 추론이 아니라 오랜 경험에서 나온 직관적인 과정을 거쳐 올바른 길로 인도된다고 주장한다. 국제연맹총회의 프랑스 대표였던 한 고위 관료

---

23) V. I. Lenin, *Works*(2nd Russian ed.), vii. p. 72.
24) Karl Mannheim, *Ideology and Utopia*, pp. 137-40.

는 '일반적인 경우 같은 것은 없다. 오로지 개별적인 경우가 있을 뿐'[25]이라고 말했다. 이론을 좋아하지 않는 점에서 관료는 대부분 행동을 우선하는 실천가이다. '일단 행동하고, 그다음에 결과를 살핀다'는 말은 단순히 어떤 유명한 장군의 모토로 끝나지 않는다.

영국의 행정이 뛰어난 까닭은, 관료의 심성이 영국 정치의 경험주의적 전통에 쉽게 순응한다는 것에서 어느 정도 기인한다. 완벽한 공무원은 성문헌법과 엄격한 규칙을 꺼리며 관례, 본능, 옳은 일을 판단하는 감각에 의해 행동하는 사람, 즉 대중들이 떠올리는 영국 정치가상에 매우 가깝다. 이 경험주의는, 그 자체가 틀림없이 어떤 특정한 생각에 제약을 받고 있으며, 영국 정치의 보수적 성격을 드러낸다. 관료는 공동체의 다른 모든 계급에 비해 더욱 명확하게 현행질서 및 전통유지와 연결되어 있고, 나아가서는 행동의 '안전한' 기준으로서 관례를 받아들이는 데 집착한다.

따라서 관료제는 고위 관리의 경직되고 공허한 형식주의로 전락하기 쉬우며, 적절한 절차라고 주장하지만 사실 아무리 총명한 외부자라도 도저히 다가갈 수 없는 절차를 비전(祕傳)으로서 이해하도록 요구한다. '경험은 학문보다 가치가 있다'는 것은 전형적인 관료의 모토이다. 브라이스(영국의 정치가. 1838~1922)는 널리 퍼져 있는 편견을 이런 말로 표현했다. '학문과 지식이 아무리 뛰어나도 정치에서 현자(賢者)나 지자(知者)가 되기는 쉽지 않다.'[26] 관료는 어떤 제안을 깎아내리고 싶을 때는 그것을 '학술적이다'라고 표현한다. 이론이 아니라 실천이, 그리고 지적 총명이 아니라 관료적 훈련이 정치적 지혜의 학교이다. 관료는 정치 자체를 목적으로 하는 경향이 있다. 마키아벨리(이탈리아의 정치사상가, 역사학자. 1469~1527)와 베이컨(영국의 정치가, 철학자. 1561~1626)도 관료였다는 사실은 흥미롭다.

지식인과 관료 사이에 있는 이 사고방식의 근본적 대립은, 언제 어디서나 잠재해 있다가, 지난 반세기 동안 거의 예기치 못한 분야인 노동운동에서 나타났다. 1870년대에 쓴 것이지만, 엥겔스는 독일 노동자가 "세계에서 가장 이론적인 국민이며, 독일의 '교양' 계급에서 거의 완전히 사라진 이론적 감각을 잃지 않았다"는

---

[25] *League of Nations : Fifteenth Assembly*, Sixth Committee, p. 62.
[26] James Bryce, *Modern Democracies*, i, p. 89.

사실을 들어, 그들을 찬양했다. 엥겔스는 이 다행스러운 상태를 '영국 노동운동이 지지부진한 주요 원인의 하나인 모든 이론에 대한 무관심'과 대비하고 있다.[27] 그 40년 뒤, 다른 독일인 저술가는 엥겔스의 이 견해가 정당하다는 것을 확인했다.[28]

마르크스 학설을 이론적으로 분석하는 일은 독일 사회민주당의 주도적 인물들의 첫 번째 관심사였다. 다만 많은 관찰자는 이 일방적이고 편향된 지적 발전이야말로 사회민주당에 결정적 붕괴를 가져온 중요한 요인이 되었다고 믿었다. 바로 몇 년 전까지 영국의 노동운동은 이론을 완전히 무시했다. 오늘날 지식인과 노동조합 사이에 협조가 이루어지지 않는 것은 노동당이 혼미에 빠진 공공연한 원인이다. 노동조합원은 지식인을 운동의 실천적 문제에 경험이 없는 이상주의적 이론가로 간주하는 경향이 있다. 지식인은 노동조합 지도자를 관료라고 비난한다. 소련의 볼셰비키당 내에서 자주 있었던 파벌 싸움은 소련의 정치인들인 부하린(1888~1938), 카메네프(1883~1936), 라데크(1885~1939?), 트로츠키(1879~1940)로 대표되는 '당내 인텔리겐치아'와 레닌(1870~1924), 스베르들로프(1885~1919), 스탈린(소련의 공산당서기장, 수상. 1879~1953)으로 대표되는 '당기관' 간의 투쟁으로 어느 정도 설명할 수 있다.[29]

지식인과 관료의 반목은 전간기(戰間期) 20년 동안 영국, 특히 대외 관련 분야에서 두드러졌다. 제1차세계대전 중, 이상주의적 지식인의 조직인 민주통제연합은 전쟁이 일어나는 것은 주로 모든 나라에서 대외관계가 직업 외교관 마음대로 휘둘리기 때문이라고 주장했다. 우드로 윌슨은 만일 국제문제가 '사리사욕이 강한 외교관이나 정치가가 아니라 관련 문제의 연구에 몸담고 있는 공평무사한 학자

---

27) V. I. Lenin, *Works*(2nd Russian ed.), iv. p. 381에서 재인용.
28) '우리는 세계에서 가장 이론적인 노동운동의 경험을 가지고 있다.'(F. Naumann, *Central Europe*, Engl. transl., p. 121)
29) 1931년에 출판된 D. 미르스키의 *Lenin*(pp. 111, 117-118)에 나오는 이 해석은 그 뒤 이어진 사태로 재확인되었다. 양 분파 사이의 대립은 공산당 초기로 거슬러 올라간다. 1904년 레닌은 당지식인을 규율과 조직을 무시하고 있다고 맹렬하게 비난했다. 지식인은 지식인대로 레닌의 관료적인 수법을 공격했다(V. I. Lenin, *Works*(2nd Russian ed.), vi. pp. 309-11).

—지리학자, 민족학자, 경제학자—에 의해'[30] 처리된다면 우리는 평화를 손에 넣을 수 있다'고 믿었다.

관료, 특히 외교관은 오랫동안 국제연맹의 관계자들에게 불신의 대상이었다. 국제문제를 외무부의 반동적인 손에서 박탈함으로써, 연맹은 이 문제의 해결에 크게 기여할 수 있을 거라고 생각했다. 윌슨은 파리강화회의 총회에 연맹규약의 초안을 제출했을 때 다음과 같은 소감을 말했다. '만약 국제연맹의 심의기관이 단순히 여러 나라를 대표하는 관리들의 기관이라면, 세계의 국민들은 선입견에 사로잡힌 관리들이 거리낌 없이 저지른 지난날의 과오가 다시 되풀이되리라고 확신할 것이다.'[31] 나중에 세실 경(영국의 정치가, 1864~1958)은 영국 하원에서 다음과 같이 준엄하게 말했다.

> 강화회의에서 나는 개인적인 경험에서 프로이센인과 같은 생각을 하는 사람은 반드시 독일에만 있는 것은 아니라는 결론에 이르렀다. 또한 관료계급에는 대체로 이 계급의 경향과 전통도 있다. ……그들에게는 현실에 존재하는 것은 모두 옳다고 여기는 경향이 있다는 결론에 이르지 않을 수 없다.[32]

제2차 연맹총회에서 세실 경은 관료계급에 맞서 연맹이 대표하고 있는 여론의 지지를 호소했다.[33] 이런 호소는 그로부터 10년 동안 끊임없이 이어졌.

한편 관료는 관료대로, 열성적인 지식인이 집단안전보장, 세계질서, 일반군축에 대해 보이는 사명감으로 넘치는 정열에 마찬가지로 회의적이었다. 관료에게 이러한 구상은 실제적인 경험에서 동떨어진 순수이론의 산물로 여겨졌기 때문이다. 군축문제가 이 둘의 견해 차이를 잘 보여 주었다. 지식인에게 일반원칙은 단순하고 직접적이다. 이런 일반원칙을 적용하기가 어려운 것은 '전문가'의 방해 때문이었다.[34] 전문가에게 일반원칙은 무의미하고 이상주의적이다. 그들에게 군비축소

---

30) R. S. Baker, *Woodrow Wilson and World Settlement*, i. p. 112
31) *History of the Peace Conference*, ed. h. Temperley, iii. p. 62.
32) House of Commons, July 21, 1919 : *Official Report*, col. 993.
33) *League of Nations : Second Assembly*, Third Committee, p. 281(정확하게는 p. 284).
34) 벨기에의 사회주의자 드 브루케르는 이렇게 말했다. '약간의 선의가 있으면 몇 시간에 해결되는

제1부 국제정치학

여부는 각각의 사례마다 '그 득실에 따라' 결정되어야 하는 '실천'에 관련된 문제였다.

4. 좌파와 우파

이상과 현실의 대립과, 이론과 실천의 대립은 급진과 보수, 그리고 좌파와 우파의 대립으로 나타난다. 물론 그런 꼬리표가 붙은 당파가 언제나 그것에 상응하는 근본적 성격을 드러낸다고 생각하는 것은 성급할 수 있다. 그럼에도 급진주의자는 필연적으로 이상주의자이고 보수주의자는 현실주의자이다. 이론가인 지식인은 좌파에 이끌린다. 그것은 실천가인 관료가 당연히 우파에 끌리는 것과 같다. 따라서 우파는 이론에 약하고 관념을 이해하지 못해 고민한다. 좌파 특유의 약점은 이론을 실천으로 옮기지 못하는 것이다. 좌파는 그 결함을 관료 탓으로 돌리기 쉽지만, 정작 이 결함은 자신들의 이상주의적 성격에서 오는 것이다.

나치 철학자인 묄러 판 덴 브루크(독일의 미술사가, 정치평론가. 1876~1925)는 '좌파는 이성(理性, *Vernunft*)을 가지고 있고 우파는 오성(悟性, *Verstand*)을 가지고 있다'고 말했다.[35] 버크(영국의 보수정치가. 1729~1797)의 시대 이후, 영국의 보수주의자는 정치이론에서 정치적 현실을 논리적으로 추론할 수 있는 가능성을 언제나 강하게 부정해 왔다. 볼드윈 경(영국의 정치가. 1867~1947)은 '삼단논법만 따르는 것은 바닥없는 함정에 빠지는 지름길'이라고 했다.[36] 이 경구는 그가 엄격하게 논리적인 사고방식을 피하도록 스스로 경계하고, 타인에게도 그것을 호소하고 있음을 나타낸다. 처칠(영국의 정치가. 1874~1965)은 '정책에서의 과도한 논리'가 영국 유권자에게 효과적으로 호소한다고는 믿지 않았다.[37]

전문적인 문제도, 전문가가 그 문제의 미로에 발을 들여놓았다 하면 국민은 평화에 대한 희망을 빼앗겨 버린다. 그것은 참을 수 없는 일이다'(Peace and Disarmament Committee of the Women's International Organisations : Circular of May 15, 1932). 같은 무렵 세실 경도 같은 의미의 말을 했다고 한다. '전문가에게 맡기면 제대로 해결되는 일이 없다. 그들은 매우 유능하고, 정직하며, 높은 교양을 갖춘 신사인 것은 사실이다. 그러나 그들이 어떤 훈련을 받았는지 잘 보기 바란다.' (*Manchester Guardian*, May 18(정확하게는 19), 1932)

35) Moeller van den Bruck, *Das Dritte Reich*(3rd ed.), p. 257.
36) Stanley Baldwin, *On England*, p. 153.
37) Winston Churchill, *Step by Step*, p. 147.

대외정책에 대한 여러 가지 태도에 대해 특히 명확하게 언급한 것은 네빌 체임벌린(영국의 정치가. 1869~1940)이다. 그가 어느 노동당 의원의 비판에 대해 하원에서 한 연설이 바로 그것이다.

귀하에게 대외정책이란 무엇이오? 귀하가 건전하고 일반적인 명제를 단호하게 주장하는 것은 좋은 일이오. 귀하가 자신의 대외정책은 평화를 유지하는 것이라고 말해도 인정할 수 있소. 귀하는 자신의 대외정책은 영국의 이익을 지키는 것이라고 밝힐 수도 있소. 그리고 말할 필요도 없이, 귀하에게 대외정책은 정의와 악을 구별할 수 있는 한, 악에 맞서고 정의를 위해 자신의 영향력을 행사하는 것이라고 설명할 수도 있소. 귀하는 또 그 모든 것을 일반원칙이라고 주장할 수 있소. 그러나 그것은 정책이 아니오. 만일 정책을 세우려면, 귀하는 개개의 상황을 받아들이고, 또 그 개개의 상황에 비추어 어떠한 행위나 불행위가 적절한지를 생각해야 할 것이오. 내가 정책이라고 말한 것은 바로 이것이오. 국제관계에서의 상황과 조건은 날마다 끊임없이 변화하기 때문에, 만약 귀하가 그 정책을 모든 상황에 적용시키고 싶다면, 귀하는 그 정책을 결정적이고 최종적인 것으로 이야기해서는 안 되는 것이오.[38]

좌파가 지적으로 뛰어난 것은 의심할 여지가 없다. 좌파만이 정치행동의 원리를 생각해 내고 정치가가 지향하는 이상을 이끌어 낸다. 그러나 좌파에게는 현실과 밀접한 관계를 맺음으로써 얻을 수 있는 실천의 경험이 없다. 매우 불행한 일이었지만, 1919년 이후 영국에서 좌파는 매우 짧은 기간밖에 정권에 오르지 않았기 때문에 행정의 현실을 거의 경험하지 못한 채 더욱 순수 이론에 치우친 정당이 되어 갔다. 한편 우파는 야당의 처지에 선 적이 거의 없고, 따라서 이론의 완벽함과 실천의 불완전함을 대결시키려고 해 보지 않았다. 소련에서 권력 집단은, 혁명의 기원에 대한 기억이 희미해짐에 따라 더욱 실천을 우선함으로써 이론을 버리려 하고 있다.

---

[38] House of Commons, October 21, 1937, reprinted in N. Chamberlain, *The Struggle for Peace*, p. 33.

모든 곳에서 역사가 증명하는 바는, 좌파 정당이나 정치가가 정권을 획득하여 현실과 마주하면 이론에 치우쳤던 자신들의 '교조적인' 이상주의를 포기하면서 우파로 옮아가는 경향이 있으며, 더욱이 그때 좌파의 이름을 그대로 가져가기 때문에 정치 용어의 혼란을 더욱 부채질한다는 것이다.

5. 윤리와 정치

가장 근원적으로는, 이상과 현실의 대립은 정치와 윤리의 관계에 대한 서로 다른 개념에 뿌리내리고 있다. 가치의 세계와, 있는 그대로의 세계의 대립은 이미 목적과 사실의 이분법 속에 숨어 있고, 인간의 의식과 정치사상에 깊이 박혀 있다. 이상주의자는 정치와는 무관한 윤리규준을 내걸고, 정치를 이 규준에 맞추려 한다. 현실주의자는 논리적으로 사실이라는 표준적 가치 이외에는 어떠한 표준적 가치도 받아들이지 못한다. 현실주의자의 견해로는, 이상주의의 절대규준이란 원래 사회질서에 의해 제약받고 규정되는 것이며, 따라서 정치적이다. 도덕은 상대적일 뿐 보편적인 것은 아니다. 윤리는 정치의 관점에서 설명되어야 하며, 정치 밖에서 윤리규범을 찾으면 반드시 좌절에 빠지고 만다. 현실주의자는 현실을 받아들이고 이해하는 것 외에 다른 선(善)은 존재하지 않는다고 생각함으로써, 최상의 현실과 최고선의 동일화—기독교가 과감한 교조주의적 선언을 통해 성취했던 바—를 이룬다.

이상과 현실의 대립에 대한 이와 같은 함축된 의미는 현대의 국제정치에 닥친 위기를 더욱 자세히 연구함으로써 명확히 드러날 것이다.

제2부 국제적 위기

제3장 이상주의적 배경

1. 이상주의의 기반

근대의 이상주의 정치사상의 흐름은 신의 권위에 바탕을 둔 보편적 윤리와 정치체제를 전제로 했던 중세의 체제가 붕괴하는 지점까지 거슬러 올라가서 그 기원을 찾아야 한다. 르네상스의 현실주의자들은 윤리의 우위에 대해 가장 먼저 단호한 공격을 가하는 동시에, 윤리를 정치의 도구로 삼는 정치관을 내세웠다. 그리하여 교회의 권위를 대신하여 국가의 권위가 도덕의 심판자로서 전면에 나선 것이다.

이 도전에 대한 이상주의 학파의 대응은 만만치 않았다. 교회의 권위이든 세속의 권위이든, 외부의 어떠한 권위로부터도 독립된 윤리규준이 요구되었다. 그 해결책은 개개인의 이성을 궁극의 원천으로 삼는 세속적인 '자연법'의 개념 속에 있었다. 그리스인들이 처음으로 제기한 자연법은 무엇이 도덕적으로 정당한지에 대한 인간 마음의 직관이었다. 소포클레스(그리스의 비극시인. 기원전 497~405 무렵)의 '안티고네'는 이렇게 말했다.

'자연법은 영원하다. 그것이 어디서 왔는지는 아무도 모른다.'

스토아학파와 중세 스콜라학파는 자연법과 이성을 동일시했다. 17, 8세기에 이 자연법과 이성의 동일시는 특수한 형태로 새롭게 부활한다. 과학에서 자연법칙은 물질의 본성에 대해 관찰된 사실에서 합리적 추론의 과정을 거쳐 도출되었다. 뉴턴(영국의 물리학자. 1643~1727)의 원리는 간단한 유추를 통해 오늘날에는 윤리문제에 응용되고 있다. 그리하여 도덕적 자연법은 과학적으로 확립되었다. 즉 인간의 본성으로 알려진 사실들에서 비롯된 합리적 추론이 신의 계시와 직관을 대신하여 도덕의 원천이 된 것이다. 이성은 무엇이 보편적으로 옳은 도덕률인지 결정할 수 있다. 도덕률이 일단 결정되면, 물질이 물리적인 자연법칙에 따르듯이 인간도 그러한 도덕률에 따른다고 생각되었다. 계몽주의야말로 사랑과 정의의 황금시대로 향하는 왕도였다.

18세기에 들어서서 근대 이상주의 사상의 주요 방향이 명확하게 제시되었다. 이 사상은 인간의 양심을 도덕문제 심리의 최종 법정으로 삼았다는 점에서 본질적으로는 개인주의였다. 그것은 프랑스에서는 세속적 전통과, 영국에서는 복음주의적 전통과 결부된다. 이 사상은 인간의 양심을 이성의 목소리와 동일시한다는 점에서 본질적으로는 합리주의였다.[1]

그러나 이상주의는 여전히 중요한 발전을 거듭해야만 했다. 산업혁명으로 사상의 주도권이 프랑스에서 영국으로 이동했을 때, 제러미 벤담(영국의 철학자, 공리주의 주창자. 1748~1832)은 19세기의 이상주의에 독자적인 형태를 부여했다. 그는 인간성의 근원적 특징은 쾌락을 추구하고 고통을 회피하는 것이라는 가설에서 출발하여, 그 가설에서 하나의 합리적인 윤리를 이끌어냈다. 이 합리적 윤리가 '최대 다수의 최대 행복'이라는 널리 알려진 공식으로, 선(善)을 정의한 것이다. 흔히 말하듯이, 전(前) 세대를 위해 자연법이 했던 절대적 윤리규준으로서의 역할을 이제는 '최대 다수의 최대 행복'이 하게 되었다. 벤담은 이 절대규준을 굳게 믿고, 선악의 규준은 인간의 수만큼 있다고 보는 견해를 무정부주의적이라며 거부했다.[2] 사실 최대 다수의 최대 행복은 자연법의 내용에 대한 19세기의 정의가 되었다.

벤담의 공적은 두 가지 의미에서 중요하다. 첫째로 벤담은 선과 행복을 동일시함으로써 18세기 합리주의의 '과학적' 가설, 즉 도덕적 자연법의 내용이 일단 합리적으로 결정되면 인간은 이 자연법에 절대적으로 따를 것이라는 가설에 그럴

---

1) 이것은 지난 3세기 동안 널리 퍼진 이상주의의 형태이며, 영어권 국가에서는 지금도 지지를 얻고 있다(그 세력이 점차 약화되고는 있지만). 그러나 개인주의와 합리주의가 이상주의 사상의 필연적인 특성이라고 주장하는 것은 성급하다는 비난을 피할 수 없을 것이다. 파시즘에는 반개인주의적이고 비합리적인 이상주의의 요소가 들어 있었다. 이러한 속성은 이미 레닌주의—마르크스주의도 그렇지만—의 이상주의적인 측면에 숨어 있었다.

2) Jeremy Bentham, *Works*, ed. Bowring, i. p. 31.

싸한 확증을 제공한 것이다. 둘째로 벤담은 이 학설의 합리주의적, 개인주의적 측면을 유지하면서, 그 지지기반을 확대할 수 있었다. 18세기적인 이성론(理性論)은 매우 지적이고 귀족적이었다. 이 이성론에서 도출된 정치이론이 곧 철학자들의 계몽전제주의였다. 철학자만이 선을 발견하는 데 필요한 이성의 힘을 가진 존재로 여겨졌다.

19세기가 되어 행복이 규준이 되자 개인에게는 자신의 행복이 어디에 있는지 아는 것이 반드시 요구되었다. 18세기 사람들처럼 선은 합리적 추론 과정으로써만 확인할 수 있었던 것은 아니다. 이 과정은 19세기 사람들이 부언했듯이 심오한 철학적 사고의 문제가 아니라 단순한 상식의 문제였다. 벤담은 여론에 의한 구원이라는 학설을 세운 최초의 사상가였다. 공동체의 구성원은 "집합체로서 일종의 사법조직 또 법정을 구성한다고 볼 수 있다. 그들을……'여론의 법정'이라고 불러도 무방하다."[3] 그리고 여론의 무류성(無謬性)을 가장 철저하게 주장한 사람이 벤담의 제자 제임스 밀(영국의 철학자. 1773~1836)이다.

> 이성에 따라 움직이는 모든 인간에게는 사물의 증거를 비교하여 설득력이 더 뛰어난 증거에 지배되는 습성이 있다. 각종 결론이 증거와 함께 충분한 주의와 기술까지 뒷받침하여 제시된다면, 간혹 잘못된 방향으로 가는 사람이 몇몇 있을 수는 있지만, 최대 다수는 그 결론을 올바르게 판단하고, 또 어떠한 증거이든 가장 큰 설득력을 가지고 있으면 최대의 영향력을 낳는, 하나의 도덕적 필연성이 엄연하게 존재한다.[4]

이것이 정치제도로서의 민주주의를 옹호하는 유일무이한 견해는 아니다. 그러나 실제로는 이 견해가 음으로 양으로 19세기 대부분의 자유주의자들에게 수용되었다. 여론은 합리적으로 제기된 문제에 대해서는 반드시 올바른 판단을 내린다는 신념은, 여론이 그 올바른 판단에 따라 행동한다는 가정으로까지 이어지면서, 이 자유주의 신조의 본질적인 기반을 이룬다. 18세기 후반과 19세기의 영국은

---

[3] Jeremy Bentham, *Works*, ed. Bowring, viii. p. 561.
[4] James Mill, *The Liberty of the Press*, pp. 22-3.

압도적으로 대중전도(大衆傳道)의 시대이고 정치적 웅변의 시대였다. 사람들은 이성의 목소리에 의해 깨어나 자신의 부도덕한 영혼을 구원하고 정치적 계몽과 진보의 길을 스스로 걸어갈 수 있다고 굳게 믿었다.

19세기의 낙관주의는 다음의 세 가지 신념을 바탕으로 했다. 첫째로 선(善)의 추구는 올바른 이성의 작용 문제라는 것, 두 번째로 지식의 보급을 통해 모든 사람은 언젠가 이 중요한 과제에 대해 올바르게 이성을 사용할 수 있다는 것, 세 번째로 이 과제에 대해 올바르게 이성을 사용하는 사람은 반드시 올바르게 행동한다는 것이다.

이러한 원칙들이 국제문제에 적용되자 거의 같은 패턴을 따랐다. 국제연맹 구상을 최초로 제안한 아베 생피에르(프랑스의 성직자, 경제저술가. 1658~1743)는 '자신의 구상의 합리성을 굳게 믿고 있었기 때문에, 만약 이 구상이 정당하게 검토된다면 주요국은 이를 받아들이지 않을 수 없을 것이라고 늘 확신했다.'[5] 루소(프랑스의 사상가. 1712~1778)와 칸트는, 전쟁은 군주가 인민의 이익이 아니라 자신의 이익을 위해 일으키는 것이기 때문에 공화정에서는 전쟁이 일어날 수 없다고 주장했다. 그런 의미에서 루소와 칸트는 여론 자체가 충분한 힘을 발휘한다면 전쟁을 막는 것도 가능하다는 견해를 제시한 셈이다.

19세기가 되어 이러한 생각은 서유럽에서 폭넓은 지지를 얻게 된다. 이러한 생각은 이성의 작용으로써 올바른 도덕적 신념과 올바른 행동의 성과를 얻을 수 있다는 이 견해 특유의 매우 합리주의적인 색채를 드러낸다. 이처럼 지성의 우위를 공공연하게 주장한 시대는 없었다. 콩트(프랑스의 사회학자. 1798~1857)는 이렇게 단언했다. '사회현상의 중요한 방향을 본질적으로 결정하는 것은 지성의 발전이다.'[6]

버클(영국의 역사가. 1821~1862)은 1857년과 1861년 사이에 그 유명한 《영국문명사》를 출판했는데, 그는 대담하게도 전쟁에 대한 혐오는 지성이 있는 사람들만이 가지고 있는 고상한 취향이라고 단정했다. 영국의 사상가로서는 당연한 일이지만, 그는 영국의 새로운 적이 뼛속들이 호전적이라는 가설 위에서 절호의 사례

---

5) J. S. Bury, *The Idea of Progress*, p. 131
6) Auguste Comte, *Cours de Philosophie Positive*, Lecture LXI.

를 들었다. '러시아는 호전적인 나라이다. 그것은 그들이 부도덕해서가 아니라 지성이 부족하기 때문이다. 결함은 두뇌에 있지 마음에 있는 것이 아니다.'[7]

교육의 확대로 국제평화가 이루어질 것이라는 견해는 버클과 동시대 사람들과 그 뒤를 잇는 많은 사람들이 공유하고 있었다. 그 마지막 대변자가 노먼 에인절 경이다. 그는 《거대한 환상》과 다른 저서를 통해 전쟁은 결코 어떤 사람에게도 이익을 가져다주지 않았다는 것을 전 세계에 이해시키려고 노력했다. 노먼 에인절 경은 만약 자신이 어떠한 반박도 있을 수 없는 논의를 통해 이 점을 입증할 수 있다면 전쟁은 일어날 수 없을 것이라고 생각했다. 전쟁은 단순히 '몰이해'에 따른 것이었다. 전쟁이 이익을 가져다 주리라는 환상이 머리에서 사라지면 마음은 저절로 좋은 방향으로 나아갈 것이다. 1913년 10월부터 발행된 《전쟁과 평화》라는 월간지의 개간 선언문에 이런 말이 있다. '십자군과 이단자를 화형에 처하는 세계는……불건전한 마음의 세계가 아니라 불건전한 사고의 세계였다. ……우리는 이해력의 결함을 바로잡음으로써 그 세계에서 벗어났다. 이제 우리는 정치 전쟁과 무장 평화의 세계에서도 똑같은 방식으로 벗어날 것이다.'[8] 이성은 국제적 무정부 상태가 얼마나 부조리한지 밝힐 수 있다. 지식의 증대에 따라 많은 사람들은 그 부조리함을 이성적으로 이해하고 거기에 마침표를 찍으려 할 터이다.

2. 벤담 공리주의의 이식

19세기의 종언을 앞두고, 벤담식 합리주의 가설에 대해서는 몇 가지 방면에서 이미 중대한 의문이 제기되고 있었다. 올바른 행동을 촉진하는 데는 이성만 있으면 된다고 보는 신념은 곧 심리학자들의 도전을 받게 된다. 심리학자가 계몽된 자기 이익을 덕과 동일시한 것은 철학자들에게 충격을 주었다. 여론은 무조건 옳다는 신념은, 여론을 교양 있고 계몽된 사람들의 의견으로 보는 초기 공리주의자들의 가설에 따르면 확실히 매력적인 발상이었다. 그런데 오늘날 여론은 대중의 의견으로 인식되기 때문에, 적어도 스스로 교양 있고 계몽되었다고 자인하는 사람

---

[7] Henry T. Buckle, *History of Civilisation in England*(World's Classics, ed.), i, pp. 151-2.
[8] Norman Angell, *Foundations of International Polity*, p. 224에서 인용. 내부자료에 따르면, 이 문장은 노먼 에인절 경이 직접 쓴 것으로 추정된다.

들에게 이 신념은 얼마간 매력을 잃었다. 존 스튜어트 밀(영국의 철학자, 경제학자. 1806~1873)은 1859년에 이미 그의 저서 《자유론》에서 '다수의 전제'가 가진 위험성에 주목한 바 있다.

1900년 이후, 영국에서든 다른 유럽 국가에서든 진지한 정치사상가치고 벤덤식의 가설을 무조건적으로 지지하는 사람을 만나기란 쉽지 않다. 그러나 역사의 아이러니라고 할까, 반쯤 버림받은 이 19세기의 가설은 20세기의 2, 30년대에 국제정치라는 특이한 분야에서 다시 모습을 드러내어 새로운 이상주의 전당의 초석이 되었다. 1914년 이후 인간의 정신이 새로운 이상주의를 추구하면서, 19세기의 평화와 안전의 견고한 기반으로 어느새 돌아갔다는 설명은 어느 정도 이해할 만하다.

그러나 더욱 결정적인 요인은 미국의 영향력이었다. 그 무렵에 미국은 여전히 빅토리아 왕조식 번영의 절정기에 있는 동시에, 벤담주의라는 빅토리아 시대의 지적 신념 속에 살고 있었다. 한 세기 전에 벤담이 18세기의 이성론을 다음 시대의 요청에 부응하기 위해 재구축한 것처럼, 이제는 브라이트(영국의 정치가. 1811~1889)와 글래드스톤(영국의 정치가. 1809~1898)의 열렬한 숭배자 우드로 윌슨이 19세기의 합리주의적인 신념을 아직 개척되지 않은 분야라고 할 수 있는 국제정치 분야에 이식한 뒤, 다시 유럽으로 가지고 돌아가 거기에 새로운 생명을 불어넣었다. 널리 알려진 전간기(戰間期) 국제정치이론의 대부분은 19세기 자유주의 사상을 반영한 것으로, 그것이 미국이라는 거울에 비치고 있었다.

한정된 국가에서 19세기의 자유민주주의는 눈부신 성공을 거두었다. 이 자유민주주의가 성공한 까닭은 그 전제조건이 이러한 국가들의 발전단계에 알맞았기 때문이다. 시대의 지도정신은 그 요청에 부응하는 이론들을, 그 무렵에 널리 퍼졌던 많은 사상 속에서 적확하게 이끌어내는 동시에, 의식적, 무의식적으로 실천을 이론에, 이론을 실천에 적응시켜 나갔다. 공리주의와 자유방임주의는 산업과 상업의 발전을 촉진하면서 번갈아 그 발전을 이끌어 나갔다. 그러나 19세기의 자유민주주의가 그 시대와 이러한 국가들의 경제발전에서만 볼 수 있는 힘의 균형 위에 서 있는 것이 아니라, 어떤 선험적이고 합리적인 원칙—그것을 다른 시대 상황에 적용해도 같은 결과가 나왔을 것이다—위에 기능하고 있다는 견해는 본질적으로 이상주의적이었다. 윌슨에게 고무되어 제1차세계대전 뒤에 세계를 지배한 것은 바로 이러한 사고였다.

자유민주주의 이론이 순수한 지적 행위를 통해 어떤 시대와 국가에 이식되었을 때, 그 필연적인 귀결은 불모와 환멸이었다. 자유민주주의 이론이 이식되었던 시대에 국가의 발전단계와 현실이 요구하는 것은 19세기 서유럽의 발전단계와 현실이 요구하는 것과는 완전히 달랐기 때문이다. 합리주의는 이상향을 구상할 수는 있어도 그것을 현실로 만들 수는 없다. 1919년에 맺어진 강화에 의해 전 세계에 확산된 자유민주주의는 추상적 이론의 산물이었고, 각각의 시대와 국가라는 토양에 뿌리를 내리지 못한 채 곧 시들어 버렸다.

3. 합리주의와 국제연맹

국제정치에서 이 편파적인 주지주의(主知主義)에 영향을 받은 모든 기구 가운데 가장 중요한 것은 국제연맹이다. 국제연맹은 '로크(영국의 정치사상가. 1632~1704)의 자유주의 원리를 국제질서 기구의 설립에 적용하려 한'[9] 시도였다. 스무츠 장군(남아프리카의 군인, 정치가. 1870~1950)은 이렇게 보고 있었다. '연맹규약은……인류 진보의 위업의 하나인 자유민주주의 사회의 사고를 세계의 영역으로 옮겼다.'[10] 그러나 민주주의적 합리주의를 국내영역에서 국제영역으로 이식한 것은 예상치 못한 많은 어려움을 불러왔다. 경험주의자는 구체적인 문제를 각각 이해득실에 따라 다룬다. 합리주의자는 이 구체적인 문제를 추상적인 일반원리 문제로 다룬다. 모든 사회질서는 대규모의 표준화를 뜻하고, 따라서 많은 추상화(抽象化)를 포함한다. 즉 공동체의 구성원이 저마다 다른 잣대를 가지는 것은 있을 수 없는 일이다.

어떤 공통규준을 나름대로 충실하게 따르고 있는 수백만의 익명의 개개인과 그 개개인으로 이루어진 공동체에서는 이러한 표준화는 비교적 쉬운 일이다. 그러나 이 표준화는 60여 개의 기성국가, 즉 영토의 규모와 국력, 나아가서는 정치, 경제, 문화적 발전단계가 매우 다른 국가들에 적용될 경우 엄청난 혼란이 일어나

---

[9] R. H. S. Crossman in J. P. Mayer, *Political Thought*, p. 202
[10] New Year's Eve Broadcast from Radio-Nations, Geneva : *The Times*, January 1, 1938.

게 된다. 합리적 기반에 서서 국제정치 문제를 표준화하려는 최초의 대규모 시도인 국제연맹은 특히 이러한 복잡한 문제에 부딪치지 않을 수 없었다.

국제연맹의 창설자들—그중에는 정치적 경험이 있고 정치에 정통한 사람도 있지만—이 추상적인 '완전함'에 따르는 위험성을 인식했던 것은 확실하다. 1919년에 발표된 연맹규약에 대한 영국의 공식 논평에서는, '현재의 정치적 사실들을 받아들이는 것은 강화회의의 국제연맹위원회 활동이 의거한 원칙의 하나'[11]라고 말했다. 정치적 현실을 고려하고자 하는 이 시도가 있었기 때문에, 연맹규약은 세계조직과 관련된 이제까지의 지상계획(紙上計劃)과는 뚜렷하게 구별될 뿐만 아니라 '국제경찰군'(국제평화 달성을 위한 기구로서 1930년대에 관심이 높았던 구상. 주창자의 한 사람은 D. 데이비스), '브리앙 켈로그 협정'(1928년 프랑스 외상 브리앙과 미 국무장관 켈로그가 중심이 되어 체결한 다국간의 부전(不戰)조약), '유럽합중국'(17, 8세기에 일어난 구상. 1920년대 말 프랑스 외무장관 브리앙이 새롭게 제창했다) 같은 완전히 이상주의적인 구상과도 달랐다. 이 연맹규약에는 몇 가지 이론적 결함이 있었지만 실제로는 오히려 그것이 장점이 되었다.

이를테면 연맹규약은 모든 회원국을 평등하게 다루려고 했지만, 강대국에 대해서는 연맹이사회에서 항구적인 우위성(연맹이사회는 당초 5개 상임이사국과 총회에서 선출한 4개 비상임이사국으로 구성되었고, 강대국 우위의 형태를 취했다)을 보장했다.[12] 연맹규약은 전쟁을 모두 금지하려 한 것이 아니라, 합법적으로 전쟁을 수행할 이유 또는 근거에 제한을 두고자 한 것이다. 규약 위반국을 제재한다는 회원국의 책임에는 모호한 점이 없지 않았다. 그리고 이 모호함은 1921년의 연맹총회에서 채택된 일련의 '해석' 결의안을 통해 서서히 강화되었다. 규약 제110조에 있

---

11) *The Covenant of the League of Nations and a Commentary Thereon*, Cmd. 151(1919), p. 12. 몇 년 뒤 영국 정부는 이렇게 말했다. '연맹규약이 가진 큰 힘은, 미래의 돌발 사태—역사상 유례가 없고, 따라서 미리 예상할 수 없는 사태—를 처리할 때, 이 규약이 이사회 및 총회에 대해 부여하는 일정한 자유재량권에 있다.'(*League of Nations : Official Journal*, May 1928, p. 703)
12) 미국의 연맹 불참이 이 균형을 깨면서 4강대국과 4약소국이 대립하게 된다. 1923년 이후 가맹국이 계속 늘어남으로써 약소국의 세력이 항구적으로 우위에 섰다. '대의제'를 더욱 강화한 이사회는 정치기관으로서의 실효성을 크게 상실했다. 현실주의는 추상적 원칙에 희생되었다. 1922년, 최초의 가맹문제가 의제가 되었을 때, 신중하고 냉정한 스위스 대표가 그 결과를 예측했던 것은 주목할 만하다(*League of Nations : Third Assembly, First Committee*, pp. 37-8).

는 '영토보장' 규정의 경직성은 1923년의 연맹총회가 거의 만장일치로 가결한 결의로써 바로잡혔다. 그리하여 얼마 동안은 마치 연맹이 유토피아와 현실세계의 잠정적인 타협점에 도달하여 국제정치의 실효적인 수단이 된 것처럼 보였다.

그러나 불행히도 유럽에서 가장 유력한 정치가들은 그 성패를 가르는 중요한 발생기에 있는 국제연맹을 대수롭지 않게 여겼다. 추상적 합리주의가 우위에 서는 가운데, 1922년 무렵부터는 연맹본부가 있는 제네바의 기류는 유토피아적 방향으로 힘차게 흘러갔다.[13] 한 날카로운 비평가의 말을 빌리면, 연맹에 대해 다음과 같은 믿음이 퍼져 가게 되었다고 한다. 그것은 제네바와 각국 외무부에는 사건을, 아니 '상황'을 잘 분류한 일종의 카드색인이 있어서, 어떤 사건이 일어나거나 상황이 발생하면 연맹이사회의 간부 또는 외무장관은 그 사건과 상황을 간단하게 인지하자마자 이 카드를 뒤져서 적절한 대응이 처방되어 있는 파일을 찾을 수 있다는 것이었다.[14]

조직을 개선하고, 절차를 표준화하고, 모든 전쟁에 대한 절대적 거부권으로 규약상의 '빈틈'을 메우고, 나아가서는 제재를 '자동적'으로 실행하게 하는 등의 단호한 노력이 추진되었다. '상호원조조약안', '제네바의정서'(국제분쟁의 평화적 처리에 관한 제네바의정서), '일반의정서'('국제분쟁의 평화적 처리에 관한 일반의정서'), 그리고 '브리앙 켈로그 협정'을 연맹규약에 넣겠다는 계획과 침략자의 정의 등은 모두 합리화라는 위험한 길로 나아가는 이정표가 되었다. 이 시기에 제네바에서 마련된 이상주의적 요리가 주요 관계국의 입맛에 맞지 않았다는 사실은 이론과 현실 사이의 거리가 차츰 벌어지고 있음을 보여 주었다.

연맹 관계자 사이에서 오가는 말도, 추상적 일반화를 좋아하고 구체적인 것은 피하려 하는 기분이 점점 강해진 것을 드러내고 있었다. 상호원조조약안이 세계 각국의 참여를 기다리지 않고 유럽에서만 실시되려고 했을 때, 이 조약안은 대륙별로 실시되어도 된다는 규정이 삽입되었다. 즉 이 규정은 유럽 이외의 모든 대륙

---

13) 기묘한 아이러니라고 할까, 이러한 전개는 미국의 지식인들에 의해 강력하게 조장되었다. 유럽의 열렬한 지지자들 중에는 이 추세를 따라감으로써 미국의 여론을 회유할 수 있다고 보는 사람도 있었다. 지식인의 이론과 정부의 실천 사이의 균열은, 영국에서는 1932년 이후에 보였지만 미국에서는 1919년에 이미 시작되고 있었다.

14) J. Fischer-Williams, *Some Aspects of the Covenant of the League of Nations*, p. 238.

에서는 속이 빤히 들여다보이는 수작에 지나지 않는 단서였다. 판에 박힌 용어가 널리 사용되었다. 이러한 용어는 제네바의 연맹 대표자들이나 다른 지역의 연맹 지지자들 사이에서 되풀이해 사용되는 동안 이윽고 현실성을 잃어버렸다. 처칠은 1932년에 이렇게 말했다. '내가 기억하는 한, 정치가가 하는 말과 많은 나라에서 실제로 일어나고 있는 상황이 지금처럼 동떨어진 적은 없었다.'[15]

대독방위동맹인 불소상호원조조약(1935년)은 집단안전보장의 일반적인 응용의 한 수단으로 보이도록 입안되었고, 집단안전보장 원칙의 빛나는 예증이 되었다. 한 영국 하원의원은 1936년 6월, (이탈리아의 에티오피아 침략과 관련하여) 이탈리아에 대한 제재 문제를 논의할 때 이탈리아와 전쟁이 벌어질 위험이 있는 것이 아니냐는 질문을 받았다. 그때 그는 이렇게 대답했다. '침략국에 대해 연맹규약을 강행함으로써 당연히 일어나는 모든 결과와 정면으로 마주할 생각이다.'[16]

이렇게 비틀어 말을 함으로써, 추상적 이성의 세계와 정치적 현실의 세계 사이를 이따금 구별할 수 없게 만들어 버린다. 버트런드 러셀(1872~1970)은 '형이상학자들은 미개인과 마찬가지로 언어와 사건 사이에는 마법과도 같은 신비로운 관계가 있다고 생각하는 경향이 있다.'[17]고 말했다. 제네바의 형이상학자들은 그들이 전쟁 금지를 위해 교묘하게 말장난을 거듭해도 전쟁 자체를 막을 수 없다는 사실을 선뜻 믿을 수가 없었다. 베네시(체코슬로바키아의 정치가. 1884~1948)는 1924년 연맹총회에서 '제네바의정서'를 제안했을 때 다음과 같이 말했다.

"우리의 목적은 전쟁을 불가능하게 하고, 전쟁을 없애고, 전쟁을 말살하는 것이다. 그것을 이루기 위해 우리는 하나의 제도를 만들어야 한다."[18]

이 의정서가 곧 여기서 말하는 제도이다. 이러한 의욕 과잉은 네메시스 여신(그리스 신화에서 율법의 여신)을 노하게 할 뿐이었다. 완전무결한 카드색인 속에서 구제책을 찾을 수 있고, 국제정치의 거친 홍수를 19세기의 자유민주주의 이론에서 태어난 일련의 추상적 공식—이것은 논리적으로 빈틈없는 것이다—으로 해결

---

15) Winston Churchill, *Arms and the Covenant*, p. 43.
16) Arnold J. Toynbee, *Survey of International Affairs*, 1935, ii. p. 448에서 재인용.
17) B. Russell in *Atlantic Monthly*, clix, (February 1937), p. 155
18) *League of Nations : Fifth Assembly*, p. 497.

할 수 있다고 연맹 관계자들이 믿기 시작한 바로 그때, 효과적인 정치수단인 국제연맹의 종말도 보이기 시작했다.

4. 여론의 신격화

여론에 대한 자유민주주의적인 신뢰를 국제 분야에 이식하려는 시도 또한, 어떠한 행운의 여신도 도와주지 않았다. 여기에는 이중의 잘못이 있었다. 여론에 대한 19세기의 확신에는 두 가지 항목이 들어 있었다. 첫째(민주주의에서 이것은 여러 조건이 붙기는 하지만 진실이다), 여론은 결국 반드시 승리한다는 것, 둘째(이것은 벤담학파의 견해이다), 여론은 언제나 옳다는 것이다. 이 두 가지 확신은 각각 다른 쪽과 뚜렷하게 구분되지 않은 채 국제정치 분야에 아무런 의심도 없이 다시 도입되었다.

국제사회에서 하나의 힘으로써 여론을 일으키려고 한 최초의 시도는 미국에서 있었다. 1909년 태프트 대통령(미국의 정치가. 1857~1930)은 미국과 다른 강대국 사이에서 국제분쟁의 강제적 중재에 관한 조약을 맺는 계획을 제안했다. 그런데 중재재판소의 결정을 어떻게 집행할 것인가 하는 의문이 제기되었다. 태프트는 이 문제를 너무나 안이하게 생각했다. 그는 결정의 집행이 미국 같은 민주주의 국가에서 무엇인가 문제를 일으키리라고는 생각도 하지 않았다. 그는 이 문제에 대해서는 '전혀 걱정하지 않는다'고 장담하면서 이렇게 말했다.

"우리가 사건을 재판소에 제소하여 재정(裁定)하고, 재판소의 엄숙한 선고에 의해 재정이 확정되면, 국제여론의 비난을 감수하면서까지 이 판결을 어기는 나라는 거의 없을 것이다."[19]

민주주의 국가에서 그렇듯이 여론은 반드시 승리하게 되어 있고, 벤담학파가 말한 것처럼 여론은 늘 옳은 쪽에 서는 것으로 믿었다. 그러나 미국 상원은 대통령의 제안을 거부했다. 국제여론을 시험할 기회는 그렇게 하여 사라졌다. 4년 뒤 윌슨 대통령의 초대 국무장관 브라이언(미국의 정치가. 1860~1925)이 더욱 개선된 일련의 조약안을 들고 등장한다.

---

[19] W. Taft, *The United States and Peace*, p. 150.

브라이언의 조약안에서 중재는 조정으로 격하되었다. 이 조약안의 가장 새롭고 중요한 특징은 당사국이 분쟁이 일어난 지 12개월이 지나기 전에는 전쟁을 또 다시 수단으로 써서는 안 된다는 조항이었다. 브라이언의 조약안에서는, 인간은 냉정함을 잃고 흥분했을 때는 이성의 소리를 듣지 못한다는 것을 인정했던 것으로 보인다. 그러나 시간이 흘러 사람들의 감정이 가라앉으면, 이성은 국제여론의 형태로 강제력을 회복하리라 믿었던 것이다.

　실제로 이러한 몇 개의 조약이 미국과 다른 강대국 사이에서 체결되었다. 그 가운데 어떤 조약은 기묘하게도 제1차세계대전이 발발하자마자 서둘러 서명되었다. 1914년 10월 윌슨은 이렇게 말했다.

　"이러한 조약의 요점은 분쟁이 일어났을 때는 행동을 일으키기 전에 1년 동안 그 분쟁을 세상에 드러내어야 한다는 것이다. 나의 예상으로는, 그 1년 동안 분쟁이 사람들 눈에 드러나면 굳이 행동을 일으킬 필요가 없어질 것이고, 무슨 일이 일어났는지 실태를 알면 누가 옳고 누가 그른지도 알 수 있을 것이다."[20]

　이성의 강제력―그것은 국민의 목소리로써 나타난다―을 믿는 것은 특히 윌슨의 성격에 맞았다. 그가 1910년 뉴저지 주지사 후보로서 정계에 발을 들여놓았을 때, 그의 선거운동은 정계 거물들에게 반기를 들고 국민에 대한 호소를 기조로 하는 것이었다. 그는 만약 자신이 많은 국민 앞에서 연설한다면 국민들은 자신을 따를 것이라는 거의 신비주의에 가까운 확신을 과시하고 있었다. 선거운동 결과 윌슨은 자신의 입을 통해 이야기하는 이성의 목소리가 강한 영향력이 있음을 확인시켜 주었다. 그는 강력한 여론에 작용하는 이성의 설득력으로 통치하려고 했다. '만약 거물들이 뒤로 물러난다면, 윌슨이 국민에게 호소하는 것만으로도 그것은 가능했을 것이다. ……국민은 고귀한 것, 올바른 것, 진실한 것을 원했다.'[21]

　미국은 세계대전에 참전했지만, 일반국민의 판단을 옳다고 보는 윌슨의 신념은 변함이 없었다. 그는 미래의 평화조건을 논하는 연설에서 그 단서에 대해 이렇게 이야기했다.

---

20) *The Public Papers of Woodrow Wilson : The New Democracy*, ed. R. S. Baker, i, p. 206.
21) R. S. Baker, *Woodrow Wilson : Life and Letters*, iii, p. 173.

이 세계대전의 특수성은 정치가가 자신들의 목적을 확립하기 위해 여러모로 연구하고 때로는 처지와 관점을 바꿔 버린 것처럼 보이는 한편, 정치가가 앞장서서 이끌어야 할 일반대중의 사상은 그들이 무엇을 위해 싸우고 있는지에 대해 점점 더 명확하게 확신하게 되었다는 점이다. 국가의 목적은 더욱더 배경으로 밀려났다. 계몽된 인류의 공통 목적이 이제는 국가의 목적을 대신하게 된 것이다. 순수한 서민의 주장은 세상일에 밝은 실무가의 조언보다 모든 면에서 간결하고 솔직하며 조리가 있다. 세상일에 밝은 실무가가 권력 게임을 하며 거액의 판돈을 걸고 도박을 하고 있다는 인상은 여전히 지울 수가 없다. 내가 이 전쟁은 국민의 전쟁이지 정치가의 전쟁이 아니라고 말해 온 이유가 바로 여기에 있다. 정치가는 이 명쾌한 대중의 생각에 따라야 한다. 그렇지 않으면 파멸이 있을 뿐이다.[22]

윌슨은 파리로 가던 도중에 이런 말도 했다.

"만약 강화회의가 인류의 판단에 따를 용의가 없다면, 그리고 이 회의가 거기에 모이는 지도자들의 의사보다 민중의 의사를 보여 줄 준비가 되어 있지 않다면, 우리는 더욱 끔찍한 세계 붕괴를 맞이하게 될 것이다."[23]

실제로 이러한 생각은 강화회의 운영에 중대한 역할을 했다. 이탈리아 대표단이 피우메(지금의 크로아티아의 리예카)와 아드리아해 연안의 영토를 완강하게 요구했을 때, 윌슨은 그래도 만약 자신이 '지도자들'이 아니라 '민중'에게 호소한다면, 그리고 (뉴저지 주지사 선거와 마찬가지로) '많은 민중 앞에서 연설한다면' 이성의 목소리는 분명히 승리할 것이라고 확신했다. 그러나 그의 이탈리아 국민에 대한 성명(영토 문제에서 이탈리아 정부를 설득하지 못한 윌슨은 프랑스 신문에 이탈리아 국민에 대한 성명문을 발표했다)과 이탈리아 대표단의 파리 철수가 윌슨의 이 확신의 결말을 이야기하고 있다.

---

22) *The Public Papers of Woodrow Wilson : War and Peace*, ed. R. S. Baker, I. p. 25.
23) *Intimate Papers of Colonel House*, ed. C. Seymour, iv. p. 291.

군비축소 문제도 같은 정신으로 다루어졌다. 일단 적국을 강제로 군비축소하게 하면, 연합국도 여론을 통해 들려오는 이성의 목소리에 의해 틀림없이 군축으로 움직일 것이다. 윌슨과 로이드 조지(영국의 수상. 1863~1945)는 다음과 같이 믿었다. '만일 독일이 군비를 제한당한다면 프랑스도 그것에 맞추어 군축하지 않을 수 없다는 것, 게다가 프랑스는 이러한 상황에서 막대한 군비를 유지할 수 없다는 것'이었다.[24] 만약 누군가가 프랑스는 어떠한 강제력이 있으면 군축하겠느냐고 묻는다면 대답은 오직 하나, 여론이 가진 이성의 힘에 호소하는 것이라고 했을 것이다.

가장 중요한 사실은, 국제연맹이라는 개념 자체는 처음부터 두 가지의 신념과 밀접하게 연결되어 있었다는 것이다. 여론은 반드시 승리해야 한다는 것, 그리고 여론은 이성의 목소리라는 두 가지이다. 만약 '모든 사람이 보는 앞에서 맺어진 공공연한 약속'이 행동원칙이 된다면, 순박한 일반민중은 반드시 그 약속 내용이 최고의 도덕이라고 할 수 있는 이성의 요구에 합치한다고 생각할 것이다. 새로운 질서는 정부간의 '자기중심과 타협의 산물인 약속' 위에 성립하는 것이 아니라, '전 세계 곳곳에 있는 순진한 민중, 그리고 어떠한 특권도 없이 옳고 그름에 대해 지극히 단순하고도 소박한 기준을 가진 민중의 사상' 위에 성립되어야만 한다.[25] 새로운 질서는 '인류의 조직된 의견에 의해 지탱되어야' 한다.[26]

구체적인 제재라는 어려운 문제에 대해서는, 먼저 미국측이 마지못해 나섰고, 영국도 미국과 거의 다르지 않았다. 태프트의 경우와 마찬가지로, 앵글로색슨의 여론은 문제의 이 측면에 대해서는 매우 무관심했다. 왜냐하면 제재의 필요성을 인정하는 것 자체가 합리적인 여론의 유효성을 주장하는 이상주의식 이론의 명예를 해치기 때문이다. 세실 경은 파리강화회의에서 이렇게 말했다. '만일 연맹의 판단이 만장일치가 아니라 해도 아마 다수파의 보고서가 나와서……그리고 이것은 세계여론에 크나큰 영향을 미칠 것이다.'[27] 연맹규약에 대한 영국의 공식 견해

---

24) D. Lloyd George, *The Truth about the Treaties*, i. p. 187.
25) *The Public Papers of Woodrow Wilson War and Peace*, ed. R. S. Baker, i. p. 133.
26) *Ibid*. i. p. 234.
27) David H. Miller, *The Drafting of the Covenant*, ii. p. 64.

는 그것과 같은 결론을 다음과 같이 주장했다.

> 연맹은 (스스로 선언했듯이) 결국은 구성국의 자유로운 합의를 통해 의사를 결정해야 한다. 이 생각은 연맹규약의 거의 모든 조항에서 명백하다. 연맹규약에서 가장 궁극적이고 효과적인 제재는 문명세계의 여론이어야 한다. 만약 미래의 국민들이 대체로 자기중심적이거나 욕심이 많고 매우 호전적이라면, 어떠한 수단, 어떠한 조직으로도 그들을 억제할 수 없을 것이다. 오로지 가능한 것은 평화적 협력을 용이하게 하고 관행화하기 위한 조직을 만드는 것이고, 이러한 관행이 여론형성에 미치는 힘을 믿는 것이다.

제재규정에 대해서는 반쯤 변명하듯이 안타까운 심정을 '추기(追記)'의 형태로 이렇게 덧붙이며 끝맺었다.

> 강제행동의 상당히 중요한 부분은 해결 절차에 투명성을 부여함으로써 실행될 것이다. 국제분쟁을 불러일으키는 눈에 보이지 않는 쟁점이 온 세상에 드러남으로써 계발된 여론이 순조롭게 형성될 것이다.[28]

영국 하원이 베르사유 조약의 비준을 검토했을 때, 세실 경은 연맹규약의 대변인 역할을 (할 때 하원에서 이렇게 발언)했다.

> 일반적으로 초국가적인 것에 의존하려는 시도는 있을 수 없다. 연맹이사회 또는 연맹총회의 결정을 실행하기 위해 힘에 의지할 생각은 없다. 이러한 것은 현재로서는 실제로 거의 불가능하다. 우리가 의지하는 것은 여론이다. ……그리고 만일 우리가 이 일에 대해 잘못 판단하고 있다면, 그때는 모든 것이 잘못된 것이다.[29]

---

28) *The Covenant of the League of Nations with a Commentary Thereon*, Cmd. 151, pp. 12, 16.
29) House of Commons, July 21, 1919 : *Official Report*, cols. 990, 992.

세실 경은 1923년의 대영제국회의(영국 본국, 자치령, 해외영토 대표들의 회의. 19세기 말부터 20세기 전반까지 계속되었다)에서 연맹문제에 대해 연설한 뒤 이렇게 설명했다. '그 방법은……강권적인 통치가 아니다. 그것은 동의의 방법이고, 실행수단은 힘이 아니라 여론이다.'[30] 제1차 연맹총회가 열렸을 때, 세실 경은 영국대표로 단상에 서서 그 철학을 다음처럼 이야기했다.

이것은 모두 진실이지만, 국제연맹이 사용할 수 있는 매우 강력한 무기는 경제적 무기도 아니고 군사적 무기도 아니며, 물리적인 힘을 가진 어떠한 무기도 아니다. 우리가 가지고 있는 최강의 무기는 바로 여론이라는 이름의 무기이다.[31]

상대적으로 더 회의적이고 세상일에 밝은 밸푸어(영국의 정치가. 1848~1930)도 1921년의 워싱턴 조약에서 제재 규정이 빠져 있는 점을 설명하면서 '만약 이 은혜로운 해(年)에 우리가 워싱턴에서 취한 집단행동에서 의도적으로 떨어져나가는 나라가 앞으로 생긴다면, 그 나라는 전 세계의 비난을 받고 외면당할 것'[32]이라고 공공연히 밝혔다.

바로 이러한 비난이 효과를 발휘한다는 것, 이것이 자유민주주의의 전제 가운데 하나였다.

그러나 여론이 매우 중요한 무기라는 주장은 양날의 칼과 같다. 1932년 만주사변 때, 재기 넘치는 존 사이먼 경(영국의 정치가. 1873~1954)은 다른 어떠한 행동도 필요하지 않다는 사실을 보여 주기 위해 여론이라는 무기를 사용했다. 그는 하원에서 이렇게 말했다. '분명한 것은 여론, 즉 세계가 확고한 도덕적 비난을 표명하는 데 충분할 만큼 만장일치의 결속을 보여 준다면 제재 따위는 굳이 필요하지 않다.'[33] 벤담식 또는 윌슨식의 전제에 따른다면 사이먼의 이 말은 논파할 수 없는 것이다. 만약 여론이 일본을 억제하는 데 실패한다면, 세실 경이 1919년에 말

---

30) *Imperial Conference of 1923*, Cmd. 1987[정확하게는 1988], p. 44.
31) *League of Nations : First Assembly*, p. 395.
32) Alfred Zimmern, *The League of Nations and the Rule of Law*, p. 399에서 재인용.
33) House of Commons, March 22, 1932 : *Official Report*, col. 923.

한 것처럼 '모든 것이 잘못된' 것이다.

5. 이상주의의 숙적

국제정치에서 이상주의의 숙적은 비교적 갑자기 나타났다. 1930년 9월, 콜롬비아대학 총장인 니컬러스 머리 버틀러 박사(미국의 교육학자. 1862~1947)는 다음과 같은 '비교적 안전한 예측'을 과감하게 내놓았다. '다음 세대는 코브던(영국의 정치가, 자유방임주의자. 1804~1865)의 원칙과 견해에 대한 존경심이 끝없이 높아져서 공공정책에서 코브던의 원칙과 견해를 더욱 널리 실현하도록 착실하게 노력할 것이다.'[34] 1931년 9월 10일, 세실 경은 국제연맹 총회에서 이렇게 발언했다. '지금처럼 전쟁이 일어날 가능성이 낮은 시대는 세계사의 어디에도 없었다.'[35] 그러나 1931년 9월 18일, 일본이 만주에서 군사행동을 일으켰다. 그다음 달, 그때까지 자유무역 원칙을 고수해 온 마지막 중요국가(영국)가 일반관세 도입의 첫걸음을 내디뎠다.

그 이후 눈이 어지러울 정도로 전개된 일련의 중대한 사건들에 의해, 내로라 하는 사상가라면 누구나 현실과 점점 동떨어져 가는 전제를 다시 한 번 검토해 볼 필요를 느끼기 시작한다. 만주의 위기는 태프트와 그를 잇는 많은 사람들이 불러일으킨 '국제 여론의 비난'이 그다지 큰 힘이 없다는 것을 보여 주었다. 미국은 마지못해 이러한 결말을 받아들이지 않을 수 없었다.

1932년 미 국무장관은 여전히 신중하게 이렇게 주장했다. '여론에 의한 제재는 세계에서 가장 효과적인 제재의 하나가 될 수 있다.'[36] 1938년 9월, 루스벨트 대통령(미국의 정치가. 1882~1945)이 체코슬로바키아 사태(체코슬로바키아령 수데텐 지방의 할양이라는 히틀러의 요구를 영국과 프랑스, 이탈리아가 뮌헨회담에서 수용한 일)에 개입한 것은 '여론의 도덕적인 힘'에 대한 미국 정부의 신뢰가 있었기 때문이다.[37] 1939년 4월, 코델 헐(미국의 국무장관. 1871~1955)은 다음과 같은 신념을 다시 한번

---

34) N. M. Butler, *The Path to Peace*, p. xii.
35) *League of Nations : Twelfth Assembly*, p. 59.
36) Mr. Stimson to the Council of Foreign Relations on August 8, 1932(*New York Times*, August 9, 1932).
37) '이 정부가 그러하듯이 여론의 도의적인 힘을 믿고……'(Sumner Welles in *State Department Press Releases*, October 8, 1938, p. 237).

밝혔다. '평화를 수행하는 모든 힘 가운데 가장 강대한 여론은 지금 전 세계에서 더욱 강력하게 발전하고 있다.'[38]

그러나 더욱 직접적으로 국제위기의 위협에 처해 있는 나라들에서는, 이러한 자기위안에 지나지 않는 견해가 더 이상 많은 지지자를 얻을 수는 없었다. 미국 정치가들은 그 뒤에도 이러한 주장을 거듭했는데, 이는 미국이 여론보다 강력한 무기에 의지하는 것을 싫어한다는 지표로 여겨졌다. 이미 1932년에 처칠은 이 낡은 신념을 계속 고수하고 있는 국제연맹협회(국제연맹의 이념을 추진하기 위해 영국에서 만든 조직)의 '지칠 줄 모르는 끈질긴 아둔함'을 조롱했다.[39]

얼마 뒤 연맹의 '구체적'인 제재라는 무기는 그다지 중요하지 않다고 역설해 왔던 지식인 집단이, 국제질서 기구에 필요한 토대로서 경제적, 군사적 제재를 소리 높여 주장하기 시작했다. 독일이 오스트리아를 합병했을 때(1938년 3월), 분개한 세실 경은 다음과 같이 네빌 체임벌린 수상을 힐난했다. "수상은 설마 구체적인 힘의 행사가 실행 가능하지 않다거나, 연맹이 '제재'를 가해서는 안 된다거나, 연맹의 노력은 도덕적 힘의 행사에 머물러야 한다는 견해를 가지고 있는 것인가."[40] 만일 체임벌린 수상이 실제로 그러한 견해를 갖고 있었다면, 그는 그 견해를 세실 경 자신의 과거 발언에서 배운 것이라고 대답하면 되었을 것이다.

회의주의 관점에서 본다면, 여론은 반드시 이긴다는 전제뿐만 아니라 여론은 반드시 옳다는 전제도 공격 대상이었다. 파리강화회의에서는 정치가가 어떤 요구를 할 경우, 그들이 대표하는 국민여론보다 때때로 더 합리적이고 온건하다는 것을 볼 수 있었다.

심지어 윌슨도 그의 평소의 신념인, 이성은 '전 세계에 있는 순진한 민중'에게 호소하면 반드시 승리한다는 명제와는 완전히 모순되는 주장을—일말의 의심도 없이 진지하게—펼친 적이 있었다. 강화회의의 국제연맹위원회에서 일본이 인종평등문제를 제기했을 때였다. 대통령은 이렇게 물었다.

"이 조용한 방 안에서야 사안의 옳고 그름을 가려 가며 문제를 논의할 수 있

---

38) *The Times*, April 18, 1939.
39) Winston Churchill, *Arms and the Covenant*, p. 36.
40) *Daily Telegraph*, March 24, 1938.

을지 모르지만, 일단 이 방 밖으로 나가면 아무도 그런 식으로 다루지 않을 텐데 도대체 어떻게 그렇게 이야기하자는 것이오?"[41]

그 뒤의 역사를 보면 이런 사례를 수없이 찾아볼 수 있다. 제네바와 다른 여러 곳에서 정치가들에게는, 자신들은 가능한 한 이성적이 되려고 노력하지만 국내 여론이 도무지 허락하지 않는다는 핑계가 하나의 상투적인 말이 되어 있었다. 이러한 변명은 때로는 구실이거나 전술적 책략이기도 한데, 그 바탕에는 종종 분명한 현실주의가 뿌리를 내리고 있다.

게다가 이러한 상황이 안정됨에 따라 여론의 위신은 무너져 갔다. 국제연맹협회의 어느 유명한 지지자는 최근에 이런 글을 썼다. '조정자와 중재자, 경찰관과 재판관이 분노로 들끓거나 환호성을 지르는 군중에 에워싸인다 해도, 그것은 이러한 조정자 같은 실무가들에게는 아무런 의미도 없다.'[42] 우드로 윌슨의 '전 세계의 순진한 민중'이나 '계몽된 인류의 공통 목적'의 대변자들이 어찌 된 일인지 앞뒤가 맞지 않고 공허하게 큰소리만 치는 무질서한 우민으로 전락하고 말았다.

국제 문제에서 여론이 무능한 동시에 이따금 편협한 것은 아무래도 부정할 수 없을 것처럼 보였다. 그러나 1919년의 여러 전제들이 수없이 무너져도 이상주의 학파의 지적 지도자들은 끝까지 자신들의 주장을 내려놓지 않았다. 영국과 미국에서—프랑스는 그 두 국가만큼은 아니었지만—이론과 실천의 괴리는 놀랄 만큼 컸다. 실무경험이 없는 국제문제 연구자들은 정치, 경제 두 분야에서 어떠한 정책이 추구되어야 하는지에 대해서는 모두 같은 의견이었다. 그러나 많은 나라의 정부는 이러한 조언과는 어떤 의미에서 완전히 정반대의 정책결정을 내렸으며, 이에 대한 여론의 승인을 선거로 확보했다.

6. 판단의 문제

이렇게 불행한 사태에 대해 명쾌한 설명을 구하기는 어렵지 않다. 코민테른의 한 유능한 역사가는 이렇게 말했다. 그 기관(코민테른)의 역사에서 '모든 실패— 이것은 객관적인 실패가 아니라 현실이 이상을 따라갈 수 없다는 의미에서의 실

---

41) David H. Miller, *The Drafting of the Covenant*, ii. p. 701.
42) Lord Allen of Hurtwood, *The Times*, May 30, 1938.

패—는 배신자 때문이다.'[43]

원칙은 널리 적용될 뿐만 아니라 인간성의 깊은 곳을 건드리게 마련이다. 많은 나라의 정치가들은 실망한 이상주의자들로부터 국제질서의 파괴자로 조롱받아 왔다. 이 단순한 의인적(擬人的) 설명의 진의를 탐구하려고 한 이 학파의 일부 사람들은 두 가지 판단 사이에서 헤매고 있다. 만약 국제관계에서 인류가 합리적인 선(善)을 쟁취할 수 없다면, 그것은 인류가 몹시 어리석기 때문에 그 선을 이해하지 못했거나, 인류가 너무나 사악하여 처음부터 그 선을 추구하지 않았기 때문이라는 것이다. 짐먼 교수(영국의 역사가. 1879~1957)는 '어리석음' 쪽으로 기울었다. 그는 버클과 노먼 에인절 경의 주장을 거의 단어 하나하나까지 똑같이 되풀이했다.

> 우리의 앞길을 가로막는 장애는……도덕의 영역에 있지 않고 지적 영역에 있다. ……사람들이 세계사회에 대한 의식을 갖도록 교육받지 않은 것은 그들이 사악해서가 아니다. 그것은 그들이—솔직하게 '우리'라고 해야 하지 않을까—보수적 성향과 한정된 지성만을 가진 존재이기 때문이다.

세계질서를 구축하려는 시도가 실패한 것은 '자만심이나 야심, 욕심' 때문이 아니라 '사고의 마비' 때문이다.[44] 한편 토인비 교수(영국의 역사가. 1889~1975)는 세계질서를 구축하려는 시도가 실패한 원인을 인간의 사악함 속에서 찾는다. 연보 《국제문제개관》에서 그는 이탈리아는 '낙관적이고 고집스럽고 공격적 이기주의'이고, 영국과 프랑스는 '비관적이고 의지박약하고 비겁한 이기주의'이며, 서구 기독교 세계 전체는 '비열한' 악행을 저질렀다 하여 각각 그 나름으로 비난했다. 또 토인비는 아비시니아 이외의 모든 연맹국은 탐욕스럽거나 비겁하다(그중 어느 쪽인지는 각각의 나라에 달려 있다)고 비난하는 한편, 미국의 태도는 '괴팍한 심술쟁이'에 지나지 않는다고 했다.[45]

---

43) F. Borkenau, *The Communist International*, p. 179
44) *Neutrality and Collective Security*(Harris Foundation Lectures : Chicago, 1936), pp. 8, 18.
45) Arnold J. Toynbee, *Survey of International Affairs*, 1935, ii. pp. 2, 89, 96, 219-20, 480.

몇몇은 우둔함과 사악함을 합쳐서 설명하는 사람도 있었다. 국제문제에 대한 많은 논평은 이상주의적인 처방에 따르려 하지 않는 현실을 끊임없이 경멸함으로써 결국 장황하기만 할 뿐 알맹이가 없는 것이 되고 말았다.

이러한 설명들에서 볼 수 있는 단순함은 국제위기의 심각성과 복잡함에 비하면 우스꽝스러울 정도로 균형이 맞지 않았다.[46] 일반 사람들이 느낀 인상은 앤서니 이든(영국의 정치가. 1897~1977)이 1938년 4월에 쓴 글 속에 좀 더 정확하게 기록되어 있다.

우리가 어느 날 갑자기 왔다가 곧 지나갈 유럽의 위기에 휘말려 있는 거라고 생각한다면 참으로 한심한 일이다. 우리는 세계 곳곳에서 인류 전체의 위기에 맞닥뜨려 있다. 우리는 역사의 대전환기에 살고 있다. 이 시대가 져야 할 책임과 거기서 나올 결과의 막중함은 우리에게 크나큰 외경심을 불러일으킨다. 놀랍도록 거대한 힘, 허리케인과 같은 힘이 바야흐로 풀려났다.[47]

토인비 교수가 믿었던 것처럼 우리가 특별히 악덕의 시대를 살아온 것은 아니다. 그렇다고 짐먼 교수가 말했듯이 특별히 어리석은 시대를 살아온 것도 아니다. 라우터파하트 교수(영국의 국제법학자. 1897~1960)는 다음과 같이 한결 낙관적으로 말했지만 그 주장은 진실과 더욱 거리가 멀다. 그는 우리가 경험한 것은 '일시적인 후퇴기'이며, 그 '일시적인 후퇴기'는 우리의 사상을 부당하게 왜곡하는 것이어서는 안 된다고 말했다.[48] 우리가 보아온 것은 국제연맹의 실패가 아니라 연맹을 기능시키려 하지 않았던 사람들의 실패라고 아무리 주장해도 무의미한 변명일 뿐이다. 1930년대 국제질서의 붕괴는 너무나 압도적이고 엄청나서 한낱 개인의 행위 또는 불행위로 설명할 수는 없었다. 이 붕괴는 필연적으로 그 국제질서가 기반하고 있던 공준(公準)의 파산을 불러오는 것이었다. 19세기적 신념의 기반 자체

---

46) 최근의 한 논객이 18세기 프랑스의 합리주의자에 대해 말한 것처럼, '그들의 천박함은 문제의 단순함을 놀랄 만큼 과장한 데 있다.'(G. H. Sabine, *A History of Political Theory*, p. 551.)

47) Anthony Eden, *Foreign Affairs*, p. 275.

48) *International Affairs*, xvii.(September-October 1938), p. 712.

가 이제 의심받고 있다. 그것은 사람들이 어리석거나 사악해서 올바른 원칙을 적용하지 못한 것이 아니라, 처음부터 원칙 자체가 잘못되었거나 적용할 수 없는 것이었음을 뜻한다.

사람들이 국제정치에 대해 제대로 이성적으로 사고한다면 올바르게 행동할 것이고, 자신의 이익과 자국의 이익에 대해 올바르게 사고한다면 세계의 낙원으로 가는 길이 열리리라는 생각은 결국 잘못된 것일지도 모른다. 19세기 자유주의의 가설이 사실상 지지를 얻지 못하면, 국제적 이론가가 외친 이상이 현실에 그다지 영향을 미치지 못한다 해도 그리 놀라운 일이 아니다. 그러나 이 자유주의의 가설이 오늘날 지지를 얻지 못한다면, 우리는 왜 이 가설이 19세기에는 그토록 널리 수용되어 그토록 빛나는 위업을 이루었는지 더욱 설명해야 한다.

제4장 이익의 조화

1. 이상주의적 통합

국내 사회이든 국제 사회이든, 사람들이 일정한 행동규칙을 따르지 않으면 존재할 수 없다. 사람들은 왜 이러한 행동규칙을 따르지 않으면 안 되는가 하는 것은 정치철학의 근본문제이다. 다른 통치형태와 마찬가지로 민주정체에서도, 국내 정치와 마찬가지로 국제정치에서도, 이 문제는 집요하리만큼 우리를 따라다닌다. 그것은 '최대 다수의 최대 행복' 같은 공식은 왜 소수파—이 소수파의 최대 행복은 이론적으로는 추구되는 일이 없다—가 최대 다수를 위해 만들어진 규칙을 따라야 하는가 하는 물음에는 대답하지 않기 때문이다.

이 질문에 대한 답은 크게 나누면 두 가지 범주가 있다. 이 두 가지 범주는 정치를 윤리의 기능으로 간주하는 사람들과, 윤리를 정치의 기능으로 생각하는 사람들의 대립—이것은 앞 장에서 논한 것이다—에 상응한다.

정치에 대한 윤리의 우위를 주장하는 사람들은 많은 다른 사람을 위해, 또는 무엇인가 다른 방법으로 더욱 가치 있는 것을 위해 자신의 이익을 희생시키고 공동체 전체의 의사에 따르는 것은 개인의 의무라고 생각할 것이다. 자기 이익에 존재하는 행복은 자기 이익보다 더 높은 차원의 목적을 위한 충성이나 자기희생에서 오는 행복에 종속되어야 한다. 의무는 무엇이 옳은지에 대한 일종의 직관에 따라 생겨나는 것이지 합리적인 논의를 통해 제시되는 것이 아니다.

한편 윤리에 대한 정치의 우위를 주장하는 사람들은, 지배자가 지배하는 것은 그가 강자이기 때문이고, 피지배자가 복종하는 것은 그들이 약자이기 때문이라고 말할 것이다. 이 원리는 다른 모든 통치형태와 마찬가지로 민주정치에도 간단하게 적용할 수 있다. 다수파는 강자이기 때문에 지배하고, 소수파는 약자이기 때문에 복종한다. 흔히 민주주의는 인간을 죽이는 대신 머릿수를 채우는 것이라고 한다.

그러나 이 '대신'이라는 표현은 단순히 편의상의 것일 뿐 이 두 가지 방법의 원리는 같다. 따라서 현실주의자에게는 직관주의자와는 달리, 개인은 왜 복종해야 하는가 하는 물음에 대해 완벽히 합리적인 대답이 준비되어 있다. 개인이 복종하는 까닭은 그렇게 하지 않으면 강자가 개인을 강제적으로 복종시키기 때문이라는 것이다. 강제의 결과는 자발적인 복종의 결과보다 불쾌하다. 그래서 실은 '힘이 곧 정의'임을 인정하는 것이 합리적이라는 입장에서 만들어진 일종의 가짜 윤리에서, 의무가 태어나는 것이다.

이 두 가지 대답은 모두 반론을 부르게 된다. 인간의 이성이 이룩한 수많은 위업을 목격해 온 근대인은 이성과 의무가 때로는 대립한다는 것을 도저히 믿을 수가 없다. 한편 어느 시대의 사람도 단순히 강자의 권리를 의무의 합리적 기반으로 삼으려 한다는 견해에는 만족할 수 없었다. 18, 9세기 이상주의의 가장 큰 강점은 이 두 가지 불만에 동시에 그리고 명확하게 응답할 수 있었다는 것이다. 윤리의 우위를 출발점으로 하는 이상주의자는 의무 자체가 윤리적이고, 더욱이 그 의무가 강자의 권리에서 독립한 것임을 철석같이 믿는다. 그러나 그는 또 현실주의자와는 다른 관점에서 이렇게 믿어 왔다. 그것은 곧 공동체를 위해 만든 규칙을 개인이 지켜야 하는 의무는 이성의 관점에서 정당화될 수 있으며, 최대 다수의 최대 행복은 최대 다수에 포함되지 않는 사람들에게도 합리적 목적이라는 것이다.

이상주의자는 개인의 최대 이익과 공동체의 최대 이익은 당연히 일치한다고 주장하면서 그 통합을 실현한다. 개인이 자신의 이익을 좇으면 공동체의 이익도 추구하는 것이 되고, 또 개인이 공동체의 이익을 좇으면 자기 자신의 이익도 추구하는 것이 된다. 이것이 그 유명한 이익조화설(利益調和說)이다. 이것은 올바른 이성의 작용으로써 도덕률이 확립된다는 명제의 당연한 귀결이다.

이익은 궁극적으로 모두 서로 다르다고 인정하는 것은 이 명제에서 치명적이다. 따라서 어떠한 것이든 이익의 명백한 충돌은, 애초에 이해득실의 계산이 잘못되었기 때문이라고 설명될 수 있다. 버크가 사리(私利)란 '공동체에도, 또 그것에 속하는 모든 개인에게도 이익이 되는 것'이라고 정의했을 때, 그는 이익조화설을 암묵적으로 인정한 것이다.[49] 이것은 18세기 합리주의자에서 벤담으로, 그리고 벤담에서 빅토리아 시대의 도덕주의자로 이어졌다. 공리주의 철학자는 다른 사람의 행복을 추구하면 자신에게도 필연적으로 행복이 따라온다고 주장함으로써 도덕성을 정당화했다. 정직은 가장 좋은 방책이다. 만일 국민 또는 국가가 사악한 행동으로 나온다면, 그것은 버클이나 노먼 에인절 경, 짐먼 교수가 생각하는 것처럼 그들이 지성이 결여되었고, 근시안적이고 우둔하기 때문임이 틀림없다.

2. 자유방임의 낙원

이익조화설의 대중화에 중요한 역할을 한 것은 애덤 스미스가 창시한 자유방임주의 정치경제학파였다. 이 학파의 목적은 경제문제에 대한 국가 관리를 배제하는 것이었다. 그 정책을 정당화하기 위해 이 학파는 공동체의 이익이 개인의 이익과 일치한다는 바로 그 이유에서, 개인은 외부의 간섭을 받지 않고 공동체의 이익을 추진할 수 있음을 보여 주려고 했다. 그것을 입증하는 것이 《국부론》의 주제였다. 공동체는 지대(地代)로 생활하는 사람들, 임금으로 생활하는 사람들, 그리고 이윤으로 생활하는 사람들로 나뉜다. 그리하여 그 3대 계층의 이익은 사회의 전반적 이해와 긴밀하고 불가분하게 연결되어 있다.[50]

이익의 조화는 이해 당사자들이 그것을 의식하지 않아도 엄연히 존재한다. 개

---

49) E. Burke, *Works*, v. p. 407.
50) Adam Smith, *The Wealth of Nations*, Book I. ch. xi. conclusion.

인은 '공공의 이익을 추진하려고 의도하지도 않고 얼마나 추진하고 있는지 모른다. 그는 오직 자신의 이득만 염두에 둔다. 그리고 그는 이 경우에도 다른 많은 경우와 마찬가지로 보이지 않는 손에 이끌려, 자신이 전혀 의도하지 않았던 목적을 추진하게 된다.'[51] 보이지 않는 손―애덤 스미스는 아마 이것을 은유라고 생각했겠지만―은 빅토리아 왕조식의 신앙심에는 아무런 저항감도 없었다. 19세기 중반 기독교 지식보급협회가 발행한 팸플릿에는 이렇게 적혀 있었다. '지혜롭고 은총 어린 신의 섭리에 의해, 신비하게도 사람들이 자신의 이익만 생각하고 있으면 사회에 최선을 다하는 것이 된다.'[52]

같은 시기에 영국의 한 성직자는 《기독교 현세 이익론》이라는 제목의 책을 썼다. 이익조화설은 도덕에 대해 견고한 합리적 기반을 제공했다. 이웃을 사랑하는 것은 결국 자신을 사랑하는 가장 현명한 방법이 되었다. 최근에는 1930년 헨리 포드(미국의 산업자본가, 포드 자동차회사의 창설자. 1863~1947)가 이렇게 썼다. '우리는 이제 경제적으로 옳은 것은 모두 도덕적으로도 옳다는 것을 알고 있다. 좋은 경제와 도덕적으로 좋은 행동 사이에 대립은 있을 수 없다.'[53]

이익의 전반적이고도 근원적인 조화라는 가설은 일단 너무도 역설적으로 들리기 때문에 주의 깊게 살펴볼 필요가 있다. 애덤 스미스가 만든 이 가설은 18세기의 경제구조에 잘 적용되었다. 이 가설은 소규모 생산자와 상인으로 이루어진 사회를 전제로 했다. 즉 이러한 소규모 생산자와 상인은 생산과 교환의 극대화에 관심을 가졌고, 가동성과 적응력이 한없이 뛰어나며, 부의 분배 문제에는 무관심했다. 이러한 조건은 생산에 고도의 전문화와 고정설비에 대한 자본투입이 필요하지 않았던 시대와, 생산의 극대화보다 부(富)의 공정한 분배에 관심을 가진 계급이 아직 미미한 존재로 영향력이 없었던 시대에는 충분히 충족되었다.

그러나 기묘한 우연이었을까. 《국부론》이 출판된 해는 와트(영국의 기술자. 1736~1819)가 증기기관을 발명한 해였다. 그리하여 자유방임론이 고전적인 형태로 발전하던 바로 그때, 고정적이고도 고도로 전문화한 거대산업과, 생산보다 분

---

51) *Ibid.* Book IV. ch. ii.
52) J. M. Keynes, *A Tract on Monetary Reform*, p. 7에서 재인용.
53) J. Truslow Adams, *The Epic of America*, p. 400에서 재인용. 필자는 이 원전을 확인하지는 못했다.

배에 관심을 가진 다수의 강력한 프롤레타리아(무산계급)의 탄생을 부르게 되는 발명이, 정작 이 이론의 전제를 무너뜨리고 있었다. 일단 산업자본과 계급제도가 사회구조로 인지되자, 이익조화설은 새로운 의미를 갖게 된다. 이 이익조화설은 뒤에 설명하는 대로[54] 자신들의 이익과 공동체 전체의 이익이 맞아떨어진다고 주장하면서 자신의 우위를 지키고자 하는 지배집단의 이데올로기가 되었다.

그러나 이러한 변화가 일어나고 이 이익조화설이 살아남은 것은 하나의 환경이 마련되었기 때문이다. 이익조화설에 대한 신념이 계속 유지될 수 있었던 까닭은 《국부론》의 출판과 증기기관의 발명 뒤 100년을 특징지은 생산, 인구, 번영의 유례없는 확대 때문이었다. 번영의 확대를 통해 이익조화설은 세 가지 다른 방법으로 널리 퍼져나갔다.

즉 늘 새로운 시장이 창출되었기 때문에 번영의 확대가 생산자 사이의 시장획득 경쟁을 완화할 수 있었다. 또 공정한 분배를 무엇보다 중시한다고 강조하고, 혜택받지 못한 계층에도 전반적인 번영의 몫을 어느 정도 나누어 줌으로써 번영의 확대는 계급문제의 등장을 지연시킬 수 있었다. 게다가 번영의 확대와 함께 현재와 미래의 행복을 손안에 넣을 수 있다는 확신을 사람들에게 심어 주었고, 그렇게 함으로써 이익의 자연적 조화라는 합리적 방법에 따라 세계에 질서가 부여되고 있음을 사람들로 하여금 믿게 만들었다. '반세기 동안 마치 그것이 자유주의적 이상향인 것처럼 자본주의를 기능시킨 것—그것은 바로 수요 부문의 끊임없는 확장이었다.'[55]

무한하게 확대하는 시장이라는 암묵적 전제야말로 이익조화설의 바탕이었던 것이다. 만하임 박사가 지적했듯이, 자동차의 수가 도로의 안전허용량을 넘지 않으면 교통을 규제할 필요가 없다.[56] 이 안전허용량을 넘기 전에는 도로를 달리는 차량 사이에서 이익의 자연적 조화가 성립되고 있다고 쉽게 믿을 수 있다.

개인에게 진실인 것은 국가에도 진실이라고 생각했다. 개인이 자신의 이익을 추구함으로써 자신도 모르게 공동체 전체의 이익을 견인하듯이, 국가도 자국의

---

54) 제5장 5 참조
55) *Nationalism : A Study by a Group of Members of the Royal Institute of International Affairs*, p. 229.
56) K. Mannheim, *Mensch und Gesellschaft im Zeitalter des Umbaus*, p. 104.

이익을 추진하면 인류 전체의 이익도 증진된다. 각국의 경제이익 극대화가 세계 전체의 경제이익 극대화와 일치한다는 논리로 세계적 자유무역이 정당화되었다.

다만 순수한 이론가라기보다는 실천적인 개혁자였던 애덤 스미스는 정부가 국방을 위해 특정 산업을 보호해야 한다는 것은 분명히 인정했다. 그러나 이러한 자유의 제한은 그와 그의 지지자들에게는 원리원칙의 사소한 예외에 지나지 않았다. 존 스튜어트 밀이 말했듯이 '자유방임주의는……일반적인 관행이어야 한다. 거기서 벗어나는 것은 모두, 그것이 어떤 커다란 이익을 위해 요구되지 않는 한 분명한 악이다.'[57] 다른 사상가는 국익조화설을 더욱 널리 적용했다. 18세기가 저물 무렵의 어느 저자는 이렇게 보았다. '국가의 진정한 이익이 인류 전체의 이익과 대립하는 일은 지금까지 한 번도 없었다. 인류애와 애국심이 서로 모순되는 의무를 사람들에게 강요하는 것은 있을 수 없는 일이다.'[58]

영국의 19세기적 자유주의를 수용하여 스승의 학설을 더욱 연마한 헤겔주의자 T. H. 그린(영국의 철학자. 1836~1882)은 이렇게 생각했다. '국가가 계획을 실현한다 해도 국가 자체의 이익을 추구하는 어떠한 행동도 일반사회의 진정한 이익이나 권리와 결코 대립하지 않을 것이다.'[59] 굳이 논점을 교묘하게 피하고 있는 '진정한'이라는 형용사가 18세기의 인용문에서는 국가의 '이익'에 붙어 있었던 것이, 19세기에 들어서자 일반사회의 '이익' 쪽으로 옮겨간 것은 흥미롭다.

내셔널리즘에 대한 19세기적 자유주의 철학을 확립한 마치니(이탈리아의 혁명가, 저술가. 1805~1872)는 국가 사이에 일종의 노동분업이 있어도 된다고 믿었다. 국가가 각각 능력에 맞는 특정한 일을 하고, 또 그 일을 완수하는 것이 인류의 복지에 이바지하는 것이라고 했다. 만약 모든 국가가 이런 정신으로 행동한다면 국제적 조화는 크게 확대될 것이다. 경제적 이익조화에 대한 신념을 강화한 무한한 발전성이라는 조건은 바로, 서로 적대하는 민족운동의 정치적 조화를 확신시키는 조건이기도 했다.

마치니와 같은 시대에 살았던 사람들이 내셔널리즘을 좋은 것으로 생각한 까

---

57) J. S. Mill, *Principles of Political Economy*, II. Book V. ch. xi.
58) S. Romilly, *Thoughts on the Influence of the French Revolution*, p. 5.
59) T. H. Green, *Lectures on the Principles of Political Obligation*, § 166.

닭은 무엇일까. 한 가지 이유는 그 무렵에는 국가로 인정되는 곳이 적었고, 따라서 국가가 될 여지가 아직 충분히 남아 있었기 때문이다. 독일인, 체코인, 폴란드인, 우크라이나인, 마자르인, 그리고 다섯 개 이상의 민족 집단이 수백 평방마일의 토지에서 서로 복작거리며 사는 새로운 시대에는, 각 국가가 저마다의 내셔널리즘을 발전시켜 국제적 이익조화에 독자적으로 공헌할 수 있다는 믿음을 쉽게 가질 수 있었다. 대부분의 자유주의 저술가는 1918년에 이르기까지, 국가가 각각 독자적인 민족주의를 발전시키면 국제주의의 목적을 수행할 수 있다고 굳게 믿었다. 그리하여 윌슨을 비롯한 수많은 평화조약의 주인공들은 민족자결에서 세계평화의 열쇠를 보았다. 더욱 최근에도 책임 있는 앵글로색슨 정치가들 가운데, 깊이 생각하지도 않고 때때로 고리타분한 마치니식 문구를 앵무새처럼 읊어대면서 흡족해하는 사람도 적지 않다.[60]

3. 정치의 다원주의

《국부론》 출판 100주년인 1876년에는 이미 쇠퇴의 조짐이 짙어졌다. 영국 이외의 어느 나라도 상업면에서는 경제이익의 국제적 조화를 믿을 만큼 강한 힘을 갖고 있지는 않았다. 자유무역의 원칙을 받아들이는 것에 대해서는 영국을 제외하면 어느 나라나 어중간하고 미온적이며 일시적인 태도를 취했다. 미국은 처음부터 이 원칙을 거부했다. 오랫동안 미국의 산업발전을 연구해 온 프리드리히 리스트(독일의 경제학자. 1789~1846)는 1840년 무렵 독일 청중에게, 자유무역은 영국처럼 산업의 초강대국에는 옳은 정책이지만, 약소국이 영국의 공세를 막아 내려면 보호무역밖에 없다는 견해를 역설하기 시작했다.

보호관세의 벽 뒤에서 일으킨 독일과 미국의 산업은 전 세계를 독점하던 영국의 산업을 크게 잠식하기 시작했다. 해외의 영국자치령은 새롭게 획득한 재정자치권을 이용하여 종주국인 영국의 제조업에 대항하기 위한 보호정책을 폈다. 경쟁의 압력은 모든 방면에서 늘어 갔다. 내셔널리즘은 불길한 양상을 띠기 시작하

---

60) 이를테면 이든은 1938년 '각 나라가 발전, 번영하는 가운데 사람들의 다양한 생활에 독자적으로 최대한 공헌할 수 있는 국제예양(國際禮讓)'을 제창하였다(Anthony Eden, *Foreign Affairs*, p. 277).

더니 제국주의로 타락해 갔다. 헤겔 철학은 영원히 되풀이되는 관념의 대립과 현실을 동일시하며 영향력을 넓혀 갔다. 헤겔의 배후에는 마르크스가 있었다. 마르크스는 헤겔식의 대립을 경제적 이익집단 사이의 계급투쟁이라는 형태로 구체화했다. 그리하여 자본과 노동의 이익조화에 대한 믿음을 단호하게 거부하는 노동자 계급의 정당이 태어났다. 특히 다윈(영국의 박물학자, 진화론자. 1809~1882)은 생존을 위한 끝없는 투쟁과 자연도태를 통한 생물학적 진화론을 제기하여 널리 퍼뜨렸다.

자유방임 철학이 새로운 시대상황이나 새로운 사상경향과 잠시 공존할 수 있었던 것은 진화론 덕분이었다. 자유경쟁은 자유방임체제의 고마운 신으로서 높이 찬양되었다. 프랑스의 경제학자 바스티아(프랑스의 자유무역론자. 1801~1850)는 《경제적 조화》라는 의미심장한 제목의 저서에서 '진보를 위대한 인류가족의 공통유산으로 만들기 위해, 개인의 손에서 진보를 끊임없이 빼앗아 가는……그 인간주의적인 힘'[61]으로서 경쟁을 열렬히 지지했다. 19세기 후반, 더욱 고조되는 긴장 속에서 경제 분야의 경쟁은 다윈이 생물학적 자연법칙으로 제시한 것, 즉 약자의 희생에 따른 강자의 생존을 의미했다. 소규모 생산자와 상인은 대규모 경쟁상대에 밀려 점차 사업에서 배제되어 갔다. 이러한 전개는 진보와 공동체 전체의 복지가 함께 요구하는 것이었다. 자유방임은 열린 전쟁터였고 강자의 전리품을 뜻했다.

이익조화설은 아주 미미하게 수정되었다. 공동체의 이익—어쩌면 사람들은 인류의 이익이라고 말하고 싶었을 그것—은 공동체에 속하는 개개인의 이익과 여전히 일치했지만, 사실 공동체의 이익은 생존경쟁에서 살아남은 강한 개개인의 이익하고만 맞아떨어질 뿐이다. 인류는 약자를 버리면서 점차 진화해 갔다. 마르크스가 말했듯이 '인류의 발전은……따라서 개개인의 고도의 발전은 개인이 희생되는 역사적 과정을 통해서만 보장된다.'[62]

경제경쟁이 격화한 새로운 시대의 이론은 바로 그런 것이었다. 허버트 스펜서(영국의 철학자. 1820~1903)가 역설한 이러한 이론은 1870년대와 80년대에 영국에

---

[61] C. F. Bastiat, *Les Harmonies Économiques*, p. 355.
[62] K. Marx, *Theorien über den Mehrwert*, II. i. p. 309.

서 널리 받아들여졌다. 애덤 스미스에게 사사한 프랑스의 마지막 제자 이브 귀요(프랑스의 경제학자. 1843~1928)는 프랑스어 'concurrence'가 '경쟁'과 '협력'을 동시에 의미한다는 우연에 착안했는지, La Morale de la Concurrence, 즉 《경쟁의 도덕》이라는 제목의 저작을 냈다. 국제정치에 이러한 진화의 원리를 적용한 영국의 논객들 가운데 가장 유명한 인물이 배젓(영국의 경제학자. 1826~1877)이다.

정복은 전승에 가장 공헌할 수 있도록 국민의 습관까지 단련한 국민성에 대해 자연이 주는 보상이다. 그리고 가장 필수적인 측면에서, 그처럼 승리에 기여하고자 하는 국민성이야말로 진정 가장 훌륭한 국민성이다. 전쟁에서 실제로 승리를 거두는 국민성이야말로 우리가 전쟁에서 이기기를 바라야 할 국민성이다.[63]

같은 시기에 한 러시아 사회학자는 국제정치를 정의하여 '사회적 유기체 사이에서 생존경쟁을 펼치는 기술'이라고 했다.[64] 또한 1900년, 어느 저명한 교수는 그즈음 유명했던 자신의 저서에서 다음과 같이 단호하게 주장했다.

진보의 오솔길에는 국가의 잔해가 흩어져 있다. 열등한 인종이 바친 산 제물의 흔적, 그리고 위대한 완성으로 가는 좁은 길을 찾지 못한 희생자들의 흔적을 곳곳에서 볼 수 있다. 그러나 이렇게 죽어 간 국민들은 실제로 인류가 지금보다 더 높은 지적 생활, 더 깊은 정서적 생활로 올라서는 발판이 되었다.[65]

독일에서는 트라이치케(독일의 역사가. 1834~1896)와 휴스턴 스튜어트 체임벌린(영국 태생의 독일 철학자. 1855~1927)이 같은 견해를 주장했다. 부적합한 민족의 소멸 위에 이루어지는 진보이론은 부적당한 개개인의 소멸에 의한 진보이론의 정당

---

63) W. Bagehot, *Physics and Politics*(2nd ed.), p. 215. 이 단락의 '필수적인(material)'이라는 말은 어떤 의미일까. 그것은 단순히 '중요한'을 의미하는 것일까, 아니면 저자가 '필수적인'이라는 단어에 함축된 '물질적인'이라는 뜻과 '도덕적인' 사이에 있는 불쾌한 대립을 깨달았던 것일까.

64) J. Novicow, *La Politique Internationale*, p. 242.

65) Karl Pearson, *National Life from the Standpoint of Science*, p. 64.

한 귀결로 생각되었다. 이런 신념은 언제나 공언되었던 것은 아니지만, 19세기 후반 제국주의 속에 사실상 깔려 있었다. 미국의 역사가가 말했듯이, 19세기가 저물 무렵에 '국제관계의 기본문제는 누가 희생자들을 나눠 가질 것인가'[66] 하는 것이었다'. 이익조화는 '부적합한 민족'인 아프리카인과 아시아인을 산 제물로 하여 성립되었다.

불행하게도 한 가지 사실이 간과되고 있었다. 이익조화설은 100년이 넘도록 도덕의 합리적 기반이 되었다. 개인은 공동체의 이익이 자신의 이익이 된다는 구실로 공동체의 이익에 기여하도록 강제되었다. 이제 그 근거는 바뀌었지만, 그래도 결국 공동체의 이익과 개인의 이익은 여전히 일치했다. 그러나 그 결과로 일어나는 이익조화는 개인간의 생존경쟁을 전제로 했고, 그 생존경쟁에서는 패자의 이익뿐만 아니라 패자의 존재 자체도 현실세계에서 완전히 지워 버렸다.

이러한 상황에서 도덕은, 미래의 패자에게는 어떠한 합리적 매력도 없는 것이었다. 그리하여 모든 윤리체계는 약자의 희생 위에 서 있었다. 다만 현실적으로 거의 모든 국가는 고전적 이론에 대항하여, 경제적 강자로부터 약자를 보호하기 위한 사회적 법규를 도입했다. 그러나 고전이론 자체는 좀처럼 소멸하지 않았다. 1870년대, 영국인과 경제학자에 대해 어떠한 편견도 갖지 않은 도스토옙스키(러시아 작가. 1821~1881)는 이반 카라마조프의 입을 빌려, 만약 무고한 백성의 수난을 수반하는 것이라면 '영원한 조화'의 세계에 들어가는 입장료는 너무나 비싸다고 말했다.

같은 무렵 영국에서는 윈우드 리드(영국의 여행가, 소설가. 1838~1875)가 《인간의 순교》라는 책을 내어 불쾌한 반향을 일으켰다. 이 책은 진화론에 들어 있는 고난과 폐기에 대한 장대한 이야기로 사람들의 관심을 끌었다. 1890년대에는 헉슬리(영국의 생물학자. 1825~1895)가 '우주적 과정'과 '윤리적 과정' 사이에는 간극이 있음을 과학의 이름으로 인정했다.[67] 밸푸어는 철학의 관점에서 이 문제에 접근하여 이렇게 결론지었다. "'이기주의'와 '이타주의'의 완전한 조화와 자신의 최고 행복과 타자의 최고 행복의 완전한 조화는, 이 세상에서 이루어지는 행위와 이 세

---

66) W. L. Langer, *The Diplomacy of Imperialism*, ii. p. 797.
67) T. H. Huxley, Romanes Lecture, 1893, reprinted in *Evolution and Ethics*, p. 81.

상에서 만들어지는 성격이 저 세상으로 계승되고, 이 세상에서는 거의 불가능한, 대립되는 원리 사이의 화해와 조정이 저세상에서는 가능하다는 믿음이 없으면 결코 이루어질 수 없다."[68]

자유경쟁의 긍정적인 성격에 대한 이런저런 논의는 거의 사라졌다. 1914년 이전에는 국제자유무역정책은 영국의 유권자와 경제학자의 지지를 계속 얻었다. 그러나 지난날 자유방임철학의 기초가 되었던 윤리적 공리는—일단 그 조악한 형태로는—어떠한 사상가에게도 더 이상 호감을 줄 수 없었다. 생물학적으로도 경제학적으로도 이익조화설이 지지를 얻으려면 궁지에 몰린 약자의 이익을 무시하거나 이 세상의 균형을 재조정하기 위해 저세상에 도움을 청하는 수밖에 없었다.

4. 국제적 조화

1914년 제1차세계대전 발발을 앞두고, 이미 시대에 뒤처져 쓸모가 없어진 이론은 미국의 착상에 의해 기묘한 과정을 거쳐 전후에 국제관계라는 특이한 분야에서 부활했다. 사람들은 바로 그 '기묘한 과정'에 주목했다. 특히 자유방임의 이익조화설이 그러했다.

미국의 자유방임주의의 역사에는 미국 특유의 성격이 잘 드러난다. 19세기 전체와 20세기에 들어서서 상당 기간 동안, 미국은 유럽의 경쟁력에 맞서 관세에 의한 보호정책을 필요로 하는 한편, 무한한 가능성을 지닌 국내시장이 더욱더 확대되어 간다는 점에서 이익이 되는 면이 있었다. 영국은 1914년까지 세계무역을 계속 지배했지만, 국내의 과중한 부담과 긴장을 점점 의식하지 않을 수 없었다. 그 영국에서는 존 스튜어트 밀과 그 뒤를 잇는 경제학자들이 국제자유무역에 집착했으나, 국내분야에서는 자유방임주의의 정통성에 차츰 간섭하기 시작했다. 미국에서는 캐리(미국의 경제학자. 1793~1879)와 그의 후계자들이 보호관세를 정당화하는 한편, 다른 모든 점에서 자유방임주의에 있는 부동의 원칙을 옹호했다.

---

[68] A. J. Balfour, *Foundations of Belief*, p. 27.

1919년 이후 유럽에서는 이익의 자연적 조화는 있을 수 없다는 가설과, 이익은 국가행동에 의해 인위적으로 조화를 이루어야 한다는 가설을 바탕으로 한 계획경제가 거의 모든 국가에서 실천이—이론은 없더라도—되었다. 미국에서는 국내시장의 지속적인 확대가 1929년이 지날 때까지 이 계획경제의 발전을 가로막았다. 이익의 자연적 조화는 미국인이 품고 있는 인생관의 꼭 필요한 부분이 되었다. 다른 점과 마찬가지로, 이 점에서도 그 무렵의 국제정치이론은 미국의 전통에 깊이 물들어 있었다.

또한 국제분야에서 이 이익조화설이 쉽사리 받아들여진 데에는 특별한 이유가 있었다. 국내문제에서 만약 이익의 자연적 조화가 이루어지지 않는다면 그 조화를 실현하는 것은 명백하게 국가의 역할이다. 그러나 국제정치에서는 조화를 실현하는 역할을 맡는 조직적인 힘은 어디에도 없다. 그렇기에 자연적 조화를 수용하려는 유혹이 특히 강해진다. 그러나 이것은 문제를 흐지부지 넘어가게 하는 이유가 되지 않는다. 이익의 조화를 정치행동의 목표로 삼는 것과, 이익의 자연적 조화가 존재한다고 주장하는 것은 서로 다른 문제이다.[69] 바로 이 후자의 주장이 국제문제를 고찰하는 데 많은 혼란을 불러일으켰다.

5. 평화라는 공동이익

이익조화설은 정치적인 면에서는 일반적으로, 모든 국가는 평화라는 동일한 이익을 추구하고 있고, 평화를 저해하려는 국가에는 이성도 도덕도 없다는 사고 위에 성립되었다. 이러한 견해가 앵글로색슨에 기원을 두고 있음은 명백하다. 1918년 이후에는, 전쟁에서 이익을 얻는 자는 아무도 없다는 확신을 인류의 일부인 영어권 국민에게 심어 주는 것이 용이해졌다.

그러나 이 논의를 독일인에게 이해시키는 것은 쉽지 않았다. 왜냐하면 독일인은 1866년(프로이센–오스트리아 전쟁)과 1870년(프로이센–프랑스 전쟁)의 두 전쟁에서 막대한 이익을 얻었지만, 최근에 그 이익 이상으로 입은 손해를 1914년의 전쟁

---

[69] 이 둘을 혼동하고 있는 것은, 영국 하원에서 클레멘트 애틀리가 발언한 다음과 같은 말 속에 잘 나타난다. '평화유지가 세계공통의 이익이라는 것은 바로 국제연맹 창설의 목적이었다.'(House of Commons, December 21, 1937 : *Official Report*, col. 1811)

탓이 아니라 이 전쟁에서 졌다는 사실 탓으로 돌렸기 때문이다. 이탈리아인도 마찬가지였다. 그들은 전쟁을 비난하지 않고, 강화협상에서 자신들을 속이고 배신한 연합국을 비난했다. 폴란드인과 체코슬로바키아인도 그랬다. 그들은 전쟁을 원망하기는커녕 자신들의 국가가 살아남은 것은 전쟁 덕분이라고 여겼다. 프랑스인도 알자스로렌을 되찾은 전쟁을 진심으로 후회할 리가 없었다. 지난날 영국과 미국이 전쟁에서 이익을 얻은 것을 기억하고 있는 다른 민족들 또한 마찬가지였다.

그러나 이러한 민족들은 다행히 그 무렵의 국제관계이론 형성에는 그다지 큰 영향력이 없었다. 국제관계이론은 대부분 영어권 국가에서 세워졌기 때문이다. 영국과 미국의 학자들은 여전히 1914~18년의 전쟁 경험을 통해 전쟁의 무익함이 여지없이 드러났으며, 그 사실을 이해하는 것이 미래의 각국에 평화를 유지할 수 있는 필수조건이라고 생각했다. 그리하여 그들은 다른 나라들이 이 견해를 공유하지 않자 매우 실망하고 당혹해했다.

이러한 혼란은 다른 국가들이 앵글로색슨 세계의 슬로건을 되풀이해 외치며 보란 듯이 그 세계를 추켜세움으로써 더욱 커졌다. 제1차세계대전 뒤 15년 동안 모든 강대국(아마 이탈리아를 제외하고)은 평화가 자신들의 정책의 주목적이라고 공언하고, 이 이익일치설(利益一致說)에 말뿐인 동의를 되풀이해 표명했다.[70] 그러나 레닌이 오래전에 알아차린 것처럼, 평화는 그 자체가 무의미한 목표이다. 1915년 그는 이렇게 썼다. '일반적으로 평화에 대해서는 키치너, 조프르, 힌덴부르크, 그리고 니콜라이 2세까지 모두 무조건적으로 찬성한다. 그들은 하나같이 전쟁을 끝내고 싶기 때문이다.'[71]

---

70) '평화는 널리 퍼져야 하며, 평화는 그 무엇보다 우선되어야 한다.'(A. Briand, *League of Nations : Ninth Assembly*, p. 83) '평화유지는 영국 대외정책의 첫 번째 목적이다.'(R. A. Eden, *League of Nations : Sixteenth-Assembly*, p. 106) '평화는 우리의 가장 귀중한 재산이다.'(아돌프 히틀러가 1937년 1월 30일 독일국민회의에서 한 연설. 1937년 2월 1일자 《타임스》 게재) '소련 국제정책의 주요 목적은 평화를 유지하는 것이다.'(G. V. Chicherin in *The Soviet Union and Peace*(1929), p. 249) '역선전되고 있지만, 일본의 목표는 평화이다.'(Y. Matsuoka, *League of Nations : Special Assembly* 1932-33, iii. p. 73) 한편 평화를 지지하는 이탈리아의 발언이 적은 것은, 전사집단인 이탈리아 군대가 좋지 않은 평판을 받고 있었다는 사실로 설명이 될 것 같다. 무솔리니로서는 평화 우선을 강조하면 전쟁을 기피하는 이탈리아의 분위기를 스스로 인정하는 것처럼 여겨질까 두려웠던 것이다.

평화라는 공동이익으로서 다음과 같은 사실을 은폐한다. 싸우지 않고 현상을 유지하고 싶어 하는 나라도 있고, 싸우지 않고 현상을 바꾸고 싶어 하는 나라도 있다는 사실이다.[72] 현상유지이든 현상변경이든 결국 세계 전체에 이익이 된다는 주장은 사실과 다르다. 어느 쪽이든 결국 거기서 얻은 결론이 평화적 수단으로 실현된다면 그런대로 세계 전체의 이익이 된다는 주장은 만일 사람들의 동의를 얻는다 해도 아무런 의미도 없는 공허한 발언일 뿐이다. 국가의 개별이익과 세계의 이익이 일치하는 평화가 실제로 존재한다는 이상주의적인 가설은 모든 정치가와 정치평론가들이 현상유지를 바라는 국가와 현상변경을 원하는 국가 사이의 근본적 이익 대립이라는 불편한 사실을 외면하는 데 좋은 명분이 되었다.[73]

그리하여 이 진부한 발언과 속임수의 특이한 조합은 국제문제에 대한 정치가 특유의 발언이 되었다. 체코슬로바키아 수상은 이렇게 말했다. '다뉴브강 유역 일대에서는 분쟁과 질시를 진심으로 원하는 사람은 아무도 없다. 국가는 각각 자신의 자주독립을 유지하기를 바라지만, 다른 문제에 대해서는 스스로 협력에 나설 것이다. 나는 소협상국(1921년에 방어협정을 맺은 체코슬로바키아, 유고슬라비아, 루마니아)과 헝가리, 불가리아를 특히 염두에 두고 있다.'[74]

---

71) V. I. Lenin, *Collected Works*(Engl. transl.), xviii. p. 264. 스펜서 윌킨슨의 다음과 같은 주장과 비교해 볼 것. '각각의 예에서 진정한 목적은 평화가 아니라 남보다 우위에 서는 것이다. 평화는 결코 정책의 목적이 아니라는 진리는 아무리 거듭 강조해도 지나치지 않다. 전쟁에 대해 언급하지 않고 평화의 본질을 밝히는 것은 불가능하다. 평화는 수단이지 목적이 아니다.'(*Government and the War*, p. 121.)
72) '어느 성인이, 사람들은 그들의 평화에 뒤따르는 여러 가지 문제를 이해하지 못하고 있다고 탄식할 때, 그가 진정으로 말하려 한 것은, 사람들이 성인 자신이 말하는 평화에 대해 충분히 유의하고 있지 않다는 것이다.'(*The Notebooks of Samuel Butler*, ed. Henry F. Jones, pp. 211-12.) 이것은 근대의 성인들, 즉 현상에 만족하고 있는 강대국에도 적용된다.
73) 모든 국가는 전쟁보다 평화를 선택하는 것이 이익이 되지 않을(어떤 의미에서 그것은 사실이지만)뿐만 아니라, 전쟁은 어떤 경우에도 승자에게조차 그 비용에 걸맞은 이득을 가져다주지 않는다는 주장이 간혹 있다. 후자의 견해는 과거에 대해서는 적용되지 않지만, (버트런드 러셀이 《평화는 어디로 가는가》에서 말한 것처럼) 근대전쟁에 대해서는 맞는 말이라고 할 수 있다. 이러한 견해가 수용된다면 말할 것도 없이 절대적인 평화주의가 태어나게 된다. 왜냐하면 이 견해는 '공격적'인 전쟁보다 '방어적'인 전쟁에 대해(이 두 가지 전쟁 사이에 명확한 구별이 있다고 가정했을 때) 더욱 잘 적용된다고 생각할 근거는 어디에도 없기 때문이다.
74) *Daily Telegraph*, August 26, 1938.

확실히 이 말은 진실로 통할 것이다. 그러나 아무도 원하지 않는 분쟁과 질시는 1919년 이후, 다뉴브강 유역 정치의 악명 높은 특징이 되었다. 모든 나라가 적극적으로 구축하려 했던 협력체제는 실현이 불가능해졌다. 이익 대립이라는 사실은 분쟁을 피하고 싶어 하는 광범위한 소망에 의해 위장되고 왜곡되었던 것이다.

6. 국제적 경제조화

일반적인 이익조화의 가설은 경제관계에서는 더욱 확신을 가지고 주장되었다. 거기에는 자유방임주의 경제의 기본적 학설이 직접 반영되어 있기 때문이다. 따라서 이 분야에서 우리는 이 학설에서 비롯되는 딜레마를 가장 뚜렷하게 볼 수 있다. 19세기의 자유주의자가 최대 다수의 최대 행복을 말할 때 그는 암묵리에 이렇게 가정했다. 소수파의 행복은 최대 다수의 행복을 위해 희생되어야 하는 것이라고.

이 원칙은 마찬가지로 국제경제 관계에도 적용되었다. 이를테면 만일 러시아와 이탈리아가 관세의 보호 없이도 국내산업을 확립할 수 있을 만큼 강하지 않다면, 그때—자유방임주의자가 주장하듯이—양국은 영국과 독일의 제품을 수입하는 대신 밀과 오렌지를 영국과 독일 시장에 공급하는 것으로 만족하지 않으면 안 된다. 만약 누군가가 이에 대해, 이 정책으로는 러시아도 이탈리아도 군사, 경제 양면에서 이웃 국가에 의존하는 이류국가에 머무르게 된다고 이의를 제기한다면, 자유방임주의자는 이렇게 대답하지 않을 수 없을 것이다. 그것은 신의 섭리이며, 이것이 바로 일반적인 이익조화가 요구하는 것이라고.

그러나 현대의 이상주의적 국제주의자에게는 19세기 자유주의자가 가지고 있었던 우위성이나 강인함 같은 것은 없다. 국제주의의 새로운 정신이 태어난 것과 아울러, 물질적으로는 약소국이 보호산업의 육성 강화에 성공한 것에서, 현대의 이상주의적 국제주의자는 이익조화가 경제적으로 부적합한 국가의 희생 위에 성립되었다고 주장할 수는 없다. 다만 이 전제가 사라지면, 현대의 이상주의적 국제주의자가 계승해 온 학설의 모든 기반은 무너지게 된다. 따라서 그는 공동체 구성원 각자의 이익을 희생하지 않고도 공동이익을 이룰 수 있다는 신념을 갖지 않을 수 없다.

그렇게 되면 모든 국제분쟁은 필연이 아니라 단순한 환상이 될 뿐이다. 모든 경쟁자의 최대이익이기도 한 공동이익을 발견하는 것은 분명히 필요하지만, 이 발견을 가로막고 있는 원흉은 바로 정치가의 어리석음이다. 이 공동이익을 잘 이해하고 있다고 과신하는 이상주의자는 지혜를 마음껏 독점한다. 세계의 모든 정치가는 그들이 대표하고 있는 일반국민의 이익에 대해 믿을 수 없을 만큼 무지하다고 단죄된다. 이것이 바로 많은 경제학자를 포함하여 영국과 미국의 논객들이 심각하게 제시한 국제무대의 구도이다.

오늘날 경제전문가의 이론과 각국 경제정책 책임자의 실무 사이에 심상치 않은 괴리가 있는 것은, 바로 지금 설명한 이유 때문이다. 이 괴리가 단순한 사실에서 비롯된다는 것은 분석을 해 보면 알 수 있다. 주로 자유방임주의 학설에 지배받고 있는 경제전문가는 세계 전체의 경제이익이 실제로 존재한다고 가정하고, 또 세계 전체의 이익이 각 국가의 이익과 일치한다는 가설을 세우고 만족해 한다. 정치가가 먼저 자국의 구체적인 이익을 추구하고, 그리하여 세계 전체의 이익이 자국의 이익과 일치한다는 가설을 세우는 것이다(물론 그가 적어도 가설을 세운다면 말이지만).

전간기(戰間期)에 열린 모든 국제경제회의 거의 모든 의견 표명은 다음과 같은 가설에 의해 실효성을 잃었다. 즉 신중하게 이익에 균형을 맞춤으로써 모든 나라에 똑같이 호의적이고 어느 나라도 불리해지지 않도록 하는 어떤 '해결책' 또는 '계획'이 실제로는 있다는 가설이다.

(1927년에 국제연맹의 경제전문가회의가 선언했듯이) 철저한 내셔널리즘 정책은 그 정책을 시행하는 나라뿐만 아니라 다른 나라에도 나쁘기 때문에 이 목적 자체를 배반하게 된다. 만약 이 회의에서 제시되는 새로운 정신이 빠르게 실제적인 성과를 낳아야 한다면, 이를 위한 모든 실행 강령은 각국의 상호병행적 또는 협동적 행동의 원칙을 필수불가결한 요건으로 포함해야 한다. 그리하여 어느 나라도 자기 나라에 요구되고 있는 양보가 다른 나라의 상응하는 희생에 의해 균형이 맞는다는 것을 이해할 것이다. 제기된 방책을 각국이 받아들인다 해

도, 그것은 자국의 사정으로 받아들일 뿐만 아니라, 이 회의에 의해 정해진 일반계획을 각국이 어떻게든 성공시키기 위해 받아들인다는 것이다.[75]

이 회의의 결과는 어땠을까? 회의가 만장일치로 제시한 모든 권고는 완전히 무시되었다. 만일 우리가, 세계의 지도적 정치가는 범죄자나 미치광이였다는 안이한 설명에 만족하지 않는 한, 우리는 최초의 가설이 옳았는지 여부를 먼저 의심해 보아야 한다.

경제 민족주의는 그것을 실천하는 국가에 반드시 불이익을 가져다준다는 것은 너무나 경솔한 생각이다. 19세기 독일과 미국은 철저한 민족주의 정책을 추구하면서 사실상 세계무역을 독점하던 영국에 도전했다. 1880년에 열린 그 어떤 경제전문가 회의도 영국, 독일, 미국에 똑같이 유리한 형태로 그 무렵의 경제경쟁을 완화하는 일반계획, 즉 상호병행적 또는 협동적 행동을 위한 계획을 전개하는 것은 불가능했다. 1927년에 열린 회의가 모든 나라를 이롭게 하는 계획으로 그 뒤의 경제대립을 조정할 수 있었다고 생각한 것은 너무나 염치없는 일이다. 1930~33년의 경제위기 때도 경제학자들은 이러한 국가들이 맞닥뜨린 문제의 본질을 깨닫지 못했다.

1933년의 세계경제회의를 위한 의제안(議題案)을 준비한 전문가들은 '경제발전 노선을 명백하게 해칠 국가 자급자족의 이상을 채택하는 세계적 추세'[76]를 비난했다. 전문가들은 이른바 그 '경제발전 노선'—몇몇 나라, 아니 어쩌면 세계 전체에 이익이 될지 몰라도—이 필연적으로 다른 나라의 이익을 손상시키게 되고, 그렇게 불이익을 당한 나라가 자기방어를 위해 경제 민족주의라는 무기를 사용할 수 있다는 것은 생각지도 않는 것 같았다. 1938년 1월 반 젤란트(벨기에의 정치가, 경제학자. 1893~1973)의 보고서는 '전체적으로 보았을 때, 국제무역체제를 수립하는 방안'이 '국내자급자족적인 경향'보다 과연 '근본적으로 더 바람직한지' 묻고 긍정적인 대답을 제시했다.

그러나 그 어떤 강대국도 역사의 한 시기에는, 그리고 일반적으로는 더욱 오랫

---

75) *League of Nations* : C. E. I. 44, p. 21.
76) *League of Nations* : C. 48, M. 18, 1933, ii, p. 6.

동안 '자급자족적 경향'에 의지해 왔다. 자급자족적 경향이 그것을 추구하는 나라에 절대적 의미에서 언제나 유해하다는 것은 믿기 어렵다. 설령 이 자급자족적 경향이 두 가지 악 가운데 차악으로 정당화된다 해도, 반 젤란트 보고서의 기본 전제는 효력을 잃은 셈이다.

그러나 더욱 문제가 되는 것은, 반 젤란트가 '우리는 새로운 체제가 모든 참가자들에게, 지금 그들이 놓여 있는 처지에서 얻을 수 있는 이득보다 더 큰 이득을 줄 수 있도록 조치를 강구해야……한다.'[77]고 한 말이다. 이것이야말로 가장 아둔한 경제적 이상주의의 모습이다. 1927년과 1933년의 보고서와 마찬가지로, 반 젤란트의 보고서는 경제정책에는 적용만 했다 하면 모든 국가가 유리해지고 어느 나라에도 불이익을 주지 않는 어떤 기본원칙이 실제로 존재한다고 가정하고 있다. 그렇기 때문에 이 보고서는 앞의 보고서와 마찬가지로 사문(死文)이 되고 말았다.

전간기에 경제의 실태에 반하는 경제이론이 이익조화설에 너무도 크게 지배되었기 때문에, 세계의 정치가들을 괴롭힌 현실문제에 대한 명확한 설명은 당시에 수없이 펼쳐진 국제적 논의에서도 찾아보기 어려웠다. 1931년 1월 유럽연합 조사위원회의 회기 중에 유고슬라비아 외무부 장관이 한 말은 아마도 가장 가식이 없는 솔직한 발언이었다고 할 수 있다. 영국을 대표한 아서 헨더슨(영국의 정치가. 1863~1935)은 네덜란드 대표인 콜레인 박사(네덜란드의 정치가. 1869~1944)에 이어서 포괄적 관세 감액을 요청했다. 이 관세 감액은 '생산 확대와 부의 국제교역 확대를 가능하게 함으로써 본질적으로는 각 국가와 세계 전체에 이익을 가져다주고, 이에 의해 세계의 공동 번영이 증대한다'[78]는 것이었다.

다음에 연설한 마린코비치(유고슬라비아의 정치가, 외무장관. 1876~1935)는 1927년 회의의 권고가 실행되지 않은 것에서, 이러한 결의를 각국 정부가 실행에 옮기지 못한 데에는 매우 중요한 이유가 있다고 결론짓고 다음과 같이 말했다.

---

77) *Report……on the Possibility of Obtaining a General Reduction of the Obstacles to International Trade*, Cmd. 5648.
78) *League of Nations* : C. 144, M. 45, 1931, vii. p. 30.

경제적 요건과는 별도로 정치적, 사회적 요건도 있는 것은 사실이다. 모든 것은 저절로 올바른 상태로 돌아가게 되어 있다고 한 과거의 경제학파는, 아무 일도 하지 않고 모든 것을 경제적 관점에서 볼 때 자연스러운 과정에 맡긴다면 경제적 균형은 저절로 이루어질 것이라고 주장했다. 이것은 어쩌면 옳을지도 모른다(나는 이 점에 대해 따지고 싶지는 않다). 그러나 이 경제적 균형은 어떻게 이루어지겠는가? 가장 힘없는 약자의 희생을 통해서이다. 이제 여러분도 알다시피, 70년이 넘도록 이 경제학설에 대한 강력한 반론은 더욱 커지고 있다. 유럽과 전 세계에서 사회주의 정당이 출현한 것이, 경제문제를 이런 식으로 바라보는 견해에 대한 반발을 잘 보여 주고 있다.

관세장벽을 낮춰야 한다, 심지어 관세장벽을 아예 없애야 한다고 말하는 사람들이 있다. 유럽의 농업국에 관한 한, 만약 그들이 1927년의 약속을 지킬 수 있고—1927년의 선언이 약속을 포함하고 있었다고 양해할 경우—이 정책을 제대로 관철할 수 있다면, 우리는 농산물 문제에서만큼은 해외에 대항하여 당당하게 경쟁할 수 있을지도 모른다. 그러나 동시에 우리는 캐나다와 아르헨티나—거기서는 소수의 사람들이 광대한 토지에서 살며 기계와 장치들을 사용한다—가 가지고 있는 것과 똑같은 조건을 폴란드, 루마니아, 유고슬라비아에서도 만들어 내야 한다. ······우리는 동포를 총으로 쏘아 죽여 희생으로 삼을 수는 없다. 그러나 그러지 않더라도 그들은 어차피 기근 때문에 절멸할지 모른다. 그렇다면 결국은 마찬가지가 아니겠는가.

나는 콜레인이 언급한 문제해결의 열쇠 같은 건 이 세상에 없다고 믿는다. 경제 및 사회생활은 매우 복잡해서 어떤 하나의 공식이 유일한 해결책이 될 수가 없다. 그래서 더욱 복잡한 해결책들이 요구된다. 우리는 실재하는 다양한 지리적, 정치적, 사회적 조건 및 다른 조건들을 고려해야 한다.[79]

마린코비치는 '롱런'한 이 이익조화설을 하나하나 논파했다.

---

79) *Ibid*. p. 31.

작년에 유고슬로비아의 산간 지대에 머물렀을 때의 일인데, 작은 산촌의 주민들은 먹고살 양식인 옥수수와 밀조차 없어 오로지 자신들이 가진 나무를 베어……시장에 팔아서 생계를 유지한다는 이야기를 들었다. ……나는 그 마을을 방문하여 지도자 격인 주민들 몇 명을 모아 놓고 그들에게 설명하기 시작했다. 마치 대공업국이 우리를 설득하듯이. 나는 그들에게 이렇게 말했다. '여러분은 상식을 가진 사람들입니다. 여러분의 숲이 점점 사라지고 있다는 사실을 알고 있을 것입니다. 마지막 한 그루까지 베어 버리면 여러분은 그때부터 어떻게 살아갈 생각입니까?' 주민들은 나에게 이렇게 대답했다. '우리가 고민하는 것도 바로 그 점입니다, 장관님. 하지만 말은 그렇게 해도 막상 벌목을 중단한다면 우리는 지금 당장 무엇으로 먹고살 수 있을까요?'

농업국이 이와 똑같은 상태에 있다고 나는 단언할 수 있다. 여러분은 미래의 재난을 들어 농업국을 위협하고 있다. 그러나 그들은 지금 이미 고난과 위기 앞에 서 있다.[80]

보기 드물게 솔직한 주장을 한 가지 더 인용해 보자. 콜롬비아공화국 대통령은 1937년 9월 어느 미국 방송매체를 통해 다음과 같이 말했다.

인간의 행동영역에서 국제관계, 특히 아메리카 대륙 내 국가들의 국제관계만큼 위기의 이익이 확실하게 나타나는 곳은 없다. 경제관계가 더욱 냉엄해지고 때로는 야비해진 것이 사실이라면, 이 경제관계가 다행히 더욱 민주적이 된 것도 사실이다.

위기는 국제시장과 국제정책을 통제하는 국가들에 의한 이중적인 제국주의, 즉 정신적, 금융적 제국주의에 그때까지 종속되었던 여러 국가를 자유롭게 해 주었다. 많은 나라들이 국제적 우정을 신뢰하지 않게 되었고, 자립적인 삶, 즉 처음에는 장애물이 많지만 단기간에 확실한 이익을 낳는 자립적인 삶을 추구하게 된 것이다. (중략)

---

80) *Ibid.* p. 32.

오늘날 지배적인 전제체제가 흔들리기 시작하면 국제무역은 약화하겠지만, 동시에 경제적 강국도 늘어날 것이다.

오늘의 경제협력은 지난날 세계를 이끌었던 공업국과 은행가의 편의에 따라 이루어진 구식 경제협력과는 전혀 다르게 매우 고상해졌다. 많은 약소국들이 자신들의 태도와 행동을 외국의 이익에 종속시키지 않고도 생존·번영해 갈 수 있다고 확신함으로써, 현대의 국제관계에서 전에 없이 솔직하고 평등한 대응이 가능해졌다. (중략)

위기가 문명의 숭고하고 기품 있는 많은 원칙을 파괴해 버린 것은 사실이다. 그러나 여러 민족들이 일종의 원시적 생존경쟁으로 돌아감으로써 많은 허구와 위선에서 해방된 것 또한 사실이다. 이제까지 그들은 그 허구와 위선이 자신들의 행복을 보장해 준다고 믿고, 그러한 허구와 위선을 받아들이고 있었던 것이다.

국제경제의 자유는 다음과 같은 인식에 토대를 두고 있다. 강대국도 일단 수세로 돌아서면 약소국와 마찬가지로 행동하며, 모든 강대국은 자신의 자원을 동원하여 자기방어를 할 권리를 똑같이 가지고 있다는 것이다.[81]

콜롬비아공화국을 대표하여 이루어진 이 주장은 아마 어느 정도 과장되었을 것이다. 그러나 유고슬라비아, 콜롬비아 양국의 의견 표명은 이익조화설에 대한 강력한 도전이었다. 영국과 미국이 무역장벽을 없애야 이익을 얻는다고, 그런 선택이 곧 유고슬라비아와 콜롬비아에도 이익이 된다는 것은 잘못된 생각이다. 국제무역은 약화되고, 유럽 또는 세계의 경제적 이익은 전체적으로 손실을 입게 될 것이다. 그러나 유고슬라비아와 콜롬비아는 그들을 위성국의 지위로 추락시킨 유럽 또는 세계의 번영체제 속에 있었을 때보다는 부유해질 것이다.

그리고 얼마 뒤, 샤흐트 박사(독일의 정치가. 1877~1970)는 외국의 최혜국 정책의 광신적 신봉자들에 대해 이렇게 이야기했다. '이 광신적 신봉자들은 그들 자신이 충분한 부를 가지고 있기 때문에, 가난한 나라는 잘사는 나라의 처방을 따르

---

81) 1939년 9월 19일, 미국 내 콜롬비아 방송국을 통해 방송된 연설. *Talks*, October, 1937에 발표되었다.

느라 괴로워할 바에는 자신들의 법률에 따라 살아갈 용기를 지니고 있다는 것을 이해하지 못한다.'[82]

자본과 노동의 관계와 마찬가지로, 국제관계에서도 자유방임주의는 경제적 강자의 낙원이다. 국가통제는 보호입법의 형태이든 보호관세의 형태이든, 경제적 약자가 행사할 수 있는 자기방어의 무기이다. 이익의 충돌은 실제로 존재하며 불가피하다. 그리하여 문제의 본질은 모두 그것을 호도하고자 하는 시도에 의해 왜곡된다.

7. 조화의 붕괴

따라서 여러 국가로 이루어진 공동체 전체의 이익과 공동체 구성국 각각의 이익을 동일시하는 이익조화설을 바탕으로 국제 도덕을 수립하려는 시도는 부당하고 또 오해를 부를 수 있기 때문에 우리는 이를 거부해야 한다. 19세기에 이 시도는 끊임없이 확대되는 경제—이러한 경제 속에서 그 시도가 이루어졌다—덕분에 광범위하게 성공을 거두었다. 이 시대는 일시적인 후퇴로 잠시 단절되는 일은 있었지만 진보와 번영이 이어진 시대였다.

국제 경제구조는 미국의 국내경제의 구조와 매우 비슷했다. 경제적 압력은 그때까지 점령되지 않은 미개척 영토로 진출함으로써 곧 경감되었다. 아직도 일정 수준의 정치의식에 이르지 않은 값싼 노동력과 후진국이 많이 있었다. 적극적인 개인은 경제문제를 해외이주로 해결했고, 모험적인 국가는 자신의 문제를 식민지 수탈로 해결할 수 있었다. 시장 확대는 인구증가를 불러왔고, 인구증가는 거꾸로 시장에 영향을 주었다. 경쟁에서 뒤처진 사람들은 부적합자로 간주되었다. 개개인의 모험심과 자유경쟁을 통해 생존한 적자(適者)들 사이의 이익조화는, 그 무렵의 이론에 건전한 기초가 되기에 충분할 정도로 현실 자체에 가까웠다. 이러한 환상은 얼마쯤의 문제를 안은 채 1914년까지 지속되었다. 영국의 번영도 독일과 미국의 경쟁력에 위협받는 가운데에서도 줄곧 확대되었다. 1913년은 영국의 무역에 있어 기록적인 해가 되었다.

---

82) 1938년 11월 29일 독일 아카데미 경제위원회에서 한 연설.

표면적인 이익조화에서 명백한 이익충돌로 이행하는 변화는 20세기로 넘어가는 전환기에 일어났다고 볼 수 있다. 그것이 식민지 정책에서 가장 먼저 나타난 것은 당연한 일이었다. 영국인들의 마음속에 그것은 주로 남아프리카에서의 사건들과 관련되어 있었다. 처칠의 말을 빌리면 이러한 폭력의 시대는 제임슨의 침략(남아프리카에 파견된 영국 태생 식민지 행정가 L. S. 제임슨이 세실 로즈와 모의하여 1895~96년에 트란스발에 침입한 사건)에서 시작되었다.[83] 북아프리카와 극동에서는 아직 비어 있던, 적자를 위한 약간의 토지를 두고 유럽열강의 쟁탈전이 치열하게 펼쳐졌다. 긴장 지역인 유럽에서 미국으로 이주하는 개인들의 물결은 전례가 없는 규모를 이루었다. 유럽 자체에서는 경제적 긴장의 반복적 징후로 반유대주의가 오랜 공백 끝에 러시아, 독일, 프랑스에서 다시 등장했다.[84] 영국에서는 1890년대에 제한 없는 외국인 이민에 반대하는 운동이 시작되었다. 입국이민을 규제하는 최초의 법안이 통과된 것은 1905년이다.

이러한 긴장이 극에 달한 끝에 일어난 제1차세계대전은, 그 근본원인을 악화함으로써 오히려 긴장 자체를 열 배나 고조시켰다. 유럽과 아시아, 미국의 교전국 및 중립국에서는 공업, 농업 생산이 곳곳에서 인위적으로 장려되었다. 대전이 끝난 뒤, 모든 나라는 확대된 생산수준을 어떻게든 유지하려고 노력했다. 그리고 그 노력을 정당화하기 위해 민족의식을 강화하고 선동했다.

평화조약, 특히 경제조항에 유례없는 극도의 복수심이 담긴 하나의 이유는 실무가가 승자와 패자 사이의 기본적인 이익조화를 ─50년이나 100년 전이었으면 믿었겠지만─더 이상 믿지 않게 되었기 때문이다. 이제 목적은 경쟁상대를─경쟁국 번영의 부활은 자국의 번영을 위협하는 것이기에─제거하는 것이었다. 유럽에서는 새로운 국가와 새로운 경제 국경의 탄생으로 생산 확대의 노력에 더욱 박차가 가해졌다.

아시아에서는 인도와 중국이 유럽의 수입품에 의지하지 않기 위해 대규모 제조업을 일으켰다. 일본은 세계시장에 유럽 제품보다 싼 직물을 비롯하여 여러 상

---

83) Winston Churchill, *World Crisis*, p. 26.
84) 같은 조건이 시오니즘의 발전을 조장했다. 그것은 1937년 왕립 팔레스타인 위원회가 말했듯이 시오니즘은 '부정적인 시각으로 보면 도피의 신념'이기 때문이다(Cmd. 5479, p. 13).

품을 수출하게 되었다. 무엇보다 중요한 것은 값싼 비용으로 이익을 올릴 수 있는, 개발과 착취가 가능한 지역이 더 이상 어디에도 없다는 것이었다. 전쟁 전에 경제적 압력을 완화해 주었던 이민길은 닫혀 버렸다. 이민의 자연스러운 흐름을 대신하여 강제로 쫓겨나는 난민 문제가 나타났다.[85] 경제적 민족주의로 알려진 복잡한 현상이 전 세계에 확산되었다.

이 이익충돌의 기본적인 성격은 영어권 국가의 경제사상을 지배했던 완고한 이상주의자를 제외한 모든 사람들에게 명백하게 보였다. 남을 해치고 이익을 얻는 사람은 아무도 없다는 19세기의 허울 좋은 상투구의 공허함이 드러나기 시작했다. 이상주의의 기본전제가 무너진 것이다.

따라서 지금의 국제정치에서 우리가 직면한 것은 1세기 반에 걸쳐 정치경제사상을 지배해 온 도덕관념이 완전히 파산했다는 사실이다. 국제적으로는 올바른 이성의 작용에서 선과 덕을 이끌어 내는 것은 이미 불가능한 일이 되었다. 왜냐하면 모든 국가가 세계 전체의 최대 행복을 추구함으로써 자국민의 최대 행복을 추구하고 있다는 것과, 그 반대 또한 진실임을 믿는 것은 이제는 전혀 불가능해졌기 때문이다. 비록 조야한 형태로라도 도덕과 이성의 통합은 어쨌든 19세기 자유주의에 의해 이루어졌지만, 이 통합은 더 이상 지지를 얻지 못하게 되었다. 현대의 국제위기에 숨어 있는 의미는 이익조화의 개념에 근거한 이상주의의 구조 전체가 무너졌다는 것이다. 오늘의 세대는 이것을 근본부터 새롭게 구축하지 않으면 안 된다.

그러나 우리가 그 일을 이루어 내려면, 또 그 붕괴에서 무엇을 건져낼 수 있을지 알아내려면, 그 전에 이 붕괴를 부르게 된 구조적 결함부터 찾아야 한다. 다시 말해 우리는 이상주의적 가설에 대한 현실주의자의 비판을 분석함으로써, 이 재검토 작업을 최대한 완수할 수 있다.

---

85) '난민의 존재는 경제적 내지 정치적 자유주의가 사라져 가는 징후이다. 난민은 자유로운 이주를 실제적으로 방해한 경제고립주의의 부산물이다.'(J. Hope Simpson, *Refugees : Preliminary Report of a Survey*, p. 193)

제5장 현실주의자의 비판

1. 현실주의의 기반

앞선 한 장에서 설명한 이유들로 인해 현실주의는 이상주의보다 매우 늦게, 그리고 이상주의에 대한 반동으로서 모습을 드러낸다. '정의는 강자의 권리'라는 주장은 고대 그리스 세계에서는 널리 알려져 있었다. 그러나 그것은 정치이론과 정치적 실천 사이의 괴리에 염증을 느낀 무력한 소수파의 항의를 나타내는 말일 뿐이었다. 로마제국의 패권 아래, 그리고 훗날 가톨릭교회의 지배 아래에서는 이 문제는 거의 일어나지 않았다. 처음에는 로마제국의 정치적 이익, 이어서 가톨릭교회의 정치적 이익은 각각 도덕적 선과 일치하는 것으로 여겨졌기 때문이다. 정치이론과 정치적 실천의 괴리가 점점 첨예해지고 감당하기 버거워진 것은 바로 중세체제의 붕괴 때문이었다. 여기서 최초의 중요한 정치적 현실주의자 마키아벨리가 등장한다.

마키아벨리의 출발점은 그 무렵의 정치사상인 이상주의에 반란을 일으키는 것이었다.

> 나의 목표는 그 내용을 이해하는 사람들에게 유용한 사항을 글로 쓰는 것이었기 때문에, 상상한 사물의 모습보다 사물의 진정한 모습을 탐구하는 것이 나에게는 합당하다고 생각한다. 왜냐하면 많은 사람들은 실제로 본 적도 없고, 알지도 못하는 공화국, 군주국 같은 것을 상상해 왔기 때문이다. 즉 인간이 현실에서 어떻게 살고 있는가 하는 문제와 인간이 어떻게 살아야 하는가 하는 문제는 서로 너무나 동떨어져 있어서, 해야 할 것을 우선하고 지금의 현실을 무시하는 사람은 머지않아 생존보다 멸망을 스스로 불러오게 되기 때문이다.

마키아벨리의 이론에 내포된 세 가지 본질적인 원리야말로 현실주의 철학의 바탕이다. 첫째로, 역사란 원인과 결과의 연쇄이고, 그 경로는 지적 노력으로써 분석되고 이해되며, (이상주의자가 믿는 것처럼) 상상에 의해 방향이 결정되는 것은 아니다. 둘째로 (이상주의자가 생각하듯) 이론이 실천을 만드는 것이 아니라 실천이 이론을 만든다. 마키아벨리의 말에 따르면, '뛰어난 자문(諮問)이란 그것을 누가 제시했든 군주의 지혜에서 나오는 것이지, 뛰어난 자문에서 군주의 지혜가 나오는 것이 아니다.' 셋째로 정치는 (이상주의자가 주장하는 바와 같은) 윤리의 기능이 아니고 윤리가 정치의 기능이다. 사람들은 '제약이 있어서, 정직함을 유지하는 법이다.' 마키아벨리는 도덕의 중요성은 인정했지만, 실효적인 권력이 없는 곳에는 실효적인 도덕이 있을 수 없다고 생각했다. 도덕은 권력의 산물이다.[86]

정통파에 대한 마키아벨리의 도전이 놀라운 활기와 생명력으로 가득한 것은 다음과 같은 사실로 증명될 것이다. 그의 저작이 출간된 지 400년 이상 지났지만, 아직도 정치적 반대자의 신뢰를 떨어뜨리는 결정적인 수법은 그 반대자에게 마키아벨리의 제자라는 딱지를 붙이는 것이다.[87] 베이컨은 마키아벨리가 '사람들이 무엇을 마땅히 해야 하는지가 아니라 무엇을 습관적으로 하고 있는지에 대해 가식 없이 솔직하게 논했다'[88]는 점을 들어 그를 높이 평가한 최초의 사람들 중 하나였다.

그 이후 어떠한 정치사상가도 마키아벨리를 무시하지 못했다. 프랑스에서는 보댕(정치가, 사회사상가. 1530~1596), 영국에서는 홉스(철학자. 1588~1679), 그리고 네덜란드에서는 스피노자(철학자. 1632~1677)가 새로운 이론과 (최상의 윤리규준을 이루는) 자연법 개념의 타협점을 찾아내겠다고 공언했다. 그러나 이 세 사람은 모두 그 본질적인 면에서는 현실주의자였다. 뉴턴의 시대가 되어 비로소 정치가 자연과학이 될 수 있을지 모른다고 생각하게 되었다.[89] 래스키 교수(영국의 정치학자.

---

86) N. Machiavelli, *The Prince*, chs. 15 and 23(Engl. transl., Everyman's Library, pp. 121, 193).
87) 최근의 두 가지 흥미로운 예를 인용해 보자. 나치 혁명을 다룬 연보 《국제문제개관》에서 토인비 교수는 국가사회주의란 '마키아벨리가……만들어낸……이상을 실현하는 것'이라 단언했다. 그리고 같은 장에서 이 견해를 긴 단락에서 두 번이나 되풀이해 표명했다(*Survey of International Affairs*, 1934, pp. 111, 117-9, 126-8). 1936년 8월 모스크바에서 열린 지노비에프, 카메네프 등의 재판에서 검사인 비신스키는 카메네프의 저작에서 그가 마키아벨리를 가리켜 '정치적 경구의 달인인 동시에 뛰어난 변증법론자'라고 칭찬한 것을 인용했다. 그러면서 비신스키는 카메네프에 대해 '마키아벨리의 원칙을 수용했고' 또 '그것을 파렴치하고도 부도덕하기 짝이 없는 수준까지 발전시켰다'고 규탄했다(*The Case of the Trotskyite-Zinovievite Terrorist Centre*, pp. 138-9).
88) F. Bacon, *On the Advancement of Learning*, vii. ch. 2.
89) 홉스의 철학체계이다. '이론적으로는 처음 발견된 운동법칙을 넘어선 무언가 새로운 힘이나 원

1893~1950)에 따르면, 보댕과 홉스가 한 일은 '윤리를 정치에서 분리하는 것이었고, 마키아벨리가 실천적 근거를 바탕으로 이룩한 이 분리작업을 이론적 수단을 통해 완성하는 것이었다.'[90]

홉스는 이렇게 말했다. '정의와 부정이라는 명사가 제자리를 갖기 위해서는 그 전에 어떤 강제력이 있어야 한다.'[91] 스피노자는 실천적 정치가가 이론가, 무엇보다 신학자를 넘어서서 정치 이해에 더 많이 공헌했다고 믿었다. '그들은 경험이라는 학교에 몸을 두고, 실제로 필요한 것과 상관없는 것은 아무것도 이야기하지 않았기'[92] 때문이다. 헤겔에 앞서 스피노자는 이렇게 말했다. '인간은 모두 자신의 본성의 자연법에 따라서, 그리고 자연의 최고법에 따라서 행동한다.'[93] 그리하여 결정론을 향한 길이 열렸다. 윤리학은 결국 현실의 연구로 나아간다.

그러나 오늘날의 현실주의는 한 가지 중요한 점에서 16, 7세기의 현실주의와는 다르다. 이상주의, 현실주의 양쪽 모두 진보에 대한 18세기적 신념을 받아들여 각각의 철학 속에 수용했다. 게다가 이것은 현실주의가 이상주의보다 겉으로는 더 '진보적'이라는 기묘하고 조금은 역설적인 결과를 수반했다. 이상주의는 가설상으로는 불변인 절대적 윤리규준을 믿고 그 신념에다 이 진보에 대한 확신을 접목한 것이다. 한편 이러한 마지막 버팀목이 없는 현실주의는 점점 역동적으로 움직이면서 상대주의가 되어 갔다. 진보는 역사과정의 내면에 깃든 본질의 일부가 되었다. 그리하여 인류는 규정되지 않은 목표를 향해, 또는 여러 철학자들에 의해 다양하게 규정된 목표를 향해 나아갔다.

현실주의의 '역사학파'는 독일이 본고장이다. 그 발전과정을 더듬어 가다 보면 헤겔과 마르크스 같은 위대한 인물을 거친다. 그러나 서유럽의 어느 나라, 어느 사상 분야도 19세기 중반 또는 후반에 이 역사학파의 영향을 받지 않은 것이 없다. 그리하여 이 발전은 마키아벨리나 홉스 같은 사상가들의 비관론적인 색채

리가 개입할 여지가 없었다. 단지 기계적인 인과관계로 이루어진 복잡한 사례들이 있을 뿐이었다.'(G. H. Sabine, *History of Political Thought*, p. 458)

90) Introduction to *A Defence of Liberty against Tyrants(Vindiciae contra Tyrannos)*, ed. H. J. Laski, p. 45.

91) T. Hobbes, *Leviathan*, ch. xv.

92) Baruch de Spinoza, *Tractatus Politicus*, I. pp. 2-3.

93) *Ibid*. Introduction.

로부터 현실주의를 해방했지만, 한편으로 그 결정론적 성격을 더욱 부각시키게 된다.

역사에 인과관계가 있다는 생각은 역사의 서술 자체만큼이나 오래된 것이다. 그러나 인간이 하는 모든 일들이 신의 끊임없는 감시를 받고 때로는 신의 섭리가 개입해서 이루어진다는 신념이 지배하는 한, 원인과 결과의 규칙적인 관계에 기반을 둔 역사철학은 발전할 수가 없었다. 신의 섭리를 이성으로 대체함으로써, 헤겔은 비로소 합리적인 역사과정의 관념에 입각한 철학을 탄생시킬 수 있었다. 헤겔은 규칙적이고도 정연한 과정을 당연하게 생각하는 한편, 형이상학적인 추상 작용 안에서 그 과정을 추진하는 힘, 즉 시대정신을 찾아내는 정도로 만족했다.

그러나 현실에 대한 역사관이 일단 확립되자, 이 추상적인 시대정신은 한 번의 짧은 도약으로 어떤 구체적이고 물질적인 힘으로 대체되었다. 역사의 경제학적 해석은 마르크스가 처음 시작하지는 않았으나, 그가 발전시켜 세상에 퍼뜨렸다. 바로 그 무렵, 버클은 역사의 지리학적 해석을 제시했다. 이 해석에 의해 버클은 인간사는 '보편적이고도 어긋남 없는 규칙성을 가진 하나의 위대한 원리가 지배한다'[94]고 확신하게 된다. 이것은 지정학이라는 학문의 형태로 부활했고, 그 창시자는 지리를 '정치적 정언명령(定言命令)'[95]('정언명령'은 의무의식에서 나오는 절대적이고 무조건적으로 지켜야 하는 도덕법의 명령)이라고 규정했다.

슈펭글러(독일의 문화철학자. 1880~1936)는, 사물은 문명의 성쇠를 지배하는 준(準)생물학적 법칙에 따라 결정된다고 믿었다. 좀 더 절충주의적인 사상가들은 역사란 복잡한 물질적 요인에서 생겨나며, 집단 또는 국가의 정책은 그러한 이익을 이루는 모든 물질적 요인을 반영한다고 해석한다. 휴즈(미국 정치가. 1862~1948)는 미 국무장관 재임 중에 다음과 같이 말했다. '대외정책은 추상관념 위에 세워지는 것이 아니다. 대외정책은 눈앞에서 일어나는 긴급사태에서 생기는 국익이나,

---

94) H. T. Buckle, *History of Civilisation*의 결론 부분에서 인용.
95) R. Kjellen, *Der Staat als Lebensform*, p. 81. 영국의 대외정책에 대한 E. 크로의 유명한 비망록에 나오는 다음의 첫 문구와 비교할 것. '영국 대외정책의 일반적인 특징은 지리적 위치라는 불변의 조건에 따라 결정된다.'(*British Documents on the Origins of the War*, ed. G. P. Gooch and H. Temperley, iii. p. 397)

역사적 전망 속에 뚜렷하게 보이는 국익의 결과로서 형성된다.'[96]

이러한 현실의 해석은 모두 시대정신의 입장에서이든, 경제학, 지리학, 나아가서는 역사적 전망의 관점에서이든, 결국 결정론이 된다. 마르크스는 (행동강령을 갖고 있었다는 면에서, 그는 철저하고 일관된 결정론자는 아니었지만) '불가피한 목표를 향해 확고하고 필연적으로 나아가는 추세'[97]를 믿었다. 레닌은 이렇게 썼다. '정치는 이런저런 개인 또는 당의 명령에 지배되지 않는 독자적이고 객관적인 논리를 지닌다.'[98] 1918년 1월 레닌은 유럽에 사회주의 혁명이 찾아올 것이라는 자신의 신념을 '과학적 예견'[99]이라고 불렀다.

현실주의자의 과학적 가설에 의하면, 따라서 현실은 역사적 발전의 모든 과정과 동일시된다. 이 역사적 발전과정의 법칙을 연구하고 밝히는 것이 철학자가 할 일이다. 그 어떤 현실도 역사과정 밖에 있을 리가 없다. 크로체(이탈리아 철학자. 1866~1952)는 이렇게 말했다. '역사를 진화 또는 진보로 생각하는 것은, 역사를 모든 국면에서 필연적인 것으로 인정하는 것이며, 따라서 역사판단 자체의 타당성을 부정하는 것이다.'[100] 윤리적 관점에서 과거를 비난하는 것은 아무런 의미도 없다. 헤겔의 말을 빌리면 '철학은 부당해 보이는 현실을 합리적인 것으로 바꾼다.'[101] 과거에 있었던 일은 그 모습 그대로 옳다.

역사는 역사의 규준으로만 판단할 수 있다. 중요한 것은 역사에 대한 우리의 판단—우리가 기억하는 가까운 과거에 대한 판단은 제쳐두고—은 언제나 모든 일은 그렇게 일어날 수밖에 없다는 가정에서 출발한다는 점이다. 피셔(영국의 역사가. 1865~1940)가 《유럽의 역사》에서 1919년 그리스의 소아시아 침략은 실수였다고 한 것을 읽은 베니젤로스(그리스의 정치가. 1864~1936)는 비웃으면서 이렇게 말했다. '성공하지 못한 사업은 모두 실수다.'[102]

---

96) *International Conciliation*, No. 194, January 1924, p. 3.
97) K. Marx, *Capital*, Preface to 1st ed. (Engl. transl., Everyman's Library, p. 863).
98) V. I. Lenin, *Works*(2nd Russian ed.), x. p. 207.
99) *Ibid*. xxii. p. 194.
100) B. Croce, *Storia della storiografia italiana*, i. p. 26.
101) G. W. F. Hegel, *Philosophie der Weltgeschichte*(Lasson's ed.), p. 55.
102) *Internationale Conciliation*, No. 5-6, 1937, p. 520.

만일 와트 타일러의 난(14세기 영국의 농민반란)이 성공했더라면 그는 영국의 국민적 영웅이 되었을 것이다. 만일 미국의 독립전쟁이 실패로 끝났더라면 미국 건국의 아버지들은 무법자에 파렴치한 광신자 패거리로서 역사에 짧막하게 기록되는 데 그쳤을 것이다. 성공만큼 힘 있는 것은 없다. 헤겔이 실러(독일의 시인. 1759~1805)에게서 인용한 유명한 말에 따르면, 세계사는 세계의 법정이다. 흔히 하는 '힘이 곧 정의'라는 말은 힘의 의미를 극단적으로 좁게 정의하지 않는다면 맞는 말이다.

역사는 권리를 만들고 그렇기 때문에 정의를 만든다. 적자생존의 이론은 생존자가 사실상 생존하는 데 적자임을 증명한다. 마르크스가 프롤레타리아트의 승리를 주장하는 것은 그것이 역사적으로 필연이라는 의미에서만 정당하다. 루카치(헝가리의 철학자. 1885~1971)가 프롤레타리아트의 정의의 기초는 그 역사적인 사명에 있다고 한 것을 생각하면, 그는 경솔하기는 해도 철두철미한 마르크스주의자였다.[103] 히틀러(독일의 정치가. 1889~1945)는 독일국민의 역사적 사명을 믿었다.

2. 사상의 상대성

그러나 근대 현실주의의 눈부신 업적은 그것이 역사과정에 대한 결정론적인 해석을 보여 주었을 뿐만 아니라, 사상 자체의 상대주의적이고도 실용주의적인 특징을 밝힌 점에 있다. 지난 50년 동안 역사학파의 여러 원리가 사상의 분석에 적용된 것은 모두 그렇지는 않지만 주로 마르크스의 영향 때문이다. 새로운 학문의 기초는 '지식사회학'이라는 이름 아래 주로 독일의 사상가들에 의해 세워졌다.

그리하여 현실주의자는 이상주의의 지적 이론과 윤리적 기준은 결코 절대적이고 선험적인 원칙의 표현이 아니라 역사적으로 규정되는 것이며, 환경과 이해관계의 산물이자 나아가서는 이익증진을 위해 만들어진 무기임을 명시할 수 있었다. 버트런드 러셀이 말했듯이 '윤리적 견해가 원인인 경우는 좀처럼 없으며, 거의 언제나 결과이다. 게다가 윤리적 견해는 우리 자신의 바람을 실현하기 위해 보편

---

103) G. Lukacs, *Geschichte und Klassenbewusstsein*, p. 215.

적 입법권위를 주장하기 위한 수단이지, 우리가 어리석게 생각하는 것처럼 이러한 바람의 실제적인 원인은 아니다.'[104] 이것은 이상주의가 대항해야 할 가장 무서운 공격이다. 왜냐하면 이상주의에 대한 확신의 뿌리 자체가 여기서는 현실주의자의 비판에 의해 그 지반이 약화되기 때문이다.

사상의 상대성은 오랫동안 널리 인정되어 왔다. 17세기에는 이미 버넷 주교(영국의 성직자. ?~1750)가 마르크스만큼 통렬하지는 않아도, 그에 못지않게 설득력 있는 상대론적 견해를 다음과 같이 자세히 역설했다.

> 최근의 내전(청교도혁명. 1642~60)과 관련하여, 정부란 무엇인가에 대해 어떤 견해가 일반적이었는지는 매우 잘 알려졌다. 군주제를 타도할 때, 이 사실을 정당화하는 데는 무엇이 필요한지 우리는 알고 있었다. 그리하여 정부는 원래 국민의 의지에서 유래하며, 군주는 국민의 대리인에 지나지 않는다는 주장은, 당시 국민의 목적에 편리했기 때문에 사물의 본질상 확실한 진실로 받아들여지게 되었다. ……그런데 그 뒤 군주제가 부활하자, 정부란 무엇인가에 대한 다른 생각이 등장하여 널리 퍼지게 되었다. ……이 무렵의 정부는 모두 신의 의지에 따라 태어난 것이고, 군주는 신 말고는 그 어떤 것에도 책임을 지지 않는 것이었다. ……그러나 다시 역사가 바뀌어 이제 국민이 언론의 자유를 갖게 되자, 정부란 무엇인가에 대한 새로운 견해가 등장했다. 오늘날 무저항의 복종은 완전히 잘못된 것이고, 압제를 견디는 것은 의무도 그 무엇도 아니며, 압제에 저항하는 것이 진정 위대한 행위이다. 부당한 취급을 신의 힘을 빌려 바로잡을 것이 아니라, 우리 스스로 자신을 구제할 자연권을 가진다는 것이다.[105]

근대에는 이러한 사실에 대한 인식이 매우 일반적이었다. 다이시(영국의 법학자. 1835~1922)는 노예제에 관한 19세기의 의견 분열을 이렇게 말했다. '신념, 더 정확하게 말하면 진정한 신념은 논쟁에서 나오는 것이 아니고, 또 명백한 자기 이익의 결과도 아니며, 오히려 환경의 산물이었다. 대다수 사람들의 의견은 환경에 의

---

104) *Proceedings of the Aristotelian Society*, 1915-16, p. 302.
105) Thomas Burnet, *Essay upon Government*, p. 10.

해 결정된다.'[106] 마르크스는 조금 막연한 이 개념을 좁혀서, 모든 사상은 사상가의 경제적 이해관계 및 사회적 지위에 따라서 규정된다고 말했다.

마르크스의 이 견해는 어쩌면 지나치게 한정적일 수 있다. '국가적' 이익의 존재를 부정한 마르크스는 특히 그렇지만, 그는 개인의 사상을 결정하는 힘으로서 내셔널리즘의 영향력을 과소평가했다. 그러나 마르크스가 그 독자적인 원칙을 각별히 주의를 기울여 다룸으로써, 이 원칙은 세상에 널리 퍼져 나가 사람들의 이해를 얻을 수 있었다. 사상가의 이해관계나 환경과 그 사상의 상관성은 마르크스가 이것을 역설한 이후 더욱 널리 인식되고 이해되었다.

이 원칙은 매우 널리 적용되고 있다. 낡은 표현이지만 이론은 사태의 과정을 만들어 내는 것이 아니라 그것을 설명하기 위해 고안된다. '제국은 제국주의에 앞서 존재한다.'[107] 18세기의 영국은 '자유방임주의 정책이 새로운 이론으로 정당화되기 전부터, 아니 정당화된 것처럼 보이기 전부터 그것을 실행에 옮겼다.'[108] 그리고 '자유방임주의가 하나의 이론체로서 사실상 무너진 것은······현실세계에서 자유방임주의가 붕괴한 뒤였지 그 전이 아니었다.'[109] 1924년 소련에서 제시한 일국사회주의 이론이 소련의 체제를 다른 국가에도 확립하려다가 실패한 데서 생겨난 것은 분명하다.

그러나 추상적인 이론의 발전은 그 이론과 본질적으로 아무 관련도 없는 사태에서 종종 영향을 받는다.

> (어느 현대 사회사상가가 쓴 것인데) 정치사상을 이야기할 때, 실제로 일어난 일은 논증에 못지않게 설득력을 지닌다. 제도의 성공과 실패, 국가의 승리와 패배는 일정한 원리와 결부되고, 그러한 원리를 지지 또는 반대하는 사람들에게 거듭하여 새로운 정신력과 결단력을 가져다주었다. 이러한 일은 사정에 따라서는 다른 모든 곳에서도 일어날 수 있다. ······이 세상의 철학은 그것이 이 세상에 있

---

106) A. V. Dicey, *Law and Opinion* (1905 ed.), p. 27.
107) J. A. Hobson, *Free Thought in the Social Sciences*, p. 190.
108) E. Halévy, *The Growth of Philosophic Radicalism* (Engl. Transl.), p. 104.
109) M. Dobb, *Political Economy and Capitalism*, p. 188.

는 한 철학자의 말 자체이다. 그리고 철학자란—어느 전문가가 말했듯이—세상의 모든 사람들과 마찬가지로 치통에 시달리며, 주위의 중대한 사건에 충격을 받고, 지적인 유행의 유혹에 노출되어 있다.[110]

1860년대와 70년대 독일의 극적인 부흥은 영국의 지도적인 차세대 철학자들—케어드(영국의 철학자. 1835~1908), T. H. 그린, 보즌켓(영국의 철학자. 1848~1923), 맥태거트(영국의 철학자. 1866~1925)—을 열렬한 헤겔주의자로 만들어 버릴 만큼 인상적이었다. 그 뒤 독일 황제가 크루거(남아프리카의 정치가. 1825~1904)에게 전보를 치고(1896년 1월 3일, 독일 황제 빌헬름2세가 트란스발 대통령 크루거에게 영국의 침입(제임슨 침입사건)을 막은 것을 축하하여 전보를 쳤고, 그로 말미암아 독영관계 악화), 독일의 해군 계획이 밝혀지자, 영국의 사상가들은 헤겔은 생각만큼 뛰어난 철학자는 아니라고 확신하게 되었다. 1914년부터 명망 있는 영국 철학자 가운데 헤겔주의자의 기치를 내거는 사람은 아무도 없었다.

1870년 이후, 스텁스(영국의 역사가. 1825~1901)와 프리먼(영국의 역사가. 1823~1892)은 초기 영국사를 건전한 튜턴(게르만)적 기반 위에 수립했다. 한편 프랑스에서도 퓌스텔 드 쿨랑주(프랑스의 역사학자. 1830~1889)가 프랑스 문명의 기원을 라틴에서 찾기 위해 고투하고 있었다. 과거 30년 동안 영국 역사가들은 영국의 튜턴적인 원류를 되도록 눈에 띄지 않게 하기 위해 은밀하게 노력했다.

이러한 영향을 받은 것은 비단 전문 사상가뿐만이 아니었다. 일반민중의 생각도 큰 영향을 받았다. 프랑스인의 생활이 경박하고 부도덕하다는 견해는 나폴레옹(프랑스 황제. 1769~1821)에 대한 기억이 아직 남아 있었던 19세기 영국에서는 정설이 되어 있었다. 버트런드 러셀은 이렇게 말했다. "내가 어렸을 때 프랑스 사람들은 개구리를 잡아먹었다. 그래서 그들을 '개구리들'이라고 불렀다. 그런데 영국이 1904년 프랑스와 협상을 맺었을 때는 프랑스 사람도 더는 개구리를 먹지 않는 것처럼 보였다. 그 협상 이후로는 '개구리들'이라는 말을 들은 적이 없다."[111]

(러일전쟁이 끝난) 1905년까지 '작고 예의 바른 잽'이라고 불렸던 일본인은 이 전

---
110) L. T. Hobhouse, *The Unity of Western Civilisation*, ed. F. S. Marvin(3rd ed.), pp. 177-8.
111) Bertrand Russell, *Which Way to Peace?* p. 158.

쟁에서 승리한 뒤에는 반대로 '동양의 프로이센인'으로 바뀌었다. 19세기에는 독일인은 유능하고 계몽적이며, 러시아인은 미개하고 거칠다는 것이 영국인의 일반적인 견해였다. 1910년 무렵, 독일인—알고 보니 대부분은 프로이센인으로 밝혀졌지만—은 천박하고 야비하고 편협하며, 러시아인은 슬라브의 영혼을 갖고 있다고 인식되었다. 같은 시기 영국에서 러시아 문학이 유행하기 시작한 것은 러시아와 정치적 우호관계가 형성된 직접적인 결과이다. 영국과 프랑스에서 마르크스주의는, 러시아에서 볼셰비키 혁명이 성공한 뒤 처음에는 조금씩 인기를 얻기 시작하더니, 1934년 이후 소련이 독일에 대항하는 잠재적 군사동맹국이라는 사실을 안 뒤부터는 특히 지식인들 사이에서 빠르게 세력을 넓혀 갔다.

이렇게 지적하면 대부분의 사람들은 분개하면서 자신들은 그렇게 자신의 견해를 만들어간 것이 아니라고 부정하겠지만, 이것이야말로 그 증상을 고스란히 드러낸다. 오래전에 액턴(영국의 역사가. 1834~1902)이 말한 것처럼, '사상의 계보를 밝히는 것만큼 민망한 발견은 없다.'[112] 사상을 지배하는 조건은 반드시 무의식에서 작용한다.

3. 목적에 적응하는 사상

사상은 단순히 사상가의 환경이나 이해관계에 따라 형성되는 것이 아니다. 그것은 또, 사상가의 목적을 수행하기 위해 방향이 정해진다는 의미에서는 실용주의적이다. 어느 재치 있는 논자가 지적한 것처럼, 현실주의자에게 진리는 '서로 불협화음을 이루는 경험을 실용주의적인 관점에서 특정한 목적 또는 그때그때 당면한 형편에 맞춰서 인식하는 것에 지나지 않는다.'[113] 사상이 목적을 가진다는 성격에 대해서는 앞선 장에서 이미 논의한 바 있다. 따라서 국제정치에서의 이러한 현상의 중요성을 설명하는 데는 몇 가지 사례를 드는 것으로 충분할 것이다.

적국 또는 잠재적 적국의 신용을 떨어뜨리기 위해 고안된 이론은 목적을 가진 사상의 가장 전형적인 형태의 하나이다. 자신의 적 또는 앞으로 자신의 희생물이 될 수 있는 이들을 신의 눈에는 열등한 존재라고 선전하는 것은 구약성서 시대

---

112) J. E. E. Dalberg-Acton, *History of Freedom*, p. 62.
113) Carl Becker, *Yale Review*, xxvii, p. 461.

로부터 널리 알려진 수법이다. 예나 지금이나 인종이론이 이 범주에 들어간다. 어떤 국민 또는 계급이 다른 국민 또는 계급을 지배하는 것은 언제나 피지배자의 지적, 도덕적 열등성에 대한 믿음을 근거로 정당화되기 때문이다. 이러한 이론에서는 늘 불명예스러운 비난을 받고 있는 인종과 집단에게 성적 비정상성이나 성범죄 같은 오명을 씌우게 마련이다. 미국의 백인은 흑인에게, 남아프리카 백인은 카피르인에게, 인도에 사는 영국인은 인도인에게, 그리고 나치 독일인은 유대인에게 각각 성적 타락이라는 누명을 씌운다. 러시아 혁명 초기에 볼셰비키에게 향해진 가장 일반적이고 부조리한 비난은 그들이 성적 문란을 옹호한다는 것이었다. 잔혹행위에 얽힌 누명, 그중에서도 특히 두드러지는 성적인 성격을 띤 비행에 관한 비난 역시 흔한 전쟁의 산물이다. 아비시니아(에티오피아의 옛 이름) 침공 직전, 이탈리아인은 《아비시니아 잔학행위 녹서》라는 것을 공표했다. 제네바에서 아비시니아 연맹대표가 제대로 꿰뚫어 본 것처럼, '이탈리아 정부는 에티오피아를 정복, 파괴하기로 작정하고 그에 앞서 에티오피아에 오명을 씌우려고 했다.'[114]

이러한 현상은 발각을 피하려고 교묘한 형태로 나타나기도 한다. 크로(영국의 외교관. 1864~1925)는 1908년 3월 외무성 비망록에서 그 점을 전형적으로 보여 주었다.

> 독일(이전에는 프로이센) 정부는 자국과 전쟁 가능성이 있다고 보이는 상대국에 대해 지독할 정도로 격렬한 증오의 감정을 부추기기 위해 엄청난 힘을 쏟아 왔다. 영국을 이기주의와 탐욕의 화신, 나아가서는 양심은 눈곱만큼도 찾아볼 수 없는 괴물로 만들어 독일에 광란에 가까운 증오—독일인은 거기서 생기와 활력을 얻었다—를 불러일으킨 것은 바로 그런 방법을 통해서였다.[115]

이것은 정확하고 예리한 분석이었다. 그러나 크로 같은 날카로운 지성이 다음과 같은 사실을 깨닫지 못했다는 것은 기묘한 일이 아닐 수 없다. 그는 그때, 친교가 있는 정치가와 관리 등 한정된 신봉자들에게 자신이 비난한 독일 정부와

---

114) *League of Nations : Official Journal*, November 1935, p. 1140.
115) *British Documents on the Origins of the War*, ed. G. P. Gooch and H. Temperley, vi. p. 131.

똑같은 행동을 하고 있었던 것이다. 그 무렵 그의 비망록이나 회의록을 읽어 보면, 자국의 미래의 적에 대해 '지독할 정도로 격렬한 증오의 감정을 부추기려고 하는' 노련하지만 뻔한 시도가 뚜렷하게 드러난다. 이것은 자국민의 사상은 완전히 객관적이라고 생각하면서, 타국민의 사상에 대해서는 무언가에 제약받고 있고 의도적인 성격을 띠고 있음을 즉각 간파하는 묘한 예증이 아닐 수 없다.

적국에 대해 도덕적 불신을 불러일으키기 위한 이론을 퍼뜨리는 것과 정반대 되는 것이, 자국과 자국의 정책에 도덕적 명예를 부여하는 이론의 선전이다. 비스마르크(독일의 정치가, 프로이센의 수상. 1815~1898)는 1857년 프랑스 외무장관 발레프스키(나폴레옹 1세의 사생아, 프랑스의 정치가. 1810~1868)가 그에게 한 말, 즉 외교관이 하는 일은 자국의 이익을 보편적인 정의의 말로 가리는 것이라는 신랄한 경구를 기록했다. 더욱 최근에는 처칠이 하원에서 '영국의 재군비와 대외정책에는 도덕적 기반이 있어야 한다'[116]고 말했다.

그러나 현대의 정치가가 자신이 생각하는 바를 이렇게 솔직하게 말하는 것은 드문 일이다. 지금의 영국과 미국의 정치에서 가장 강한 영향력을 발휘하고 있는 것은 이상주의적 정치가들이라고 할 수 있다. 그들은 윤리적 원리에서 정책이 나오지, 정책에서 윤리적 원리가 나오는 것은 아니라고 진지하게 믿는다.

그럼에도 현실주의자는 이러한 정치가들의 확신은 겉모습뿐이라는 것을 폭로하지 않을 수 없다. 우드로 윌슨은 1917년 미국의회에서 이렇게 말했다. '정의는 평화보다 고귀하다.'[117] 그러나 10년 뒤 브리앙(프랑스의 정치가. 1862~1932)은 국제연맹총회에서 이렇게 말했다. '평화는 모든 것에 우선한다. 심지어 정의보다도 우선한다.'[118] 윤리적 원리로서 이 상반되는 견해는 모두 옹호할 수 있고 상당한 지지도 얻을 수 있다.

그렇다면 우리는 윤리규준 사이의 대립을 논하고 있다고 생각해도 무방한 것일까? 또는 만약 윌슨과 브리앙의 정책이 서로 다르다면 그것은 그들이 각각의 정책을 상반되는 원리에서 이끌어 냈기 때문이라고 믿어도 되는 것일까? 진지

---

116) House of Commons, March 14, 1938 : *Official Report*, cols. 95-99.
117) *The Public Papers of Woodrow Wilson : War and Peace*, ed. R. S. Baker, i. p. 16.
118) *League of Nations : Ninth Assembly*, p. 83.

한 정치학 연구자라면 아무도 그런 믿음에 휘둘리지 않을 것이다. 원리가 정책에서 나오지 정책이 원리에서 나오는 것이 아니라는 것은 언뜻만 봐도 분명한 이치이다.

1917년에 윌슨은 독일과 전쟁을 벌일 방침을 결정한 뒤, 이어서 그 전쟁정책에 정의라는 적절한 옷을 입혔다. 1928년 브리앙은 프랑스에 이로운 평화합의를, 다른 나라들이 정의라는 이름으로 저지하려는 시도에 경계심을 품고 있었다. 브리앙은 윌슨과 마찬가지로, 그다지 어렵지 않게 자신의 정책에 맞는 도덕적 표현을 찾았다. 이 원리의 차이를 윤리적인 기반에서 논하는 것은 착각일 뿐이다. 원리란 여러 조건에 적합하도록 만들어진 각자의 국가정책을 단순히 반영한 것에 지나지 않기 때문이다.

잠재적 적국의 정책에 도덕적 의심을 던지는 한편, 자국의 정책을 도덕적으로 정당화하는 이 이중의 과정은 전간기의 군축 논의에서 차고 넘칠 만큼 예증을 들 수 있다. 앵글로색슨 열강은 해군의 우위가 잠수함으로 인해 위협받았던 경험 때문에 이 새로운 무기의 비도덕성을 끊임없이 공개적으로 비난했다. 평화회의에서 해군고문은 미국 대표단에게, 잠수함을 폐지하고 '더욱 높은 수위(水位)에서 해전을 펼치는 것은 곧 문명의 요구'[119]라고 썼다. 불행하게도 잠수함은 비교적 열세인 프랑스, 이탈리아, 일본의 해군에서는 편리한 무기가 되어 있었다. 따라서 '문명'의 이 특정한 요구는 받아들여지지 않았다. 양자 사이의 더욱 결정적인 차이에 대해서는 세실 경이 1922년 국제연맹연합 총회에서 한 연설에서 다음과 같이 밝혔다.

> 세계의 전반적인 평화는 물질적으로는 단순히 해군의 제한으로 확보되는 것은 아니다. ……만약 해군을 보유한 모든 열강이 무장을 해제하거나 군비를 철

---

119) R. S. Baker, *Woodrow Wilson and World Settlement*, iii. p. 120. 19세기에도 흥미로운 사례가 있었다. 1856년 파리회의 때, 빅토리아 여왕은 이런 글을 썼다. '사략선(私掠船)의 행위는 우리의 문명을 더럽히는 일종의 해적행위이다. 전 세계에서 이를 폐지하는 것은 전진을 위한 위대한 한걸음이 될 것이다.' 우리는 다음의 문장을 읽어도 그다지 놀라지 않는다. '당시의 사략선은 오늘날의 잠수함 같은 것으로, 열세에 있는 해군국의 무기였다.'(Sir William Malkin, *British Year Book of International Law*, viii. pp. 6, 30)

저하게 축소한다면, 전쟁의 위험이 낮아지기는커녕 오히려 늘어날 것이다. 해군은 주로 방어용일 뿐이고, 공격에 사용되는 것은 대부분 육군의 무기이기 때문이다.[120]

자국의 사활이 걸린 군비는 방어적이고 자비로운 것으로 간주하고, 타국의 군비는 공격적이며 사악한 것으로 주장하는 것은 특히 효과적이었다. 그로부터 꼭 10년 뒤, 군축회의(1932년 제네바에서 열린 세계군축회의)의 세 위원회는 군비를 공격용과 방어용으로 구분하느라 몇 주일이나 허비했다. 각국 대표단은 저마다 전적으로 객관적 근거에 기반한 이론에 따른 것이라면서, 자국이 주로 의지하는 군비는 방어용이고 잠재적 적국의 군비는 본질적으로 공격용이라는 것을 보여 주려고 놀랍도록 교묘한 논리를 펼쳤다.

경제적 군비도 마찬가지였다. 19세기 후반, 그리고 정도는 좀 덜했지만 1931년까지, 영국에서는 일반적으로 보호관세는 부도덕한 것으로 여겨졌다. 1931년 이후, 합리적인 관세는 무해한 것으로 다시 인식되었지만, 바터무역협정, 산업(농업은 예외) 할당제, 외환관리, 그 밖에 대륙의 각국이 이용한 다른 무기는 여전히 부도덕하다는 오명을 벗지 못했다. 1930년까지 미국의 관세율은 점차 변경되었는데 대부분 언제나 상승 경향을 보였다. 다른 면에서는 어디까지나 자유방임주의의 확고한 지지자였던 미국의 경제학자들은 관세만큼은 거의 언제나 정당한 것으로 보고 높이 평가했다. 그러나 미국이 채무국에서 채권국으로 처지가 바뀌자, 영국의 경제정책 전환과 맞물려 상황이 일변했다. 미국의 대변인들은 관세장벽의 축소를 일반적으로 국제도덕의 대의와 연관지었다.

4. 국익과 보편적 선

그러나 현실주의자는 이상주의의 방벽에 생긴 틈새만 파고들며 사소한 공격

---

120) 국제연맹협회 팸플릿(제76호, 8쪽)으로 공간(公刊)되었다. 영국의 독자들은 대부분, '군국주의'라는 말 자체는 육군 특유의 악습이라는 의미로 받아들였다. 미국의 역사가 W. L. 랑거 박사가 이에 대응하는 '해군주의'라는 말을 만들어냈으나, 그것이 그다지 수용되지 않은 것은 시사하는 바가 크다.

을 하는 데 매달려서는 안 된다. 현실주의자의 임무는 이상주의 사상을 짓는 데 들어간 재료가 얼마나 허술한지를 폭로하여, 비현실적인 이 사상의 구조 전체를 무너뜨리는 것이다. 현실주의자는 사상의 상대성이라는 무기를 사용하여 정책과 행동을 판단하는 데는 불변의 절대 기준이 있다는 이상주의적 사고를 파괴해야 한다. 만약 이론이라는 것이 정치적 수요의 실제와 원칙을 반영한 것으로 이해된 다면, 그 이해 방식은 사실 이상주의적 신념의 기본적인 이론과 원칙에도 적용될 테고, 또 이상주의적 신념의 본질적인 공준인 이익조화설에도 마찬가지일 것이다.

따라서 이상주의자가 이익조화설을 역설할 때, 그는 순진하고 무심한 듯이 발 레프스키의 행동원리를 도입하여 전 세계에 자기 이익을 강요하기 위해 보편적 이익으로 자기 이익을 가리고 있음을 밝히는 것은 그리 어려운 일이 아니다. 다이 시가 말했듯이 '인간은 자신에게 이로운 결정이 타인에게도 이익이 된다고 쉽게 믿는 경향이 있다.'[121] 보편적 이익의 이론은 잘 조사해보면 특정한 이익의 그럴싸 한 위장이며, 국내문제와 마찬가지로 국제문제에서도 흔히 볼 수 있다.

이상주의자는 절대 기준을 세우기 위해 애는 쓸지언정, 그 절대 기준에 따라 세계의 이익을 자신의 이익보다 우선하는 것이 자국의 의무라고 주장하지는 않 는다. 그것은 전체 이익과 개별 이익이 자연 속에서 일치한다는 그의 이론과 모 순되기 때문이다. 이상주의자는 세계에 최선인 것이 자국에도 최선이라고 주장 한 뒤, 자국에 최선인 것은 세계에도 최선이라는 것을 읽어 내기 위해 다시 그 주 장을 뒤집는다. 이 두 가지 명제는 이상주의자의 입장에서는 완전히 같은 것이다. 더욱이 현대 이상주의자의 이 무의식적인 냉소주의는 발레프스키와 비스마르크 의 신중하고 자의식 강한 냉소주의보다 훨씬 효과적인 외교 무기가 되었다.

지난 반세기 동안 영국의 논자들은 영국의 우월적 지위를 유지하는 것이 인류 에 대한 의무라는 이론을 적극적으로 옹호해 왔다. 1885년 《타임스》는 진지하게 이런 주장을 했다. '만약 영국이 자발적으로 석탄적재장이나 대장간이 된다면, 이 는 영국뿐만 아니라 세계를 위해서일 것이다.'[122] 다음과 같은 인용문은 그 무렵 공인의 회고록에서 수집한 많은 자료 속에서 흔히 볼 수 있다.

---

121) A. V. Dicey, *Law and Opinion in English*(2nd.), pp. 14-15.
122) *The Times*, August 27, 1885.

나는 이 세계에 단 하나의 숭고한 목표를 가지고 있다. 그것은 바로 제국의 위대함을 지키는 일이다. 그러나 꼭 나의 존 불(영국인을 가리키는 별명) 정신 때문이 아니더라도 나는 그처럼 제국의 위대함을 지킴으로써 기독교의 평화를 위해, 문명의 대의를 위해, 그리고 널리 인류의 행복을 위해 일하는 것이라고 믿는다.[123]

세실 로즈(영국의 식민지 정치가. 1853~1902)는 이렇게 썼다. '우리는 세계에서 가장 뛰어난 민족이며, 우리가 사는 영역이 넓으면 넓을수록 인류에도 좋은 일이라고 나는 생각한다.'[124] 당시의 가장 유명하고 뛰어난 저널리스트 W. T. 스테드(영국 근대 저널리즘의 구축자. 1849~1912)는 1891년에 《평론의 평론》지를 창간했다. 창간호에는 편집자의 이런 성명이 실려 있었다. '우리는 하느님을 믿고, 영국을 믿고, 그리고 인류를 믿는다.' '영어권 민족은 모든 인류의 진보를 이룩하기 위해 하느님이 선택한 최고의 대리인이다.'[125] 1912년 옥스퍼드 대학의 한 교수는 이렇게 확신했다. 영국사의 비밀은 '영국이 자신의 독립을 위해 싸우는 과정에서 곧 유럽의 자유를 위해서도 싸웠다는 것, 그리하여 유럽과 인류를 위해 이룩한 공헌은 제국이라는 이름에 걸맞은 더 위대한 공헌을 가능하게 했다는 것이다.'[126]

이 확신은 제1차세계대전으로써 감정적인 열광으로 변해 갔다. 영국의 교전이 인류에게 가져다준 공헌에 관한 영국 정치가의 연설에서 뽑아낸 단순한 목록만 모은다 해도 아마 수십 쪽에 이를 것이다. 1917년 밸푸어는 뉴욕 상공회의소에서 이렇게 말했다. '1914년 8월 이후, 전쟁은 어떠한 옹졸한 의도나 야심도 없이 인류 최고의 정신적 우위를 획득하기 위해 치러졌다.'[127] 강화회의와 그 뒤의 상황에 의해, 이러한 지도자들의 발언은 한때 신용을 잃었고, 인류의 도덕적 자산의 하나로서 영국의 우위를 믿는 것에 대해서도 일시적으로 의문이 조금 제기되었다. 그러나 각성과 겸손의 시대는 오래가지 않았다. 국제적 긴장이 일어날 때마다 언

---

123) F. Maurice and G. Arthur, *The Life of Lord Wolseley*, p. 314.
124) W. T. Stead, *The Last Will and Testament of Cecil J. Rhodes*, p. 58.
125) *Review of Reviews*, January 15, 1891.
126) Spencer Wilkinson, *Government and the War*, p. 116.
127) C. A. Beard, *The Rise of American Civilisation*, ii. p. 646에서 재인용.

제나 국익과 도덕의 동일화가 탄력을 얻었다. 아비시니아 위기 때 캔터베리 대주교는 파리의 신문 인터뷰를 통해 프랑스 국민에게 이렇게 경고했다.

> 우리는 도덕적, 정신적 요건으로써 생기를 얻는다. 나는 이것에 대한 오해를 해소하는 것이 나의 역할에 반하는 것이라고는 생각하지 않는다. ······
> 우리를 전진하게 하는 것은······자기중심적인 이익이 아니다. 이익을 위해 여러분이 후퇴하는 일이 있어서는 안 된다.[128]

이듬해 토인비 교수는 대영제국의 안전은 '전 세계의 최상의 이익이기도 하다.'[129]는 것을 다시 한 번 주장했다. 1937년 세실 경은 국제연맹연합 총회에서 '우리의 나라, 우리의 제국, 그리고 인류 전체에 대한 우리의 의무'를 이야기하면서 다음의 문장을 인용했다.

> 한 번도 아니고, 두 번도 아니고, 우리의 황량한
> 섬나라 역사에서 의무의 길은 곧 영광의 길이었다.[130]

버나드 쇼(영국의 극작가, 소설가. 1856~950)가 《운명의 사람》에서 말했듯이, 영국인은 '국가가 자신의 이익에 반하여 의무를 수행한다면 그 국가는 파멸하게 된다는 사실을 결코 잊지 않는다.' 최근에 어느 미국 비평가가 영국인을 '신학적 왕국은 얻지 못했으나 정치적 왕국은 획득한 예수회 같다'[131]고 비유한 것은 그리 놀라운 일이 아니다. 또 이탈리아의 전 외무장관은 이러한 발언이 있기 훨씬 전에 '영국 국민에게는 귀중한 선물, 즉 가장 구체적인 외교행위에도 최고의 도덕적 명분을 완벽한 확신을 가지고 부여할 수 있는 저술가와 성직자가 주어져 있어, 이에 의해 영국에는 반드시 실질적인(카의 인용에서는 moral이라고 되어 있지만 출전의

---

128) *Manchester Guardian*, October 18, 1935에서 재인용.
129) A. J. Toynbee, *Survey of International Affairs*, 1935, ii. p. 46.
130) *Headway*, November 1937.
131) Carl Becker, *Yale Review*, xxvii. p. 452.

material에 따라 번역했다.) 이익이 초래된다.'¹³²⁾

최근에는 미국에서도 같은 현상이 나타났다. 매킨리(미국 제25대 대통령. 1843~1901)가 얼마나 간절하게 신의 인도를 기도한 뒤 필리핀 합병을 결단했는가 하는 이야기는 미국 현대사의 고전이다. 이 합병은 그때까지 미국보다 영국의 대외정책에서 곧잘 볼 수 있었던 도덕적 자부심이 일반국민들에게까지 퍼지는 계기가 되었다. 루스벨트(미국의 제26대 대통령. 1858~1919)는 '짐은 국가'라는 신념을 그때까지의 어느 대통령보다도 강하게 갖고 있었는데, 그는 이 과정에서 한 걸음 더 나아갔다. 아래의 기묘한 대화는 1915년 태머니파(뉴욕의 태머니홀에 거점을 둔 민주당의 강력한 정치단체)의 지도자가 루스벨트에게 제기한 명예훼손 소송의 반대신문에서 이루어진 것이다.

    질문 : 근본적인 정의가 수행되었다는 것을 어떻게 알았습니까?
    루스벨트 : 내가 정의를 수행했기 때문입니다. 내가…… 최선을 다했기 때문이지요.
    질문 : 그 말은 당신이 무슨 일을 하면 곧 그것이 근본적인 정의의 실현이 된다는 뜻입니까?
    루스벨트 : 그렇습니다. 내가 하는 모든 일은 근본적 정의를 실천하기 위한 것입니다. 내가 말하려는 것이 바로 그 점입니다.¹³³⁾

우드로 윌슨은 그 정도로 순진무구하거나 독선적이지는 않았다. 그러나 미국의 정책이 보편적 정의와 일치한다는 점에 대해 그는 루스벨트보다 더욱 깊은 확신을 갖고 있었다. 1914년 베라크루스(멕시코 동부의 도시)를 폭격한 뒤 윌슨은 전 세계에 이렇게 선언했다. '미국은 인류에 봉사하기 위해 멕시코까지 갔다.'¹³⁴⁾ 제1차세계대전 중에 그는 미국 해군사관학교 생도들에게 '항상 미국을 가장 먼저 생각할 뿐만 아니라 인류 또한 항상 먼저 생각하라'고 연설했다. 즉 미국은 '인류

---

132) Count Sforza, *Foreign Affairs*, October 1927, p. 67.
133) H. F. Pringle, *Theodore Roosevelt*, p. 318에서 재인용.
134) *Public Papers of Woodrow Wilson : The New Democracy*, ed. R. S. Baker, i. p. 104.

를 위해 건국되었다.'[135])고 설명함으로써 그는 그 난해함을 약간 해소하는 교묘한 재주를 부렸던 것이다. 미국이 참전하기 얼마 전에 상원에서 전쟁의 목적을 연설하면서, 그는 이 미국과 인류의 동일화를 더욱 단언했다. '이것은 미국의 원칙이고 미국의 정책이다. ······이것은 인류의 원칙으로서 반드시 관철되어야 한다.'[136])

이런 성격의 발언이 거의 전적으로 앵글로색슨의 정치가와 논자에게서 나왔다는 것은 주목할 만한 점이다. 어느 유명한 국가사회주의자가 '독일국민을 이롭게 하는 것은 모두 옳고, 독일국민을 해롭게 하는 것은 모두 옳지 않다.'[137])고 단언한 것은 윌슨, 토인비 교수, 세실 경, 그 밖의 많은 사람들이 영어권 국가를 위해 이미 주장한 것, 즉 국익 및 보편적 정의의 동일시라는 똑같은 주장을 되풀이한 것에 지나지 않는다. 그런데 이러한 주장을 영어가 아닌 다른 언어로 번역하면, 그 의미를 영어권 국민에게까지 억지로 강요하는 것처럼 느껴지고, 나아가서는 이 동일시 자체가 신뢰를 잃게 된다.

이 기묘한 괴리는 보통 두 가지로 설명된다. 첫 번째 설명은 영어권 국가에서 널리 수용되고 있는데, 영어권 국가의 정책이 유럽대륙 내 다른 국가들의 정책보다 실제로 더 도덕적이고 공정하며, 따라서 윌슨, 토인비 교수, 그리고 세실 경이 미국과 영국의 국익과 인류의 이익을 동일시해도 대체로 타당하다는 것이다. 두 번째 설명은 대륙 국가에서 널리 받아들여지는 것으로, 영어권 국민은 자기본위의 국익을 전체의 이익이라는 껍데기 속에 감추는 재주가 예전부터 탁월했으며, 그런 위장은 앵글로색슨 정신만이 가지고 있는 유별나고 두드러진 특성이라는 것이다.

어려운 문제의 매듭을 차근차근 푸는 대신 싹둑 잘라 단박에 해결하려는 이 대담한 시도 가운데 어느 한쪽에 동의하는 것은 쓸데없는 일이다. 해답은 단순하다. 사회도덕의 이론은 언제나 지배집단이 만들어 낸다. 지배집단은 자신을 공동체 전체와 동일시할 뿐만 아니라, 공동체에 자신의 인생관을 강요하기 위한 수단—이것은 종속된 집단이나 개인에게는 주어지지 않는다—을 가지고 있다.

국제도덕의 이론도 같은 이유에서, 그리고 같은 과정을 거쳐 지배적인 국가 또

---

135) *Ibid*. i, pp. 318-19.
136) *Ibid*. ii, p. 414.
137) A. J. Toynbee, *Survey of International Affairs*, 1936, p. 319에서 재인용.

는 국가들의 집단이 만들어 낸다. 지난 백 년 동안, 특히 1918년 이후에 영어권 국민은 세계의 지배집단을 구성해 왔다. 따라서 오늘날의 국제도덕 이론은 그들의 우위를 영속시키기 위해 고안되어 그들의 고유한 형식으로 표현되었다. 프랑스는 18세기의 전통을 어느 정도 유지하면서 1918년 이후에 짧은 기간 동안 지배적 지위를 회복했지만, 지금의 국제도덕을 만드는 데는 미미한 기여밖에 할 수 없었다. 즉 프랑스는 주로 국제질서에서 법의 역할을 주장함으로써 국제도덕을 만드는 데 참여했을 뿐이다. 독일은 결코 가장 유력한 강대국이었던 적이 없었고, 1918년 이후에는 무력한 처지에 빠져 있었다. 그러한 이유에서 독일은 국제도덕의 창출국이라는 특권집단에 끼어 보지 못했다.

영어권 국민이 국제도덕을 독점하고 있다는 견해와 그들은 그럴싸한 국제적 위선자일 뿐이라는 견해는 결국 오늘날의 국제적 도덕의 기준이 자연스럽고 필연적인 과정을 통해 주로 영어권 국민에 의해 만들어졌다는 단순한 사실로 환원된다.

5. 이익조화설에 대한 현실주의자의 비판

이익조화설은 이러한 원리를 통해 쉽게 분석할 수 있다. 이익조화설은 당연히 부유한 특권계층이 지지하는 가설이다. 이 계급에 속하는 사람들은 공동체에서 지배적인 발언권을 가지고 있고, 따라서 자연히 공동체의 이익과 그들 자신의 이익을 동일시하는 경향이 있다. 이 두 가지 이익을 동일시하면, 지배집단의 이익을 공격하는 사람은 공동체 전체의 공동이익을 공격한다는 비난을 받게 되고, 결과적으로 공격자 자신의 더 높은 차원의 이익도 해친다는 말을 듣게 된다. 따라서 이익조화설은 특권집단이 지배적 지위를 정당화하고 지키기 위해 그들 자신이 고안한 교묘한 도덕적 장치로 작용한다.

그러나 한 가지 더 유의해야 할 것이 있다. 공동체에서 특권집단의 지배권이 어쩌면 지나치게 압도적이어서, 아니 때로는 실제로 압도적이어서, 특권집단의 이익은 공동체의 이익이라는 의식이 실제로 생겨난다. 즉 특권집단의 행복은 필연적으로 공동체의 다른 구성원에게도 어느 정도 행복을 가져다주는 한편, 특권집단의 붕괴는 공동체 전체의 붕괴를 불러일으킨다는 것이다. 따라서 이익의 자연적 조화가 현실성을 가지는 한, 이 자연적 조화는 특권집단의 압도적인 힘에 의해 창출되어, 결과적으로 도덕은 권력의 산물이라는 마키아벨리의 격언을 훌륭하게 예증하게 된다. 이 이익조화설은 몇 가지 실례로써 명쾌하게 분석할 수 있다.

19세기 영국의 제조업자와 상인들은 자유방임주의가 자신들에게 번영을 가져다준다는 것을 깨닫고, 그것이 영국 전체의 번영도 증진시킬 것이라고 믿어 의심치 않았다. 제조업자 또는 상인의 이익과 공동체의 이익의 조화는 완전히 거짓이었던 것은 아니다. 제조업자와 상인의 우위는 부정할 수 없이 강했기 때문에, 그들의 번영이 곧 영국 전체의 번영이라는 주장을 옳다고 여기는 의식은 확실히 존재했다.

여기서 한 걸음만 더 나아가면 이런 주장이 나올 수 있다. 파업을 결행하는 노동자는 영국 제조업자의 번영을 해치는 동시에 영국 전체의 번영도 해치고, 결과적으로 노동자 자신의 이익도 해치게 되어, 마침내 토인비 교수의 선배들로부터는 부도덕하다는, 짐먼 교수의 선임자들로부터는 멍청하다는 비난을 받게 된다는 것이다. 이러한 주장을 옳다고 여기는 의식이 실제로 있었다.

그러나 이익조화와 계층 간의 연대라는 이론은 가난한 노동자에게는 쓰라린 조롱으로 비쳤을 것이다. 이들 가난한 노동자의 낮은 사회적 지위와 '영국 번영'의 성과는 조금밖에 누리지 못하는 처지는 이 이론으로써 정당화되었다. 그러다 노동자는 자유방임주의를 버리고 그것을 사회복지국가—이 국가 형태는 암암리에 이익의 자연적 조화를 부정하고, 인위적인 수단으로 새로운 조화를 만들어내려고 한다—로 대체하도록 압박할 수 있을 만큼 강해졌다.

이러한 분석은 국제관계에도 적용된다. 19세기 영국의 정치가들은 자유무역이 영국의 번영을 촉진한다는 사실을 깨닫고, 영국의 번영은 곧 세계 전체의 번영을 불러올 것이라고 확신했다. 그 무렵 세계무역에서 영국의 우위는 압도적이었기 때문에, 영국의 이익과 세계의 이익은 부인하기 힘든 조화를 이루고 있었다. 영국의 번영은 다른 나라에도 그 혜택이 흘러들어 갔고, 영국의 경제 붕괴는 세계규모의 파멸을 의미한다고 할 수 있었다. 영국의 자유무역론자는, 보호무역국가는 이기적으로 세계 전체의 번영을 해치고 있을 뿐만 아니라, 어리석게도 그들 자신의 번영도 해치고 있으며, 따라서 그들의 행동은 부도덕하고 멍청하다고 주장할 수 있었고 실제로 그렇게 주장했다.

영국인의 눈에 국제무역은 불가분의 일체로서 번영하든 멸망하든 한 배를 탄 운명인 것은 명백한 진실이었다. 그러나 그럼에도 국제적 이익조화는 소외된 국가에는 눈속임으로 보였다. 소외된 나라들이 낮은 국제적 지위와 보잘것없는 자기 몫에 만족한 채 국제무역에 조금밖에 참여하지 못하는 것을 이 국제적 이익조화라는 이론이 공고히 해 주었기 때문이다. 이익조화에 대한 반발은 이 이론에 그럴듯한 근거를 부여하던 영국의 압도적인 우위를 무너뜨렸다. 경제적으로 보면 19세기의 영국은 국제적 경제도덕에 대한 자국의 생각을 세계에 거리낌 없이 강요할 만큼 지배적인 위치에 있었다. 한 강대국의 세계시장 지배를 대신하여 만국의 만국에 대한 경쟁의 시대가 찾아오자, 국제적 경제도덕에 대한 개념은 필연적으로 혼돈에 빠지게 된다.

정치적으로 보면 평화유지에서 이익을 얻는 공동체—그 모호한 성격은 이미 논의했다—는 지배적인 국가 또는 국가들의 집단에 같은 수법으로 이용된다. 공동체에서의 지배계급은 자신의 안전과 우위를 보장하는 국내평화를 열망하고 안전과 우위를 위협하는 계급투쟁을 비난하는데, 그와 마찬가지로 국제평화는 지배적 열강에 주어지는 특별한 이익이 된다. 옛날 로마제국주의와 영국제국주의는 '로마에 의한 평화'와 '영국에 의한 평화'로 치장해서 세계에 나타났다. 지금은 어떠한 강국도 홀로 세계를 지배할 만큼 강하지 않으며, 지배권은 오히려 국가집단에 주어져 있다. '집단안전보장', '침략에 대한 저항' 같은 구호는 지배적 국가집단의 이익과 세계 전체의 이익이 평화유지라는 관점에서는 일치한다는 주장과 같은 목적을 갖고 있었다.

또한 우리가 지금 살펴보고 있는 사례에서 알 수 있듯이, 지배적 국가 집단의 우위가 두드러지게 강고한 한, 이 이익의 일치가 실제로 존재한다는 의식은 확실히 있다. 1920년대 독일의 어느 교수는 이렇게 말했다. '영국은 철저히 자기중심적이지만 동시에 세계가 열망하는 질서, 진보, 영원한 평화를 세계에 약속하는 국가적인 강령을 가진 유일한 강국이다.'[138] 처칠이 '대영제국과 그 영광의 명운은 세계의 명운과 떼려야 뗄 수 없이 연결되어 있다.'[139]고 단언했을 때, 이 말은 사실

---

138) W. Dibelius, *England*, p. 109.
139) Winston Churchill, *Arms and the Covenant*, p. 272.

상 19세기 영국 제조업자의 번영은 영국 전체의 번영과 떼려야 뗄 수 없는 관계에 있다는 주장과 똑같은 기반에 서 있었다.

다시 말해 이러한 주장의 목적은 모두 한 가지이다. 그것은 대영제국의 방위와 영국 제조업자의 번영은 각각 공동체 전체의 이익이 된다는 것, 따라서 그것을 공격하는 자는 누구든지 부도덕하고 어리석은 자라는 원칙을 세우는 것이었다. 비특권계층을 평화의 방해자로 치부하고 그들에게 도덕적 불신감을 던지는 것은 특권계층의 흔한 수법이다. 이 수법은 국가 공동체 안에서와 마찬가지로 국제적으로도 쉽게 적용된다. 최근의 위기를 토인비 교수는 이렇게 말했다. '국제법 및 국제질서는 진정으로 온 인류를 위한 것이었다…… 한편 국제문제에서 폭력의 지배를 영속시키고자 하는 욕구는 반사회적이고, 이러한 욕구는 이 어리석고 시대착오적인 신념을 공공연하게 주장하는 일부 국가의 시민에게도 결국 이익을 주지 않았다.'[140]

이것은 영국과 미국의 초기 노동운동 시대에 파업이 일어나면 언제나 그 나름대로 역할을 했던 주장, 즉 진부한 발언과 거짓 언설이 거의 비등하게 들어 있었던 그 주장과 똑같았다. 자본가 쪽의 모든 언론의 후원을 받고 있었던 고용자들이 노동조합 지도자의 태도를 '반사회적'이라며 비난하거나, 그들을 법과 질서를 공격하고 '폭력의 지배'를 끌어들인다 하여 고발하고, 나아가서는 노동자의 '진정한', 그리고 '궁극적인' 이익은 고용자와의 평화협력에 있다고 단정하는 방식은 고용자들에게서 흔히 볼 수 있는 방식이었다.[141]

사회적 관계를 다루는 분야에서는 이런 주장이 지닌 음험한 성격은 오래전부터 잘 알려져 있었다. 그러나 프롤레타리아트가 전개하는 계급투쟁이 가하는 위협은 '특권계급의 감정적이고 불성실한 노력—즉 계급 간의 조그마한 공동이익만 끊임없이 강조하여 계급 간의 이익 대립을 가리려는 노력—에 대한 당연하고

---

140) A. J. Toynbee, *Survey of International Affairs*, 1935, ii. p. 46.
141) 미국의 전미탄광노조가 벌인 초기 파업에서 필라델피아의 탄광주 대표자는 이렇게 말했다. '정의가 승리하기를 온 마음으로 기도합시다. 전능한 하느님이 앞으로도 계속 지배하시며, 신의 지배는 법과 질서의 지배이지 폭력과 범죄의 지배가 아님을 상기하면서 기도합시다.'(H. F. Pringle, *Theodore Roosevelt*, p. 267)

냉소적인 저항'이다.[142] 이와 마찬가지로 불만족한 국가의 전쟁 도발은 평화에 공동이익이 있다며 만족한 국가의 감정적이고 불성실한 상투어에 대한, 당연하고도 냉소적인 저항을 나타내고 있었다.

히틀러는 '신이 어떤 나라들이 힘으로 세계를 제패하는 것을 허락하고, 그것을 도덕적으로 정당화하는 이론으로 그 약탈을 옹호했다'[143]고는 결코 믿지 않았다. 그러나 사실 히틀러는 마르크스주의자가 '가진 자'와 '못 가진 자'의 이익공동체를 부정한 것, '부르주아적 도덕'의 자기중심적 성격을 폭로한 것, 또 수탈자의 수탈을 강력히 따져 물은 것 등을 다른 맥락에서 따라 했을 뿐이다.

1938년 9월의 위기(히틀러는 3월의 오스트리아 합병에 이어, 9월에 체코슬로바키아에 수데텐 지방 할양을 요구했고, 독일, 프랑스, 영국, 이탈리아 정상들의 뮌헨회담에서 히틀러의 이 요구가 수용되었다)는, 평화 속에 공동이익이 있다는 주장이 지닌 정치적 의미를 단적으로 보여 주었다. 브리앙이 평화는 모든 것에 우선한다고 선언했을 때, 또는 이든이 '평화적 수단으로 해결하지 못할 분쟁은 없다'[144]고 공언했을 때, 그 진부한 말의 밑바탕에는 평화가 유지되는 한 현재의 상황에서는 프랑스와 영국에 불리한 어떠한 변화도 일어날 수 없다는 생각이 있었다. 1938년 프랑스와 영국은 그들 자신이 불만족한 국가의 신용을 떨어뜨리기 위해 과거에 사용했던 바로 그 구호에 의해 함정에 빠졌다. 그리하여 독일은 (프랑스와 영국이 그때까지 그래 왔던 것처럼) 크게 우세를 자랑하면서 평화에 대한 희망을 자신에게 이로운 형태로 이용할 수 있게 되었다.

독일과 이탈리아의 독재자의 태도에 큰 변화가 보이기 시작한 것은 이 무렵이다. 히틀러는 독일을, 전쟁을 도발하는 민주주의국가로부터 위협당하고 있는 평화의 옹호자로 그리는 것에 집념을 불태웠다. 1939년 4월 28일 국민의회 연설에서 히틀러는 국제연맹을 '혼란의 선동자이자, 집단안전보장의 위협자'로 규정했다. 무솔리니(이탈리아의 정치가. 1883~1945)는 모든 국제분쟁을 평화적 수단으로 해결할 수 있는 가능성에 대해서는 영국의 상투적인 표현을 빌려 이렇게 말했다. '유

---

142) R. Niebuhr, *Moral Man and Immoral Society*, p. 153.
143) *Speech in the Reichstag*, January 30, 1939.
144) *League of Nations : Eighteenth Assembly*, p. 63.

럽에서의 대립에서 불가피하게 세계 규모로 커지는 전쟁을 정당화할 수 있을 만큼 중대하고 치열한 문제는 오늘날의 유럽에는 존재하지 않는다.'[145]

이러한 표현은 독일과 이탈리아가 지배적 열강으로서, 최근까지는 영국과 프랑스의 차지였던, 평화에 대한 기득권을 획득하고, 또한 민주주의국가를 평화의 적으로 규정하여 조롱거리로 삼으면서 제멋대로 행동할 바로 그때를 기다리고 있었음을 보여 준다. 이러한 과정이 있었기 때문에 '전쟁을 반대하는 선전은 그 자체가 전쟁을 선전하는 한 형태'[146]라고 말한 알레비(프랑스의 역사가. 1870~1937)의 날카로운 비평을 쉽게 긍정할 수 있는 것인지도 모른다.

6. 국제주의에 대한 현실주의자의 비판

국제주의(internationalism)의 개념은 이익조화설이 특수한 형태를 취한 것이다. 따라서 우리는 이 개념을 같은 맥락으로 분석할 수 있다. 즉 국제주의를 그 주창자들의 이익이나 정책과는 별도의 절대규준으로 여기는 것은 이익조화설과 마찬가지로 어렵다는 것이다. 쑨원(중국의 정치가. 1866~1925)은 이렇게 말했다. '세계주의(cosmopolitanism)는 2천 년 전 중국의 세계제국론과 같다. ……중국은 한때 세계의 지배자가 되어 모든 나라 위에 군림하려고 했다. 그래서 중국은 세계주의를 표방했다.'[147] 프로이트(오스트리아의 정신분석학자. 1856~1939)에 따르면, 이집트의 제18왕조에서는 '제국주의가 종교에서 보편주의와 일신교로 나타났다.'[148] 로마제국과 훗날의 가톨릭교회에 의해 확산된 단일세계국가론은 보편적 지배에 대한 욕구를 나타내는 것이었다.

근대적 국제주의는 17, 8세기에 프랑스에서 시작되었다. 그 시대에 유럽에서 프랑스 패권은 전성기를 누리고 있었다. 그것은 쉴리(프랑스의 정치가. 1560~1641)의 《대계획》과 아베 드 생피에르(프랑스의 정치사상가. 1658~1743)의 《영구평화론》을 낳은 시대였다(이 두 가지 계획은 프랑스 왕조에 유리한 국제적 현상을 영속시키려고

---

145) *The Times*, May 15, 1939.
146) E. Halévy, *A History of the English People in 1895-1905*(Engl. transl.), i. Introduction, p. xi.
147) Sun Yat-sen, *San Min Chu I*(Engl. Transl.), pp. 68-9.
148) Sigmund Freud, *Moses and Monotheism*, p. 36.

한 것이었다). 동시에 그것은 인도주의적, 세계주의적 계몽이론이 탄생한 시대였고, 프랑스어가 교양 있는 사람들의 공통어로 확립된 시대이기도 했다.

다음 세기에 주도권이 영국으로 넘어가자 영국이 국제주의의 본거지가 된다. 1851년의 런던세계박람회는 다른 어떠한 대사건보다 더욱 영국을 세계 최고의 지위로 밀어 올렸다. 이 박람회의 전야제에서 빅토리아 여왕의 남편 알버트 공(1819~1861)은 '모든 역사가 가리키는……위대한 목적, 즉 인류통합의 실현'[149]에 대해 열변을 토했다. 테니슨(영국의 시인. 1809~1892)은 인류의회, 세계연방을 찬양했다. 프랑스는 1920년대에 가장 우세한 나라가 된 기회를 틈타 유럽연합 계획에 착수했다. 얼마 뒤 일본은 아시아 통합의 지도자가 되기 위해 야망을 키워 갔다. 1930년대 후반 미국의 한 저널리스트는 미국이 지배적 역할을 하는 민주주의 국가 세계연합을 제창한 책을 출판하여 널리 인기를 얻었는데, 그것은 곧 미국의 국제적 지위가 높아졌음을 상징했다.[150]

국내정치에서 '국민적 연대'라는 주장을 국민 전체에 대한 통제를 강화하기 위해 이 연대를 이용하려는 지배집단이 늘 내세우게 마련인 것과 마찬가지로, 국제적 연대와 세계연합이라는 주장 역시 하나의 통합된 세계를 통제하고 싶어 하는 지배적 국가에 의해 이루어진다. 어떻게든 지배적 국가집단에 끼고 싶어 하는 국가는 당연히 지배적 열강의 국제주의에 대항하여 민족주의에 호소하는 경향이 있다. 16세기에 영국은 로마교황과 신성로마제국의 국제주의에 대해, 그 무렵 영국 안에서 대두하고 있었던 민족주의로 맞섰다.

지난 한 세기 반에 걸쳐 독일은 처음에는 프랑스, 이어서 영국의 국제주의에 대해 새롭게 탄생한 민족주의로 저항했다. 이러한 사정 때문에 독일은 18세기 프랑스와 19세기 영국에서 확산된 보편주의 및 인도주의 이론에 귀를 기울이지 않았다. 또 1919년 이후, 영국과 프랑스가 자신들의 우위를 지키는 방패로서 새로운 '국제질서'를 세우고자 했을 때, 국제주의에 대한 독일의 적개심은 갈수록 커져 갔다. 한 독일 통신원은 《타임스》에 이렇게 썼다. "'국제적'이라는 말을 통해 우리

---

149) T. Martin, *Life of the Prince Consort*, iii(정확하게는 ii). p. 247.
150) Clarence Streit, *Union Now*.

가 배운 것은 다른 나라를 우리보다 우위에 두는 개념이었다.'[151] 그러나 만일 독일이 유럽에서 우세해진다면 이 나라가 국제적 슬로건을 내걸고 권력증대를 위한 국제조직을 만들 것임은 의심할 여지가 없었다.

영국 노동당의 전(前) 각료는 한때 다음과 같은 어처구니없는 이유로 국제연맹 규약 제16조(제재조항)의 폐지를 주장했다. 즉 전체주의국가는 언젠가 연맹을 강탈하여 독자적으로 실력행사를 정당화하기 위해 이 조항을 발동시킬지도 모른다는 것이었다.[152] 이러한 전체주의국가가 독일, 이탈리아, 일본의 방공협정(1937년)을 일종의 국제조직으로 발전시킬 가능성은 높아질 것으로 보였다. 1939년 1월 30일, 히틀러는 국민의회에서 이렇게 말했다. '방공협정은 아마도 언젠가 강대국 집단의 결정핵이 될 것이고, 이 강국 집단의 최종목적은 악령에 선동되어 세계평화와 문화를 위협하는 세력을 단호하게 물리치는 데 있다.'

같은 시기, 이탈리아의 한 잡지는 '유럽이 스스로 연대하지 않을 수 없게 되거나, 추축국(樞軸國) 측이 이 연대를 강제할 것'[153]이라고 썼다. 괴벨스(독일의 정치가. 1897~1945)는 '전 유럽은 국가사회주의 독일과 파시스트 이탈리아의 지적 인도 아래 새로운 질서와 방침을 채택하고 있다'[154]고 말했다. 이러한 것은 그저 정서적 변화만을 보여 주지는 않는다. 그것은 독일과 이탈리아가 국제주의를 지지할 정도로 강해졌음을 자각하고 있다는 사실의 반영이다. 국제질서와 국제연대는 언제나 그것을 다른 나라에게 강요할 만큼 강대국이라고 스스로 실감하는 나라들의 구호이다.

국제정치에서 공공연하게 주장되는 추상적인 원리, 그 추상적인 원리가 의거하고 있는 현실적 기반을 폭로하는 것은, 이상주의에 대한 현실주의자의 비판 가운데 가장 피하기 어렵고 가장 설득력 있는 부분이다. 이에 반론을 펼치려는 사람들은 이 비판의 본질을 잘못 이해하고 있다. 현실주의자는 사람들이 자신의 원리에 따라 행동하지 못한다고 비난하는 것이 아니다. 정의는 평화보다 고귀하다

---

151) *The Times*, November 5, 1938.
152) Lord Marley in the House of Lords, November 30, 1938 : *Official Report*, col. 258.
153) *Relazioni Internazionali*, *The Times*, December 5, 1938에서 재인용.
154) *Völkischer Beobachter*, April 1, 1939.

고 생각한 윌슨, 평화는 정의보다 우선한다고 한 브리앙, 집단안전보장을 믿은 이든 등이 이러한 원리를 스스로 일관되게 실천하지 못하고, 또 각각의 국민에게 이러한 원리를 실천하도록 설득하지 못했다 해도, 그 자체는 그다지 중요하지 않다. 중요한 것은 절대적이고 보편적인 원리로 보이는 것이 실제로는 원리가 아니라, 국익에 관한 어느 시대의 특정한 해석에 바탕을 둔 국가정책을 무의식적으로 반영한 것이라는 점이다.

국가, 계급 또는 개인들 사이의 평화와 협조야말로 이익이나 정치적 입장 대립과 무관한 공통적이고 보편적인 목적이라는 의식은 존재한다. 만일 그것이 국제질서이든 국내의 법과 질서이든, 질서 유지 속에 공동이익이 있다는 주장은 분명 일리가 있다. 그러나 이러한 추상적 원리를 구체적인 정치상황에 적용하려는 순간, 그 원리는 이기적인 기득권의 속이 빤히 들여다보이는 위장임이 만천하에 드러나게 된다.

이상주의의 파산은 이상주의가 자신의 원리를 실천하지 못해서 일어난 일이 아니다. 이상주의의 파산은 이상주의가 국제문제의 실천에서 사심 없는 절대적 규준 자체를 마련하지 못한다는 것을 드러냈기 때문에 일어났다. 이상주의자는 그 규준에 이해관계가 얽혀 있음을 꿰뚫어 보지 못한 채 그 붕괴에 직면했을 때, 이 규준에 따르려 하지 않는 현실을 비난하는 데서 도피처를 찾으려고 한다. 제1차세계대전 뒤, 독일의 역사가 마이네케가 쓴 다음의 단락은 당시의 국제정치에서 이상주의의 역할을 예견했다는 점에서 가장 적확한 판단을 보여 준다.

> 서구적, 자연법적 사유의 심각한 약점은 그것이 현실 속 국가에 적용되면 이른바 수취인 불명의 배달 불능 우편물 같은 것이 되어, 정치가의 의식을 비집고 들어가지도 못하고, 그렇다고 국익의 근대적 비대화를 거스르지도 못한 채, 아무런 목적도 없는 불평불만과 독단적 억설, 또는 숨겨진 허위와 허울 좋은 빈말에 그치고 말았다는 것이다.[155]

---

155) F. Meinecke, *Staatsräson*, p. 533.

이러한 '아무런 목적도 없는 불평불만과 독단적인 억설', 그리고 '숨겨진 허위와 허울 좋은 빈말' 같은 것은 전간기에 영어권 국가의 국제정치 저작물을 읽은 적이 있는 사람이면 누구에게나 친숙할 것이다.

제6장 현실주의의 한계

정치사상가가 정치를 고찰할 때 가장 먼저 할 일은 현실주의자의 비판을 통해 이상주의자의 전당이 사실은 사상누각에 지나지 않는다는 것을 밝히는 것이다. 그 허황된 누각을 허물어 버려야 그 대신 더욱 견고한 건조물을 세울 희망도 생겨난다. 그러나 결국 우리는 순수한 현실주의에서는 안식처를 찾을 수가 없다. 현실주의는 논리적으로는 큰 힘을 가지고 있지만, 아무리 사고의 추구라 해도 우리에게 반드시 필요한 행동의 활력을 주지는 않기 때문이다. 당연히 현실주의도—만약 우리가 현실주의의 고유한 잣대를 무기로 써서 현실주의를 공격한다면—다른 모든 사고방식과 마찬가지로 시대와 상황에 의해 제약이 되는 사상임이 종종 드러나게 된다.

정치에서는 어떤 사실은 변경이 불가능하고 어떤 경향은 불가항력이라는 생각은 일반적으로 그러한 사실과 경향을 바꾸거나 저지하는 것에 어떠한 욕구도 관심도 없음을 반영한다. 일관되고 철저한 현실주의자란 있을 수 없다는 것은 정치학의 가장 명백하고 흥미로운 교훈의 하나이다. 왜냐하면 완벽히 일관된 현실주의는 모든 유효한 정치적 사유의 본질적인 요소인 다음의 네 가지 사항, 즉 유한한 목표, 정서적인 호소, 도덕적 판단의 권리, 그리고 행동의 근거를 배제하기 때문이다.

정치를 무한한 과정으로 여기는 관념은 결국 인간의 본성에 맞지 않거나, 인간의 두뇌로는 이해할 수 없는 것처럼 보인다. 동시대의 사람들에게 호소하고자 하는 정치사상가는 모두 의식적, 무의식적으로 유한한 목표를 설정하고 싶어 한다. 트라이치케(독일의 역사가, 정치평론가. 1834~1896)는 마키아벨리의 가르침에서 가장 무서운 것은 '그가 권하는 방법의 부도덕함이 아니라, 국가가 아무런 내용도 없

이 그저 존재하기 위해 존재하고 있다는 것'이라 말했다.[156]

실제로 마키아벨리는 그다지 철두철미한 현실주의자는 아니었다. 그의 현실주의는 《군주론》의 마지막 장인 '야만족의 지배로부터 이탈리아를 해방시키기 위한 권고'에서 무너지고 만다. 그 어떠한 현실주의적 전제에서도 이러한 목표가 도출될 필요성은 없기 때문이다. 마르크스는 인간의 사상과 행동을 변증법의 상대주의 속에 해체해 버린 뒤, 변증법이 더 이상 작동하지 않는 무계급 사회라는 절대적 목표를 상정한다. 그것은 전형적인 빅토리아 시대의 방식으로 전 세계가 향해 가고 있다고 마르크스 자신이 믿었던, 아득한 저편에 있는 사건이다.

그리하여 결국 현실주의자는 자신의 공리를 부정하고, 역사과정 밖에 궁극의 현실을 설정하게 된다. 엥겔스는 헤겔에게 이런 식의 비난을 던진 최초의 인물이었다. 엥겔스는 이렇게 말했다. '헤겔 체계의 교조적인 내용 전체가 절대적 진리로 선언되었으며, 그것은 교조적인 것을 모두 타파하는 그의 변증법적 방법과 모순된다.'[157] 마르크스도 자신의 변증법적 유물론의 과정을 프롤레타리아트의 승리로 귀결시킬 때, 바로 이와 똑같은 비난을 듣게 된다.

그리하여 이상주의는 현실주의의 요새에 침투하게 된다. 유한한 목표를 향하는, 계속적이지만 무한하지는 않은 과정을 그려 보는 것은 정치적 사유의 하나의 필요조건임이 드러난다. 또 정서적인 호소가 강해지면 강해질수록 목표는 더욱 가까워지고 더욱 구체적이 된다. 제1차세계대전을 견뎌낼 수 있었던 것은 그것이 마지막 전쟁일 것이라는 믿음 때문이었다. 우드로 윌슨의 도덕적 권위는 그가 인류의 정치적 병폐를 공정하게 포괄적으로, 그리고 최종적으로 해결할 열쇠를 가지고 있다고 사람들이 믿고 그 자신도 믿었던 신념에서 나왔다. 거의 모든 종교가 똑같이 완전무결한 행복이라는 궁극의 상태를 상정하고 있는 것은 주목할 만한 일이다.

종말론적 세계관의 성격을 띤 유한한 목표는 그리하여 현실주의 자체로는 정당화하거나 설명할 수 없는 정서적, 비합리적인 호소의 힘을 가지게 된다. 계급이 사라진 미래의 낙원에 대한 마르크스의 유명한 예견을 모르는 사람은 아무도

---

156) H. Treitschke, *Aufsätze*, iv. p. 428.
157) F. Engels, *Ludwig Feuerbach*(Engl. Transl.), p. 23.

없을 것이다.

노동이 단순한 생활 수단이 아니라 삶의 가장 큰 욕구가 될 때, 즉 개개인이 다방면에서 이룬 발전과 함께 생산력도 발전하고, 집단적 부의 모든 원천이 풍부하게 흘러 들어오는 바로 그때, 비로소 부르주아의 권리라는 편협한 시야는 완전히 극복될 수 있고, 그리하여 사회는 그 깃발에 다음과 같은 글귀를 새길 것이다. '각자 능력에 따라 일하고, 각자의 필요에 따라 분배한다.'[158]

소렐은 혁명적 교리를 실천으로 옮기려면 '신화'가 필요하다고 말했다. 소련은 이 목적을 위해 처음에는 세계혁명이라는 신화를, 그리고 더 최근에는 사회주의자의 조국이라는 신화를 이용했다. '공산주의는 현실주의가 아니라 이상주의에 의해, 또 유물론적 전망이 아니라 정신적 약속으로써 번영해 왔다'[159]고 한 래스키 교수의 견해는 높이 평가할 만하다. 현대의 한 신학자는 이 상황을 거의 야유 조지만 명석하게 다음과 같이 분석했다.

만약 종교가 가진 초이성적인 소망이나 정열이 없다면, 어떤 사회도 절망을 극복하고 불가능한 것을 시도할 용기를 가질 수 없을 것이다. 왜냐하면 정의사회라는 이상은 본디 실현 불가능한 것이지만, 그것을 불가능하다고 생각하지 않는 사람들만 거기에 다가갈 수 있기 때문이다. 종교의 가장 본질적인 비전은 환상이며 그것을 굳게 믿음으로써 일부 실현할 수 있다.[160]

이것은 또 히틀러가 자신의 저서 《나의 투쟁》에서 '강령(綱領) 입안자'와 정치가를 비교한 단락에서 거의 똑같이 되풀이된다.

강령 입안자의 경우는 사정이 다르다. 그의 의미는 거의 언제나 앞날에만 있

---

158) K. Marx and F. Engels, *Works*(Russian ed.), xv. p. 275.
159) H. J. Laski, *Communism*, p. 250.
160) R. Niebuhr, *Moral Man and Immoral Society*, p. 81.

다. 그도 그럴 것이 강령 입안자는 사람들이 자주 '세상을 모른다'(비현실적, 이상주의적)는 말로 특징짓는 일이 드물지 않기 때문이다. 왜냐하면 만일 정치가의 기술이 실제로 할 수 있는 일의 요령으로써 널리 쓰인다면 강령 입안자는 불가능한 것을 신에게 청원할 때만 신을 기쁘게 하는 행동을 하는 부류의 사람들이기 때문이다.[161]

불가능하기 때문에 믿는다는 신념은 정치적 사유에서 하나의 범주가 된다.

이미 말했듯이 일관된 현실주의는 역사과정 전체를 받아들일 뿐, 그 역사과정에 대한 도덕적 판단은 배제한다. 이제까지 보아온 것처럼, 일반적으로 인간은 성공을 찬양하고 실패를 비난하는, 과거에 대한 역사의 판단에 동의한다. 이러한 역사의 판단규준은 동시대 정치에 널리 응용된다. 국제연맹 같은 기관 또는 소비에트 체제나 파시스트 체제는 그들이 달성하겠다고 공언한 것을 실제로 이룰 수 있는 능력에 의해 어느 정도 판단된다. 그 판단규준의 정당성은 끊임없이 자신들의 성공은 과장하고 실패는 축소하려는 체제측의 독특한 선전으로써 알게 모르게 널리 받아들여진다.

그러나 인류 전체가 이 합리적인 판단기준을 정치적 판단의 보편타당한 근거로서 용인할 리가 없는 것은 명백하다. 무엇이든지 성공하면 옳은 것이고 이해되기만 하면 받아들여질 것이라는 생각을 일관되게 유지한다면, 목적의식을 헛된 것으로 만들고, 따라서 그 사고를 불모로 만들어 끝내 소멸시켜 버릴 것이다. 또 그 철학으로 보아 도덕적 판단을 배제하는 것처럼 보이는 사람들도 실제로는 도덕적 판단을 하지 않는 것이 아니다.

프리드리히 대왕(프로이센의 왕. 1712~1786)은 '속임수가 통하는 것도 한 번'이므로 모든 조약은 지켜져야 하며, 조약 위반은 '비열하고 무뢰한 같은 정책'이라고 주장했다. 물론 그의 주장 어디에도 자신이 쓴 도덕적 수식어를 정당화할 근거는 보이지 않는다.[162] 마르크스 철학은, 자본가란 어떤 일정한 양식으로밖에 행동할 수 없음을 보여 준 뒤, 바로 그와 같이 행동하는 자본가들의 악덕을 고발하

---

161) A. Hitler, *Mein Kampf*, p. 231.
162) Friedrich II, *Anti-Machiavel*, p. 248.

는 데에 많은 페이지―《자본론》에서 가장 효과적으로 서술된 페이지이기도 하다―를 할애했다.

국내문제에서든 국제문제에서든, 정치가라면 모두 도덕적 원리로 이익을 한껏 꾸며댈 필요가 있다는 것은 인정하지만, 그럴 필요가 있다는 사실 자체가 실은 현실주의의 부족함을 드러낸다. 어떠한 시대든 그 시대 특유의 가치를 창출하고, 그 가치에 비추어 판단을 내릴 권리를 주장하게 마련이다. 만일 각각의 시대가 다른 시대의 가치를 타파하기 위해 현실주의자의 무기를 사용한다 해도, 각 시대는 그 가치의 독자적 절대성을 여전히 믿는다. 그리하여 '……해야 한다'는 말은 하나 마나, 라고 보는 현실주의의 함의를 거부하는 것이다.

그중에서도 일관된 현실주의는 목적이 있는 행동이나 의미 있는 행동에 아무런 근거도 제시해 줄 수 없기 때문에 쇠퇴해 간다. 만약 인과관계가 사건을 과학적으로 예견할 수 있을 만큼 충분히 엄밀하다면, 그리고 우리의 사고가 자신의 지위와 이익에 결정적으로 제약을 받는다면, 우리의 행동과 사고는 목적을 잃게 된다. 쇼펜하우어(독일의 철학자. 1788~1860)는 이렇게 주장했다. '진정한 역사철학은 이렇게 끊임없이 변전하는 혼란 속에서, 우리는 오늘도 어제도, 그리고 영원히 같은 길을 나아가는 완전한 동일불변의 실재를 언제나 이 눈으로 보고 있다는 통찰 속에 성립된다.'[163] 만약 쇼펜하우어의 말대로라면, 개인에게 남겨진 몫은 소극적인 관조뿐일 것이다.

이러한 결론은 인간이 자신에 대해 품는 가장 근원적인 신념과 결코 양립할 수 없다. 인간사의 모든 것이 인간의 행동과 사상에 지배되고 수정될 수 있다는 것은 아주 기본적인 공준이다. 그렇기 때문에 이 공준을 부정하는 것은 인간으로서의 존재 자체를 부정하는 것이나 마찬가지다.

사실 역사에 이름을 남긴 현실주의자들도 이 공준을 부정하지는 않았다. 마키아벨리도 자기 민족에게 좋은 이탈리아인이 되기를 강력하게 권했을 때, 아마 동포들이 자신의 조언을 받아들이거나 무시하는 것은 그들의 자유라고 생각했을 것이다. 마르크스는 부르주아로 태어나서 부르주아 교육을 받았지만, 프롤레타

---

163) A. Schopenhauer, *Welt als Wille und Vorstellung*, ii. ch. 38.

리아처럼 생각하고 행동할 자유를 스스로 가지고 있다고 믿었다. 또 그는 자신과 마찬가지로 자유롭게 생각하고 행동할 자유가 있다고 여긴 다른 사람들을 설득하는 것이 자신의 사명이라고 여겼다. 레닌은 세계혁명이 임박했다고 보는 것은 '과학적 예측'이라고 썼지만, 다른 데서 그는 '절대로 빠져나갈 길이 없는 상황이란 없다.'[164)]는 것을 인정했다. 위기 앞에서 레닌은 무솔리니처럼 인간의 의지를 철저하게 믿는 사람들 또는 모든 시대의 모든 지도자들이 했을 법한 말로 자신의 지지자들에게 호소했다. '여러분은 결정적인 순간과 장소에서 강자임을 증명해야 하고 승자가 되어야 한다.'[165)] 어떤 분야에 있든 모든 현실주의자가 결국, 인간에게는 인간으로서 생각하고 행동해야만 하는 무언가가 있을 뿐만 아니라 인간으로서 생각하고 행동할 수 있는 무언가가 있으며, 인간의 생각과 행동은 기계적이지도 않고 무의미하지도 않다는 것을 믿게 된다.

따라서 우리는, 모든 건전한 정치적 사유는 이상과 현실 양쪽의 요소에 모두 기반을 두어야 한다는 결론으로 다시 돌아가게 된다. 이상주의가 허울뿐인 참을 수 없는 허풍으로 오로지 특권계급의 이익을 가리는 가면이 되어 버렸을 때, 이상주의의 가면을 벗기는 데 없어서는 안 될 역할을 하는 것은 바로 현실주의자다. 그러나 순수한 현실주의는 어떠한 종류의 국제사회의 성립도 불가능하게 만드는 적나라한 권력투쟁을 불러올 뿐이다. 지금의 유토피아를 현실주의의 무기로 분쇄한 뒤에는, 우리는 다시 우리만의 새로운 유토피아를 건설해야 한다. 물론 이 새로운 유토피아도 언젠가는 같은 현실주의의 무기에 파괴될 것이다. 인간의 의지는 국제질서의 비전에 대해 현실주의가 이끌어 내는 논리적 귀결에서 어떻게든 벗어나려고 할 것이다. 그러다 이 비전이 구체적인 정치형태로서 실현되면, 곧 자기이익과 위선에 오염되어 다시금 현실주의의 공격을 받을 수밖에 없다.

그리하여 모든 정치 생활에는 복잡성과 매혹, 그리고 비극이 뒤따르게 된다. 정치란 결코 만날 수 없는 두 개의 평면에 각각 속해 있는 두 가지 요소, 즉 이상과 현실로 이루어져 있다. 유토피아로서의 이상과 현실로서의 제도를 구별하지 못하는 것만큼 명쾌한 정치적 사유를 방해하는 장벽은 없다. 공산주의와 민주

---

164) V. I. Lenin, *Works*(2nd Russian ed.), xxv. p. 340.
165) V. I. Lenin, *Collected Works*(Engl. transl.), xxi. pt. i. p. 68.

주의를 대립 관계에 두는 공산주의자는 언제나 공산주의를 평등이나 동지애 같은 완전무결한 이상으로 생각한 반면, 민주주의를 영국, 프랑스, 미국에 존재하는 제도로, 나아가서는 모든 정치적 관습에 내재한 기득권과 불평등, 압제를 드러내는 제도로 여겼다. 이에 반해 민주주의와 공산주의를 비교할 때 민주주의자는, 사실 천상에 고이 모셔 둔 이상적 형태의 민주주의와 계급분열, 이단자 색출, 강제수용소 등이 있는 소련에 존재하는 제도로서의 공산주의를 대비했다.

이 비교는 어느 경우에도 이상과 제도의 비교이기 때문에 무의미하고 적절치 않다. 이상이 제도로 구체화되면 더는 이상이 아니라 단순히 개인의 이해관계를 드러낸 것에 지나지 않게 되어, 새로운 이상의 이름으로 파괴되어야 한다. 정치의 본질은 바로, 양립할 수 없는 힘과 힘의 끊임없는 상호작용이다. 모든 정치상황에는 이상과 현실, 도덕과 권력이라는 서로 모순되는 요소가 들어 있다.

이 점은 우리가 이제부터 착수할 정치의 본질에 관한 분석을 통해 더욱 뚜렷하게 드러날 것이다.

제3부 정치, 권력, 도덕

제7장 정치의 본질

인간은 언제나 집단을 이루며 살아왔다. 가장 작은 집단인 가족이 종(種)의 보존에 반드시 필요한 것은 틀림없다. 그러나 우리가 아는 한, 인간은 아득한 원시 시대부터 단일한 가족보다 더 크면서 반영구적인 집단을 형성해 왔다. 이러한 집단의 기능 하나는 구성원들 사이의 관계를 통제하는 것이었다. 정치는 그렇게 만들어진 영구적인 또는 반영구적인 집단 속에서 인간행동을 다룬다. 고립되어 살아가는 인간의 행동에서 사회의 본질을 추론하려는 시도는 모두 순전히 이론적인 것일 뿐이다. 그러한 인간이 이제까지 존재했다고 생각할 만한 근거가 없기 때문이다. 아리스토텔레스(그리스의 철학자. 기원전 384~322)가 인간은 나면서부터 정치적인 동물이라고 한 말은 정치에 대한 모든 건전한 사고의 근간을 이룬다.

사회 속에서 인간은 정반대되는 두 가지 방법으로 다른 사람을 대한다. 때로 인간은 에고이즘을 발휘하여 타인을 희생시키면서까지 자신을 강하게 주장하려는 의지를 드러낸다. 또 때로는 사교성을 발휘하거나, 다른 사람과의 협력을 바라거나 선의와 우정을 나누는 호혜적 관계를 맺거나, 심지어 타인에게 복종하기도 한다. 인간이 가진 이 두 가지 자질은 어떤 사회에서도 작용한다고 볼 수 있다. 사회 구성원의 상당수가 협력과 상호 선의를 어느 정도 표시하지 않으면 어떠한 사회도 성립되지 않는다.

그러나 모든 사회에는 그 사회의 유지에 필요한 일정 수준의 단결을 위해 얼마쯤의 제재가 불가피하다. 더욱이 이 제재를 집행하는 것은 실은 사회라는 이름으로 행동하는 지배적 집단 또는 지배적 개인이다. 대부분의 사회에서 그 구성원이 되는 문제는 개인의 자발적 의지에 맡겨져 있다. 그럴 때 적용될 수 있는 유일하고 궁극적인 제재 수단은 추방 혹은 제명(除名)이다. 그러나 정치사회—그것은 근대세계에서는 국가의 형태를 취한다—의 특징은 구성원이 되는 일에 강제력이 작용한다는 점이다. 다른 사회와 마찬가지로, 구성원들 사이에 공동의 이익과 의무를 나눈다는 의식이 없으면 국가가 성립될 수 없다. 그러나 충성과 복종을 강요하기 위해 지배집단이 주기적으로 강제력을 행사한다. 이 강제력은 필연적으로, 지배자가 피지배자를 통제하고 지배자 자신의 목적을 위해 피지배자를 착취하는 것을 의미한다.[1]

그 결과, 정치사회의 이중적 성격이 널리 주목을 받게 된다. 래스키 교수는 '모든 국가는 인간의 양심 위에 구축되어 있다'[2]고 말했다. 한편 최근의 역사뿐만 아니라 인류학은 우리에게 이렇게 가르치고 있다. '국가를 만드는 주된 주체는 전쟁인 듯하다.'[3] 또 래스키 교수 자신도 다른 저서에서 이렇게 말했다. '우리의 문명은 선의보다 공포에 의해 통합을 이루고 있다.'[4] 이렇게 뚜렷하게 다른 견해 사이에는 어떠한 모순도 없다. 토머스 페인(영국의 저술가. 1737~1890)은 그의 저서 《인간의 권리》에서 '정부는 국민 속에서 태어나는가, 아니면 국민 위에 나타나는가' 하는 딜레마를 제시하며 버크에게 맞섰는데, 정부란 모름지기 양쪽의 성격을 다 가진다는 것이 버크의 대답이었다.

강제와 양심, 증오와 선의, 자기주장과 자기억제는 모든 정치사회에 엄연히 존재한다. 국가는 인간성의 이러한 상반되는 두 가지 측면으로 이루어진다. 이상과 현실, 이상과 제도, 도덕과 권력은 처음부터 국가 속에 분리할 수 없도록 용해되어 있다. 현대 미국의 어느 논자가 말한 것처럼, 미국의 국가형성에서 '해밀턴(미국의 정치가. 1755~1804)은 실력, 부, 권력을 추구했고, 제퍼슨(제3대 미국대통령. 1743~1826)은 미국의 꿈을 위해 싸웠다.'[5] 이렇게 권력과 꿈, 그 어느 쪽도 없어서

---

1) '나는 거기서(곳곳에서) 공화국이라는 이름으로 오로지 자신들의 이익만 추구하려 하는 부자의 어떤 음모 외에는 아무것도 보지 못했다.'(T. More, *Utopia*) '사회의 일부가 다른 일부를 착취하는 것은 지금까지 거의 모든 세기에 공통되는 현상이다.'(K. Marx and F. Engels, *Communist Manifesto*)
2) *A Defence of Liberty against Tyrants*(*Vindiciae contra Tyrannos*), ed H. J. Laski, Introd. p. 55.
3) R. Linton, *The Study of Man*, p. 240.
4) H. J. Laski, *A Grammar of Politics*, p. 20.
5) J. Truslow Adams, *The Epic of America*, p. 112. 국가가 권력기반과 함께 시민의 동의를 바탕으로 한

는 안 되는 요소였던 것이다.

만일 이 말이 맞다면 우리는 하나의 중요한 결론을 이끌어낼 수 있다. 정치에서 자기주장을 배제하고, 오직 도덕에 기초하여 정치체제를 만들 수 있다는 꿈을 꾸고 있는 이상주의자는, 이타주의란 환상이고 모든 정치적 행동은 이기주의에 기초하고 있다고 믿는 현실주의자만큼이나 크게 착각하고 있는 것이다.

이러한 착각은 양쪽 다 널리 사용되는 용어에 그 흔적을 남겼다. '권력정치'라는 말은 마치 정치에서의 권력과 자기주장의 요소가 어딘가 비정상적이고, 건전한 정치생활에서는 배제되어야 하는 것처럼 때때로 부당한 의미로 사용된다. 반대로, 엄밀하게 말하면 현실주의자가 아닌 몇몇 논자 중에도, 정치를 권력이나 자기주장의 학문으로 다루면서, 도덕심에서 비롯되는 행동을 정치에서 제외하려는 경향이 있다. 캐틀린 교수(영국의 정치학자. 1896~1979)는 정치적 인간을 '자신의 목적을 실현하기 위해 타인의 의지를 자신의 의지에 따르게 하려는' 사람이라고 표현했다.[6] 이와 같은 용어가 가진 함의는 오해의 소지가 있다. 정치는 권력에서 분리될 수 없다. 그러나 오로지 권력만 좇는 정치적 인간은 오로지 이득만 추구하는 경제인과 마찬가지로 가공의 신화에 지나지 않는다. 정치적 행동은 도덕과 권력의 정합(整合) 위에 그 기초를 세워야 한다.

이러한 진리는 이론적으로뿐만 아니라 실천적인 면에서도 매우 중요하다. 정치에서 권력을 무시하는 것은 정치에서 도덕을 무시하는 것과 마찬가지로 치명적이다. 19세기 중국의 비극적 운명은 자국 문명의 도덕적 우위만 믿고 권력의 방식을 경멸한 국가가 어떻게 되는지를 보여 주는 좋은 실례이다. 영국의 자유당 정부

도덕적 기반도 가지고 있다는 사상은 로크와 루소가 주장하여 미국과 프랑스의 혁명을 통해 확산되었다. 이 사상은 최근에 두 가지로 나타나고 있는데, 그것을 인용해 보자. 1918년 10월 18일의 체코슬로바키아 독립선언문은 오스트리아 헝가리 제국을 다음과 같은 국가로 그렸다. '존재의 정당성이 전혀 없는 국가이며, 이 국가는 현대 세계조직의 근원적 기초―민족자결―를 인정하지 않고, 단지 인위적, 반도덕적 구축물에 지나지 않는다.' 1938년 2월 히틀러는 당시 오스트리아의 수상 쿠르트 슈슈니크에게 이렇게 말했다. '어떠한 합법성도 없는 체제, 실제로는 오로지 힘으로 지배되고 있는 체제는 결국 여론과 끊임없는 대립만 일으키게 될 뿐이다.'(1938년 3월 19일의 국민의회 연설) 히틀러는 '힘'과 '인망'은 국가의 두 기둥이라고 주장했다(A. Hitler, *Mein Kampf*, p. 579).

6) G. E. G. Catlin, *The Science and Method of Politics*, p. 309.

가 1914년 봄, 정권붕괴의 위기에 처했던 이유는 무엇일까. 이 정부가 실질적인 군사력의 뒷받침 대신 (오히려 군사력과 완전히 대립상태에 있었던) 도덕적 권위만 내세워 아일랜드 정책을 수행하려 했기 때문이다.

독일에서는 1848년 프랑크푸르트 국민의회(통일독일의 헌법제정을 겨냥하여 독일 국민기본법을 공포하며 프로이센 왕을 황제로 한 입헌군주제를 정했으나 프로이센 왕에게 거부당했다)는 권력에서 분리된 이념이 얼마나 무력한지를 보여 주는 전형적인 사례이다. 바이마르 공화국은 왜 무너졌을까. 그 까닭은 그 나라가 추구한 많은 정책—실제로는 반공정책을 제외한 거의 모든 정책—이 실전적인 군사력의 뒷받침이 없이 오히려 그것과 거세게 대립했기 때문이다.[7] 민주주의는 힘에 바탕한 것이 아니라고 믿는 이상주의자는 이러한 마음에 들지 않는 사실을 직시하려 하지 않는다.

한편, 권력을 손에 넣으면 도덕적 권위도 자연히 높아질 거라고 믿는 현실주의자도 마찬가지로 잘못 생각하고 있다. 최근에 이 이론은 곧잘 인용되는 다음과 같은 경구 속에 구체화되어 있다. '실력의 역할은 도덕적 이념이 정착할 시간을 벌어 주는 것이다.' 국제적으로 이러한 주장은 먼저 권력을 행사하면 도덕적 타협의 길도 열리게 된다고 주장하는 사람들—그들은 베르사유조약을 도덕적 근거를 들어 옹호할 수가 없었다—이 1919년에 이용했다. 그러나 그 뒤의 경험에서 봐도, 이 편의주의적인 이론이 입증되는 일은 거의 없었다.

한때 널리 유포되었던 다음과 같은 견해 속에도 이런 오류가 숨어 있다. 그 견해란, 영국의 정책목표는 국제연맹을 개혁하고, 잠재적(카의 인용에서는 political이라고 되어 있지만, 출전의 potential에 따라 번역했다) 침략자를 무력으로 제압한 뒤, 정당하고 실제적인 불평불만을 줄이기 위해 성실하게 노력해야 한다는 것이었다.[8] 이미 적은 분쇄되었고 침략자는 실력으로 제압되었다. 그러나 그 뒤에 해야 할 일은 아직도 실현되지 않고 있다. 권력을 우선하면 도덕은 그 뒤를 따라온다는 환

---

7) '현실정치'라는 말이 주로 프랑크푸르트 국민의회의 교훈에서 영감을 받아 1853년 출판된 《현실정치의 원리》라는, 당시 유명했던 폰 로하우의 저서에서 만들어졌다는 것은 중요하다. 히틀러의 현실정치가 바이마르 공화국의 교훈에서 영감을 얻었음은 분명하다.
8) Winston Churchill, *Arms and the Covenant*, p. 368. 권력은 '정당한' 불평불만을 줄이는 데 필요한 원동력이라는 주장은 이 책의 〈정치적 변혁에서 권력의 역할〉(pp. 404~415)에 다시 나온다.

상은, 도덕적 권위를 우선하면 권력은 그 뒤를 쫓아온다는 환상과 마찬가지로 위험하다.

그러나 정치에서의 권력과 도덕의 역할을 고찰하기 전에, 우리는 정치와 권력을 동일시하고 도덕적 개념을 정치에서 완전히 배제해야 한다고 믿는 사람들—그들은 결코 현실주의자가 아니다—의 견해에 잠시 주의를 기울여 보자. 이 견해에 따르면 정치와 도덕 사이에는 본질적인 대립이 있다. 따라서 도덕적 인간 자체는 정치와 아무 관련이 없는 존재가 된다. 이 주장에는 사람들의 관심을 끄는 많은 매력이 있다. 그렇기 때문에 이 주장은 역사의 여러 시대와 상황 속에서 제기되었다. 그것은 적어도 다음의 세 가지 형태를 하고 있다.

(1) 가장 순수한 형태는 무저항의 이론이다. 도덕적인 인간은 정치권력의 존재 자체를 악으로 여긴다. 그러나 도덕적 인간은 권력에 저항하기 위해 권력을 행사하는 것을 더 큰 악으로 본다. 이것은 예수 그리스도나 간디의 무저항 이론과 현대의 평화주의 이론의 기초가 되었다. 그것은 심지어 정치를 보이콧할 것까지 주장한다.

(2) 정치와 도덕의 두 번째 대립 형태는 무정부주의이다. 국가는 정치권력의 주요기관으로서 가장 무자비하고 냉소적이며, 인간성에 대한 가장 완벽한 부정개념이다.[9] 무정부주의자는 국가를 전복시키기 위해 권력을 행사할 것이다. 그러나 이 혁명적인 권력은 정치권력으로 간주되지 않고, 짓밟힌 개인의 양심에서 자연발생적으로 일어나는 반란으로 여겨진다. 그것은 구식 정치사회를 대신하여 새로운 정치사회를 만들려는 것이 아니라, 하나의 도덕적 사회—거기서 권력은 완전히 배제되고, 그 결과 정치도 완전히 사라진다—를 만들려는 것이다. 영국의 어느 성직자는 최근에 '산상수훈의 원칙'이 의미하는 것들을 '문명사회의 돌연한 죽음'[10]이라고 말했다. 무정부주의자는 산상수훈이라는 이름으로 문명사회를 파괴하려 한다.

(3) 세 번째 학파는 도덕과 정치 사이에는 본질적인 대립이 있다는 같은 전제에

---

9) M. A. Bakunin, *Œuvres*, i. p. 150 ; cf. vi. p. 17 : '만약 인류사 전체를 통틀어 하나의 악마가 존재한다면, 그것은 아마도 이 명령과 권위라는 원리일 것이다.'

10) The Dean of St. Paul's, *The Times, August 2*, 1937의 사설에서 재인용

서 출발하지만, 위의 두 가지 형태와는 완전히 다른 결론에 도달한다. 카이사르의 것은 카이사르에게, 하느님의 것은 하느님에게라고 한 예수의 명령은, 서로 다른 두 영역, 즉 정치와 도덕의 공존을 의미한다. 그러나 도덕적 인간은 정치가가 도덕과 무관한 일을 하고 있을 때는 그 정치가를 도와줄—적어도 방해는 하지 않을—의무가 있다. 모든 인간은 더 높은 권위에 복종해야 한다. 모든 권위는 하느님에게서 나온다.

그리하여 우리는 정치를 필요하지만 도덕과는 무관한 것으로 생각한다. 이러한 전통은 중세기—이 시대에는 교회의 권위와 세속의 권위가 이론적으로는 하나였다—에는 기능하지 않았지만, 개혁된 교회와 국가 사이에 타협을 도모하려 한 루터(독일의 종교개혁자. 1483~1546)의 노력으로 다시 한 번 되살아났다. 루터는 '그 무렵의 농민들이 복음의 원리는 사회적 의미를 가진다고 생각하고 영적인 왕국을 지상의 왕국으로 바꾸려 했을 때 성스러운 전율을 느끼며 그들에게 반대했다.'[11] 카이사르와 하느님의 역할 분담은 '국'교회, 즉 국가가 인정한 교회라는 개념 자체 속에 시사되어 있다.

그러나 이 전통은 다른 어느 나라보다도 루터의 독일에서 가장 영속적이고 강력했다. 19세기 독일의 어느 자유주의 성직자는 이렇게 썼다. 우리는 국가와 정치경제의 구조부분에 속하는 문제를 다룰 때는 예수님에게 지혜를 청하지 않는다.[12] 베른하르디(프로이센의 장군, 군역사가. 1769~1820)는 기독교의 도덕은 개인적이고 사회적이며, 본질적으로 정치적일 수 없다고 선언했다.[13] 이와 같은 자세는 카를 바르트(스위스의 신학자. 1886~1968)의 현대신학에서도 볼 수 있다. 바르트는 정치적, 사회적 악은 필연적으로 인간의 악한 본성에서 나왔으며, 따라서 그러한 악을 완전히 물리치려고 하는 인간의 노력은 헛된 것이라고 단언했다. 기독교의 도덕이 정치와 무관하다는 이론은 나치체제의 강력한 지지를 얻었다. 이 견해는 도덕을 정치의 기능으로 보는 현실주의자의 그것과는 근본적으로 다르다. 그러나 정치 분야에서의 이 견해는 현실주의와 구별할 수 없는 경향이 있다.

---

11) R. Niebuhr, *Moral Man and Immoral Society*, p. 77.
12) W. F. Bruck, *Social and Economic History of Germany*, p. 65에서 재인용.
13) F. Bernhardi, *Germany and the Next War*(Engl. transl.), p. 29.

이처럼 정치와 도덕을 완전히 분리하는 이론은, 그 이론이 힘의 행사를 도덕적으로 정당화한다는 어려운 문제를 회피할 수 있기 때문에 겉으로는 매력적으로 보인다.[14] 그러나 이 이론은 결국 만족스러운 해결책이 될 수 없다. 무저항과 무정부주의는 궁여지책일 뿐, 인간이 정치적 행동으로는 아무것도 이룰 수 없음을 알고 절망했을 때 널리 수용되는 것 같다. 하느님과 카이사르를 완전히 구분하려는 시도는 세계관에 일종의 도덕적 질서를 부여하고자 하는 인간의 심층심리 속에 있는 욕구를 지나치게 외면한 것이다. 우리는 결국 정치적으로 선한 것은 도덕적으로 악이라고 믿는 데서는 만족을 찾을 수 없다.[15] 또한 권력을 도덕화할 수도, 정치에서 권력을 몰아낼 수도 없기 때문에, 이 딜레마를 완벽하게 해결할 수도 없다.

이상과 현실의 차원은 결코 일치하지 않는다. 이상은 제도화될 수 없고 제도에 이상을 부여할 수도 없다. 니버 박사는 이렇게 말했다. '정치란 역사가 끝날 때까지 양심과 권력이 서로 부딪치는 장이고, 인간생활이 가진 윤리적 요소와 강제적 요소가 서로 어우러져 둘 사이에 일시적으로 불안정한 타협이 성립되는 장이다.'[16] 이러한 타협은 인간이 지닌 다른 문제의 해결과 마찬가지로 거북하고도 불확실하다. 그러나 이 두 가지 요인을 고려하는 것은 모든 타협에 반드시 필요한 사항이다.

따라서 이제 우리는 권력과 도덕이라는 두 가지 중요한 요인이 국제정치에서 하는 역할을 분석할 필요가 있다.

---

14) 제임스 맥스턴이 하원에서 말했듯이, '정당한 관점에서의 실력'이라는 것은 무의미한 개념이다. 왜냐하면 '나에게, 그에게, 그리고 다른 모든 사람들에게 정당한 관점이란, 내가, 그가, 그리고 다른 모든 사람이 실력을 행사하고 싶은 바로 그때의 관점이기 때문이다.'(House of Commons, November 7, 1933 : *Official Report*, col. 130) 정치에서의 실력이란 언제나 어떤 부류의 집단이익을 얻어 내기 위한 도구이다.

15) 액턴은 '위대한 인물은 거의 어김없이 악인이다'라는 말을 즐겨 입에 올렸다. 그는 또 '어떤 강대국도 선인이 나라를 구한 적은 없다'고 한 월폴의 주장을 인용했다(*History of Freedom*, p. 219). 로즈베리는 다음과 같은 말로 더욱 뛰어난 혜안을 보여 주었다. "위대한 인물에 대해 영국인이 반드시 묻는 질문이 하나 있다. '그는 선한 사람이었나요?'가 그것이다."(*Napoleon : The Last Phase*, p. 364)

16) R. Niebuhr, *Moral Man and Immoral Society*, p. 4.

제8장 국제정치에서의 권력

정치는 어떤 의미에서는 언제나 권력정치이다. 일반적으로 '정치적'이라는 말은 반드시 국가의 모든 행동에 적용되는 것은 아니며, 권력의 대립을 수반하는 문제에 적용된다. 대립이 해결되고 나면 그 문제는 더 이상 정치적인 것이 아니라 행정적 실무의 문제가 된다. 그러므로 국가 사이에 처리되는 모든 업무가 '정치적'인 것은 아니다. 우편과 운송사업을 유지하기 위해, 또는 전염병의 만연을 방지하기 위해, 나아가서는 마약매매를 막기 위해 국가들이 서로 협력하는 활동은 비정치적 또는 기술적인 것으로 간주된다. 그러나 국가 사이의 권력과 관련된, 또는 관련된다고 생각되는 문제가 발생하면 그 문제는 곧바로 정치적인 것이 된다. 정치가 오로지 권력이라는 말로 정의되는 것은 아니지만, 권력이 언제나 정치의 본질적 요소인 것은 분명하다.

정치문제를 이해하는 데는 쟁점이 무엇인지를 아는 것만으로는 충분하지 않다(기술적, 법적 문제에서는 그것으로 충분할지 모르지만). 그것이 누구와 누구 사이에 일어났는지를 아는 것도 필요하다. 같은 문제라도 고립된 소수의 개개인이 일으킨 것과 강력하게 잘 조직된 노동조합이 일으킨 것은, 정치적인 사실로서 보면 서로 다른 문제이다. 영국과 일본 사이에 일어나는 정치문제와 영국과 니카라과 사이에 일어나는 정치문제는, 혹 겉으로는 같아 보여도 실은 전혀 다르다. 레닌은 이렇게 말했다. '정치는 대중이 있는 곳에서 시작된다. 수천 명이 아니라, 수백만 명이 있는 곳, 거기서 진정한 정치가 시작된다.'[17]

역사에는 이렇게 뚜렷한 사실을 이것저것 생각할 필요가 없는 시대가 있었다. 또 '힘과 강철 같은 냉혹함이 없이는 역사상 아무것도 이룰 수 없다'[18]고 한 엥겔스의 말이 당연한 듯 통용되었던 시대도 역사에는 있었다. 그러나 비교적 질서가 잡혔던 19세기 자유주의 세계에서는, 정치권력의 끊임없는 무언의 강제가 순박한 사람들은 잘 알아챌 수 없도록 교묘하게 잘 가려져 있었다. 어쨌든 민주주의 국가에서는 이렇게 가리고 위장하는 것이 아직도 부분적으로는 어떤 효과를 발

---

17) V. I. Lenin, *Selected Works*(Engl. Transl.), vii. p. 295.
18) K. Marx and F. Engels, *Works*(Russian ed.), vii. p. 212.

휘한다.[19]

 제1차세계대전 뒤, 자유주의 전통은 국제정치 분야로 확산되어 갔다. 영어권 국가의 이상주의적 논자들은 국제연맹의 설립이야말로 국제관계에서 권력을 제거하고 육해군을 논쟁으로 대체할 수 있으리라고 진지하게 믿었다. 권력정치는 불건전한 구시대의 징표로 간주되고 비난의 대상이 되었다. 이러한 확신이 10년 이상 지속될 수 있었던 이유는 무엇일까. 그것은 그 주된 관심사가 현상유지였던 강대국들이 사실상 이 시기 동안 줄곧 권력을 마음대로 독점했던 상황에서 비롯되었다. 세계 챔피언과 초등학생의 체스게임이 너무 빨리 그리고 쉽게 끝나버리는 것을 본 순진한 구경꾼들은 체스에는 기술이 거의 필요 없다고 생각할 수 있다. 마찬가지로 1920년부터 31년 사이, 국제정치 게임을 지켜본 순진한 관찰자들은 이 게임에는 권력이 그다지 작용하지 않았다고 생각했을 것이다.

 1931년에 '권력정치로 복귀'라고 사람들이 말한 것은 실제로는 현상유지 국가의 권력독점이 끝났다는 것을 뜻했다. "'오늘날' 약자를 배려하는 것은 관습도 뭣도 아니다"라고 한 스탈린의 탄식이나, "우리가 '지금 눈앞에 보고 있는 세계'에서는 비무장 국가가 발언할 기회가 거의 없다"[20]고 한 네빌 체임벌린의 발언은, 흡사 예전에는 약소국과 비무장 국가가 국제정치에서 유력한 역할을 하던 시대도 있었다는 환상에 대한 기묘한 찬사 같은 것이었다. 그렇다 해도 영국의 19세기 전통의 후계자(체임벌린)의 입에서 나온 말보다 자칭 마르크스주의자(스탈린)의 발언이었다는 점이 더 놀랍다.

---

19) 볼드윈 경조차 1925년 '민주주의는 논의와 언론에 의한 통치'라고 하는, 위험한 반쪽짜리 진리를 믿었다(*On England*, p. 95). 프레더릭 해리슨은 최근에 《타임스》에 보낸 편지에서 영연방에 대해 이렇게 말했다. 영연방은 '정복에 의해 창설된 것도 아니고, 무력으로써 결합된 것도 아니다. 영연방은 우리 육해군의 실력이 아니라 품성의 힘에 의해 획득되었으며, 공감, 공동이익, 공통언어, 나아가서는 공통된 역사의 유대로 결합되어 있다.'(*The Times*, June 30, 1938) 확실히 이것은 위험한 반쪽짜리 진리이지만, 마찬가지로 중요한 또 하나의 반쪽짜리 진리, 즉 영연방은 영국의 거대한 군사력과 경제력에 의해 결합되어 있으며, 만약 그 힘이 사라진다면 당장 해체되리라는 것을 가리키고 있다.

20) *L'Union Soviétique et la Cause de la Paix*, p. 25에 재판된 러시아공산당 제16차 회의에서 한 보고. *The Times*, June 26, 1939. 인용문에서 작은따옴표로 강조한 부분은 원문에 있었던 것이 아니라 필자가 삽입한 것임을 밝힌다.

정치에서 권력을 제거한다는 발상은 정치문제에 대한 완전히 무비판적인 태도에서만 나올 수 있는 것이었다. 국제연맹이 안고 있는 문제와 관련하여 가맹국이 형식상 평등하고 모든 나라가 논의에 참여한다고 해서, 권력의 요소가 결정적인 의미를 갖지 않는 것은 아니다. 연맹 창설자들도 그러한 환상을 갖고 있지는 않았다. 하우스(우드로 윌슨 대통령의 측근 정치·외교 고문, 국제연맹규약 기초작업에 참여. 1858~1938)는 처음부터 강대국만 연맹에 참여해야 한다고 생각했다.[21] 영국과 미국이 최초로 마련한 연맹규약 초안에는 연맹이사회의 구성국은 강대국으로 제한한다고 되어 있었다. 세실 경은 이러한 초안의 하나에 대해 이렇게 언급했다. '약소국은 어차피 어떠한 영향력도 행사할 수 없을 것이다.'[22]

이 예견은 현실이 되었다. 한 이탈리아 대표는 다음처럼 증언했다. 그에 따르면 제네바에서 장기간에 걸쳐 정기적으로 회의에 출석했지만, 그 기간 중에 중요한 논쟁이 강대국들의 합의가 없이 해결된 적은 한 번도 없었다고 한다. 또한 연맹의 절차는 이른바 '우회 시스템'으로, 모든 것은 영국, 이탈리아, 프랑스, 독일 사이에 의견이 일치하는가 아닌가에 달려 있었다.'[23] 얼마 뒤 데벌레라(미국 태생의 아일랜드 정치가. 1882~1975)는 이렇게 말했다. '연맹에서는 우리가 규약상 평등함에도 불구하고 유럽의 평화문제에 대해 약소국은 아무런 힘도 없다.'[24] 1935~36년 겨울의 대 이탈리아 제재 결정(1935년 10월에 행한 이탈리아의 아비시니아(현 에티오피아) 침략에 대해 국제연맹은 그 제재로서 경제봉쇄를 결정했다)은 사실상 지중해에서 유력한 군사력과 경제력을 가진 영국과 프랑스 사이에서 이루어졌다. 약소국은 이들 강대국의 결정을 따르는 수밖에 없었고, 한 약소국은 그렇게 함으로써 실제로 영국과 프랑스로부터 대가를 받기도 했다.

약소국이 강대국에 맞춰 방침을 세우는 것은 반드시 제네바에만 제한되지는 않았다. 1931년 9월, 영국이 자국통화의 금본위제를 폐지했을 때 몇몇 약소국은 영국의 정책을 따르지 않을 수 없었다. 1936년 9월 프랑스가 금본위제를 포기했

---

21) *Intimate Papers of Colonel House*, ed. C. Seymour, iv. p. 24.
22) D. H. Miller, *The Drafting of the Covenant*, ii. p. 61. 뒤따른 이사회 확대의 결과에 대해서는 이미 설명했다(제3장의 원주 12).
23) *The Foreign Policy of the Powers*(1935 : reprinted from *Foreign Affairs*), pp. 86-7.
24) *League of Nations : Sixteenth Assembly*, Part II. p. 49.

을 때, 마지막 프리골드(금화증권 등의 상환에 구속받지 않는 금)의 나라인 스위스와 네덜란드 또한 프랑스의 정책을 따르지 않을 수 없었고, 다른 몇몇 약소국은 자국의 통화가치까지 변경해야 했다. 1920년대 프랑스가 유럽에서 군사적으로 최강을 자랑하고 있을 때, 많은 약소국들은 다 함께 프랑스의 비호 아래 모여들었다. 그러다가 독일의 군사력이 프랑스를 앞지르게 되자, 이러한 약소국들은 중립을 선언하거나 독일 쪽으로 돌아섰다. 강대국의 독재는 때때로 마치 그것이 어떤 나라가 계획적으로 채택하는 사악한 정책인 것처럼 이상주의 논자들로부터 비난을 받는다. 그러나 강대국의 독재는 국제정치에서 일종의 자연법과 같은 틀림없는 하나의 사실이다.

이 점에서 본다면 널리 알려진 다음과 같은 환상을 한꺼번에 없앨 필요가 있다. 그것은 넓은 의미에서 말하면 현상에 만족하며 안전보장이라는 구호를 내세우는 국가의 정책은 불만족 국가의 정책에 비해 권력과의 관계가 덜 밀접하다는 환상이다. 또 하나, 권력정치라는 말은 현상에 만족하는 국가가 아니라 불만족하는 국가의 행동에 적용된다는 환상이다. 이러한 환상은 만족하는 국가의 정치평론가에게는 거의 저항하기 힘든 매력을 갖는 동시에, 국제정치에 대한 사고를 크게 혼란시키는 원인도 된다.

왜냐하면 만족하는 국가의 안전보장 추구는 때때로 권력정치를 밀어붙이는 악명 높은 원동력이 되어 왔기 때문이다. 패전국의 보복으로부터 자국을 보호하기 위해, 승전국은 옛날에는 인질을 잡거나 병역 연령 남자들의 신체를 훼손하고 그들을 노예로 삼는 조치를 강구했다. 오늘날의 승전국은 패전국에 대해 영토분할과 점령 또는 무장해제 강요 등의 행동에 나선다. 만족한 국가와 불만족한 국가의 투쟁을, 한쪽의 도덕과 다른 쪽의 권력 사이의 투쟁으로 보는 것은 사람들을 큰 혼란에 빠뜨린다. 일단 대립하게 되면, 도덕적 쟁점이 무엇이든 양쪽 모두 권력정치가 지배하게 된다.

로카르노 조약(1925년 10월 영국, 프랑스, 독일, 이탈리아, 벨기에, 체코슬로바키아, 폴란드가 스위스 로카르노에서 베르사유 체제 확인을 위해 맺은 5개 조약과 2개 협정의 총칭)의 역사는 권력정치의 작용을 단순하고도 명쾌하게 보여 준다. 1922년 12월, 독일의 서부 국경을 보장하는 조약을 최초로 제안한 것은 독일이었다. 그러나 푸앵카레(대통령, 총리 등을 지낸 프랑스의 정치가. 1860~1934)는 이 제안을 단호하게 거부했다. 이 시점에서는(루르 침공 전야였다) 독일은 모든 의미에서 프랑스를 두려워하고 있었다. 한편 프랑스는 무력한 독일로부터 어떠한 위협도 느끼지 않았다. 프랑스로서는 이 조약에 아무런 매력도 느낄 수 없었다.

그런데 2년 뒤에는 형세가 달라졌다. 루르 침공(1923년 1월, 프랑스와 벨기에는 제1차세계대전의 패전국 독일의 전후배상 불이행을 이유로 루르 지방을 점령하기 시작했다)은 프랑스에 거의 이익을 가져다주지 않았고, 오히려 프랑스는 그 후속조치를 고심하고 있었다. 독일이 언젠가 다시 강국으로 떠오르는 것이 아닌가 하는 불안이 있었다. 한편 독일은 프랑스의 군사적 우위에 여전히 위협을 느꼈기 때문에 프랑스의 확약을 간절히 원했다. 그것은 독일에 대한 프랑스의 두려움과 프랑스에 대한 독일의 두려움이 심리적으로 거의 균형을 이룬 순간이었다. 즉 2년 전에는 실현되지 않았고 5년 뒤에도 실현되지 않을 조약을 그때는 두 나라가 함께 받아들인 것이다.

그때 영국의 권력 이익은 독일의 권력 이익과 일치했다. 독일은 서부국경을 변경하고자 하는 희망은 이미 포기했지만 다른 국경에 대해서는 여전히 변경을 기대했다. 한편 영국은 현재의 독일 서부국경을 보장할 용의는 있었지만 다른 국경에 대해서는 그럴 마음이 없었다. 독일은 라인란트에서의 연합군 철수가 앞당겨지기를 바랐으나, 베르사유 조약의 군비철폐 조항(제5편 육군·해군·공군 조항)에 따라 강요된 규제를 파기할 가능성은 기대조차 하지 못했다. 따라서 독일이 이러한 조항의 준수를 재확인하고 그것을 보장함으로써 새로운 협정을 맺으려는 속셈은 충분히 있었던 셈이다.

그 유명한 로카르노 조약의 배경에는 이러한 사정이 있었다. 이 조약의 성공은 정말 놀라운 일이었다. 몇 년 뒤에는 다른 지역에서도 이와 비슷한 시도가 있었다. 그러나 지중해 로카르노 조약과 동유럽 로카르노 조약이 논의되었으나 실패로 끝난 것에 일부 사람들은 실망과 당혹감을 느꼈다. 그들은 로카르노 조약이 특정한 시대와 특정한 지역에 대한 권력정치를 실현하기 위해 성립되었다는 사실을 이해하지 못하고 국제문제는 어디서나 표준화된 같은 패턴으로 해결할 수 있다고 믿었다.

조약이 체결된 지 10년 뒤, 조약을 지탱하던 미묘한 균형은 이미 무너지고 있었다. 프랑스는 독일에 대해 전보다 더욱 위협을 느끼게 되었으나, 독일은 프랑스에 대해 아무런 두려움도 느끼지 않았다. 독일에게 로카르노 조약은 단지 베르사유 조약의 군비철폐 조항을 확인하는 것 말고는 아무런 의미도 없었고, 이제 폐기할 생각만 있으면 언제든지 폐기할 수 있는 조약이었다. 로카르노 조약에서 권력정치 상황에 여전히 부합되는 유일한 부분은 프랑스와 벨기에에 대한 영국의 보장이었다. 독일이 조약의 다른 부분을 비난하는 가운데 영국은 이 보장만은 거듭 확인했다. 로카르노 조약의 역사는 권력정치의 본질을 있는 그대로 보여준 고전적인 사례이다. 이 조약의 역사는 안전보장 문제의 획일적이고 선험적인 해결책을 바라는 사람들이나, 권력정치를 위기의 시대에만 볼 수 있는 이상 현상으로 보는 사람들에게는 여전히 이해할 수 없는 것이었다.

권력이 정치의 본질적인 요소임을 이해하지 못한 것 때문에, 국제통치의 형태를 만들고자 하는 시도는 그때까지 모두 좌절되었고, 이 문제를 논의하려는 시도도 거의 모두 혼란에 빠졌다. 권력은 통치에 꼭 필요한 수단이다. 어떠한 현실적인 의미에서도 통치를 국제화하는 것은 곧 권력의 국제화를 뜻한다. 그러나 국제통치는 실제로는 통치에 필요한 권력을 제공하는 국가에 의한 통치가 된다.

베르사유 조약에 따라 유럽의 여러 곳에서 시작된 국제통치는 일시적이었고, 따라서 장기적인 정책에 수반되는 문제를 마주할 수는 없었다. 그러나 이러한 국제통치에서도 통치와 권력의 밀접한 관계를 볼 수 있다. 점령하의 라인란트에서 연합군의 안전보장에 필요한 통치기능을 하고 있었던 연합국 고등위원회는 영국과 프랑스의 정책이 일치하는 한 원활하게 기능했다. 그런데 루르 지방의 위기에 의해 영국, 프랑스 두 정부 사이에 심각한 의견차이가 발생하자, 프랑스의 정책은 프랑스, 벨기에 양군의 점령지역에서 실시되고, 영국의 정책은 영국군의 점령지역에서 전개되었다. 즉 통치정책은 그곳에서 행사하고 있는 권력의 국적에 따라 정해진 것이다.

상(上)슐레지엔(지금의 폴란드령)에서 국민투표를 실시하기 위해 임명된 연합국 위원회(상슐레지엔 국민투표 연합위원회)는 그 권한의 근거가 되는 연합군이 거의 모두 프랑스에서 파견되는 한 프랑스의 친폴란드 정책을 수행하였다. 이 프랑스의 정책은 영국군이 그 지역에 파견되고 나서야 수정되었다. 어떠한 통치도 효과적인 지배를 위해서는 권력의 뒷받침이 있어야 한다.

국제통치와 권력의 문제는 위임통치제도에 의해, 나아가서는 일부 또는 모든 식민지 통합을 국제화해야 한다는 제안에 의해 더욱 심각한 형태로 제기되었다. 여기서 우리는 영구통치 문제에 직면하게 된다. 이 문제는 장기정책의 입안을 포함한다. 게다가 그것은 전쟁의 압박 속에 있는 동맹국 사이의 일시적인 국제협력 문제나, 공동으로 해야 하는 조약이행을 위한 일시적인 국제협력 문제와는 성격이 다르다.

이 문제의 본질은 팔레스타인의 사례로써 설명할 수 있다. 팔레스타인에서의 정책은 그곳에서 사용할 수 있는 군사력의 총량에 달려 있고, 따라서 이 정책은 자유롭게 사용할 수 있는 군사력이 없는 위임통치위원회에 의해 결정되는 것이 아니라, 군사력을 제공하는 영국 정부에 의해 결정된다. 왜냐하면 위임통치위원회가 어떠한 견해를 갖고 있든 영국군이 영국 정부 또는 영국 유권자가 인정하지 않는 정책을 수행하는 것은 생각할 수도 없기 때문이다.[25]

어떠한 국제통치 시스템에서도 위기 시의 정책은 그 통치권한이 의지하는 군사력을 제공하는 국가의 결정에 달려 있다. 거의 불가피한 일이지만, 만일 각국의 군대가 국제적 영역을 지리적으로 서로 나눠서 지배한다면, 각각의 지배지역은 국제적으로 대립하는 동안 저마다 불화하는 정책을 펼치게 된다. 그렇게 되면 오랜 국제적 적대관계는 이전처럼 위험하면서도 새로운 형태로 다시금 모습을 드러내게 될 것이다.

경제발전 문제 또한 이해할 수 없기는 마찬가지이다. 노련하고 계몽적인 행정관이었던 루가드(영국의 군인, 식민지 정치가. 1858~1945)는 식민지의 국제적 행정은 '민족감정에 휘둘리지 않고 애국심을 완전히 억누르는 뛰어난 관료제의 냉혹한

---

25) 1926년 위임통치위원회에서 팔레스타인 문제가 논의되었을 때, W. E. 라파르는 이렇게 생각했다. 만약 위임통치국이 병력부족 때문에 유대인 대학살을 방지할 수 없는 사태에 직면한다면, 위임통치국은 중대한 책임을 져야 한다. 또 만약 위임통치위원회가 이러한 사태가 일어날 위험성을 지적하지 않는다면, 위원회 또한 확실히 그 책임을 져야 할 것이다(*Permanent Mandates Commission, Minutes of Ninth Session*, p. 184). 따라서 위임통치위원회의 책임은 다만 지적하는 데 그쳤던 것이다.

손길로 당사국의 주도권을 모두 마비시켜 버림으로써, 그 당사국에 커다란 불이익을 불러온다'[26]고 말했다. 통치의 본질적 조건인 권력이 나라별로 조직되어 있는 한 실제로는 어떠한 국제통치도 불가능하다. 국제연맹의 국제사무국은 비정치적 공무원 집단으로, 나라의 정책에 책임을 지지 않고, 따라서 국가권력에서 독립되어 있었기 때문에 본연의 역할을 할 수 있었다.

국제분야의 정치권력을 논의하기 위해서는 다음의 세 가지 범주로 분류할 수 있다. (1)군사력, (2)경제력, (3)의견을 지배하는 힘이다. 그러나 이 범주들은 서로 밀접하게 연관되어 있다. 이론적으로는 분리할 수 있어도, 국가가 어느 범주의 권력을 다른 범주의 권력에서 따로 분리하여 보유하는 것은, 그 기간이 길든 짧든 현실적으로 불가능하다. 권력은 본질적으로 불가분의 일체이다. 최근에 한 비평가는 이렇게 말했다. '사회적 역학의 법칙은 권력 전체의 관점에서만 논할 수 있고, 이런 형태 또는 저런 형태의 권력이라는 개별적인 관점에서 규정할 수는 없다.'[27]

1. 군사력

군사적 수단이 가장 중요한 이유는 무엇일까. 그것은 국제관계에서 권력의 '최후의 수단'이 전쟁이기 때문이다. 국가의 모든 행동은 권력의 측면에서 보면 전쟁 ―바람직한 수단은 아니나 결국엔 도저히 사용하지 않을 수 없는 수단―에 집약되어 있다. 클라우제비츠(프로이센의 군인. 1780~1831)가 '전쟁은 다른 수단에 의한 정치적 관계의 연속일 뿐'이라고 한 유명한 말은 레닌과 코민테른의 지속적인 지지를 받아 왔다.[28] 그 목적상 전쟁의 의지가 없는 동맹은 무의미하고 무용하다던 히틀러의 말도 이와 똑같은 맥락이다.[29] 호트리(영국의 경제학자. 1879~1975)는 같은 의미에서 외교를 잠재적 전쟁이라고 정의했다.[30]

---

26) F. D. Lugard, *The Dual Mandate in British Tropical Africa*, p. 53.
27) B. Russell, *Power*, p. 11. 이 책에서 든 권력의 3분류는 러셀의 이 저작에서 인용한 것이다. 이 저작은 '사회과학에서의 기본개념'으로서 권력에 대해 훌륭하게 분석했다.
28) V. I. Lenin, *Collected Works*(Engl. transl.), xviii. p. 97. T. A. Taracouzio, *The Soviet Union and International Law*, p. 436에서 재인용된 코민테른 제6차회의의 테제.
29) A. Hitler, *Mein Kampf*, p. 749.
30) R. G. Hawtrey, *Economic Aspects of Sovereignty*, p. 107.

사실 이러한 발언은 반쪽짜리 진리일 뿐이다. 그러나 모두 이러한 말들을 진실로 인정한다는 사실이 중요하다. 국내정치의 배후에 혁명이 숨어 있듯이 국제정치의 배후에는 전쟁이 숨어 있다. 유럽에서 지난 30년 동안 어느 시기에도 잠재적 혁명이 정치의 중요 요소가 아니었던 나라는 거의 없었다.[31] 이 점에서 국제사회는 혁명의 가능성이 매우 빈번하게 그리고 두드러지게 거론되는 국가와 매우 비슷하다.

따라서 전쟁 발발 가능성이 국제정치의 중요한 요인이기 때문에 군사력은 정치적 가치기준으로서 널리 인정되었다. 과거의 위대한 문명은 모두 각각의 시대에 군사력의 우위를 차지해 왔다. 그리스의 도시국가는 중장보병군단이 페르시아의 유목민 군단보다 강해졌을 때 강대국의 지위에 올라섰다. 현대의 열강(Powers)(이 단어 자체가 매우 의미심장하다)은 자신들이 보유한 군비의 질과 효율성—거기에는 인력도 포함된다—으로 평가받는다. 강대국(Great Power)으로 인정받는 것은 보통 대규모 전쟁을 치러 승리한 것에 대한 보상과 같다. 프로이센-프랑스전쟁(1870~1871) 뒤의 독일, 미서전쟁(1898) 뒤의 미국, 나아가서는 러일전쟁(1904~1905) 뒤의 일본이 잘 알려진 최근의 사례이다.

강대국이라는 이탈리아의 지위에 의문부호가 붙는 이유 가운데는, 이 나라가 최대 규모의 전쟁에서 뛰어난 전투능력을 증명한 적이 없다는 사실도 있다. 강대국이 군사적 무능이나 군사적 준비부족의 징후를 보이면, 그것은 곧바로 그 나라의 정치적 지위에 반영된다. 1931년 9월 인버고든에서 일어난 해군폭동(스코틀랜드의 인버고든에서 대서양함대 승조원이 급료 삭감 등에 반발하여 일으킨 반란)은 영국의 권위를 결정적으로 실추시켜 통화까지 평가절하되었을 정도였다. 1937년 6월, 중요한 지위에 있던 소련 장군들이 반역죄로 처형되었다. 이 일은 소련 군사기관 내의 중대한 결함을 드러냈고, 이에 따라 소련의 정치적 영향력은 급속하게 그리고 심각하게 줄어들었다.

어떤 강대국이든 그 나라의 정치가는 정기적으로 자국의 육해공군을 찬양하는 연설을 하게 마련이다. 관병식과 관함식도 국가의 군사력과 거기서 기인하는

---

31) 얼스터에서 일어난 혁명적 행동을 지지하겠다고 한 보수당의 위협이 1914년 영국정치에 어떤 역할을 했는지 떠올릴 필요가 있을 것 같다.

정치적 지위를 세계에 과시하기 위한 것이다. 국제적 위기가 발생하면, 다들 이때라는 듯이 함대와 군대, 항공기편대 등을 같은 목적을 위해 과시한다.

이상의 여러 사실들은, 대외정책은 군사 전략에서 결코 분리할 수 없으며 또 분리해서도 안 된다는 교훈을 보여 준다. 한 나라의 대외정책은 그 목적에 따라 제약받을 뿐만 아니라, 군사력, 더 정확하게 말하면 다른 나라의 군사력과의 비교에 의해 제약을 받는다. 대외정책에 대한 민주적 통제가 안고 있는 가장 중대한 문제는, 어떠한 정부도 자국의 군사력에 관한 상세하고 정확한 정보와, 타국의 군사력에 대한 모든 지식을 도저히 공개할 배짱이 없다는 사실이다. 따라서 대외정책에 관한 국민적 논의는, 이 정책의 형성에 결정적인 요인의 일부 또는 전부를 국민이 모르는 상태에서 전개되는 셈이다.

오랜 헌법상의 규정에 따르면, 영국하원의 일반의원(각료 등의 중직에 오르지 않은 의원)은 공적 지출이 따르는 동의(動議)를 제출할 수 없게 되어 있다. 전쟁의 위험을 불러일으키는 정책을 제창하는 경우에도 당연히 같은 억제력이 작용한다. 그것은 정부와 정부를 보좌하는 사람들만이 관련 사실에 대한 완전한 지식을 구사하여 전쟁 가능성을 예측할 수 있기 때문에, 국제정치에 대한 오늘날의 많은 서적과 발언은, 모두가 어려운 문제임을 알면서도 그것을 입 밖에 내지 않고 학생에게 해답을 구하게 하는 정교한 수학문제를 떠올리게 한다. 제시된 해답은 추상적인 수준에서는 훌륭하고 정확하게 계산되어 있다. 그러나 그것은 가장 중요한 전략적 요인을 고려하지 않고 얻은 해답이다.

연보《국제문제개관》같은, 매우 중요하고 여러 면에서 칭송할 만한 출판물조차, 정책비판에 대한 내용에서는 종종 상상의 세계에서 맴돌고 있다. 왜냐하면 이러한 출판물은 실제로 대외정책문제를 해결해야 하는 사람들이 늘 염두에 두는 군사적 제약조건을 간과하기 때문이다. 지난 20년 동안 국제문제에 관한 저술가 지망생들이 모두 기본전략에 관한 필수과정을 이수했다면, 쓸데없는 책들이 이토록 많이 쏟아지지는 않았을 것이다.

국가의 생존이 달린 본질적 요소인 군사력은 단순한 수단이 아니라 그 자체가 하나의 목적이 된다. 지난 100년 동안 일어난 중요한 전쟁 가운데, 무역이나 영토 확장을 계획적, 의식적으로 노리고 일으킨 전쟁은 거의 없다. 가장 중대한 전쟁은 자국을 군사적으로 더욱 강화하려고, 또는 그것보다 더욱 빈번하게는 다른 나라가 군사적으로 더 강해지는 것을 막기 위해 일으키는 전쟁이다. 그러므로 '전쟁의 주요 원인은 전쟁 그 자체'[32]라는 경구는 매우 타당하다고 할 수 있다.

나폴레옹 전쟁(약 1796~1814)의 모든 국면은 다음 단계를 준비하기 위함이었다. 대러시아 침공은 나폴레옹이 영국을 타파할 수 있을 만큼 강해지기 위한 것이었다. 크리미아전쟁(1853~1856)에는 영국과 프랑스도 참전했는데, 그 목적은 러시아가 강해져서 언젠가 근동에서 영국 및 프랑스의 영토와 이권을 공격하는 일이 없도록 하기 위함이었다. 1924년 소련 정부가 국제연맹에 제출한 문서에는 1904~1905년의 러일전쟁 발발에 대해 이렇게 씌어 있었다.

> 1904년 일본 어뢰정이 뤼순항에서 러시아함대를 공격한 것은 기술적인 관점에서 보면 명백하게 공격 행위였지만, 정치적으로 말하면 일본에 대한 제정 러시아의 침략적 정책으로 말미암아 비롯된 행위였다. 일본은 위기를 미리 막기 위해 적을 선제공격한 것이다.[33]

1914년 오스트리아가 세르비아에 최후통첩을 보낸 것은 세르비아가 오스트리아-헝가리 제국의 전복을 노리고 있다고 오스트리아가 믿었기 때문이다. 러시아는 만일 오스트리아-헝가리 제국이 세르비아를 타도한다면, 이 제국이 강대해져서 자신들에게 위협이 될까 봐 두려워했다. 독일은 만약 러시아가 오스트리아-헝가리 제국을 격파하면 러시아가 강해져서 독일에 위협이 될 거라고 생각했다. 프랑스는 만약 독일이 러시아를 이긴다면 독일은 프랑스를 위협할 만큼 강해질 것이라고 오랫동안 믿었던 까닭에 러불동맹(1891)을 맺은 것이다. 영국은 만약 독일이 프랑스를 이기고 벨기에를 점령한다면, 독일이 강해져서 영국에 위협이 될까 봐 불안했다. 마지막으로 미국은 만약 독일이 전쟁에서 이긴다면, 그 독일이 강대국이 되어 미국을 위협할 것이 두려웠다.

그리하여 전쟁은 모든 주요 전투국의 심중에서는 방어적 또는 예방적 성격을

---

[32] R. G. Hawtrey, *Economic Aspects of Sovereignty*, p. 105.
[33] *League of Nations : Official Journal*, May 1924, p. 578.

띠고 있었다. 그 나라들은 미래의 전쟁에서 자국이 더 불리한 처지에 서지 않도록 하기 위해 싸운 것이다. 때때로 식민지 획득도 그와 같은 동기에서 추진되었다. 영국이 호주에서 개척지를 통합하여 정식으로 합병한 까닭은 이 땅에서 프랑스 식민지를 수립하려 한 나폴레옹의 야심에 두려움을 느꼈기 때문이다. 1914년의 대전 중에 연합국이 독일 식민지를 획득하고 그 뒤 독일에 영토를 반환하지 않은 것도, 실은 경제적 이유보다 군사적 이유 때문이었다.

권력 행사가 언제나 더한 권력욕을 낳는 것처럼 보이는 까닭은 아마도 이런 이유 때문일 것이다. 니버 박사가 말했듯이 생존 의지와 권력 의지 사이에 명확한 선을 긋기란 불가능하다.[34] 국가의 단결과 독립이라는 형태에서 초기의 목적을 이룩한 민족주의는 거의 자동적으로 제국주의로 나아간다. '인간은 이미 가지고 있는 것에서 더 새로운 것을 획득할 수 있다는 보장이 없으면 자신이 갖고 있는 것에 대한 안도를 느낄 수 없다'[35]고 한 마키아벨리의 경구는 국제정치 현실을 통해 충분히 증명되었다. 그리고 '인간은 더 많은 힘과 수단을 획득하기 전에는 자신이 현재 가지고 있는, 잘 살기 위한 힘과 수단을 확신할 수 없다'[36]고 한 홉스의 경구도 마찬가지이다. 안전보장이라는 목적을 위해 시작된 전쟁은 곧 공격적, 이기주의적으로 변하게 된다.

매킨리 대통령은 '스페인 정부와 쿠바 인민들의 싸움을 완전하고도 영구히 끝내기 위해, 그리고 안정된 정부를 이 섬에 수립하기 위해'[37] 스페인에 맞서 쿠바에 개입하도록 미국을 움직였다. 그러나 전쟁이 끝날 무렵에는 필리핀 합병에 의한 자기 확대의 유혹은 저항하기 힘들 만큼 커져 있었다. 제1차세계대전에 참여한 거의 모든 나라는 처음에는 이 전쟁을 자위전쟁으로 바라보았다. 이 확신은 특히 연합국측에서 더 강했다. 그러나 제1차세계대전이 진행됨에 따라, 유럽의 모든 연합국 정부는 그들의 전쟁목적에는 적국의 영토획득도 포함된다고 공언했다. 현대의 조건 속에서는 목적이 한정된 전쟁은 책임이 한정된 전쟁과 마찬가지

---

34) R. Niebuhr, *Moral Man and Immoral Society*, p. 42.
35) N. Machiavelli, *Discorsi*, I. i. ch. v.
36) T. Hobbes, *Leviathan*, ch. xi.
37) *British and Foreign State Papers*, ed. Hertslet, xc. p. 811.

로 거의 불가능했다.

침략에 저항한다는 뚜렷하고도 사리사욕이 없는 목적을 위해 전쟁을 한다는 주장은 집단안보보장 이론의 오류의 하나이다. 이를테면 1935년 가을에 국제연맹이 영국의 지도 아래 이탈리아에 군사적 제재를 단행했다 해도, 아비시니아에서 영국군을 배제하는 범위 안에 전투를 제한하는 것은 불가능했을 것이다. 연합국의 작전은 영국과 프랑스가 이탈리아의 동아프리카 식민지를 점령하고, 유고슬라비아가 트리에스테, 피우메, 알바니아를, 그리고 그리스와 터키 또는 그 양국이 도데카네스 제도를 점령하는 것이었던 듯싶다. 게다가 전쟁목적은 그럴듯한 이유를 들어 이탈리아에 이러한 영토들을 반환하지 않아도 되는 형태로 발표되었을 것이다. 영토에 대한 야심은 전쟁의 원인인 동시에 전쟁의 산물이기도 하다.

2. 경제력

경제력은 늘 정치권력의 수단이 되어 왔다. 다만 그것은 군사적 수단과 결부되는 경우에 한한다. 가장 원시적인 전쟁만이 경제적 요인과 무관하다. 가장 부유한 군주와 도시국가가 최강의 용병을 최대로 고용할 수 있었다. 따라서 모든 정부는 부를 얻기 위한 정책을 추구하지 않을 수 없었다. 문명의 진보는 모두 경제발전과 매우 가깝게 결부되어 있었기 때문에, 현대사를 통해 군사력과 경제력의 관계가 점점 긴밀해지고 있다는 사실을 눈앞에 목격하더라도 우리에게는 하나도 놀라운 일이 아니다. 서구에서 중세 말기에 나타난 특징인 장기간 분쟁에서는 조직적인 경제력에 의지하는 도시상인이 개인의 군사능력을 신뢰하는 봉건영주를 타도하게 된다. 근대국가의 부흥은 어디서나 경제적으로는 산업과 무역을 기반으로 하는 신흥중산계급의 출현을 특징으로 하고 있었다.

무역과 금융은 아주 잠깐이지만 르네상스기의 이탈리아 도시와 나중에는 네덜란드의 정치적 우위의 기반이 되었다. 르네상스기부터 18세기 중기에 걸친 중요한 국제전쟁은 다름 아닌 무역전쟁이었다(그 가운데 몇 가지는 실제로 그렇게 이름 붙여졌다). 부(富)가 정치권력의 원천이기 때문에 국가는 적극적으로 부를 획득해야 한다는 것이 이 시대의 보편적인 생각이었다. 나라를 강하게 만드는 올바른 방법은 국내생산을 북돋고 외국으로부터 수입은 가능한 한 줄여서, 귀금속이라는 편리한 형태로 부를 쌓는 것이라고 믿었다. 이렇게 주장하는 사람들은 나중에 중상주의자로 불리게 된다. 중상주의는 부의 획득을 촉진하는 것이 국가의 정상적 역할의 일부라고 하는, 그때까지 아무런 문제도 없었던 생각을 바탕으로 한 경제정책의 한 체계였다.

(가) 정치와 경제의 분리

이러한 생각을 정면으로 공격한 것이 고전경제학자의 자유방임론이다. 자유방임론의 주요 의미에 대해서는 이미 논의했다. 여기서 이 학설이 중요한 까닭은, 그것이 경제와 정치를 이론상 완전히 분리했기 때문이다. 고전경제학자는 자체의 법칙을 가진 자연적인 경제질서를 상정한다. 이 경제질서는 정치에서 독립해 경제의 자율적인 활동에 대한 정치권력의 개입이 최소한이 되었을 때 비로소 모든 관계자에게 최대이익을 가져다주는 기능을 한다. 이 학설은 경제사상을 지배하면서 19세기의 경제적 현실을 어느 정도 움직였다(이 학설은 다른 어느 곳보다도 영국에서 큰 영향력을 발휘했다).

19세기 자유주의 국가의 이론은 다른 두 개의 시스템이 병존하는 것을 전제로 했다. 통치의 영역이었던 정치시스템은 법과 질서의 유지, 그리고 일정한 공무의 제공을 담당하는 것으로서, 거의 필요악으로 여겨졌다. 사기업(私企業) 분야였던 경제시스템은 사람들의 물질적 욕구를 채워 주고, 그것으로써 많은 시민들의 일상생활을 뒷받침해 주었다.[38]

오늘날 영국에서는 정치와 경제의 분리론이 때로는 놀랄 만큼 끈질기게 논의된다. 노먼 에인절 경은 제1차세계대전이 벌어지기 얼마 전에 다음과 같이 의문을 제기했다. '부와 번영과 복지가 국가의 정치권력에 의존한다는 것은 진실일까, 또는 한쪽이 다른 쪽과 조금이나마 관련을 갖고 있다는 것은 정말로 사실일까?'[39] 이 논의는 현명한 독자라면 대체로 이에 부정적인 대답을 내놓을 것이라

---

[38] 두 체제의 차이는 생시몽이 다음과 같은 예견, 즉 '산업체제'가 '군사체제'의 뒤를 잇고 '행정'이 '통치'의 뒤를 대체한다는 말 속에 암시되어 있다. 엥겔스는 이것을 '사물의 관리'가 '사람의 통치'를 대체한다고 표현했는데, 이 엥겔스의 표현이 잘 알려져 있다(작은따옴표는 다음 책에서 따온 것. E. Halévy, *L'ère des tyrannies*, p. 224).

[39] Norman Angell, *The Great Illusion*, ch. ii.

는 확신에서 성립된다. 1915년에도 여전히 영국의 어느 철학자는 '부를 관리하고 누리는 것은 생산자 계급인 것과 마찬가지로, 권력과 위신은 그것을 전문으로 하는 계급의 손에 넘어가는 뿌리 깊은 경향'을 인지했고, 또 경제력과 정치권력의 분리는 단순히 뿌리 뽑을 수 없는 것일 뿐만 아니라 '품격 있는 사회에 반드시 필요한 것'으로 보았다.[40]

만약 1900년 이전에라도 더욱 식견 있는 분석이 있었더라면, 정치와 경제의 분리라는 환상은 빠르게 무너지고 있다는 사실을 알았을 것이다. 19세기 후반의 제국주의를 정치적 무기를 사용한 경제운동으로 보아야 하는지, 경제적 무기를 사용한 정치운동으로 간주해야 하는지는 아직도 논의 중이다. 그러나 경제와 정치가 서로 손을 잡고 같은 목적으로 나아간 것은 누가 봐도 틀림없는 사실이었다. 히틀러는 '정치적인 힘에서 경제적 이익을 이끌어 내고, 모든 경제적 수익을 다시 정치권력으로 바꾸는 것이 바로 영국 정치의 특징이 아니냐'[41]고 말했다. 제1차세계대전은 국내정책과 대외정책 양쪽에서 경제와 정치를 다시 공공연하게 결합했고, 이로 말미암아 이미 시작되었던 움직임을 더욱 앞당겼다.

이제는 확실히 밝혀졌지만, 19세기는 정치 분야에서 경제를 완전히 제거하려는 한편, 실제로는 국가정책을 위해 이용하는 경제적 무기를 엄청나게 강화했다. 독일의 한 참모장교는 1880년대에 엥겔스에게 이렇게 말했다. '전쟁수행의 주된 기초는 국민들의 경제생활 전반이다.'[42]

이 분석은 1914~1918년의 경험을 통해 철저히 증명되었다. 이에 앞서는 어떠한 전쟁에서도, 정치권력에 의해 교전국 국민의 경제생활이 이토록 완벽하고 무자비하게 조직된 적은 없었다. 군사적 무기와 경제적 무기가 오랫동안 결합되는 가운데, 경제적 무기는 군사적 무기보다 우위에 서지는 못했지만 처음으로 이 군사적 무기와 대등한 관계가 되었다. 적국의 경제체제를 무력화하는 것은 적국의 육군이나 함대를 무찌르는 것과 마찬가지로 군사적 목적이 되었다. 계획경제란 곧 국민의 경제생활을 국가가 정치적 목적을 위해 관리하는 것을 뜻하며, 제1차세계대

---

40) B. Bosanquet, *Social and International Ideals*, pp. 234-5.
41) A. Hitler, *Mein Kampf*, p. 158.
42) F. Engels, *Anti-Dühring*(Engl. Transl.), p. 195.

전을 통해 발전했다.[43] 전력(戰力)은 경제력의 다른 이름이 되었다.

따라서 우리는 19세기 자유방임주의라는 중요하지만 비정상인 막간극이 끝나자, 경제가 정치의 일부로서 공공연하게 인정되는 지점으로 다시 돌아왔다. 그리하여 대부분 19세기의 사상과 전문용어에서 나온, 이른바 경제적 역사관에 대한 논쟁을 해결할 수 있게 되었다. 마르크스는 정치에서 경제적 힘이 차지하는 역할이 점점 중요해지고 있다고 주장했는데, 이 점에서 그는 단연코 옳았다. 마르크스 이후에, 역사가 그 이전과 똑같이 기술되는 일은 결코 있을 수 없었다.

그러나 마르크스는 자유방임을 지지하는 자유주의자와 마찬가지로, 국가와는 관련이 없는 운동법칙을 가진 경제시스템―국가는 이 경제시스템의 부속물이고 도구이지만―의 존재를 믿었다. 마르크스가 경제와 정치를 마치 서로 다른 영역인 것처럼 한쪽이 다른 쪽에 종속되어 있다고 말한 것으로 보면, 그는 자신에 대한 최근의 반대자들―그들은 '역사의 제1법칙은 정치의 법칙이고, 경제의 법칙은 제2의 법칙'[44]이라고 똑같이 확신했다―과 마찬가지로 19세기의 전제에 지배되고 있었던 것이다.

경제적 힘은 실제로는 정치적 힘이다. 경제학을 역사의 작은 장식품으로 다룰 수는 없고, 또 역사해석의 근거가 되는 독립된 학문으로 다룰 수도 없다. 정치경제학이라는 용어로 전체적으로 돌아감으로써 많은 문제들이 해결될 것이다. 즉 '정치경제학'이라는 용어는 애덤 스미스가 그 새로운 학문에 붙인 이름으로, 이 이름은 영국에서도 19세기 말까지 추상적인 '경제학'이라는 용어가 지지를 얻고 있는 속에서도 버려지지 않고 남아 있었다.[45] 경제학은 기존 정치질서를 전제로

---

43) 계획경제는 국제적 알력뿐만 아니라 국내의 사회적 마찰에 의해 발전해 왔다. 따라서 그것은 논리적으로는 국가주의 정책(경제 내셔널리즘) 및 사회주의 정책으로 간주되고 있다. 두 번째 측면은 여기서 나의 논의와는 관계가 없기 때문에 본문에서는 언급하지 않았다. 판 덴 브루크(Arthur Moeller van den Bruck, *Social and Economic History of Germany*, p. 157)에 따르면 계획경제라는 용어는 제1차세계대전 중에 독일에서 만들어졌다. 그러나 국가경제계획이라는 말이 제1차세계대전 직전에 튀빙겐에서 출판된 *Grundriss der Sozialökonomik*(i. 424)라는 책 속에서는 국가경제정책이라는 일반적인 의미로 나와 있다.

44) Arthur Moeller van den Bruck, *Germany's Third Empire*, p. 50. 이런 관념은 국가사회주의자와 파시스트 논자들에게서 아주 흔히 보이는 생각이다

45) 독일에서는 정치경제학은 처음에 국민경제학으로 번역되었고, 20세기에 들어서서는 한때 사회

하고 있어, 정치에서 분리하여 연구해서는 아무 소용이 없다.

(나) 정경(政經) 분리의 오류

만일 정치와 경제의 분리라는 문제의 중요성이 순수하게 역사적이거나 이론적인 것이라면, 그 점에 대해서는 길게 논의할 필요도 없다. 정치와 경제의 분리라는 환상—19세기의 자유방임주의가 낳은 시대에 뒤처진 유산—은 이미 오늘의 현실에 어떤 측면에서도 대응할 수 없게 되었다. 그러나 이 환상은 실은 국제정치와 관련된 사고 속에 견고하게 남아 있었고, 거기서 적잖은 혼란도 일어났다. (1927년의 경제회의가 상정한 것처럼[46]) 우리의 정치적 어려움은 경제적 원인에 따른 것인가, 또는 (반 젤란트 보고서가 시사하듯이[47]) 우리의 경제적 어려움은 정치적 원인에 따른 것인가 하는 무의미한 문제를 두고 많은 논의가 오갔다. 심지어 원재료를 둘러싼 문제는 정치적인 것인가 경제적인 것인가 하는, 마찬가지로 의미 없는 문제에 대해서도 수많은 논의가 펼쳐졌다.

이러한 혼란은 1922년 영국 정부의 다음과 같은 선언에서 비롯되었다. 즉 유대인의 팔레스타인 이주 비율은 국가의 경제력에 의해 결정된다는 것이었다. 1931년 이 이주 비율 문제는 수용능력의 한계에 대해 고려해야 할 것은 순수하게 경제적 요건이라는 새로운 성명(聲明)을 통해 보충 설명되었다. 왕립 팔레스타인 위원회가 '아랍인이 유대인 이주에 반대하고 있기 때문에 두 민족 사이의 적대라는 요인이 필연적으로 경제적 중요성을 띠게 된다'[48]는 사실을 안 것은 1937년이 되어서였다.

확실히 이주와 난민에 관한 모든 문제는 수용능력에 대해 어떤 객관적인 경제

경제학이라는 용어로 바뀌었다.
46) '경제적 분쟁 및 경제적 이해의 차이는 아마도 세계평화를 위협하는 모든 위험 가운데 가장 심각하고 영속적인 문제일 것이다.'(*League of Nations* : C. E. I. 44, p. 7)
47) '나는 정치적인 측면에 대해서는 모두 이야기하지 않도록 신중하게 삼가 왔다. ……그러나 우리가 이러한 정치적 측면의 그림자 속에서 행동하고 있다는 사실을 무시할 수는 없다.'(*Report……on the Possibility of Obtaining a General Reduction of the Obstacles to International Trade*, Cmd. 5648)
48) 모든 인용문은 *Report of the Palestine Royal Commission, of 1937*, Cmd. 5479, pp. 298-300에서 따온 것이다

기준이 있다고 가정함으로써 더욱 복잡해졌다. 에게해에 불가리아의 경제적 출구를 확보한다고 하는 뇌이 조약(1919년 11월 파리강화회의에서 전승국과 불가리아 사이에서 맺어진 강화조약)의 약속을 두고, 서로 대립하면서도 저마다 옹호의 여지가 있는 두 가지 해석이 충돌한 것은 이해하기 어려운 말을 지나치게 가볍게 사용한 데서 혼란이 일어난 또 하나의 예증이다. 정치에서 분리된 경제원리를 이용하여 국제문제를 해결하려는 시도는 언제나 실패로 끝나게 마련이었다.

이 19세기의 환상이 오래 지속됨으로써 비롯된 가장 두드러진 실패 사례는 1936년 국제연맹 제재의 난조이다. 연맹규약 제16조를 주의 깊게 읽으면, 이 입안자에게 실수의 책임을 물을 수 없음을 알 수 있다. 규약 위반국에 대해 제1항은 경제적 무기의 사용을, 제2항은 군사적 무기의 사용을 각각 정하고 있다. 제2항은 명백하게 제1항을 보충하는 것이고, 게다가 제재의 적용에는 연맹규약을 지키기 위해(연맹의 약속옹호를 위해) 군대를 필요로 하는 것은 마땅하다고 되어 있다. 제1항과 제2항의 차이는 오로지, 연맹구성국은 모두 경제적 무기를 사용해야 하는 한편, 강력한 군대를 가지고 있고, 또 지리상 위반국과 적당히 가까운 곳에 위치한 구성국에서 필요한 군대를 공출(供出)하는 것이 당연하다는 점에 있었다.[49]

훗날의 주석자들은 경제와 정치를 각각 별개의 것으로 분리할 수 있다는 생각에 사로잡혀 다음과 같은 주장을 펼쳤다. 즉 규약 제16조 제1항과 제2항은 서로 보완하는 관계가 아니라 양자택일의 관계—그 차이란, 경제제재는 의무로 요구되는 반면 군사제재는 선택 사항이라는 것—에 있다는 것이다. 연맹이 수백만 파운드의 무역 가치는 지녔을지 몰라도 수백만 명의 생명의 가치는 없다고 생각하는 많은 사람들이 이 견해를 지지했다. 1934년 영국에서 실시된 유명한 평화투표에서는 약 200만 명의 현혹된 유권자들이 경제제재의 승인과 군사제재의 불승인을 동시에 표명했다.

그때 볼드윈 경은 '내가 도달한 많은 결론 가운데 하나는, 효력이 있는 제재치

---

[49] 이 해석은 필리모어위원회의 보고서—국제연맹규약 제16조의 조문은 이 보고서의 제안을 토대로 한 것이다—를 통해 확인되었다. 위원회는 '금융과 경제제재는 군사제재에 참여할 수 없는 나라들이 침략저지를 위해서 할 수 있는 공헌에 지나지 않는다고 간주했다.'(*International Sanctions : Report by a Group of Members of the Royal Institute of International Affairs*, p. 115. 여기에 관련조문이 검토되어 있다)

고 전쟁을 의미하지 않는 것은 없다는 것'[50]이라고 말했다. 1935~1936년의 쓰라린 교훈을 통해 우리는 전쟁과 마찬가지로 제재에서도 유일한 모토는 '전부가 아니면 전무'이고, 경제의 힘은 군사적 무기가 그것을 지탱할 용의가 없으면 무력하다는 진리를 사람들에게 충분히 이해시킬 필요가 있음을 배웠다.[51] 힘은 불가분의 것이다. 군사적 무기와 경제적 무기는 힘의 서로 다른 수단일 뿐이다.[52]

정치와 경제 사이에 있는 이 거짓된 분리는 형태는 달라도 마찬가지로 의미심장한 표현 속에 나타난다. 그 표현이란 힘과 복지의 차이, 대포와 버터의 차이를 나타내는 유명한 표현이다. 미국의 한 저자는 복지 논의는 경제적이고 힘의 논의는 정치적이라고 말했다.[53] 이 그릇된 생각은 우리에게 늘 익숙한 사실에서 추론된 것인 만큼 특히 비판하기가 쉽지 않다. 오늘날의 정부와 의회는 모두 군비에 돈을 써야 할지, 아니면 사회복지사업에 돈을 써야 할지를 두고 끊임없이 딜레마에 빠진다. 이것이 실제로 힘과 복지, 또는 정치적인 대포와 경제적인 버터 가운데 어느 쪽을 선택할 것인지 하는 양자택일의 환상을 부채질한다.

그러나 잘 생각해 보면 실상은 그렇지 않다는 것을 알 수 있다. 질문은 당신이 대포를 선택할 것인가, 아니면 버터를 선택할 것인가 하는 형태를 취하는 법이 결코 없다. (절대적인 안전이라는 오랜 전통을 이어 온 앵글로색슨 국가의 몇몇 평화주의자를 제외하면) 사람들은 존망의 위기에는 대포가 버터보다 우선한다는 것에 의견이 일치한다. 질문은 언제나 우리가 일정량의 버터를 확보하는 데 충분한 대포를 이미 가지고 있는가, 아니면 예를 들어 우리가 일정량의 대포를 필요로 한다

---

50) House of Commons, May 18, 1934 : *Official Report*, col. 2139.
51) 물론 군사적 무기가 언제나 사용되어야 한다는 뜻은 아니다. 영국함대는 제1차세계대전에서는 거의 사용되지 않았다. 그러나 영국정부가 그것을 사용할 용의가 없었다 하더라도 전쟁의 결과는 크게 달라지지 않았을 것이라고 생각하는 것은 성급한 판단이다. 1935~1936년의 제재를 무력화한 원흉은, 연맹가맹국이 군사적 무기를 사용할 각오가 없다는 일반적인 인식이었다.
52) 독일이 국제연맹에 가맹했을 때, G. 슈트레제만이 이 점을 충분히 인식하고 있었다는 것은 주목할 만하다. 사무총장이, 만약 독일이 군사제재에 참여하지 않는다면 경제제재에는 참여할 수 있다는 견해를 표명하자 슈트레제만은 이렇게 대답했다. '우리는 경제제재에도 참여할 수 없다. 만약 우리가 인접한 강대국에 대한 경제제재에 참여한다면, 그 결과는 선전포고가 될 것이다. 왜냐하면 인구 6천만 명인 우리 나라가 통상에서 한쪽 국가를 배제하는 것은 그 나라에 대한 명백한 적대행위이기 때문이다.'(*Stresemann's Diaries and Papers*(Engl. Transl.), ii, p. 69)
53) F. L. Schuman, *International Politics*, p. 356.

해도, 우리는 더 많은 버터도 충분히 확보할 수 있도록 세입을 늘릴 수 있을 것인가 하는 형태로 제기된다.

그러나 앞에 말한 오류를 온 세상에 밝힌 것은 짐먼 교수의 논고였다. 그 오류의 폭로는 무의식적으로 이루어졌음에도 효과적이었다. 짐먼 교수는 현재의 국가들을 복지를 추구하는 국가와 권력을 추구하는 국가로 나누고, 이렇게 명확하게 덧붙였다. '전체적으로 보면 복지국가가 권력국가보다 힘과 자원에서 우세하다.'[54] 이러한 교수의 견해에서 우리는 다음과 같은 타당한 결론을 이끌어낼 수 있다. 복지국가는 이미 힘의 우위를 확보한 국가로, 힘의 증대에는 더 이상 관심이 없으며, 따라서 버터를 손에 넣을 여유가 있다. 한편 권력국가는 힘에서 열등하기 때문에 힘의 증대에 주된 관심을 갖고 자원의 대부분을 그 목적을 이루는 데 투자하는 국가를 가리킨다.

널리 알려진 이 전문용어로 생각해 보면 복지국가는 우월한 힘을 가진 국가이고 권력국가는 그러한 힘을 가지지 않은 국가이다. 이 분류는 겉으로 보기만큼 비논리적이지는 않다. 모든 강대국은 국력 유지에 필수불가결하다고 생각하는 힘을 확보하는 데 필요한 최소한의 대포는 버터보다 우선하며, 이 최소한의 대포가 확보되어야 비로소 그 국가는 복지를 추구할 수 있다는 견해를 갖고 있다. 1933년 이전에는 오랫동안 자신의 힘에 만족했던 영국은 복지국가였다. 1935년 이후 다른 나라의 도전을 받게 된 영국은 역부족을 느끼고 권력국가로 변신했다. 야당조차 그때까지 계속 요구하던 사회복지를 더는 강하게 주장하지는 않았다. 대립은 힘과 복지 사이에 있는 것이 아니며, 하물며 정치와 경제 사이에 있는 것도 아니다. 대립은 힘의 정도 차이에 있다. 힘을 추구하는 데는 군사적 수단과 경제적 수단 양쪽이 사용된다.

(다) 자급자족경제

경제를 정치의 한 측면으로 올바르게 인식해야 한다는 점을 확립한 뒤, 우리는 경제력이 국가정책을 위해 사용되는 두 가지 범주를 살펴볼 수 있다. 자급자

---

54) Alfred Zimmern, *Quo Vadimus?* p. 41.

족경제라는 편리한 말로 설명할 수 있는 목적, 바로 그 목적을 이루기 위한 수단이 첫 번째 범주에 속한다. 두 번째 범주에는 다른 나라에 대한 자국의 영향력을 강화하기 위한 직접적인 경제적 수단이 들어 있다.

자급자족경제 또는 경제적 자족은 중상주의 정책의 목적 중 하나이며, 오래전부터 국가가 추구해 왔다. 이 자급자족경제 문제는 특히 현대에 들어와서 크게 부각되었다. 중세에는 자급자족경제란 경제생활의 자연스럽고도 필연적인 조건이었다. 그 까닭은 부피가 크고 가치가 낮은 상품을 장거리 수송하는 것은 수지가 맞지 않았기 때문이다. 중세 말기 이후에는 더 적은 비용으로 더욱 안전하고 빠르게 수송할 수 있게 되었다. 이에 따라 국가가 완전히 자력에 의존하는 일은 없어졌다. 생활수준이 오른 것도 일부는 특산품의 국제교환이 가능해진 덕분이다.

그러나 고작 지난 100년 사이에 증기추진력의 등장으로 육해상 수송이 빨라지고 비용은 더욱 싸졌기 때문에, 대부분의 상품수송비용은 생산비용에 비해 미미한 수준으로 떨어졌다. 생산지가 사용지나 소비지에서 500마일 떨어져 있든 5천 마일 떨어져 있든 많은 경우 큰 문제가 되지 않았다. 대량생산으로 상품이 더욱 싸지고 같은 장소에서 더 많은 상품이 생산되었다. 따라서 대량생산방식은 더욱 고도화된 집약화를 불러왔다.

오늘날 우리의 수요는 이전에 비하면 훨씬 분화되었다. 그뿐만이 아니라, 우리는 인류 역사상 처음으로, 우리에게 그럴 마음만 있다면 경비절감이라는 관점에서—물론 그것은 바람직한 일이다—인류가 소비하는 모든 밀을 캐나다에서, 모든 양모를 호주에서, 모든 자동차를 디트로이트에서, 그리고 모든 면직물을 영국이나 일본에서 각각 생산할 수 있는 세계에 살고 있다. 다만 완전한 자유방임주의가 낳는 결과는 국내의 자유방임주의와 마찬가지로 국제적으로도 비현실적이고 받아들이기 어려운 것이 되었다. 오늘의 상황에서 어느 정도 자급자족경제를 인위적으로 추진하는 것은 질서 있는 사회가 존속하는 데 필요한 조건이다.

그러나 자급자족경제는 사회적으로 필요할 뿐만 아니라 정치권력의 한 수단이기도 하다. 그것은 본질적으로는 전쟁준비의 한 형태이다. 중상주의 시대에 영국을 비롯한 여러 나라에서 군사력이 제조업의 생산능력에 달려 있다는 것은 널리 알려진 사실이었다. 애덤 스미스는 자신의 자유방임론에 유명한 예외를 두어 영국항해법에 찬성하고, 영국의 범포(帆布)와 화약에 대한 정부장려금의 지급을 인정했다. 그러나 자급자족경제의 원칙은 1791년 그 무렵의 미국 재무장관이었던 알렉산더 해밀턴의 논고를 통해 고전적인 정의가 내려졌다. 그는 하원에 제출한 보고서에서 완전한 근대 자급자족론을 마치 오늘날에 쓰여졌을 법한 문장으로 뚜렷하게 제시했다. 의회가 해밀턴에게 요청한 것은 미국이 군사와 그 밖의 분야에 중요한 필수품을 외국에 의존하지 않도록 하기 위한 제조업을 추진하는 방법이었다. 그 보고서에서 짤막한 한 대목을 인용해 보자.

> 한 나라의 부뿐만 아니라 독립과 안전도 제조업의 번영과 깊은 관련을 갖는다. 모든 국민은 이 중대한 목적을 위해 국민의 필수품을 자급하는 데 꼭 필요한 것을 모두 자국 안에서 조달하기 위해 노력해야 마땅하다. ……미국이 지난 전쟁에서 이러한 필수품을 자급할 능력이 없었기 때문에 큰 어려움을 겪은 것은 아직도 생생하게 기억한다. 알맞은 때에, 그리고 강력한 노력으로 사태를 개선하지 않으면 우리 나라는 여전히 그러한 상태에 머물 것이기 때문에, 앞으로 전쟁이 일어난다면 미국은 또다시 이러한 상태가 가져다줄 재앙과 위험에 허덕이는 나라의 좋은 예가 될 것이다.

그런 다음 해밀턴은 바람직한 결과를 가져오기 위한 모든 방법—보호관세, 금지령, 보조금, 포상—을 하나하나 검토했다.[55] 그로부터 꼭 50년 뒤 독일에서 리스트는 이렇게 주장했다. '독일국민의 존립과 독립 및 미래는 독일보호체제의 발전에 달려 있다.'[56] 그리고 19세기 말엽, 프로이센의 계속되는 전승은 고도로 발달한 산업체제와 군사력의 밀접한 관계를 잘 보여 주었다.

그 시대에 영국은 산업발달의 우위 덕분에 모든 공업생산품에서 사실상 완전한 자급자족 상태에 있었다. 물론 물품생산에 필요한 원재료는 예외였다. 식량 공급 문제에서 영국은 1830년 무렵이 되자 더는 자급할 수 있는 상황이 아니었

---

55) *Works of Alexander Hamilton*, iv. pp. 69 sqq.
56) F. List, *The National System of Political Economy* (Engl. Transl.), p. 425.

다. 그러나 이러한 결함은 해군력으로 대부분 보완되었고, 따라서 해군력의 유지는 영국의 주된 관심사가 되었다. 1905년에 보고서를 낸 전시식량 원료공급 왕립위원회는, 만일에 대비하여 예비적인 공급품을 영국 국내에 저장하는 계획을 논의했지만 끝내 부결되었다. 이 위원회는 국내생산을 장려하기 위한 계획은 아예 심의조차 하지 않았다.

통상적인 무역 루트를 보호하고, 그리하여 국내필수품의 결핍을 보완하기 위한 해군력에 모두가 완전히 의존했다.[57] 물론 19세기 정치가들이 자급자족경제 또는 그것을 대신하는 뭔가 적당한 정책의 정치적 타당성에 대해 알지 못했다고 보는 오늘날의 일반적인 견해는 사실로써 증명된 것은 아니다.

제1차세계대전이 경제개념 전체에 미친 영향은 이미 논의했다. 대전이 자급자족경제의 추진에 준 충격은 직접적이고도 강렬했다. 봉쇄가 실시됨으로써, 또 세계의 선박을 대부분 군대와 군용품 수송에 조달함으로써, 모든 교전국과 중립국은 많든 적든 긴급하게 자급자족경제 체제를 갖출 필요가 생겼다. 전쟁 4년 동안 동맹국(제1차세계대전에서 연합국에 대해 공동으로 싸운 독일, 오스트리아–헝가리제국, 터키 및 불가리아)은 오로지 자신들의 자원에 의지하지 않을 수 없었고, 결과적으로 피히테(독일의 철학자. 1762~1814)의 《봉쇄상업국가론》의 이상을 실천한 셈이 되었다.

연합국에서도 잠수함이라는 신무기의 등장으로 자급자족 경제 대신 해외에서 들여오는 수입에 의존하는 것은 그때까지 상상한 것보다 위험해졌다. 연합국 정부도 어쨌든 자급자족경제를 달갑지 않은 일시적인 편법으로 생각했던 것은 아닌 듯하다. 1916년 6월 파리에 모인 그들은 전후의 경제정책을 토론하고 다음과 같은 결정을 내렸다. '통상적인 경제활동에 반드시 필요한 원재료 및 제품에 대해서는 적국에 의존하지 않아도 되도록 즉각 필요한 조치를 취한다'[58]는 것이었다.

이듬해 영국왕립위원회는 자급품 목록을 작성하는데, 이러한 목록에 대해서는 '원재료의 공급을 지배하는 외국의 경제적 압력이 미치지 않도록 특별히 유의할 것, 그리고 경제자립을 추진하기 위해 정부가 행동할 필요가 있다는 것' 등이

---

57) *Supply of Food and Raw Materials in Time of War*, Cmd. 2644.
58) 그 결의는 *History of the Peace Conference*, ed. H. Temperley, v. pp. 368-9에 실려 있다.

확인되었다. 그리하여 이 정책은 1921년 산업보호법으로 실현되었다. 국내공급이 불가능한 때에는 자유롭게 해외에서 공급할 수 있도록 하는 것이 첫 번째 목적이었다. 충분한 석유공급을 확보하기 위해 영국이 적극적인 정책을 펼친 상대 산유국은 한두 나라에 머무르지 않았다.

국제적으로는 전쟁의 승리에 경제봉쇄가 큰 역할을 한 점을 보면, 국제연맹규약에서의 경제제재가 중요한 의미를 갖는 것은 필연적인 결과였다. 봉쇄는 명백하게 이제까지의 전쟁에서보다 더욱 강력해지는 경향을 보였다. 자급자족경제는 봉쇄라는 무기에 맞서는 당연한 방어수단으로서 전개되었다. 1935년 이 봉쇄라는 무기가 이탈리아에 대해 실제로 사용되자 그 교훈은 더욱 확실해졌다. 1936년 3월 23일 무솔리니는 전국직능조합회의에서 이렇게 말했다. '1935년 11월 18일은 이탈리아 역사에 새로운 장을 여는 날이었다. ……이탈리아 역사의 새로운 국면은, 실행할 수 있는 최대한의 경제적 자립을 최대한 단기간에 확보한다는 전제요건에 의해 결정될 것이다.'

사실 무솔리니의 이 주장에는 새로운 것이 거의 없었다. 그것은 전에 해밀턴과 리스트, 1917년의 영국왕립위원회가 했던 이야기를 다른 말로 바꾼 것에 지나지 않았다. 그러나 국제적 긴장의 증대는 이 문제를 더욱 부각시켰다. 미국의 유명한 정치평론가는, 영국과 미국은 빈곤한 독재국가가 살 수밖에 없는 시장에서 대량의 중요 금속이 유통하지 않도록 하기 위해 이 전략적 중요 금속을 공동으로 사들여야 한다고 말했다.[59] 영국의 어떤 논자는 이렇게 덧붙였다. '독일의 재군비 계획을 무력화하기 위해서는 영국이 스웨덴의 광석을 모두 사겠다는 결단을 내리는 것이 가장 좋은 방법이다.'[60]

이러한 경고를 기다릴 것도 없이, 각 정부에 자급자족경제의 군대적 가치를 믿게끔 설득하는 일은 가능했다. 독일이 합성소재를 개발하고 영국이 식품과 필수 원재료를 비축한 것은 많은 중요한 징후 가운데 두 가지 사례일 뿐이다. 권력의 다른 요소와 마찬가지로 자급자족경제는 비싼 값을 치러야 하는 법이다. 어떤 중요한 상품에 대해 자급 태세를 갖추려면, 전함을 건조하는 것과 같은 정도의 비

---

59) W. Y. Elliott in *Political Quarterly*, April-June 1938, p. 181.
60) G. D. H. Cole in *Political Quarterly*, January-Mach 1939, p. 65.

용이 국가를 압박할 것이다. 그 경비는 결국 낭비가 될 수도 있고, 성과를 얻는다 해도 비용에 못 미칠 수도 있다. 그러나 자급자족 경제가 힘의 한 요소라는 점과, 또 그 자체가 바람직한 정책이라는 점을 부정하는 것은 논점을 흐리는 일이다.

(라) 정책수단으로 쓰는 경제력

경제적 무기를 국가정책의 한 수단으로 사용하는 두 번째 방법, 즉 권력을 얻고 대외적 영향력을 미치기 위해 경제적 무기를 사용하는 것은 이제까지 충분히 자유롭게 논의되었으므로 여기서는 아주 짤막하게 정리해 두는 정도로 충분할 것이다. 이 경제적 무기는 주로 다음의 두 가지 형태를 취한다. ⒜자본 수출. ⒝해외시장 지배.

⒜자본 수출은 최근에 강대국이 흔히 사용하는 수법이다. 19세기에 영국이 정치적 우위에 선 것은 세계 금융의 중심지인 런던의 지위와 밀접한 관계가 있다. 영국이 정치적 영향력을 발휘하려 하지 않은 유럽의 지역에서만 영국의 투자는 미미하여, 해외자본투자 총액의 5% 정도에 지나지 않았다. 금세기에 미국이 정치대국으로 부상한 것은 이 나라가 먼저 라틴아메리카에, 그리고 1914년 이후에는 유럽에 대한 대규모 채권국으로서 시장에 등장한 덕이 크다.

정부에 직접 투자함으로써 정치목적을 이룬 예로는 영국 정부가 수에즈 운하 회사와 앵글로이라니안 석유회사의 주식을 사들이고, 러시아 정부의 자본으로 동청철도(東淸鐵道, 지금의 중국 창춘철도)를 건설한 경우가 있다. 더욱 흔한 경우로는 정부가 권력을 행사하여 국책을 위해 은행이나 개인에게 투자를 장려한 것을 들 수 있다. 그리하여 프랑스·러시아동맹은 프랑스의 투자가들이 러시아정부에 빌려준 4억 파운드 정도의 프랑스 자본으로써 성립되었다. 독일에서는 주식은행은 신용기관일 뿐만 아니라 정치경제기관이기도 했다. 즉 독일 권력정치의 한 수단이었다.[61]

19세기의 제국주의 정책은 모두 유럽의 자본투자를 통해 세계의 후진지역을 발전시키는 것을 기본으로 했다. 정치적 이익은 19세기의 특허회사처럼 정부의

---

61) W. F. Bruck, *Social and Economic History of Germany*, p. 80.

조성이나, 더욱 일반적으로는 외교상의 지원을 받는 민간투자가에 의해 증진되었다.[62] 마르크스는 이 정책을 '전쟁수행이라는 봉건적인 방법을 상업적방법으로, 그리고 대포를 자본으로'[63] 바꾸는 것으로 정의했다. 그리하여 미국의 '달러 외교'를 설명하는 새로운 의미심장한 표현이 등장했다.

(1912년 태프트 대통령이 말했다.) 현 정부의 외교는 통상과 교역의 근대적인 관념에 대응하려고 노력해 왔다. 이 정책은 총알을 달러로 바꾸는 것으로 특징지을 수 있다. 또한 이상주의적이고 인도주의적인 감정과, 건전한 정책과 전략이 명하는 것, 나아가서는 합법적인 상업목적 등에 똑같이 호소하는 것이다.[64]

라틴아메리카의 해상에 미국함대가 자주 나타나는(다른 장소에 영국함대가 나타나는 것과 마찬가지로) 것은, 아무리 달러가 대포를 대신해 인도적인 역할을 하더라도, 정치적으로 필요한 경우에는 대포가 달러를 보강할 수 있고, 또 실제로 보강할 것이라는 점을 보여 주었다.

1919년 이후, 정책수단으로서 해외자본투자가 감소한 것은, 전 세계의 잉여자본 축적이 빠르게 줄어들었고, 많은 잠재적 대출자가 파산상태에 있었기 때문인 것으로 알려졌다. 그러나 아직도 이 설명과는 다른 많은 실례를 들 수 있다. 프랑스는 폴란드와 소협상국(小協商國)(제1차 대전 뒤 정치적 협상을 맺은 중유럽 3국, 즉 체코슬로바키아, 유고슬라비아 및 루마니아)에 대해 공사를 불문하고 풍부한 차관과 신용을 공여하여 이러한 국가들에 대한 영향력을 강화했다. 몇몇 정부는 오스트리아의 독립을 보호한다는 정치목적을 위해 오스트리아에 차관을 공여하거나 보증했다. 1931년 오스트리아는 프랑스의 재정 압박에 의해 오스트리아 독일 관세동맹계획을 포기하지 않을 수 없었다.

---

[62] 유진 스테일리의 《전쟁과 민간투자가》에 이 문제가 모두 철저하게 고찰되어 있고, 많은 실례도 소개되어 있다. 스테일리의 주요 결론은 공적인 정책이 민간투자에 큰 영향을 받는 일은 좀처럼 없었다는 것, 그러나 민간투자는 정책수단으로서 되풀이해 공적으로 규제되거나 장려되어 왔다는 것이다.

[63] K. Marx, *Gesammelte Schriften*, i, p. 84.

[64] Annual Presidential Message to Congress, December 3, 1912.

1931년 이후 중부 유럽에서 프랑스의 영향력이 잠깐 사이에 약화된 것은, 이 위기 이후 프랑스가 이들 국가에 대한 재정 지원책을 속행하지 못하게 된 사실과 밀접한 관계가 있다. 1938년 12월 프랑스의 슈나이더 크루조 그룹이 체코슬로바키아 정부를 대표하는 체코슬로바키아 그룹에 슈코다 공장의 이권을 매각했다고 발표했을 때, 《타임스》 통신원은 이렇게 논평했다. '이번 조치는 프랑스가 중부 유럽에서 철수하는 또 하나의 징후이며, 프랑스의 정치적 팽창의 한 장에 종지부를 찍는 사건이다.'[65]

영국 시장에서 외채발행에 대해 비공식적인 금지령이 내려진 1932년 이후, 영국의 대외차관은 정치적 관리 대상이 되었다고 할 수 있다. 1938년과 1939년에는 영국과 독일이 터키에 대해, 미국과 영국이 중국에 대해 각각 상업적 신용을 제공했는데, 그 정치적 동기는 결코 비밀이 될 수 없었다.

(b) 해외시장을 지배하고자 하는 노력은 정치와 경제의 상호작용을 더욱 잘 보여 주는 예증이다. 그것은 시장을 경제적 가치 때문에 획득하려고 정치권력을 이용하는 것인지, 아니면 정치권력의 구축과 강화를 위해 시장을 구하는 것인지 결정하기가 불가능한 경우가 많기 때문이다.

시장획득을 위한 투쟁은 전간기(戰間期)에 드러난 경제전쟁의 가장 전형적인 특징이었다. 모든 곳에서 나타난 수출확대 압력의 강화를 오로지 정치적 대립 탓으로 돌리는 것은 잘못이었다. 근대적 산업구조 속에서는 많은 상품을 가장 적은 규모로 생산해도, 생산량은 대부분 국내시장의 소비능력을 넘어서고 만다. 보호되는 국내시장에서는 비싸게 팔고, 자유로운 해외시장에서는 싸게 파는 것 (이것이 덤핑의 본질이다)은 순수하게 상업적인 관점에서 보면 완전히 건전한 정책이라고 할 수 있다. 그러나 덤핑을 정책의 한 수단으로 사용하고 있는 것은 틀림없다. 강대국은 정치적 이익이 있는 곳이나 정치적 영향력을 매우 쉽게 행사할 수 있는 곳에 그들의 자유시장을 확보해 나갔다.

왜 중부 유럽과 남동유럽이 독일의 자유시장이었을까. 그 주된 이유는 이러한 지역이 독일 군사력의 영향을 받고 있었기 때문이다. 독일의 재군비와 이들 지

---

65) *The Times*, December 29, 1938.

역에 대한 독일의 경제적 진출은 동시에 추진되었다. 이것은 전혀 새로운 현상이 아니었다. 정치력과 경제력의 혼재를 보여 주는 좋은 사례는 이집트에 대한 영국의 선택에서도 볼 수 있다. 19세기의 마지막 20년 동안 영국이 이집트에 경제적 진출에 성공한 것은 이집트에 대한 영국의 군사점령 결과였다. 이 군사점령은 수에즈 운하―이것은 영국의 통상루트와 정보전달 전략라인을 지키기 위해 획득되었다―에 대한 영국의 권익을 보호하기 위한 것이었다.

수출을 촉진하여 해외시장을 확보하는 방법은 매우 잘 알려져 있어서, 새삼 여기서 논의할 필요는 없을 것이다. 가장 간단한 방법은 수출업무에 출자하기 위해 차관과 신용을 제공하는 것이다. 1914년 이전에 영국은 시장 문제에 거의 신경을 쓰지 않았기 때문에, 외국이 런던에서 얻은 차관을 어디에 사용하든 자유였다. 그러나 영국 이외의 나라에서는, 대출자가 취득한 외채의 일부 또는 전부를 채권국에서 써야 한다는 조건이 붙는 경우가 종종 있었다.[66]

1919년 이후 이 조건은 거의 모든 나라에 적용되었다. 영국에서는 두 개의 정부기관―식민지개발기금과 수출신용보증국―이 영국의 수출에 자금을 제공하는 업무에 종사했다. 전자는 대영제국을 위한 것이었다. 1939년 이전, 수출신용보증국은 공식적으로는 순수하게 상업적 성격을 띤 조직으로 알려졌다. 그러나 1939년에 성립된 법률에 의해 이 보증국이 공여하는 보증의 한도액이 확대되어, 총액 천만 파운드는 그들―즉 상무부―이 국익에 기여한다고 인정하는 거래의 보증으로서 유보된다.[67] 이 법안을 하원에 제출할 때, 상무부 장관은 영국이 독일에 무역전쟁을 선전포고했다는 소문을 부정했다. 그러나 그는 그 법안을 경제적 재군비 법안이라 부르며, 우리가 지금 시행하려는 경제적 재군비는 우리의 다른 재군비와 똑같은 것[68]이라고 덧붙였다. 1939년 7월에는 총액 천만 파운드가 6천만 파운드로 늘어났다. 수출조성금과 통화조작은 수출신용의 간접적인 수법에 불과했던 것이다.

---

(66) 프랑스와 오스트리아의 사례는 C. K. Hobson, *The Export of Capital*(1914), p. 16에서의 재인용. 러시아와 벨기에도 보통 이 조건을 내거는 대여국이었다.
(67) 1938년 외무부의 한 관리가 수출신용보증국 직원으로 전보된 것은 의미심장한 일이다.
(68) House of Commons, December 15, 1938 : *Official Report*, col. 2319.

그러나 시장과, 시장과 관련된 정치권력을 얻기 위한 가장 특징적인 현대적 방법은 상호무역협정―이것은 결국 모습을 살짝 바꾼 물물교환제로 돌아가는 것―이다. 그리하여 영국이 아르헨티나에서 고기와 곡물을, 덴마크와 발트3국에서 베이컨과 버터를 구입함으로써, 이러한 국가들의 시장을 영국의 석탄과 공업제품을 위해 확보할 수 있다는 것이다. 오타와협정(1932년 캐나다 오타와에서 체결된 자유무역 폐기 협정. 이로써 파운드화가 통용되는 지역을 뜻하는 스털링 블록이 형성되었다)은 같은 주제의 조금 복잡한 형태였다. 중부 유럽 및 발칸반도 국가에서 독일은 유리한 판로를 좀처럼 찾지 못하고 있는 이러한 국가들의 산물(주로 곡물과 담배)을 사들임으로써 독일제품의 시장뿐만 아니라 정치적 세력권도 확보했다.

이 지역에서 프랑스의 정치적 영향력이 겉모습뿐이었던 징후의 하나는, 그 무역에 이 나라가 실질적으로 아무런 관여도 하지 못했다는 사실이다. 구매력은 이제 국제적인 강점이 되었다. 가격이 더는 지배적 요인이 아니라는 사실(독일은 세계 시세를 넘어서는 가격으로 남동유럽에서 대부분을 수입하고 있었다)에 의해 생산자가 아니라 구입자가 지배권을 쥘 수 있었다. 그리하여 새로운 힘은 인구가 많고 생활수준이 높은 나라의 것이 되었다. 그러나 이 새로운 힘은 소모자산이어서 함부로 쓰면 자멸을 초래하게 된다.

(마) 경제력과 국제도덕

여기서 결론적인 고찰을 통해, 경제적 무기를 정치권력의 수단으로 사용하는 것에 대한 이제까지의 논의를 정리하고자 한다.

군사적 무기 대신 경제적 무기를 사용하는 것―마르크스가 대포를 자본으로 대체한다고 표현한 것―은 도덕의 우위를 표현했다기보다는 힘의 우위를 드러내는 징후이다. 이는 몇 가지 간단한 사례를 통해 알 수 있다. 영국은 모스크바에서 열린 메트로폴리탄 비커스사(社)의 기술자에 대한 재판(1933년 3월, 발전소 파괴 사건과 관련하여 메트로폴리탄 비커스사의 영국인 사원들이 유죄판결을 받았다) 때문에 고심했는데, 영국은 소련에서 들어오는 수입품에 입항 금지령을 내려 보복할 수 있었다. 이탈리아는 그리스에서 이탈리아 관리가 참살되었을 때(1923년 8월, 그리스 국경지대에서 이탈리아 사절단원이 살해되었다), 이 경제적 편법을 이용할 수 없었다(그리스에서 들어오는 수입품에 금수조치를 내린다 한들 거의 무시해도 될 수준이었기 때문이다). 이탈리아는 코르푸섬(그리스 북서부 해상에 있는 섬)을 폭격하는 야만적인 군사적 방법으로써 어느 정도 보복할 수 있었다.

1931년 영국은 비정치적이고 아주 우발적으로 보이는 방법으로, 나중에 스털링 블록으로 알려진 통화 구역을 만들어 냈다. 독일은 중앙, 남동유럽에서 이에 상당하는 마르크 블록을 확립하기 위해, 뚜렷하게 정치적 방법, 또는 실제로 실력을 행사하거나 행사하겠다고 위협하는 방법으로 호소하지 않을 수 없었다. 영국은 경제적, 재정적인 힘이 있었기 때문에 스페인 내전에 개입하는 것을 피할 수 있었다. 이 내전의 결말이 어쨌든, 영국정부는 스페인에서 독일과 이탈리아가 항구적인 우위를 차지하는 것을 막기 위해 스털링이라는 총알에 의지했다. 같은 무렵 영국 총리는 극동 지역 문제와 관련하여 이렇게 말했다. '전쟁이 끝나고 중국의 재건이 시작될 때, 그 재건은 우리 나라의 상당한 지원이 없으면 아마 불가능할 것이다.'[69] 미국은 자국에 저항하는 라틴아메리카 각국의 영토에 해병대를 상륙시키는, 이제까지의 전통적 방법을 포기하고 선린 정책을 채택했는데, 그 이유의 하나는 적어도 국제무역 및 국제금융에서 미국의 힘이 강해진 것에 있었다.

그러나 이 점은 침략과 영토합병 문제에 더욱 널리 적용된다. 권력의 이러한 측면을 가장 잘 보여 주는 문서는, 1910년에 베이징 주재 러시아 대사대리가 러시아 정부에 보낸 긴급전문이다.

> (이 솔직한 외교관은 이렇게 썼다). 만일 우리가 경제적으로 충분히 강력하다면, 우리의 모든 노력을 경제조약의 체결에 기울이는 것은 더욱 용이해질 것이다. 그러나 내가 우려하듯이 우리가 그러한 노력을 기울인 결과 외국세력에만 이익을 주고, 우리 자신은 아무런 이익도 얻을 수 없다면(이를테면 1881년의 통상조약에서 구체화된 그토록 우월한 처지에서도 실제로는 이익을 챙기지 못했다), 우리가 지금까지 추구해 온 기본 정책인 영토획득 정책을 포기할 이유는 없다.[70]

---

69) House of Commons, November 1, 1938. N. Chamberlain, *The Struggle for Peace*, p. 340에 재판됨.
70) B. de Siebert, *Entente Diplomacy of the World War*, p. 20.

최근에 영국의 한 논자는 극동에 대해 비슷한 의견을 밝혔다.

19세기 영국에서 지지를 얻었던 자유무역은 순수하게 상업적인 경쟁이라는 관점에서 볼 때 강자들을 위한 논리였다. 특별한 권리를 가진 '세력권'은 이러한 경쟁에서의 약점을 정치권력의 직접적인 행사로 보완하려는 국가들의 목표가 되었다.[71]

19세기를 통해 영국은 해군과 경제에서 무적의 우위를 누렸기 때문에, 최소한의 군사력과 경제적 차별만으로도 중국에 대한 지배적 지위를 확립할 수 있었다. 러시아 같은 비교적 약한 국가는 노골적인 침략과 합병을 통해 비로소 영국과 동등한 성과를 바랄 수 있었다. 그 뒤 일본도 같은 교훈을 배웠다. 크로는 1907년 1월의 유명한 비망록에서, 영국은 '약한 공동체에 대한 당연한 보호자'로서, 열린 시장이라는 자유무역정책을 통해 '이해관계가 있는 다른 나라와의 우호를 증진할 수 있다'고 주장했다.[72]

이러한 주장은 다음의 두 가지를 덧붙인다면 더욱 설득력이 높아질 것이다. 첫째로 영국은 본래의 경제력과 그 경제력에 의해 가능해진 자유무역정책 덕분에 많은 나라에서 어느 정도 간접적인 영향력 또는 지배력을 행사하기만 하면 되었다는 것이다. (다른 어떠한 나라도 관계 당사국의 정치적 독립에 간섭하지 않고는 이러한 영향력 또는 지배력을 손에 넣을 수 없었다.) 두 번째로 영국은 우월한 처지 덕분에 자연스럽게 약소국의 정치적 독립의 비호자로 받아들여졌는데, 다른 나라가 그렇게 하기란 쉽지 않았다는 점이다.

이집트에서 영국은 군사적, 경제적 우위와 이집트의 명목적인 독립을 모순 없이 양립시킬 수 있었다. 영국이 더 약한 나라였더라면, 이집트에서 같은 결과를 얻기 위해서는 합병이라는 행동으로 나오지 않을 수 없었을 것이다. 영국은 이라크에 대한 형식적인 권한을 포기하고 현지에서 자국의 이권을 보유할 수 있었다. 그런데 프랑스는 시리아에서 같은 조치를 취할 수가 없었다. 경제적 무기는 특히

---

71) G. F. Hudson, *The Far East in World Politics*, p. 54.
72) *British Documents on the Origins of the War*, ed. G. P. Gooch and H. Temperley, iii. p. 403.

강대국의 무기이다. 1931년 소련정부는 경제적 불침략 협정을 제안했지만, 이 제안이 그 무렵의 세 강대국인 영국, 프랑스, 미국에 의해 단호하게 거부된 일은 의미심장하다.

그럼에도 경제적 무기의 사용이 군사적 무기 사용에 비해 도덕적이라는 공통적인 견해를 터무니없는 주장이라며 일축하기는 아마도 어려울 것이다. 그렇지만 이 견해가 언제나 진리라고는 할 수 없다. 이를테면 전시의 봉쇄는 일련의 공습과 같은 정도의 피해를 가져다줄 수 있다. 그러나 일반적으로는 아무리 추구하는 목적이 같아도 달러가 총알보다 인도적이라는 인식은 있다. 그리스를 폭격하는 것보다 소련에서 들어오는 수입품의 통관을 거부하는 것이 좀 더 도덕적이다.

논리적으로 생각한다면, 경제적 지배 형태(이를테면 중미에서 미국의 경제적 지배)는 어느 정도 상대국의 정치적 독립을 존속시키는 것이며, 따라서 종속국에는 이 형태가 직접적인 정치지배(이를테면, 1939년 보헤미아와 모라비아에서 독일이 확립한 정치적 지배)보다 받아들이기 쉽다는 것, 따라서 이 경제적 지배 형태는 직접적인 정치지배보다 도덕적인 것은 의심할 여지가 없다. 만일 미국이 독일과 같은 경제적 약소국이었으면 독일과 같은 길로 나아갔을 거라고 지적하더라도, 이 경제적 지배와 정치적 지배의 차이가 완전히 사라지는 것은 아니다. 확실히 가난한 사람은 부자보다 도둑질을 하기 쉽고, 그것은 절도의 개별 사례에 대한 도덕적 판단에 영향을 미친다. 그러나 일반적으로 절도는 그 자체로 부도덕한 것으로 받아들인다. 이것은 도덕 자체가 권력의 문제와 어떻게 관련되는지를 설명하는 것에 지나지 않는다.

도덕 문제는 나중에 검토해 볼 필요가 있다. 먼저 이 분야에서 이끌어 낼 수 있는 가장 중요한 교훈은 경제력과 군사력의 일반적인 구별이 사람들을 혼란에 빠뜨린다는 것이다. 모든 정치행동을 구성하는 권력은 나뉘어질 수 없는 것이다. 권력은 같은 목적을 위해 군사적 무기와 경제적 무기를 사용한다. 강자는 그다지 위험하지 않고 좀 더 세련된 무기를 선택하는 경향이 있다. 일반적으로는 목적을 이루는 데 그것으로 충분하기 때문이다. 즉 충분하다면 강자는 더 위험한 군사적 무기에 호소할 생각은 하지 않는다. 그러나 경제력과 군사력 모두 정치권력의 성립과 존속에 없어서는 안될 요소이기 때문에 그 둘을 분리할 수는 없다. 결국 한쪽은 다른 한쪽이 없으면 무용지물이 되고 만다.

3. 의견을 지배하는 힘

의견을 지배하는 힘은 권력의 세 번째 형태이다. 우리에게는 배도 있고 병사도 있고 돈도 있다고 노래한 징고파(the Jingoes)(러시아-투르크 전쟁 때 반러시아, 투르크 지지를 외치며 무력개입을 주장한 호전적인 집단)는 정치권력의 세 가지 본질적 요소인 군비, 인력, 경제력을 정확하게 이해했다. 그러나 인력은 단순히 머릿수를 갖추는 것만으로는 계산할 수 없다. 흄(영국의 경험론 철학자, 1711~1776)이 말했듯이 이집트 왕과 로마 황제는 무고한 백성들을 그들의 마음이나 성향과 상관없이 가축처럼 혹사했다. 그러나 그들도 자신의 군대 또는 근위병들을 통솔할 때는 그 의견을 존중하면서 적어도 인간으로 다루지 않을 수 없었다.[73]

따라서 의견을 지배하는 힘은 군사력과 경제력에 못지않게 정치목적에는 본질적이며, 또 이 두 가지 힘과 늘 밀접한 관계에 있다. 설득의 기술은 정치 지도자가 꼭 지녀야 하는 소양이다. 웅변술은 정치수단의 하나로서 역사적으로 오랫동안 높이 평가되어 왔다. 그러나 그럼에도 선전을 매우 현대적인 무기로 생각하는 일반적인 견해는 결코 잘못된 것이 아니다.

(가) 현대세계의 선전(프로파간다)

의견을 지배하는 힘이 최근에 더욱 중요해진 가장 명백한 이유는 정치기반의 확대에 있다. 정치기반의 확대를 통해 정치적으로 중요한 의견을 가진 사람들의 수가 크게 늘어난 것이다. 비교적 최근까지 유력한 의견을 가진 사람들은 그 수가 적은 데다 서로 매우 가까운 이해관계로 이어졌으며 전체적으로 높은 교양을 지녔다. 따라서 설득의 방법도 그만큼 한정되게 마련이다. 히틀러에 따르면, 과학적인 설명은 지식인을 상대로 하는 것이다. 반면에 선전이라는 현대적 무기는 대중을 상대로 한다.[74]

기독교는 대중적 인기를 얻은 최초의 운동이라고 할 수 있다. 대량의 의견을

---

73) *The Philosophical Works of David Hume*, iv. p. 31.
74) A. Hitler, *Mein Kampf*, p. 196.

지배하는 잠재력을 최초로 인식하고 발전시킨 사실이 가톨릭교회였던 것은 충분히 이해된다. 중세 가톨릭교회는 어떤 의견을 퍼뜨리고 그 의견과 대립되는 다른 의견은 송두리째 뽑아 버리는 조직체였고, 그 힘이 미치는 범위에서는 오늘날에도 마찬가지이다. 최초의 검열기관과 최초의 선전기관을 만든 곳은 다름 아닌 가톨릭교회였다. 중세의 교회는 최초의 전체주의국가였다고 한 최근의 어느 역사가의 말에는 중요한 의미가 있다.[75] 유럽의 몇몇 지역에서 종교개혁은 의견을 지배하는 힘과 부, 그리고 권위 ― 이러한 것들은 신성로마제국의 군사력에 의해 교회에 주어졌다 ― 를 가톨릭교회로부터 동시에 빼앗는 운동이었다.

현대의 대중이라는 형태 속에서 의견을 지배하는 힘은 경제적, 군사적 기술의 발달에서 비롯되었다. 이 문제는 개개인의 직능을 대신하는 대량제조공업이 등장하고, 또 의용병 집단을 대신하는 징병시민군이 등장함으로써 나타났다. 현대의 정치는 결정적으로, 어느 정도 정치의식이 있는 많은 사람들의 의견에 의존한다. 그러한 사람 가운데 목소리가 가장 크고 영향력이 있으며 선전에 가장 약한 것은 대도시와 그 주변에 사는 사람들이다. 어떠한 현대정부도 무시할 수 없는 문제가 바로 이것이다.

이 문제를 대하는 태도에서 민주주의국가와 전체주의국가에는 전혀 다른 것처럼 보인다. 민주주의국가는 대중의 의견에 따르는데 비해, 전체주의국가는 어떤 기준을 정하고 그에 대한 복종을 강요한다. 그러나 이 대조적 차이는 실제에서는 그다지 명확하지 않다. 전체주의국가는 정책을 결정할 때 대중의 의사를 확실하게 반영하는 척한다. 그러한 위장이 전혀 소용없는 것은 아니다. 민주주의국가 또는 민주주의국가를 지배하는 집단은 대중의 의견을 형성하고 원하는 방향으로 이끄는 기술을 전혀 모르는 것이 아니다. 마르크스주의자이든 파시스트이든 전체주의의 선전가들은 민주주의국가에서 누리는 언론의 자유가 실은 가공의 것이라고 끊임없이 주장한다. 대중의 의견에 대한 민주주의국가와 전체주의국가의 태도 사이에는 여전히 근본적인 차이가 있다. 이 대중의 의견이야말로 위기의 시대에는 결정적인 요소가 될 것이다. 그러나 이 두 가지 체제는 대중의 의

---

75) G. G. Coulton, *Mediaeval Panorama*, p. 458 et al.

견이 가장 중요하다는 사실에 대해서는 서로 일치한다.

정치에서 대중의 의견을 가장 중요하게 만든 것은 일정한 경제적, 사회적 조건인데, 바로 그러한 조건이 또 대중의 의견을 형성하고 방향을 부여하는 수단—그것은 전무후무한 범위와 유효성을 지닌다—을 낳았다. 이러한 수단 가운데 가장 오래되고, 아직 가장 유력한 수단은 모든 사람을 위한 보통교육일 것이다. 교육을 제공하는 국가는 당연히 그 내용을 결정한다. 어떠한 국가도 미래의 시민이 학교교육에서 그 국가가 의거하는 원리원칙에 반하는 내용을 받아들이도록 하지는 않을 것이다. 민주주의국가에서는 어린이에게 민주정체의 다양한 자유와 권리를 중시하도록 가르친다. 전체주의국가에서는 어린이에게 전체주의의 장점과 규율을 찬양하도록 가르친다. 어느 체제에서도 어린이에게 자국의 전통과 신념, 관습에 경의를 표하고 다른 나라보다 자기 나라를 좋은 나라로 믿도록 가르친다. 이 초기교육에서 알게 모르게 미치는 인간형성의 영향력은 아무리 강조해도 지나치지 않다. "노동자에게 조국은 없다"고 한 마르크스의 주장은 이런 식의 국민교육을 거쳐 온 노동자들에게는 더 이상 진실일 수가 없다.

그러나 오늘날 우리가 선전에 대해 이야기할 때, 보통교육의 발달을 통해 이용할 수 있게 된 다른 수단, 즉 라디오와 영화와 일반 출판물에 대해 주로 생각한다. 라디오, 영화, 출판물은 모두 현대산업의 특질을 최대한 갖추고 있다. 즉 대량생산과 준독점(準獨占), 규격화 등이 경제적이고 효율적인 작업의 조건이 되는 것이다. 게다가 이러한 라디오, 영화, 출판의 경영은 발전의 당연한 결과로서 더욱 소수의 사람들의 손에 집중된다. 그리하여 이러한 집중이 의견의 중앙집권적 관리를 조장하고 그것을 필연적인 것으로 만들고 있다. 의견을 대량생산하는 것은 상품을 대량생산하는 것과 같다.

정치적 자유라는 19세기적 개념이 경제력 성장과 집중으로써 많은 사람들에게 환상으로 끝난 것과 마찬가지로, 사상적 자유라는 19세기적 개념은 의견을 지배하는 힘이라는 새롭고 강력한 수단의 발달에 의해 근본적으로 수정되었다. 오늘날 많은 사람들의 마음속에 선전이라는 말이 여전히 부추기고 있는 편견[76]

---

[76] 1939년 7월 28일 영국 하원에서 내무장관은 이렇게 말했다. '전 세계 어디에서도 정부를 홍보하고 선전할 필요가 없는 세상이 되기를 희망한다. 나는 오래 살아남아서 전쟁 시대의 이 미심쩍

은 산업 및 무역의 국가관리에 대한 편견과 매우 비슷하다. 낡은 자유주의적 생각에 따르면, 사람들의 의견은 무역이나 산업과 마찬가지로 인위적인 규제를 받지 않고 독자적인 자연스러운 통로로 흘러가야 한다. 그러나 이 생각은 다음과 같은 엄연한 사실 앞에서 무너지고 말았다. 현대적인 조건 속에서 의견은 무역과 마찬가지로 인위적인 통제에서 벗어나지 못했고 또 벗어날 수 없다는 사실이다.

문제는 이제 사람들이 자신들의 의견을 드러낼 정치적 자유를 가지고 있는가 하는 것이 아니다. 문제는 의견 표명의 자유가 많은 사람들에게는 무수한 선전 형태―이것은 기득권익이 명하는 바에 따라 결정된다―의 위력에 좌우되는 것 말고 무슨 의미를 갖고 있는가 하는 것이다. 전체주의국가에서 라디오와 출판, 영화는 정부의 완전한 관리 아래 있는 국영산업이다. 민주주의국가에서는 상황은 각각 달라도 모든 면에서 중앙집권적 통제의 방향으로 나아가고 있다. 여기서는 다양한 거대단체가 태어나며, 그 단체들은 너무나 강력한 데다 공동체에 매우 중요하기 때문에, 정부기관과 무관한 채로 두어서는 안 된다. 이러한 단체 쪽에서도 정부기관의 공적 통제 대신 국가와의 자발적인 협력관계를 선택하는 편이 낫다는 것을 스스로 깨닫게 된다. 의견의 국유화는 곳곳에서 산업의 국유화와 보조를 맞춰 나아가고 있다.

(나) 정책수단으로서의 선전

의견을 지배하는 힘을 대외정책의 정규 수단으로서 조직적으로 행사하는 것은 현대에 들어 발달했다. 1914년 이전에도 국제관계에서 정부가 선전활동을 하는 일은 있었다. 비스마르크나 다른 정치가들은 출판물을 자유자재로 이용했다. 물론 그것은 여론 전체에 영향을 미치기 위한 수단이라기보다는 외국정부에 의사를 밝히기 위한 것이었다. 선교사와 무역업자의 협력, 그리고 그 양쪽에 대한 군사력 지원은, 국가의 영토확장을 위해 선전과 경제력, 군사력이 비공식적으로 연대하는, 잘 알려진 19세기적 사례였다. 그러나 선전 분야는 한정되어 있었다. 이 선전 분야를 열심히 개척한 것은 혁명적이라고 할 수 있는 사람들이었다. 그때까

은 유물이 사라지는 것을 내 눈으로 확인하고 싶은 소망을 아직 버리지 않고 있다.'(*Official Report*, col. 1834)

지만 해도 정부가 조직적으로 선전에 의지하는 것은 품위를 손상하는 부끄러운 일로 여겨졌다.

1914~1918년의 교전국이 '경제전쟁과 군사전쟁을 효과적으로 수행하는 데는 심리전이 반드시 필요하다'는 사실을 깨닫는 데는 그리 오래 걸리지 않았다.[77] 자기 진영의 사기를 북돋고 적 진영의 사기를 떨어뜨리는 것은 군사, 경제 전선에서의 성공조건이었다. 선전은 이 두 가지 목적을 좇기 위한 수단이었다. 적의 부대 안에 폭동을 일으키기 위해 적 진영에 선동 유인물을 뿌렸다. 이러한 행동은 최신 병기와 마찬가지로 처음에는 국제법 위반이라 하여 비난받았다.[78] 게다가 전쟁행위에 나타난 새로운 조건은, 다른 많은 점에서와 마찬가지로 전투원과 일반시민의 구별을 무의미하게 만들었다. 일반주민의 사기를 저하시키는 것이 처음으로 군사상의 목표가 되었다.

(1918년 1월, 영국 참모총장은 이렇게 썼다). 장거리 폭격은 폭격 목표지역에 불안을 조성하도록 끊임없이 되풀이된다면 최대한의 정신적 효과를 낳을 것이다. 공업생산을 방해하고 국민의 신뢰를 약화시키는 것은 무엇일까. 그것은 아무런 맥락도 없는 돌발적인 공격이 아니라 빈번하게 주기적으로 공격하는 것이다.[79]

다른 교전국의 군 간부들도 같은 문제를 똑같이 생각했을 것이다. 일반주민의 사기를 꺾는 것은 많은 공습의 주요목적이었을 뿐만 아니라, 베르타포(제1차세계대전에서 독일이 사용한 거포)에 의한 독일의 파리 장거리포격의 주요목적이었다. 폭탄과 폭발물의 위력은 특히 전쟁이 끝날 무렵의 몇 달 동안 선전을 위한 인쇄물을 대량으로 뿌림으로써 더욱 강해졌다. 제1차대전 전기간에 걸쳐 힘의 세 가

---

77) H. D. Lasswell in the Foreword to G. G. Bruntz, *Allied Propaganda and the Collapse of the German Empire*. 이 책은 이 주제에 관한 접할 수 있는 가장 포괄적인 설명이다.
78) 1917년 영국 항공병 두 명이 독일당국에 체포되어, 전쟁법규를 어기고 그러한 인쇄물을 공중에서 뿌린 혐의로 10년의 중노동형을 선고받았으나 영국의 보복우려가 있다 하여 철회되었다. 이런 선전은 공중전 행위에 관한 1923년의 헤이그 공전법규안(空戰法規案)에서 명확하게 제재되었다(G. G. Bruntz, *op. cit*. pp. 142-4).
79) *The War in the Air*(British Official History of the War), by H. A. Jones, vi. Appendix VI, p. 26.

지 형태 사이에 긴밀한 상호의존 관계가 있다는 것이 끊임없이 입증되었다. 자국과 중립국, 적국의 선전이 모두 성공할지 여부는 군사, 경제투쟁의 명운에 달려 있었다. 연합국측의 봉쇄 및 전장에서의 연합국측 승리가 결국 독일의 전력을 무력화했을 때, 연합국측의 선전이 엄청난 효과를 발휘하여 마지막 함락에 중대한 역할을 했다. 1918년의 승리는 군사력, 경제력, 의견을 지배하는 힘의 교묘한 조합을 통해 이루어졌다.

전쟁 후기에 선전의 중요성이 널리 인정되고 있었음에도, 거의 모든 사람들은 여전히 선전을 특별히 전투 시에만 어울리는 무기로 생각했다. 레닌과 동료들을 러시아행 봉인열차로 급송하는 것이 주요 임무였던 독일 장군은 이렇게 말했다. '적의 참호에 포탄을 쏘는 것처럼, 또 적에게 독가스를 뿌리는 것처럼, 나에게는 그들의 적대자로서 적을 향해 선전활동을 할 권리가 있다.'[80]

전쟁이 끝나자 선전을 담당했던 정부 조직이 폐지된 것은 전시편성 해제에 따라 자동적으로 취해진 조치였다. 그러나 얼핏 평화시대처럼 보였으나, 정전에서 20년 동안 많은 정부는 전시에 못지않게 집중적으로 선전활동을 펼쳤다. 국내외의 여론을 움직이기 위한 새로운 공식, 준(準)공식기관이 모든 나라에 들어섰다. 국제정치가 대중화함으로써, 또 선전수법이 차츰 효력을 증대함으로써 이 새로운 전개는 가능하고도 필연적인 것이 되었다. 이러한 과정은 아마 앞으로도 이어질 것이므로, 선전이 영속하는 것 또한 확실한 것으로 보인다.

국제관계에서의 정규수단으로서 선전을 맨 처음 도입한 것은 소련정부로 알려져 있다. 그 이유는 약간 우연에 가까웠다. 볼셰비키가 러시아에서 권력을 장악했을 때, 국제분쟁에 사용할 러시아의 군사적, 경제적 무기는 전반적으로 절망적일 만큼 취약했다. 따라서 자신이 처한 상황에서 그들이 확보해야 하는 힘의 원천이란 곧 다른 나라의 여론에 영향을 미치는 것이었다. 즉 그들이 이 무기를 최대한으로 이용하는 것은 자연스럽고도 마땅한 일이었다. 혁명 초기에 그들은 선전 유인물을 뿌리고 또 전선에서 서로 가까이 교류함으로써 독일군을 무너뜨릴 수 있다고 진심으로 믿었다. 나중에 그들은 내전 중인 자신들에게 연합국이 가

---

80) Max Hoffmann, *War Diaries*(Engl. Transl.), ii, p. 176.

해 오는 간섭을 무력화하기 위해 연합국 내에서의 선전활동에 의지했다.

다만 만약 선전이 실전에 강한 적군(赤軍)의 창설에 의해 보강되지 않았다면 선전만으로 효과를 발휘하는 일은 없었을 것이다. 그러나 이 선전이 수행한 역할의 중요성은 훗날 오랫동안 볼셰비키의 선전이 두려움의 대상이 되었고 여전히 그 공포가 유럽과 아시아의 많은 나라에서 사라지지 않았다는 사실을 통해 충분히 증명되었다. 소련은 코민테른이라는 형태로 항구적인 대규모 국제 선전 기관을 설립한 최초의 근대국가였다.

그러나 의견을 관리하는 것이 왜 소련의 정책에서 제1급의 지위를 차지하게 되었을까? 거기에는 보다 심오한 이유가 있었다. 중세가 끝난 이후 어떠한 정치조직도 자신이 보편적 진리의 보유자라거나 보편적 복음의 전도자라고 주장한 적이 없다. 소련은 국제적 이론을 전도하고 유력한 세계선전조직을 가진 최초의 국가단위였다. 이 새로운 제도는 매우 혁명적으로 비쳤기 때문에 처음에 코민테른은 소련 정부의 권력과는 전혀 무관하게 여겨졌을 정도였다.

그러나 국가권력과 국제기관의 분리는 행정의 세부에서는 잘 기능했을지 모르지만, 중대한 정책에서는 결코 그렇지 않았다. 소련 국가가 스탈린에 의해 강화된 뒤부터, 이 분리는 그럴듯한 허구에 지나지 않게 되었다. 이러한 전개는 국지적인 중요성을 훨씬 넘어서는 의미를 갖고 있었다. 또한 이 전개는 오늘날 국제정치에서 우리가 이데올로기라고 알고 있는 것의 위치라는 새로운 문제를 제기하고 있다.

만일 의견을 지배하는 힘이 다른 형태의 권력과 분리될 수 없는 것이 진실이라면, 당연히 권력의 국제화가 있을 수 없듯이 국제적 의견도 정치적으로 있을 수 없고, 또 국제적 선전은 국제적 군대와 마찬가지로 어불성설이 되기 때문이다. 언뜻 역설적으로 보일 수도 있는 이 견해를 우리는 매우 설득력 있는 논의를 통해 지지할 수 있다. 따라서 이 견해와 그 의미를 주의 깊게 고찰해야 할 것이다.

(다) 국가적 선전인가 국제적 선전인가

인류에 커다란 영향을 미쳐 온 정치사상 대부분은 표면적으로 보편적 원리에 바탕을 두고 있으며, 따라서 이론적으로는 국제적 성격을 지녔다. 프랑스 대혁명의 사상, 자유무역, 1848년 최초의 공산주의, 또는 1917년에 부활한 공산주의, 시오니즘, 국제연맹의 사상 등은 모두 얼핏 보아서는 (이러한 사상이 의도했듯이) 권력에서 분리되어 국제적 선전에 의해 만들어진 국제적 의견의 실례라고 할 수 있다. 그러나 잘 살펴보면 이 첫인상에는 한계가 있다. 이러한 사상은 모두 그들이 국가적 색채를 띠고 국가권력의 지지를 얻기 전까지 정치적 효력을 과연 얼마나 발휘할 수 있었을까. 대답은 그리 간단하지 않다. 알베르 소렐은 열광적인 프랑스 혁명가들이 어떻게 행동했는지에 대해 유명한 글을 남겼다.

> 그들은 구별하지 못했다……새로운 독트린의 선전과 프랑스의 권력 확대를, 인류의 해방과 프랑스 공화국의 위대함을, 이성의 지배와 프랑스의 지배를, 민족의 해방과 국가의 정복을, 그리고 유럽혁명과 유럽에 대한 프랑스혁명의 우위를 혼동했다.[81]

모두가 알고 있듯이, 나폴레옹이 거느린 군사력은 1789년의 혁명사상이 유럽 전역에 전파될 때 가장 강력한 요인이 되었다. 자유무역사상이 정치적 영향력을 발휘한 것은 영국이 그것을 정책의 기초로 채용한 데서 시작된다. 1848년의 혁명가들은 정치권력을 쟁취하는 데 실패했다. 1848년의 사상은 성과를 올리지 못한 상태였다. 제1차 인터내셔널(1864년 런던에서 설립된 국제노동자협회)도 제2차 인터내셔널(1889년 파리에서 열린 국제사회주의자 대회가 그 창설을 결정했다)도 진정한 권력을 획득할 수 없었다. 1914년의 여러 사실들이 보여 주듯이, 국내에서는 노동운동이 일어났지만 국제적인 노동운동은 볼 수 없었다.

제3차 인터내셔널, 즉 코민테른은 러시아의 국가권력이 배후에서 밀어주기 전까지는 거의 영향력이 없었다. 스탈린은 나폴레옹이 1789년의 혁명사상을 왜곡하여 퍼뜨린 것과 똑같이, 1917년의 혁명사상을 왜곡하여 퍼뜨렸다. 국가권력의 지지를 전혀 받지 않았던 트로츠키주의는 아무런 영향력도 발휘하지 못했다. 시오니즘은 오로지 국제적 선전에 의지하는 한 정치적으로 무력하지만, 강대국의

---
[81] A. Sorel, *L'Europe et la Révolution Française*, pp. 541-2.

정치적 지원을 기대할 수만 있다면 유력해질 수 있다. 선전은 국가라는 흠그라운드를 가지고 군사력, 경제력과 이어져야 비로소 정치적인 힘으로서 효력을 발휘한다.

국제연맹과 그 연맹을 위한 선전이 걸어간 운명은 아마 이러한 경향의 가장 좋은 현대적인 예증이 될 것이다. 이제까지 살펴본 것처럼 우드로 윌슨이나 세실 경 같은 사람들은 국제연맹을 인류의 조직된 의견을 드러내는 장이라고 생각했고, 그 인류의 조직된 의견은 정부의 군사력과 경제력을 통제하는 것이었다. 국제여론은 권력의 최대 수단이었다(단연코 우리가 갖고 있는 최강의 무기이다). 이러한 의견은 국경을 무시하는 국제적 선전으로써 만들어졌다.[82]

1920년대에 국제적 의견의 힘에 대한 이 생각은 잘못된 것임이 서서히 밝혀진다. 국제적 의견이 어떻게든 살아남은 것은 연맹의 열광적인 지지자들이 평화와 군축이라는 구호를 끈질기게 외친 덕분이다. 평화와 군축이 온갖 사람들에게 다양한 의미를 가지고 있고, 게다가 실제로 서로 모순되는 의미를 가졌다는 바로 그 점 때문에, 오히려 이 평화와 군축은 널리 사람들에게 호소력을 지닐 수 있었다. 모든 나라가 굳이 전쟁을 하지 않고 정책 목적을 이루려 했고, 그런 의미에서 그들은 평화를 수호한 것이다. 모든 나라가 다른 나라의 군축을 기대하거나, 자국의 사활과 크게 상관이 없다고 생각하는 무기는 스스로 감축하려 했다.

군축회의가 실패로 끝난 뒤, 국제연맹이 최강 가맹국들의 국책 수단이 되지 않으면 그 자체가 잘 기능하지 않는다는 것은 누구의 눈에도 명백했다. 국제연맹을 지지하는 의견이 국제적으로 확산되는 일은 전혀 없었다. 연맹을 지지하는 의견은 연맹이 국가정책의 목적에 들어맞는다고 스스로 생각하는 국가만의 것이었다. 영국에서 국제연맹을 처음으로 받아들인 것은 보수당의 이른바 민족주의자들이었다.

국가권력에서 분리된 국제여론의 유효성을 믿는 것이 잘못임은 다른 지역에서 전개되고 있는 사태를 통해 더욱 예증될 것이다. 파시즘이라는 이름으로 편의적으로 분류되는 일련의 운동은 민주주의, 계급투쟁의 부정, 나아가서는 지도자

---

82) 제3장 4 참조.

대망론 등과 같은, 일정한 보편적 원리라고 불리는 것에 기초했다. 이전부터 파시즘은 수출품이 아니라는 수식어가 붙여졌고, 파시즘에 집착하는 나라들에 의해 오랫동안 그렇게 여겨졌다. 그 뒤 이러한 단정이 공식적으로 배척되어[83] 파시즘은 세계의 많은 지역에서 활기찬 국제적 선전의 주제가 되었다.

그러나 국제연맹과 코민테른이 국제적 의견의 수단으로 시작되어 국가정책의 수단으로 끝난 것에 비해, 파시즘이 국가정책의 수단으로 시작되어 국제적 의견의 수단으로 끝났다고 보는 것은 얕은 견해이다. 두 경우 모두 그 국제적 측면은 하나의 환상이었다(그렇다고 많은 사람들이 진심으로 그것을 믿지 않는다는 의미는 아니다). 파시즘을 위한 국제적 선전은 특정한 나라의 국책 수단이 되어 그러한 나라의 군사력, 경제력의 증강과 함께 발전했다. 그러나 국가정책의 수단으로서 국제 이데올로기의 선전이 힘을 쓰지 못하게 된 것은 적극적인 이데올로기를 공유하지 못한 나라들이 하나의 정치동맹을 맺기 위해 부정적인 슬로건을 채용했기 때문이다.

따라서 독일이 국가정책의 필요에서 주요 공산주의국가와 협정(1939년의 독소불가침조약)을 맺어도 독이일(獨伊日) 삼국방공협정(1937년)은 그것을 막을 수 없었다. 민주주의국가들의 반파시즘도 파시즘과 통치형태를 구별할 수 없는 국가들과 주저 없이 동맹을 맺었다. 이러한 구호는 그것을 사용하는 국가들의 국책을 떠나서는 어떠한 의미도 실체도 없었다. 의견을 지배하는 힘은 군사력, 경제력과 분리될 수 없다.

(라) 선전에 관한 국제협정

오늘날 선전은 국가의 정치적 무기로 충분히 이해되기 때문에, 이를 이용하는 것에 대한 규정은 다양한 국제협정으로 매우 일반화되어 있다. 코민테른의 행동을 제한하기 위해, 소련과 맺은 협정에 이러한 규정이 처음으로 도입된 것은 당연했다. 그러나 이것은 여전히 하나의 예외적인 예로 생각할 수 있다.

소련을 제외하면 적대적 선전을 담은 최초의 성문협정은 독일과 폴란드의 방

---

[83] B. Mussolini, *Scritti e Discorsi di Benito Mussolini*, vi. 151 ; vii. 230.

송사 사이에서 맺어졌다. '방송 내용이 협정상대국의 구성원인 청취자의 국민감정을 해쳐서는 안 된다'[84]는 것을 보장하는 것이었다. 폴란드 정부가 군축회의에서 도덕적 군축에 관한 협정을 맺자고 제안했을 때, 처음으로 선전이 세계적인 문제로 떠올랐다. 일반협정을 통해 선전이라는 무기를 제한하는 것은 결국 군사적 무기와 마찬가지로 불가능하다는 사실을 알게 되었다.[85] 그러나 적대적 선전을 끝내기 위한 양국간 협정은 1934년 독일과 폴란드 사이에서, 그리고 1936년 독일과 오스트리아 사이에서 각각 체결되었다.[86] 또 1938년 4월 16일의 영국 이탈리아 협정에서 양국은 어느 한쪽이 상대국의 이익을 해치기 위해 자의적으로 홍보, 선전 방법을 이용하는 것이 이 협정의 목적인 당사국간의 양호한 관계와 모순된다는 합의를 성문화했다.

이러한 협정에 의해 민주주의국가는 명백하게 곤란한 문제에 맞닥뜨렸다. 왜냐하면 민주주의국가는 국제문제에 대한 의견의 자유로운 표현과 출판을 제한해서는 안 되며, 따라서 자국 영토 안에서 다른 나라를 적대하는 선전을 공식적으로 금할 수 없기 때문이다. 이러한 곤란한 처지는 영국 이탈리아 협정에 사용된 용어의 왜곡된 어법에 반영되어 있다.

그러나 경제 분야와 마찬가지로 의견 분야에서도 자유방임의 19세기적 원리가 민주주의국가에서도 이제는 잘 작용하지 않는 것이 사실이다. 민주주의 정부는 전체주의국가와 경쟁하기 위해 자국 영토 안에서 경제생활을 통제하고 조직하지 않을 수 없듯이 그들의 의견을 통제, 조직할 수 없다면 전체주의국가를 상대로 행동할 때 불리한 처지에 놓이게 된다. 이러한 사실 인식은 영국 같은 나라에서도 급속하게 강화되었다. 국제관계 문제에 대해서는 제2차세계대전이 일어나기

---

84) *League of Nations*, C. 602, M. 240, 1931, ix. p. 4.
85) 국제협정에서 협정 당사국들은 상대 당사국에 적대하여 전쟁을 선동하거나 대체로 적대적인 선전을 자국 영토 내에서 방송하지 않는다는 것에 동의했다. 1936년 9월 제네바에서 당시 국제연맹에 남아 있었던 대부분의 구성국이 이 국제협정에 서명했다(*League of Nations*, C. 399(1), M. 252(1), 1936, xii.).
86) 두 사례 모두 선전에 관한 합의는 정식으로 발표된 문서 속에서는 찾아볼 수 없었지만, 합의가 성립된 것은 공식 성명서에 밝혀져 있다. 1936년 7월 11일의 독일-오스트리아 협정에 관한 오스트리아 외무부의 성명서는 다음과 같이 적혀 있었다. '양국은 무선, 영화, 통신사, 극장의 공격적인 이용은 모두 중단해야 한다.'(*Documents on International Affairs*, 1936, p. 324)

전에도, 신중하기는 했지만 정부의 영향력이 방송, 영화, 출판물에 대해 행사되었고, 위기의 시대에는 비공식적이지만 직접적인 검열까지 하기에 이르렀다. 이 권력의 행사는 개개의 사례에 따라 종종 비판받기도 하지만, 어떤 정부가 권력의 자리에 있더라도 같은 상황에 놓인다면 어느 정도 통제력을 행사할 것은 틀림없었다.[87]

동시에 외국의 여론을 영국에 우호적인 쪽으로 돌려놓고자 하는 선전이 빠르게 퍼져 갔다. 1935년 이후, 영국문화원이라는 단체는 영국인의 생활과 사상을 외국에 널리 알리는 역할을 해 왔다. 1938년에는 BBC가 여러 외국어로 정규뉴스 방송을 시작했다. 1939년 6월 영국 총리는 외무부 대외홍보국을 신설한다고 발표했다. 이것은 세계대전 발발과 함께 즉각 창설된 대외정보부의 핵심 조직이 되었다.

(마) 선전에서의 진실과 도덕

지금까지 우리는 의견을 지배하는 힘에 대해 군사력에서나 경제력에서나 똑같은 시각에서 논의했다. 이렇게 다른 형태의 권력 사이에 있는 밀접한 관련은 매우 중요한데, 그럼에도 이 관계는 이론적인 논의 속에서는 지나치게 무시되어 왔다. 그러므로 의견을 지배하는 힘에 대한 이제까지의 논의는 오늘날 이 문제에 대한 가장 효과적인 접근법이라고 생각할 수 있다.

확실히 일부 사람들은 이것이야말로 유일하게 올바른 접근법이라고 주장할 것이다. 첫째로, 의견이라는 것은 그 사람의 지위와 이해관계에 따라서 제약받기 때문이다. 둘째로, 앞 장에서 살펴본 것처럼, 지배계급 내지 지배국가 또는 강력한 국가군은 특권적인 지위를 유지하는 데 이로운 의견을 전개할 뿐만 아니라, 군사적, 경제적 힘의 우위로 자신의 의견을 쉽게 타인에게 강요할 수 있기 때문이다.

---

[87] 야당인 자유당이 제안한 출판물에 관한 유익한 토론은 1938년 12월 7일, 하원에서 시작되었다. 자유당 발언자들은 잘 알려진 19세기적인 사고방식대로 출판의 자유를 주장했다. 한편, 같은 야당인 노동당 대변인은 출판의 자유는 이미 환상에 지나지 않으며, 이 나라의 모든 신문은 자신이 찍어 내는 모든 뉴스에 책임을 지고, 나아가서 본 하원과 다른 국가기관에도 책임을 가질 것을 기대한다고 강조했다(*Official Report*, col. 1293).

1918년에 민주주의국가가 승리하자 민주주의야말로 가장 좋은 통치형태라는 견해가 지배적이 되었다. 1930년대에 들어 통치형태로서 파시즘의 가치는 세계의 많은 지역에서 어떤 평가를 받았을까. 그 평가는 독일과 이탈리아의 군사력과 경제력이 다른 강대국에 비해 어떤 상태에 있었는가 하는 것과 비례해서 변화했다고 해도 크게 과장은 아닐 것이다. 이러한 명제는 수많은 사례로써 입증할 수 있다. 만약 이러한 명제가 절대적으로 옳다면, 의견을 지배하는 힘은 그 성격상 군사력, 경제력과 사실상 구별할 수 없을 것이고, 충분한 권력 및 기술적 수완이 있으면 사람들을 믿게 하지 못할 것은 아무것도 없다고 할 수도 있다.

이것이 진실임은 때때로 이야기되어 왔다. 히틀러는 이렇게 말했다. '영리하고 끈기 있게 선전하면, 국민으로 하여금 천국도 지옥으로, 가장 불행한 생활도 낙원으로 믿게 할 수 있다.'[88] 미국의 광고전문가는 다음처럼 말했다. '어떠한 주제에 대해서도 우리는 여론을 모든 방향으로 끌고 갈 수 있으며, 거기에 제약을 가하는 것은 오직 경비문제뿐이다.'[89]

그러나 이러한 과장된 말은 숙달된 전문가들이기 때문에 할 수 있는 것이다. 나중에 살펴보겠지만, 히틀러도 여론을 만들기 위한 선전의 힘이 무한하다고 실제로 믿은 것은 아니었다. 다른 경우와 마찬가지로, 여기서도 극단적인 현실주의자의 관점을 옹호할 수는 없다. 의견을 지배하는 힘을 군사력, 경제력을 보는 관점과 똑같은 관점으로 볼 수도 있겠지만 지금은 인간의 사상과 감정이라는 비물질적 요인에 대하여 이야기하고 있다는 점에 유의해야 한다.

의견을 지배하는 절대적인 힘은 두 가지 방법으로 제한된다. 첫째로 이 절대적인 힘은 어느 정도 사실과 일치해야 한다는 점에서 제약을 받는다. 의견의 형성과 무관하다고 할 수 없는 객관적인 사실이 있는 것이다. 잘 만든 광고로써 저급한 원재료로 만든 화장품도 최고급으로 대중을 믿게 할 수는 있다. 그러나 아무리 노련한 광고로도 황산으로 만든 화장품을 팔 수는 없다.

히틀러는 제1차세계대전 중에 독일이 적을 우스꽝스럽고 경멸스러운 존재로 표현한 선전을 무익한 행위라고 비난했다. 그 선전은 참호 속의 독일병이 깨달은

---

[88] A. Hitler, *Mein Kampf*, p. 302.
[89] J. Truslow Adams, *The Epic of America*, p. 360.

것처럼 그것이 진실이 아니라는 이유로 실패했다. 선전이 서로 경쟁하는 시대에는 특히 그렇지만, 진실은 결국 드러나기 마련이라는 위험은 의견을 지배하는 힘에 매우 큰 제약이 된다. 교육은 의견을 지배하는 힘의 가장 강력한 수단인 동시에 그 힘에 맞서는 가장 강력한 수단인 자립적 탐구심을 높인다. 선전이 특정한 목적을 위해 사실을 왜곡하여 해석하면 할수록, 선전은 언제나 자멸적인 잠재요인을 내포하게 된다.

둘째로, 의견을 지배하는 힘은 인간성에 고유한 이상주의에 의해 더욱 강한 제약을 받을 것이다. 군사력, 경제력을 위해 이용되는 선전은 오히려 그 힘에 반발하는 사람들을 부추겨 그 자체의 목적을 좌절시키는 경향을 가지고 있다. 인간성에 대한 기본적인 사실로서, 인간은 결국 힘이 정의를 낳는다는 원칙을 거부한다. 억압은 이따금 희생자의 의지를 강화하는 결과를 낳아 지성을 더욱 갈고닦게 만든다. 따라서 특권집단이 비특권자들을 희생양으로 삼아 의견을 통제할 수 있다는 것은 보편적으로 옳은 것도 아니고 절대적인 진리도 아니다. 히틀러가 쓴 것처럼 정신적 기반이 없는 모든 박해와 야만적인 폭력을 통한 사상의 억압은 반드시 저항을 불러온다는 것을 미리 염두에 두어야 한다.[90]

매우 중요한 이 사실은 그저 권력이라는 말로만 정치를 정의할 수는 없다는 진실에 대한 또 하나의 단서를 우리에게 제공해준다. 의견을 지배하는 힘이 모든 권력의 필수 부분이라 하더라도 결코 절대적인 것은 아니다.

국제정치에서 권력을 배제할 수는 없기 때문에 국제정치는 언제나 권력정치이다. 그러나 이것은 진실의 일부에 지나지 않는다. 국가에 의한 선전이 모든 곳에서 국제성을 자칭하는 이데올로기로 집요하게 치장한다는 사실은 아무리 한정적이고 약한 것이라도 국제적인 공통이념의 근간이 존재한다는 것, 그리고 이러한 공통이념이 국익을 초월하는 가치기준에 합당하다는 신념이 존재한다는 것을 증명한다. 이 공통이념의 근간이 바로 우리가 말하는 국제적 도덕이다.

---

[90] A. Hitler, *Mein Kampf*, p. 187.

제9장 국제정치에서의 도덕

국제정치에서 도덕이 차지하는 위치는 국제학의 모든 영역 속에서 가장 모호하고 까다로운 문제이다. 그것이 모호한 이유는 두 가지가 있다. 하나는 일반적인 이유이고 또 하나는 국제정치 특유의 이유이다.

첫째로 도덕에 관한 대부분의 논의가 모호해지는 것은 도덕이라는 말이 일반적으로는 적어도 다음의 세 가지 다른 의미로 사용되기 때문이다.

(1) 철학자가 주장하는 도덕률. 이것은 거의 드물게 실천되지만 매우 자주 논의된다.

(2) 일반인의 도덕률. 이것은 흔히 실천되지만 좀처럼 논의되는 일이 없다(그것은 일반인이 자신의 행동과 판단의 기준이 되는 도덕적 전제를 검토하는 일이 거의 없기 때문이다. 간혹 검토한다 해도 이 도덕적 전제는 특히 자기기만에 빠지기 쉽다).

(3) 일반인의 도덕적 행동. 이것은 (2)와 매우 밀접한 관계가 있지만 (1)과는 거의 관계가 없다.

우리는 (2)와 (3)의 관계가 상호적이라는 것을 알고 있다. 일반인의 행동은 자신의 도덕률에 영향받을 뿐만 아니라, 그 도덕률도 자신을 포함한 일반인의 행동양식에서 영향을 받는다. 이러한 경향은 일반인의 정치적 도덕관에서 특히 두드러진다. 정치적 도덕은 개인의 도덕에 비해, 실제로 실천되고 있는 것을 체계화하려는 경향이 더욱 강할 뿐만 아니라, 정치적 도덕에서는 (2)와 (3)의 상호성에 대한 기대가 언제나 중요한 역할을 한다.

전간기의 국제학이 이상주의 학파에 의해 독점되었기 때문에, 결국 사람들의 관심은 국제도덕의 이상적인 모습에 집중되었다. 국가의 도덕적 행동에 대해서는, 이 이상적 도덕에 비춰 경솔하게 대충 비난할 뿐, 논의다운 논의는 거의 없었다. 국제도덕에 관한 일반인의 생각에 대해서도 전혀 논의가 없었다. 정치의 대중화를 통해 비로소 일반인의 생각이 중시되기 시작한 시대에 그것은 매우 불행한 일이었다. 국제적 이상과 현실 사이에 끊임없이 확대되는 괴리는 어쩌면 철학자의 이론과 말로는 표현할 수 없으며, 때로는 무의식적인 일반인의 가정에 기초한 실천 사이의 괴리라는 형태로 나타날지도 모른다.

유토피아는 자신도 모르는 사이에 기득권의 도구가 되어 버리는 운명을 걸었다. 현대의 앵글로색슨계 논자들이 거의 모두 말하듯이, 국제도덕은 기존질서를 비난하는 사람들을 집요하게 공격하기 위한 편리한 무기일 뿐이었다. 다른 나라와 마찬가지로 영국에서도 국제정치학 연구자는 이상주의를 완전히 버릴 수가 없다. 그러나 그는 현실에 단단히 발을 딛고 서서 미래에 대한 꿈과 현재의 현실 간의 접점을 유지하기 위해 충분히 노력해야 할 것이다.

그것은 극단적으로 어려운 일도 아니다. 식인종의 도덕률과 도덕적 행동을 조사하는 인류학자는 아마도 식인은 좋지 않은 습관이라는 전제에서 출발할 것이고, 따라서 식인은 뿌리 뽑아야 한다고 생각할 것이다. 그러나 그는 식인을 비난하는 것은 그다지 의미가 없다고 느낄지도 모르고, 또 그렇게 비난하는 것과 대상의 과학적 연구를 혼동하는 일은 결코 없을 것이다. 그런데 국제도덕 연구자들이 언제나 이처럼 명쾌한 사고를 한 것은 아니었다. 일반적으로 그들은 과학자의 역할보다는 전도자의 역할을 선택해 왔기 때문이다.

두 번째 이유는 국제 분야에 특유한 것이다. 이상하게 들릴지도 모르지만, 국제도덕에 대해 논자들은 그들이 논의하려는 도덕이 국가의 도덕인지 개인의 도덕인지에 대해 서로 일치하지 않고 또 그들 자신의 마음속에서도 언제나 명쾌하게 구별된 것은 아니었다. 이 점은 논의 전체에서 매우 중요하다. 따라서 연구를 시작할 때는 먼저 이 점부터 분명하게 밝혀져야 한다.

1. 국제도덕의 본질

근대국가가 형태를 갖추기 시작했던 절대적인 개인 지배의 시대에는, 개인의 도덕과 국가의 도덕을 구별하는 것에 대해 각별히 논의되는 일이 없었다. 국가의 행동에 대해 군주가 개인적으로 책임을 진다 해도 그것은 사실을 부당하게 왜곡하는 것이 아니었다. 찰스 1세(잉글랜드 왕)는 좋은 아버지인 동시에 나쁜 왕이었을지도 모른다. 그러나 이 두 가지 역할에 대해 그의 행동은 개인적인 것으로 다루어졌다.[91]

그러다가 국가기구가 차츰 복잡해지고 입헌정치가 발전하여 군주의 개인적 책임이 속이 빤한 허울이 되자, (도덕적 책임의 필요조건으로 여겨진) 인격은 군주에게서 국가로 옮겨갔다. 홉스가 말했듯이, 리바이어던이라고 할 수 있는 국가는 인공적 인간이다. 이것은 중요한 진일보였다. 자연법에 기초한 국제법의 창출을 가능하게 한 것은 바로 이 국가의 인격화였다. 국가는 국가를 마치 인간처럼 다루는 허구의 힘에 의해 비로소 서로 의무를 지게 되었다.

그러나 국가의 인격화는 국가에 의무뿐만 아니라 권리도 부여하는 편리한 방법이었다. 19, 20세기에는 국가권력이 커지면서 국가의 권리가 국가의 의무보다 더욱 두드러졌다. 그리하여 국가의 인격화는 처음에는 자유주의적이고 진보적인 장치로서 시작되었지만, 이윽고 그것은 개인에 대한 국가의 끝없는 권리주장으로 이어져서, 이제는 반동적, 권위주의적인 것으로 비난받기에 이르렀다. 현대의 이상주의 사상가들은 국가의 인격화를 단호하게 거부하고,[92] 그 결과 국가에 도덕이 있다는 것을 부정하기에 이른다. 이러한 견해에서 보면 결국 국제도덕은 개개인의 도덕이 아니면 안 된다.

국가가 인격을 갖는가 하는 문제에 대한 논쟁은 사람들을 혼란시킬 뿐만 아니라 의미가 없다. 국가에 인격 같은 것은 없다는 주장은 국가에 인격이 있다는 것과 마찬가지로 터무니없다. 국가라는 인격은 사실이 아니며, 본디 이 사실의 진위는 논의 대상이 되지 않기 때문이다. 그것은 국제법 학자가 국가의 성립조건으로서 가정된 자질이라고 부른 것이다.[93] 그것은 필요한 의제(擬制) 또는 가설이고, 인간의 정신이 선진적 사회의 구조를 다루기 위해 만든 필수불가결한 도구이다.[94]

---

91) 베르사유 조약에서 연합국 정부는 독일의 전 황제에게 국가행동에 대한 책임을 개인적으로 지게 함으로써, 역사상 유명한 이 생각을 부활시키려고 했다. 그러나 열기가 식고 나자 이 시도는 곳곳에서 비난을 받게 된다. 그런데 현대의 독재정권이 이 생각을 다시 유행시키게 되었다. 그리하여 토인비 교수는 아비시니아 침공을 무솔리니의 숙고에서 나온 개인적 죄과라고 불렀다 (*Survey of International Affairs*, 1935, ii. p. 3). 물론 그는 아마도 '호어-라발 계획'을 영국 외무장관 호어 경과 프랑스 수상 라발의 개인적 죄과로 생각하지는 않았을 것이다.
92) 이를테면 레옹 뒤기는 이것을 '무가치하고도 무의미한 의인화'라고 불렀다(*Traité de droit constitutionnel*, i. ch. v).
93) W. E. Hall, *International Law*(8th ed.), p. 50 ; Pearce Higgins, *International Law and Relations*, p. 38.
94) 물론 이것은 국가가 정치조직으로서 필연적 형태라는 것을 의미하는 것은 아니고, 국가가 용인

개인이 단순히 개인인 원시적인 정치질서를 상상하는 것은 이론적으로는 가능하다. 그것은 모든 생산자와 상인이 단순한 개개인인 경제질서를 상상하는 일이 가능한 것과 같다. 그러나 경제발전과 함께 주식회사 같은 형태로 공동책임이라는 의제가 필요해졌듯이, 정치적 발전과 함께 국가의 공동책임이라는 의제가 필요해졌다. 이러한 의제적 존재의 권리와 의무가 완전히 법적인 것으로 인정되는 것은 아니다. 은행은 종업원을 우대하면 칭찬받고, 군수회사는 비애국적 행동을 하면 비난받는다. 철도회사는 대중에 대한 의무를 지고 공정거래를 요구한다. 모든 쟁점은 법적 규범뿐만 아니라 도덕적 규범의 중요성도 시사한다. 집단인격이라는 의제는 도덕적인 권리와 의무를 가지고, 따라서 도덕적 행동을 할 수 있으며, 그것은 근대사회에서 없어서는 안 되는 도구이다. 이러한 의제적 집단인격 가운데 가장 중요한 것이 국가이다.

특히 이것 이외의 용어를 사용하여 국제정치를 논하는 것은 불가능해 보인다. 영국인과 이탈리아인의 관계는 영국과 이탈리아의 관계의 동의어가 아니다. 국가의 인격화를 불합리하고 사악하다고 거세게 비판하는 국제문제의 이상주의적 논자들이 이러한 상상의 실체, 즉 그들이 존재를 부정하는 영국, 프랑스, 이탈리아를 되풀이해 도덕적으로 칭찬 또는 비난(일반적으로는 후자이지만)하는 것은 참으로 기묘하고 의미심장한 역설이다.

집단인격의 의제를 필수불가결한 것으로 하는 또 하나의 사회적 요소는 지속성이다. 국가의 인격화에 가장 날카롭게 반대하는 사람도 《타임스》 창간 150주년 기념이나 보트경주에서 케임브리지 대학의 38회 우승을 축하하는 것에 신경을 곤두세우지는 않을 것이다. 또 그들은 런던시의회(1888년의 지방자치법에 따라 설치된 행정기관)를 신뢰하여, 그것이 오늘 차입하여 사용한 돈을 50년 뒤에는 갚는다는 것을 믿어 의심치 않아도 될 것이다. 인격화는 단체의 지속성을 나타내는 사고의 범주이다. 그리하여 모든 단체 가운데 그 지속성을 보여 주는 것이 가장 필요한 단체는 바로 국가이다.

된 형태로 존재하는 한, 그 인격화는 필요한 의제임을 의미할 뿐이다. 이것은 다른 어떠한 형태에도 적용된다(이를테면 계급). 소비에트러시아에서는 프롤레타리아 계급의 인격화가 널리 행해져 왔다(이를테면 프롤레타리아 계급이 생산수단을 '소유한다'고 하는 의제).

1839년 벨기에 중립보장조약(영국, 오스트리아, 프랑스, 프로이센, 러시아의 5열강이 벨기에의 영세중립(永世中立)을 보장했다)이 벨기에를 지원하는 의무를 영국에 부과했는가 하는 문제가 1914년에 법적, 도덕적 쟁점이 되었다. 그러나 이 문제를 이성적으로 논의하려면 다음과 같이 생각하는 수밖에 없다. 즉 이 의무는 1839년의 조약에 서명한 파마스턴(영국의 정치가. 1784~1865) 개인의 것도 아니고, 1914년에 이 쟁점에 종지부를 찍어야만 했던 애스퀴스 수상(영국의 정치가. 1852~1928)이나 그레이 수상(영국의 정치가. 1862~1933) 개인의 것도 아니라는 것이다. 또 이 의무는 1839년에 살고 있었던 모든 영국인에게 있는 것도 아니고, 1914년에 살았던 모든 영국인에게 주어져야 하는 것도 아니다. 의무를 존중할 것인가 하는 문제에서, 도덕적 또는 비도덕적 행동을 할 것으로 생각되는 의제적 집단인격인 영국에 그 의무가 있다는 것이다.[95]

　요컨대 국제도덕은 국가의 도덕이다. 국가인격 및 국가책임이라는 가설은 진실도 허위도 아니다. 이 가설은 자신이 사실이라고 주장하는 것이 아니라 국제관계를 명쾌하게 고찰하는 데 필요한 사고의 틀에 지나지 않기 때문이다. 물론 1914년에 또 하나의 도덕적 쟁점도 등장했다. 개개의 영국인의 의무라는 문제이다. 그러나 이것은 영국에 대한 의무이고, 벨기에에 대한 영국의 의무에서 나온 것이다. 이 두 가지 의무는 서로 다르다. 이러한 사고의 혼란은 이 두 가지 의무를 구별하지 못하는 데서 필연적으로 도달하게 되는 결과이다.

　기묘하게도 이와 같이 구별하는 것은 일반인보다 철학자에게 더 어려운 일인 것 같다. 일반인은 국가에 대한 개인의 의무와 국가 사이의 의무를 쉽게 구별한다. 1935년 영국 하원에서 야당은 호어-라발 계획(영국의 에티오피아 침략 이후 영국 외무장관 호어(1880~1959)와 프랑스 총리 라발(1883~1945)이 만든, 에티오피아를 이탈

---

[95] 《타임스》의 한 기고문 속에서, 이 문제에 대해 사고가 혼란에 빠진 인상적인 사례를 볼 수 있다. 한 저명한 역사학 교수는 1914년의 프랑스에 대한 영국의 의무를 언급하며 '그레이는 프랑스에 대한 지지를 그의 개인적 신의로 생각했을지는 모른다. 그러나 그가 그것을 내각의 신의로 생각하지 않은 것은 확실하다'라고 썼다(*The Times*, February, 28, 1939). 만약 프랑스를 지지하기로 약속했다면, 그 약속은 그레이 개인이 아니라 영국을 위한 것이 아니면 안 된다. 그가 영국의 약속을 존중할 의무가 그 개인과 마찬가지로 내각전체도 가지고 있다는 것을 그레이 자신이 믿지 않는 한, 그는 이 약속을 성사시키지 않았을 것이다.

리아에 할양하는 시안)을 무서운 범죄라고 비난했다. 그러나 야당은 호어 경을 범죄자로서 비난하지도, 그렇게 취급하지도 않았다. 그들은 그가 다만 판단을 잘못했다고 여겼을 뿐이었다.

1938년, 영국인 중에는 그해 9월, 체코슬로바키아의 수데텐 지방을 독일에 할양하도록 결정한 뮌헨협정(영, 불, 독의 수뇌회담)을 수치스럽게 생각하는 사람도 있었다. 그러나 그들은 스스로를 수치스러워한 것은 아니었다. 그들은 이 협정을 막기 위해 가능한 일은 무엇이든 했을 것이기 때문이다. 그렇다고 체임벌린 수상을 수치스러워하지도 않았다. 그들의 대부분은 체임벌린이 잘못하기는 했지만 진실하게 행동한 점은 인정했기 때문이다. 진실하게 행동한 결과 잘못을 저지른 사람을 부끄럽게 생각하는 사람은 아무도 없다. 그들은 다만 영국을 수치스러워했다. 그들이 보기에 그 비겁하고 신뢰할 수 없는 행동이 영국의 명성을 떨어뜨렸다.

이 두 가지 사례에서는 같은 행동이라도 (평론가의 견해에 따르면) 개인적으로는 지적 실패가 되지만 영국으로서는 도덕적 실패가 된다. 영국이 체코슬로바키아에 준 천만 파운드의 차관은 속죄를 위한 기부금으로 널리 불리게 되었다. 속죄를 위한 기부금의 본질은 그것을 도덕적 의무 불이행자가 낸다는 점에 있다. 천만 파운드를 낸 도덕적 의무 불이행자는 체임벌린도 아니고 뮌헨협정에 갈채를 보낸 개개의 영국인도 아니었다. 그것은 바로 영국이었다. 국가의 의무를, 누군가 특정한 개인 또는 여러 개인의 의무와 똑같이 여길 수는 없다. 국가의 의무는 바로 국제도덕의 주체인 국가의 의무이다.

이러한 견해에는 보통 두 가지 반론이 제기된다.

첫 번째 반론은 국가의 인격화가 개인을 희생해 국위선양을 꾀한다는 것이다. 이 반론은 국가의 인격화가 자유주의적 사상가들 사이에서 불평을 사고 있는 것을 나타내지만 그것은 사소한 일이다. 국가의 인격화는 하나의 편법이다. 그리하여 이 국가의 인격화를 이따금 그것이 사용되는 방법을 이유로 비난하는 것은 살인에 사용된 도구를 비난하는 것과 마찬가지로 어리석다. 개인 및 다른 국가에 대한 의무를 강조함으로써 우리는 이 편법을 자유롭게 사용할 수 있다. 민주주의 또한 개인의 의무를 강조하는 수단으로써 국가의 인격화를 사용하지 않을 수 없다. 우리는 인격화된 국가에 꽤 고분고분하게 세금을 내지만, 아무리 세상물정에 밝은 사람이라도 한 사람 한 사람의 시민동포로 이루어진 집단에는 세금 따위는 내지 않을 것이다.

이런 일은 개인의 희생이 커지면 커질수록 더욱 설득력을 가진다. 파넬(아일랜드의 민족운동가. 1846~1891)은 이렇게 말했다. '여러분은 아일랜드 같은 불행한 나라를 위해 젊은이들을 희생시키진 않았을 것이다. 아일랜드를 한 여성으로서 마음에 그리고 있었던 것이 아니라면.'[96] '만일 영국을 살릴 수 있다면 누가 목숨을 바칠 것인가?'라는 말을, '만일 다른 영국인을 살릴 수 있다면 누가 목숨을 바칠 것인가?'라는 말로 바꾸는 것은 적절하지 않다. 게다가 이를테면 영국인, 프랑스인, 또는 독일인이 영국, 프랑스, 독일은 서로 도덕적 의무를 가지고 있으며, 그 의무를 수행함으로써 명성이 높아진다는 신념을 갖지 않는다면(그 신념이 아무리 어리석을지라도), 어떻게 질서정연한 국제관계가 실천될 수 있을지 떠올리기는 쉽지 않다.

국제관계의 정신은 이 신념을 비방하기보다는 북돋움으로써 더욱 좋아질 것이다. 어쨌든 인간사회가 정치적 단위의 인격화를 대신하는 무엇인가 다른 편리한 의제를 발견하려면, 그 전에 이 인간사회 자체가 매우 커다란 변화를 이룩해야 한다는 것만은 확실하다.

두 번째 반론은 더욱 심각하다. 만일 국제도덕이 의제적 존재의 도덕이라면, 이 국제도덕은 그 자체가 허구이고 비현실적인 것이 아닌가 하는 것이다. 도덕적 행동은 개인에게서만 나온다는 견해를 우리는 즉시 받아들일 수 있다. 영국과 이탈리아의 관계는 영국인과 이탈리아인의 관계와 같은 의미라는 것을 부정하는 것은, 영국과 이탈리아의 관계가 영국인들과 이탈리아인들의 행동과 관련되어 있다는 것을 부정하는 것이 아니다.

국가의 도덕적 행동은 하나의 가설이다. 그러나 우리는 가설을 비현실적인 것으로 생각할 필요는 없다. 이 가설은 어떤 문맥 속에서는 개인 행동에 대한 지침이 되어, 사실 개인의 행동에 영향을 미친다. 정치가들과 국제관계 실무에 영향력을 지닌 다른 사람들이 국가는 의무를 가지고 있다는 생각에 합의하고, 또한 이

---

96) *Democracy and War*, ed. G. E. C. Catlin, p. 128에서 재인용.

생각을 자신들의 행동지침으로 삼는 한, 이 가설은 유효하게 기능한다. 국제도덕과 관련된 행동은 한 사람 한 사람에 의해 이루어지지만, 그것은 그들 자신을 위해서가 아니라 의제적인 집단인격, 즉 영국이나 이탈리아를 위한 것이다. 그리고 지금 문제가 되는 이 도덕은 바로 이러한 인격이 지닌 도덕이다. 국제도덕의 모든 유용한 고찰은 이러한 사실을 인정하는 것에서 시작되어야 한다.

2. 국제도덕의 이론

국제문제에 관한 오늘날의 사고의 밑바탕에 있는 도덕관을 검토하기 전에, 우리는 국제도덕의 일반적인 이론을 얼마쯤 살펴보아야 한다. 그 이유는 일반적으로 인정되는 도덕률을 정하고 도덕적 행동을 지배하는 것은 철학자가 아니라 일반인의 생각이지만, 철학자의 이론도 일반인의 사고에―그리고 사고만큼 빈번하지는 않지만, 그 행동에―영향을 주므로 이와 전혀 무관하다고 할 수 없기 때문이다.

국제도덕의 이론은 두 가지 범주로 나눌 수 있다. 현실주의자들―그리고 우리가 살펴보았듯이 현실주의자가 아닌 일부 사람들―은 국가 간의 관계가 권력에 의해서만 지배되고 도덕은 아무런 역할도 하지 않는다고 생각한다. 많은 이상주의적 논자들은 이에 반론을 제기하는데, 그것은 개인에게도 국가에도 같은 도덕률이 적용된다는 주장이다.

어떤 윤리적 규준도 국가 사이의 관계에는 적용할 수 없다는 현실주의자의 견해는 마키아벨리부터 스피노자, 홉스를 거쳐 헤겔까지 이르는데, 헤겔에서 완성도가 가장 높고 가장 철저한 표현을 볼 수 있다. 헤겔에게 국가는 완벽하고 도덕적으로 자기충족적인 존재이다. 즉 국가 사이의 관계는 독립된 의지와 의지―어떠한 상호적 의무로도 관련되어 있지 않은―사이의 조화와 대립을 표현할 뿐이다.

이와 반대되는 견해, 즉 개인과 국가에 똑같은 기준이 적용된다는 견해는 국가의 인격화라는 관념에 내포되어 있었고, 철학자의 저작뿐만 아니라 이상주의적인 경향이 있는 정치가의 말과 행동에서도 자주 볼 수 있다. 브라이트는 1858년 대외정책에 관한 연설에서 이렇게 말했다. '도덕률은 개인으로서의 인간만을 위한 것이 아니라……국가를 위한 것이기도 하다.'⁹⁷⁾ 우드로 윌슨은 1917년 전쟁선언에 관한 의회연설에서 이렇게 말했다. '우리는 문명국에서 개개의 시민 사이에서 지켜지고 있는 행동규준 또는 악에 대한 책임규준이 국가와 정부에 의해서도 준수되기를 요구하는 시대의 출발점에 서 있다.'⁹⁸⁾ 1918년 7월 헌신적인 하우스 대령은 국제연맹규약의 초안을 작성할 때 제1조를 다음처럼 썼다.

다른 문제에서와 마찬가지로, 국제적으로도 국가 문제에서도 명예와 윤리의 같은 규준이 적용되어야 하며, 국가 사이의 결정과 약속을 어겨서는 안 된다.⁹⁹⁾

이와 같은 조문은 연맹규약에는 들어 있지 않았다. 그러나 베네시 박사는 연맹 초기의 어느 총회에서 이렇게 말했다. '국제연맹은 사실상 개인의 상호관계에……작용하던 원리와 방법을 국제관계에 도입하려는 시도였다'는 것이다.¹⁰⁰⁾ 1937년 10월 5일의 유명한 시카고 연설에서 루스벨트 대통령은 '국가의 도덕은 개인의 도덕과 마찬가지로 사활이 걸린 중요한 문제'¹⁰¹⁾라고 단언했다. 그렇다고 그가 이 두 가지 도덕을 같은 것으로 보았던 것은 아니다.

어떠한 도덕적 의무도 국가를 구속하지 않는다는 현실주의자의 견해도, 또 국가는 개인과 같은 도덕적 의무에 따라야 한다는 이상주의자의 견해도, 국제도덕에 관한 일반인의 생각은 아니다. 우리가 할 일은 바로 그러한 일반인의 생각을 살펴보는 것이다.

3. 국제도덕에 대한 일반적인 가정

국제관계에서 윤리규준의 중요성을 부정하려고 시도한 것은 거의 철학자들이었고 정치가나 일반인이 아니라는 사실에 주목할 필요가 있다. 우리 인간들끼리 서로 의무를 가지는 것을 그 나름대로 인정하는 것은 우리의 문명관에 내포되어

---

97) John Bright, *Speeches on Questions of Public Policy*, p. 479.
98) *Public Papers of Woodrow Wilson : War and Peace*, i. p. 11.
99) *The Intimate Papers of Colonel House*, ed. C. Seymour, iv. p. 28.
100) *League of Nations : Fourth Assembly*, i. p. 144.
101) *International Conciliation*, No. 334, p. 713.

있는 듯하다. 문명인의 어깨에 자기도 모르는 사이에 내려앉는 일정한 의무관념은 문명국들에 대해서도 비슷한(반드시 동일하지는 않지만) 의무관념을 느끼게 하는 원동력이 되었다. 자국민에게는 물론이고 특히 외국인에게 일정한 행동규준에 따르지 않는 국가는 비문명국이라는 낙인이 찍힌다.

히틀러도 어느 연설에서 리투아니아와의 협정체결을 다음과 같은 이유로 거부했다. '우리는 인간사회의 가장 원초적인 법마저 경시하는 국가와는 정치조약을 맺을 수 없다'는 것이었다.[102] 히틀러는 국가 집단으로부터 소련을 배제하는 이유로 종종 볼셰비즘의 부도덕성을 들었다.

그렇다면 국가를 구속하는 국제적 도덕률이 존재한다는 이야기가 된다. 도덕률의 항목 가운데 가장 중요하고도 뚜렷하게 인정되는 항목의 하나는 타자에게 불필요한 죽음 또는 고통을 주어서는 안 된다는 의무이다. 그것이 좋든 나쁘든 일반적인 의무의 위반을 정당화하는 더욱 고차원적인 목적을 이루기 위해 타자에게 불필요한 죽음이나 고통을 주어서는 안 된다는 것이다. 이것은 많은 전시법규의 기초로서 국제법에서 맨 처음에 시작되어 가장 발달한 부분이다. 이러한 전시법규는 효과적인 군사작전행동을 방해하지 않는 한 널리 준수되었다.[103] 이와 비슷한 인도주의적 동기에 따라 후진적 인종 또는 소수민족의 보호, 나아가서는 난민구제를 위한 국제협정이 태어났다.

이제까지 이야기한 의무는 개인에 대한 국가의 의무이다. 그러나 국가에 대한 국가의 의무도 뚜렷하게 인정된다. 옛날에는 국제예양(國際禮讓)[104]이라고 불렸던

---

102) 1935년 5월 21일 독일국민의회에서 한 연설.
103) 전시법규는 1914년부터 엄격한 시련을 받아 왔다. 전투원과 비전투원의 구별은 차츰 사라졌다. 비전투원에 대한 계획적인 공격을 통해 사실상 중요한 군사목적이 추진되는 경우도 있다. 게다가 불필요한 고통의 개념—교전국은 그것이 자신들의 군사목적에 중요하지 않다면, 적국에 고통을 줄 권리가 없다—은 점점 좁아져서 갈수록 지속하기 어려운 것이 되었다. 요컨대 전쟁의 현대적 조건은, 중요한 한 가지 지점에서, 전부터 존재하며 유효하게 작용했던 보편적인 의무감을 크게 약화시키고 있다.
104) 완전히 무차별하게 사용되는 대여섯 가지의 동의어가 G. 슈바첸버거 박사에 의해 최근 공문서에서 인용되었다(*American Journal of International Law*, xxxiii. p. 59). 1933년의 (국제연맹 탈퇴에 관한) 일본제국칙서 속에는 우방의 교분이라고 표현되었는데, 이것을 빈정거림이 아닐까 의심할 이유는 없다.

것의 동의어가 오늘날의 국제관계에서 많이 쓰이는 것은, 국가가 국제예양을 실천하는 구성원이고, 또 그러한 의무를 지고 있다는 신념이 지속되고 있음을 말한다. 신생국이 타국의 승인을 얻어 국제사회의 일원이 되면, 비록 그에 대한 명시적인 약정은 아무것도 없을지라도, 그 국가는 일반적으로 인정되고 있는 국제법규와 국제도덕의 규준에 따르도록 자동적으로 구속된다는 것을 스스로 수락하는 것이다.

이제까지 살펴본 것처럼, 국제주의의 개념은 전간기에 만족한 국가의 권세를 정당화하려는 목적으로 지나치게 함부로 쓰였기 때문에, 불만족한 국가에서는 나쁜 평판을 얻고 말았다. 그러나 이 당연한 반응은 국제사회의 존재를 부정하는 것이 아니라, 공동체의 구성원으로서 누려야 할 혜택에서 소외되는 것에 대한 항의이다. 괴벨스는 베르사유조약이 가져다준 것은 정치적 유력국가의 예양관계에서 독일을 쫓아낸 것이며, 따라서 국가사회주의의 역할은 독일국민을 단결시켜 국제예양에서 정당하게 차지해야 할 지위로 회복시키는 것이라고 말했다.[105]

1938년 5월 히틀러가 로마를 방문했을 때 무솔리니는 이렇게 단정했다. '이탈리아와 독일의 공통 목적은 이탈리아와 독일 사이에서, 나아가서는 다른 나라와도 함께 국제예양체제를 추구하는 것이다. 이 예양체제는 정의, 안전보장, 평화를 효과적으로 확보하기 위해 부활할 것이다.'[106] 이탈리아와 독일은 이전에 자신들이 강요당한 조건들이 얼마나 부당하고, 지금 자신들이 제시하는 요구가 얼마나 정당한지 끊임없이 호소했다. 두 나라의 많은 국민들이 국제도덕의 보편적 규준에 비춰 자신들의 정책을 정당화하는 것에 진심으로 열렬한 관심을 가졌던 것은 의심할 여지가 없다.

국가는 서로 도덕적 의무를 지지 않으므로 조약에는 어떠한 구속력도 없다는 것은, 국제협력에 거의 관심이 없는 정치가들조차 지지하지 않는 주장이다. 모든 국가는 조약이 지켜지리라고 믿기 때문에 조약을 맺는다. 조약을 어기는 국가는 자신들이 그렇게 한 사실을 부정하거나, 이 조약위반이 법적 또는 도덕적으로 정당화될 수 있다고 주장하며 자신을 변호한다.

---

105) *Völkischer Beobachter*, April 1, 1939.
106) *The Times*, May 9, 1938

소련정부는 처음에는 구 러시아정부가 조인한 조약뿐만 아니라 소련 자신이 브레스트리토프스크에서 조인한 조약(제1차세계대전 말기에 독일 오스트리아 등의 동맹 측과 맺은 단독평화조약)도 공공연하게 위반했다. 그뿐 아니라 이 정부는 국제의무와 국제도덕을 부정하는 철학을 내세웠다. 그러나 동시에 소련정부는 스스로 조약을 준수하고 또 다른 나라에도 조약을 준수하기를 기대하는 뚜렷한 의지를 가지고 다른 조약을 맺었고, 스스로 제안하기도 했다. 독일 정부는 1936년 로카르노 조약을 파기하는 동시에 새로운 조약의 체결을 제안했다. 소련과 독일, 어느 쪽도 당사국의 진의를 의심할 필요는 없다. 조약 위반은 만일 그것이 자주 일어난다 해도 예외적으로 정당화되어야 할 무엇인가 특별한 것으로 생각할 수 있다. 일반적인 의무감은 여전히 건재하다.

그러나 개인의 행동에 적용하는 윤리규준이 국가의 행동에도 적용된다는 견해는 국가에는 어떠한 규준도 적용되지 않는다는 견해와 마찬가지로 일반적으로 통용되는 신념과는 거리가 멀다. 많은 사람들은 사실 국가는 도덕적으로 행동해야 한다고 믿지만, 한편으로는 그들 자신 및 서로에게 기대하는 도덕적 행동을 국가에 기대하지는 않는다는 것이다.

많은 이상주의적 사상가들은 이러한 현상에 깊은 충격을 받고 그것을 인정하려고 하지 않았다. 어떤 사람은 자신이 느낀 당혹감을 솔직하게 고백했다. 듀이 박사(미국의 철학자. 1859~1952)는 이렇게 말했다. '사람들의 도덕은 국제행동에서는 마비되고 만다.'[107] 짐먼 교수는 국제분야에서의 법과 질서에 대한 뿌리 깊은 편견[108]을 꿰뚫어 보았다. 개인의 도덕과 국가 도덕의 차이는 생각만큼 그리 심각하지는 않다. 결의론자(決疑論者 : 특정상황에서 나오는 행위와 판단에 대한 도덕문제를 연구, 해결하는 학자들)은 개인적 도덕, 직업적 도덕, 상업적 도덕 사이의 모순 문제를 오랫동안 다루어 왔다.

그러나 국제도덕은 부분적으로는 이 도덕 특유의 규준을 가진 다른 범주에 속한다. 국가적 도덕의 문제 속에는 집단인격이 가진 모든 영역의 도덕과 공통되는 것도 있다. 또 그 속에는 국가가 정치권력 보유자로서 가장 높은 지위에 있기

---

107) *Foreign Affairs*, March 15, 1923, p. 95.
108) Alfred Zimmern, *Towards a National Policy*, p. 137.

때문에, 국가만의 특수한 것도 있다. 따라서 국가와 다른 집단인격을 비교하는 일은 유용하기는 하지만 결정적이지는 않다.

4. 개인 도덕과 국가 도덕의 차이

국가가 개인과 같은 도덕규준에 따르지 않는 것은 무엇 때문인지, 이제 우리는 그 주된 이유로 눈을 돌려보자.

(1)개인 도덕에서 큰 역할을 하는 사랑, 미움, 질투, 그 밖의 인간의 깊은 감정은 국가와 다른 모든 집단인격에도 갖춰져 있다는 주장에는 처음부터 무리가 있다. 18세기의 논자가 말했듯이, '한 나라가 다른 나라를 마치 자기 나라인 것처럼 사랑해야 한다'[109]는 것은 명백하게 부적절한 생각이다. 그래서 다음과 같은 주장이 가끔 고개를 쳐든다. 즉 국가의 도덕은 형식적인 도덕―그것은 일련의 규칙으로 체계화되어 법률에 가까워진다―에 한정되지 않을 수 없으며, 이타주의, 관대함, 배려―이러한 의무가 정확하고도 엄밀하게 정의되는 일은 결코 없지만―같은 본질적으로 인격적인 속성을 내포할 수 없다는 것이다.

일반적으로 곧잘 하는 말로, 국가는 공공 기업과 마찬가지로 공정할 수는 있지만 관대할 수는 없다. 그런데 이 말이 반드시 옳다고는 할 수 없을 것 같다. 이미 말했듯이, 집단인격은 보통, 법적 권리 및 법적 의무와 마찬가지로 도덕적 의무를 가지는 것으로 여겨진다. 은행과 주식회사가 어떤 재해 희생자를 지원하기 위한 시장기금(市長基金)에 기부할 때, 이 너그러운 행위는 자신의 주머니 사정에 아무런 영향도 받지 않는 임원이 한 것도 아니고, 어떠한 의논이나 정보도 받지 않는 주주가 한 것도 아니다. 이 관대한 행위는 은행 또는 회사 자체에 의해 이루어진 것으로 간주된다. 재무위원회(영국에서는 일반적으로 총리와 재무장관 및 몇 명의 의원으로 구성된다)가 곤경에 처한 사람에게 지원금을 지급하는 배려 행위는 이를 결제하는 관리가 하는 것도 아니고 재무장관이 개인의 처지에서 하는 것도 아니다. 이 배려 행위는 국가에 의한 것이다.

어떤 사람들은 제1차세계대전이 끝난 뒤 유럽 각국에서 미국에 갚아야 할 채

---

[109] Christian Wolff, quoted in H. Kraus, *Staatsethos*, p. 187

무를 미국이 경감해 줄 것이라 기대했다. 그러나 미국이 거부하자, 그들은 그것을 도덕적 이유에서 비판했다. 다시 말해 역설적으로 들릴지도 모르지만, 어느 일정한 환경에서 우리는 국가와 다른 집단인격에 대해 각각의 형식적 의무에 따를 뿐만 아니라, 관대함과 배려심을 갖고 행동하기를 기대한다. 즉 은행과 국가 같은 의제적(擬制的) 존재에게 도덕적 행위를 하게 만드는 원동력은 바로 이 기대이다. 은행이 자선기금에 기부하고 국가가 보조금을 내는 것은 여론이 그들에게 그렇게 하기를 기대하기 때문이다. 도덕적 충동은 개인에게까지 거슬러 올라갈 수 있다. 그러나 도덕적 행위는 집단인격의 행위이다.

대부분의 사람들은 집단인격에게는 어떤 조건 아래에서 공정하고 이타적으로 행동할 도덕적 의무가 있다는 가설을 받아들인다. 그러나 한편으로 집단인격의 의무는 무조건 개인의 의무보다 자기이익에 의해 더욱 제약받는다. 이론적으로는 다른 사람을 위해 자신의 이익을, 어쩌면 자신의 목숨까지 희생하는 개인은 ―물론 이 의무는 어쩌면 가족과 식솔에 대한 의무에 한정될지도 모른다― 도덕적으로 칭찬할 만하다. 사람들은 일반적으로 집단인격이 스스로 큰 손해를 보면서까지 이타주의에 빠지기를 기대하지 않는다. 자선단체에 크게 기부하는 바람에 주주에게 배당금을 줄 수 없게 된 은행이나 주식회사는 칭찬은커녕 오히려 비난을 들어도 마땅하다.

1932년의 대통령선거 유세에서 프랭클린 루스벨트는 후버(미국의 제31대 대통령. 1874~1964)가 유럽에서 인도주의적인 행동으로 명성을 떨친 것에 대해 빈정거리면서, 후버가 말하는 '이른바 후진적이고 무능한 국가로부터 눈을 돌려, 캔자스, 네브래스카, 아이오와, 위스콘신, 그 밖의 농업주(州)에 있는 대규모로 심한 타격을 받은 시장으로 관심을 돌려줄 것'을 요구했다.[110]

자국민의 이익과 양립할 수 있는 수준에서 난민을 받아들이는 것은 그 나라의 의무이지만, 수없이 많은 외국 난민에게 국경을 개방함으로써 자국 시민의 생활수준이 떨어지게 된다면 일반적으로 받아들일 수 있는 도덕적 의무라고 할 수 없다. 침략의 희생자를 원조하도록 촉구한 영국의 국제연맹 지지자들은 영국

---

110) 뉴욕시 메트로폴리탄 오페라하우스에서의 연설. *The New York Times*, November 4, 1932에 게재.

의 사활이 걸린 이익을 해치면서까지 원조해야 한다고 주장하지는 않았다. 그들은 영국이 큰 무리 없이 할 수 있는 범위 안에서 도움을 주어야 한다고 주장했다.[111](마치 은행이 지진 희생자에게 별 무리 없는 범위 안에서 500기니를 지원하는 것과 같다.)

이타적인 미덕에 대해 일반적으로 인정되는 국제도덕의 규준은 대략 다음과 같다. 국가는 더 중요한 이익을 심각하게 손상하지 않는 한 이 이타적 미덕을 실천해야 한다. 그 결과, 안전하고 풍요로운 국가들은 자신의 안전과 부채상환 문제에 끊임없이 급급해하는 나라들에 비하면 이타적으로 행동할 여유가 있다. 이러한 측면은 영국인과 미국인이 곧잘 하는 생각, 즉 자기 나라의 정책이 다른 나라의 정책보다 도덕적으로 더욱 진보적이라고 생각하는 근거가 된다.

(2) 그러나 일반인이 개인에게 요구되는 도덕적 행동을 집단인격에 요구하지 않는 것은 사실이다. 그뿐 아니라 오히려 일반인은 개인 차원에서는 확실히 부도덕하게 여겨지는 어떤 행동을 집단인격에게서는 기대한다. 집단은 개인의 도덕적 의무의 일부를 면제받을 뿐만 아니라 투쟁성이나 자기주장과 뚜렷하게 결부되며, 게다가 그것이 집단인격에게는 긍정적인 미덕이 된다. 개인은 집단 속의 다른 사람들과 결합함으로써 힘을 추구한다. 그리하여 개인의 공동체에 대한 헌신은 이타주의의 표현인 동시에 언제나 이기주의의 변형된 표현을 의미하게 된다.[112] 만일 그가 강자라면, 그는 자신의 목적에 부합하도록 집단을 바꿔 나간다. 만일 그가 약자라면, 그는 자기주장을 위한 권력이 없는 것을 보완하기 위해, 집단이 그를 대신하여 자기주장을 해 줄 것이라고 생각한다. 만일 우리가 스스로 이길 수 없다면 우리는 자기편이 승리하기를 바란다.

집단에 대한 충성은 개인의 중요한 미덕으로 간주되며, 개인이라면 당연히 비난받을 집단인격의 행동도 집단에 대한 충성 때문에 용인될 것이다. 집단 전체의 복지를 촉진하고 집단 전체의 이익을 꾀하는 것이 도덕적 의무가 된다. 그러나

---

111) 국제연맹협회는 다음과 같은 경우에만 제재를 지지한다. 그것은 연맹을 위해 협력하는 정부의 수와 능력이 어느 정도 갖춰져서, 가상적국의 전쟁을 일으키려는 의지를 확실하게 꺾을 수 있는 경우이다(*Headway*, December 1937, p. 232).
112) R. Niebuhr, *Moral Man and Immoral Society*, p. 40.

이 의무는 더욱 넓은 공동체에 대한 의무를 덮어 버리는 경향이 있다. 개인에게는 부도덕한 행위도 집단의 이름으로 할 때는 미덕이 될 수 있다. 카부르(이탈리아의 정치가. 1810~1861)는 다젤리오(이탈리아의 정치가. 1798~1866)에게 이렇게 말했다. '만약 우리가 이탈리아를 위해 하는 일을 우리 자신을 위해 한다면, 우리는 대악당이 될 것이다'[113]

이러한 것은 주식회사의 많은 임원들과 훌륭한 대의의 추진자들에 의해 진지하게 논의되어 왔다. 니버 박사는 이렇게 말했다. '현대인들은 자신들의 악덕을 더 큰 집단의 탓으로 돌리고 자신을 윤리적 존재라고 생각하는 경향이 갈수록 강해지고 있다.'[114] 마찬가지로 우리는 다른 사람에 대한 적의도 집단에 맡긴다. 개개의 영국인이 개개의 독일인을 미워하기보다는 영국이 독일을 미워하는 것이 더 간단하다. 개개의 유대인에게 적의를 품기보다는 반유대주의자가 되는 편이 쉽다. 개인으로서 우리는 자기 안에 있는 이러한 감정을 비난한다. 그런 반면 집단 구성원의 처지에서는 어떠한 양심의 가책도 없이 그러한 감정을 품는다.

(3) 이러한 생각들은 어느 정도 모든 집단인격에 적용되지만, 특히 국가에 아주 잘 적용된다. 그러나 보통 다른 집단인격에는 요구하는 도덕적 행동규준을 국가에는 요구하지 않는, 다른 측면들이 존재한다. 국가는 그 구성원에게 감정적으로 호소할 경우, 다른 어떠한 집단인격과도 전혀 다른 방법을 사용한다. 국가는 다른 집단인격에 비해 인간의 활동분야를 훨씬 폭넓게 포괄하며, 다른 집단인격에 비해 한결 강한 충성과 훨씬 중대한 희생을 개인에게 요구한다. 국가의 이익은 다른 집단인격의 이익보다 더욱 쉽게 그 자체만으로 도덕적 목적으로 간주된다. 만일 우리가 국가를 위해 죽어야 한다면, 우리는 적어도 자국의 이익이 세계에서 가장 중요하다고 믿을 수 있어야 한다.

그리하여 국가는 도덕적 의무에 앞서는 자기보존의 권리를 가진 존재로 여겨진다. 제1차세계대전 뒤에 출판된 《케임브리지판 영국 외교사》에서 홀랜드 로즈 교수(영국의 역사가. 1855~1942)는 1807년 코펜하겐에서 덴마크 함대를 나포한 수

---

113) E. L. Woodward, *Three Studies in European Conservatism*, p. 297에서 재인용.
114) R. Niebuhr, *Atlantic Monthly*, 1927, p. 639.

치스러운 사건에 대해, 당시 '영국의 존립 자체가 위기에 처했다'[115]는 캐닝(영국의 정치가. 1770~1827)의 확신을 이유로 용인했다. 이와 다른 견해를 가진 사람들은 캐닝이 틀렸다고 주장했지만, 만약 그의 확신이 옳았다 해도 그는 다른 행동을 취했어야 했다고 이야기하지는 않았다.

국가에 기대하는 도덕적 규준과 다른 집단인격에 기대하는 도덕적 규준 사이에 존재하는 더 큰 차이는 다음과 같은 사실에서 나온다. 국가는 정치권력의 수납고로서 최저한의 도덕적 행동을 다른 집단인격에 강요할 수 있지만, 국가에 도덕적 행동을 강제할 수 있는 국가 이상의 권력은 존재하지 않는다는 사실이다.

여기서 하나의 결론이 나온다. 우리는 국가의 정당한 불만을 해소하는 자조(自助)의 권리를 그 국가에 주어야 한다는 것이다. 또 하나의 결론은 모든 국가에 공통의 규준을 지키게 하는 것은 어렵다는 사실이다. 왜냐하면 어떤 도덕적 의무는 언제나 절대적인 것으로 생각되지만, 한편으로 이 도덕적 의무의 절대성은 타자도 같은 의무를 준수할 것이라는 합리적인 기대에 좌우되는 경향이 강하기 때문이다.

관습은 모든 도덕에서 중요한 역할을 한다. 관습의 본질은 다른 사람들이 실제로 그것을 지키는 동안은 구속력을 가진다는 것이다. 만약 바클리즈 은행이나 임페리얼 케미컬 인더스트리 유한회사가 경쟁관계에 있는 회사의 금고에서 비밀문서를 훔쳐내기 위해 스파이를 고용한다면, 그들은 거센 도덕적 비난을 받을 것이다. 주식회사 사이에서 이러한 방법을 쓰는 것은 관습이 아니기 때문이다. 그러나 영국이나 독일이 그런 행위를 하는 것은 전혀 불명예가 되지 않는다. 그런 행위는 모든 강대국에서 공공연하게 이루어지며, 따라서 그런 행위를 하지 않는 나라는 불리한 처지에 놓일 수도 있기 때문이다.

스피노자는 국가는 신의를 어겼다고 해서 비난받는 일이 없으며, 그것은 다른 나라도 자신에게 이익이 된다면 같은 행동을 할 것을 모두가 알고 있기 때문이라고 주장했다.[116] 국가에 더 높은 도덕적 규준을 기대하지 않는 이유의 하나는 국가가 도덕적으로 행동하지 않는 것이 실제로 곧잘 있기 때문이고, 도덕적 행동을

---

115) *Cambridge History of British Foreign Policy*, i. pp. 363-4
116) B. de Spinoza, *Tractatus Politicus*, iii. § 14

하도록 국가에 강제할 수단이 없기 때문이다.

(4) 이러한 점은 오늘날 국가가 지닌 도덕적 의무를 분석할 때 우리 앞을 가로막는 가장 근본적인 어려움이다. 집단인격의 도덕이 바로 사회적 도덕이라는 것은 일반적으로 인정된다(국가와 유한책임회사는 성인도 신비주의자도 아니다). 사회적 도덕은 공동체—그것이 가족이든, 교회든, 클럽이든, 국가든, 또는 인류 자체든—의 동료 구성원에 대한 의무를 뜻한다. T. H. 그린은 '어떠한 개인도 혼자서 도덕심을 만들 수는 없다. 개인은 언제나 자신을 대신해 그것을 만들어 주는 사회를 필요로 한다'[117]고 말했다. 그렇다면 우리가 국가들로 이루어진 사회를 가정함으로써 국제도덕의 기반을 발견할 수 있다는 것은 어떤 의미일까.

5. 국제사회는 존재하는가

국제도덕의 가능성을 부정하는 사람들은 당연히 국제사회의 존재에 의문을 제기한다. 이 견해의 전형적 대표인 영국의 헤겔주의자 보즌켓은 '국민국가는 공동생활을 수립하는 데 필요한 공동경험을 가진 가장 큰 조직'[118]이라고 말했다. 또 그는 인류가 실재의 집합체이고, 헌신의 대상이며, 도덕적 의무의 지침이라는 생각[119]을 단호히 거부한다.

이에 대한 응답은 다음과 같다. 이 인류라는 집합체는 이론적인 가설이라면 몰라도 결코 실재하는 것이 아니며, 그리고 여건으로서 집합체가 헌신의 대상이자 도덕적 의무의 지침인지는 이론이 아니라 관찰로써 결정되는 사실의 문제이고, 또한 시간과 장소에 따라 다른 대답이 나오는 사실의 문제라는 것이다.

이미 살펴보았듯이 세계규모의 공동체—국가는 이 공동체를 구성하는 단위이다—가 존재한다는 생각은 실제로 널리 퍼져 있고, 이 생각과 매우 가깝게 결부되어 있는 것이 국가의 도덕적 의무라는 관념이다. 사람들이 마치 세계공동체가 있는 듯이 말하며 일정한 한도 안에서 그렇게 행동하고 있다는 바로 그 이유 때문에 세계공동체는 존재한다. 마다리아가(스페인의 평론가. 1886~1978)가 말

---

117) T. H. Green, *Prolegomena to Ethics*, p. 351.
118) B. Bosanquet, *The Philosophical Theory of the State*, p. 320.
119) B. Bosanquet, *Social and International Ideals*, p. 292.

한 것처럼, 우리가 미리 논의하지도 않고 세계공동체가 존재한다는 명제를 자신의 정신적 사고의 저장고 속에 가만히 숨겨 두었기 때문에 세계공동체는 존재한다.[120]

한편 다음과 같이 생각하면 그것은 위험한 환상이 될 것이다. 이 가상의 세계공동체는 국가와 국가의 규모에 미치지 않는 공동체들의 통일성 및 통합력을 가지고 있다는 환상이다. 세계공동체가 이 통합력의 기준에 미치지 않는 상황을 상세히 검토해 보면, 국제도덕에 결함이 있는 근본 이유를 알 수 있다.

국제도덕은 주로 다음의 두 가지 점에서 불충분하다. (1)공동체 구성원 사이의 평등 원칙이 세계공동체에서는 적용되지 않으며, 실제로 그렇게 간단하게 적용할 수도 없다. (2)전체의 이익이 부분의 이익에 앞선다는 원칙은 충분히 통합된 모든 공동체의 필요조건이지만, 실제로 세계공동체에서는 널리 받아들여지지 않고 있다.

6. 평등의 원칙

(1)공동체 안의 평등 원칙에 대해 정의를 내리는 것은 어려운 일이다. 평등은 결코 절대적이지 않다. 어쩌면 평등이란 부당한 이유로 차별받는 일이 없는 상태라고 정의할 수 있을 것이다. 영국에서는 어떤 사람들이 다른 사람들보다 돈을 많이 벌거나 세금을 더 많이 내는 이유에 대해서는, 그렇게 하지 못하는 많은 사람들도 적절하다고 (옳고 그름과는 상관없이) 생각한다. 그러므로 평등의 원칙이 침해받는 것은 아니다. 그러나 만약 푸른 눈의 사람들이 갈색 눈의 사람들보다 냉대를 받거나, 햄프셔 출신자에 비해 서리 출신자가 불이익을 받는다면, 평등의 원칙이 침해받아 공동체가 무너질 것이다. 많은 나라에서 소수파는 그들이 부당하다고 생각하는 이유로 실제로 차별받는다. 이러한 소수파는 자신을 공동체의 일원으로 생각하지 않게 되며, 따라서 사실 공동체의 일원으로 여겨지지 않는다.[121]

---

120) S. de Madariaga, *The World's Design*, p. 3.
121) 어떤 영역 안의 모든 주민은 공동체의 구성원이라는 생각이 만일 하나의 가정이라 하더라도, 그것이 등장한 것은 바로 최근의 일이다. 나치 독일에서의 유대인처럼, 남아프리카 연방의 유색인 주민은 현재 공동체의 구성원으로 인정받지 못하고 있다. 미국에서도 대부분의 남부 백인들은 흑인을 그들과 같은 의미에서 공동체의 구성원으로 인정하기를 주저할 것이다.

국제사회에서는 이러한 차별은 고질적인 것이다. 그것은 무엇보다도 개인의 태도에서 나온다. 글래드스턴은 언젠가 같은 영국인들에게, '겨울 눈에 파묻힌 아프간 산골마을에서의 생명의 존엄성이 전능한 신의 눈에는 여러분 자신의 삶 못지않게 결코 침범해서는 안 될 고귀한 것으로 보인다는 사실을 잊지 말라'[122]고 설교했다 한다. 그러나 이 점에서는 대다수 영국인의 눈은 전능한 신의 눈과 다르다고 할 수 있다.

공통의 이익 및 공통의 의문에 관한 대부분 사람들의 의식은 같은 국민 중에서도 가족과 친구에게는 다른 사람에 비해 더 예민해지고, 다른 나라 국민에 비하면 같은 국민에게 더욱 예민해진다. 가족과 친구들은 대면집단(對面集團)을 이루어 그들 사이에서 도덕적 의무의 의식이 강해질 가능성이 매우 높다. 근대국가의 구성원은 정도의 차이는 있지만 획일적 교육, 대중적인 자국 언론, 방송, 여행 시설, 그리고 상징의 교묘한 이용 등을 통해[123] 다소나마 대면집단의 특징을 지닐 수 있다. 일반 영국인은 다른 영국인의 행동과 일상생활, 사상, 그리고 이해에 관한 개괄적인 모습을 마음에 그릴 수 있지만, 그리스인이나 리투아니아인에 대해서는 그런 모습을 떠올릴 수가 없다.

외국인에 대한 영국인의 심상이 얼마나 뚜렷한지는 일반적으로 지리와 인종, 언어가 자신들과 얼마나 비슷한가에 따라 다를 것이다. 따라서 일반 영국인은 자신이 독일인이나 호주인과 공통되는 점을—그것이 아무리 작다 해도—가지고 있음을 아마 느낄 것이고, 반면 중국인이나 터키인과는 비슷한 점이 없다는 기분이 들 것이다.[124] 유럽에 주재하고 있는 미국의 신문통신원은 사고가 일어났을 때, 그 사고로 말미암은 사망자가 미국인이라면 한 명, 영국인이라면 다섯 명, 다른 유럽인이라면 열 명일 경우 저마다 보도할 가치가 있다는 규칙을 만들었다고 한

---

122) The Delegate of Haiti in *League of Nations : Fifteenth Assembly*, 6th Committee, p. 43에서 인용

123) '도덕적 태도는 언제나 개인 대 개인의 관계에서 가장 섬세하게 발휘된다. 왜 직접적인 충성보다 더 포괄적인 충성—그것은 당연히 더 추상적이다—이 민심에 대한 지배력을 조금이나마 잃어버리는지, 또 통찰력이 있는 사회는 왜 하나의 인격을 공동체의 상징으로 삼아 민심에 대한 지배력을 회복하려고 하는지, 그 한 가지 이유가 여기에 있다.'(R. Niebuhr, *Moral Man and Immoral Society*, pp. 52-3)

124) 그 느낌의 차이는 당연히 현재 통용되는 정치적 편견에 좌우된다.

다. 우리는 모두 의식적 또는 무의식적으로 이러한 상대적 가치규준을 사용한다.

일본이 중국의 도시를 폭격했을 때 네빌 체임벌린은 하원에서 이렇게 말했다. '만약 중국이 그토록 멀리 떨어져 있지 않았더라면, 그리고 그곳에서 일어난 사태가 우리의 일상적인 의식에서 이토록 동떨어지지 않았더라면, 이러한 사건을 목격한 뒤 일어나는 동정과 공포, 의분의 감정에 의해 영국 국민은 아마 자신들도 예상하지 못했던 행동을 취했을 것이다.'[125] 1938년 9월 27일 체코슬로바키아의 위기 때도 체임벌린은 전국방송에서 같은 취지의 말을 되풀이했다. '우리가 전혀 알지 못하는 사람들이 머나먼 곳에서 싸우는데, 그 먼 국가 사이의 전쟁 때문에 이곳 영국에서 참호를 파고 방독면을 써야 한다면 끔찍하고 얼마나 이상한 일이겠는가.'[126]

체임벌린의 이러한 발언은 많은 방면에서 비판받았다. 그러나 이 발언이 일반 영국인이 보여 주는 최초의 반응을 대표했던 것은 말할 것도 없다. 외국인에 대한 우리의 일반적인 태도는 우리가 평등의 원칙으로 여겨 온 것, 즉 부적절한 이유에 의한 차별의 배제를 완전히 부정하는 것이다.

개인의 이 태도는 국가 사이의 태도에도 반영된다. 그뿐만 아니라 국제사회의 구조 때문에 어려움은 더욱 늘어난다. 만일 여러 나라의 개인 간에 평등이 인정되어도 국가 간의 불평등은 여전히 심각할 것이다. 어떠한 외적 지배에도 굴복하지 않는, 잘 알려진 몇몇 국가, 그러한 국가 간에 현존하는 불평등은 어쨌든 표면적으로나마 같은 법률에 복종하는 이름 없는 수많은 시민들 사이의 불평등에 비하면 훨씬 두드러지고 영속적이며 훨씬 더 견디기 힘든 것이다.

국제정치에서 평등 이념이 얼마나 중요한지는 이 이념에 바탕을 둔 집요하고 끊임없는 요구에서도 알 수 있다. 최혜국 대우, 문호개방, 해양의 자유, 국제연맹 규약에서 인종적 평등의 승인을 요구하는 일본의 주장, '양지바른 자리'를 바란

---

[125] House of Commons, June 21, 1938 : *Official Report*, col. 936. 《타임스》의 어느 통신원은 국제분야에서의 모순된 배려를 언급하면서 이렇게 물었다. '세계의 양심은 중국인 100명의 사망자 또는 극빈자와 박해받는 유대인 한 사람을 같은 가치로 간주하는 것인가, 아니면 단순히 유대인은 바로 이웃에 있는데 비해 중국인은 아득히 먼 곳에 있고 게다가 황색인종이기 때문인가?'(*The Times*, November 25, 1938)

[126] N. Chamberlain, *The Struggle for Peace*, p. 275.

독일의 예전 주장, 권리의 평등 또는 지위의 평등을 원하는 독일의 최근 요구 등은 모두 평등의 원칙을 적용해야 한다는 것이었다. 국제연맹총회와 위원회에서는 평등을 찬양하는 발언이 거듭되었다. 그것은 주로 약소국의 대표자들에 의한 것이었다.[127]

그러나 이 평등이라는 말의 사용법에 일관성을 부여하려는 시도는 거의 찾아볼 수 없다. 때로는 그 말이 법 앞에서 국가의 형식적 평등을 의미할 뿐인 경우도 있다. 또 다른 문맥에서는 권리의 평등이나 기회의 평등 또는 부의 평등을 의미하기도 한다. 가끔 이 발언은 강대국 사이의 평등을 뜻하는 것 같기도 하다. 히틀러가 '모든 상식과 논리, 그리고 고도의 인간적 정의의 일반원칙에 따라······각 국민은 모두 세계의 부를 똑같이 나눠 가져야 한다'[128]고 주장했을 때, 그는 리투아니아가 독일과 똑같이 세계의 부를 가져야 한다고 말하려던 것은 아니었다.

그러나 만약 우리가 권리 또는 특권의 평등은 절대적인 평등이 아니라 상대적인 평등이라고 생각한다면, 부의 분배 비율을 결정하는 정당한 기준이 없다면 우리는 거기서 한 걸음도 앞으로 나아갈 수 없을 것이다. 또 그 기준이 있다 해도 그다지 도움이 되지 않을 수도 있다. 문제는 과테말라의 권리와 특권이 미국의 권리, 특권과 비교할 때 상대적으로—절대적이 아니라—평등하다는 점이 아니며, 과테말라가 가진 권리와 특권도 미국의 선의에 의해 비로소 확보될 수 있다는 점이다. 국제사회 구성원 사이의 어떠한 평등 개념도 권력의 끊임없는 강요와 은밀한 침입으로 인해 거의 무의미해지고 만다.

7. 전체의 이익과 부분의 이익

(2) 국제사회의 또 하나의 주요 약점은 전체의 이익이 부분의 이익에 우선한다

---

127) 강대국 가운데 프랑스만이 자국의 지위를 수호하기 위해 약소국의 지지에 크게 의존하며 평등의 원칙을 일관되게 주장해 왔다. L. 블룸 씨는 이렇게 말했다. '국제사회를 구성하는 국가들 사이에 순위는 있을 수 없으며, 앞으로도 없으리라고 우리는 믿는다. 만일 국제연맹에서 국가들 사이에 순위가 확립된다면······그때 연맹은 도덕적으로나 실질적으로나 파멸하고 말 것이다.'(*League of Nations : Sixteenth Assembly*, Part II, p. 28) 연맹 이사회의 위계적 구성에 비추어 볼 때 주목할 만한 발언이다.

128) 1939년 4월 28일 독일국민의회에서의 연설.

는 기본원리가 널리 받아들여지지 않고 있다는 점이다. 서리 지방 출신자는 보통 영국의 이익이 서리의 이익보다 중요하다고 생각해서 행동하기 때문에, 영국은 공통의 국민의식을 가지게 된다. 독일 공통의 국민의식의 성장을 방해하는 주요 장애의 하나는 프로이센, 작센, 바이에른의 이익보다 독일의 이익을 중요하게 여기도록 프로이센 사람, 작센 사람, 바이에른 사람을 설득하기 어렵다는 점이었다.

지금은 잘 알려진 일이지만, 사람들이 아무리 진지한 꿈을 가지고 있어도 그들은 세계 전체의 이익이 자국의 이익보다 중요하다는 신념을 바탕으로 행동하는 것에 대해서는 여전히 망설이고 있다. 세계공동체에 대한 충성심은, 아직도 그것이 긴요한 국익에 우선하는 국제도덕을 만들어낼 만큼 강하지는 않다. 그러나 공동체 개념 속에는 그 구성원에게 공동체의 이익을 추구해야 할 의무가 있다는 사실을 인정하는 것이 내포되어 있다. 또 도덕의 개념 속에는 보편적으로 구속력을 가진 원칙들을 인정하는 것이 포함된다. 만약 우리가 전체의 가장 중요한 요구를 전혀 인정하지 않는다면, 어떠한 형태이든 세계공동체가 존재한다고 할 수 있을까, 또 어떠한 종류이든 국제도덕이 존재한다고 할 수 있을까.

이것은 국제도덕의 근본적인 딜레마이다. 우리는 국제사회 또는 인류 전체에 대한 의무감을 포함한 국제도덕이 거의 보편적으로 인정되고 있음을 이해한다. 그러나 한편으로는 이 국제사회에서 부분(자국)의 이익이 전체(세계공동체)의 이익보다 중요하지 않다는 것을 대체로 인정하고 싶어 하지 않는다.

이 딜레마는 실제로는 두 가지 방법으로 해결될 수 있다. 하나는 히틀러가 다윈학파로부터 빌려온 방법, 즉 전체의 이익과 적자(適者)의 이익을 동일시하는 것이다. 가설에 따르면 적자는 높은 도덕성을 지니고 있다.[129] 따라서 전체의 이익과 자국의 이익을 일치시키기 위해서는 특히 자국이야말로 적자임을 행동으로 증명할 필요가 있다.

또 하나의 방법은 신자유주의적인 이익조화설의 방법이다. 우드로 윌슨, 세실 경, 토인비 교수 등이 그 대표자로 알려져 있다. 이 이론은 모든 이익자연조화설과 마찬가지로 전체의 이익과 가진 자의 안전을 동일시한다. 우드로 윌슨이 미국

---

129) A. Hitler, *Mein Kampf*, p. 421.

의 원칙은 인류의 원칙이라고 공언했을 때, 또 토인비 교수가 대영제국의 안전은 '전 세계의 최상의 이익'[130]이라고 주장했을 때, 그들은 자신들의 동포야말로 높은 도덕의 소유자라고 한 히틀러의 주장과 사실상 같은 말을 한 것이다. 국제사회 전체의 이익과 부분의 이익—우리는 특히 이것에 관심이 있지만—을 동일시한다는 점에서는 같은 결과가 나온 것이다. 어쨌든 이 두 가지 방법은 국제도덕의 어떠한 유효한 개념도 치명적으로 방해하게 될 것이다.

우리는 어떤 공동체나 어떤 도덕률도, 부분의 이익이 전체의 이익에 희생되어서는 안 된다는 인식을 전제로 하고 있다는 근본적인 딜레마에서 벗어날 수가 없다. 우리가 국제사회에서 이 문제에 단호하게 맞서면 맞설수록 문제해결에 그만큼 다가갈 수 있다. 국가공동체와의 비교를 통해 완벽하지는 않더라도 조금은 도움이 될 것이다. 1914년 직전에 홉하우스는 이렇게 말했다. '근대자유주의는 자신을 유효하게 기능시키기 위한 신중한 생각과 분별을 필요로 하는 조화가 실제로 있다는 것을 전제하지는 않는다. 근대자유주의는 인간이라면 달성할 수도 있는……윤리적 조화가 실제로 있다는 것, 그리고 그 조화가 이루어지면 거기서 사회적 이상을 보게 된다는 것을 가정하고 있을 뿐이다.'[131]

이 '윤리적'이라는 말에서 이 논의의 실수가 드러난다. 19세기의 조화는 자신을 유효하게 기능시키기 위한 신중한 생각과 분별을 필요로 한다고 했는데, 그 조화란 바로 이익의 조화였다. 윤리적 조화는 이익의 희생으로써 얻을 수 있는 조화이고, 이 이익의 희생은 이익의 자연조화란 존재할 수 없기 때문에 필요하다. 국가공동체에서는 자기희생을 끊임없이 호소해 왔고, 그 요구되는 희생이 혹 생명의 희생이라도 늘 성공적으로 실천되었다.

그러나 국가공동체에서조차 조화가 단순히 자발적인 자기희생을 통해서만 이루어진다고 생각하는 것은 오산이다. 요구되는 희생이 강제된 희생인 경우가 흔히 있다. 그 조화는 만약 개인이 그렇게 하지 않다가는 힘으로 빼앗길지도 모르니까 자진하여 희생하는 편이 이익이라는 현실적인 계산에서 나온 것이다. 국내질서에서 조화는 이 도덕과 권력의 혼합으로써 이루어진다.

---

130) 266, 268쪽 (제2부 각주 129, 137번) 참조.
131) L. T. Hobhouse, *Liberalism*, p. 129.

국제질서에서 권력의 역할은 국내질서에서보다 훨씬 크고 도덕의 역할은 한결 작아진다. 자기희생이 개인에 의해 이루어지는 경우, 그 희생은 완전히 자발적일 수도 있고 그렇지 않을 수도 있다. 자기희생이 국가에 의해 이루어질 때, 잘 살펴보면 이 자기희생은 강국에 의해 힘으로 굴복당한 결과인 경우가 많다.

국제관계에서도 자발적인 자기희생이 전혀 없지는 않다. 영국이 자치령에 한 많은 양보는 영국의 이익이나 강자에 대한 굴복이라는 관점에서만 설명하기는 어렵다. 1920년대 독일에 대한 영국의 양보는 그 자체는 효과가 없었다 해도 오로지 영국의 이익을 위해, 또는 독일의 힘을 두려워해서가 아니라, 영국의 이익과 관련이 없는 국제도덕이라는 개념에 대한 믿음 때문이었다.

모든 국제적인 도덕적 질서는 권력의 헤게모니에 기초를 둔다. 이 헤게모니는 국내에서의 지배계급의 우위와 마찬가지로 그것을 갖지 않은 나라들에는 그 자체가 하나의 위협이다. 이 헤게모니는 만일 그것이 존속하려면 그것을 가진 쪽이 어느 정도 양보하거나 일정한 자기희생의 요소를 포함하지 않으면 안 된다. 이러한 요소가 있기 때문에 세계공동체의 다른 구성원도 권력의 헤게모니를 감당할 수 있다. 이 양보의 과정, 그리고 권력의 모든 특권을 독차지하지 않는 과정을 통해 도덕은 국제정치에서, 그리고 국내정치에서도 가장 견고한 발판을 획득하게 된다.

처음부터 광범위하게 미치는 희생을 기대하는 것은 별 의미가 없다. 허용할 수 있는 범위의 기준을 지나치게 높게 설정해서는 안 된다. 국제도덕을 가장 크게 해치는 길은, 독일국민은 높은 윤리의 소유자이고, 미국의 원칙은 인류의 원칙이며, 또 영국의 안전은 전 세계의 최상의 이익이라면서 사실상 자국이 희생할 필요 거의 없다고 호언장담하는 것이다.

짐먼 교수가 일반인에게 '20세기의 공적 문제는 곧 세계적 문제라는 것을 염두에 두고 시야를 넓히라'[132]고 역설했을 때 이 조언에 담긴 가장 구체적인 의미는 일반적으로 국경 안에 머물러 있는 자기희생 정신을 널리 국경을 넘어서까지 확장해야 한다는 것이다. 일반인은 이러한 호소를 계속 외면하지는 않을 것이다.

---

132) Alfred Zimmern, *The Prospects of Civilisation*, p. 26.

만약 재무부 장관이 우리의 소득을 올려준다는 구실로 소득세 증액을 정당화하려고 한다면, 우리는 그를 사기꾼으로서 해임해야 한다. 이런 논리는 이익의 명백한 희생을 요구하는 모든 국제정책을 정당화하는 데 늘 이용된다. 공통이익을 위해서는 자기희생이 필요하다고 직접 호소하는 편이 때로는 더욱 효과적일지도 모른다.

그러나 많은 환상을 불러일으키는 또 하나의 문제를 뚜렷하게 밝힐 필요가 있다. 국가공동체 안에서 우리는 자기희생과 양보의 이러한 과정에서 양보하는 것은 주로 현행질서에서 최대이익을 얻는 쪽에 의해 이루어져야 한다고 가정한다. 국제사회에서 서로 양보하는 과정은 현행 질서의 한도 안에서만 기능한다는 생각과, 희생은 이 질서를 유지하기 위해 모든 나라에서 이루어져야 한다는 생각이, 만족하는 국가의 정치가와 논자들에 의해 널리 퍼져 있다. 이든은 국제평화는 그것을 유지하기 위해 모든 국가가 함께 단결하여 만든 국제질서에 따라야 하며, 각국은 자신의 영속적 이익이 거기에 있다고 이해하고 있기 때문에 이 국제평화에 이바지한다고 말했다.[133]

이러한 견해와 이와 유사한 많은 견해에 숨어 있는 오류는 국제도덕을 실현하게 하는 어떠한 개념에도 치명적이다. 서로 양보하는 과정은 현행질서에 이의 제기가 있었을 경우에 적용되어야 한다. 현행질서에서 최대이익을 얻는 쪽은 결국 이 질서에서 최소이익밖에 얻지 못하는 나라들도 받아들일 수 있는 정도로 양보해야 이 질서를 유지할 수 있다. 다양한 변혁이 가능한 만큼 정연하게 이루어지도록 이끌어갈 책임은 현행질서에 도전하는 쪽과 마찬가지로 그것을 지키려는 쪽에도 있다. 이상과 같은 점에서도 국제정치에서 법과 변혁의 문제를 고찰해 볼 필요가 있다.

---

133) Anthony Eden, *Foreign Affairs*, p. 197.

제4부 법과 변혁

제10장 법의 기반

국제문제에 관한 현대의 사상에서 정치와 법의 관계만큼 혼미 속에 빠져 있는 주제는 없을 것이다. 국제문제에 관심을 가진 많은 사람들은 법을 정치와는 다르며 윤리적으로 정치보다 뛰어난 것으로 보는 경향이 강하다. 법의 도덕적 힘은 정치 속에 숨어 있는 부도덕한 방법들과 두드러진 대조를 보여 준다. 우리는 국제법과 국제질서를 유지하기 위해, 또는 국제법을 옹호하기 위해 법의 지배를 확립해야 한다는 강한 요구를 받는다. 또 법의 지배를 확립함으로써 서로의 대립과 불화를, 탐욕으로 가득한 정치 분위기에서 공명정대한 정의라는 더욱 순수하고 평온한 분위기로 바꿀 수 있다고 생각할 수도 있다. 그러나 우리는 그런 일반적인 생각에 사로잡히기보다는, 그 전에 국제사회에서 법의 성격과 기능 및 국제정치와 법의 관계를 좀 더 신중하게 검토할 필요가 있다.

1. 국제법의 본질

국제법은 아직 미숙하고 충분히 통합되지 않은 공동체의 법이라는 점에서 근대국가의 국내법과는 다르다고 볼 수 있다. 국제법은 성숙한 국내 법체계에서는 꼭 필요한 세 가지 제도인 사법, 행정, 입법의 기관을 가지고 있지 않다.

(1) 국제법은 공동체 전체에 의해 구속력이 있는 재결을 법률상 또는 실제상의 쟁점으로 전달할 수 있는 재판소를 인정하지 않는다. 국제재판소에 특정한 분쟁의 사법적 해결을 부탁하기 위해 특별한 협정을 맺는 것은 오랫동안 일부국가의 관행이었다. 국제연맹규약에 기초하여 설립된 상설국제사법재판소는 이 관행을

넓히고 일반화하기 위한 것이었다. 그러나 문제는 이 재판소 제도가 있음에도 국제법은 아무것도 변하지 않았다는 점이며, 그 제도는 특정한 의무를 스스로 받아들이려는 국가를 위해 그러한 의무를 만들어냈을 뿐이다.

(2) 국제법은 법의 준수를 강제할 수 있는 어떠한 기관도 두지 않는다. 어떤 경우에 국제법은—법률위반이 일어난 경우—피해국이 가해국에게 보복할 권리를 인정한다. 그러나 이것은 자조(自助)의 권리를 인정하는 것일 뿐, 법적 기관에 의한 처벌을 강제하는 것은 아니다. 마찬가지로 연맹규약 제16조(제재조항)에 규정된 조치도 단순히 예방적인 것이 아니라 징벌적이라면, 피해자에게 인정되는 것은 자조의 권리에 지나지 않는다.

(3) 두 가지 주요 법의 뿌리인 관습과 입법에서 국제법은 전자만 법의 근원으로 하며, 이 점에서는 모든 원시공동체의 법과 비슷하다. 어떤 행위 또는 행동이 관행적인 단계에서 모든 공동체 구성원에게 강제적인 의무가 되는 단계까지 살펴보는 것은 법학자가 아니라 사회심리학자가 할 일이다.

그러나 원래 국제법은 조금이나마 이러한 과정으로 존재하게 되었다. 선진적인 국가공동체에서는 또 하나의 법의 근원인 직접적인 입법이 많았고, 어떠한 근대 국가에서도 그것은 꼭 필요했다. 국제법에 국제입법이 결여되었다는 사실은 매우 심각한 사태로 보인다. 따라서 일부 국제법의 대가들은, 각 국가는 어떤 경우에는 스스로 입법기관을 설립하여 그러한 국가들 사이에서 만들어지는 많은 다국간 협정을 사실상의 입법조약(traités-lois)으로 본다.[1]

그러나 이 견해는 중대한 반론을 부르기 쉽다. 조약에는 그 범위나 내용과 상관없이 법의 본질적인 속성이 결여되었다는 것이다. 즉 조약은 공동체의 모든 구성원에게 자동적이고 무조건적으로 적용되는—그들이 조약에 동의하든 동의하지 않든—것은 아니기 때문이다. 관습국제법을 여러 국가 사이의 다자간 조약으로 구체화하려는 시도가 이제까지 때때로 있었다. 그러나 이러한 시도는 어떠한 조약도 그 조약을 받아들이지 않는 국가를 구속할 수는 없다는 사실에 부딪히자 대부분 그 의의를 잃어버렸다.

---

[1] 이를테면 카네기 재단은 자신의 후원하에 출간된 '다자간 일반이익을 위한 다자간 문서'를 모은 잡지에 《국제입법》이라는 제목을 붙였다.

전시법규에 관한 1907년의 헤이그조약(44개국이 참가하여 개전에 관한 조약을 포함한 13개 조약과 1개 선언을 채택)은 가끔 국제입법의 한 예로 다루어진다. 그러나 이러한 조약은 당사국 이외의 국가를 구속할 수 없을 뿐만 아니라, 당사국이라도 비당사국과의 관계에서는 구속력이 없었다. 브리앙켈로그조약은 전쟁을 금지하는 제정법이라고 주장하는 사람들이 있지만 사실은 그렇지 않다. 그 조약은 많은 국가들 사이에서 전쟁을 국가의 정책수단으로 사용하는 것을 포기하기로 약속한 합의이다. 국제협정은 국가가 국제법의 주체라는 처지에서 서로 맺는 계약이지, 국제법을 입법하는 처지에서 만든 법률이 아니다. 국제입법은 아직도 존재하지 않는다.

국제법의 이러한 결점은 그 자체가 심각한 문제이지만, 그렇다고 국제법에서 법으로서의 자격을 박탈하는 것은 아니다. 국제법도 법의 기본적인 특징을 모두 갖추고 있기 때문이다. 특히 법과 정치의 관계는 국제분야든 국내분야든 같다는 사실을 알 수 있다.

정치철학의 근본문제는 인간은 왜 자신이 지배당하는 것을 받아들이는가 하는 점이다. 이에 대응하는 비슷한 문제로, 법학의 밑바탕에 있는 것, 즉 왜 인간은 법을 따르는가 하는 문제를 들 수 있다. 법은 왜 구속력을 가진 것으로 여겨지는가. 그 대답은 유클리드의 가설의 증명을 유클리드에게서 얻을 수 없듯이 법 자체에서는 얻을 수 없다.

법은 이 문제가 충분히 해결되었다는 전제에서 출발한다. 그러나 법의 지배를 정당화하려는 사람들은 이 문제를 적당히 넘어가서는 안 된다. 이것은 국내법과 마찬가지로 국제법에도 적용된다. 국제법에서 이 문제는 때때로 조약이 구속력을 가지는지, 만약 가진다면 어떤 이유에서인지 하는 물음의 형태로 나타난다. 이 물음에 대한 법적인 대답은, 조약은 국제법상 구속력을 지니며 국제법 속에 조약은 지켜져야 한다는 원칙(바로 뒤에서 논하듯이 몇 가지의 유보가 붙지만)이 담겨 있다는 것이다.

그러나 질문자가 묻고 싶은 것은 국제법과 조약은 지켜져야 한다는 원칙이 왜 구속력을 가지는가, 그리고 왜 무조건 구속력을 가진다고 여겨야 하는가일 것이다. 이러한 질문은 국제법으로 대답할 수는 없다. 이 장의 목적은 이러한 질문에 대한 해답을 어떤 영역에서 구해야 하는가, 또 그 해답은 어떠한 것이어야 하는가를 탐구하는 것이다.

법의 궁극적 권위라는 문제에 접근할 때, 우리는 정치분야에서와 마찬가지로 의견의 근본적 차이와 마주하게 될 것이다. 그것은 윤리와 연결지어 생각하는 이상주의자와, 권력과 결부지어 생각하는 현실주의자 사이의 차이이다. 법학연구자들 사이에서 이상주의자는 일반적으로 자연주의자로 알려져 있고, 그들은 자연법에서 법의 권위를 찾는다. 한편 현실주의자는 실증주의자로 알려지며, 그들은 국가의 의지에서 법의 권위를 찾는다.

그러나 전문용어는 점차 그 뜻이 모호해지고 변화하기 쉽다. 이상주의자 중에도 자연법을 거부하며 이성, 실용성, 객관적 정의,[2] 궁극의 정의감[3] 또는 근본규범 같은 무엇인가 다른 규준을 도입하자고 주장하는 사람도 있다. 반대로 스피노자 같은 몇몇 실증주의자는 자연법을 받아들일 것을 밝혔지만, 그들은 자연법을 강자의 권리와 사실상 동일시함으로써 자연법의 의미를 부정하고 말았다. 또 다른 실증주의자들은 역사법학파와 법의 경제적 해석 등의 깃발을 내걸기도 한다. 그러나 법을 윤리의 일부분으로 간주하는 사람들과 법을 권력의 수단으로 여기는 사람들 사이에는 여전히 근본적인 불일치가 존재한다.

2. 법에 대한 자연주의자의 견해

법에 대한 자연주의자의 견해는 정치에 대한 이상주의적인 견해와 마찬가지로, 실증주의적 또는 현실주의적 견해보다 긴 역사를 지닌다. 원시사회에서는 법은 종교와 깊이 결부되어 있었고, 인류의 발전단계에서 매우 오랫동안 신(神) 또는 신이 지명한 입법자를 통해 만들어지는 것으로 믿었던 것 같다. 그리스의 세속적인 문명은 법과 종교를 분리했지만 법과 도덕을 분리하지는 않았다. 그리스의 사상가들은 자연법의 개념 안에서 더욱 고차원의 불문법을 찾았다. 사람이 만든 법은 이 불문법에서 효력을 이끌어내어 그 불문법에 비추어 평가받았다.

신의 권위는 로마제국이 기독교를 수용함으로써 부활했다. 자연법은 한때 신

---
[2] L. Duguit, *Traité de droit constitutionnel*, i. p. 16.
[3] H. Krabble, *The Modern Idea of the State*(Engl. transl.), p. 110.

의 법과 동일시되었다. 자연법이 비신학적 윤리규준으로서 독자적인 역할을 회복한 것은 르네상스기가 되어서이다.

이미 살펴보았듯이 17, 8세기에는 새로운 형태로 자연법과 이성을 동일시하게 되었다. 몽테스키외(프랑스 철학자, 정치학자. 1689~1755)는 '법률은 일반적으로 지상의 모든 인민을 지배하는 인간의 이성'[4]이라고 말했다. 그로티우스(네덜란드의 법학자, 외교관. 1583~1645)와 그의 후계자들이, 중세가 붕괴한 뒤에 발흥한 새로운 국민국가의 요청에 따라 근대국제법을 만든 것은 바로 이러한 상황에 힘입은 것이었다.

따라서 국제법은 태생부터 매우 이상주의적이었다. 그것은 당연하고도 필요한 일이었다. 국가간 관계를 많든 적든 효과적으로 지배하게 되는 새로운 협정은 의심할 여지 없이 현실적인 필요에서 태어났다. 그러나 만약 이러한 협정이 자연법이나 보편적 이성의 힘에 의해 구속력을 가지지 않았다면, 실제로 그토록 폭넓은 지지를 얻는 일은 거의 없었을 것이다.

그러나 여기서 우리는 정치 분야에서 볼 수 있었던 역설이 다시 등장하는 것에 유의해야 한다. 즉 실천이 가장 비윤리적인 곳에서 이론은 가장 이상주의적이 된다는 것이다. 국제사회의 발전이 미숙한 상태일수록 국제법의 실천에서 도덕이 하는 역할은 국내법의 실천에서보다 실효성이 약해진다. 국제법 이론에서는 이상이 법학의 다른 부문과는 비교가 되지 않게 현실을 압도하는 경향이 있다. 이 경향은 실제 국제관계에서 무정부상태가 가장 우세한 시대에 가장 강해진다. 19세기, 즉 국제사정이 상대적으로 질서정연했던 시대의 국제법학은 현실주의의 양상을 드러냈다. 1919년 이후, 자연법이 다시 영향력을 갖게 되어, 국제법 이론은 이전의 어떠한 시대보다도 강하게 이상주의적 색채를 띠게 되었다.

그러나 자연법에 대한 현대의 견해는 18세기 말까지 지배적이었던 견해와는 어떤 중요한 점에서 다르다. 18세기 이전에는 자연법은 언제나 본질적으로 정적인 것이라고 생각되었고, 또 영원히 변하지 않는 정의의 규준으로 여겨졌다. 게다가 이 정의의 규준은 사물의 본질상 어제, 오늘, 그리고 미래에도 영원히 같아야

---

[4] Montesquieu, *De l'esprit des Lois*, Book I. ch. iii.

만 했다.

처음에는 당장이라도 자연법의 기세를 꺾어 버릴 듯했던 19세기 사상의 역사적 추세는, 바로 이 자연법을 새로운 방향으로 이끌었다. 19세기 말에는 '가변적인 내용을 가진 자연법'[5)]이라는 새로운 개념이 등장했다. 이렇게 해석된 자연법은 영원하고 불변하는 것을 의미하지 않고, 사람들이 공정한 법의 이상적인 모습을 어떤 특정한 시간이나 장소에 따라 본연적으로 느끼는 것임을 암시했다.

우리는 이 자연법의 재정의를 통해 어느 정도 도움을 받게 된다. 이 자연법의 재정의는 다음과 같이 오래된 문제를 해결해 주기 때문이다. 즉 자연법에 의해 노예제는 때로는 인정되고 때로는 금지해야 하는 것으로 생각되었다. 또 자연법에 의해 사유재산이 어떤 곳에서는 자연권으로 간주되고 어떤 곳에서는 자연권의 침해가 되었다. 법은 영원한 윤리적 원칙에서 태어나서가 아니라, 특정한 시대, 특정한 공동체의 윤리적 원칙에 따라 태어나기 때문에 오늘날의 우리는 법을 구속력 있는 것으로서 다루도록 요구되고 있다.

어쨌든 여기에는 진리의 한 면이 담겨 있다. 국내법과 국제법의 많은 원칙—조약은 준수되어야 한다는 국제법의 원칙을 포함하여—의 배후에 있는 심적 충동이 윤리성을 가진다는 것은 이성이 있는 사람이라면 누구나 인정할 것이다. 많은 유럽 언어에서 법과 윤리의 경계에 걸친 말을 많이 볼 수 있는 것은 법과 윤리의 밀접한 관계에 대한 확신이 널리 퍼져 있음을 나타낸다.

그럼에도 깊이 검토해 보면, 법이 왜 구속력을 지니는가에 대한 이러한 설명은 충분하지 않고 오히려 얼마간 오해를 부를 소지가 있음을 알게 된다. 자연법의 중요한 문제는 시간과 장소에 따라 자연법이 정하는 특정한 규칙이 다르다는 점이 아니라(이 문제는 가변적 이론으로 해소되었을 것이므로), 자연법(혹은 이성이나 객관적 정의, 또는 그것을 대신하는 다른 것)이 법에 대한 복종을 정당화하는 것뿐만 아니라, 법에 대한 불복종을 부추기는 데도 쉽게 이용될 수 있다는 점이다.

자연법은 언제나 두 가지 측면과 두 가지 용도를 가지고 있다. 자연법은 현행질서를 정당화하기 위해 보수주의자에 의해 발동된다. 지배자의 권리와 재산의 권

---

5) 이것은 R. 슈탐러가 사용한 말이다. 그의 저서 *Die Lehre von dem richtigen Rechte*(1902~1907)는 The *Theory of Justice*라는 제목으로 영역되었다.

리는 자연법에 기초한다고 주장하는 경우가 그것이다. 마찬가지로 자연법은 현행 질서에 맞선 저항을 정당화하려는 혁명가들이 사용한다. 자연법에는 법과 절대적으로 대립하는 무정부주의적 요소가 들어 있다. 법의 궁극적인 권위를 윤리적 의미에서 구하는 법이론은, 왜 좋은 법(또는 특정한 시간과 공간에서 좋은 법)은 구속력을 가지는지 그 이유를 설명할 수 있다.

그러나 나쁜 법도 구속력을 가진다고 보는 매우 일반적인 합의가 있다. 이러한 견해가 널리 받아들여지지 않는 공동체가 모두 오래 존속할 수 있었는지 어떤지는 의심스럽다. 나쁜 법에 따르지 않을 권리 또는 의무가 있을지도 모른다는 것도 일반적으로 인정된다. 그러나 그런 경우 두 가지 의무 사이에는 모순이 있는 것으로 보인다. 일반적으로 생각되듯이, 복종하지 아니할 의무를 지지하는 결정을 정당화할 수 있는 것은 매우 예외적인 경우뿐이다. 어쨌든 어떠한 법이론도, 그것이 자연법과 합치하기 때문에, 또는 그것이 좋은 법이기 때문에 구속력을 가진다고 설명하는 것만으로는 충분하지 않다.

3. 법에 대한 현실주의자의 견해

법에 대한 실증주의자 또는 현실주의자의 견해를 처음으로 명쾌하고 솔직하게 이야기한 사람은 홉스였다. 그는 법을 규칙이라고 정의했다. 즉 법은 명령이라는 것이다. 여기서 법은 윤리에서 완전히 분리된다. 법은 압제적일 수도 있고 부도덕할 수도 있다. 법이 구속력을 가지는 것은 법에 대한 복종을 강제하는 권력이 있기 때문이다. 법은 국가의지의 표현이다. 국가를 지배하는 사람들은 법을 그들의 권력에 반대하는 사람들을 강제할 수단으로 이용한다. 따라서 법은 강자의 무기이다.

모순에 찬 사상가 루소는 다른 데서는 법을 독재의 안티테제로 다루었지만 다음과 같은 견해를 단호하게 개진한 일이 있다. '모든 나라의 법률에서 볼 수 있는 보편적인 정신은 언제나 약자에 대항하여 강자를 돕고 가지지 못한 자에 대항하여 가진 자를 돕는다.'[6] 마르크스에 따르면 모든 법은 불평등의 법이다.[7] 이 문제

---

[6] J. J. Rousseau, *Émile*, Book IV.
[7] K. Marx and F. Engels, *Works* (Russian ed), xv. p. 272.

에 대한 마르크스주의의 중요한 공헌은 법의 상대성을 주장했다는 점이다. 법은 변하지 않는 윤리규준을 반영하는 것이 아니라 특정한 시대에 특정한 국가의 지배집단이 펼치는 정책과 이익을 반영한다는 것이다. 레닌이 말했듯이 법은 권력관계를 공식화하고 기록한 것이고 지배계급의 의사를 드러낸 것이다.[8]

법의 궁극적인 기반에 대한 현실주의자의 견해에 대해서는 래스키 교수가 다음과 같이 잘 요약했다. '법규칙은 언제나 어떤 인간집단이 바람직하다고 생각하는 목적을 수행하기 위한 것이다. 그리고 우리는 그 목적이 무엇인지 끊임없이 뚜렷하게 표현해야 비로소 현실주의의 법학을 손에 넣을 수 있다.'[9]

법은 왜 구속력을 가지는가 하는 물음에 대한 현실주의자의 대답은 자연주의자의 대답과 마찬가지로 진리의 일면을 내포하고 있다. 어떤 사람들은 위법행위를 하면 경찰이나 법정과 불쾌한 상황에 휘말리기 때문에 법을 지킨다. 그러나 공동체 구성원의 대부분이 언제나 처벌이 두렵다는 이유만으로 법을 지킨다면 어떠한 공동체도 살아남을 수 없다. 로드(영국의 성직자. 1573~1645)가 말했듯이 어떠한 법도 그 법을 지키는 양심이 없으면 구속력을 가질 수 없다.[10] 공동체 또는 공동체의 상당 부분의 양심에 크게 어긋나는 법을 강제하는 것이 얼마나 어려운지에 대해서는 증거가 많다.

법은 공동체의 정의에 대한 관념을 표현하기 때문에 구속력을 지닌다. 법은 공통의 이익을 위한 수단이다. 그런 한편, 법은 권력의 강력한 힘에 의해 강제되기 때문에 구속력을 가진다. 법은 억압적일 수 있고 실제로 때때로 억압적이다. 이러한 대답은 양쪽 모두 진리이며, 이 두 가지는 각각 절반의 진리에 지나지 않는다.

4. 정치사회의 기능인 법

만일 이 두 가지 견해, 즉 절반의 진리에 지나지 않는 서로 모순되는 견해를 조화시키고 싶다면, 또 법은 왜 구속력을 가지는가 하는 물음에 유일무이한 해답을 얻고 싶다면, 우리는 그것을 법과 정치의 관계 속에서 찾아야 한다. 법이 구속

---

8) V. I. Lenin, *Works*(2nd Russian ed), xv. p. 330 ; xii. p. 288.
9) *Representative Opinions of Mr. Justice Holmes*, ed. H. J. Laski, Introduction.
10) W. Laud, Sermon IV, *Works*, i. p. 112.

력을 가지는 것은 만일 그렇지 않을 경우 처음부터 정치사회라는 것은 존재할 수 없고 법도 있을 수 없기 때문이다. 법은 추상적인 개념이 아니다. 법은 '사회적 틀 안에서만 존재할 수 있다. ……법이 있다면 그 법이 실시되는 사회가 존재해야 한다.'[11]

우리는 실증주의자가 생각하듯이 국가가 법을 만드는가, 아니면 자연주의자가 생각하듯이 법이 국가를 만드는가 하는 오랜 논쟁을 끝없이 끌어갈 필요는 없다. 어떠한 정치사회도 법이 없이는 존재할 수 없고 법도 정치사회가 아니면 존재할 수 없다는 점을 확인하는 것으로 충분하다.[12] 이 점에 대해서는 현대 독일의 어느 논자가 다음과 같이 분명하게 말한 바 있다.

모든 법은 언제나 공동체를 표현한다. 모든 법공동체(Rechtsgemeinschaft)는 법의 내용에 규정된 공통의 법률관(Rechtsanschauung)을 가지고 있다. 아무리 법공동체를 세우려 해도 공통된 법률관이 없으면 세울 수 없으며, 공동체의 법의 내용에 관한 최소한의 공통관념도 생겨나기 전에 법공동체를 정착시킬 수도 없다.[13]

정치와 법은 서로 불가분의 관계로 얽혀 있다. 그것은 한쪽의 주제인 사회에서 갖는 인간관계는 그대로 다른 쪽의 주제이기도 하기 때문이다. 법은 정치와 마찬가지로 윤리와 권력이 만나는 장이다.

국제법도 마찬가지이다. 최소한의 공통관념 위에서 법의 구속력을 인정하는 국제사회가 존재하지 않는다면 국제법도 성립할 수 없다. 국제법은 여러 국가로 이루어진 정치공동체의 한 기능이다. 국제법의 약점은 어떤 기술적인 결함이 아

---

11) Alfred Zimmern, *International Affairs*, xvii. (January-February 1938), p. 12.
12) '우리는 국가가 법보다 우선하는가, 아니면 법이 국가보다 우선하는가 하는 질문은 더 이상 하지 않을 것이다. 우리는 법과 국가를 인간의 관념과는 불가분의 공동생활에 고유한 기능으로 볼 것이다. 법과 국가는 둘 다 본원적인 사실이다. 즉 법과 국가는 인간 자체와 같은 시기에 씨앗 또는 배아로서 나타나, 서로 같은 시간을 보내며 서로 힘을 합쳐서 성숙한 열매로 맺어질 것이다.'
(O. F. von Gierke, *Natural Law and the Theory of Society*, Engl. transl., p. 224)
13) F. Berber, *Sicherheit und Gerechtigkeit*, p. 145.

니라 국제법이 기능하는 공동체가 미성숙한 데서 생겨난다. 국제도덕이 국내도덕보다 취약한 것과 마찬가지로 국제법이 고도로 조직화된 현대국가의 국내법보다 내용이 취약하고 허술한 것은 당연하다.

국제사회를 형성하는 여러 국가 가운데 극소수의 국가는 윤리와 같은 특수한 문제를 법의 분야에서도 제기한다. 모든 국가에 똑같이 적용되는 일반규칙은 그 자체가 법에서의 윤리성의 기초가 되지만 그것을 실현하기란 매우 어렵다. 규칙은 아무리 일반적인 형식으로 만들어도 끊임없이 어떤 특정국가 또는 특정국가 군을 향하게 마련이다. 따라서 만일 다른 이유가 없다면 권력의 요소는 국내법—그 주체는 불특정 개인으로 구성된 대집단이다—보다 국제법에서 더욱 지배적이고 두드러진다. 같은 사정에서 국제법은 법의 다른 분야보다 더욱 노골적으로 정치화한다.

따라서 법은 특정한 정치적 질서—이것이 존재하는 것만으로 법은 구속력을 지닌다—의 기능에 대해 우리가 일단 이해한다면, 법의 지배 또는 인간에 의한 통치가 아니라 법에 의한 통치 같은, 널리 알려진 말 속에 숨어 있는 법의 인격화에는 오류가 있음을 알 수 있다.

일반인은 자신을 구속하는 법—그것을 인정하든 인정하지 않든—을 인격화하는 경향이 있다. 이 인격화는 국가의 인격화와 마찬가지로 일상적인 목적에서 보면 당연한 일이다. 그러나 그렇다 해도 사물을 명쾌하게 고찰하는 데 법을 이렇게 이해하는 것은 위험하다. 법은 자기충족적일 수가 없다. 법을 지키는 의무 자체가 언제나 법 이외의 뭔가에 의거하기 때문이다. 법은 스스로 생겨나지도 않으며 스스로 적용되지도 않는다. 어느 중국 철학자는 이렇게 말했다. '사람이 통치하는 것이지 법이 통치하는 것이 아니다.'[14]

---

14) 순자(荀子). 량치차오(梁啓超)의 《중국정사상사》(영문판) 137쪽에서 재인용. 법을 자기충족적이며 스스로 적용 가능한 것이라고 보는 데서 초래되는 혼란을 보여 주는 완벽한 예는 윈스턴 처칠의 발언으로 보도된 다음의 격언에서 찾아볼 수 있다. '법을 옹호하고, 법을 집행하며, 자신도 법의 명령에 따르는 위엄 있는 국제재판소를 설립하겠다는 확신이 없으면 안 된다.'(*Manchester Guardian*, December 12, 1938) 누가 이 위엄 있는 재판소를 설립하고, 누가 재판소의 결정을 집행하며, 누가 법을 만들고, 또 재판소가 법의 명령에 따르는지를 누가 확인할 것인지에 대해 처칠이 냉정하게 자문했더라면, 이 제안이 말처럼 쉽지만은 않다는 것이 드러났을 것이다.

헤겔은 국가 속에 최고의 도덕적 선이 구현되어 있음을 확인했는데, 우리는 여기서 말하는 국가란 어떤 국가인가, 아니, 누구의 국가인가 하고 물을 수 있다. 마찬가지로 국제정치를 논하는 현대의 논자들이 법의 지배 속에서 최고의 도덕적 선을 볼 때, 우리는 그 법이란 어떠한 법인가, 또 누구의 법인가 하고 물을 수 있다. 법은 추상적이지 않다. 우리는 법 자체가 의거하는 정치적 기반과 그것이 지켜주는 정치적 이익을 떠나서는 법을 이해할 수 없다.

법은 정치보다 도덕적이라는 일반적인 환상의 오류를 발견하는 것 또한 어려운 일이 아니다. 어떤 행동은 그것이 법적 성격을 가진다고 해서 도덕적이 되는 것은 아니다. 노동자에게 생활하는 데 충분한 임금 이하의 급료밖에 지급하지 않는데도, 그 임금이 노동자가 서명한 계약으로 결정되고 법적으로 유효하다고 해서 도덕적인 것은 아니다.

1871년(프로이센-프랑스전쟁, 1870~1871) 독일이 프랑스 영토(알자스 지방과 로렌 지방의 일부)를 합병한 것과, 1919년 연합국이 독일 영토를 합병한 것은 도덕적일 수도 있고 그렇지 않을 수도 있다. 그러나 이러한 합병은 패전국이 서명한 조약으로 국제법상 유효하다는 사실 때문에 도덕적인 것은 아니다. 유대인을 쫓아내기 위해 법률로 그들의 재산을 몰수하는 일은, 같은 목적을 위해 유대인에게 나치 돌격대원을 무차별적으로 보내는 일보다 그 자체로 결코 더 도덕적인 것은 아니다.

절대적일 것 같았던 메디아나 페르시아의 법이 특별히 도덕적이었다고 보기는 어렵다. 만약 법률이 어떤 집단의 사람들이 바람직하다고 여기는 목적을 언제나 이루려고 한다면 그 법률의 윤리적 성격은 명백하게 목적에 의해 결정된다. 우리는 정치행동에 반도덕적 또는 압제적인 법을 개선하도록 요구할 수 있다. 실제로 정치행동은 이따금 그것을 요구받고 있다.

모든 정치사회가 법을 필요로 하는 이유는 무엇일까. 그것은 법의 특유한 성질에 있는데, 그 성질은 법의 내용이나 윤리성이 아닌, 안정성 속에 있다. 법은 사회에 정착성, 규칙성, 지속성—이러한 것이 없으면 통일성 있는 생활은 불가능하다—의 요소를 부여한다. 시민이 다른 시민과의 관계와 국가와의 관계에서 가지는 권리와 의무는 법에 따라 규정되어야 하며, 이것은 조직화된 정치사회의 근본 기초이다. 법은 해석이 모호하거나 적용에 일관성이 없으면 법으로서의 본질적인 기능을 할 수 없다.

그러나 안정성과 지속성은 정치생활의 유일한 조건은 아니다. 사회는 법에 따라서만 성립되는 것이 아니고, 법은 최고의 권력일 수가 없다. 정치 무대는 현행 법적 상황을 일반적인 방법으로 지키려고 하는 보수주의자와 현행 법적 상황을 중요한 점에서 바꾸려고 하는 급진주의자 사이에서, 정도의 차이는 있어도 끊임없이 이어지는 투쟁의 장이다. 국내 보수주의자도 국제적 보수주의자도 법의 수호자 처지에서 그들에게 반대하는 자를 법의 적대자로 비난하는 습성이 있다. 민주정치에서는 이 보수주의자와 급진주의자의 투쟁이 법규칙에 따라 공개적으로 펼쳐진다.

그러나 이러한 규칙은 그 자체가 법 이전의 정치적 산물이다. 어떠한 법제도도 법의 제정과 개폐의 권한에 대해서는 먼저 정치적 결정을 전제로 한다. 게다가 이 정치적 결정은 명시적 또는 묵시적으로 이루어질 수도 있고, 투표나 거래, 나아가서는 물리력으로써 이루어질 수도 있다. 모든 법의 배후에는 반드시 정치적 배경이 있다. 법의 궁극의 권위는 정치에서 유래한다.

제11장 조약의 구속성

문명생활에 필요한 법의 기능 가운데 하나는 법이 정당하다고 인정하는 방법으로 맺어진 사적 계약상의 여러 권리를 옹호하는 것이다. 국제법은 국제조약이나 국제협정에 의해 태어난 권리를 약간의 유보를 두고 지지한다. 이 원칙은 어떠한 성격의 국제사회에서도 그 존립에 반드시 필요하다. 또 이 원칙은 이제까지 살펴본 것처럼 이론적으로는 모든 국가가 인정한다. 국가들의 유일하게 성문화된 의무는 조약에 정해진 의무인 것도 사실이다. 따라서 이러한 사실 때문에 국제법에서의 조약의 지위는 국내법에서 계약이 차지하는 지위보다 높다.

이를테면 스미스와 로빈슨의 계약조항을 국내법의 일부로 생각하는 사람은 아무도 없지만, 조약의 내용은 실제로 마치 그것이 국제법 자체의 일부인 것처럼 가끔 잘못 이야기된다. 따라서 조약의 구속성 원칙은 지나친 낙관론에 사로잡혀 1919~1920년의 평화조약 논쟁에 의해 더욱 강화되었다. 전간기, 특히 평화질서를 유지하려 한 나라들의 논자들은 합의는 준수되어야 한다는 원칙을 단순히 국제법의 근본원칙일 뿐만 아니라 국제사회의 기둥으로 간주하려 했다. 독일의 한 논자는 이러한 태도를 '합의구속주의'[15]라고 야유했다.

이 문제는 국제정치의 모든 분야에서 가장 큰 논쟁거리의 하나가 되었다. 국제법의 원칙인 조약의 구속성과 국제윤리의 원칙인 조약의 구속성을 구분하지 못함으로써 때때로 혼란이 일어났다.

1. 조약의 법적 효력과 도덕적 효력

조약은 원칙적으로 법적 구속력을 가진다는 것을 모든 국가가 널리 인정하고 있었음에도 1914년 이전의 국제법은 조약의무의 구속성을 절대적인 것으로 하는 데는 소극적이었다. 우리는 현상유지에 관심을 두는 국가는 국제법에서 조약의 절대적 효력을 강하게 주장하지만, 조약 때문에 불이익을 당하는 국가는 보통 자신이 제재를 받지 않을 수 있다면 그 조약을 거부한다는 사실을 고려해야 했다.

1848년 프랑스는 '프랑스공화국의 견해로는 1815년의 조약은 더 이상 효력을 갖지 않는다'[16]고 선언했다. 1871년 러시아는 크림 전쟁이 끝난 뒤 러시아에 부과된 군함통행의 제한을 약속한 해협협정(1841년 7월에 체결된 해협제도에 관한 런던조약)을 폐기하기에 이르렀다. 이러한 일은 19세기의 몇몇 비슷한 사건 가운데 특히 두드러진 사례에 지나지 않는다. 이러한 상황에 대처하고자 국제법학자는 이른바 사정변경의 원칙이 모든 조약에 사실상 들어 있다는 이론을 전개했다. 즉 조약상의 의무는 조약 체결시의 일반적 상황이 이어지는 한 국제법적으로 구속력을 가지며, 상황이 바뀌면 더는 구속력을 갖지 않는다는 것이었다.

이 이론은 논리적으로, 조약은 당사국간의 권력관계 이외의 어떠한 것에도 구

---

15) G. A. Walz, *Deutsches Recht*, Jg. IV. (1934), p. 525. 합의는 구속력을 가지고 반드시 준수되어야 한다는 원칙이 국제 사회에서 '더 이상 단순화할 수 없는 최고이자 최종적 규준을 형성한다'는 라우터파하트 교수의 견해(*The Function of Law in the International Community*. p. 418)는 여기서 비판받고 있는 태도의 좋은 사례이다.

16) 1848년 3월 5일자 *Moniteur*지에 게재된 라마르틴(프랑스의 시인, 정치가. 1790~1869)의 회람.

속되지 않으며, 이 권력관계가 변하면 조약은 소멸한다는 관점에까지 이를 수 있다. 그러한 관점이 채택된 경우도 드물지 않았다. 비스마르크는 다음과 같은 유명한 말을 남겼다. '모든 조약은 유럽정치에서 특정한 관점을 확인하는 것에 지나지 않는다. 조약을 체결할 때 사정에 변경이 생기지 않는 한이라는 유보조건은 언제나 암묵적으로 인정되고 있다.'[17]

국가는 어떠한 조약이든 언제라도 폐기하겠다고 통고할 절대적 권리를 가진다는 이론에서도 같은 결론이 나온다. 루스벨트는 이 견해를 매우 단호한 어조로 다음처럼 말했다. '국가는 자신이 대의라고 생각하는 것을 위해 공식 절차에 따라 조약을 폐기할 수 있는 엄숙한 권리를 가진다. 그것은 마치 국가가 충분한 명분을 내걸고 선전포고를 하거나 다른 권력을 행사할 권리를 가지고 있는 것과 마찬가지이다.'[18]

우드로 윌슨은 파리평화회의 기간 중의 비공식 회담에서, 자신이 국제법 교수였던 시절에는 국가가 스스로 구속되어 있는 어떠한 조약도 언제든 폐기할 권리가 있다고 항상 믿었다고 말했다.[19] 1915년 자연주의 학파로서 중립적 관점에 서 있었던 저명한 국제법 학자는 '합의구속주의'의 원칙에 대해, '이 원칙을 국내외에서 예외 없이 유효한 법규칙으로 여기는 사람은 아무도 없다'[20]고 말했다.

세계의 최강국으로서 조약의 효력을 유지하는 데 최대한의 이익을 가지고 있었던 영국에서도 조약상의 의무가 무조건적인 구속력을 가진다는 견해를 인정하는 데는 명백하게 소극적이었다. 가장 유명한 사례가 1839년의 벨기에 중립보장조약이다. 이 조약에서는 영국을 포함하여 이에 참여한 유럽의 주요국 가운데 한 나라라도 벨기에의 중립을 침해하면 해당 조약을 맺은 다른 나라들은 이에 공동 또는 개별적으로 대항하게 되어 있었다.

1870년 글래드스턴은 하원에서 다음과 같이 연설했다. 에드워드 그레이가 1914년 8월 3일의 연설에서 이 연설의 한 대목을 긍정적으로 인용했다. 글래드스

---

17) O. von Bismarck, *Gedanken und Erinnerungen*, ii. p. 258.
18) H. F. Pringle, *Theodore Roosevelt*, p. 309에서 재인용.
19) D. H. Miller, *The Drafting of the Covenant*, i. p. 29.
20) H. Krabbe, *The Modern Idea of the State*(Engl. transl.), p. 266.

턴은 보장조약을 준수해야 할 처지가 되었을 때 당사국이 처한 특수한 사정과 상관없이 조약이 존재한다는 단순한 사실 때문에 모든 당사국이 거기에 구속되어야 한다는 안이한 주장을 이 하원에서 펼쳐온 사람들의 이론에는 승복할 수 없다고 말했다. 그는 이러한 해석을 경직되었고 실행될 수 없는 것이라고 생각했다.[21] 1908년 당시에 사무차관이었던 하딘지 경(영국의 외교관. 1858~1944)이 작성한 기밀문서도 같은 정신을 보여 주고 있다.

> 의심할 여지 없이 우리에게는 지켜야 할 의무가 있다. ……그러나 우리가 과연 자신의 의무를 수행해야 하는지, 또 벨기에의 중립을 그 침범으로부터 옹호해야 하는지는 그때의 우리의 정책과 상황에 따라 달라지지 않을 수 없다. 만약 프랑스가 독일과의 전쟁에서 벨기에의 중립을 침해한다 해도, 지금의 정세로서는 영국과 러시아가 벨기에의 중립을 유지하기 위해 어떤 행동을 일으킬지는 의심스럽다. 그러나 벨기에의 중립이 독일에 의해 깨진다면 상황은 정반대가 될 것이다.

그레이는 문서의 앞부분에서 하딘지의 생각이 핵심을 꿰뚫고 있다고만 논평했다.[22]

사정변경 원칙과 마찬가지로 유연성이 있는 또 하나의 원칙이 국제의무 불이행을 정당화하기 위해 이따금 원용되었다. 긴요성의 원칙 또는 사활적인 이익의 원칙이다. 법에 관한 유명한 격언으로, 어느 누구에게도 불가능한 것을 이행하도록 요구해서는 안 된다는 말이 있다. 국제법상 불가능한 일에는 이따금 국가의 사활적 이익(주로 안전보장을 의미한다)을 해치는 행동이 포함된다. 논자 중에는 모든 국가는 다른 나라에 대한 어떠한 의무도 무시할 수 있는 자기보존의 법적 권리를 가진다고 주장하는 사람들도 있다. 이러한 견해는 전쟁 중일 때에는 특별한 무게를 가지게 된다.

1914년 12월 영국의 봉쇄조치(북해를 봉쇄하여 중립국이 전쟁 때 금으로 만든 물품

---

21) E. Grey, *Speeches on Foreign Affairs, 1904-1914*, p. 307에서 재인용.
22) *British Documents on the Origins of the War*, ed. G. P. Gooch and H. W. V. Temperley, viii. pp. 377-8.

을 독일로 수송하는 것을 막은 것)에 대한 항의각서에서 미국 정부는, 교전국은 순수한 상업활동을 간섭해서는 안 되며 단, 이러한 간섭이 자국의 안전을 지키는 데 뚜렷하게 긴급한 필요성을 가진다면 이야기는 달라지지만, 그런 경우에도 꼭 필요한 범위에 한정하는 것이 국제법의 원칙이라고 규정했다. 영국정부는 이 해석을 기꺼이 받아들였고 그때부터 긴급한 필요성이라는 불가피한 이유로 그 봉쇄행동을 정당화할 수 있었다. 영국을 제외하고 이 긴급한 필요성이라는 요건을 사정(査定)할 수 있는 자격은 누구에게도 없었다.[23]

이렇게 긴급을 요하는 경우, 문외한은 법적인 세세한 조치를 하지 않고 다른 방법으로 같은 결과를 얻으려고 한다. 제임슨의 침략 때,《타임스》는 한 계관시인의 시를 실었는데, 그것은 분을 삭여 주는 다음의 몇 행으로 시작된다.

법률 문제는 법률가와 정치가들이
머리를 싸매고 골머리 썩이라지
우리야 칼과 안장, 그리고 총만 든든하면
그깟 거야 무슨 걱정거리라지?[24]

'지긋지긋한 법 따위! 내가 원하는 것은 운하의 건조란 말이다!' 이 말은 파나마운하 위기 때 루스벨트가 한 것으로 알려져 있다. 1939년 일본의 한 해군 대변인은 중국영해를 항행 중이던 외국배를 일본 정찰대가 검문한 일을 언급하면서 이렇게 말했다고 한다. '이것은 일본이 그렇게 할 권리를 갖고 있는가를 따질 문제가 아니다. 이것은 긴요한 일이고 그래서 우리는 행할 따름이다.'[25] 히틀러는 이렇게 말했다. '국가가 탄압이나 멸망의 위기에 처해 있을 때 합법성의 문제는 부차적인 역할밖에 하지 않는다.'[26]

조약의무 불이행을 정당화하는 것이 명시적 또는 묵시적으로 이루어진 경우,

---

23) 왕복서간은 Cmd. 7816 of 1915에 게재.
24) *The Times*, January 11, 1896.
25) *The Times*, May 26, 1939.
26) A. Hitler, *Mein Kampf*, p. 104.

거기에 사용된 언어로 그 정당화가 법적 근거에 따랐는지 아니면 도덕적 근거에 따랐는지 판단하기란 종종 어렵다. 사정변경 원칙이 기능했기 때문에, 또는 무언가 다른 이유 때문에 조약의무가 더 이상 법적 구속력을 갖지 않는다는 것인가. 아니면 법적 의무는 인정되지만 국가는 법 자체가 도덕에 반한다거나 불합리하다, 또는 실행불능이라는 이유로—시민이 때때로 국내법을 무시할 권리를 도덕상 가지는 것과 마찬가지로—그 법을 무시할 권리를 가진다는 것인가.

간단하게 말해 1914년 이전에는, 합의는 준수되어야 한다는 원칙이 탄력적으로 해석되었고, 의무 불이행은 법적으로 용인할 수 있다고 옹호되는 경향이 있었다. 그런데 1919년 이후에는 이 원칙의 해석이 점차 엄격해져서 의무 불이행이 허용되는 것은 주로 다음과 같은 이유에서였다. 즉 이성 또는 도덕을 고려하여 국가는 그것을 엄밀한 법적 의무로 간주하지 않아도 된다는 것이다.

국제법의 딜레마는 교회의 교의가 가진 딜레마와 같다. 다양한 필요에 따라 탄력적으로 해석하면 신자의 수는 늘어나게 된다. 엄격한 해석은 이론적으로는 바람직하지만 교회에서 신자의 이탈을 유발한다. 1919년 이후 국제법의 규칙이 더욱 자주 공공연하게 침범된 것은 이러한 규칙을 강화하고 더욱 엄밀하고 더욱 정확하게 해석하려는 전승국의 선의적인 노력에서 부분적으로 비롯되었음은 의심할 여지 없는 사실이다.

이 시기의 많은 조약의무 위반을 조사해 봐도 기대한 만큼 명확한 결론은 나오지 않는다. 그것은 수많은 사례에서, 당사국은 아예 조약의무를 이행하지 않은 사실이 없다고 주장하거나, 상대국이 먼저 조약을 위반했다고 주장하며 자신을 옹호하기 때문이다. 1932년 12월 프랑스 하원은 미국과 맺은 프랑스 전시부채협정의 이행을 다음과 같은 이유로 거부했다. 6년 전의 협정체결 이후, 결정적 사정이 변했다는 것이었다. 이것은 1919년 이후에는 사정변경 원칙의 명시적 원용에 가장 가까웠다.[27]

영미 전시부채협정에 관한 영국의 채무불이행은 경제적 사정을 이유로 정당화되었다. 그러나 논의의 주요 근거는 법적인 것이 아니라 도덕적이었다. 즉 협정에

---

27) 1932년 12월 14일의 결의. *Documents on International Affairs*, 1932, pp. 80–82에 수록.

의해 주어진 의무는 불합리하고 불공평하다는 것이었다.[28] 《타임스》에 따르면 전시부채는 통상적인 상거래와 같은 도덕적 효력을 가지는 것은 아니라는 견해였다.[29] 이에 앞서 그 무렵 재무장관이었던 네빌 체임벌린은 이 의무가 법적 구속력을 갖는다는 사실을 명확하게 인정했다. 그러나 그는 법적 의무보다 더 고차원으로 보이는 다른 의무에 호소하며 이렇게 말했다.

계약은 신성하게 지켜져야 하고 우리가 받아들인 의무에서 결코 달아나서는 안 된다는 말을 들을 때, 우리는 그 밖에도 의무와 책임을 지고 있고 게다가 그 의무는 우리 동포뿐만 아니라 전 세계의 수많은 사람들에 대해 지는 것임을 잊어서는 안 된다. 그들의 행불행은 이러한 의무의 이행을 한쪽에서 얼마나 강하게 요구하고 다른 쪽이 얼마나 제대로 이행하는가에 달려 있다.[30]

1935년 3월, 독일은 베르사유조약의 군사조항을 파기하면서, 조약의 다른 당사국이 군축의무를 이행하지 않았기 때문이라고 자신의 행동을 정당화했다. 1년 뒤 소련과 불소상호원조조약을 체결한(1935년 5월) 프랑스의 행동에 의해 로카르노조약이 '사실상 존립할 수 없게 되었다'[31]는 이유로 그 조약의 폐기는 정당화되었다. 어느 쪽이나 다 겉으로는 법리 논쟁이었다. 그러나 라인란트 점령 직후 공개연설에서 히틀러는 다음과 같이 법적인 변명을 거부하고 도덕적 변명을 내세웠다. '전 세계의 모든 사람들이 조약의 조항에 얽매여도 나는 영원한 도덕을 수호할 것이다.'[32]

---

28) 1934년 6월 4일의 영국 문서에서(Cmd. 4609) 재인용.
29) *The Times*, June 2, 1934.
30) 1932년 12월 14일 하원에서 한 연설. *Documents on International Affairs*, 1932, p. 128에 수록.
31) *Diplomatic Discussions Directed Towards a European Settlement*, Cmd. 5143, p. 78.
32) Arnold J. Toynbee, *Survey of International Affairs, 1936*, p. 319에서 재인용. 이러한 주장은 꼭 현대만이 아니라 시대를 막론하고 자주 정당한 것으로 간주되어 왔다. 최근에는 1908년에도 어느 유명한 영국 역사가가, 이름만 바꾸면 그대로 히틀러의 태도에 딱 들어맞을 W. 피트의 다음과 같은 말을 인용했다. '부당한 조약에 규정된 인위적인 제약은 무효라는 영국의 요구를 신과 자연이라는 이름으로 지지하고, 파르도협정을 국가적 치욕이라며 폐기 통고한 것은, 새로운 영국의 말로 표현하기 어려운 감정을 분명히 표명한 것이다.'(*Quarterly Review*, October 1908, p. 325) 또 같은 논

따라서 전체적으로 전간기의 조약 불이행에 대한 변명은 조약구속성의 원칙에 대해 국제법으로 인정된 적용 예외라는 법적 근거에서 이루어지지 않았다. 이 조약 불이행은 어떤 조약이 법적으로는 구속력을 가지지만 도덕적으로는 효력이 없다는 윤리적 근거를 들어 이루어졌다. 이러한 조약 불이행이 엄밀한 규정 해석에서 국제법 위반임이 부정된 것은 아니었다. 그러나 조약 자체가 국제도덕에 어긋나는 것이라는 이유에서 그 위반은 허용되었다. 만일 어떤 조약이 도덕적으로 의심스럽고, 따라서 도덕적으로 무효라고 일반적으로 생각된다면, 그렇게 생각하게 만드는 조약의 특질은 무엇인지, 그에 대해 고찰하는 것은 국제윤리와 국제법 연구자에게 중요한 일이다.

2. 강압에 의해 서명된 조약

첫째로, 강압에 의해 서명된 조약에는 도덕적 오점이 남는다고 의식하게 된 일이다. 이러한 의식이 나타난 것은 5일 동안 유예한다는 내용의 최후통첩을 받고 독일이 서명한 베르사유조약에 대해서였다. 독일의 선전활동은 베르사유조약이 어떠한 도덕적 효력도 없는 강권에 의해 체결된 협정(Diktat)이라는 생각을 퍼뜨리는 데 주력했다. 그리하여 이 생각은 로카르노조약 체결 뒤 광범위하게 퍼져 갔다. 이때 영국과 프랑스의 정치가는 독일이 베르사유에서 강압에 의해 받아들인 조약의무의 일부에는 자발적 동의도 포함되었다며 그 도덕적 의의를 강조하면서, 조약 불이행 정책에 기울어져 있었던 독일 외무장관 슈트레제만(바이마르공화국의 정치가. 1878~1929)에게 섣불리 맞섰다.

강압에 의해 맺어진 조약에 대한 태도는 전쟁에 어떠한 태도를 취했는가에 달려 있다. 전쟁을 끝내는 모든 조약은 거의 필연적으로 패자가 강제로 받아들인 것이기 때문이다. 따라서 어떤 전쟁이 도덕적이라고 여겨지는 한, 강압 아래 맺어진 조약이라도 무조건 반도덕적이라고 비난할 수는 없다. 베르사유 조약에 대해

문의 뒤쪽에서는 다음과 같이 말했다. '그는 자신의 강렬한 예견력과 정치적 이상의 연금술을 통해 국가의 발전과 목적이 제국주의적 팽창의 이상에 바탕을 둔 것이라는 생각을 영국에 강요했다. 그것은 국가가 모든 것을 희생하지 않으면 국가의 자존을 위한 권리와 권력의 보유를 믿을 수 없게 됨을 이해시키기 위한 것이었다.'(ibid. pp. 334-5) 이 논자가 이러한 표현을 칭송할 만하다고 확신하고 있다는 것이 흥미롭다.

매우 자주 표명되었던 도덕상의 이의(異議)는 실제적으로 조약 서명이 강압 아래 이루어졌다는 사실보다는 그 가혹한 내용 때문이었던 것 같다. 또 그 이의는 연합국 정부가 브레스트–리토프스크 평화회의를 포함하여 이 회의에 이르는 모든 중요한 평화회의의 절차를 어기고 패전국 전권대사와의 직접협상을 거부했다는 사실 때문일 수도 있다. 현명하다고 할 수 없는 이 행위가 조인에 앞선 최후통첩보다 더욱 평화조약에 대한 신뢰성을 손상시키고 만 것이다.

3. 불평등 조약

둘째로 조약은 그 내용의 성격에 따라 도덕적으로 무효가 될 수 있다는 견해가 일반적이 된 일이다.

도덕에 어긋나는 계약이나 공공정책에 반하는 계약을 무효로 하는 국내법규, 이 국내법규에 대응하는 어떠한 국제법규도 실제로는 있을 수 없다. 국제적 정치질서가 없기 때문에 우리는 국제적 공공정책에 대한 법적 정의나, 국제적 반도덕성에 대한 법적 정의를 내릴 수 없다.[33] 그러나 어떤 국제조약의 내용이 도덕에 어긋난다고 여기는 사람들은 그 조약을 거부할 도덕적 권리를 그 피해국에 인정할 것이다. 그것은 국제법은 다른 교정수단을 갖고 있지 않기 때문이다.

더욱 주목해야 할 것이 있다. 반도덕적이지는 않지만, 당사국간의 현행 권력관계와 두드러지게 모순되는 조건을 부과하고 있다는 의미에서 불평등 조약에 대해서는 그것을 거부할 수 있는 도덕적 권리를 인정하는 경향이 있다는 것이다. 베르사유조약의 군축조항이 효력이 없는 것으로 여겨졌던 까닭은 하나의 강대국을 영원히 열등한 지위에 두는 것은 불합리했기 때문이다.

일반적으로는 대전 종결과 함께 독일이 붕괴한 것에 의한 일시적인 무력상태를 베르사유조약이 영속화하려고 했다는 비난이 쏟아졌다. 이 주장은 엄밀하게

---

33) 1919년 이후, 일부 독일학자들은 만약 조약이 국가의 자연법에 위배된다면, 그 조약은 국제법상 무효라고 주장했다. 그들의 견해는 A. Verdross, *American Journal of International Law*, xxxi.(October 1937), pp. 57(1)sqq에 상세히 정리되어 있다. 그러나 이 견해를 지지하는 곳은 거의 없었다. 1934년 상설국제사법재판소의 판결에서 독일 재판관은 법정이 사회질서에 반하는 내용의 약정을 적용하는 일은 결코 없다는 개인적 의견을 밝혔다(*Permanent Court of International Justice*, Series A/B No. 63, p. 150). 그러나 재판소가 이 명제에 얽매여 있었던 것으로는 보이지 않는다.

말하면 윤리적이지는 않을 것이다. 이 주장은 권력이라는 관점에 뿌리를 두고 도덕적 권리가 단순히 힘에만 기초를 두는 것을 인정했기 때문에, 엄밀하게 말하면 윤리적이지는 않다. 그러나 이 주장은 권력과 윤리가 모든 정치문제에서 기묘하게 얽혀 있는 일례이다.

이와 조금 비슷한 예가 국제연맹규약 제16조(제재조항)와 관련하여 발생했다. 미국이 연맹규약을 비준하지 않았을 때, 제16조에 의해 부과된 의무는 더 이상 도덕적으로 구속력을 갖지 않는다는 생각이 지배적이었다. 연맹가맹국이 강국의 적의를 사는 정책을 취하는 것은 기대하기 힘든 일이었기 때문이다. 일반적으로 무엇이 합리적인가 하는 판단규준은 국제도덕의 다른 문제와 마찬가지로 조약의 도덕적 효력 문제에도 적용된다.

4. 권력수단으로서의 조약

국제조약의 도덕적 구속성을 부정하기 위해 때때로 제시되는 세 번째 이유는 앞의 두 가지 이유보다 포괄적인 성격을 띤다. 그것은 특정한 조약이 아니라 모든 조약이 원래부터 권력의 수단이고, 따라서 도덕적 가치가 없다 하여 그 도덕적 신뢰성이 의문시된다는 것이다. 한 마르크스주의자는 자본주의사회에서는 계약의 법적 집행은 지배계급의 이익을 옹호하고 촉진하기 위해 국가권력을 행사하는 하나의 방법에 지나지 않는다고 주장했다.[34] 마찬가지로 우리는 국제조약의 법적 유효성을 고집하는 것은, 그것이 조약을 강요당해 온 약소국에 대해 지배국이 우위를 유지하기 위한 무기가 되기 때문임을 상당한 논거를 가지고 주장할 수 있다. 이러한 주장은 법을 윤리에서 분리된 권력의 압제적 수단으로 보는 현실주의자적인 견해 속에 내포되어 있다.

이와 같은 주장은 조약구속성 이론이 국가의 실천에서 탄력적이고 일관성이 없이 적용됨으로써 오히려 설득력을 지닌다. 1932~1933년에 프랑스와 영국 정부는 베르사유조약의 군축조항이 독일을 법적으로 구속한다는 것, 그리고 이 조항이 관계국의 동의를 얻어야 개정될 수 있음을 특별히 강조했다. 1932년 12월 프

---

34) K. Renner, *Die Rechtsinstitute des Privatrechts und ihre soziale Funktion*, p. 55.

랑스 하원은 미국과 맺은 프랑스 전시부채협정의 이행을 거부할 수 있는 구실을 찾아냈다. 1933년 6월 영국 정부는 전시부채협정에 따라 예정되었던 정기 분할지급을 중지하고 얼마쯤의 내입금(內入金)으로 대신하기로 했다. 그리고 1년 뒤에는 이 내입금의 지급마저 중단했다. 그러나 1935년 영국과 프랑스는 독일이 베르사유조약의 군축조항 의무를 일방적으로 거부한 것에 대해 다시 공동으로 거세게 비난했다.

이러한 모순은 매우 일반화되어 있다. 그래서 현실주의자들은 이 모순된 행위를 완전한 통례로서 간단하게 치부해 버린다. 권력의 요소는 모든 정치적 조약에 달려 있는 것이다. 이러한 조약의 내용은 체결 당사국의 상대적인 힘의 관계를 어느 정도 반영한다. 강대국은 약소국과 맺은 조약의 구속성을 주장할 것이다. 약소국은 권력상의 처지에 변화가 있고 자신이 조약 이행 의무를 거부 또는 수정할 수 있을 만큼 강해졌다고 느끼면 강대국과 맺은 조약을 파기할 것이다.

1918년 이후 미국은 자국보다 강한 나라와는 조약을 맺지 않았다. 따라서 미국은 조약의 구속성을 무조건 지지해 왔다. 영국은 자국보다 재정적으로 강한 나라와 전시부채협정을 맺고 채무불이행에 빠졌다. 영국은 그 밖에 중요한 조약을 강국과 전혀 맺지 않았기 때문에, 이 전시부채협정을 유일한 예외로 하여 조약의 구속성을 유지했다. 자국보다 강한 나라와 매우 많은 조약을 맺은 뒤 자신의 주장을 강화한 나라가 독일과 이탈리아, 그리고 일본이었다. 이 3국은 매우 많은 조약을 파기하거나 무시했다. 그러나 이처럼 다른 태도 사이에 도덕상의 차이가 있다고 상정하는 것은 경솔한 일일 것이다. 이 3국이 약소국과 맺은 조약이 자신에게 이로운 경우, 영국과 미국에 비해 이 조약의 구속성을 그다지 고집하지 않을 것이라고 생각할 이유는 어디에도 없다.

이상의 논의는 이러한 사례에 관한 한 매우 설득력이 있다. 합의는 준수되어야 한다는 원칙은 도덕적 원리가 아니다. 또 그것을 적용하는 것이 윤리적 이유로 언제나 정당화되는 것도 아니다. 그것은 국제사회의 존립에 필요할 뿐만 아니라 널리 인정되는 국제법의 원칙이다. 그러나 법이 반드시 모든 정치문제를 해결해주지는 않는다. 법이 문제를 해결하지 못할 경우, 그 책임은 원래, 사용될 수 없는 영역에 법을 적용하려고 한 사람들에게 종종 돌아간다.

우리가 법은 기존질서에 대한 방파제라고 평가하는 것은 법을 비난하는 것이 아니다. 법의 본질은 안정을 조성하여 사회의 현체재를 유지하는 것이다. 보수주의자가 자신을 법과 질서의 지지자로 규정하고 급진주의자를 평화의 방해자, 나아가서는 법의 적대자로 비난하는 것은 어디에서나 당연하고 자연스러운 일이다. 모든 사회의 역사가 말해주듯이, 기존 질서에 중대한 변혁을 원하는 사람들 쪽에는 비합법적 행위를 하거나 보수주의자들을 비합법적이라고 비난하는 경향을 볼 수 있다.

물론 고도로 조직화된 사회, 즉 합법적으로 장치된 기구가 법을 바꿀 수 있는 사회에서는 이 비합법적 행동의 경향이 줄어드는 것은 확실하다. 그렇지만 이 경향이 완전히 사라지는 것은 결코 아니다. 급진주의자는 보수주의자에 비해 법과 대립할 가능성이 언제나 높다고 할 수 있다.

1914년 이전의 국제법은 기존의 국제질서를 변혁하기 위해 전쟁을 일으키는 것을 비합법이라고 비난하지 않았다. 전쟁이 아닌 다른 방법으로 변혁하려고 해도 그것을 위한 합법적 기관이 없었기 때문이다. 1918년 이후 침략전쟁을 비난하는 여론이 전 세계에 확산되고, 세계의 거의 모든 국가가 정책수단으로서 전쟁을 포기하는 조약에 서명했다. 따라서 현상을 바꿀 목적으로 전쟁을 일으키는 것은 오늘날에는 조약의무 불이행으로서 국제법상 위법행위가 된다. 그런 한편 평화적 수단으로 변혁을 일으키는 데 유효한 국제기구가 만들어지는 일도 없었다.

현상을 변혁하는 하나의 실효적인 방법을 합법으로 인정했다는 점에서는, 19세기적인 미숙한 제도 또는 제도 자체의 결여는 나름대로 의미가 있었다. 전통적인 방법을 위법행위로 규정하면서도 그것을 대신하는 효과적인 선택지는 제시하지 못함으로써, 현대의 국제법은 이전의 국제법이나 모든 문명국의 국내법에서 결코 볼 수 없었던 기존질서의 옹호자가 되고 말았다. 국제법에 대한 존중이 최근에 낮아지고 있는 가장 근본적인 원인이 바로 여기에 있다. 이러한 사태를 그저 탄식만 하고 원인을 이해하지 못하는 사람들이 위선이라느니 우둔하다는 비난을 들어온 것은 어쩌면 당연한 일이라 하겠다.

조약구속성의 법원칙이 널리 지켜질 전망이 보이지 않는 것은 어째서일까. 그리고 조약파기를 도덕적으로 그럴듯하게 정당화하는 것은 어째서일까. 이제까지든 모든 이유 가운데, 이 마지막 이유가 특히 중요하다. 기존질서의 유지로 가장 큰 이익을 얻고 있고, 따라서 법의 도덕적 구속성을 가장 강하게 주장하는 사람들이 국제법과 조약의 구속성에 대한 경의를 호소한다 해도 그리 큰 효과는 없을 것이다. 법이 실효적인 정치기구를 인정하고, 그 정치기구를 통해 법이 개정, 폐기된다면 비로소 법과 조약은 존중받을 것이다. 모든 법에 선행하는 정치적 힘의 작용을 명확하게 인식할 필요가 있다. 이러한 정치적 힘이 안정된 균형을 유지할 때, 비로소 법은 현상유지를 바라는 자들의 도구가 되지 않고 사회적 기능을 할 수 있다. 이 균형 상태를 실현하는 것은 법이 할 일이 아니라 정치가 할 일이다.

제12장 국제분쟁의 사법적 해결

법은 법적 권리를 옹호하는 동시에 그러한 권리를 둘러싼 분쟁 해결을 위해 조직을 제정한다. 국내재판소의 관할권은 강제적이다. 재판소에 소환된 사람은 모두 출두해야 하며, 그렇지 않으면 법정 출석의무 불이행으로 패소한다. 즉 재판소의 재정(裁定)은 모든 당사자를 구속한다.

국제법은 분쟁해결을 위한 조직을 규정하지만 강제관할권은 모두 인정하지 않는다. 19세기말까지는 거의 언제나, 국제분쟁에 적용되는 사법절차는 특정 분쟁을 한 사람 또는 복수의 중재재판관에게 의뢰하기 위한 특별협정의 형태를 취하고 있었다. 게다가 중재재판관을 임명하는 방법은 협정으로 결정되며, 재판관의 판단은 구속력을 가지는 것이 사전에 인정되었다.

1899년의 헤이그조약에 따라 상설국제중재재판소가 헤이그에 설립되었다. 그러나 이것은 재판소가 아니라 상비되어 있는 재판관 명단으로, 중재를 바라는 국가는 이 명단에서 적당한 중재재판관을 선택할 수 있었다. 국제연맹규약에 따라 설립된 상설국제사법재판소도 사실상 그런 식으로 열리는 법정이었다.

그러나 이 재판소가 관할권을 행사할 수 있는 것은 당사국의 동의가 있을 때뿐이다. 또 이 당사국의 동의는 특정한 분쟁에 관한 특별협정에서 밝힐 수 있고,

일정한 범주 안에 들어가는 모든 분쟁을 이 재판소에 제기하기 위한 당사국간의 일반협정으로 드러날 수도 있다. 상설국제사법재판소는 한 판결문에서 스스로 이렇게 말했다―국제법상 충분히 확립되듯이, 어떠한 국가도 동의가 없으면 타국과의 분쟁을 조정, 중재재판, 또는 다른 어떠한 평화적 해결수단에 부치도록 강제되지 않는다.[35]

1. 재판에 부칠 수 있는 분쟁과 부칠 수 없는 분쟁

국내법에서는 모든 분쟁은 이론적으로는 재판에 부칠 수 있다. 만약 쟁점이 어떠한 법규의 범위에도 들어가지 않는다면, 재판소는 원고측이 애초에 소송사실을 갖지 않는다고 회답할 수 있기 때문이다. 원고측은 이 재판소의 회답에 만족하지 않고 정치행동으로 해결을 구하려 할지도 모른다. 그러나 이것은 그가 법적 회답을 원하지 않는다는 것을 의미할 뿐, 법이 주어야 할 회답을 갖고 있지 않거나 그 회답이 법적 구속력이 없다는 뜻은 아니다. 그러나 국제법에서는 모든 분쟁을 재판에 부칠 수 있는 것은 아니다. 왜냐하면 분쟁당사국이 재판소에 관할권을 주고 그 판결의 구속력을 인정하는 것에 동의하지 않으면 어떠한 재판소도 정당한 권한을 가질 수 없기 때문이다.

어떤 분쟁이 일어난 경우 재판에 부칠 수 있는지에 대해 당사국 간의 양해를 미리 명기한 조약은 많다. 1914년 이전의 몇몇 조약에서는 한정된 특정 범주에 들어가는 분쟁만 재판에 부칠 수 있었다. 또 다른 조약에서는 재판에 부칠 수 있는 분쟁을 소극적이고 조금 탄력적인 표현으로 정의했다. 즉 조약당사국은 그들 사이의 분쟁에서 자국의 사활적 이익, 독립, 국가적 명예 등에 영향을 주지 않는 것은 모두 중재재판에 부치려 한 것이다.

재판에 부칠 수 있는 분쟁의 정의에 가장 가까운 것은 국제연맹규약 제13조에 들어 있고, 또 상설국제사법재판소규정 제36조에도 되풀이된다. 거기에는 다양한 분쟁을 열거한 뒤 '일반적으로 중재재판 또는 사법적 해결에 부칠 수 있는 사항에 속하는 것으로 규정한다'고 되어 있다. 마지막으로 1919년 이후에 맺어진 몇

---

35) *Permanent Court of International Justice*, Series 2, No. 5, p. 27.

몇 중재조약—로카르노에서 체결된 것이 유명하다—은 그들 각각의 권리에 관한 당사국 간의 분쟁을 재판에 부칠 수 있는 것으로 간주했다.

국제연맹규약, 상설국제사법재판소규정, 로카르노 중재조약 등의 방식은, 국제분쟁은 객관적 기준을 사용하여 사실 자체에 의해 재판에 부칠 수 있는 것과, 재판에 부칠 수 없는 것으로 분류될 수 있다는 견해에 큰 힘을 실어 주었다. 그러나 이러한 분류는 모두 환상에 의한 것이다. 문제의 이러한 방식들이 재판에 부칠 수 있는 분쟁을 객관적으로 정의할 수는 없다. 이러한 방식은 법률문서의 당사국들이 재판에 부칠 수 있다고 서로 합의한 분쟁을 명시할 뿐이다.

국제연맹규약 및 상설국제사법재판소규정의 방식은 실은 (재판에 부칠 수 있는 분쟁의) 정의를 내리는 것이 아니라 예를 열거하고 있을 뿐이다. 게다가 이 열거는 모든 것을 망라하지도 않았으며, ('일반적으로'라는 단서가 시사하듯이) 권위 있는 것도 아니다.[36] 로카르노 방식은 재판소에 부칠 수 있는 분쟁과 부칠 수 없는 분쟁의 차이를 법적 권리의 대립과 이익 대립의 차이와 동일시함으로써, 전자의 차이에 객관적인 성격을 부여하려는 시도이다. 그러나 이 로카르노 방식에는 실질적인 가치가 거의 없다. 이 방식은 법률상의 문제라고 당사국이 합의한 분쟁에 대해서는 모두 재판에 부칠 수 있다고 인정하는 당사국을 구속할 뿐이다. 당사국들은 분쟁 자체를 법적 권리와는 다른 이유를 내세워 문제를 바꿔 버리는 단순한 방법으로 모든 분쟁을 중재재판에서 철회할 수 있다.

그리하여 영국은 정부가 이러한 조약에 구속되어 있다 해도 미국과의 전시부채협정에 관한 채무불이행을 중재재판에 부치는 일에 대해서는 다음과 같은 이유를 붙여서 거부했을 것이다. 즉 여기서 생기는 쟁점은 지금이 필요한 미국의 법적 권리 문제가 아니므로, 분쟁은 저마다의 권리에 관한 것이 아니라는 주장이다. 라우터파하트 교수가 단호하게 말했듯이 분쟁이 사법적 해결에 알맞은지에 대한

---

[36] 조약의 해석에 관한 분쟁은 사법적 해결에 일반적으로 맡길 수 있는 것으로 인정한 분쟁의 첫 번째 범주에 들어간다. 조항작성을 담당한 연맹규약 입안자들이, 규약의 해석을 둘러싼 분쟁은 상설국제사법재판소에 부탁해야 한다는 규정을 연맹규약에 삽입하자는 제안을 여전히 거부한 것은 주목할 만하다(E. H. Miller, *The Drafting of the Covenant*, ii. pp. 349, 516). 구체적인 사례에서 볼 수 있는 행동은 사실과는 상관없이 추상적인 규칙을 설명하는 것보다 종종 중요한 의미를 가진다.

객관적 판단기준이 없다. 그리하여 분쟁의 사법적 해결을 부적당하게 만드는 것은 개개의 분쟁의 성질이 아니라, 국가가 법 적용을 통해 분쟁을 해결하려고 하지 않는 것에 있다.[37]

여기서 우리가 맞닥뜨린 문제는 두 가지가 있다. 왜 국가는 어떤 분쟁만을 사법적 해결에 맡기려고 하는가. 그리고 국가가 사법적으로 해결하기를 꺼리는 분쟁은 어떤 종류이며, 그것을 명확하게 정의하는 것은 왜 그렇게 어려운가 하는 것이다.

이 물음에 대한 해답은 법과 정치의 필연적 관계 속에서 찾아야 한다. 분쟁의 사법적 해결은 법의 존재를 전제로 하는 동시에, 그 법이 구속력을 지닌다는 인식을 전제로 한다. 즉 서로 간의 합의야말로 법을 만들고, 그 법에 구속력을 부여하며, 또 그 합의는 하나의 정치적 사실이라는 것이다. 따라서 사법절차를 적용할 수 있는지 없는지는 명시적 또는 묵시적인 정치적 합의에 달려 있다. 주로 국제관계에서 정치적 합의는 국가의 안전보장이나 국가의 존립 자체에 영향이 없는 분야에 한정된다. 이러한 분야에서는 분쟁의 사법적 해결이 유효하다.

이제까지 중재재판 또는 무언가 다른 법적 절차에 의해 해결된 국제분쟁은 거의 금전적인 요구이거나, 인구가 많지 않은 변방 국경지대를 둘러싼 분쟁이었다. 1914년 이전에 맺어진 중재조약에서 사활적 이익, 독립 국가적 명예 등에 영향을 주는 분쟁을 제외한 것은, 정치적 합의를 얻을 수 없는 바로 이런 문제를 없애는 것을 뜻했다. 정치적 대립이 일어날 경우 중재재판은 불가능했다. 이것은 뒤에 언급하겠지만, 실제로 같은 내용의 유보조건은 그 뒤의 중재재판과 사법적 해결을 위한 협정에 삽입되었다. 게다가 그것은 현행 조약 또는 현행 법적 권리의 존엄성을 해치는 분쟁을 이들 협정에서 제외하는 형태로 이루어졌다.

이렇게 헤아려보면, 사법적으로 해결할 수 있는 분쟁이 무엇인지 정의한다 해도 그 정의는 어느 것이나 보편적 또는 항구적으로 유효하지는 않다는 사실을

---

37) H. Lauterpacht, *The Function of Law in the International Community*, p. 369 and passim. 라우터파하트 교수는 분쟁의 사법적 해결에 대한 국가의 망설임이 국제분쟁의 사법판단 적합성을 제약하는 요인이라는 탁월한 분석을 내놓았다. 그러나 유감스럽게도 그는 거기서 더 나아가지 못한 채 국가의 망설임을—이상주의적 관점에서—뒤틀린 고집이자 국제법 법률가들이 주목할 필요가 없는 것으로 취급했다.

알 수 있다. 정치적 합의는 장소와 시대에 따라 변화하는 요인이기 때문이다.[38]

1917년 이전에는 전 세계 어디서나 보통 다음과 같은 정치적 양해가 있었다. 즉 개인의 재산권은 정당하다는 것, 또 외국인의 재산이 그것이 소재하는 나라의 정부에 의해 무언가의 이유로 몰수당했을 경우, 그 외국인은 보상을 요구할 국제법상의 권리를 가진다는 것이었다. 이 정치적 양해가 있는 한, 그것에 따른 요구는 중재재판으로써 해결되었다.

그런데 러시아에서 소비에트 체제가 확립되자 이러한 양해는 이 나라에서는 적용할 수 없게 되었다. 소비에트 정부가 1922년 중요한 국제회의로서는 최초로 제노바 회의(제노바세계경제회의. 독소 간에 라팔로조약 체결)에 참석했을 때, 이 정부는 자신에 대한 재산청구는 중재재판에 부쳐져야 한다는 생각을 일찍감치 배제할 작정이었다. 소비에트 정부가 회의에 제출한 각서에는 이렇게 적혀 있었다. '이런 분쟁의 재판에서는 서로 대립하는 두 가지 재산 형태에 대한 명확한 의견 불일치로 끝맺게 된다. ……이러한 상황에서 공명정대한 최고의 중재재판관은 있을 수 없다.' 그 뒤에 열린 헤이그회의에서 영국 대표가 전 세계에 공명정대한 재판관이 단 한 사람도 없다는 말인가 하고 탄식하듯이 말했을 때, 리트비노프는 단호하게 대답했다. '세계는 하나가 아니라 둘이다. 소비에트 세계와 비소비에트 세계이다. 이 사실을 직시할 필요가 있다.'[39] 공명정대하다는 개념은 서로 대립하는 두 가지 견해 사이에 공통기반이 전혀 없으면 무의미하다. 사법절차는 서로 양해된 정치적 전제가 없으면 기능할 수 없다.

국제중재재판의 앞길을 가로막는 장애물은 무엇일까. 그것은 공명정대한 재판관을 찾아내는 어려움이라는, 위에 인용한 영국 대표의 생각은 전에도 자주 거론된 바 있다. 1907년 헤이그회의에서 미국 대표는 이렇게 주장했다. '중재재판의 확대를 가로막는 커다란 장애물은 문명국이 그들의 분쟁을 중재재판소의 판결에 맡기고 싶어 하지 않는 것이 아니다. 오히려 선택된 재판소가 공평하지 않다는

---

38) 영국정부는 중재에 관한 1928년의 각서에서(*League of Nations : Official Journal*, pp. 694-704) 일반적인 중재조약을, 어떠한 국가나 마찬가지지만, 국가는 어떤 나라에 대해 받아들일 의사가 있는 의무도 다른 나라에 대해서는 받아들이지 않을 수도 있다는 이유로 비판했다.

39) T. A. Taracouzio, *The Soviet Union and International Law*, p. 296에서 재인용.

우려이다.'⁴⁰⁾ 솔즈버리 경(영국의 정치가. 1830~1903)이 한 말도 같은 의미로 인용되었다.

그러나 이러한 견해는 오해에서 비롯된 생각이다. 국제재판관이 잠재적으로 가진 개인적 편견은 진정한 장애물이 아니다. 국가적 관심사를 외국인의 평결에 맡기는 것에 대한 혐오감은 외국 재판관이 분쟁당사국의 어느 한쪽으로 기울어진다는 생각에서 비롯하지 않는다. 이 혐오감은 주로 사법적으로든 정치적으로든 외국의 권력에 의해 침해되는 것은 생각도 할 수 없는, 어떤 정치적 근본원칙이 모든 나라에 존재한다는 사실에서 온다.

소련에서의 사유재산권 폐지, 영국의 봉쇄권, 그리고 미국의 먼로주의(미국의 제5대 대통령 먼로의 불간섭주의를 중심으로 한 외교상의 원칙) 등은 이런 정치적 근본원칙이 널리 알려진 사례이다. 그러나 이러한 근본원칙은 반드시 큰 문제에만 한하는 것은 아니다. 파머스턴은 1850년의 돈 파시피코 사건(그리스에 거주하던 영국 국적의 대금업자 돈 파시피코의 집이 습격당하자 그 손해배상을 둘러싸고 영국과 그리스 사이에서 군사적 긴장에 이른 사건)을, 그리고 무솔리니는 1923년 그리스에서 일어난 이탈리아인 장군 살인사건을 각각 정치문제―그들은 이러한 사건을 사법적으로 해결할 생각이 없었다―로 다루었다.⁴¹⁾

그러나 더욱 일반적인 의미에서, 국제사회에서 공통되는 정치적 전제의 결여가 사법과정의 발전을 방해하고 있다. 국내법은 국제법보다 충분히, 그리고 끊임없이 발달해 왔지만 그래도 결코 자기완결을 이루지는 못했다. 특정한 사례에 법을 적용하는 경우, 거기에는 언제나 사법적 자유재량의 요소가 포함되기 쉽다. 입법자가 법 아래에서 일어나는 모든 사례와 관련된 상황을 빠짐없이 예견하는 것은 거의 불가능하기 때문이다.

파운드 학장(미국의 법학자, 하버드 법대의 학장. 1870~1964)은 사법행동의 과정이

---

40) *Proceedings of the Hague Peace Conference*(Engl. transl. : Carnegie Endowment), *Conference of 1907*, ii. p. 316.
41) 후자의 경우, 길버트 머리 교수는 국제연맹총회에서 남아프리카 대표로서, 사법문제(이탈리아에 대한 보상)가 정치적 기관에 넘어가서 정치적 이유로 재결되었다는 것에 개탄하였다(*League of Nations : Fourth Assembly*, pp. 139 sqq). 이것은 라우터파하트 교수가 엄격하게 지적했듯이, 어떤 쟁점을 사실 그 자체에 의해 사법적이라고 보는 오류의 아주 좋은 사례이다.

오로지 재판관 개개인의 (무엇이 옳은지 하는) 정의관에 의해 결정되는 일이 많다고 했다.[42] 이런 경우, 훌륭한 재판관은 자신의 개인적인 정의관보다는 자신이 한 관리로 속해 있는 공동체에서 널리 받아들이는 정의관에 따르는 편이 더욱 옳을 것이다. 그러나 어떤 정의관은 개인적이든 일반적이든 많은 사법적 판단에 반드시 필요한 요소라는 점을 부정하는 사람은 없을 것이다.

헌법의 해석에서 미국의 연방최고재판소에 영향을 주는 정치적 전제조건이 얼마나 중요한지, 그리고 미국 역사에서 이러한 전제가 사회의 변화에 따라 어떻게 변해 왔는지는 잘 알려져 있다.[43]

문제는 결국 개인의 권리와 공동체의 요청의 관계라는 근원적인 문제로 돌아가게 된다. 모든 국가공동체는 당연히 이 문제에 대해서는 기본적인 해결책을 얻었다. 그러나 국제사회에서는 이 문제가 아직도 해결되지 않았다. 공해(公海)의 자유항행권에 대한 논쟁은 국제재판소가 국제사회 전체의 요청을 고려하여 영국의 해양관할권을 해석하려고 해도 영국이 그것을 원하지 않는다는 사실을 보여준다. 중대한 문제에 대해서는 다른 강대국도 모두 같은 태도를 보일 것이다. 공동체 전체의 일반이익, 즉 공동체 구성원 저마다의 개별이익에 앞서는 일반이익에 대해 공통견해가 존재하지 않는 것—이에 대해서는 이미 국제도덕의 중대한 문제로서 살펴보았다—도 국제분쟁에 사법적 해결을 적용하는 데 방해가 된다.

따라서 우리는 국제분쟁의 사법재판 적합성이라는 문제 속에 다음과 같은 또 하나의 사실, 즉 법은 정치사회의 한 기능이고, 법의 발전은 그 사회의 발전에 영향을 받는다는 것, 그리고 법은 사회가 공유하는 정치적 전제조건으로 규정된다는 사실을 확인할 수 있다.

국제법을 어떻게 강화할 것인지, 그리고 사법적 해결에 맡겨야 하는 국제분쟁의 수와 속성의 가능범위를 어디까지 확대할 것인지는 정치적 문제이지 법적 문제가 아니다. 특정한 쟁점이 법적 방법에 의한 처리에 알맞은지 여부를 사람에게

---

42) Roscoe Pound, *Law and Morals*(2nd ed.), p. 62.
43) 몇 년 전에 래스키 교수는 다음과 같이 말했다. '미국에 있는 외국인들은 대법원에 공석이 생겼을 때 재판관 지명을 위해 기울이는 노력이 얼마나 대단한지 최대의 놀라움으로 지켜보지 않을 수 없다.'(Introduction to English translation of L. Duguit, *Law in the Modern State*, xxiii) 그러나 대법원의 정치적 성격을 잘 이해하게 되면서 그 놀라움은 줄어들었다.

결정하게 하는 법적 원칙 같은 것이 있을 리가 없다. 그 결정은 정치적이다. 그리고 이 결정의 성질은 국제사회가 정치적으로 어떻게 발전하는지 또는 관계 국가 사이의 정치적 관계가 어떻게 펼쳐지는지에 따라 결정된다.

마찬가지로 국가공동체에서 그 가치를 실증해 온 법규칙 또는 법제도는 유추를 통해 국제법에 도입되어도 될지 여부를 사람들이 결정하게 하는 법적 원칙 또한 있을 리가 없다. 유일하게 정당한 기준은 국제사회에서 정치적 발전이 문제의 규칙 또는 제도의 도입을 정당화할 수 있는 단계에 와 있는가 하는 것이다.

현대의 국제관계에서는 사법적 해결을 위한 기관은 정치적 질서—이 기관은 여기에서만 유효하게 기능한다—보다 한참 앞서서 발달했다. 국제분쟁의 사법적 해결을 더욱 확대하려면, 이미 지나치게 완벽할 정도로 발달한 기관을 더욱 개량하는 것보다는 정치적 협력을 추진함으로써 가능해진다. 영연방 가맹국은 서로 간의 분쟁을 사법적으로 해결하기 위한 상설적, 강제적 절차를 정하는 것에 대해 이제까지 단호하게 거부해 왔는데, 이러한 사실은 국제관계에서 사법기관의 완성을 지나치게 중시하는 사람들에게 하나의 경고가 될 것이다. 영국 및 자치령은 상설국제사법재판소 규정의 선택조항(제36조 2항을 가리킨다. 이미 일정한 법적 분쟁에 대해 재판소의 관할을 인정한다는 의사를 밝힌 국가 간 분쟁에서는 부탁과 합의가 필요하지 않음을 규정한다)에 서명하는 한편, 영연방 내의 분쟁은 이 선택조항을 적용하지 않기로 했다. 매우 기묘한 역설이지만, 그렇게 함으로써 영국 및 자치령은 많은 외국에 대해 전보다 훨씬 더 광범한 의무를 지게 되었다.

2. 모든 것을 중재재판으로

그러나 전간기의 많은 사상가들은 국제관계에서의 사법절차의 범위를 신중하게 조금씩 확대해 가는 계획에는 만족하지 못하고, 그것을 훨씬 넘어선 단계까지 고찰했다. 중재재판을 통해 모든 국제분쟁을 한꺼번에 강제적으로 해결하려는 야심은 많은 사람들의 꿈이 되었다. 의무적 중재재판 계획은 1914년 이전에도 이따금 제기되었으나 지지를 얻지는 못했다. 국제연맹규약은 상설국제사법재판소의 설립을 규정하고, 중재재판 또는 사법적 해결에 알맞은 분쟁의 부탁을 촉구했지만, 의무적 중재재판의 선도자들에게 힘을 실어주지는 못했다. 모든 분쟁에서 연맹규약은 절차의 선택을 관계당사국의 자유재량에 맡겼기 때문이다. 즉 연맹이사회의 심사라는 정치적 절차가 이용될 여지는 늘 남아 있었다.

이상주의 학파의 공격대상이 된 것은 바로 이 규약의 이러한 정치적 측면이었다. 국제적인 법의 지배를 확립하여 미래의 전쟁을 피할 길은 국가가 모든 종류의 국제분쟁을 국제중재재판소—이것은 엄격한 법과 형평, 상식 등에 따라 자유재량으로 분쟁을 해결할 수 있는 권한을 가진다—에 부탁하는 것이라는 생각이 널리 확대되었다. '모든 것을 중재재판으로'라는 이 유명한 구호로 집약되는 막연한 생각은 바로 이런 것이었다.

이 '모든 것을 중재재판으로'라는 구호는 제네바의정서(국제분쟁 평화적 처리 의정서. 1924년 국제연맹총회에서 채택) 및 일반의정서(국제분쟁 평화적 처리 일반의정서. 1928년 국제연맹총회에서 채택)로써 실현될 것이었다. 그것은 만일 영국 정부가 제네바의정서를 거부하지 않았더라면, 또 주요국 정부가 일반의정서를 아무런 유보조건 없이 받아들였더라면, 모든 국제분쟁에 대해 의무적 중재재판을 할 수 있는 만족할 만한 절차가 진행되어 전쟁의 중대한 원인도 사라졌을 것이라고 널리 믿었기 때문이다.

그러나 여기서 우리는 이 시기를 통해 국제분쟁의 평화적 해결 문제를 봉쇄하고 모호한 것으로 만든 하나의 사상, 또는 일련의 놀라운 혼란과 부딪치게 된다. 국제연맹규약은 상설국제사법재판소가 세워진 뒤에 삽입된 수정을 통해 중재재판과 아울러 사법적 해결을 병기했는데, 이 경우 중재재판은 그때에 한해 임명된 한 사람의 재판관 또는 하나의 법정의 판단을 뜻했고, 또 사법적 해결은 상설재판소의 판결을 의미했다. 이 두 가지 사이에는 그 이외의 구별이 의도되어 있었다고 생각할 이유가 없었다.

그러나 사법적으로 해결할 수 있는 분쟁과 그렇지 않은 분쟁 사이에 객관적 차이를 찾아내고자 한 시도는 결국 다음과 같은 오류로 이어진다. 즉 법문에 따라 재판에 부칠 수 있는 분쟁의 해결을 의미하는 사법적 해결과, 법문의 적용 밖에 있어서 재판에 부칠 수 없는 분쟁의, 형평에 따른 해결을 의미하는 중재재판, 이 두 가지를 구별한다는 잘못이다.

이러한 생각은 제네바의정서에 그 흔적이 남아 있다. 이 의정서와 관련된 연맹총회의사록에 따르면 중재재판관은 반드시 법률가일 필요는 없으며 만일 중재재판관이 상설국제사법재판소에서 무언가 법적 논점에 대해 권고를 받는다 해도, 그 권고에 의해 그들이 법적으로 구속되는 일은 없다.[44] 그러나 사법적 해결과 중재재판의 구별은 일반의정서에서 비로소 완벽하게 전개되었다. 이 문서에서는 분쟁당사국이 각자의 권리를 두고 대립하는 분쟁은 사법적 해결을 위하여 상설국제사법재판소 재판에 부쳐야 하는 것으로 되어 있다. 나머지 모든 국제분쟁은 중재를 위하여 중재재판소 재판에 부쳐야만 했다. 달리 합의된 규정이 없으면 중재재판소는 그 판단을 선언할 때, 상설국제사법재판소가 적용한 것과 같은 법규칙을 적용하게 되어 있었다.

그러나 분쟁에 적합한 규칙이 존재하지 않는 한 중재재판소는 형평과 선(善)에 입각하여 해결해야 한다. 다만 이렇게 법규칙을 언급하는 것은 이해하기 어려울 수도 있다. 만약 분쟁이 법적 권리의 문제를 둘러싸고 일어난다면 그것은 중재재판이 아니라 상설국제사법재판소에 부탁될 것이다. 또 분쟁이 법적 권리문제에 대한 것이 아니라면 법규칙의 적용으로써 해결될 수는 없다. 사실과는 상관없이 일어나는 국제분쟁, 즉 어떠한 기존 법적 권리 또는 국제법규에 의해서도 영향받지 않는 국제분쟁이 존재한다는 생각은 그야말로 신화에 지나지 않는다.

그런데 사실은 더욱 심각한 혼란이 기다리고 있다. 기존의 법적 권리에 입각한 청구에서 발생하는 법적 분쟁과, 기존의 법적 권리의 변경을 요구하는 청구에서 생기는 정치적 분쟁 사이에는 전적으로 타당한 구별―이것은 국내문제, 국제문제를 막론하고 널리 알려져 있다―이 존재한다. 물론 그 차이는 분쟁의 성질을 나타내지는 않으며, 원고측이 그 구제를 법적 절차를 통해 구하는가, 아니면 정치적 절차에 따라 구하는가에 있다. 국내에서는 전자의 청구는 재판소에서 다뤄지고, 후자의 청구는 정치적 행동으로써 처리된다. 원고측의 불만이 재판소에 의해 구제될 수 없는 경우, 그 사람은 입법행위로 이러한 불만을 해소하려 할지도 모른다.

국제적으로는 이 구별이 국내에서만큼 뚜렷하지는 않다. 어떠한 국제재판소도

---

44) *League of Nations ; Fifth Assembly*, First Committee, p. 486.

모든 법적 분쟁을 해결할 권한을 가지는 것으로 인정되지는 않는다. 게다가 모든 정치적 분쟁을 해결하기 위해 정식으로 인정된 기구도 없다. 이러한 상황에서 다른 나라에 요구하는 국가는, 그 요구가 법적 권리에 따른 것인지 아니면 법적 권리의 변경을 구하는 것인지를 명확히 할 필요는 없으며, 또 언제나 명확하지도 않다. 그러나 이 구별은 실제로는 때때로 모호하지만 객관적으로는 확실히 존재한다.

국내적이든 국제적이든 정치적 분쟁은 일반적으로 법적 분쟁보다 심각하고 위험하다. 혁명이나 전쟁은 기존의 법적 권리를 둘러싼 분쟁보다는, 이러한 법적 권리를 바꾸고 싶은 욕구에서 일어날 가능성이 크다. 그러므로 현명한 정치가와 정치학 연구자는 정치적 분쟁에 많은 관심을 기울이게 된다.

따라서 제네바의정서는 끊임없이 '일어날 수 있는 모든 분쟁을 평화적으로 해결하기 위한 제도'[45]를 운영한다거나, 일반의정서는 '모든 국제분쟁—그것이 어떤 성질의 것이든—을 해결하는 포괄적인 방법'[46]을 규정한다고 정식으로 주장되면 다음과 같은 결론이 나오는 것은 당연하며, 또 사실 많은 사람들에 의해 그런 결과가 나왔다. 그 결론이란 정치적 분쟁—그것은 현재의 법적 권리를 변경해야 한다는 요구에서 일어난다—을 중재재판에서 해결하기 위한 조항은 이미 작성되었다는 것이다.

그러나 잘 들여다보면 그것은 올바른 결론이 아니다. 제네바의정서에 관한 국제연맹총회 의사록 속에 눈에 잘 띄지 않지만 다음과 같이 뚜렷하게 기록되어 있다. 실제로 효력이 있는 조약과 국제결의를 수정하기 위해 일어나는 분쟁, 또는 조약서명국의 현재의 영토보전을 위태롭게 하는 분쟁에 대해서는 법적 절차가 적용되지 않는다는 내용이다. 사실 이 보고자는 다음처럼 덧붙이고 있다. '의무적 중재재판으로는 이러한 사례를 처리할 수 없다는 사실은 너무나 명백하기 때문에, 그것을 특별조항의 대상으로 하는 것은 완전히 부적절한 일이다.'[47]

일반의정서는 제네바의정서에 비하면 더욱 불투명하다. 일반의정서는 당사국

---

45) *League of Nations ; Fifth Assembly*, p. 497.
46) *Memorandum on the General Act*, Cmd. 3803, p. 4.
47) *League of Nations ; Fifth Assembly*, p. 194.

의 각각의 권리에 관한 다툼이 아닌 분쟁에 대해 의무적으로 중재재판에 부치고, 중재재판소에 형평과 선에 따라 이러한 분쟁을 해결할 권한을 주려는 것이다. 그러나 이 권한 부여는 분쟁에 알맞은 (법)규칙이 존재하지 않는 한에서만 인정된다. 따라서 이 제약조건은 제네바의정서에 대한 의사록에서의 유보조항과 같은 의미를 가진다.

정치적 분쟁의 본질은 관련 법규칙—그것은 명백하게 적용 가능하다—을 적용해서는 안 된다는 요구에 집약되어 있다. 현재의 국경과 국가주권에 대한 지금의 조약상의 제한, 또는 재정상의 합의에 따른 기존 의무를 감당하기 어렵다고 보는 국가의 불만에서 분쟁이 일어나는 경우, 그 분쟁을 중재재판소—그 최초의 의무는 분쟁에 적합한 (법)규칙을 적용하는 것이다—재판에 부쳐도 소용이 없다는 것이다.

법적 권리가 엄연하게 존재하는 것은 논의할 여지가 없을 만큼 명백한 사실이다. 분쟁은 이 법적 권리를 바꾸려는 요구에서 일어난다. 법의 규칙을 적용하는 재판소가 정치적 분쟁을 법의 테두리 안에서 해결하는 일은 있을 수 없다. 제네바의정서 및 일반의정서는 모든 국제분쟁의 평화적 해결을 목적으로 하지만 실제로는 국제분쟁 가운데 가장 중요하고 위험한 것은 건드리지 않고 있었다.

허구로 물든 제네바의정서와 일반의정서보다 더욱 포괄적인 '모든 것을 중재재판으로'라는 계획은 어느 것도 정식으로 제기되거나 고려되지 않았다. 일부 정부는 기존의 정치질서—그것은 이전의 중재조약에 있는 사활적 이익, 독립, 국가적 명예 등에 못지않게 제약적인 조건이다—를 위태롭게 하지 않는 분쟁에 대해서는 중재재판을 받아들일 생각이었다. 그러나 실제로는 모든 정부가 국제재판소에 법적 권리를 변경할 권한을 맡기지 않았다.

다만 이론가 중에는, 실천적인 정치가 이상의 결의를 가지고 그 어려움을 극복하고 현재의 권리를 사용할 뿐만 아니라 새로운 권리도 만들어 내는 일을 중재재판소에 맡기려는 자도 있었다. 신영연방협회(新英聯邦協會)라는 영국의 한 조직은 조약개정과 관련된 것을 포함하여 정치적 분쟁을 형평과 양심에 따라 해결하기 위한 중재재판소를 세우기 위해 세심한 계획을 추진하여 국가의 문제를 처리

하기 위해 입법이라는 간접적인 방법을 형평법 재판소에 의해 확립하려고 했다.[48]

이러한 계획은, 국제적인 '이익 대립은…… 국제적인 법적 기구의 미비함 때문'[49]이라고 한 라우터파하트 교수의 신념에서 나온 결론이다. 국제적 이익 대립은 앞으로 세계통치의 최고기관—그것은 국가의 권리를 해석하는 사법기능뿐만 아니라 국가의 권리를 변경하는 입법기능도 하게 된다—이 될 재판기관에 의해 해결될 것이다. 그렇게 되면 '국제정의의 통치 속에 중심을 둔 국제법률공동체'[50]의 실현을 구상하는 또 한 사람의 저명한 국제법학자(한스 켈젠)의 꿈도 실현될 것이다.

이러한 이론들은 하나의 중요한 가치를 지닌다. 그것은 제네바의정서와 일반 의정서 속의 오류, 즉 기존 권리의 승인, 해석, 집행에 따른 국제적 법질서를 국제분쟁의 평화적 해결을 위한 적절한 조건으로 보는 오류를 인정하고 있다. 그러나 이 오류를 피하려다가 실은 더욱 중대한 오류에 빠지게 된다. 이러한 이론은 기존 권리를 바꾸기 위한 규정 조항을 만들어야 한다는 생각에 본질적으로 정치적인 기능을 법의 틀 안에 억지로 집어넣어 그 운용을 재판소에 맡겨 버리는 것이다. 또 그것은 모든 법체계에는 정치적 기반이 있다는 것을 인정하지 않고 정치를 법에 융해시켜버린다. 이 유사 사법적인 미망 속에서 재판관은 입법자가 되고 정치문제는 형평과 상식의 입장에서 공명정대한 재판소에 의해 해결되어 법과 정치의 구별이 사라진다.

국제관계와 관련하여 지나치게 대담한 개선책이 처방되는 이유는 무엇일까. 그 까닭은 틀림없이 국제문제가 매우 어렵기 때문일 것이다. 그러나 문제가 실제로 어렵다고 해서, 국제사회보다 훨씬 잘 조직된 국가공동체에서는 아무도 실현 가능하다거나 바람직하다고 생각하지 않는 해결책이 정당화되지는 않는다. 모든 종류의 국제분쟁에 대한 구속력 있는 중재재판은, 라우터파하트 교수에 따르면 '평화유지를 위한 정상적인 기구의 필요조건'[51]이다.

---

48) Lord Davies, *Force*, pp. 73. 81.
49) H. Lauterpacht, *The function of Law in the International Community*, p. 250.
50) H. Kelsen, *The Legal Process and Litne Interrnational Order*, p. 30.
51) H. Lauterpacht, *The Function of Law in the International Community*, p. 438.

그러나 법적 권리에 기초하지 않은 요구에 대한 구속력 있는 중재재판은 문명국에서는 좀처럼 열리지 않으며, 가장 오랜 기간 국내평화를 경험하고 있는 국가에서는 더 말할 것도 없다. 우리의 국내정치에서 일어나는 이익 대립은 우리의 법적 조직이 미비하기 때문에 일어난다는 생각이나, 형평과 상식에 따른 공정한 해결을 찾아 징병제도의 필요성에 대한 논의, 자산조사의 폐지, 노동조합의 법적 지위, 광산의 국유화 등의 문제를 국내중재재판소 재판에 부치는 것은 우리로서는 생각지도 못할 일이다. 문제는 형평과 상식의 원칙에 깊이 물든 공정한 개인들을 우리가 찾아낼 수 없다는 데 있지 않다. 어려움은 이러한 문제를 해결하는 데 있어서 공정, 형평, 상식이 우리가 필요로 하는 주요 자격이 아니고, 적어도 유일한 자격도 아니라는 것에 있다.

이것은 정치문제이고, 따라서 민주주의 국가처럼 다수결이라는 형태이든, 권위주의 국가처럼 한 독재자 또는 한 정당의 의사라는 형태이든, 권력의 점유를 수반하는 절차에 따라 해결된다. 민주주의 국가는 물론 권위주의 국가에서도 이러한 문제가 공정한 재판소에 의해 해결되는 것은 불가능하다.

3. 정치적 분쟁에 사법절차가 적합하지 않은 이유

그렇다면 명쾌하게 사고하기 위한 이론뿐만 아니라 훌륭하게 통치하기 위한 실천에도 법적 분쟁과 정치적 분쟁 사이에 구별을 두는 것은 왜 필요할까. 그 구별은 우리가 현재의 법적 권리를 근거로 사법절차를 통해 해결하려는 쟁점과, 그것이 현재의 법적 권리를 변경하는 요구와 관련이 있기 때문에 정치적 절차로써만 해결할 수 있는 쟁점 사이에 있다.

첫 번째 대답은 사법절차는 권력요인을 배제한다는 점에서 정치적 절차와 근본적으로 다르다는 것이다. 분쟁이 재판소에 제소될 때 그 전제가 되는 것은 당사자 사이의 어떠한 권력 격차도 무관하다는 것이다.

법은 법적 권리의 차이 말고는 어떠한 차이도 인정하지 않는다. 정치에서는 이와 반대되는 전제가 따른다. 거기서는 권력은 모든 분쟁의 본질적인 요인이다. 영국의 농민과 공업인의 이익 대립을 어떻게 해결할지, 그 일부는 그들이 가진 투표권과 그들이 정부에게 행사할 수 있는 영향력에 달려 있다. 미국과 니카라과의 이익 대립을 어떻게 해결할지는, 대부분(그것은 다른 요인에 대한 권력의 비중은 국내 정치보다 국제정치에서 더 높기 때문이다) 두 나라 사이의 상대적인 힘의 관계에 좌우된다.

이익 대립은 권력요인을 반영할 수 있는 기관만이 처리할 수 있다. 만약 이 정치적 기능이 재판소와 매우 비슷한 구성과 절차를 가진 재결기관에 맡겨진다면, 얻는 것은 아무것도 없고 법의 고유한 기능은 비하와 불신을 부르게 될 것이다. 버나드 쇼가 말했듯이 재판관의 직무와 입법자의 직무는 양립할 수 없다. 전자는 모든 이해(利害)를 무시해야 하고 후자는 모든 이해를 고려해야 하기 때문이다.[52]

두 번째 대답도 근본적이다. 우리는 이제까지 어떤 특정한 경우에 대한 법의 적용은 언제나 사법적 자유재량의 요소를 포함하는 경향이 있고, 그 자유재량이 단순한 변덕이어서는 안 된다면 정치적 전제조건에서 재판상의 착상을 얻어야 하며, 따라서 재판소의 엄격한 사법절차도 때로는 정치적 전제조건을 끌고 들어간다는 것을 살펴보았다.

재판소가 법적 권리의 쟁점에 대해서가 아니라, 평형 또는 상식에 따라 법적 권리를 무효로 해야 한다는 청구를 다룰 경우, 그 정치적 전제조건이 어떤 것인지 명시할 필요성은 더욱 커진다. 그런 경우, 사법적 자유재량은 법에 의해 모호해진 점에만 적용되는 것이 아니라 무한하게 확대될 수 있다. 재판소의 판단은, 만약 그것이 단순한 개인의 의견 표명이어서는 안된다면 공동체 전체 또는 공동체 전체를 대표하는 사람들이 공유하는 충분히 정평 있는 의견에 따라야 한다. 국가공동체에서는 이러한 생각이 존재하기 때문에 정치적 쟁점에 대해서도 때때로 중재를 이용할 수 있다. 국제 분야에서도 이러한 가능성이 완전히 배제되는 것은 아니다.

그러나 일반적으로 국제사회에는 광범위하게 미치는 공통된 의견이 좀처럼 없다는 것이, 형평과 선에 따라 국제적 중재를 할 때의 근본적인 장애가 된다. 이집트에서 영국의 이권, 파나마운하지대에서 미국의 이권, 단치히(베르사유 조약에 의

---

[52] G. B. Shaw, *John Bull's Other Island*, Preface.

해 설립된 단치히 자유시)의 미래, 또는 불가리아의 국경문제 등과 관련된 분쟁을 각각 법에 따른 해결이 아니라 형평과 상식에 따른 해결을 찾아 국제재판소에 맡기는 것은 불가능할 것이다. 왜냐하면 그러한 쟁점을 해결한다 해도, 그것이 권력의 문제를 포함할 뿐만 아니라 그 쟁점과 관련하여 형평과 상식이 무엇을 의미하는지에 대한 정치적 합의가 전혀 없기 때문이다.

매우 드물기는 하지만, 국제재판소가 엄격한 법과는 다른 근거에 입각하여 분쟁 당사국 사이의 쟁점을 해결하는 권한을, 다름 아닌 그 당사국들이 부여하는 일도 있었다. 그러나 그 경우에도 재판소는 자신에게 주어진 자유재량권을 이용하기를 매우 망설였다. 왜냐하면 라우터파하트 교수가 생각했듯이 '법이 정의와 형평이라는 모호한 개념보다 더욱 공정하기'[53] 때문이 아니라, 국제관계에서는 책임 있는 재판소는 어디나 중대한 쟁점과 관련하여 무엇이 형평에 맞는지 또는 정의인지에 대해 권위 있는 의견을 밝히고 싶어 하지 않았기 때문이다.

국제재판소는 일단 국제법이나 법적 권리 등, 비교적 신뢰할 만한 의지처에서 벗어나면, 형평이나 상식, 공동체의 이익에 대한 합의된 개념에서는 그 발판을 찾을 수가 없다. 짐먼 교수의 말에 따르면, 국제재판소는 여전히 '허공에 대고 소리치는 가발과 가운의 무리'[54]이다.

그러나 문제는 여전히 남아 있다. 국내적으로나 국제적으로 정치적 쟁점은 법적 권리의 쟁점보다 훨씬 다루기 어렵다. 기존의 권리를 정기적으로 또는 끊임없이 수정하는 것은, 조직화된 사회의 근원적인 필요조건의 하나이다. 전쟁 이외의 수단으로 국제사회를 바꾸는 것은 현대국제정치에서 가장 사활적인 문제이다. 그 첫걸음은 중재 또는 사법절차의 막다른 길—문제의 해결책을 찾을 수 없는—에서 빠져나가는 일이다. 이 한걸음을 내딛음으로써 다른 길, 아마도 더욱 유망한 길을 통해 문제해결에 다가갈 수 있을 것이다.

---

53) H. Lauterpacht, *The Function of Law in the International Community*, p. 252.
54) Alfred Zimmern, *The League of Nations and the Rule of Law*, p. 125. 이 말은 태프트가 말하는 국제중재재판소에 대해 사용된 것이다. 그런데 신영연방협회가 구상한 형평법재판소에 대해서는 더욱 잘 적용될 수 있는 말이다.

제13장 평화적 변혁

정치적 변혁의 필요성을 인정하는 것은 어느 시대의 어떠한 생각을 가진 사상가들에게도 드문 일이 아니다. 버크의 유명한 말에 다음과 같은 것이 있다. '무언가의 변경수단이 없는 국가는 자기보존을 위한 수단이 없는 것과 같다.'[55] 1853년 마르크스는 동방문제(터키의 영토분할 등을 둘러싼 유럽 각국의 세력 다툼)와 관련하여 다음과 같이 단호하게 말했다.

> 무능함은……현상유지라는 단 하나의 명제 속에 드러난다. 우연과 주변 상황에 기인하는 어떤 사태는 고집스럽게 유지되어야 한다는 일반적인 확신은 파탄의 증명이요, 진보와 문명의 대의를 전혀 추진할 수 없는 주요 열강의 고백이다.[56]

길버트 머리 교수(영국의 고전학자, 국제연맹의장. 1866~1957)는 같은 것을 다른 형태로 이렇게 설명했다.

> 전쟁은 반드시 부도덕이나 어리석음 때문에 일어나지는 않는다. 전쟁은 때로는 단순히 성장과 추세에서 일어나기도 한다. 인류는 결코 가만히 멈추어 서 있으려는 법이 없다.[57]

이러한 견해에서 침략 전쟁과 방위 전쟁을 도덕적으로 구별하는 것은 잘못이라는 생각이 나오게 된다. 만약 변혁이 필요하고 바람직하다면 현상유지를 위한 실력행사 또는 위협은 현상을 바꾸기 위한 실력행사나 위협보다 도덕적으로 더욱 비난받아야 할지도 모른다. 1776년에 힘으로 현상을 타파한 미국인들의 행동과, 1916년부터 20년까지 실력행사로 현상을 공격한 아일랜드인의 행동이, 마찬가

---

55) E. Burke, *Reflexions on the Revolution in France*(Everyman ed.), p. 19.
56) K. Marx and F. Engels, *Works*(Russian ed.), ix. p. 372.
57) Gilbert Murray, *The League of Nations and the Democratic Idea*, p. 16.

지로 실력행사를 통해 현상을 지킨 영국인의 행동보다 결코 도덕적이지 않다고 생각하는 사람은 이제는 거의 없을 것이다.

도덕의 규준은 전쟁이 침략적 성격을 띠는가, 아니면 방어적 성격을 띠는가가 아니라, 추구 또는 저항의 대상인 변혁이 어떤 성질인가에 두어야 한다. '반역이 없으면 인류는 정체하고 부정은 사라지지 않을 것이다.'[58] 진지한 사상가치고 혁명을 일으키는 것은 항상 그리고 무조건적으로 잘못이라고 주장하는 사람은 극히 드물다. 또 전쟁을 시작하는 것은 언제나 그리고 무조건적으로 나쁘다고 믿기도 어렵다.

그렇지만 누구나 전쟁과 혁명 자체가 바람직하지 않다는 점에는 동의할 것이다. 국내정치에서 평화적 변혁의 문제는 곧 바람직하고도 필요한 변혁을 어떻게 혁명을 거치지 않고 이룰 것인가 하는 것이고, 국제정치에서는 이러한 변혁을 어떻게 전쟁을 거치지 않고 이룩할 것인가 하는 것이다.

변혁해야 한다는 실제의 요구는 다른 모든 유효한 정치적 영향력과 마찬가지로 권력과 도덕을 함께 갖추고 있다. 즉 평화적 변혁의 목적은 오직 권력의 관점에서만 이야기되는 것은 아니고, 도덕의 관점에서만 표현되는 것도 아니다. 변혁의 목적은 모두 합리적인 불만을 해소함으로써 정의를 수립하는 것인지, 아니면 혁명이나 전쟁을 일으킬 정도로 강해질지도 모르는 세력들을 만족시켜 평화를 유지하는 것인지 묻는 것은, 학문적 과제인 경우 외에는 쓸데없는 일이다. 그러나 이 두 가지 목적이 같다거나 양자택일은 필요하지 않다고 생각하는 것 또한 위험하다. 정치적 변혁의 문제에 대한 해결책은 국내문제이든 국제문제이든 도덕과 권력 사이의 타협에 기초를 두어야 한다.

1. 정치적 변혁에서 권력의 역할

매우 가벼운 관찰자라면 몰라도, 정치적 변혁에서 권력의 역할이 필요하다는 사실을 간과하는 사람은 없을 것이다. 역사에서의 수정주의 운동 가운데, 프랑스 드레퓌스파의 운동만큼 도덕적 요건에 탄탄하게 기반을 둔 것은 없었다. 그러나

---

58) B. Russell, *Power*, p. 263.

드레퓌스(프랑스의 군인. 독일에 군사기밀정보를 넘긴 혐의로 유형에 처해졌다. 이후 유죄냐 무죄냐를 두고 맹렬한 논쟁이 일어난다. 1859~1935)에게 유죄를 선고한 것에 대한 항의운동은, 만약 유력한 정치조직이 그것을 다루지 않았더라면, 또 그것이 정치적 반대파에 대한 무기로 이용되지 않았더라면 그렇게까지 확대되지는 않았을 것이다. 알바니아와 니카라과의 불만도, 그것이 어떠한 도덕적 바탕을 갖고 있든 이해관계 때문에 어떤 강대국 또는 강대국들이 그들을 지지하지 않는다면 결코 커다란 힘으로 성장하지는 않을 것이다.

지난 100년 동안 이룩한 사회적 입법의 발전을, 노동자 계급의 정당한 불만이 이해를 얻게 되었다는 사실에 돌리는 것은 마땅하다. 그러나 만약 파업이나 혁명이라는 형태로 끊임없이 실력을 행사하거나 행사하겠다고 위협하지 않았더라면 이러한 결과는 결코 이루어지지 않았을 것이다. 존 스트레이치(영국의 정치가. 1901~1963)는 이렇게 개탄했다. '정부는 언제나 자신들은 폭력에 절대로 굴복하지 않는다고 말하고 있다. 그러나 모든 역사가 우리에게 말해주고 있다. 정부는 폭력 이외의 것에는 절대 굴복하지 않는다는 것을.'[59]

1849년 대니얼 웹스터(미국의 정치가. 1782~1852)는 (연방에서 남부의 주들이 탈퇴하는 것에 반대하여) 이렇게 외쳤다. '평화적인 탈퇴라고! 여러분, 여러분이나 나나 그런 기적을 눈으로 직접 보는 일은 결코 없을 것이오.'[60] 히틀러는 《나의 투쟁》의 유명한 구절에서 이렇게 썼다. '실지회복(失地回復)은 신께 아무리 경건하게 기도해도, 또 국제연맹에 아무리 간절하게 기대해도 달성되는 것이 아니며 오직 무력을 통해서만 이룰 수 있다.'[61] 히틀러의 그 말은 자유주의가 여전히 정치적인 힘이 되던 시대에 다음과 같이 말한 글래드스턴에게 경의를 표한 것으로 봐도 무방할 것이다. 글래드스턴은 이렇게 말했다. '만일 정치적 위기의 시대에 폭력을 미워하고, 질서를 사랑하고, 인내력을 발휘하자는 말밖에 듣지 못했다면, 우리는 이 나라의 자유를 결코 손에 넣지 못했을 것이다.'[62]

---

59) J. Strachey, *The Menace of Fascism*, p. 228.
60) J. Truslow Adams, *The Epic of America*, p. 239에서 재인용.
61) A. Hitler, *Mein Kampf*, p. 708.
62) E. Pethick-Lawrence, *My Part in a Changing World*, p. 269에서 재인용.

전부터 흔히 해 온 말이지만, 어떠한 지배계급도 자발적으로 역사에서 퇴장하는 일은 있을 수 없다. 국제연맹규약 제19조(연맹총회는, ……세계평화를 위태롭게 하는 국제상태의 심의를 연맹국에 수시로 종용할 수 있다)는, 국제적 불만이 정당하다고 인정되어, 그 불만이 세계 여론을 대표하는 단체로부터 만장일치로 제시된 종용의 힘을 통해 저절로 해소될 것이라는 뼈 아픈 오해의 기념비로 쓸쓸하게 남아있다.

그러나 정치적 변혁의 근본문제, 즉 권력과 도덕의 타협이라는 문제는 국내정치와 국제정치에서 완전히 같지만, 정치적 변혁의 절차 문제는 국제사회가 아직 조직화되지 않은 만큼 더욱 복잡한 문제가 된다. 국내분야에서의 변혁 절차에서 유추하여 국제분야에 적용할 때는 주의가 필요하다. 이미 살펴보았지만, 근원적인 정치문제를 해결하기 위해 사법절차에 호소하는 것은 국내적으로도 국제적으로도 불가능하다.

그러나 입법에 대한 유추는 좀 더 기대해도 좋을 것 같다. 사법절차와 달리 입법절차는 모든 정치적 변혁에 내재된 권력의 역할을 인정한다(입법권은 그 의사를 공동체 전체에 강제하는 국가최고의 권력이기 때문이다). 또 입법은 어느 독일 논자의 말을 빌리면 '법적 혁명'[63]이며, 이것은 국내의 정치적 변혁을 불러일으키는 가장 명쾌한 정규적 방법이다. 라우터파하트 교수는 이렇게 물었다. '국제법 또는 국제사회의 실효적인 제도로서 평화적 변혁이란 무엇인가?' 그리고 그는 이렇게 대답했다. '그것은 각국이, 권한을 가진 국제기관이 정한 법의 변경을 묵인할 법적 의무를 수용하는 것이다.'[64]

이미 말했지만, 국제법은 관습에 기초를 두며, 현재 국제입법이나 국제입법기관 같은 것은 존재하지 않는다. 국제연맹규약 제19조의 문언은, 1919년 그 무렵의 주요국이 권한을 가진 국제기관이 정한 법의 변경을 묵인할 법적 의무를 받아들이는 것에서 얼마나 동떨어져 있는지를 보여 준다. 여기에는 의심할 여지가 없다. 잘 따져 보면 사법과정과 마찬가지로 입법과정이 정치적 질서의 존재를 전제로 한다는 것은 이해할 수 있는 일이다. 모든 정치사회의 밑바탕에 있는 동의와

---

[63] F. Berber, *Sicherheit und Gerechtigkeit*, p. 9.
[64] *Peaceful Change*, ed. C. A. W. Manning, p. 141.

강제의 조합에 의해 비로소 우리는, 의회이든 국가평의회이든, 또는 독재자 개인이든, 최고기관을 설립할 수 있으며, 그 재가가 공동체의 모든 구성원에게 구속력을 지니는 법을 만들어 낸다.

국제사회에는 이러한 조건이 충족되지 않는다. 국제연맹총회—그 결정에는 만장일치가 필요했다—는 국제협정을 맺을 수 있는 회의체이기는 하지만 국제적 법규를 가결하는 입법기관은 아니었다. 영국 수상 이든은 한 총회 회기 중에 다음과 같이 말했다. '관계당사국의 희망에 어긋나는 변경을 강요할 수 있는 권한을 총회에 주는 것은……명백하게 불가능하다.'[65]

문제는 국제입법기관이 없다는 점이 아니라, 입법권—그 명령은 각국의 특별한 동의가 없어도 그들을 구속하는 것으로 여겨진다—의 확립을 가능하게 하기 위해 충분히 통합된 국제정치질서가 존재하지 않는다는 점에 있다. 만약 평화적 변혁과 국제입법을 동일시하는 라우터파하트 교수의 주장을 받아들인다면, 우리는 다음과 같은 결론을 내리는 수밖에 없다. 그의 말로 표현하면 '평화적 변혁의 국제시스템은……그것이 인류의 포괄적인 정치적 조직화의 일환을 이루지 않는 한 비현실적인 것이 될 우려가 있다.'[66] 국제입법을 가능하게 하는 조건이란 세계적 초강대국이다.

그러나 우리는 평화적 변혁을 위해서는 어떠한 국제시스템도 초강대국의 도래를 기다리지 않으면 안 된다는 유감스러운 결론으로 만족해야만 하는 것일까. 입법에 대한 유추는 결국 사람을 낙담시키기만 하는 것이 아니라 사람을 그르치게 될 수도 있다. 입법을 국내에서 개혁수단으로 믿는 오늘날의 거의 보편적인 신념은 주로 지난 50년 동안 자라 온 것이다. 19세기 끝까지 많은 지식인들은 국가를 필요악으로 여기고, 법을 정말 필요한 경우 말고는 의지해서 안 되는 유감스러운 수단으로 계속 간주해 왔다.[67]

19세기의 사상에서는 익숙했던, 국가공동체에서 사회와 국가의 구별은 현대국

---

[65] *League of Nations : Seventeenth Assembly*, p. 46.
[66] *Peaceful Change*, ed. C. A. W. Manning, p. 164.
[67] '법에 의해 직접 규제되는 이해(利害)의 범위는 문명의 발달과 함께 확대된다'(*The Function of Law in the International Community*, p. 392)고 한 라우터파하트 교수의 지적은 오늘날에는 자명한 이치이지만, 19세기의 많은 사상가들에게는 하나의 역설처럼 보였을 것이다.

가에서 사회적 기능의 발전과 함께 그 의미를 거의 잃어버렸다. 그러나 국제분야에서는 사회가 있을 뿐 거기에 상응하는 국가는 없다. 따라서 입법 작업 또는 다른 형태의 명백한 국가개입이 없어도, 사회구조 속에서 평화적 변혁이 충분히 성취된다는 생각―이것은 우리 시대에만 역설적으로 보이지만―이 어느 정도 우리를 안심시키는 듯하다.

오늘날에도 입법의 역할을 과장하기는 쉽다. 그러나 사회구조에서, 나아가서는 사회구조 안의 세력균형 속에서, 가장 중요한 변혁이 저마다 입법행위가 없이 이루어지는 것은, 오늘날에도 여전히 진실이다(100년 전에도 그것은 분명히 진실이었다). 국제입법기관이 없으므로 평화적 변혁의 국제적 절차 따위는 필요 없다고 서둘러 결론 내리는 것은 지나치게 비관적인 일이다.

따라서 만약 우리가 국제사회에서 변혁의 문제를 심각한 것으로 만들고 있는 국가 사이의 거친 관계와 가장 유사한 것을 국가공동체 속에서 찾고자 한다면, 국가 내의 집단―이러한 집단 간 대립은 오늘날까지 어떠한 입법과정으로도 해결되지 않았고, 아직도 거의 해결되지 않고 있다―관계 속에서 찾아낼 수 있을 것이다. 이러한 집단 가운데 자본가와 노동자를 각각 대표하는 단체가 우리의 목적에는 매우 중요하고 유용하다.

여기서는 국제분쟁과 같은 대립이 되풀이해서 일어나고 있다. 즉 가진 자와 가지지 못한 자, 그리고 만족하는 자와 만족하지 못하는 자들의 대립이다. 한쪽 또는 양쪽 모두 자신들의 분쟁을 해결하기 위해 '모든 것을 중재재판으로'라는 원칙을 수용하고 싶어 하지 않는다. 즉 한쪽 또는 양쪽 모두, 입법절차를 적용하는 것은 불가능하며 그 자체가 부적당하다는 것을 인정하고 있다. 만족 집단이 법과 질서를 마찬가지로 호소하고, 불만족 집단이 자신의 요구를 주장하기 위해 마찬가지로 폭력을 행사하거나 위협을 가하는 것이다. 흔히 하는 말이지만, 국가가 자신의 소송에서 재판관인 것을 주장하는 한, 평화적 변혁의 국제적 절차는 있을 수 없다. 다만 어떤 분쟁에서는 당사국 양쪽 모두 그들 자신의 소송에서 스스로 재판관이라고 주장은 하지만, 평화적 변혁의 질서 있는 절차를 향해 적어도 어느 정도 진전을 보이고 있다.

노사관계에서는 실력이 언제나 결정적인 요인이었다. 산업혁명 초기, 노동자측의 조직적인 자립을 위한 모든 시도는 엄격하게 탄압되었다. 영국에서는 이 부당한 탄압은 1825년에 결사금지법이 폐지됨으로써 막을 내렸지만 러시아에서는 1905년까지 이어졌다. 이러한 두 연대의 시기에, 모든 유력공업국의 노동자는 조직적인 파업이라는 무기를 사용할 권리를 얻었다. 파업은 노동자가 사용자로부터 양보를 이끌어내는 유효한 수단이 되었을 뿐만 아니라, 실력의 주요한 무기, 즉 혁명의 공인된 상징이 되었다.[68]

최근에 실력의 요소는 소련[69]이나 이탈리아와 독일의 권위주의적인 정부에 의해 노사관계에서 다시 한 번 배제되었다. 이것은 파업을 금지하는 입법과, 그 금지를 강행하는 강력하고도 잔혹한 행정기관을 통해서 이루어졌다. 민주주의국가가 파업을 금지하는 일은 종종 있었다. 그러나 이러한 금지는 거의 어김없이 노동자의 저항에 부딪침으로써 장기간 동안 강제로 금지시킬 수는 없었다.[70]

이론적으로는 국제분쟁을 해결하고자 하는 경우에 실력은 강력하고도 권위주의적인 세계적 중앙집권국가에 의해 마찬가지로 배제될 수 있다. 그러나 이러한 결과는 그것이 바람직하든 그렇지 않든 실제 문제로서는 생각할 수 없는 일이다. 따라서 만약 우리 자신이, 노사관계가 압도적인 국가권력에 지배당하는 일이 없었던 국가와 시대를 고찰한다면, 거기서 국제정세와 사이에 더욱 적절한 유사점을 발견할 수 있을 것이다.

---

[68] 1일 파업의 의미가 여기에 있다. 1일 파업은 일부 나라에서는 널리 일어나고 있었다. 또 이 파업은 그 자체로서는 아무런 효과가 없지만, 노동자는 국가권력을 타파할 만큼 강하다는 것을 증명하기 위해 시도되었다. 그리하여 1일 파업의 성패는 힘의 시금석이 되었고, 그 결과, 양쪽은 극단적인 수단에 의지하지 않고 적절하고 타당한 결론을 이끌어 낼 수 있었다.
[69] 이 관점은 소련에서는 보통 사용자가 국가신탁 또는 국가기관이라는 사실 때문에 중대한 영향을 받지는 않는다.
[70] 영국에서는 제1차세계대전 중에 군수공장의 파업은 전시군수산업법으로 금지되어 있었다. 그러나 파업이 일어나더라도 이 법률이 집행되는 일은 좀처럼 없었고, 세계대전 종결과 함께 폐기되었다. 1927년의 노동쟁의법 아래에서는 정치적 파업은 위법으로 선언되었다. 그러나 이 법안 통과 이후에도 이러한 사례는 일어나지 않았던 것 같다. 다른 나라의 상황은 미국산민민주주의연맹이 출판한 팸플릿, 조엘 사이드먼의 '파업은 법으로 금지되어야 하는가?'에 요약되어 있다. 이 팸플릿은 다음과 같이 결론짓고 있다. '노동자는 자신들의 파업권이야말로 공정한 대우를 받을 수 있는 가장 확실한 보장'이라고 여기고 있으며, 노동자는 자신들이 '자발적 집단교섭의 길을 따라간다면, 거기에 만족할 만한 노사관계라는 최대의 희망이 있을 것'이라고 생각한다.

19세기 후반 및 20세기 초, 많은 나라에서 가지지 못한 자는 일련의 파업과 협상을 통해 그들의 지위를 착실하게 개선해 갔다. 또 가진 자는 정의감 때문이든, 거부할 경우에 일어날지도 모르는 혁명에 대한 공포 때문이든, 쟁점을 실력의 대결에 걸기보다는 상대에게 굴복하는 쪽을 선택했다. 이 과정을 밟음으로써 마침내 노사 양쪽은 분쟁을 여러 형태의 조정과 중재에 스스로 맡기게 되어 평화적 변혁의 정규 제도 같은 것이 만들어졌다.

많은 나라에서는 파업이라는 무기에 호소하는 궁극적인 권리는 포기하지 않았지만, 이러한 체제는 오랫동안 기능하면서 눈부신 성공을 거두었다. 만약 우리가 그것을 국제관계에 응용할 수 있다면 다음과 같은 것을 기대해도 될지 모른다. 즉 한 번 불만족한 국가가 평화적 협상(실력행사를 하겠다는 위협이 틀림없이 선행하지만)을 통해 그 불만을 해소할 가능성을 깨닫는다면, 어떤 평화적 변혁의 정규 절차가 서서히 수립되고 그것이 또한 불만족국가의 신뢰를 얻을 것이라는 사실이다. 그리고 한 번 이러한 체제가 승인되면, 조정은 당연한 일로 인정되고, 실력의 위협은 형식적으로는 포기하지 않더라도 더욱 후퇴할 것이다.

이 유추가 실제로 타당한지, 아니면 이 기대가 완전히 이상주의적인지는 경험을 통해서만 해결할 수 있는 문제이다. 그러나 우리는 이러한 제도야말로 평화적 변혁의 모든 국제적 절차—그것이 아무리 불완전하다 해도—의 확립에 조금이나마 가능성을 부여하는 유일한 길임을 어느 정도 자신감을 가지고 얘기할 수 있다.

그러나 이 절차가 무엇을 의미하는지는 명확하게 이해되어야 한다. 혁명과 전쟁의 위협을 동반하는 대규모 사회적 또는 정치적 변혁의 문제는 당사국의 어느 한쪽의 이익을 해치지 않고, 또는 해치는 것처럼 보이지 않고 해결되기란 거의 불가능하다. 당사국의 희생으로 변혁이 이루어지는 경우, 그 당사국은 스스로 그렇게 하게 만드는 강제수단이 없어도 그것을 받아들일 것이라는 것이, 불행한 운명에 있는 연맹규약 제19조가 뿌린 이상한 환상의 하나였다. 따라서 이 환상은 사라질 것이다. 이러한 자기희생은 실제로는 거의 기대할 수 없었던 것이다.

정치가, 노동조합지도자 또는 회사임원은 저마다 조직의 이익을 대표하는 조직의 수탁자가 된다. 이러한 조직의 희생 위에 이루어진 대규모 양보를 정당화하기 위해, 일반적으로 그는 스스로 불가항력에 굴복했다고 변명할 수 있다. 입법을 통해 변혁이 초래되는 경우, 그 강제는 국가에 의해 이루어진 것이다 그러나 협상절차로써 변혁이 초래된다면, 이 불가항력은 더욱 강한 당사자가 내세우는 불가항력에 지나지 않는다. 파업 참가자의 요구를 받아들이는 사용자는 상대에게 저항할 수 없었다고 주장한다. 노동조합지도자가 순조롭지 않은 파업을 중단할 때, 그는 조합이 너무 약해서 파업을 속행할 수 없었다고 변명한다. 따라서 실력의 위협에 굴복하는 것―그것은 때때로 상대를 비난하는 말로 사용된다―은 이러한 과정의 통상적인 일부이다.

그러나 여기서 유사성을 확인하기 위한 병치가 너무 앞서 나가서는 안 된다. 가장 발달한 민주주의국가에서도, 실력이 하는 역할은 실제로는 대부분의 심정적인 민주주의자가 인정하는 것 이상으로 끊임없이 계속될 뿐만 아니라 더욱 두드러지게 나타난다. 영국처럼 질서가 잡힌 나라에서도 금세기에 얼스터인, 아일랜드민족주의자, 여성참정권론자, 공산주의자, 파시스트, 그리고 조직노동자들이 정치적 목적을 달성하기 위해 실력을 행사하거나 위협해 왔다.

그러나 국내에서는 지나치게 성급한 폭력에 의존하는 것에 대해서는 억제가 작용한다. 첫째로 입법절차가 있어, 그 입법절차가 변혁을 위한 다른 방법을 제공해 준다. 투표함을 믿었기에 많은 나라의 노동자들은 혁명적 행동을 단념했다. 둘째로, 국가는 분쟁 중인 쟁점에 대해서는 당사자 사이의 균형을 때로는 불완전하지만 공평하게 유지하려는 자세를 보여 준다. 이러한 억제가 작용함으로써, 민주주의 국가에서는 모든 계급 사람들의 마음에 실력의 공공연한 행사와 위협에 대한 어떤 도덕적 불신감을 심어 주어, 결국은 변혁을 이루기 위해 실력 이외의 수단을 사용하게 된다.

그런데 국제정치에서는 이러한 억제기능은 어떠한 것도 존재하지 않는다. 따라서 실력행사 또는 위협은 중요한 정치적 변혁을 낳는 일반적이고 널리 통하는 방법이 된다. 다만 실력행사 또는 위협은 주로 변혁으로써 자국의 이익이 손상되는 보수적인 국가로부터는 도덕적으로 불명예스러운 일로 간주된다.

19세기의 평화적 변혁의 가장 큰 움직임은 베를린회의(1878년 6월 개최)에서 있었다. 이 회의에서는 산스테파노에서 러시아가 터키에 강요한 조약이 수정되었다.

그러나 이 수정은 영국과 오스트리아·헝가리 제국이 러시아에 선전포고를 하겠다는 암묵적 위협 때문에 이루어질 수 있었다.[71] 1923년의 로잔조약(1920년 오스만 제국에 강제된 세브르조약을 대신하여, 옛 전승국과 터키공화국 사이에 맺어진 평화조약)은 1920년에 세브르에서 터키와 약정한 조약을 수정했는데, 이것도 실력행사 또는 위협에 의해 강요된 것이다. 로이드 조지는 이 조약을 비열하고, 비겁하며, 부끄러운 항복이라고 비난했다. 이러한 견해는 그 무렵 사람들 사이에 널리 유포되었다.[72]

1938년 9월의 뮌헨 협정으로 이루어진 체코슬로바키아 국경의 수정도 실력에 호소하겠다고 위협한 결과였다. 그 밖에는 어떠한 대안적 방법도 제시되지 않았다는 베네시의 솔직한 증언이 있다. 그 5년 전에 그는 공공연하게 이렇게 말했다. '어떠한 나라도 누군가로부터 국경을 수정하도록 강제되어서는 안 된다. 체코슬로바키아의 경우, 그런 시도를 하려는 자는 군대를 동원해서 와야 할 것이다.'[73]

또 하나 호기심을 불러일으키는 사례가 있다. 1920년 폴란드가 빌나(오늘날의 리투아니아 빌뉴스)를 합병했을 때, 리투아니아는 국경을 폐쇄하고 폴란드와 사이에 모든 연락을 끊었다. 이 고립책이 리투아니아에 어떤 이익을 가져다주었는지는 의심스럽다. 그러나 리투아니아의 어떠한 정치가도 그것은 불가항력이었다고 변명할 수 없었으면 국경 폐쇄를 정당하다고 주장할 수도 없었을 것이고, 또 그 결과로서 일어나는 자국의 체면 실추를 정당화할 수도 없었을 것이다. 1938년 3월 폴란드는 군대를 동원하여 리투아니아에 최후통첩을 내렸다. 국경은 즉시 재개되었고 관계정상화가 이루어졌다. 일반적으로 바람직하게 여겨지는 평화적 변혁은 전쟁 위협이 없이는 추진할 수 없었다. 묵시적으로든 명시적으로든 보통, 전쟁 위협은 국제분야에서는 중요한 정치적 변혁을 추진하기 위한 필요조건이다.[74]

---

71) 1914년까지의 평화적 변혁의 역사를 조사한 한 논자는 다음과 같은 결론을 써 남겼다. '언제나 그렇듯이, 유럽에는 기정사실을 들이대는 것이 가장 현명하다.'(C. R. M. F. Cruttwell, *History of Peaceful Change*, p. 3)

72) D. Lloyd George, *The Truth About the Peace Treaties*, ii, p. 1351.

73) *The Times*, April 26, 1933. C. A. W. 매닝 교수는 이것을 *Politica*, December 1938, p. 363에 재인용.

74) 무력의 위협 아래에 이루어지는 변혁은 평화적 변혁이 아니라고 주장하는 사람들이 그들의 용어를 어떻게 정의하든 물론 자유이다. 그러나 그렇게 정의가 한정되면, 입법과정 또는 사법과정

이 원리는 이제까지 많은 기회에 사실로 증명되었을 뿐만 아니라, 국제연맹규약의 기안자나 해설자들로부터도 이론적으로 널리 용인되어 왔다. 연맹이라는 조직은 전쟁 위기 때 가동되고 기능했다. 연맹규약 제11조는 전쟁 또는 전쟁 위협 및 국제 평화를 교란시킬 우려가 있는……모든 사태와 관련되어 있었다. 제19조는 적용이 불가능해진 조약(지금까지 만족하게 설명된 적이 없는 문언이지만) 및 세계평화를 위태롭게 할 수 있는 국가와 국가 사이의 문제를 처리하는 것으로 되어 있었다.

그리고 연맹규약 가운데 평화적 변혁을 추진하기 위한 가장 유효한 조항으로, 그 목적을 위해 언제나 의지처가 된 유일한 조항은[75] 제19조가 아니라 제15조였다. 제15조에서는 관계당사국의 동의가 없어도 권고할 수 있고, 전쟁이 일어나면 이 권고는 제재에 의해 지지를 얻을 수 있었다. 그러나 이 조항을 기능하게 하는 유일한 조건은 국교단절에 이를 우려가 있는 분쟁이었다. 연맹규약이 인정하는 불만이란, 요컨대 스스로 전쟁 위기를 불러일으킬 수 있는 강대국이 가진 불만을 가리킨다.

제1차세계대전 중 영국이 핀란드 선박을 억류한 것에 대하여 1932년 핀란드 정부가 연맹이사회에 영국에 대한 요구를 제출했다. 이때 영국정부는 특히 이렇게 주장했다. 이 다툼은 국교단절에 이를 우려가 있는 다툼이 아니기 때문에, 연맹이사회에서의 사건은 애초에 존재하지 않는다는 것이었다. 그런데 같은 해 영국정부는 앵글로이라니안 석유회사의 문제에서 비롯된 이란과의 분쟁을 연맹규약 제15조에 따라 이사회에 제소했다. 결정적인 차이는 영국은 국교단절의 위기를

을 통해 이룩되는 변혁에 만약 강제가 필요할 경우, 그것도 마찬가지로 평화적 변혁이라고 할 수 없게 된다. 1938년 9월, 체코슬로바키아의 영토는 독일에 할양되었는데, 만약 그 할양이 국제연맹총회 또는 형평법 재판소의 결정에 따라 이루어지고, 연맹의 군대 또는 국제경찰군을 동원하여 강행되었다 해도, 이 변혁에 평화적이라는 말보다 더 나은 수식어가 붙는 일은 없었을 것이다. 무력은 바로 이와 같이 사용되었을 것이 틀림없다.

[75] 국제연맹 특별총회는 연맹규약 제15조에 따라 만주사변 문제를 다루었다. 그리고 이 특별총회는 만주의 현실 상황을 실질적으로 변경하려는 리턴 조사단의 권고를 받아들였다. 이 권고가 일본의 군사행동으로 인해 유발된 점은 두말 할 것도 없지만, 그 권고는 일본을 충분히 만족시킬 만한 것은 아니었다.

만들 정도로 강력했고 핀란드는 그렇지 않았다는 것이다.[76]

1921년 볼리비아가 처음으로 연맹규약 제19조의 발동을 호소했을 때 다음과 같은 그럴듯한 주장이 제기되었다. 볼리비아가 불만으로 여기는 조건은 평화를 위험에 몰아넣지 않고 오랜 기간 존재했기 때문에 연맹의 판단에 부칠 사건은 원래 존재하지 않는다는 것이었다. 다시 말하면 평화적 변혁의 절차를 작동하기 위해서는 볼리비아가 칠레에 전쟁의 위협을 가할 정도로 강대할 필요가 있었다는 이야기이다. 그리하여 연맹규약의 원리는, 국제정치에서 전쟁 위협 또는 잠재적 위협이 없으면 아무리 중요한 평화적 변혁도 이룰 수 없다는 경험에서 오는 교훈을 확인하는 것이었다.

이제까지 도달한 결론을 요약하면 사법절차는 국내정치, 하물며 국제정치에서 평화적 변혁 문제를 해결하는 데는 알맞지 않다는 것이다. 사법절차는 분쟁당사국을 대등하게 다루기 위해 모든 변혁의 요구에 필요한 권력의 요소를 인정하지 않기 때문이다.

입법절차는 권력의 역할을 이해하고 국내정치에서 많은 변혁의 요구에 잘 적응하지만, 국제적인 변혁의 요구에는 적응할 수 없다. 그것은 입법절차가 입법권의 존재를 전제로 하기 때문이다. 게다가 이 입법권의 명령은 공동체 구성원 각각에게서 굳이 동의를 얻지 않아도 그들 모두를 구속한다. 그런데 협상절차는 적용 범위는 다를지라도 국내의 변혁에 대한 요구와 국제적 변혁에 대한 요구를 해결하는 데도 여전히 이용된다. 왜냐하면 국가는(노동조합이나 사용자 연합과 마찬가지로) 제안되는 어떠한 해결책이든 받아들이거나 거부할 최종적인 권리를 주장하기 때문이다.

그러나 입법과정 아래에서는 변혁은 국가권력에 의해 강행되지만, 협상과정 아래에서 변혁은 불만을 가진 쪽의 힘에 의해 강행할 수 있다. 권력은 실제로 사용되든, 또는 위협용으로 사용되거나 암암리에 유지되든, 국제적 변혁에서 본질

---

[76] 핀란드 문제에서 마다리아가 씨는 다음과 같은 견해를 밝혔다. '격해지기 쉬운 당사국의 주장에는 귀를 기울이지만, 온건한 당사국은 그렇지 않다. 후자의 경우에는 결렬이라는 문제를 스스로 불러일으키는 일이 없기 때문이다. 국제연맹이사회와 연맹총회, 나아가서는 연맹 자체가 이러한 설을 주장하는 것은 매우 위험한 일이다.'(*League of Nations : Official Journal*, November 1934, p. 1458) 그러나 핀란드 사례의 결함은 핀란드가 온건했다는 점이 아니라 약소했다는 점에 있다.

적인 요인임에는 변함이 없다. 권력은 어떤 사람들에 의해 또는 어떤 사람들을 대표하여 행사되지만, 일반적으로 말하면 변혁은 바로 그런 사람들을 위해 이루어진다. 실력의 위협에 굴복하는 것은 평화적 변혁 과정에서는 흔히 있을 수 있는 일이다.

다만 이것은 상황의 한 면에 지나지 않는다. 이 일면은 국제정치에 관한 최근의 많은 논고에서 무시되고 있으므로 여기서는 신중하게 강조해 왔다. 게다가 우리는 오로지 이 관점에서 살펴보는 평화적 변혁의 가치를 깎아내려서는 안 된다. 만약 사용자와 노동자의 관계가 지나치게 엄격해서, 임금 증액이나 노동시간 단축 요구에 사용자측이 이의를 제기할 수 없거나, 반대로 그것을 노동자측이 관철할 수 없다면 어떻게 될까. 이러한 요구는 노사 양쪽을 반쯤 파멸시키는 길고 험난한 파업이라는 파국으로 귀결시키기보다는, 평화적 협상을 통해서 합의를 이끌어 내거나 거부하는 편이 바람직하다(그 요구가 정당한가 부당한가는 전혀 다른 문제이다).

만약 1877년의 유럽 주요국 간의 권력관계에서 보아, 불가리아가 산스테파노조약으로 분배받은 영토의 대부분을 아무래도 잃지 않을 수 없다면, 한쪽인 영국이나 오스트리아·헝가리제국과 다른 한쪽인 러시아의 전쟁을 통해서보다는 베를린의 테이블에 앉아 협상을 함으로써 잃는 쪽이 낫다. 만일 우리가 평화적 변혁을, 영토와 그 밖에 손에 넣고 싶은 것의 분배를 정치세력 균형의 변동에 맞춰 재조정하기 위한 몇 가지 기계적인 방책, 그것이 전쟁이라는 또 하나의 방책을 대신한다고 생각한다면, 이 평화적 변혁은 아무런 쓸모도 없을 뿐만 아니라 외려 위선이 되어버릴 것이다.

입법을 통해서든 다른 방법을 통해서든, 국가공동체 안에서 이루어지는 수많은 이로운 변혁의 기본원리는 결국 이것밖에 없다.

2. 정치적 변혁에서 도덕의 역할

사람들의 사상을 차지하고 있는 평화적 변혁에 또 하나의 측면이 있다. 다른 모든 정치적 절차와 마찬가지로, 평화적 변혁을 단순히 권력이라는 관점에서만 논할 수 없다는 것 또한 명백한 사실이다. 변혁에 대한 요구가 서로 대립할 때,

대부분의 사람들이 생각하는 문제는 그 요구가 정당한가 하는 것이다.

이 정의에 대한 우리의 견해는 실제로 우리 자신의 이해관계에 따라 달라지는 경향이 있고, 오로지 그것으로 말미암아 결정되는 수도 있다. 우리의 이해가 크게 걸려 있지 않다 해도 피해 갈 수 없는 결론, 또는 우리 쪽에서 매우 큰 노력을 기울이지 않으면 피할 수 없는 결론에 대해서는 사실, 그것을 정당하다고 판단할 이유를 우리는 찾고 싶어 한다. 다른 모든 정치적 쟁점에서도 마찬가지이지만, 여기서도 권력은 우리의 도덕적 견해를 결정하는 데 일정한 역할을 하며, 따라서 다른 조건이 같다면 약자 또는 소수파가 바라는 결론보다는 강자 혹은 다수파가 원하는 결론을 정당하게 생각하고 싶어 한다.

그러나 이상의 사항을 모두 고려해 보면, 인간행동의 도덕성을 헤아린다는 견해—권력의 요건에 따라 모든 것이 결정되는 것은 아니라고 보는 견해—는 이 행동에서 영향을 받는 많은 사람들의 마음을 좌우하게 될 것이다. 버트런드 러셀은 이렇게 말했다. '질서 있는 통치가 일반의 동의를 얻는 일이라면, 트라시마코스(기원전 5세기의 소피스트. 권리와 권력을 동일시하여 강자의 권리를 옹호했다)의 교의와는 다른 어떤 교의에 동의하도록 인류의 대다수를 설득하는 방법이 발견되어야 한다.'[77] 그래서 만약 평화적 변혁의 질서 있는 절차가 국제관계에서 확립되어야 한다면, 이 평화적 변혁의 기능을 단순히 권력 위에만 기초를 두는 것이 아니라, 권력과 도덕의 매우 쉽지 않은 타협—그것은 모든 정치생활의 밑바탕이다—위에 기초를 두는 방법이 발견되어야 한다.

노사 간의 분쟁에서 평화적 교섭의 절차를 확립하려면 먼저 다음과 같은 전제가 필요하다. 즉 어떠한 시점에서든 그들 모두 서로가 내세우는 주장의 강약에 대해 양쪽이 예민하게 인식하고 있을 뿐만 아니라, 그들의 상호관계에서 무엇이 옳고 무엇이 도덕에 합당한지에 관한 공통된 감각과 양보정신, 그리고 잠재적인 자기희생정신까지 서로 가지고 있다는 전제이다. 그리하여 양쪽이 서로 인정한 정의를 기초로 그들이 모든 요구를 서로 이야기할 수 있는 기반—혹 불완전하더라도—이 생겨나는 것이다.

---

77) B. Russell, *Power*, p. 100.

평화적 변혁의 국제적 절차를 진정으로 가로막는 것은, 국가 간의 이 공통감각이 아직 충분히 무르익지 않은 것 때문이지, 세계 입법기관이 없어서도 아니고 국가가 자신의 소송의 재판관이 되고 싶다고 주장하고 있어서도 아니다.

이 공통감각이 국제적 변혁의 요구들과 관련하여 얼마나 힘을 발휘할 것인가. 이러한 감각이 그에 상당하는 힘을 지닌 것은 틀림없다. 여기서 분석을 하기 위해 변혁의 요구에 관한 구체적인 사례를 두 가지 들어보자. 하나는 준국제적인 분야, 또 하나는 국제적 분야에서 들어보는 사례이다.

19세기에 아일랜드의 자치에 대한 요구는 많은 영국인들의 지지를 얻었지만, 그것은 권력의 요건에 입각하지는 않았다. 그 지지는 억압을 받는 민족의 민족자결권이라는 국제도덕의 근본규범에 대한 공통인식에 근거를 둔 것으로, 그것을 위해서는 자기 이익을 희생할 수도 있다는 각오를 바탕으로 했다. 영국과 아일랜드 사이에 있는 공통감각의 축적은, 단순히 두 외국 사이에 있는 공통감각의 축적보다 매우 컸다. 그래도 변혁의 요구가 실제로 힘을 가지게 된 것은, 영국의 군사력이 다른 방면으로 전환되어 영국의 실력이 약화된 뒤였다. 마침내 1921년 양국 간에 타협이 성립하는데, 만약 이 타협이 1916년 단계에서 달성되었더라면, 평화적 변혁의 대부분의 국제사례와 마찬가지로 전쟁 위협 아래 이루어진 평화적 변혁의 진정한 예증이 되었을 것이다.

그러나 1921년이 되어도 권력에 의지하는 것만으로는 문제가 해결되지 않았고, 무엇보다도 그런 일에서는 이 해결 자체가 지속될 수가 없었다. 영국 아일랜드 조약은 실력의 위협에 굴복한 명백한 사례였다. 이 조약은 반역에 성공한 주모자들을 상대로 맺은 것이었다. 그렇지만 영국 아일랜드 조약은 두 나라 사이의 상호관계에서 무엇이 옳고 무엇이 도덕에 합당한가에 대한 공통규준을 도입한 것과, 양쪽(그리고 특히 강대국)이 화해를 위해 희생을 치른다는 각오 속에 필요한 도덕적 기반을 두고 있었다. 이러한 사정이 있었기 때문에 조약체결 무렵 가장 비관적인 예측 속에서 그 합의를 훌륭하게 성립시킬 수 있었던 것이다.

두 번째 사례는 전간기에 독일과의 사이에 평화적 해결을 이룰 수 없었다는 것이다. 영국과 독일(그리고 대다수의 다른 나라들도)의 정치적 견해의 대부분은 오랫동안, 베르사유 조약의 규정에 비추어봄으로써 옳은 것과 부정한 것의 규준을 적절하게 얻을 수 있다는 점에서 일치했다. 베르사유조약의 일부 규정에 대해 각각 옳은가 하는 견해는 완전하지는 않지만 놀랄 만큼 상당한 정도의 일치를 보였다.

다만 불행하게도 독일은 1918년 이후 15년 동안 정치적 변혁에 필요한 원동력 ―우리는 이를 이미 살펴보았다―이라고 할 수 있는 힘이 완전히 결여되어 있었다. 이 힘의 결여 때문에, 베르사유조약의 일부조항을 수정해야 한다는 폭넓은 의견 일치는―소규모로 이루어진 것은 제외하더라도―실효적인 영향력을 갖지 못했다. 독일이 다시 힘을 회복할 무렵, 이 나라는 이미 국제정치에서 도덕의 역할에 대해 완전히 냉소적인 태도로 돌아서 있었다.

독일은 정의라는 이름으로 자신의 요구를 계속 주장하면서 드러난 힘을 이용하여 더욱 노골적으로 그 요구를 내세웠다. 이것이 바로 현상유지국의 태도에 영향을 미쳤다. 이러한 현상유지국은 베르사유조약의 부당함을 전에 스스로 용인했던 것을 잊고, 문제를 더욱 권력적인 것으로만 인식하게 되었다.[78] 군사조항에 대한 공공연한 비난, 라인란트의 재점령, 오스트리아 합병 등 독일의 행위를 현상유지하고 있는 열강이 쉽사리 묵인한 까닭은, 그것이 그들의 최소한의 저항선이라는 사실 때문만이 아니라 이러한 변혁 자체가 도리에 합당하고 정당하다는 합의 때문이기도 했다.[79]

그러나 각각의 사례에서 이러한 변혁은 공식적으로는 거센 비난과 항의를 받았는데, 그것은 아무래도 항의하는 열강은 단순히 독일이 저항할 능력도 의지도 없다는 이유만으로 묵인한다는 인상을 남겼을 뿐이다. 오랜 세월에 걸쳐 인정받아 온 베르사유조약의 부당한 부분을 잇따라 배제해도, 그것은 독일과 베르사유 열강 사이에 화해를 가져다 준 것이 아니라 오히려 불화를 더욱 부추겼고, 나아가서는 이제까지 남아 있던 약간의 공통감각마저 사라지게 했다.

영국과 그 밖의 모든 국가의 현재 또는 미래의 대외정책을 논하는 것은 이 책

---

78) 물론 현상유지국가에 대한 이 영향력은 나치독일의 국내정책에 의해 강화되었다.
79) 1936년 3월 7일 및 8일자 영국 신문을 꼼꼼히 읽어 보면, 라인란트 재점령이 영국에서 얼마나 널리 묵인되었는지, 또 그뿐만이 아니라 얼마나 널리 환영받았는지를 알 수 있다. 그 뒤, 신문의 논조는 호의적이지는 않았지만, 그것은 명백하게, 서서히 높아지는 정부의 비판적 태도에 영향을 받은 것이다.

의 범위를 넘어선다. 그러나 현상을 유지하는 것은 그 자체가 지속적으로 성공할 수 있는 정책은 아니다. 경직된 보수주의가 확실하게 혁명이 되어 끝나는 것과 마찬가지로, 현상을 유지하는 것은 전쟁으로 끝날 것이다. 침략에 맞선 저항은 그것이 국가정책의 일시적인 장치로서 아무리 필요하다 해도 어떠한 해결책도 되지 않는다. 변혁을 막기 위해 싸울 준비를 하는 것은 변혁을 강행하기 위해 싸울 준비를 하는 것과 똑같이 부도덕하기 때문이다. 따라서 평화적 변혁의 방법을 수립하는 것은 국제도덕과 국제정치의 근본문제가 된다.

우리는 세계입법부나 세계법정이 명령한 평화적 변혁의 절차를 완전히 이상주의적이고 어리석은 계획이라고 무시할 수는 있다. 또 권력의 요소를 배제하고 싶은 소망과 무엇이 옳고 무엇이 도리에 합당한지에 대한 공통감각 위에, 평화적 변혁의 협상과정의 기초를 두고자 하는 바람을 진정한 의미에서 이상주의적이라고 정의할 수도 있다(즉 완전히 이룰 수 있는 것은 아니지만, 목표가 되는 이상을 공공연하게 보여 줌으로써 이상주의 특유의 기능을 할 수 있다). 그러나 또한 평화적 변혁이란 곧 변천하는 권력관계에 대한 적응이라고 보는 현실주의적인 견해에도 주의를 기울여야 할 것이다. 권력을 최대한 집중할 수 있는 자만이 평화적 변혁을 잘 기능하게 하여 눈앞에 보여 줄 수 있기 때문에, 우리는 스스로 강한 존재가 되도록 최선을 다한다.

실제로 우리는 평화적 변혁이 정의에 대한 공통감각이라는 이상주의적 관념과 변천하는 힘의 균형에 대한 기계적인 적응이라는 현실주의적 관념의 타협을 통해 비로소 이룰 수 있음을 알고 있다. 성공하는 대외정책이 실력행사와 양보라는 뚜렷하게 대립되는 양극 사이를 오가고 있는 이유가 바로 여기에 있다.

결론

제14장 새로운 국제질서에 대한 전망

1. 낡은 질서의 종언

역사에서 위기의 시대는 때때로 찾아왔다. 1919년부터 1939년까지 20년에 이르는 위기에는 고유한 특징이 있었다. 전반 10년의 몽상적인 희망에서 다음 10년의 가치 없는 절망으로, 즉 현실을 그다지 고려하지 않았던 이상(理想)에서 이상의 모든 요소를 엄격하게 배제한 현실로 급강하한 것이 그 특징이다.

이제는 널리 알려졌듯이 1920년대의 신기루는 돌이킬 수 없는 지난 세기의 잔상일 뿐이다. 지난 세기는 영토와 시장이 끊임없이 확대되던 황금시대였다. 그것은 자신감이 넘쳤기 때문에 그다지 무거운 짐으로 느끼지 않았던 영국의 패권이 관리한 세계의 황금시대였다. 또한 함께 발전하고 개척해 가는 영역의 점진적 확대를 통해 대립이 약해지는 통합된 서양문명의 황금시대였다. 마지막으로 그것은 한 개인의 이익이 모든 사람의 이익이며, 경제적으로 올바른 것은 도덕적으로 나쁠 리가 없다는 안이한 가설이 성립하는 황금시대이기도 했다. 지난날 이 이상향을 내실화했던 현실은 19세기가 미처 끝나기도 전에 이미 쇠락해 가고 있었다. 1919년의 이상향은 무의미하고 내실이 없었다. 그것은 이미 현재에 어떠한 뿌리도 내리지 않았기 때문에 미래에 대한 영향력 또한 없었다.

이 이상향의 첫 번째이자 가장 뚜렷한 비극은 그 수치스러운 몰락이었고, 그 몰락이 가져다준 절망이었다. 어떤 논자는 제2차세계대전 전에 이렇게 말했다. '유럽의 대중은 이제야 깨달았다. 이 사회에 존재하는 것은 합리적이고 분별 있는 힘이 아니라, 맹목적이고 비합리적이며 사악한 힘에 의해 지배되고 있다는 것을.'[1] 영국의 이익은 유고슬라비아의 이익이고, 독일의 이익은 폴란드의 이익이며,

따라서 국제분쟁은 회피할 수 있는 오해 또는 바로잡을 수 있는 악의의 일시적인 산물에 지나지 않는다고 국제관계를 합리화하는 것은 더 이상 불가능해졌다.

100년이 넘도록, 대립의 현실은 서양문명의 정치사상가들에 의해 은폐되었다. 1930년대 사람들은 충격을 받아 어쩔 줄 몰라 하면서 본래의 세계로 돌아갔다. 18, 9세기에는 문명인과 비문명인 사이에서만 펼쳐졌던 잔학행위가 문명인들 사이에서도 일어났다. 전체주의와 위기의 관계는, 전자가 후자의 원인이 아니라 결과인 것은 틀림없었다. 전체주의는 병폐가 아니라 하나의 징후였다. 위기가 맹위를 떨친 곳에서는 어디서나 이 징후의 흔적을 볼 수 있었다.

이상향의 몰락에 따른 두 번째 비극은, 그것이 첫 번째 비극에서 태어났고 또 그것으로써 더욱 심각해진 만큼 더욱 이해하기 어려운 것이었다. 19세기 말엽, 즉 대립의 심각화와 함께 이익조화가 이미 위협받던 시기에, 세계의 이성은 다원주의의 강력한 약효로써 지탱되고 있었다. 확실히 대립의 현실이 부정되는 일은 없었다. 그러나 대립이 강자의 승리로 끝나고 또 강자의 승리가 진보의 조건이었기 때문에, 명예는 부적자의 희생 위에 유지되었다.

1919년 이후, 국제관계를 합리화하고 도덕화하려는 시대에 뒤떨어진 구조에 공공연하게 매달린 것은 파시스트와 나치뿐이었다. 그런데 다른 서양 각국도 마찬가지로 의심스럽고 파멸적인 편법에 의지했다. 이익조화의 파탄에 허덕이고 다원주의의 편향에 충격을 받은 서양 각국은, 가진 자의 권리에 기초하여 새로운 국제도덕을 세우려고 했다. 제도화된 모든 유토피아가 그랬듯이 이 이상향도 기득권의 도구가 되어 현상을 유지하는 방파제로 타락했다.

여기서 하나의 문제점이 떠올랐다. 만족국가의 정치가와 논자들은 불만족국가의 정치가, 논자와 함께 이 참상의 책임을 함께 져야 한다는 것이다. 만족국가의 정치가와 논자들은 안전보장과 국제도덕, 법, 질서와 국제도덕, 그 밖의 특권집단의 낡은 구호와 국제도덕을 저마다 동일시하려고 했다. 한편 불만족국가의 정치가와 논자들은 이렇게 하여 만들어진 국제도덕의 정당성을 소리 높여 부정했다.

국제관계에 도덕성을 부여하려 한 이 두 가지 시도가 실패로 돌아간 것은 당

---

1) P. Drucker, *The End of Economic Man*, p. 56.

연했다. 우리는 전체의 이익을 적자(適者)의 이익과 동일시하면서, 적자가 아닌 이들을 배제하는 일을 아무렇지도 않게 생각하는 다원주의 이론을 받아들일 수는 없다. 또 우리는 한때는 현실의 기반을 가졌으나 그것을 잃어버리고, 끝내 특권계급의 기득권의 가면이 되어 주는 이익자연조화설도 지지할 수 없다. 이 두 가지 이론을 국제도덕의 근본원리로서 옹호할 수는 없다. 이러한 이론이 무너짐으로써, 국가의 이익과 세계공동체의 이익을 양립시키는 문제를 해결할 묘안은 더 이상 우리에게 남아 있지 않다. 국제도덕은 이제 용광로 속에 들어가 있다.

우리는 국제도덕의 재생을 어떤 방향으로 추구할 수 있을까. 물론 이러한 재생은 불가능할지도 모른다. 또 세계는 퇴화와 혼돈의 역사적인 한 시대를 향해 하강하고 있다고 생각할 수도 있다. 이러한 시대에는 현재의 사회 모습은 갈기갈기 찢어지고, 마침내 거기서 통용되는 새로운 사회형태가 나타날지도 모른다. 만일 그렇다면 그 경험은 일시적일 수도 없고 고통이 없을 수도 없다.

이상향을 향한 지름길로서 혁명을 믿는 사람들은 놀랄 만큼 역사의 교훈에 눈이 어둡다. 그러한 신념을 가진 사람들이 최근에는 줄어든 것 같다. 절망 속에 빠질 이유가 없듯이, 세계혁명을 통한 지름길이 있다고 생각할 이유도 없다. 우리가 할 일은 국제질서가 무너진 원인을 찾아서 어떠한 새로운 기반 위에 이 국제질서를 다시 세워야 할지를 밝히는 일이다. 그리하여 다른 정치문제와 마찬가지로, 이 문제도 권력과 도덕 양쪽의 관점에서 고찰해야 한다.

2. 국가는 권력의 단위로서 살아남을 것인가

새로운 국제질서에서 권력이 하는 역할을 생각하기 전에, 우리는 먼저 무엇이 권력의 단위인지를 물어야 한다. 국제정치의 현재 모습은 실효적인 단위가 국민국가라는 사실에 의거한다. 미래의 국제질서의 형태는 집단 단위의 미래와 밀접하게 연관된다.

이제는 종말에 가까워진 역사의 한 시대를 처음 개척한 것은 프랑스혁명이고, 그 프랑스혁명은 인간의 권리문제를 제기했다. 프랑스혁명의 평등에 대한 요구는 개인 사이의 평등에 대한 요구였다. 19세기에 이 요구는 사회집단 간의 평등에 대한 요구로 형태를 바꿨다. 인간의 권리와 평등을 추구하는 투쟁에서 고립된 개인이 실효적인 단위가 될 수 없다고 이해한 점에서 마르크스는 옳았다. 그러나 궁극의 단위를 사회적 계급으로 생각하고, 국가적 단위의 결합성과 포괄성을 무시했다는 점에서 마르크스는 틀렸다.

19세기 말 유럽의 거물은 디즈레일리(영국 정치가, 1804~1881)와 비스마르크인데, 그들은 사회공헌국가, 보통교육, 제국주의 등을 매개로 두 개의 국가(노동자 계급과 자본가 계급으로 이분된 국가)를 하나의 국가로 통합하려고 했다. 또 그들은 노동자에게 조국은 없다는 야유에 반론을 펼치며 국가노동자, 국가사회주의, 그리고 국가공산주의로 가는 길까지 개척했다.

1914년 이전, 평등에 대한 요구는 서유럽에서는 계급 간의 평등문제에서 국가 간의 평등문제로 이미 옮겨가고 있었다. 이탈리아의 논자들은 이탈리아를 프롤레타리아 국가라 불렀다. 그들은 그 말을 비특권이라는 의미로 사용했다. 독일은 햇살이 비치는 장소가 필요하다면서 평등을 요구했다. 즉 그것은 베른하르디가 말했듯이 '우세한 적대이익이나 적대권력과 싸워 이겨야'[2] 하는 것이었다. 프랑스에서는 사회당 및 전 사회당 각료가 거국일치를 위해 노사협조를 외쳤다. 알아채지 못할 만큼 미미했지만, 노동자 자신도 계급투쟁은 국가 간 투쟁에 비해 중요하지 않다고 생각하게 되었다. 평소 정치권력의 법칙에 따르면, 평등을 쟁취하는 투쟁은 지배를 추구하는 투쟁과 구별할 수 없게 되었다.

1919년 이후 국제정치의 중요성이 압도적인 위치를 차지한 근본 이유는 바로 여기에 있었다. 특권집단과 비특권집단의 싸움, 그리고 현행질서의 옹호자와 혁명가의 싸움은 19세기 서유럽의 국가공동체 안에서 펼쳐졌다. 그러나 이러한 투쟁은 20세기에는 국제사회로 그 무대를 옮겨간다.

국가는 평등에 대한 인간의 요구 및 지배에 대한 인간의 야심을 과거 어느 때보다 집약한 최고단위가 되었다. 유럽에서는 어디에나 거국일치 내각과 일당국가가 나타났다. 정당문제가 여전히 꼬리를 끌고 있는 곳에서는, 이러한 문제는 무언가 시대에 뒤떨어진 하찮은 것으로 여겨졌다. 즉 정당문제는 그것을 말소시키라고 목청껏 외칠 만큼 국가적 통합에 오점이었다. 세계 대동란의 원인이 되는 불

---

[2] A. F. Bernhardi, *Germany and the Next War*(Engl. transl.), p. 81.

평등은 개인 간의 불평등이나 계급 간의 불평등이 아니라 국가 간의 불평등이었다. 무솔리니는 이렇게 말했다. '계급 간에 있는 부와 기회의 불평등이 때때로 혁명을 낳은 것처럼, 국가 간의 불평등은 만약 평화롭게 조정되지 않는다면 계급 간의 불평등보다 훨씬 심각한 폭발을 일으키도록 조직되어 있다.'[3)]

우리에게 필요한 새로운 조화는 (자유방임주의 철학자들이 생각한) 개인 사이의 조화도 아니고, 또 (마르크스가 그 실현 가능성을 부정한) 계급 간의 조화도 아닌, 국가 간의 조화였다. 오늘날의 우리는 마르크스가 사회적 계급에 대해 저지른 잘못을 되풀이해서는 안 된다. 국가를 인간 사회의 궁극적인 집단단위로 다루는 어리석음을 저질러서는 안 된다. 우리는 국가가 정치권력의 핵심부분으로서 기능하는 가장 좋은 단위인지, 아니면 가장 나쁜 단위인지에 대해 논의하는 것을 망설일 필요는 없다. 그러나 국가는 대체될 수 있는지, 만약 그렇다면 무엇으로 대체될지를 스스로 물어야 할 것이다. 이 주제를 고찰하다보면 당연히 다음의 두 가지 질문에 부딪치게 된다.

(a) 세계에서 가장 대규모이고 가장 포괄적인 정치권력 단위는 반드시 영토적 성격을 띠는가.

(b) 만약 그렇다면 정치권력 단위는 오늘날과 같은 국민국가의 형태를 계속 취할 것인가.

가장 대규모이고 가장 포괄적인 권력단위는 반드시 영토적 성격을 띠는가 하는 질문은, 역사의 모든 시대에 통용되는, 이른바 교조적인 해답을 받아들일 리가 없다. 오늘날에는 이러한 권력단위가 영토적인 형태를 취하는 것은 틀림없다. 이따금 후퇴했지만, 과거의 역사를 이러한 권력단위가 완성되어가는 상태를 향해 서서히 발전해 왔다고 보는 것은 쉬운 일이다. 가장 원시적인 사회에서도, 정치권력이 영토의 점유에서 완전히 분리되는 일은 없었을 것이다.

다만 중세까지 역사상 많은 시대에 권력은 표면적—일부는 실제로 그랬지만

---

3) *The Times*, April 21, 1939.

―영토주권과는 다른 근거에 바탕을 두고 있었다. 종교적 충성심에 기반을 두는 단위를 대신하여 거주지에 기반을 두는 단위를 중시하는 것은, 곧 신민의 종교는 통치권자의 종교로써 결정된다는 원칙을 받아들이는 것이었고, 그렇게 함으로써 비로소 근대국민국가의 기초가 세워졌다. 게다가 이전의 어떠한 근대사에서도 국경이 오늘날처럼 엄격하게 정해진 적은 없었고, 국경의 성격도 경계선이 오늘날처럼 냉엄하게 강요되지도 않았다. 이미 살펴보았듯이, 어떤 국제적인 권력형태를 조직하고 유지하는 것이 오늘날만큼 어려운 시대도 없었다.

군사적, 경제적 근대기술은 권력과 영토를 굳게 결속해 버린 것처럼 보인다. 정치권력이 영토가 아니라 인종, 신념, 또는 계급에 기초하여 조직되는 세계는 현대인으로서는 상상도 할 수 없는 것이다. 그러나 현행 정치적 단위의 경계를 뛰어넘는 이데올로기가 지속적인 매력을 지니고 있는 것은 무시할 수 없는 사실이다. 역사에서 영원한 것은 있을 수가 없다. 영토를 단위로 하는 권력을 영원하게 생각하는 것은 터무니없는 이야기이다. 그렇지만 무엇인가 다른 조직적 집단권력을 지지하고 이 영토적 권력단위를 버리는 것은 매우 혁명적인 일이다. 그렇게 되면 현대의 국제정치에 통용되는 것이 새로운 체제에는 거의 통용하지 않게 된다. 국가 간의 관계는 일련의 완전히 새로운 집단 사이의 관계로 치환될 수 있다.

미래의 영토적 단위가 거의 현재와 같은 형태를 계속 취할 수 있는가 하는 것은, 현재의 실제적인 문제로서 더욱 중요성을 가진다. 단위의 최적규모의 문제는, 그것이 공업생산이나 농업생산 단위이든, 또 정치권력이나 경제권력의 단위이든, 오늘날의 가장 곤란하고도 중요한 문제의 하나이다. 가까운 장래에 이러한 문제에 대한 놀라운 전개를 보게 될 가능성도 있다. 그리하여 정치권력의 분야에서는 서로 모순되는 두 가지 추세를 관찰하게 될 것이다.

하나의 방향으로서 통합을 향하는 뚜렷한 경향이 있다. 즉 끊임없이 확대되는 정치적, 경제적 단위의 형성이다. 이 경향은 19세기 말에 시작되어, 커뮤니케이션의 방법 및 권력의 기술적 수단의 발전과 밀접하게 결부되는 동시에, 대규모 자본주의와 산업주의의 성장과도 밀접한 관계를 맺고 있다. 제1차세계대전은 이 발전의 모습을 매우 선명하게 부각시켰다. 나우만(독일 정치가. 1860~1919)은 1915년에 출판된 자신의 유명한 책에서 이렇게 말했다.

주권—이것은 광범하고 역사적으로 중요한 결정을 할 수 있는 자유를 가리킨 다—은 이제 지구상의 매우 소수의 장소에 집중되고 있다. '한 떼의 양에 한 사람의 양치기'의 시대는 아직 먼 미래의 일이지만, 많은 적든 양치기들이 유럽의 목초지에서 멋대로 양떼를 몰던 시대는 이미 과거가 되었다. 대규모 산업과 초국가적 조직의 정신은 정치에 영향을 주고 있다. ……이것은 군사기술의 집약화와 같은 길을 가고 있다.[4]

1918년의 막간극—이 해에 민족주의는 통합을 향한 움직임을 무너뜨리는 역할을 재개했다—은 적어도 유럽에서는 위험하기 짝이 없는 완전한 실패로 끝났다. 경제단위의 수가 늘어났기 때문에 전후(戰後)의 모든 문제는 비참하게 심각해져 갔다. 나우만은 저서 《중부 유럽》을 통해 민족자결의 원칙을 주장한 우드로 윌슨보다도 자신이 더욱 정확한 예견자임을 증명했다. 1918년의 승자들은 중앙유럽에서는 평화를 잃었다. 왜냐하면 더욱 대규모 단위를 필요로 하는 시대에 그들은 정치적, 경제적 분해의 원리를 계속 추구했기 때문이다.

그러나 집약의 과정은 여전히 이어졌다. 자급자족경제가 목표가 될수록 단위는 더욱 대규모가 아니면 안 된다. 미국은 아메리카대륙에 대한 지배력을 강화했다. 영국은 스털링 블록을 만들어 폐쇄적인 경제체제의 토대를 쌓았다. 독일은 중앙유럽을 재구축하고 발칸에 진출했다. 소련은 광대한 영토를 공업생산과 농업생산을 위한 작은 단위의 형태로 개발했다. 일본은 자국의 지배 아래 동아시아라는 새로운 단위를 만들고자 했다. 이러한 동향은 정치적, 경제적 권력을 6개 또는 7개의 고도로 조직화된 단위의 수중에 집중시켰다. 그러한 단위의 주위에는 열세에 있는 위성단위들이 특별히 독자적인 움직임은 보여 주지 않고 빙글빙글 맴돌고만 있다.

한편 지난 100년 동안 기술적, 산업적, 경제적 발전과 함께 실효적 정치단위의 규모도 조금씩 확대되었지만, 동시에 일정한 규모를 넘어서면 반드시 분해되려는 경향의 흐름이 다시 자극을 받게 된다는 증거도 있다. 무엇인가 그런 법칙이 작용

---

4) F. Naumann, *Central Europe*(Engl. Transl.), pp. 4–5.

한다 해도 그것을 정확하게 정식화하는 것은 불가능하다. 게다가 정치적, 경제적 단위의 규모를 결정하는 조건을 밝히려면 더욱 오랜 기간에 걸친 검토가 필요하다. 다만 이 문제는 다음 몇 세대에 걸친 세계사의 흐름에서는 다른 어떤 문제보다도 결정적인 것이 될 것 같다.

여기서 어떤 확신을 가지고 하나의 예견을 해 볼 수 있지 않을까. 미래에는 주권의 개념이 오늘날보다 더욱 불투명하고 애매하게 될 것이다. 주권이라는 용어는 중세체제가 무너진 뒤, 여러 국가들이 주장하고 행사한 권력의 독립성을—그들은 더 이상 신성로마제국의 형식적인 지배권조차 인정하지 않았다—보여 주기 위해 만들어졌다. 그것은 결코 편의적인 이름 이상의 것은 아니었다. 그리고 정치적 주권, 법적 주권, 경제적 주권을 각각 구별하게 되고, 대내 주권과 대외 주권을 구별하게 되자, 이 주권이라는 이름은 하나의 현상적인 범주를 보여 주는 뚜렷한 지표로서 기능을 더 이상 할 수 없게 되었음이 확실해졌다.

영국 자치령은 주권 국가인가, 또 위임통치령의 주권은 누구에게 주어지는가 하는 문제를 논의하면 혼란은 깊어질 뿐이다. 본래 이러한 논의는 다음의 두 가지 논쟁 가운데 어느 한쪽이다. 하나는 이러한 지역의 당국이 헌법상 어떠한 권력행사의 자격을 가지고 있는가 하는 문제에 관한 법적 논쟁이다(그 경우 주권이라는 용어를 쓰는 것은 그다지 도움이 되지 않는다). 또 하나는 정도의 차이는 있을지언정 일반적 유형에서 벗어나는 상황을 보여 주기 위해 주권이라는 이름을 사용하는 것이 과연 편리한가 하는 문제에 대한 순수한 형식론이다.

이를테면 영국의 식민지 무역 또는 식민지 투자의 금액을 산정할 때 이집트나 이라크가 주권국가라는 이유로 이 산정에서 제외된다면, 주권 개념은 명백하게 혼돈에 빠지고 만다. 미래의 권력 단위가 주권의 형식에 대해 이것저것 고려하지는 않을 것이다. 실효적인(그렇다고 반드시 만족할 만한 것은 아니지만) 권력이 단일한 중심에서 행사되는 한, 형식적으로 주권을 가진 몇몇 국가로 이루어진 집단이 모여 각각 단위를 만드는 것도 이상한 일은 아니다. 어쨌든 미래의 실효적인 집단 단위는 국제법이 정식으로 인정하는 것과는 다를 것이다. 이러한 형식적인 단위를 기반으로 국제질서를 구축하려는 시도는 모두 비현실적으로 생각된다.

이 점에서 다음과 같은 내용을 덧붙이는 것도 좋을 것이다. 즉 어떤 형태의 집단단위는, 그것이 어떠한 형태를 취하든 정치권력의 그릇으로서 확실하게 살아남으리라는 점이다. 민족주의는 국가공동체 안의 계급 사이에서 타협하기 힘든 이해충돌이 있어도 그것을 화해시키는 힘의 하나였다. 그러나 이제는 국가 간에 타협하기 힘든 이해충돌이 있어도, 그것을 화해시키기 위해 행사할 수 있는 힘, 즉 민족주의에 해당하는 힘은 존재하지 않는다. 사람들이 투쟁을 위한 집단을 조직하는 일이 없는 가상세계를 그리는 것은 쓸데없는 일이다. 분쟁이 광범하고 더욱 포괄적인 분야로 다시 옮겨가는 것은 있을 수 없다.

흔히 말하듯이 화성(火星)에 맞서 국제사회가 조직되는 것도 있을 수 없다. 이것은 19세기의 문명을 지탱한 공간적 조건들(즉 영토적 확대가 가능하기 때문에 국가적 대립도 완화된 상황)이 붕괴되고, 그 붕괴가 우리에게 가져다준 딜레마의 또 하나의 측면에 지나지 않는다. 다른 누군가를 희생시켜 이익조화를 낳는 것은 더 이상 불가능하다. 이 세상에서 분쟁이 사라지는 것은 있을 수 없다.

3. 새로운 국제질서에서의 권력

권력은 모든 정치 질서의 필연적인 요소이다. 역사적으로 말하면 세계사회를 향하는 과거의 모든 발자취는 언제나 단 하나의 강대국의 권세에서 비롯되었다. 19세기 영국함대는 큰 전쟁의 회피를 보장해 주었을 뿐만 아니라, 공해(公海)의 치안을 유지하고 모든 나라에 똑같이 안전을 제공했다. 런던 금융시장은 사실상 전 세계를 위해 단일통화본위제를 확립했다. 즉 영국의 통상은 자유무역의 원칙이 널리 수용되는 체제—불완전하고 약화된 형태가 된 것은 확실하다—를 손에 넣었다. 그리고 영어는 네 대륙의 국제공용어가 되었다.

이러한 상황은 영국의 패권에서 태어난 동시에 그것을 보장했다. 이익과 배려를 공유하는 세계사회라는 환상—어느 정도는 현실이었지만—을 만들어 낸 것도 이와 같은 상황이었다. 국제질서라는 실용적인 가설을 만든 것은 하나의 지배국이다. 따라서 이 지배국의 상대적 또는 절대적 쇠퇴와 함께 그 가설도 무너졌다. 영국함대는 이제 전쟁을 막을 만큼 강력하지 않다. 런던시장은 한정된 지역에만 단일통화본위제를 실시할 수 있다. 자유무역은 완전히 무너졌다. 영어가 오늘날까지 우위를 유지하고 강화되어 온 것은 영국과 다른 유력국이 영어를 공용하고 있다는 사실 때문일 것이다. 그렇게 되면 우리는 어떤 권력으로써 국제질서를 되찾을 수 있을까.

이 질문에는 여러 나라들이 온갖 방법으로 대답하게 될 것이다. 오늘날 대부분의 영국인들은 19세기에 영국의 압도적인 우위를 보장했던 조건들은 더는 존재하지 않는다는 사실을 알고 있다. 그러나 그들은 아직도 가끔 영국의 패권은 완전히 끝은 아니며, 그것은 영어권 국민들의 우위성을 더욱 고차원적이고 더욱 효과적인 모습으로 변용해 갈 것이라고 몽상하면서 자위하고 있다. 영국이 주도하는 세계평화(팍스 브리타니카)는 새로운 역할을 맡아 앵글로색슨이 주도하는 세계평화(팍스 앵글로색스니카)로 변해 갈 것이다. 앵글로색슨의 평화 속에서는 영국 자치령들은 영국과 미국 사이에서 영미협조라는 직물을 교묘하게 짜 올리게 될 것이다. 이 낭만적인 생각은 19세기 말, 즉 영국이 세계지배에 대한 무거운 부담감을 일찌감치 인식했을 때, 그리고 세실 로즈가 영미협조에 입각한 세계제국의 비전을 처음 기록으로 남겼을 때로 거슬러 올라간다.

제1차세계대전 직전에 이 생각을 가장 구체적으로 밝힌 것은 기이하게도 런던 주재 미국대사였다. 1913년 페이지 대사(미국 외교관. 1855~1918)는, 윌슨 대통령이 런던을 방문하여 영미동맹을 맺어야 한다고 제안하면서 이렇게 덧붙였다. '내 생각에는 세계는 자신이 누구와 함께 있는지 깨달을 것이고, 그렇게 되면 평화도 찾아올 것이다.'[5] 1922년 워싱턴 해군조약은, 세계경영을 위해 미국과 대등한 협력체제를 구축하고자 한 영국의 조금은 의식적인 시도였다. 전간기에 미국인은 그들의 독특한 감정에서 오는 자제심과 조심성을 보여 주었지만, 영국의 정치가들은 이러한 기대를 되풀이해 표명했다. 볼드윈 경은 1935년 5월 앨버트홀에서 다음과 같이 말했다.

> 나는 언제나 유럽이든 동양이든, 그 밖의 어느 곳이든, 세계의 모든 지역의 전쟁을 막는 최대의 안전보장은 대영제국과 미국의 밀접한 협력에 있다고 믿어 왔다. 일체화한 해군력, 잠재적인 인력, 협조봉쇄를 통한 직접적인 경제권력, 그리

---

5) R. S. Baker, *Woodrow Wilson : Life and Letters*, v. p. 31.

고 통상 또는 융자의 거부 등은 지구상의 어떠한 강대국도 저항하기 힘든 제재가 될 것이다. 이 바람직한 목적이 이루어지기까지 백 년이 걸릴지도 모르고, 어쩌면 영원히 달성되지 않을지도 모른다. 그러나 가끔은 이런 꿈을 꾸는 것도 좋지 않은가. 나는 미래를 즐거운 마음으로 기다리고 있다. 그리고 나는 세계의 평화와 정의를 위한 힘의 단결을 본다. 혹 사람들이 아직은 공공연하게 그것을 말하지 못한다 해도, 언젠가 우리의 후손들은 그 평화와 정의를 위해 단결할 것이고, 또 언젠가는 세계평화가 영어를 쓰는 사람들에 의해 보장된다는 것을 이해할 것이라고 믿는다.[6]

영국이 미국과 관련된 모든 것에 큰 관심을 품게 되었다는 사실은, 이러한 소망이 영국인이 마음속에 얼마나 깊이 뿌리내리고 있었는지를 보여 준다.

대서양 저편에서는 상황이 당연히 그것과는 다르게 보였다. 우리는 젊은 피를 수혈하여 자신의 힘을 재생시키고 싶은 늙은이의 모습이 아니라, 누구에게도 의존하지 않으면서 아직 자신의 힘에 대한 확신도 없는 젊고 미숙한 나라를 이곳 미국에서 목격했다. 미국은 세기가 바뀔 때까지 자신을 강대국으로 인정하도록 세계를 향해 요구하지 않았다. 그러나 지도자의 위치에 있는 미국인들이 세계패권을 꿈꾸기 시작하는 데는 그리 오랜 시간이 걸리지 않았다. 우드로 윌슨은 1914년 독립기념일 연설에서 다음과 같이 말했다.

나의 꿈은 이런 것이다. 세월이 흐름에 따라, 그리고 세계가 미국을 더 많이 알게 될수록, 세계는……미국에 의지하여 모든 자유의 기반에 놓여 있는 도덕적 영감을 탐구하게 될 것이다……미국이 인권을 다른 모든 권리 위에 두는 것을 모든 사람이 알게 될 때, 이 나라는 시대의 각광을 받으며 밝게 빛나게 될 것이다. 그리하여 미국의 깃발은 단순히 미국뿐만 아니라 인류의 깃발이 될 것이다.[7]

---

6) *The Times*, May 28, 1935.
7) R. S. Baker, *Woodrow Wilson and World Settlement*, i. p. 18.

이 꿈은 예견이었음이 증명된다. 1918년, 세계의 리더십은 거의 만장일치로 미국에 넘어갔다. 그 무렵 미국은 이것을 거절했지만, 그렇다고 해서 이 사실이 미국이 앞으로 세계의 리더십을 장악하는 일은 결코 없다고 보장하는 것은 아니었다. 만약 역사적 선례에 얼마쯤 의미가 있다고 한다면, 분단되고 약체가 된 유럽에 강요된, 미국이 주도하는 세계평화는 영어권 민족들 사이의 대등한 협력체제에 입각한 앵글로색슨이 주도하는 세계평화보다 실현 가능성이 높기는 하다. 그러나 이제 우리는 추측의 세계 속에 있다. 성실한 연구자라면 여기서는 억측과 가능성을 살펴보는 수밖에 없다.

한 지배국의 권력에 의존하는 세계질서라는 생각에 반드시 따라다니는 결함은, 이러한 생각이 세계의 리더십을 행사하는 최강국의 권리를 결국 인정해 버린다는 것이다. 로마가 주도하는 세계평화는 로마제국주의에서, 영국이 주도하는 세계평화는 영국제국주의에서 각각 비롯되었다. 라틴아메리카에서 펼친 미국의 선린 정책은 양키제국주의와 모순되는 것이 아니라 그 연장이며 결과이다. 최강국만이 패권을 유지하고 선린으로 남아 있을 수 있기 때문이다. 다른 나라에 대해 세계의 리더십을 쟁취할 권리를 부정할 이유는 이론적으로 있을 수가 없다. 히틀러는 《나의 투쟁》에서 이렇게 썼다.

> 평화주의적 세계관의 승리를 진심으로 원하는 사람이라면 누구든지, 독일인에 의한 세계정복을 위해 모든 수단을 다하여 헌신해야 한다. ……어느 누구보다 뛰어난 지고한 인간이 가장 먼저 세계를 정복하고 복속시켜 유일한 지배자가 되는 바로 그때, 평화주의적이고 인도주의적인 관념이 세상을 지배하게 될 것이다.[8]

일본의 정책은 국제연맹총회에서 중국대표가 말했듯이 동아시아에서 일본이 주도하는 세계평화(팍스 자포니카)를 수립하는 것이었다.[9] 영국인과 미국인에게는 이러한 일본의 야망에 맞설 권리가 있다. 그러나 영국인과 미국인이 독일인과 일

---

8) A. Hitler, *Mein Kampf*, p. 315.
9) *League of Nations : Eighteenth Assembly*, p. 49.

본인도 이해할 수 있는 보편적 근거에 서서 그러한 야망에 대항하는 것은 불가능하다. 독일이 주도하는 세계평화(팍스 게르마니카) 또는 일본이 주도하는 세계평화라는 관념, 즉 독일이나 일본이 지배하는 세계질서라는 관념은 선험적으로는 무모하지도 않았고 오만한 것도 아니었다. 그것은 영국이 주도하는 세계평화라는 관념이 엘리자베스여왕 시대에, 또 미국이 주도하는 세계평화라는 관념이 워싱턴(미국의 초대 대통령. 1732~1799)이나 매디슨(미국의 제4대 대통령. 1751~1836)의 시대에 각각 무모하고 오만한 것이 아니었던 것과 마찬가지이다.

니카라과와 리투아니아가 세계의 리더십을 갖고 싶어 하는 것이 부조리하게 보이는 유일한 이유는, 아무리 합리적으로 예측해도 이러한 국가들이 그런 야망을 조금이라도 실현할 수 있을 만큼 강대해질 리는 없기 때문이다. 모든 정치상황에서 결정적인 요인인 권력을 무시하는 것은 완전히 이상주의적이다. 자국의 이익을 열심히 지키고 주장하는 국가들이 연합하여 국제질서를 실현하려는 것도 이상주의적이다.

새로운 국제질서는 군소국가 간의 대립상황 속에서 어쩔 수 없이 한쪽에 가담하지 않아도 자신의 우위를 유지할 수 있을 만큼 충분한 통합력과 강한 힘을 갖추고 있는 권력단위 위에서만 수립될 수 있다. 어떠한 도덕적 문제가 관련되어 있든, 도덕의 관점에서는 표현할 수 없는 권력의 문제가 있다.

4. 새로운 국제질서에서 보는 도덕

그러나 권력의 요소를 무시하는 것이 이상주의적이라면, 세계질서에서 도덕의 요소를 무시하는 것은 거짓 현실주의이다. 국내에서 정부는 권위의 기초로서 권력을 필요로 하는 동시에, 피지배자의 동의라는 도덕적 기반도 필요로 한다. 그와 마찬가지로 국제질서가 완전히 권력에만 기초를 두는 것도 불가능하다. 인류는 결국 언제나 노골적으로 드러나는 권력에는 저항한다는 단순한 이유에서이다. 어떠한 국제질서도 그것에 상당하는 일반적 동의를 전제로 한다. 그러나 만일 우리가 도덕이 하는 역할을 과대평가한다면 우리는 분명히 실망의 늪에 빠지게 될 것이다. 도덕의 요건과 권력의 요건은 정치의 숙명적인 이원성에 의해 언제나 복잡하게 얽혀 있다.

우리는 약자와 소수파의 불만이 강자와 다수파의 불만과 마찬가지로 즉각 배려되는 정치질서에는 결코 다다를 수 없다. 권력은 자신에게 편리한 도덕을 만들도록 기능하기 때문이다. 그리하여 강제는 동의라는 결실을 가져다주는 원동력이 된다. 그러나 이 모든 것을 유의한다 해도, 새로운 국제질서와 새로운 국제조화는 관용적이고 압제적이지 않은 것으로서, 또는 실행할 수 있는 어떠한 선택지보다 더 바람직한 것으로서, 각각 널리 받아들일 수 있는 지배의 기초 위에서 비로소 이루어질 수 있다는 사실만은 역시 진실로 남을 것이다.

이러한 조건을 만드는 것은 지배국가 또는 지배국가군이 해야 할 도덕적인 일이다. 독일과 일본의 세계패권보다 오히려 영국이나 미국의 세계패권을 위해 이용된 가장 강력한 도덕론은, 영국과 미국은 오랜 전통과 과거의 엄격한 교훈을 살려 도덕적인 일이 얼마나 중요한지를 독일과 일본보다 대체로 잘 배웠다는 사실이었다. 강제가 아닌 방법으로 피지배자의 동의를 구하는 것이 바람직하다는 신념은, 독일 또는 일본이 지배하고 있는 영토에 대한 두 나라의 통치보다도, 사실 영국과 미국의 경우가 더 큰 요소가 되어 있다. 쉽게 실력을 행사할 수 있는 사람들을 상대할 때도 굳이 회유책을 써야 한다는 신념은, 지난날의 독일과 일본의 대외정책과 비교해도 영국과 미국의 대외정책에서 더 큰 역할을 했다.

이것이 보여 주는 도덕적 우위성은 주로 초강대국이 지배권력을 오랫동안 흔들림 없이 줄곧 유지해 온 결과이다. 그것은 틀림없는 사실이다. 물론 이러한 생각이 독일인이나 일본인의 마음을 끄는 것은 당연하지만, 영국인과 미국인이 그것을 제기한다면 독선이라는 비난을 면치 못할 것이다.

그러나 19세기의 무대장치 속에서 권력과 도덕의 문제들을 논의하는 것은 쓸데없는 일이다. 이러한 논의는 마치 무엇인가 운이 좋으면 과거의 조건이 부활하여, 과거의 노선과 비슷한 상황 위에 국제질서를 재구축할 수 있다는 이야기가 되기 때문이다. 현대세계에서 실제로 일어나고 있는 국제위기는, 19세기의 질서를 가능하게 한 조건들의 결정적이고 최종적인 붕괴를 뜻한다. 과거의 질서가 부활하는 것은 불가능하고, 전망이 엄청나게 변화하는 것은 피할 수 없는 일이다.

국제적 융화를 추구하는 사람들은, 이제까지 사회적 계급 간의 화해 과정을 어느 정도 성공적으로 이끈 조건들을 연구한다면 좋은 결과를 얻을 수 있을지 모른다. 이 과정의 필수조건은 대립의 현실을 솔직하게 인정하고 그것을 사악한 선동자의 환상으로 치부해서는 안 된다는 것이다. 즉 약간의 선의와 상식이 있으면 그 자체를 충분히 유지할 수 있다고 보는 이익자연조화의 안이한 가설은, 이것을 망각하는 것, 그리고 도덕적으로 바람직한 것과 경제적으로 유리한 것을 동일시해서는 안 된다는 것, 나아가서는 불평등을 완화하고 분쟁을 해결하기 위해 필요하다면 경제적 이익은 희생되어야 한다는 것이다.

그러나 이러한 조건들의 어떠한 것도 국제사회에서는 아직까지 실현되지 않았다. 영국과 미국의 책임 있는 정치가들은 아직도 세계의 국가들 사이에는 이익자연조화가 존재하는 듯이 발언한다. 즉 이익자연조화를 유지하는 데는 아주 조금의 선의와 상식이 필요할 뿐인데 사악한 독재자가 그것을 고의로 막고 있다는 것이다. 영국과 미국의 경제학자들은 아직도 영국 또는 미국에 경제적 이익이 되는 것은 다른 나라에도 경제적 이익이 되고, 따라서 도덕적으로도 바람직하다고 여긴다.

대부분의 사람들은 계급 간의 대립과 마찬가지로 국가 간의 대립도 진정한 희생이 없이는 해결할 수 없다는 것을 여전히 인정하지 않는다. 그 희생 속에는 아마도 특권국가의 특권층에 의한 상당한 소비감소가 포함되어 있을 것이다. 새로운 국제질서를 세우는 데는 다른 장애도 있을 수 있다. 그리고 분쟁의 근본적인 특성과 그 분쟁을 해결하는 데 필요한 방법의 기본적인 성격을 인식하지 않는 것은 확실히 장애의 하나이다.

결국 국제융화를 향해 나아가는 데 가장 큰 희망이 되는 것은 경제재건에 있다. 국가공동체 내에서 우리는 필요하다면 무엇이 바람직한지 헤아릴 수 있는 지표로서의 경제적 이익마저 포기할 것을 요구받는다. 거의 모든 나라에서(그리고 미국에서도), 최근에 대규모 자본투자가 실시되고 있지만, 그것은 이윤획득이라는 경제적 목적을 위해서가 아니라 고용창출이라는 사회적 목적을 위함이었다. 그러나 이 정책에 반대하는 정통파 경제학자의 편견이 일정 기간 동안 매우 강했기 때문에 이 정책의 실시는 미흡한 채로 끝났다.

그러나 소련에서는 그와 같은 편견이 처음부터 없었다. 다른 전체주의국가에서도 이런 편견은 빠르게 사라졌다. 그러나 다른 나라에서는 재군비와 전쟁이 실업에 대한 최초의 유력한 해결책이 되었다. 우리는 이 교훈을 지나쳐서는 안 된다. 1930~1933년의 위기가 되풀이되는 것은 어디서도 용인되지 않을 것이다. 그것은 경제적으로는 실속이 없는 군사지출이 뒤따르는 거대계획이 사실은 실업을 해결할 수 있다는 것을 노동자들이 알게 되었다는 단순한 이유 때문이다. 만약 그러한 지출이 경제적으로 수지가 맞지 않는 다른 어떤 목적, 이를테면 무료주택, 무료자동차, 무료의류 등을 마련한다는 목적에 이용된다면, 그 지출은 고용창출이라는 관점에서 보아 똑같은 효과를 발휘하게 될 것이다.

그동안 우리는 모든 곳에서 산업상의 이윤을 포기 또는 제한하는 방향으로 빠르게 나아가고 있었다. 전체주의국가에서 이 문제는 사실상 이미 거의 이루어졌다. 영국에서는 중요한 공공서비스의 제공에 대해서는 일정한도의 이윤을 넘어서 돈을 버는 것은 부도덕하다는 생각을 오랫동안 갖고 있었다. 이 생각은 오늘날 군사산업으로 확대되고 있다. 그것이 다른 산업으로도 넓어지는 것은 시간문제이며, 무언가의 위기를 계기로 더욱 가속화할 것이다. 1939년의 재군비 위기는, 아무리 전쟁에까지 이르지는 않았다 해도 모든 곳에서 사회와 산업구조의 변화—그것은 전쟁 자체로써 초래된 변화에 비하면 덜 혁명적이다—를 불러일으켰을 것이다. 이 혁명적인 사건의 본질은 정책의 가치를 판단하는 재료인 경제적 이익을 포기하는 것이다. 고용은 이윤보다, 사회적 안정은 소비의 증대보다, 그리고 공평한 분배는 생산의 극대화보다 더 중요해졌다.

국제적으로 이 대변혁은 몇 가지 문제를 복잡하게 만들지만 다른 문제들의 해결에 도움이 될지도 모른다. 권력이 국제관계를 전면적으로 지배하는 한 군사적 필요성에 따른 모든 이익이 종속되고, 그것이 위기를 키워 전쟁 자체에 따라다니는 전체주의적 성격의 전조가 된다. 그런데 일단 권력의 문제가 해결되고 도덕이 역할을 회복하면 상황에 희망이 비쳐들게 된다. 국내에서와 마찬가지로 국제적으로도 우리는 1919년 시점에서 1차 세계대전 이전의 세계로 돌아갈 수 없었던 것처럼, 지금 이 시점에서 1939년 이전의 세계로 돌아갈 수는 없다. 경제적 이익을 사회적 목적에 종속시키는 것을 솔직하게 받아들이고, 경제적 이익이 반드시 도덕적으로 좋은 것이라고 할 수 없음을 인정하는 분위기가 국내분야에서 국제분야로까지 확대되어야 한다.

국가의 경제에서 이윤동기를 점차 제외하는 것은, 어쨌든 대외정책에서 이 이윤동기를 일부 제외하는 흐름을 촉진하게 된다. 1918년 이후, 영국과 미국은 몇몇 궁핍한 국가에 구제금융을 제공했을 뿐만 아니라, 거기서 경제적인 보답을 거의 기대하지 않았다. 많은 나라에서 수출산업진흥을 위한 외채는 전후 정책의 일반적인 특징이었다. 그 뒤 이 정책은 확대해 가는데 그것은 주로 군사적 요건에 따른 것이었다. 그러나 만약 권력위기가 해결된다면 이 정책은 다른 목적을 위해 전개될 수도 있다.

우리가 정치적 이유에서 비생산적인 산업을 조성하면 할수록, 또 경제정책의 목적인 이윤극대화 대신 고용상황을 제대로 정비하면 할수록, 나아가서는 우리가 사회적 목적을 위해 경제적 이익을 희생시킬 필요를 알면 알수록, 그러한 사회적 목적이 국경에 의해 제약받는 것은 있을 수 없는 일이며, 영국의 정책은 올덤(영국)이나 자로(영국)와 마찬가지로, 릴(프랑스)과 뒤셀도르프(독일) 또는 루지(폴란드) 등의 복지도 고려해야 한다는 것을 쉽게 이해할 수 있다. 국가정책에 대해 우리의 시야를 넓히는 것은 국제정책에 관한 우리의 전망을 넓히는 데 도움이 될 것이다. 앞선 장에서 말했듯이[10] 희생을 치른다는 동기에 직접 호소했을 때 반드시 실패로 끝나기만 하는 것은 아니다.

이것도 하나의 유토피아이다. 그러나 그것은 세계연방의 전망이나 더욱 완벽한 국제연맹의 청사진에 비해, 최근의 진보의 방향과 더욱 직접적으로 일맥상통해 있다. 그 격조 높은 상부구조는 그 기반을 파내는 데 무언가 전진이 있을 때까지 기다려야 할 것이다.

---

10) 363쪽(제9장 마지막) 참조.

《역사란 무엇인가》와 《이상과 현실》에 대하여

이상두

1961년 1월부터 3월에 걸쳐 에드워드 핼릿 카(Edward Hallett Carr)는 케임브리지 대학에서 '역사란 무엇인가'라는 제목의 강의를 했으며, 같은 해 가을 이를 정리해 책으로 출판했다. 목차를 보면 알 수 있듯이 이는 역사의 근본문제를 하나하나 면밀하게 따진 책, 그러니까 역사철학서이기도 하다. 나는 《역사란 무엇인가》가 현대에서 가장 새롭고 가장 뛰어난 역사철학서라고 생각한다. 그리고 카는 철학자이라기보다 현대의 가장 탁월한 역사가이므로, 이 책에는 오랜 역사 연구와 서술 경험을 통해 그가 얻은 지혜의 결정이 담겨 있다고 생각한다. 역사가 강요한 역사철학이 아니라 역사에서 배어 나온 역사철학이라 하겠다.

'역사는 현재와 과거가 나누는 대화다.' 카는 이 말을 책에서 여러 번 언급한다. 이는 카의 역사철학 정신이다. 한편 과거는 과거이기에 문제가 되는 게 아니라 우리가 사는 현재에 어떤 의미를 가지느냐에 따라 문제가 되며, 다른 한편으로 현재는 따로 떨어진 현재가 아니라 과거와 어떤 관계가 있느냐에 따라 분명해진다. 따라서 시시각각 미래가 현재로 바뀌면서 과거는 새로운 모습으로 의미가 변해 간다. 우리 주변에서는 모두가 현대의 새로움을 이야기한다. 전쟁 뒤 세대, 원자력시대, 20세기 끝 무렵…… 그러나 유감스럽게도 현대의 새로움을 유창하게 떠드는 사람들이 과거를 보는 눈은 그다지 새로워지지 않았다. 과거를 보는 눈이 새로워지지 않는 한 현대의 새로움을 진정으로 파악할 수 없다. 카의 역사철학은 우리를 먼 과거로 데려가는 게 아니라 과거를 이야기하면서 미래가 현재로 변하는 지점으로 우리를 이끈다.

카가 선택한 주제는 모두 매우 중요하다. 그러나 이를 이야기할 때 카는 침착한 말투와 가벼운 필체로 표현하고 있다. 주제가 중요하면 할수록 용어가 필요

이상으로 화려하고 엄숙해지는 우리 습관에 비교하면 여기에는 완전히 다른 정신 태도가 들어 있다. 중대한 일을 침착하고 가볍게 이야기한다는 것은 화술이나 문장 재능 문제가 아니다. 오히려 이야기하는 사람의 사상 문제이다.

《이상과 현실》의 저본인 《20년의 위기(The Twenty Years' Crisis 1919~39)》 초판은 1939년 가을, 즉 제2차세계대전 발발과 거의 때를 같이하여 간행되었다. 그로부터 70여 년, 이 책은 지금까지 높은 명성을 누려 왔다. 정치학 또는 국제정치학을 공부하는 사람이라면 누구나, 그리고 언젠가 반드시 이 책의 깊은 숲에 이끌려 그 숲의 수런거림에 귀를 기울였을 것이다. 만약 고전적 명저라고 불리는 것이 동시대인은 물론이고, 후세 사람들에게 아무리 길어도 마르지 않는 지식의 샘을 끊임없이 제공하는 것이라면 이 책이야말로 그런 명성을 얻을 자격이 있다.

그러나 고전적 명저에는 무조건적인 찬사만 따라다니지는 않는다. 명저는 언제나 논쟁 거리를 그 몸 안에 품은 채 후학의 정신세계를 발전적으로 이끄는 역할을 한다. 반세기가 훨씬 넘어서도 이 책이 여전히 불사신 같은 모습을 보여 주고 있는 것은, 그것이 논쟁의 풍설을 견디면서 각각의 시대로부터 새롭게 생명을 부여받아, 각각의 시대사조를 환기해 왔다는 증거이기도 하다.

번역은 무엇보다도 제대로 된 우리말이 아니면 안 된다고 늘 스스로 경계하고 있다. 문장의 구조와 거기에 담겨 있는 사고양식이 영어와 우리말은 전혀 다르기 때문에, 번역작업에는 으레 무리가 따르게 마련이다. 이 무리의 벽에 수없이 부딪치면서도 외국에서 지적 정보를 가져와 그것을 펼쳐나가야 한다는 점에서 번역이 성립되는 것이라고 생각한다. 옮긴이는 이 번역의 무리를 각오하고, 원 지은이의 논리를 소중히 다루면서 원문을 되도록 명료한 우리말로 바꾸려고 노력했다.

카는 원저를 출판하면서, 표제를 《유토피아와 리얼리티》로 할 생각이었던 것 같다. 그러나 이 추상적인 제목으로는 책이 팔리지 않을 것이라고 본 출판사는, 카와 타협한 끝에 최종적으로 《20년의 위기 1919~39》로 결정했다(조너선 하슬람, 《성실이라는 악덕》). 그러나 책을 읽는 이에게 다행스럽게도, 책의 내용으로 보아 이 제목이 반드시 생뚱맞지는 않다. 오히려 이 제목은 이 책의 정수를 훌륭하게 상징하고 있을 뿐만 아니라 그 내용에 걸맞은 약동감을 나타낸다고 볼 수 있다. 한편 이 번역서의 제목을 《이상과 현실》로 한 까닭은, 그것이 이 책의 특성을 가장 잘 반영한다고 생각했기 때문이며, 아울러 원저의 제목을 《유토피아와 리얼리티》로 하고 싶어했던 카의 생각에 공감해서이기도 하다.

《역사란 무엇인가》를 쓴 세계적인 석학 카는 어떤 존재인지, 또한 20세기 국제정치학의 기념비라고도 할 수 있는 《이상과 현실》은 어떤 책인지를 이 역서의 출판을 계기로 간략하게나마 다루고자 한다.

집념의 역사학자 카

카는 1892년 영국의 수도 런던 근교에서 태어났다. 1892년이라고 하면 이 책의 핵심어인 제1차세계대전이 일어나기 약

에드워드 핼릿 카(1892~1982)

20년 전이다. 그 무렵 유럽은 이른바 제국주의시대의 한복판에 있었다. 대외팽창은 유럽제국뿐만 아니라 미국과 일본의 정책이 되었고, 그에 따라 영국 산업자본의 절대적 우위에 그늘이 드리우던 시대이기도 했다.

성장하여 케임브리지 대학에 진학한 카의 학창생활은 바로 그 제1차세계대전과 겹친다. 1916년, 제1차세계대전 중에 학업을 마친 카가 처음 취직한 곳은 외무부였다. 이후 20년 정도 그의 외교관 생활이 이어졌다.

카의 자서전에 따르면, 그가 외무부에서 최초로 배속된 부서는 수출입금지국이었다. 제1차세계대전의 와중에 적국 독일에 대한 경제봉쇄를 실시하던 영국이 스웨덴을 경유하여 러시아에 물자를 수송하는 일을 맡은 것이다.[1] 전시체제 속에 카가 외교 실무자로서 러시아와 관련을 맺은 것은, 나중에 소련사를 연구하는 원점이 되었다는 의미에서 기억해 둘 만한 가치가 있다. 게다가 외무 공무원이 된 이듬해인 1917년에 일어난 러시아혁명이 훗날 카의 관심을 뒤흔들었던 것은

---

1) E. H. Carr, "An Autobiography," *E. H. Carr : A Critical Appraisal*(Michael Cox, ed), Palgrave, 2000, p. xv.

분명하다. 볼셰비키의 승리를 회상하며 그는 이렇게 말했다. '내 안에서 그 뒤 결코 사라지지 않았던 역사 감각을 나에게 결정적으로 안겨준 것은 러시아혁명이었다. 나중의 일이지만 러시아혁명이 나를 역사가로 변신시켰다.'[2]

 제1차세계대전이 끝난 이듬해인 1919년, 카는 일찌감치 세계외교전의 전면에 등장한다. 파리평화회의에서 외무차관 찰스 하딩이 이끄는 영국 대표단의 일원이 된 것이다. 이 회의에는 기이하게도 미국에서 존 포스터 덜레스(뒷날의 국무장관), 일본에서 요시다 시게루(뒷날의 총리)가 각각 젊은 수행원으로서 이름을 올린 것이 눈길을 끈다. 또 1920년대에 들어서서(1925~1929), 카가 발트해 연안의 라트비아 주재 영국 공사관으로 옮겨간 것은 그의 인생행로에 중대한 의미를 가지게 된다. 영국 정보부의 동유럽 본부를 거느린 수도 리가에서 근무하게 된 것은 이웃 나라 러시아의 현실을 몸소 느낄 수 있는 기회를 그에게 주었기 때문이다. 모스크바를 실제로 방문하거나, 러시아의 지적 풍토에 관심을 품기 시작한 것도 이 시절이었다. 특히 카는 19세기 러시아의 문헌, 이를테면 게르첸이나 도스토옙스키 등의 작품을 읽으면서 러시아 문학에 더욱 몰입한다. 나중에 첫 작품으로 집필한 《도스토옙스키》(1931)는 그 연장선상에서 태어난 작품이다.

 그때까지 카에게 뿌리내렸던 서구자유주의가 그 자신 속에서 무너지기 시작한 것은 바로 이 무렵이다. 도스토옙스키 등 19세기 러시아 지식인들이 카의 사상에 준 충격은 상상을 초월했다. 카는 그들에 대해 이렇게 회상했다. '늘 생각하던 일이지만, 나를 키워 준 자유주의의 도덕적 이데올로기가 실은 현대세계에서 당연히 여겨지는 절대적인 것이 아니라, 특권 집단의 밖에 있는 매우 지적인 사람들—그들은 전혀 다른 눈으로 세계를 보고 있었다—에 의해 날카롭게, 그리고 확신 속에 공격받고 있다는 것을 나는 그때 비로소 알았다.'[3]

 카는 뒷날 19세기의 서구 자유민주주의를 날카롭게 비판하게 되는데, 그의 이러한 핵심적 사상의 원형이라고 할 만한 것이 19세기 러시아문학과의 만남으로 형성되었다는 것은 중요한 사실이다. 카는 이렇게도 말했다. '나에 관한 한, 부르주아 자본주의사회에 대한 최초의 도전은 마르크스도 볼셰비키도 아닌, 어떠한

---

2) *Ibid.*, p. xv.

3) *Ibid.*, p. xvi.

의미에서도 결코 혁명가라고 할 수 없는 19세기 러시아의 지식인들에게서 비롯되었다.'[4] 《도스토옙스키》 출판 6년 뒤, 카가 바쿠닌의 전기(《바쿠닌》, 1937)를 세상에 발표한 것도 어쩌면 '서구사회를 가장 전면적으로 부정한 인물로서 바쿠닌에게 매료되었기'[5] 때문이다.

　여기서 외교관 E. H. 카의 발자취를 더듬어 보자. 1929년 카는 라트비아 주재를 마치고 본부 근무를 명령받은 뒤, 이듬해인 1930년에는 국제연맹에 관여하게 된다. 국제연맹은 창설 때부터 한동안 기대의 별이었던 것은 확실하다. 집단안전보장체제라는 인류의 꿈을 실현할 수 있는 것은 이 연맹 말고는 없다는 기대였다. 그러나 국제연맹의 위신이 흔들리는 데는 그리 오랜 시간이 걸리지 않았다. 연맹의 이상주의가 파시즘의 발소리와 대공황의 폭풍 앞에서 되돌아설 때가 찾아온 것이다. 카는 제네바에서 열린 연맹의 1930년 연차 총회에 참석하는데, 그에게 이 회의는 위험할 정도로 현실 감각이 결여된 것이었다.[6] 국제연맹에 감도는 유토피아적인 미풍에 대한 카의 위기감이었다. 《이상과 현실》의 밑바탕에 흐르는 국제연맹에 대한 불신은 그 무렵 연맹에 넘쳐나고 있었던 이상주의에 대한 카의 깊은 회의에 따른 것이었다고 할 수 있다.

　직업외교관으로서 그의 인생에 이윽고 전기가 찾아온다. 학자로 인생의 항로를 바꾼 것이다. 1936년 웨일스 대학은 카를 국제정치학 담당교수로 영입했다. 그때까지 《도스토옙스키》를 시작으로 《낭만적 망명자들》(1933), 《카를 마르크스》(1934) 등을 잇따라 발표한 카는 마침내 학문연구의 길에 발을 들여놓게 된다. 그러나 웨일스 대학 교수가 된 지 3년, 제2차세계대전 발발과 함께 카는 정보부 해외홍보국장에 취임하게 되었다. 그리고 고작 반년 뒤, 이번에는 일간신문 《타임스》의 논설위원으로 변신한다. 카는 웨일스 대학에 적을 둔 채 언론계에서 논지를 펼치는, 어떤 의미에서 가장 그다운 생활공간에 다다른 것이다.

　그리하여 언론인 E. H. 카의 날카로운 시대감각과 심오한 정치사상은 명문지 《타임스》를 통해 영국사회에 수많은 문제들을 제기한다. 히틀러와 스탈린의 독

---

4) *Ibid.*, p. xvi-xvii.

5) *Ibid.*, p. xvii.

6) Jonathan Haslam, *The Vices of Integrity : E.H. Carr, 1892-1982*.

재정치를 유화적인 관점에서 보는 카, 국제연맹으로 상징되는 전간기(戰間期)의 이상주의를 비판하는 카, 그리고 전쟁과 고용의 인과관계를 파헤치는 카, 이러한 《타임스》의 논설에 나타난 카의 언설이 논설위원 취임을 전후하여 출판된 《이상과 현실》을 비롯하여, 그 뒤에 간행된 그의 몇몇 작품과 이론적으로 상호관련의 구도를 보여 주고 있는 것은 말할 것도 없다.

제2차세계대전의 소용돌이 속에서 카의 집필의욕은 도무지 스러질 줄을 모르는 불길처럼 활활 타올랐다. 마르크스주의의 영향을 강하게 받은 《이상과 현실》이 지나친 현실주의를 기조로 하고 있는 것에 약간의 미안함을 금할 수 없었다고 고백한 카는, 3년 뒤에 발표한 이 《평화의 조건》(1942)에 이상주의의 색채를 더하게 된다. 그는 이 책에 자유주의적 유토피아와 사회주의가 조금 섞여 있지만, 마르크스주의는 거의 들어 있지 않다는 점을 강조했다.[7]

변용하는 민족주의의 형태에 의해 근대국제정치사를 시대구분해 보여 준 《민족주의와 그 이후》(1945)가 출판된 것은 제2차세계대전이 끝나기 직전이었다. 이책에 이어 나온 것이 옥스퍼드 대학에서 강의한 내용을 정리한 《서유럽을 공격하는 소련》(1946), 그리고 전간기 위기의 역사적 실태에 초점을 맞춘 《양 대륙 간의 국제관계사》(1947) 등이었다. 또 영국 방송협회(BBC)의 제3방송에서 한 강연을 수록한 《새로운 사회》(1951)는 과거와 미래, 객관성과 주관성, 그리고 자유와 결정 같은 두 항 사이의 긴장관계에 주목한 역사적 관점을 펼쳐 국민들을 널리 계몽했다.

그러나 무엇보다 카의 명성을 세계에 떨친 것은 《역사란 무엇인가》(1961)일 것이다. 독자층의 확대라는 측면에서 보면 《이상과 현실》을 능가했다. 자신의 강연 내용을 정리한 것이지만, 그 도전적인 제목이 암시하고 있듯이 이 책이 일반 독자를 포함하여 그 분야에 미친 충격은 엄청났다. 역사와 마주하는 카의 급진적인 자세는 많은 사람들의 기성관념을 깨뜨리고 학문의 묘미를 실감하게 했다. '역사란 역사가와 사실 사이의 끊임없는 상호 작용 과정이고, 현재와 과거 사이의 그칠 줄 모르는 대화'라고 한 카의 언명[8]은 오늘날에도 우리의 머릿속에서 떠나지

---

7) E. H. Carr, "An Autobiography," *op. cit.*, p. xix.
8) E. H. 카, 《역사란 무엇인가》.

1917년 러시아혁명 2월과 10월에 일어난 혁명으로, 볼셰비키 주도의 소비에트 정부가 레닌을 위원장으로 하여 수립되었다. 카는 '러시아혁명이 나를 역사가로 변신시켰다'고 말했다.

않고 있다.

또 카의 업적 중에 빠뜨릴 수 없는 것으로 《소비에트 러시아사》를 들 수 있다. 준비 작업을 포함하여 집필에 30년 넘는 세월을 들여 전 14권(1950~1969)을 써내려간 그 지구력이 놀라울 따름이다.

카가 모교 케임브리지 대학의 교수직에 임명된 것은 제2차세계대전이 끝난 지 10년이 지난 1955년이었다. 60세를 넘긴 나이였다. 1930년대에는 가끔 나치 독일을 옹호했고, 전간기부터 미소 냉전시대를 통해 소련에 공감을 표시했던 카가 영국 학계에 강한 반감을 불러일으킨 것은, 카의 케임브리지행을 지연시키는 한 원인이 되기도 했다.

카에게 소련과 나치 독일에 관한 문제는 당연히 더할 수 없는 무게감을 가지고 있다. 그러나 오히려 그렇기 때문에 이 두 독재국가에 대한 카의 관점은 시대에 따라 흔들렸다. 1920년대 후기부터 30년대까지 카가 스탈린의 제1차 5개년 계획(1928~1932)에 감동하고 그것을 찬양한 것은 사실이다. 그에게 이 계획은 난마처럼 얽혀 있는 자본주의의 현실에 대한 해답처럼 생각되었기 때문이다. 그는 그 시절 자신이 철저하게 친소비에트(당시로서는 반체제적 관점)였음을 토로했다.[9] 그러나 1930년대 후반부터 스탈린의 대숙청과 강권정치에 강한 환멸과 적의를 품게 되는데, 이것이 히틀러를 보는 카의 관점을 일그러뜨리게 된 것은 역설적이라고 하겠다. 그는 러시아의 무서움에 대한 자신의 선입견 때문에 그 무렵 독일에서 일어나고 있었던 일들을 무시하고 만 것을 고백한다.[10]

그는 1938년 독일이 오스트리아를 합병하기 전까지는 히틀러를 중요한 위험인물로 생각하지 않았던 것, 그리고 자신이 분명히 나름대로의 일정한 주장이 담긴 의견이 없었던 것을 부끄럽게 여겼다.[11] 이러한 일도 실은 베르사유조약이 패전국 독일에 가혹한 조건을 강박하고 강제한 것에 대한 카의 의분과 겹치고 있었던 것은 흥미롭다. 카는 이렇게 말했다. '두 대전 사이의 역사 연구자들을 괴롭히고 있는 패러독스는 전쟁에 이길 수 있는 연합국이 평화에 졌다는 사실이다.'[12] 카는 독일에 대한 자신의 부채감이 히틀러에 대한 태도를 모호하게 만들었음을 인정했다.

그러나 이윽고 카의 생각에 반동이 일어난다. 오스트리아 합병 뒤 히틀러의 정체를 알게 되자, 히틀러에 대한 적의는 기묘하게도 거꾸로 스탈린을 유화적인 관점에서 바라보게 만들었다. 영국이 독소 양국을 동시에 적으로 돌리는 어리석음을 피하기 위한 것이기도 했다. 그것은 현실주의자 E. H. 카의 진면목이기도 하다. 그러나 반공, 반독재인 영국에서 카는 당연히 고립되고 만다. 출신교인 케임브리지로 돌아가고 싶어한 카의 희망이 수없이 무너진 것은 그 밖에도 여러 사정이 있었지만, 이상과 같은 문맥에서 보면 그것 또한 마땅한 결과였다.

그렇듯 E. H. 카의 인생은 싸움의 연속이었다. 학자로서, 언론인으로서 그는 자신에게 도전해 오는 모든 적과 싸웠다. 지나치게 예민한 지성으로 말미암아 카의 논고는 대담하고 공격적이었으며, 또 세심하면서도 날카로웠다. 그런 만큼 그의 필력은 적의 신경을 건드렸고, 그에 따른 반격을 불러일으켰다. 더욱이 이 싸움에

---

9) E. H. Carr, 'An Autobiography', *op. cit.*, p. xviii.
10) *Ibid.*, p. xviii.
11) *Ibid.*, p. xix.
12) E. H. 카, 《평화의 조건》.

뮌헨협정(1938년 9월 29일) 앞줄 왼쪽부터 체임벌린(영국 총리)·달라디에(프랑스 총리)·히틀러(독일 총통)·무솔리니(이탈리아 총리) 등이 서명 직전 찍은 사진. 카는 뮌헨조약에 반대하는 좌파들의 공격에 맞서 앞장서서 조약을 옹호했다. 《이상과 현실》에서 카는 '뮌헨조약은 공정한 것이었으며, 베르사유조약 체결의 결과로 독일에 가해진 커다란 잘못을 무효로 돌리고자 하는 도의적인 시도였다'고 주장했다.

박차를 더욱 가한 것은 어쩌면 그의 서툰 인간관계였을지도 모른다. 어쨌든 카의 학문생활이 끝없이 예민하고 험악할 정도로 거칠었던 것은 사실이다. 카는 90년 인생을 마감하기 직전에 이렇게 써 남겼다. '나는 고독하고 또한 말할 수 없이 불행합니다.'[13] 위대한 학자가 거의 그렇듯이, 카도 자신에게 쏟아지는 칭찬과 비난의 폭풍 속에 줄곧 서 있어야만 했다. 그가 자신의 인생에 불행의 낙인을 찍으면서도 고고한 긍지를 버리지 않고 후세에 그 방대한 지적 언어를 남기기 위해 집념을 불태운 것만은 분명하다.

국제정치학의 기념비 《이상과 현실》

《이상과 현실》은 제1차세계대전이 끝난 뒤부터 제2차세계대전 전야까지의 이

---

13) Jonathan Haslam, *Ibid*.

른바 전간기 20년을 관통하는 정치사상 또는 국제정치사상의 역동적인 모습의 본질을 밝히고자 한 것이다. 전쟁병기의 기술혁신과 이데올로기에 고무된 세계규모의 전쟁, 그리고 수많은 국민 대중을 휩쓸어 넣은 총력전이었던 전쟁인 제1차 세계대전은 그때까지 일어났던 어떠한 전쟁과도 이질적이었다. 전쟁 사상자의 규모를 보면 그것을 잘 알 수 있다. 이를테면 프랑스에서는 1630년부터 1789년 혁명이 발발하기까지, 전쟁 사상자 숫자는 인구 1천 명 또는 2천 명에 한 사람이었다. 그에 비해 제1차세계대전에서는 18명에 한 사람이었다.[14] 이 숫자만 봐도 제1차세계대전이 그전까지의 일부 외교관이나 군인만의 전쟁이 아니라 국민 모두의 전쟁이었고, 무엇보다 국민 대중에게 말할 수 없는 희생을 강요한 것이었음을 알 수 있다.

우리에게 상상도 할 수 없는 고통을 안겨 준 제1차세계대전은 도대체 무엇이었을까. 인류가 이러한 의문을 가지는 것 자체가, 쓸모없는 희생을 치르고 나서야 비로소 자신들의 과제를 직시하는 인간의 슬픈 습성을 보여 주는 것인지도 모른다. 그리하여 우리는 역사에 대한 무분별한 추종을 그만두고, 살아가기 위한 학문, 즉 전쟁과 평화를 깊이 연구하기 위한 국제정치학을 탄생시켰다. 카의 《이상과 현실》은 바로 이 국제정치학이 탄생하는 과정에서 원고를 쓰기 시작하여, 전간기 20년의 시대와 학문의 역동적 관계를 생생하게 써 내려간 것이다.

그러나 《이상과 현실》은 내실과는 달리, 국제정치학 또는 국제관계론의 교과서 같은 인상을 주는 느낌이 있다. 그것은 《국제관계 연구입문(An Introduction to the Study of International Relations)》이라는 원저의 부제에 어쩌면 그 이유의 일부가 있을지도 모른다. A. W. 그리즈월드는 이 책이 출판되었을 때 서평에서 조금은 야유를 담아 이렇게 말했다. '이 훌륭한 저작의 제목이 사람들에게 오해를 부른다. 부제는 이 작품의 성격을 나타낸다기보다는 저자의 용의주도함을 보여 준다.'[15] 카가 국제정치학의 기초적 전개에 주목하면서, 그것을 사상사의 장대한 문

---

14) Kalevi Jaakko Holsti, *International Politics : A Framework for Analysis*.

15) A. Whitney Griswold, "Review of Books"(*The Twenty Years' Crisis 1919-1939 : An Introduction to the Study of International Relations* by Edward Hallett Carr), *The American Historical Review*, Vol. 46, No. 2, (Jan., 1941). p. 374.

맥 속에서 고찰하는 독창성을 생각하면, 이 책의 내용은 입문을 훨씬 뛰어넘는다고 하지 않을 수 없다.

이 책은 전간기 국제정치학과 현실 속에 넘쳐나고 있던 사상에서 소재를 찾아, 거기에 펼쳐진 이상주의와 현실주의의 사유양식에 깊은 분석의 칼날을 가하고 있다. 게다가 이 책은 전간기 국제정치학으로 흘러드는, 그 이전의 유럽 정치사상을 완벽할 정도로 시야 속에 넣어, 전간기에 초점을 맞추고 있는 점이 큰 특징이라고 할 수 있다.

그래도 이 책의 원래 제목인 《20년의 위기》의 위기란 무엇인가 하는 문제가 우리를 붙잡고 놓아

아돌프 히틀러(1889~1945, 재임 1933~1945) 카는 히틀러를 경제정의를 실현하기 위해 싸우는 '빈곤국의 지도자'로 받아들였으며 레벤스라움(국민 생활권)을 동유럽에서 독일에 영향을 미치는 구역으로 생각했다.

주지 않는다. 이에 대해 카는 이 책에서 이렇게 설명했다. '1919년부터 1939년까지 20년에 이르는 위기에는 고유한 특징이 있었다. 전반 10년의 몽상적인 희망에서 다음 10년의 가치 없는 절망으로, 즉 현실을 그다지 고려하지 않았던 이상(理想)에서 이상의 모든 요소를 엄격하게 배제한 현실로 급강하한 것이 그 특징이다.'(본서 420쪽) 카는 다른 저서 《평화의 조건》에서 《이상과 현실》의 위기란 전간기의 민주주의 무력화를 가리킨다고 시사했다.[16] 또 그는 《민족주의의 발전》에서 이렇게도 말했다. '두 번의 대전 사이에 끼어 있었던 시기는, 고작 1924년부터 1929년까지의 짧고 불안정한 휴지기가 있었던 것 외에는 국제관계의 점차적이고 파국

---

16) E. H. 카, 《평화의 조건》, 51쪽.

적인 악화를 특색으로 하고 있었다.'[17] 카에게 전간기의 위기는 이상주의와 현실주의가 각각 시대를 나눠, 한쪽을 배제하면서 독자적인 논리를 극단적으로 추구하는 데서 비롯된 사상과 정치의 파국상태를 가리킨다고 할 수 있다.

말할 것도 없이, 일반적으로 저자가 구판을 개정하는 것은 구판에 수정을 가할 여러 이유가 있기 때문이다. 1939년에 간행된 이 책이 제2판으로 수정된 것은 1946년인데, 그동안 더 큰 세계대전이 있었음을 생각하면 이 제2판의 발간도 나름대로 이해가 가는 일이다.

그러나 제2차세계대전을 거쳐 출판된 이 책의 제2판이, 전판에서의 최소한의 변경으로 그친 것은 무엇 때문일까. 그것은 《이상과 현실》이 제2차세계대전의 경험을 배제한다는 전제 아래에서 성립되었기 때문이다. 즉 카에게 《이상과 현실》은 전간기 20년을 대상으로 한 것이고, 또 어떤 의미에서는 놀라운 일이지만, 이 전간기는 제2차세계대전을 앞두고 이미 명확하게 시대 구분이 되어 있었던 것이다. 이 책의 구상과 집필이 이미 1937년에 시작되었다는 것[18]이 그 방증이다. 카는 제1판 서문에서, 두 대전 사이 위기의 20년만큼 연구할 만한 가치가 있는 역사적 시대는 없을 것이라고 단언했다. 이상주의와 현실주의를 더할 나위 없이 응축한 것으로 보이는 전간기는, 실은 역사로서의 전간기가 끝나기 전에 이미 카에게는 완결되어 있었고, 그의 문제의식을 촉발하기에 충분할 정도로 학문적 소재로서 숙성되었는지도 모른다.

이러한 사정에서 제2판의 변경이 최소한으로 그쳤다고 하지만, 이에 대해 짤막하게 언급해 둘 필요는 있을 것 같다. 첫째로, 글자나 어구, 시제 같은 단순한 수정은 꽤 많이 찾아볼 수 있지만, 그러한 수정이 이 책의 서술 흐름에 영향을 미친 흔적은 전혀 없다. 둘째로, 전장에 걸쳐 중요하게 고쳐 쓴 부분은 거의 볼 수 없다. 그러나 세 번째로, 제2판에서 제1판의 서술 부분이 조금 삭제된 것은 유의할 필요가 있다.

카는 제2판 서문에서 시대의 변화 속에서 의미를 잃은 두세 군데를 삭제했다고 말했다. 그러나 이 삭제는 카의 말과는 달리 두세 군데가 아니라 일정한 문장

---

17) E. H. 카, 《민족주의의 발전》.
18) Jonathan Haslam, *Ibid*.

의 덩어리로서는 적어도 몇십 군데에 이르고 있다. 이 삭제가 무엇을 의미하는지에 대해 이제까지 여러 논란이 있었던 것은 사실이다. 이를테면 윌리엄 폭스는 카가 제1판에서 1938년의 뮌헨협정(영국과 프랑스의 히틀러 온건정책)을 긍정적으로 평가한 내용을 제2판에서 삭제한 것을 언급하며 카에 대한 불신을 드러냈다.[19]

카는 초판 제13장에서 체코슬로바키아의 일부 영토 상실(1938년 9월, 영국, 프랑스, 독일 3국 간의 뮌헨회의에서 히틀러는 체코슬로바키아의 수데텐을 취득했다)이 그때로서는 불가피한 일이었다면, 평화적 절차에 의한 뮌헨협정이 전쟁에 따른 결말보다 그나마 나았다고 주장했는데, 제2판에는 이 부분이 삭제되었다. 그 밖에 나치 독일에 동조적인 태도를 보이는 제1판의 서술이 제2판에서 한두 군데 삭제되어 있다. 그러나 이러한 것을 제외한 다른 십여 군데는 히틀러와 스탈린에 대한 공감을 직접 보여 준다고 할 만한 정도는 아니었다. 어쨌든 이러한 삭제에 의심을 품는 사람들은, 카가 전체주의에 대한 지난날의 온건한 태도를 제2판에서 바꾼 진실되지 못한 면모에 대해 분노를 느끼는 것이다.

어느 시기에 보인 카의 친스탈린, 친히틀러적 경향은 물론 그의 학문적 신념에 따른 것이었다. 그러나 이러한 과거를 그 자신이 은폐할 생각이 없었다 해도, 제2판의 삭제에 대해서는 적어도 설명이 있어야 했다. 앞에서 말한 대로, 카는 만년에 자서전에서 전체주의에 대한 온건한 주장을 둘러싸고 자신의 주장이 일관되지 못했음을 솔직하게 고백했다. 다만 과거 자신의 사상적인 오류와 정면으로 마주하는 카의 솔직함을 우리가 인정하는 것과, 그 사상적 오류를 도덕적으로 비판하는 것은 완전히 별개의 문제이다. 19세기의 서유럽식 자유주의를 비판하며 집권적 사회주의에 기울어지는 카가 강권과 독재의 사상적 깊은 함정에 빠진 것은 틀림없는 사실이다. 카는 자유방임주의, 이익조화설을 지나치게 강조한 나머지, 자유와 통제의 변증법적 대립 속에서 중용의 사회질서를 볼 수 있다는 쪽으로 눈을 돌리지 못했다고 볼 수 있다.

그러나 분명한 것은 제2판 삭제가 《이상과 현실》의 학문적 특질을 뒤흔드는 것은 아니라는 점이다. 이 책을 이루고 있는 가장 큰 주제가 전간기의 이상주

---

19) Michael Cox, "From the First to the Second Editions of the Twenty Years' Crisis : A Case of Self-Censorship?," *The Twenty Years' Crisis*(With a new introduction by Michael Cox), Palgrave, 2001, p. lxxiii.

와 현실주의에 대한 객관적, 이론적 분석을 통해 정치학 또는 국제정치학의 진수를 보여 주는 것에 있다면, 그러한 변경에 의해 그 기둥이 무너지는 일은 있을 수 없다. 마이클 콕스는 이렇게 말했다. '카가 가한 변경을 거시적으로 볼 필요가 있다. 이러한 변경은 결코 이 책의 핵심적 주장을 바꾸는 것이 아니며, 국제 체계에서의 평화적 변혁에 대한 카의 분석을 바꾸는 것도 아니다.'[20]

그런데 카가 이 책에서 이상주의와 현실주의를 다룰 때 이상주의(아이디얼리즘)가 아니라 몽상주의(유토피아니즘)의 관점을 좇았는가 하는 의문은 역시 남는다. 본디 유토피아는 어디에도 존재하지 않는 곳(nowhere), 즉 허구를 의미하는 말이다. 따라서 그 파생어 유토피아니즘은 현실과 아무런 관련도 없는 공상주의 또는 몽상주의를 가리키며, 그 성격상 아이디얼리즘(이상주의·관념론)과 구별되어야 한다.

본래 아이디얼리즘은 현실을 움직이는 구조와 어디선가 연결되어 있다는 점에서 리얼리즘과 공통점을 가지는 동시에, 현실과 대치하는 이상을 내세운다는 점에서 리얼리즘과 다르다. 즉 리얼리즘으로 대치되는 사상은, 현실과 전혀 접점을 갖지 않는 유토피아니즘이 아니라 현실과 어느 정도 관련을 가지면서 그 현실을 변혁하는 사고양식으로서의 아이디얼리즘이다.

한편 유토피아니즘에 대치되는 사상은 리얼리즘이 아니라, 오히려 시니시즘(냉소주의·견유주의)이라고 해야 할 것이다. 리얼리즘이 현실 속에서 기능하는 요소들을 잃어버려, 이를테면 최소한의 도덕도 거부하고 권력을 위한 권력에 정신이 팔려버린다면, 그 리얼리즘은 시니시즘으로 변질된다(급진우익). 만약 아이디얼리즘이 현실과의 상호 왕래를 잃고 관념의 세계에 깊이 빠져든다면, 그것은 유토피아니즘으로 변질된다(급진좌익). 원리적으로 말하면, 시니시즘이 리얼리즘과는 다른 것처럼 유토피아니즘도 아이디얼리즘과는 구별되어야 한다. 현실을 사이에 두고 아이디얼리즘과 리얼리즘은 대치한다. 그리고 현실 포기라는 공통점을 가지는 동시에 좌우로 각각 극대화하면 바로 거기에 유토피아니즘과 시니시즘이 보이게 되는 구도이다.

---

20) *Ibid*. p. lxxv.

그러나 카가 이 책에서 리얼리즘과 상대되는 용어로서 유토피아니즘을 사용하고 있는 것은 무엇 때문일까. 카에게 유토피아니즘은 어쩌면 그 자신이 이야기하고 하는 내용의 체계를 세우거나 논리를 구성하기 위한 하나의 편법이었을지도 모른다. 이 책 전체의 내용에서 살펴보면, 카가 유토피아니즘을 사용하는 것에 남달리 깊은 학문적 배경이 있는 것 같지는 않다. 뒤에 말하겠지만, 카는 현실주의의 관점에서 19세기식 자유주의, 즉 자유방임주의와 이익조화설을 집요하고도 통렬하게 비판한다. 그가 그 공격의 표적을 아이디얼리즘이 아니라 굳이 유토피아니즘에 두고, 자신의 투쟁을 어쩌면 유리하게 펼쳐 가려고 한 것인지도 모른다. 피터 윌슨은 말한다. '카는 자신이 공격대상으로 삼은 자유주의자의 신용을 더욱 깎아내리기 위해 그들에게 공상주의자라는 꼬리표를 붙였을 뿐이라고 할 수도 있다.'[21]

어쨌든 우리는 카의 유토피아니즘이라는 용어가 아이디얼리즘, 즉 이상주의와 구별되어야 하는 이유를 찾아낼 수는 없다. 좀 더 정확하게 말하면, 카에게 유토피아니즘은 아이디얼리즘도 포용하는 보다 넓은 뜻으로서의 이상주의라고 해석해도 무방할 것이다.

이상주의와 현실주의

새삼 말할 것도 없지만, 이상주의와 현실주의의 문제는 국제정치학에 고유한 것은 아니다. 게르하르트 리터가 말했듯이, 근대 유럽에서 정치적 사유의 근본적 지표인 이상주의와 현실주의의 고집은 에라스뮈스와 마키아벨리의 대립 이래 줄곧 이어져 내려오고 있다.[22] 서구 이데올로기의 특질은 바로 이상과 현실의 긴장의식[23]이라고 해도 관계없다.

카의 이상주의(유토피아니즘)와 현실주의(리얼리즘)도 서로 다른 쪽의 논리구조와 역사적 역할을 비판함으로써 자신의 존재이유를 과시해 왔다. 즉 변혁의 사상인 이상주의는 현실 자체에 서로 관여하면서 때때로 불능의 환상에 빠지는 현실

---

21) *Thinkers of The Twenty Years' Crisis : Inter-war Idealism Reassessed*, ed., D. Long and P. Wilson.
22) Gerhard Ritter, *Die Dämonie der Macht*.
23) Ithiel de Sola Pool, "Who Gets Power and Why," *World Politics*, Vol. II, No. 1, 1949, p. 120

주의를 규탄함으로써 자신의 정체성을 확립해 왔다. 한편 현실주의는 이상주의가 절대적 윤리규준에 관심을 빼앗겨 과학 이전의 상태 또는 현실로부터 동떨어지는 속성을 파헤침으로써 자신의 존재를 시사해 왔다.

카에게 이상주의의 한 가지 특성은, 그것이 많든 적든 근본적으로 현실을 부정할 수 있는 가능성을 믿는 것, 그리고 그것이 의지의 작용으로 현실을 유토피아로 바꿀 수 있다고 믿는 것에 있다. 한편 현실주의는 자신의 의지로는 바꿀 수 없는, 미리 정해져 있는 발전과정을 분석하는 관점에 선다. 카에게 이상주의자는, 그 자체가 경험에 의해서는 밝혀질 수 없는 이상을 서술하고, 관념의 체계화를 시도한다. 이에 비해 현실주의자는 객관적으로 타당한 규범보다는 권력을 포섭하는 현실 자체의 측정을 시도한다. 그리하여 현실주의자에게 권력의 발견은 도덕의 상대화를 이끌어 내어 궁극적으로는 인간의 비사회적 성격을 강조하게 된다.

이러한 이상주의와 현실주의의 상반관계는 마치 저울처럼 균형을 잡으려고 끊임없이 흔들리고 있지만 완전한 균형에 이르는 일은 결코 없다. 게다가 양자의 이 상반관계는 많은 사고형태에 나타나는 기본적인 대립이다—가장 중요한 것은 바람직한 정치질서를 논리적으로 이끌어 내기 위해 단순화된 합리주의로 기울어지는 이상주의와, 존재의 로고스를 서술하면서 존재 자체의 용인으로 기울어지는 현실주의는 본질적으로 일치할 수 없다는 것이다. 두 번째로 중요한 것은, 카는 이상주의와 현실주의는 분리되어 있는 것으로 보기 때문에 양자는 상반관계에서 보완관계로, 그리고 보완관계에서 정합으로 향해야 한다는 것이다. 건전한 정치사고와 건전한 정치생활은 이상과 현실이 공존하는 곳에서만 모습을 드러내기 때문이다.

이상주의는 인간의 양심을 도덕적 판단의 마지막 의지처로 삼고 있다는 점에서는 본래가 아주 개인주의적이다. 이 연장선상에서 19세기의 이상주의에 자유민주주의의 색채를 가한 것이 제러미 벤담의 최대 다수의 최대 행복이었다. 18세기의 귀족적 이성론은 최대 다수에 포함되는 일반 개개인의 상식적인 이성론으로 변모를 이룩한 것이다. 곧 여론 법정의 탄생이다. 거기에는 여론은 반드시 승리하는 동시에 언제나 올바른 판단을 내린다는 신념이 있다.

그러나 카의 말을 빌리면, 대중화한 벤담식의 여론 신앙이 힘을 잃어갈 때, 역설적이게도 이 여론 신앙은 국제정치의 경계지역에서 신천지를 발견하게 된다. 즉 제1차세계대전 뒤 국제무대로 도약한 미국이 이 벤담식 공리주의를 미국뿐만 아니라 유럽에 다시 가지고 들어온 것이다. 우드로 윌슨이 주도한 국제연맹 창설이 바로 그 상징이었다. 국제연맹은 여론 법정이었으며, 여론은 잘못이 없다는 신화의 결정체였다.

제러미 벤담(1748~1832)　영국의 법철학자. 19세기 이상주의에 자유민주주의의 색채를 가한 것이 벤담의 '최대 다수의 최대 행복'이었다.

제1차세계대전 뒤 국제정치의 현실과 학문을 물들인 이상주의는 19세기식 여론 신앙을 자신의 손안에 넣게 되는데, 실은 또 하나의 중요한 19세기식 사상계보를 그 이론적 지주에 앉히게 된다. 자유방임주의의 이익조화설이다.

정치학의 근본문제는 왜 인간은 공동체의 행동 규칙에 따라야 할 의무가 있는가 하는 것이다. 18세기와 19세기의 이상주의는 정치에 대한 윤리의 우위를 믿는 관점에서 이렇게 주장한다. '공동체 의사에 따라야 하는 개인의 의무는 그 자체가 합리적이고 도덕적이며, 그리고 개인의 이익추구가 공동체 이익을 키우고, 반대로 개인에 의한 공동체 이익 추구가 개인의 이익을 가져다준다'는 것이다. 이상주의는 그 이익조화설을 통해 정치학의 이 근원적인 물음에 대답하려고 했다. 공동체의 이익과 개인의 이익은 일치한다고 하는 바로 그 이유에서, 개인은 어떠한 정치적 간섭도 받지 않고 공동체의 이익을 추진할 수 있다는 것이다. 여기에 이익조화설과 그 귀결인 자유방임주의가 있다.

유의해야 할 점은, 개인의 이익추구가 공동체의 이익증진에 이바지하는 것과 마찬가지로, 국가의 이익추구도 인류 전체의 이익극대화에 공헌한다는 이른바 국익조화설이다. 물론 이 국익조화의 신념은 19세기의 끝없는 경제 발전에 힘입어 자유무역의 길을 마련하는 것이었고, 정치적으로는 모든 국가가 평화 속에서 똑같은 이익을 가진다는 명제로 발전했다. 그러나 문제는 이러한 자유무역론이나 공동이익으로서의 평화를 내용으로 하는 이익조화설이, 한마디로 말하면 강자와 강대국의 논리였다는 것이다. 현상유지를 통해 평화가 보장되고, 이 현상유지가 거기서 이익을 찾아내는 강대국에 의해 지지된다는 논리는, 현상의 변화를 바라는 불만족 국가로서는 받아들일 수 없는 것이었다. 20세기에 들어서서 제1차세계대전을 맞이할 무렵, 자유경쟁에 패한 약자와 약소국의 수난은 해소될 전망이 없어 보였고, 따라서 유럽에서는 강대국 영국의 쇠락과 함께 자유방임주의의 이익조화설도 빠르게 퇴색해 간다.

그러나 유럽에서 세력을 잃은 이 자유방임주의와 이익조화설은, 제1차세계대전 뒤 여론 신앙과 함께 미국에 이식된다. 그때까지 자유무역의 강풍을 피하면서 경제적 약자로서 보호관세를 추구해 온 미국은 제1차세계대전을 기회로 강자의 논리, 즉 이익조화설에 바탕한 자유무역론으로 기울어진다. 이상주의의 조건들은 미국에서 정비된 셈이다. 영국이 이끄는 이상주의가 제1차세계대전 뒤 미국에 의해 새롭게 단장되어 국제정치 분야에 도입된 것은 이러한 경위가 있었기 때문이다.

일반적으로 학문의 발전은 예술의 발전과 마찬가지로, 그 배경이 되는 국가의 힘과 상관관계가 있다. 제1차세계대전 뒤의 국제정치학이 먼저 미국을 근거지로 삼아 펼쳐진 것은, 제1차세계대전이 끝나고 미국이 세계의 강대국으로 떠오른 것과 무관하지 않다. 게다가 앞에서 말한 대로, 19세기식 자유방임주의와 이익조화설을 스스로 불러들인 미국이, 탄생한 지 얼마 안 된 국제정치학에 이러한 이상주의 이론을 주입한 것은 조금도 이상한 일이 아니었다. 그러나 미국이 주도하는 이상주의적 국제정치학은 이윽고 벽에 부딪힌다. 이상주의의 국제정치학을 지탱했던 베르사유체제 자체의 모순이 깊어졌기 때문이다. 특히 미국 대통령 우드로 윌슨이 앞장서서 탄생시킨 국제연맹은 다름 아닌 미국의 불참 때문에 그 이상주의의 결함을 드러내게 되었고, 그것이 이상주의적 국제정치학에 타격을 가한 것은 틀림없는 사실이다.

한편 현실주의의 존재가치는 이상주의 반동으로서의 역할에 있다. 이상주의가 불변의 절대적 윤리규준을 믿는 데 비해, 이러한 확신의 대상을 갖지 않는 현실주의는 상대주의의 기반에 서서 이상주의를 공격하기 시작한다. 카에 따르면 현실주의자는 이상주의의 도덕이 절대적, 선험적 성격을 띠는 것이 아니라 실은 역사에 제약받고 환경과 이해관계에서 탄생되는 것이라고 한다. 그러나 현실주의는 이론과 도덕이 현실 속에 뿌리내리고 있음을 강조함으로써 쉽게 결정론에 빠져버린다. 이론과 도덕은 사태의 전개를 바꾸지 못한다. 그것은 미리 준비된 목적을 합리화하는 수단에 지나지 않는다는 것이 현실주의의 관점이다.

우드로 윌슨(1856~1924, 재임 1913~1921) 미국 제28대 대통령. '우드로 윌슨이 앞장서서 탄생시킨 국제연맹은 미국의 불참으로 이상주의의 결함을 드러내게 되었고, 그것이 이상주의적 국제정치학에 타격을 가한 것은 사실이다.'

또 현실주의자의 관점에서는 사상은 뛰어나게 실용적인 것이다. 즉 사상은 일정한 목적에서 태어난다. 사상은 적을 공격하여 패배시키기 위해서도, 아군의 행동을 정당화하기 위해서도 사용된다. 정책이 윤리적 원칙을 낳는 것이 아니라, 윤리적 원칙이 정책을 낳는다는 이상주의의 견해는 분명히 전간기의 영국과 미국 등 강대국의 논리였다. 이상주의가 때로는 강국의 기득권을 위한 도구가 되어, 현상을 지키는 방파제가 되고 있다는 것을 현실주의는 꿰뚫어 보고 있다.

즉 카에게 현실주의자의 사명은 이상주의의 위선을 폭로하는 것이다. 유토피아 사상의 구성요소가 얼마나 비현실적이고 과시적인지, 이상주의자의 이익조화설이 다른 나라에 자신의 이익을 강요하기 위해 얼마나 그 이익을 보편적 이익으로 꾸미고 정당화하고 있는지를 폭로하는 것이 현실주의자가 할 일이다. 공공의 이익은 어떤 특정한 이익의 훌륭한 의태(擬態)이며, 그것은 국내적으로도 국제적으로 흔히 볼 수 있는 일이다.

카에게 가장 강한 영향을 주었던 라인홀트 니버는 이렇게 말했다. '인간이 만약 각자의 목적이 보편적 가치를 지니고 있다고 스스로 생각하지 못한다면, 그들 자신의 목적을 최대한의 정열을 기울여 추구하는 것은 불가능하다.'[24] 국익과 보편적 정의의 동일화를 주장하는 이상주의자는 그리하여 국제도덕의 독점자가 된다. 바로 '도덕은 권력에서 나온다'는 마키아벨리적 논리를 통해 현실주의자는 이상주의의 위선과 위장을 폭로하게 되는 것이다.

그러나 이상주의를 이토록 날카롭게 파헤치는 현실주의도, 카의 관점에서 보면 그 자체가 마찬가지로 한계의 숙명에서 벗어날 수가 없다. 현실주의는 사고를 불모로 만들고 우리에게서 행동의 활력을 빼앗아 가기 때문이다. 더욱 중요한 것은 현실주의마저 하나의 이데올로기성을 가지고 있다는 점이다. 현실주의자가 어떤 사실을 변경불가능 또는 불가항력으로 보는 경우, 그것은 이러한 사실과 경향을 바꾸거나 저지하는 것에 어떠한 욕구도 이익도 없다는 그들의 정치적 판단이 반영되기 때문이다.

현실주의는 또 더욱 근원적인 벽에 부딪힌다. 현실주의는 인간의 본성에서 벗어나지 않는 이상주의적인 것에 제약을 받기 때문이다. 카의 관점에서는 인간은 힘이 정의를 낳는다는 교의를 궁극적으로는 거부한다는 것이다. 여기에는 인간성에 대한 카의 낙관주의가 암시되어 있다. 권력이 언제나 정치의 본질적 요소라고는 하지만, 그저 권력이라는 말로만 정치를 정의할 수는 없다. 만약 현실주의가 이타주의를 단순한 환상으로 보고 정치행동의 근거를 모두 이기주의에서 찾는다면, 이 현실주의의 한계는 뚜렷하다. 정치를 권력과 동일시하는 것은 정치를 도덕과 동일시하는 것과 마찬가지로 어리석은 일이라고 카는 주장한다.

카가 현실주의자임을 의심하는 사람은 아무도 없을 것이다. 이상주의의 도덕적 위장 이론을 그토록 가차 없이 공격했다는 점에서 그는 틀림없는 현실주의자이다. 국가권력에서 분리된 사상과 이념이 얼마나 무력한지를 강조해 마지않는 카는 완전한 현실주의자이다.

---

24) Reinhold Niebuhr, *Moral Man and Immoral Society : A Study in Ethics and Politics*, Westminster John Knox Press, 2001, p. 45.

그러나 인간성에 깃든 도덕에 대한 친화성을 인정하면서 이상주의가 가진 현상 변혁의 힘을 긍정적으로 평가한다는 점에서 카는 이상주의자이다. 카에게는, 국내는 물론 국제적으로도 정치질서가 권력만으로 구축되는 것은 있을 수 없는 일이고, 정치적 변혁도 국내문제에서든 국제문제에서든 권력과 도덕의 타협을 필요로 한다. 같은 현실주의자라도 한스 J. 모건소가 정치에서 도덕의 역할을 권력에 대한 제어 원인으로서 한정적으로 파악하고 있는 데 비해, 카는 적어도 이론적으로는 도덕을 권력과 대등한 위치에 두었던 것 같다.

이러한 카의 생각은, 권력과 도덕이 저마다 법과 어떠한 관계를 맺는가 하는 문제와도 이어진다. 법이 구속력을 갖는 것은, 그것이 공동체의 정의를 실현하기 때문이다. 그런 한편, 법이 구속력을 갖는 것은 그것이 권력의 강력한 힘에 의해 강제되기 때문이다. 즉 법을 도덕의 한 분야로 보는 이상주의와, 법을 권력의 수단으로 보는 현실주의 사이에는 근본적 불일치가 있다는 것이다. 다시 말하면 법을 따르는 인간의 양심이 있기 때문에 법에 구속력이 생기는 측면은, 권력에 대한 공포 때문에 법을 지키는 측면과 마찬가지로 진실을 말한다. '법은 정치와 마찬가지로 윤리와 권력이 만나는 곳'이라는 카의 견해는 현실주의자로만 그를 다 이야기하기에는 그 자신이 너무나도 복잡한 존재임을 나타낸다.

카는 자서전에서 이렇게 회고했다. '아마 세계는 어떠한 것에서도 의미를 찾으려 하지 않는 냉소주의자와, 미래에 관하여 웅장하고 화려하지만 실증할 수 없는 가설을 통해 사물의 의미를 알고자 하는 이상주의자로 나뉠 것이다. 나는 후자를 선택하겠다.'[25] 카의 현실주의를 '이상주의적 현실주의'(켄 부스[26])라고 하는 까닭도, 이상과 같은 문맥에서 보면 이해가 될 것이다. 인간성의 두 가지 상반되는 측면—양심과 강제, 선의와 증오, 자기억제와 자기주장이 있는 한, 모든 공동체에는 이상과 현실, 이상과 제도, 도덕과 권력이 분리될 수 없게 뒤섞여 있다. 그는 그 사상의 중핵에 현실주의를 두면서도 자신의 이상주의를 부정하지 못한다.

---

25) E. H. Carr, "An Autobiography," *op. cit*., p. xxi.
26) Ken Booth, "Security in Anarchy : Utopian Realism in Theory and Practice", *International Affairs(Royal Institute of International Affairs* 1944~), Vol. 67, No. 3(Jul., 1991), pp. 527-545.

정치의 숙명적 이원성

카가 19세기의 자유방임주의와 이익조화설에 이상주의라는 낙인을 찍고 철저하게 비판한 것은 이미 말했지만, 이러한 교의가 정치-경제 분리론과 안팎의 관계에 있었던 것은 말할 것도 없다. 이 분리론은 정치권력의 개입을 물리치고 경제 자립을 꾀하는 것에 대한 신념을 뜻한다. 그러나 참전국들이 국민의 경제생활을 총동원하지 않을 수 없었던 제1차세계대전은 이러한 자유방임주의 철학을 극적으로 바꾸어 놓았다. 제1차세계대전은 국민경제 모두를 정치권력을 통해 조직할 필요성, 아니 필연성을 확실하게 보여 주었다. 다시 말해 제1차세계대전은 정치와 경제를 완전히 결부시키는 동시에, 정치에 의한 경제의 계획화, 즉 집권적 사회주의로 향하는 길을 개척하는 중대한 구동력이 되었던 것이다.

카가 자유방임주의와 이익조화설을 기본원칙으로 하는 자본주의에 강한 의문을 품기 시작한 것은 이러한 시대 흐름과 무관하지 않다. 《카를 마르크스》(1934)를 쓰고 있었던 1930년대 초를 회상하면서 카는 이렇게 말했다. '나는 마르크스를 부르주아 자본주의사회에 적대하는 주요인물로 간주하고, 그전보다 훨씬 많은 관련서적을 읽기 시작했다.'[27] 그러나 카가 마르크스에게서 배운 것은 자본주의의 쇠퇴에 대한 마르크스주의적 분석보다는 사상과 행동의 숨겨진 동기를 온 세상에 드러내어, 그러한 사상과 행동의 주위에 온통 둘러쳐진 논리적, 도덕적 과시를 폭로하는 방법으로서의 마르크스주의[28]였다.

《이상과 현실》에서, 카가 현실주의자 관점에서 이상주의를 향해 그토록 날카로운 비판의 화살을 돌리고 도덕적, 이데올로기적 기만을 폭로하는 수법은 명백하게 마르크스의 그것이었다. 《이상과 현실》이 마르크스의 영향을 얼마나 받았는지에 대해 카는 다음과 같이 술회했다. '《이상과 현실》은 완전한 마르크스주의의 작품은 아니지만, 마르크스주의적 사고방법을 강하게 담고 있다.'[29] 카에게 마르크스는 틀림없는 현실주의자였다.

카가 마르크스에게 관심을 품은 것은 분명히 방법으로서 마르크스주의였지

---

27) E. H. Carr, "An Autobiography," *op. cit.*, p. xviii.
28) *Ibid.*, p. xviii.
29) Ibid., p. xix.

유물사관은 아니었다. 그러나 방법으로서 마르크스주의에 의해 19세기의 자유방임주의와 이익조화설을 비판하면, 거기에 경제의 자립(또는 폭주)을 허용하지 않는 사회주의의 모습이 보이게 된다. 카는 생존경쟁을 전제로 한 자유방임주의와 이익조화설이 패자의 이익뿐만 아니라 패자의 존재 자체를 배제해 버린다는 것, 그리고 그것을 구제하기 위한 사회적 법규를 실제로 유럽 각국이 도입한 것을 들고 있다. R. W. 데이비스가 말했듯이, 카는 민주주의의 연명을 위해서는 민주주의 자체와 사회주의를 위한 계획화를 화해시킬 필요가 있었다고 말하고 싶었던 것이다.30)

이집트 여왕 클레오파트라 7세 흉상 카는 《역사란 무엇인가》에서 역사에서 우연의 힘을 보여 주는 통상적인 예로서 언급되는 '클레오파트라의 코' 이론을 묵살했다.

어쨌든 카가 가장 싫어한 것은 앞에 말한 대로 현실을 가리는 도덕적 위선이다. 현실을 꾸미는 이데올로기를 몰아내고 진정한 정치적 모습을 보여 주고자 시도한 것이 바로 카의 진면목이었다. 그것은 다시 말해 강자와 강대국의 논리를 깨뜨리는 것인 반면, 약자와 약소국, 즉 현상불만세력에 현상변혁의 논리, 어쩌면 경우에 따라서는 혁명의 논리도 제공하는 것이었다. 카가 혁명주의자의 면모를 가지는 이유가 여기에 있다. 카가 현실주의자일수록, 다시 말해 아무리 평화적 변혁을 이룩하려고 해도 그럴 수 없는 견고한 현상이 카의 눈에 보일수록 혁명주의자 카의 모습 또한 보인다는 역설이다.

물론 카에게 현상변혁이 평화롭게 이루어져야 하는 것은 말할 것도 없다. 그러나 카는 말한다. 경직된 보수주의가 확실하게 혁명이 되어 끝나는 것과 마찬가

---

30) R. W. Davies, "Carr's Changing Views of the Soviet Union," *E. H. Carr : A Critical Appraisal*(Michael Co, ed.), Palgrave, 2000, p. 103.

지로, 현상을 유지하는 것은 전쟁이 되어 끝날 것이다. 카의 관점에서는 1776년에 폭력으로 독립혁명을 이룩한 미국 식민자의 행동과, 1916년부터 20년 동안 영국으로부터 독립하기 위해 무력 봉기한 아일랜드인의 행동이 평화라는 이름의 현상을 유지하고자 했던 영국인의 행동보다 결코 도덕적이지 않다고 생각하는 사람은 거의 없다는 것이다. 강자와 강대국의 논리인 현상에 대한 불만과 모순이 평화적 절차에 따라 해결되지 않은 채 극대화할 때, 폭력적 절차인 혁명과 전쟁 에너지에 저항하기는 어렵다는 것이 카의 주장이다.

그렇다면 혁명과 전쟁을 피해 현상의 평화적 변혁을 가능하게 하는 조건은 무엇일까. 이 물음에 대한 해답의 핵심은 결국 상호 양보의 과정이다. 카는 현행질서에서 최대 이익을 얻는 쪽은, 결국 이 질서에서 가장 작은 이익밖에 얻지 못하는 나라들도 받아들일 수 있는 양보를 통해 비로소 그 질서를 유지할 수 있다고 말했다.

하지만 중요한 것은 국제정치에서 현행질서에서 최대 이익을 얻는 쪽의 자기희생은 기본적으로는 《이상과 현실》의 전후를 통틀어 하나의 이상에 지나지 않았다는 사실이다. 실제로 국제사회에서는 국가 간의 불평등이 심각하여, 부분의 이익(국익옹호의 의무)이 전체의 이익(국제사회에 대한 의무)을 능가한다는 사실을 의심하는 사람은 아무도 없다. 게다가 강대국은 자신의 이익을 전체의 이익으로 대체하여 정당화한다. 국제사회는 아직도 성숙과 멀리 떨어져 있다. 개인에게 요구되는 윤리규준이 국가에 적용되기는 어렵고, 도덕에 앞서는 국가의 자기보존권이 절대적 가치를 가진다.

그러나 생존 의지와 권력 의지를 분명하게 구별하는 것은 불가능하다(R. 니버). 국가의 생존 의지, 즉 자기보존권은 자기확대의 권력 의지로 쉽게 만들어져 국제사회는 통합력이 있는 국가공동체보다 권력의 요소를 더욱 뚜렷하게 가지게 된다. 이러한 상황 아래 현행질서에서 최대 이익을 얻는 쪽의 자기희생이 공허하게 들리는 것은 당연하다.

그럼에도 혁명과 전쟁을 회피하는 유일한 길이 현상—거기에는 강대국의 이익이 들어 있다—유지가 아니라 평화적 변혁의 축적이라고 본다면, 권력과 도덕은 타협의 길로 나아가야 한다. 국내에서는 정부가 통치의 기초로서 권력을 필요로 하지만, 그 권력은 보통 피지배자의 동의라는 도덕적 기반에 의해 지탱되고 있다. 그와 마찬가지로 국제정치의 질서도 권력만으로 이루어지는 것은 아니며, 널리 약소국가군을 포함한 일반적 동의라는 이름의 도덕에 바탕을 두어야 한다. 정치의 숙명적인 이원성이다. 그리하여 카는 결국 건전한 정치사고와 건전한 정치생활은 이상과 현실이 함께 존재하는 곳에서만 모습을 드러낸다는 핵심적인 명제로 돌아간다.

끝으로 유의해야 할 점이 있다. 카가 국제정치를 이야기할 때, 언제나 국가공동체(국민국가)로부터 유추하여 그것을 파악하고 있다는 점이다. 게다가 카에게 국제정치의 모델이 되는 국민국가는 어디까지나 구미의 국가, 특히 민주주의가 발달한 영어권 국가들―카가 이러한 국가들을 비판하든 안 하든 상관없이―을 주로 가리킨다는 사실은 중요하다.

정치학자뿐만 아니라 사회과학자는 대상의 관찰자가 되는 한편, 자신이 그 관찰대상에 편입된다. 즉 대상에서 떨어져서 객관적인 관점을 확보해야 하는 사회과학자가 실은 그 대상을 이해하고 대상을 움직일 수 있는 실천의 주체인 동시에 관찰의 객체이기도 하다는 이야기이다.

사회과학자의 이 자기모순은 물론 카에게도 예외가 아니었다. 그에게 이론적 활동의 근거가 유럽, 특히 앵글로색슨적인 정신풍토에 있는 이상, 그의 분석 시각이 그것을 넘어서 보편성을 띠기는 어렵다. 《이상과 현실》은 구미 선진국, 즉 근대적 정치구조를 갖춘 국가공동체에서 유추하여 국제정치를 논하는 것으로, 이를테면 전근대적인 국가공동체로 구성된 제3세계의 제도를 국제정치를 분석하는 틀 안에 끼워넣는 것은 아니다. 이 책의 한계와 특질도 실은 여기에 있다. 《이상과 현실》의 이론적 골격의 특성을 확인해 두는 것은, 고전적 명저인 이 책의 진면목을 제대로 이해하는 데 가장 중요하리라.

이상두

경북대학교 법정대학 졸업. 성균관대학교 대학원 수료. 경북대학교 및 성균관대학교 강사, 서울시립대학교 교수. 〈대구일보〉〈영남일보〉〈민족일보〉〈중앙일보〉 논설위원 역임. 지은책 《옥창 너머 푸른 하늘이》《마르크스·레닌주의와 언론》《마르크스·레닌주의의 제문제》 등이 있으며, 옮긴책 《근대국가에 있어서의 자유》《자유에서의 도피》《자유민주주의에 희망은 있는가》 등이 있다.

세계사상전집103
Edward Hallett Carr
WHAT IS HISTORY?/THE TWENTY YEARS' CRISIS 1919-1939
역사란 무엇인가/이상과 현실
에드워드 핼릿 카/이상두 옮김
1판 1쇄 발행/1977. 9. 1
2판 1쇄 발행/2018. 10. 1
3판 1쇄 발행/2025. 12. 1
발행인 고윤주
발행처 동서문화사
창업 1956. 12. 12. 등록 16-3799
서울 중구 마른내로 144 동서빌딩 3층
☎ 546-0331~2 Fax. 545-0331
www.dongsuhbook.com
잘못된 책은 구입하신 곳에서 바꾸어드립니다.
＊
이 책은 저작권법(5015호) 부칙 제4조 회복저작물 이용권에 의해 중판발행합니다.
이 책의 한국어 문장권 의장권 편집권은 저작권 법에 의해 보호받으므로
무단전재 무단복제 무단표절 할 수 없습니다.
사업자등록번호 211-87-75330
ISBN 978-89-497-2011-1 04080
ISBN 978-89-497-1909-2 (세트)